Gerstmeyer, Dr. Köpner

Die deutsche Kolonial-Gesetzgebung

Sammlung der auf die deutschen schutzgebiete bezüglichen gesetze,

verorodnungen, erlasse und internationalen vereinbarungen, mit anmerkungen

und sachregister ..

Gerstmeyer, Dr. Köpner

Die deutsche Kolonial-Gesetzgebung
Sammlung der auf die deutschen schutzgebiete bezüglichen gesetze, verorodnungen, erlasse und internationalen vereinbarungen, mit anmerkungen und sachregister ..

ISBN/EAN: 9783741173660

Hergestellt in Europa, USA, Kanada, Australien, Japan

Cover: Foto ©Andreas Hilbeck / pixelio.de

Manufactured and distributed by brebook publishing software (www.brebook.com)

Gerstmeyer, Dr. Köpner

Die deutsche Kolonial-Gesetzgebung

Die

deutsche Kolonial-Gesetzgebung.

Sammlung

der auf die deutschen Schutzgebiete bezüglichen Gesetze, Verordnungen, Erlasse und internationalen Vereinbarungen mit Anmerkungen und Sachregister.

Elfter Band.

Jahrgang 1907.

Auf Grund amtlicher Quellen herausgegeben

von

Dr. Köbner,
Wirkl. Admiralitätsrat u. vortrag. Rat im Reichs-Marine-Amt (Zentralverwaltung für Kiautschou), ao. Professor a. d. Universität Berlin.

Gerstmeyer,
Wirkl. Legationsrat u. vortragendem Rat im Reichs-Kolonialamt.

Berlin 1908.
Ernst Siegfried Mittler und Sohn
Königliche Hofbuchhandlung
Kochstraße 68–71.

Vorwort.

Der vorliegende Band XI (Jahrgang 1907) der „Deutschen Kolonial-Gesetzgebung" ist im wesentlichen nach den gleichen Gesichtspunkten wie die unmittelbar voraufgegangenen Bände bearbeitet.

Im I. Teil sind zum erstenmal auch die Etatsgesetze nebst den zum Gesetztext gehörenden Anmerkungen abgedruckt, was im Interesse der Vollständigkeit und zur Erleichterung des Verständnisses der an die Etats anknüpfenden Verwaltungsanordnungen erwünscht erschien.

Daß der II. Teil (Bestimmungen für die afrikanischen und die Südsee-Schutzgebiete) gegenüber den letzten Bänden fast die doppelte Zahl von Nummern aufweist, ist in der Hauptsache eine Folgeerscheinung des Aufschwunges der deutschen Kolonialpolitik, welcher gegen Ende des Jahres 1906 eingesetzt hat. Das Bestreben nach einer schnelleren Erschließung und wirtschaftlichen Nutzbarmachung der afrikanischen und Südsee-Kolonien hat naturgemäß auch eine lebhaftere Tätigkeit der zuständigen kolonialen Verwaltungsbehörden hervorgerufen, welche insbesondere in der Zahl der auf das Eisenbahn- und sonstige Verkehrswesen bezüglichen Verträge und Bekanntmachungen zum Ausdruck gekommen ist. Außerdem haben die Neuordnung des Rechnungs- und Lieferungswesens sowie die auf Einschränkung der Spirituoseneinfuhr nach Afrika gerichteten Bestrebungen zur Vermehrung des Materials an Verordnungen usw. beigetragen.

Schließlich sind jetzt auch im II. Teil Hinweisungen auf die von den Gouvernements herausgegebenen, den amtlichen Veröffentlichungen dienenden Blätter (Amtlicher Anzeiger für Deutsch-Ostafrika, Amtsblatt für Togo, Samoanisches Gouvernementsblatt und das seit 1908 erscheinende Amtsblatt für Kamerun) aufgenommen, in denen sich die betreffenden Verordnungen verkündet finden. Im III. Teil war schon in den bisherigen Bänden fortlaufend auf die Veröffentlichungen im Amtsblatt für das deutsche Kiautschougebiet Bezug genommen.

Sachliches Inhaltsverzeichnis.

A. O. = Allerhöchste Ordre. Bektm. = Bekanntmachung. E. = Erlaß. R. E. = Runderlaß. Rk. = Reichskanzler. R. K. A. = Reichs-Kolonialamt. R. M. A. = Reichs-Marine-Amt. St. S. = Staatssekretär. V. = Verordnung. Verf. = Verfügung.

Erster Teil. Bestimmungen für sämtliche Schutzgebiete.

Zweiter Teil. Bestimmungen für die afrikanischen und die Südsee-Schutzgebiete.

I. Allgemeines.

A. Zentralverwaltung. Allgemeine Vorschriften für die Schutzgebiete.

B. Beamte.

C. Schutztruppen.

D. Rechtspflege.

II. Die einzelnen Schutzgebiete Afrikas und der Südsee.

A. Deutsch-Ostafrika.

I. Allgemeine Verwaltung.

1. Behörden und Kommunen.

2. Rechnungs-, Kassen- und Geldwesen.

3. Polizei und innere Verwaltung.

X. Landwirtschaft, Viehzucht.

XI. Jagd.

XII. Bergwesen.

XIII. Gesellschaften.

B. Deutsch-Südwestafrika.

I. Allgemeine Verwaltung.

1. Behörden.

2. Rechnungs- und Kassenwesen.

3. Polizei und innere Verwaltung.

II. Beamte und Militärpersonen.

III. Schutztruppe und Landespolizei.

IV. Rechtspflege.

V. Zollwesen.

Seite

VI. Steuer- und Gebührenwesen.

VII. Schiffahrt.

VIII. Handel und Verkehr.

IX. Eisenbahnen.

Seite

X. Landwirtschaft, Viehzucht.

XI. Jagd.

XII. Bergwesen.

XIII. Eingeborene.

Seite

XIV. Gesellschaften.

C. Kamerun.

I. Allgemeine Verwaltung.

1. Behörden.

2. Polizei und innere Verwaltung.

II. Beamte und Militärpersonen.

III. Schutztruppe und Polizeitruppe.

IV. Rechtspflege.

V. Zollwesen.

Seite

VI. Steuer- und Gebührenwesen.

VII. Handel und Verkehr.

VIII. Eisenbahnen.

IX. Landwirtschaft.

X. Jagd.

XI. Bergwesen.

XII. Eingeborene.

XIII. Gesellschaften.

D. Togo.

I. Allgemeine Verwaltung.

1. Rechnungs- und Geldwesen.

2. Polizei und innere Verwaltung.

3. Gesundheitswesen.

II. Beamte, Schutztruppenangehörige und Gouvernementsarbeiter.

Seite

E. Deutsch-Neu-Guinea.

I. Verwaltung und Rechtspflege.

II. Eingeborene.

F. Karolinen und Marianen. Marshall-Inseln.

(Bestimmungen, welche ausschließlich für das Inselgebiet von Deutsch-Neu-Guinea Geltung haben.)

G. Samoa.

Dritter Teil: Bestimmungen für das Schutzgebiet Kiautschou.

I. Rechtspflege.

II. Allgemeine Verwaltung.

III. Militärverwaltung.

IV. Gesundheitswesen.

V. Schiffahrt, Handel und Verkehr.

VI. Zollwesen.

Anhang: Allgemeine Bestimmungen von Bedeutung für die Schutzgebiete.

Erster Teil.

Bestimmungen für sämtliche Schutzgebiete.

Nachtrag für das Jahr 1906.

1. Weltpostverein. Weltpostvertrag und Nebenverträge. Vom 26. Mai 1906.

a) Weltpostvertrag, abgeschlossen zwischen Deutschland und den deutschen Schutzgebieten, den Vereinigten Staaten von Amerika und den im Besitze der Vereinigten Staaten von Amerika befindlichen Inseln, der Argentinischen Republik, Österreich, Belgien, Bolivien, Bosnien-Herzegowina, Brasilien, Bulgarien, Chile, dem Chinesischen Kaiserreiche, der Republik Columbien, dem Unabhängigen Congostaate, dem Kaiserreiche Korea, der Republik Costarica, Kreta, der Republik Cuba, Dänemark und den dänischen Kolonien, der Dominikanischen Republik, Ägypten, Ecuador, Spanien und den spanischen Kolonien, dem Kaiserreich Äthiopien, Frankreich, Algerien, den französischen Kolonien und Schutzgebieten von Indochina, der Gesamtheit der anderen französischen Kolonien, Großbritannien und verschiedenen britischen Kolonien, Britisch-Indien, dem Australischen Bunde, Canada, Neu-Seeland, den britischen Kolonien in Südafrika, Griechenland, Guatemala, der Republik Haiti, der Republik Honduras, Ungarn, Italien und den italienischen Kolonien, Japan, der Republik Liberia, Luxemburg, Mexico, Montenegro, Nicaragua, Norwegen, der Republik Panama, Paraguay, den Niederlanden, den niederländischen Kolonien, Peru, Persien, Portugal und den portugiesischen Kolonien, Rumänien, Rußland, Salvador, Serbien, dem Königreiche Siam, Schweden, der Schweiz, Tunis, der Türkei, Uruguay und den Vereinigten Staaten von Venezuela, nebst Schlußprotokoll. Vom 26. Mai 1906.

(Reichs-Gesetzbl. 1907 S. 593.)

b) Übereinkommen, betreffend den Austausch von Briefen und Kästchen mit Wertangabe, abgeschlossen zwischen Deutschland und den deutschen Schutzgebieten, der Argentinischen Republik, Österreich, Belgien, Bosnien-Herzegowina, Brasilien, Bulgarien, Chile, der Republik Columbien, Dänemark und den dänischen Kolonien, Ägypten, Spanien, Frankreich, Algerien, den französischen Kolonien und Schutzgebieten von Indochina, der Gesamtheit der anderen französischen Kolonien, Großbritannien und verschiedenen britischen Kolonien,

Britisch-Indien, Griechenland, Guatemala, Ungarn, Italien und den italienischen Kolonien, Japan, Luxemburg, Montenegro, Norwegen, den Niederlanden, Niederländisch-Indien, Portugal und den portugiesischen Kolonien, Rumänien, Rußland, Serbien, Schweden, der Schweiz, Tunis und der Türkei, nebst Schlußprotokoll. Vom 26. Mai 1906.

(Reichs-Gesetzbl. 1907 S. 636.)

c) Übereinkommen, betreffend den Postanweisungsdienst, abgeschlossen zwischen Deutschland und den deutschen Schutzgebieten, der Argentinischen Republik, Österreich, Belgien, Bolivien, Bosnien-Herzegowina, Brasilien, Bulgarien, Chile, der Republik Columbien, Kreta, Dänemark und den dänischen Kolonien, Ägypten, Frankreich, Algerien, den französischen Kolonien und Schutzgebieten von Indochina, der Gesamtheit der anderen französischen Kolonien, Griechenland, Ungarn, Italien und den italienischen Kolonien, Japan, der Republik Liberia, Luxemburg, Montenegro, Norwegen, den Niederlanden, den niederländischen Kolonien, Peru, Portugal und den portugiesischen Kolonien, Rumänien, Serbien, dem Königreiche Siam, Schweden, der Schweiz, Tunis, der Türkei und Uruguay, nebst Schlußprotokoll. Vom 26. Mai 1906.

(Reichs-Gesetzbl. 1907 S. 656.)

d) Vertrag, betreffend den Austausch von Postpaketen, abgeschlossen zwischen Deutschland und den deutschen Schutzgebieten, der Argentinischen Republik, Österreich, Belgien, Bolivien, Bosnien-Herzegowina, Bulgarien, Chile, der Republik Columbien, Kreta, Dänemark und den dänischen Kolonien, Ägypten, Spanien, Frankreich, Algerien, den französischen Kolonien und Schutzgebieten von Indochina, der Gesamtheit der übrigen französischen Kolonien, Griechenland, Guatemala, Ungarn, Britisch-Indien, Italien und den italienischen Kolonien, Japan, Luxemburg, Montenegro, Norwegen, den Niederlanden, den niederländischen Kolonien, Peru, Persien, Portugal und den portugiesischen Kolonien, Rumänien, Rußland, Serbien, dem Königreiche Siam, Schweden, der Schweiz, Tunis, der Türkei, Uruguay und den Vereinigten Staaten von Venezuela, nebst Schlußprotokoll. Vom 26. Mai 1906.

(Reichs-Gesetzbl. 1907 S. 672.)

e) Übereinkommen, betreffend den Postauftragsdienst, abgeschlossen zwischen Deutschland und den deutschen Schutzgebieten, Österreich, Belgien, Chile, Kreta, Dänemark, Ägypten, Frankreich und Algerien, Griechenland, Ungarn, Italien und den italienischen Kolonien, Luxemburg, Norwegen, den Niederlanden, Niederländisch-Indien, Portugal und den portugiesischen Kolonien, Rumänien, Schweden, der Schweiz, Tunis und der Türkei. Vom 26. Mai 1906.

(Reichs-Gesetzbl. 1907 S. 700.)

f) Übereinkommen, betreffend den Postbezug von Zeitungen und Zeitschriften, abgeschlossen zwischen Deutschland und den deutschen Schutzgebieten, der Argentinischen Republik, Österreich, Belgien, Bulgarien, Chile, der Republik Columbien, Dänemark und den dänischen Kolonien, Ägypten, Griechenland, Ungarn, Italien und den italienischen Kolonien, Luxemburg, Montenegro,

Norwegen, den Niederlanden, Portugal und den portugiesischen Kolonien, Rumänien, Serbien, Schweden, der Schweiz, der Türkei und Uruguay. Vom 26. Mai 1906.

(Reichs-Gesetzbl. 1907 S. 710)

Die Verträge usw. Übereinkommen nebst den Schlußprotokollen sind ratifiziert worden. Die Übergabe der Ratifikationsurkunden hat in Rom stattgefunden. Die Verträge usw. sind am 1. Oktober 1907 in Kraft getreten.

1907.

2. Gesetz, betreffend die Feststellung eines Nachtrags zum Haushalts-Etat für die Schutzgebiete auf das Rechnungsjahr 1906. Vom 16. März 1907.

(Reichs-Gesetzbl. S. 70.)

Wir Wilhelm, von Gottes Gnaden Deutscher Kaiser, König von Preußen usw.

verordnen im Namen des Reichs, nach erfolgter Zustimmung des Bundesrats und des Reichstags, was folgt:

Der diesem Gesetz als Anlage beigefügte Nachtrag zum Etat der Schutzgebiete auf das Rechnungsjahr 1906 wird in Einnahme und Ausgabe

für das Südwestafrikanische Schutzgebiet auf 29 220 000 Mark festgestellt

und tritt dem Etat der Schutzgebiete für 1906 hinzu.

Urkundlich unter Unserer Höchsteigenhändigen Unterschrift und beigedrucktem Kaiserlichen Insiegel.

Gegeben Berlin im Schloß, den 16. März 1907.

Wilhelm.

Fürst v. Bülow.

Nachtrag zum Haushalts-Etat der Schutzgebiete auf das Rechnungsjahr 1906.

Kapitel	Titel	Ausgabe und Einnahme	Für das Rechnungsjahr 1906 treten hinzu Mark
		IV. Südwestafrikanisches Schutzgebiet.	
		1. Ausgabe.	
		II. Einmalige Ausgaben.	
2.	10.	Ausgaben aus Anlaß des Eingeborenenaufstandes	29 220 000
		2. Einnahme.	
2.	—	Reichszuschuß	29 220 000
		Summe der Ausgabe	29 220 000
		Summe der Einnahme	29 220 000

Berlin im Schloß, den 16. März 1907.

Wilhelm.

Fürst v. Bülow.

3. Gesetz, betreffend die Feststellung eines zweiten Nachtrags zum Haushalts-Etat für die Schutzgebiete auf das Rechnungsjahr 1906. Vom 16. März 1907.

(Reichs-Gesetzbl. S. 73.)

Wir Wilhelm, von Gottes Gnaden Deutscher Kaiser, König von Preußen usw.

verordnen im Namen des Reichs, nach erfolgter Zustimmung des Bundesrats und des Reichstags, was folgt:

Der diesem Gesetz als Anlage beigefügte Nachtrag zum Etat der Schutzgebiete auf das Rechnungsjahr 1906 wird in Einnahme und Ausgabe

für das Südwestafrikanische Schutzgebiet auf 8 900 000 Mark festgestellt

und tritt dem Etat der Schutzgebiete für 1906 hinzu.

Urkundlich unter Unserer Höchsteigenhändigen Unterschrift und beigedrucktem Kaiserlichen Insiegel.

Gegeben Berlin im Schloß, den 16. März 1907.

Wilhelm.

Fürst v. Bülow.

Zweiter Nachtrag

zum Haushalts-Etat der Schutzgebiete auf das Rechnungsjahr 1906.

Kapitel	Titel	Ausgabe und Einnahme	Für das Rechnungsjahr 1906 treten hinzu Mark
		IV. Südwestafrikanisches Schutzgebiet.	
		1. Ausgabe.	
		II. Einmalige Ausgaben.	
2.	10.	Ausgaben aus Anlaß des Eingeborenenaufstandes . . .	8 900 000
		2. Einnahme.	
2.	—	Reichszuschuß	8 900 000
		Summe der Ausgabe	8 900 000
		Summe der Einnahme	8 900 000

Berlin im Schloß, den 16. März 1907.

Wilhelm.

Fürst v. Bülow.

4. Gesetz, betreffend die vorläufige Regelung des Haushalts der Schutzgebiete für die Monate April und Mai 1907. Vom 25. März 1907.

(Reichs-Gesetzbl. S. 83.)

Wir Wilhelm, von Gottes Gnaden Deutscher Kaiser, König von Preußen usw.

verordnen im Namen des Reichs, nach erfolgter Zustimmung des Bundesrats und des Reichstags, was folgt:

§ 1. Bis zur gesetzlichen Feststellung des Haushalts-Etats der Schutzgebiete für das Rechnungsjahr 1907 und vorbehaltlich der Änderungen, welche sich durch diese Feststellung ergeben, wird folgendes bestimmt:

1. Von den durch den Haushalts-Etat der Schutzgebiete auf das Rechnungsjahr 1906 festgestellten Summen und von den Nachbewilligungen können
   a) bei den fortdauernden Ausgaben innerhalb der Grenzen der bei den einzelnen Kapiteln und Titeln bewilligten Beträge,
   b) bei den einmaligen Ausgaben, insoweit letztere für Zwecke bestimmt sind, die in dem der Beratung des Reichstags unterliegenden Entwurfe des Haushalts-Etats der Schutzgebiete für das Rechnungsjahr 1907 unter den einmaligen Ausgaben wieder erscheinen,

für die Monate April und Mai 1907 je ein Zwölftel zuzüglich derjenigen Mehrbeträge verausgabt werden, welche zur Erfüllung der auf einen längeren Zeitraum im voraus fälligen Verbindlichkeiten erforderlich sind.

2. Die für die Monate April und Mai 1907 sich ergebenden Einnahmen und Ausgaben werden bei den einzelnen Kapiteln und Titeln auf die Einnahmen und Ausgaben des Haushalts-Etats für das Rechnungsjahr 1907 verrechnet.

§ 2. Ferner können von den durch den Entwurf des Haushalts-Etats für die Schutzgebiete auf das Rechnungsjahr 1907 angeforderten Summen verausgabt werden:

Bei den einmaligen Ausgaben des Ostafrikanischen Schutzgebiets für eine Expedition zur Feststellung der deutsch-portugiesischen Grenze am Nyassasee, für die Monate April und Mai 1907 je ein Zwölftel zuzüglich derjenigen Mehrbeträge, die zur Erfüllung der auf einen längeren Zeitraum im voraus fälligen Verbindlichkeiten erforderlich sind.

Urkundlich unter Unserer Höchsteigenhändigen Unterschrift und beigedrucktem Kaiserlichen Insiegel.

Gegeben Berlin im Schloß, den 25. März 1907.

Wilhelm.

Fürst v. Bülow.

5. Gesetz, betreffend die Kontrolle des Reichshaushalts, des Landeshaushalts von Elsaß-Lothringen und des Haushalts der Schutzgebiete. Vom 18. April 1907.

(Reichs-Gesetzbl. S. 95.)

Wir Wilhelm, von Gottes Gnaden Deutscher Kaiser, König von Preußen usw.

verordnen im Namen des Reichs, nach erfolgter Zustimmung des Bundesrats und des Reichstags, was folgt:

Die Kontrolle des gesamten Reichshaushalts, des Landeshaushalts von Elsaß-Lothringen und des Haushalts der Schutzgebiete für das Rechnungsjahr 1906 wird von der Preußischen Ober-Rechnungskammer unter der Benennung „Rechnungshof des Deutschen Reichs“ nach Maßgabe der im Gesetze vom 11. Februar 1875 (Reichs-Gesetzbl. S. 61), betreffend die Kontrolle des Reichshaushalts und des Landeshaushalts von Elsaß-Lothringen für das Jahr 1874, enthaltenen Vorschriften geführt.

Ebenso hat die Preußische Ober-Rechnungskammer in bezug auf die Rechnungen der Reichsbank für das Jahr 1906 die gemäß § 29 des Bankgesetzes vom 14. März 1875 (Reichs-Gesetzbl. S. 177) dem Rechnungshofe des Deutschen Reichs obliegenden Geschäfte wahrzunehmen.

Urkundlich unter Unserer Höchsteigenhändigen Unterschrift und beigedrucktem Kaiserlichen Insiegel.

Gegeben Homburg v. d. H., den 18. April 1907.

Wilhelm.
Fürst v. Bülow.

6. Beschluſs des Bundesrats, betreffend die zollfreie Ablassung von Erbschaftsgut in den deutschen Schutzgebieten verstorbener Deutscher. Vom 18. April 1907.*)

(Zentralbl. f. d. Deutsche Reich S. 217. V. Bl. für das Kiautschougebiet S. 19. Kol. Bl. 1908 S. 237.)

Der Bundesrat hat in der Sitzung vom 18. April 1907, § 306 der Protokolle, beschlossen,

1. den Hauptzoll- und Hauptsteuerämtern die Befugnis zu verleihen, die Genehmigung zur zollfreien Einfuhr von Erbschaftsgut in den deutschen Schutzgebieten verstorbener Deutscher oder ehemaliger Deutscher zu erteilen auf Grund einer Bescheinigung der zuständigen Schutzgebietsbehörde oder eines Schutztruppenkommandos, daß die in einem angesiegelten Verzeichnis aufgeführten, gebrauchten Sachen zum Nachlasse des im Schutzgebiete verstorbenen, namhaft zu machenden Deutschen oder ehemaligen Deutschen gehören und von der Schutzgebietsbehörde oder dem Schutztruppenkommando an die namhaft zu machenden inländischen Erben gesandt werden,**)
2. die Direktivbehörden zu ermächtigen, diese Befugnis im Bedürfnisfalle auch einzelnen Unterstellen beizulegen.

7. Gesetz, betreffend die Feststellung des Haushalts-Etats für die Schutzgebiete auf das Rechnungsjahr 1907. Vom 17. Mai 1907.

(Reichs-Gesetzbl. S. 166.)

Wir Wilhelm, von Gottes Gnaden Deutscher Kaiser, König von Preußen usw.

verordnen im Namen des Reichs, nach erfolgter Zustimmung des Bundesrats und des Reichstags, was folgt:

Der diesem Gesetz als Anlage beigefügte Haushalts-Etat der Schutzgebiete auf das Rechnungsjahr 1907 wird in Einnahme und Ausgabe auf 104 245 000 Mark festgesetzt.

Urkundlich unter Unserer Höchsteigenhändigen Unterschrift und beigedrucktem Kaiserlichen Insiegel.

Gegeben Wiesbaden, den 17. Mai 1907.

Wilhelm.
Fürst v. Bülow.

*) Vgl. hierzu den Erl. des St. S. d. Reichs-Kolonialamts v. 10. März 1908. (Abdruck im Jahrgang 1908 der D. Kol. Gesetzgeb. vorbehalten.)

**) Zur Ausstellung der Bescheinigungen sind zuständig im Schutzgebiete Kiautschou für Personen der militärischen Besatzung die Kommandeure der Marineteile, für die sonstigen Personen der Zivilkommissar, in den übrigen Schutzgebieten die Bezirksrichter, Bezirksämter und Stationen sowie alle Dienstsiegel und Dienststempel führenden Kommandos und Dienststellen der Schutztruppen. Vgl. allgem. Vf. des preuß. Finanzministers v. 10. Mai 1907, Zentral-Bl. der Abgabengesetzg. u. Verw., S. 148.

Haushalts-Etat der Schutzgebiete auf das Rechnungsjahr 1907.

Kapitel	Titel	Ausgabe und Einnahme	Betrag für das Rechnungsjahr 1907 Mark
		I. Ostafrikanisches Schutzgebiet.	
		1. Ausgabe.	
		I. Fortdauernde Ausgaben.	
1.	1–9.	Zivilverwaltung	4 948 533
2.	1–4.	Militärverwaltung	3 083 509
3.	1–3.	Flottille	514 371
4.	1–6.	Mehreren Verwaltungszweigen gemeinsame Fonds	654 300
5.	1–3.	Eisenbahnen	78 850
6.	—	Hafenanlagen	20 000
7.	1–2.	Auf öffentlich- oder privatrechtlicher Verpflichtung beruhende allgemeine Lasten	600 302
		Summe I. Fortdauernde Ausgaben	9 909 012
		II. Einmalige Ausgaben.	
1.	1–10.	Für verschiedene Zwecke	1 396 500
		Summe II. Einmalige Ausgaben	1 396 500
		III. Reservefonds.	
1.	—	Summe III. Reservefonds	14 262
		Summe der Ausgabe	11 319 774
		2. Einnahme.	
1.	1–8.	Eigene Einnahmen des Schutzgebiets	5 458 930
2.	—	Reichszuschuß	5 860 844
		Summe der Einnahme	11 319 774
		Summe der Ausgabe	11 319 774
		Die Einnahme beträgt	11 319 774
		II. Schutzgebiet Kamerun.	
		1. Ausgabe.	
		I. Fortdauernde Ausgaben.	
1.	1–8.	Zivilverwaltung	2 113 106
2.	1–4.	Militärverwaltung	1 817 114
3.	1–3.	Flottille	500 000
4.	1–9.	Mehreren Verwaltungszweigen gemeinsame Fonds	720 000
5.	—	Auf öffentlich- oder privatrechtlicher Verpflichtung beruhende allgemeine Lasten	—
		Summe I. Fortdauernde Ausgaben	5 219 850
		II. Einmalige Ausgaben.	
1.	1–8.	Summe II. Einmalige Ausgaben	928 150
		III. Reservefonds.	
1.	—	Summe III. Reservefonds	10 054
		Summe der Ausgabe	6 158 054
		2. Einnahme.	
1.	1–3.	Eigene Einnahmen des Schutzgebiets	3 253 700
2.	—	Reichszuschuß	2 904 354
		Summe der Einnahme	6 158 054
		Summe der Ausgabe	6 158 054
		Die Einnahme beträgt	6 158 054

Kapitel	Titel	Ausgabe und Einnahme	Betrag für das Rechnungsjahr 1907 Mark
		III. Schutzgebiet Togo.	
		1. Ausgabe.	
		I. Fortdauernde Ausgaben.	
1.	1/8.	Zivilverwaltung	881 585
2.	1/4.	Militärverwaltung	106 500
3.	1/9.	Mehreren Verwaltungszweigen gemeinsame Fonds	290 200
4.	—	Hafenanlagen und Eisenbahnen	125 000
5.	—	Auf öffentlich- oder privatrechtlicher Verpflichtung beruhende allgemeine Lasten	424 255
		Summe I. Fortdauernde Ausgaben	1 827 540
		II. Einmalige Ausgaben.	
1.	1/4.	Für verschiedene Zwecke	234 000
		Summe II. Einmalige Ausgaben	234 000
		III. Reservefonds.	
1.	—	Summe III. Reservefonds	11 800
		Summe der Ausgabe	2 073 340
		2. Einnahme.	
1.	1/4.	Eigene Einnahmen des Schutzgebiets	2 073 340
2.	—	Reichszuschuß	—
		Summe der Einnahme	2 073 340
		Summe der Ausgabe	2 073 340
		Die Einnahme beträgt	2 073 340
		IV. Südwestafrikanisches Schutzgebiet.	
		1. Ausgabe.	
		I. Fortdauernde Ausgaben.	
1.	1/9.	Zivilverwaltung	5 807 840
2.	1/4.	Militärverwaltung	13 525 534
3.	1/7.	Mehreren Verwaltungszweigen gemeinsame Fonds	1 163 900
4.	—	Eisenbahnen	2 010 000
4a.	—	Hafenanlagen	300 000
5.	—	Auf öffentlich- oder privatrechtlicher Verpflichtung beruhende allgemeine Lasten	91 860
		Summe I. Fortdauernde Ausgaben	22 899 134
		II. Einmalige Ausgaben.	
1.	1/13.	Für verschiedene Zwecke	5 717 000
2.	1/10.	Aus Anlaß des Eingeborenenaufstandes	40 043 900
		Summe II. Einmalige Ausgaben	45 760 900
		III. Reservefonds.	
1.		Summe III. Reservefonds	27 347
		Summe der Ausgabe	68 687 381
		2. Einnahme.	
1.	1/7.	Eigene Einnahmen des Schutzgebiets	3 616 450
2.	—	Reichszuschuß	65 070 931
		Summe der Einnahme	68 687 381
		Summe der Ausgabe	68 687 381
		Die Einnahme beträgt	68 687 381

Kapitel	Titel	Ausgabe und Einnahme	Betrag für das Rechnungsjahr 1907 Mark
		V. Schutzgebiet Neuguinea.	
		1. Ausgabe.	
		I. Fortdauernde Ausgaben.	
1.	1/8.	Zivilverwaltung	573 263
2.	1/3.	Flottille	206 000
3.	1/7.	Mehreren Verwaltungszweigen gemeinsame Fonds	160 512
4.	—	Auf öffentlich- oder privatrechtlicher Verpflichtung beruhende allgemeine Lasten	400 000
		Summe I. Fortdauernde Ausgaben	1 339 775
		II. Einmalige Ausgaben.	
1.	1/3.	Summe II. Einmalige Ausgaben	171 450
		III. Reservefonds.	
1.	—	Summe III. Reservefonds	4 000
		Summe der Ausgabe	1 515 225
		2. Einnahme.	
1.	1/3.	Eigene Einnahmen des Schutzgebiets	361 300
2.	—	Reichszuschuß	1 153 925
		Summe der Einnahme	1 515 225
		Summe der Ausgabe	1 515 225
		Die Einnahme beträgt	1 515 225
		VI. Verwaltung der Karolinen, Palau, Marianen und Marschallinseln.	
		1. Ausgabe.	
		I. Fortdauernde Ausgaben.	
1.	1/7.	Zivilverwaltung	247 270
2.	1/3.	Flottille	79 920
9.	1/7.	Mehreren Verwaltungszweigen gemeinsame Fonds	89 900
		Summe I. Fortdauernde Ausgaben	417 090
		II. Einmalige Ausgaben.	
1.	1/2.	Summe II. Einmalige Ausgaben	59 000
		III. Reservefonds.	
1.	—	Summe III. Reservefonds	1 351
		Summe der Ausgabe	477 441
		2. Einnahme.	
1.	1/4.	Eigene Einnahmen des Schutzgebiets	137 141
2.	—	Reichszuschuß	340 300
		Summe der Einnahme	477 441
		Summe der Ausgabe	477 441
		Die Einnahme beträgt	477 441

Kapitel	Titel	Ausgabe und Einnahme	Betrag für das Rechnungsjahr 1907 Mark
		VII. Schutzgebiet Samoa.	
		1. Ausgabe.	
		I. Fortdauernde Ausgaben.	
1.	1/8.	Zivilverwaltung	432 110
2.	1/3.	Flottille	26 500
3.	1/8.	Mehreren Verwaltungszweigen gemeinsame Fonds	154 500
		Summe I. Fortdauernde Ausgaben	613 110
		II. Einmalige Ausgaben.	
1.	1/4.	Summe II. Einmalige Ausgaben	114 000
		III. Reservefonds.	
1.	—	Summe III. Reservefonds	8 484
		Summe der Ausgabe	735 594
		2. Einnahme.	
1.	1/4.	Eigene Einnahmen des Schutzgebiets	555 753
2.	—	Reichszuschuß	179 841
		Summe der Einnahme	735 594
		Summe der Ausgabe	735 594
		Die Einnahme beträgt	735 594
		VIII. Schutzgebiet Kiautschou.	
		1. Ausgabe.	
		I. Fortdauernde Ausgaben.	
1.	1/5.	Zivilverwaltung	1 246 872
2/5.	—	Militärverwaltung	3 339 241
6/12.	—	Gemeinsame Ausgaben für Zivil- und Militärverwaltung	2 426 394
		Summe I. Fortdauernde Ausgaben	7 012 507
		II. Einmalige Ausgaben.	
1.	1/8.	Summe II. Einmalige Ausgaben	6 230 000
		III. Reservefonds.	
1.	—	Summe III. Reservefonds	35 693
		Summe der Ausgabe	13 278 200
		2. Einnahme.	
1.	1/4.	Eigene Einnahmen des Schutzgebiets	1 542 700
2.	—	Reichszuschuß	11 735 500
		Summe der Einnahme	13 278 200
		Summe der Ausgabe	13 278 200
		Die Einnahme beträgt	13 278 200

Einnahme und Ausgabe	Betrag für das Rechnungsjahr 1907 Mark
Wiederholung.	
Die Einnahmen und Ausgaben betragen:	
I. für das Ostafrikanische Schutzgebiet	11 319 774
II. für Kamerun	6 158 054
III. für Togo	2 073 340
IV. für das Südwestafrikanische Schutzgebiet	68 687 381
V. für Neuguinea	1 515 225
VI. für die Karolinen, Palau, Marianen und Marschallinseln	477 441
VII. für Samoa	735 594
VIII. für Kiautschou	13 278 200
zusammen	104 245 009

Anmerkung.

Soweit sich aus der Übersicht der Einnahmen und Ausgaben eine Ersparnis am Reichszuschuß ergibt, ist sie spätestens in den Etatsentwurf für dasjenige Rechnungsjahr einzustellen, welches auf das Rechnungsjahr folgt, in dem nach § 2 des Gesetzes über die Einnahmen und Ausgaben der Schutzgebiete vom 30. März 1892 die Übersicht vorzulegen ist.

Ersparnisse, welche bei den Fonds zu Besoldungen und zu sonstigen Diensteinkünften etatsmäßiger Beamten und Militärpersonen dadurch entstehen, daß Stellen zeitweilig nicht besetzt sind oder von ihren Inhabern nicht versehen werden können, fließen dem Reservefonds zu.

Für die Aufrückungszeiten und die Aufrückungsstufen bezüglich der Auslandsgehälter, für die Höhe der Kolonialdienstzulagen sowie für die der Pensionsberechnung zugrunde zu legenden Bezüge der Beamten in den afrikanischen Schutzgebieten sowie in den Schutzgebieten Neuguinea und Samoa gelten die Bestimmungen der Denkschrift zum Haupt-Etat der Schutzgebiete auf das Rechnungsjahr 1900 mit der Maßgabe, daß die Auslandsgehälter in einjährigen Fristen aufsteigen und nach fünf Jahren der Höchstbetrag erreicht wird.

Den nichtetatsmäßigen Beamten der Schutzgebiete in Afrika und in der Südsee darf neben der ihnen etwa nach § 37 des Reichsbeamtengesetzes bewilligten Pension eine Pensionserhöhung bis auf Höhe der für die entsprechenden etatsmäßigen Beamten zulässigen Sätze gewährt werden.

Die Hinterbliebenen der nichtetatsmäßigen Beamten in Afrika und in der Südsee können die volle Vergütung des Verstorbenen bis zur Dauer von drei Monaten nach Ablauf des Sterbemonats und ferner Versorgung in dem gleichen Maße erhalten, wie die Hinterbliebenen der etatsmäßigen Schutzgebietsbeamten.

Den nichtetatsmäßigen Schutzgebietsbeamten in Afrika und in der Südsee können in den Fällen der Ausreise nach dem Schutzgebiete beim Dienstantritte, der Heimreise beim Austritt aus dem Schutzgebietsdienst und der Versetzung nach einem anderen Schutzgebiete bei Mitnahme von Familienmitgliedern Beihilfen zur Deckung der sämtlichen dadurch wirklich entstandenen Beförderungskosten bewilligt werden, jedoch nicht über die für etatsmäßige Beamte mit Familien zulässigen Beträge hinaus. Soweit später für die betreffenden Umzugsreisen der Familien besondere Umzugskosten zuständig werden, ist darauf die für Mitnahme der Familie gewährte Beihilfe in Anrechnung zu bringen.

Den Militärpersonen, Beamten und sonstigen Angestellten der Schutzgebiete können, gleichviel ob sie etatsmäßig angestellt sind oder nicht, für ihre Familienmitglieder auch außerhalb des Falles eines Umzugs Reisebeihilfen gewährt werden, und zwar sowohl bei Beurlaubungen des Familienhaupts als auch, wenn die Familienangehörigen wegen Erkrankung oder wegen anderer außerordentlicher Verhältnisse allein reisen müssen. Die Reisebeihilfe beträgt für alle Familienangehörige zusammen die Hälfte der bestimmungsmäßigen Urlaubsbeihilfe des Familienhaupts. Der Abzug, welchen die Gouvernementsangehörigen für den in dem Fahrpreis enthaltenen Anspruch auf freie Schiffsverpflegung erleiden, ist zwecks Bemessung der Reisebeihilfen der Familienmitglieder von der vollen Urlaubsbeihilfe auch dann zu machen, wenn das Familienhaupt im Schutzgebiete freie Verpflegung erhält.

Wiesbaden, den 17. Mai 1907.

Wilhelm.

Fürst von Bülow.

Zur Anmerkung.*) Absatz 6 der Anmerkung ist neu hinzugetreten. Die Gewährung von Reisebeihilfen für Familienmitglieder von Militärpersonen, Beamten und sonstigen Angestellten der Schutzgebiete auch außerhalb des Falles eines Umzugs entspricht einem dringenden Bedürfnisse der Kolonialverwaltung.

Als Familienmitglieder im Sinne dieses Vermerkes kommen neben der Ehefrau und den Kindern nur solche Verwandte des Familienhaupts in Betracht, welche beim Fehlen einer Ehefrau die Hausfrau zu ersetzen bestimmt sind.

Zur Verhütung einer mißbräuchlichen oder für den Fiskus unwirtschaftlichen Ausnutzung der fraglichen Vergünstigung wird bezüglich jedes für eine Reisebeihilfe in Betracht kommenden Familienmitglieds vor Antritt der Ausreise oder Wiederausreise eine amtsärztliche Bescheinigung verlangt werden, wonach die betreffende Persönlichkeit den Einflüssen des Tropenklimas gewachsen ist, und wenn die Heimreise vor Ablauf der Dienstperiode des Familienhaupts erfolgen soll, eine weitere derartige Bescheinigung des Inhalts, daß die Heimreise vom ärztlichen Standpunkt als unaufschiebbar erachtet wird.

Im Verlauf einer Dienstperiode des Familienhaupts darf für Familienangehörige nur je einmal Heimreise- und Wiederausreisebeihilfe gezahlt werden.

Eine künftige Änderung dieser Grundsätze bleibt für den Fall vorbehalten, daß eine solche sich an der Hand der zu sammelnden Erfahrungen als angezeigt herausstellen sollte.

8. Verordnung zur Ausführung des Gesetzes vom 15. Februar 1900, betreffend die Freundschaftsverträge mit Tonga und Samoa und den Freundschafts-, Handels- und Schiffahrtsvertrag mit Zanzibar. Vom 11. Juni 1907.

(Reichs-Gesetzbl. S. 367.)

Wir Wilhelm, von Gottes Gnaden Deutscher Kaiser, König von Preußen usw.

verordnen auf Grund des Gesetzes vom 15. Februar 1900, betreffend die Freundschaftsverträge mit Tonga und Samoa und den Freundschafts-, Handels- und Schiffahrtsvertrag mit Zanzibar (Reichs-Gesetzbl. S. 37),**) im Namen des Reichs, nach erfolgter Zustimmung des Bundesrats, was folgt:

§ 1. Die auf Exterritorialitätsrechte bezüglichen Vorschriften des Freundschafts-, Handels- und Schiffahrtsvertrags mit Zanzibar vom 20. Dezember 1885 (Reichs-Gesetzbl. 1886 S. 261) werden hierdurch außer Anwendung gesetzt mit der Maßgabe, daß die Angehörigen des Deutschen Reichs und der deutschen Schutzgebiete sowie die deutschen Schutzgenossen im Sultanate Zanzibar fortan der Gerichtsbarkeit der dort von Großbritannien eingerichteten Gerichte unterworfen sind.

§ 2. Die bei den deutschen Konsulargerichten für das Sultanat Zanzibar anhängigen bürgerlichen Rechtsstreitigkeiten und Strafsachen werden von diesen Gerichten nach den bisherigen Vorschriften erledigt.

*) Bemerkung in den Erläuterungen zum Haushaltsetat der Schutzgebiete für 1907.
**) D. Kol. Gesetzgeb. V S. 31.

§ 3. Diese Verordnung tritt mit dem Tage der Verkündung in Kraft.

Urkundlich unter Unserer Höchsteigenhändigen Unterschrift und beigedrucktem Kaiserlichen Insiegel.

Gegeben Neues Palais, Potsdam, den 11. Juni 1907.

Wilhelm.

Fürst v. Bülow.

9. Bekanntmachung, betreffend den Beitritt des Deutschen Reichs für die deutschen Schutzgebiete zu dem in Paris am 18. Mai 1904 unterzeichneten Abkommen über Verwaltungsmaßregeln zur Gewährung wirksamen Schutzes gegen den Mädchenhandel. Vom 28. August 1907.

(Reichs-Gesetzbl. S. 721.)

Im Anschluß an den Vorbehalt, der bei Unterzeichnung des Abkommens zwischen dem Deutschen Reiche und anderen Staaten über Verwaltungsmaßregeln zur Gewährung wirksamen Schutzes gegen den Mädchenhandel vom 18. Mai 1904 (Reichs-Gesetzbl. 1905 S. 695, S. 715), im Artikel 2 Abs. 1 des Unterzeichnungsprotokolls von demselben Tage (Reichs-Gesetzbl. 1905 S. 702) wegen der deutschen Schutzgebiete gemacht worden war, ist gemäß Artikel 1 des Unterzeichnungsprotokolls durch die Kaiserliche Botschaft in Paris am 14. Mai 1907 der französischen Regierung gegenüber die Erklärung abgegeben worden, daß das Deutsche Reich dem bezeichneten Abkommen für alle deutschen Schutzgebiete beitritt.

Berlin, den 28. August 1907.

Der Reichskanzler.
I. V.: v. Tschirschky.

10. Allerhöchste Ordre, betreffend den Salut für die Gouverneure deutscher Kolonien. Vom 18. Oktober 1907.

(Marine-Verordnungsbl. S. 361. V. Bl. für das Kiautschougebiet S. 24.)

Ich bestimme:

1. Die Gouverneure deutscher Kolonien erhalten in den in der „Flaggen-, Salut- und Besuchsordnung für die Kaiserliche Marine" vorgesehenen Fällen fortan einen persönlichen Salut von 15 Schuß.

2. Der für den Gouverneur von Deutsch-Ostafrika durch Meine Ordre vom 5. März 1891 festgesetzte persönliche Salut von 17 Schuß bleibt für den jetzigen Gouverneur dieser Kolonie bis zum Ablauf seiner Amtsdauer in Kraft. Sie haben das Weitere zu veranlassen.

Berlin, Schloß, den 19. Oktober 1907.

Wilhelm.

In Vertretung des Reichskanzlers.
v. Tirpitz.

An den Reichskanzler (Reichs-Marine-Amt und Reichs-Kolonialamt.)

11. Allerhöchste Ordre, betreffend Niederschlagung verwirkter Vertragsstrafen. Vom 21. Dezember 1907.

(Kol. Bl. 1908 S. 101. V. Bl. für das Kiautschougebiet 1908 S. 1.)

Sie werden mit rückwirkender Kraft ermächtigt, für den Bereich der Schutzgebiete:

I. von der Einziehung verwirkter Vertragsstrafen (Konventionalstrafen) ganz oder teilweise abzusehen, sofern:

a) die Handlung oder Unterlassung, welche den Anspruch auf Zahlung der Strafe begründet, einen Schaden für die Schutzgebietsverwaltung nicht zur Folge gehabt hat,

b) dem Antrag auf Erlaß der Strafe erhebliche Billigkeitsgründe zur Seite stehen, und

c) der Vertrag, in welchem die Strafe bedungen ist, nicht unter dem Vorbehalte der Zustimmung der gesetzgebenden Körperschaften zu den sich daraus ergebenden finanziellen Folgen abgeschlossen worden ist;

II. die vorbezeichnete Ermächtigung, soweit es sich um Strafen bis zur Höhe von 500 Mark — für Ostafrika bis zu 400 Rupien — handelt, auf die Gouverneure der Schutzgebiete zu übertragen.*)

Neues Palais, den 21. Dezember 1907.

Wilhelm.

Fürst v. Bülow.

An den Reichskanzler (Reichs-Kolonialamt und Reichs-Marine-Amt).

*) Geschehen durch Erl. des Reichskanzlers (Reichs-Kolonialamts) v. 21. Januar 1908 u. des Reichskanzlers (Reichs-Marine-Amts) v. 6. März 1908 (V. Bl. für das Kiautschougebiet 1908 S. 1).

Zweiter Teil.

Bestimmungen für die afrikanischen und die Südsee-Schutzgebiete.

Nachtrag für das Jahr 1906.

1. Vertrag zwischen dem Auswärtigen Amt, Kolonial-Abteilung, und der Deutschen Kolonial-Eisenbahnbau- und Betriebsgesellschaft über den Bau der Eisenbahn von Lüderitzbucht nach Kubub. Vom 15. Januar 1906.

Zwischen dem Fiskus des Schutzgebietes Südwestafrika, vertreten durch den Reichskanzler, dieser vertreten durch die Kolonial-Abteilung des Auswärtigen Amtes (in folgendem Kolonial-Abteilung genannt),

einerseits

und der Deutschen Kolonial-Eisenbahnbau- und Betriebsgesellschaft (in folgendem Firma genannt)

andererseits

wird folgender Vertrag abgeschlossen.

§ 1. Gegenstand und Unterlage des Vertrages.

1. Die Firma hat unter Zugrundelegung des mit Lageplan und Längenprofil beigegebenen Kostenüberschlags nach Maßgabe der beigefügten Baubeschreibung die Ergänzung der vorhandenen generellen Vorarbeiten für den Bau der Eisenbahn von Lüderitzbucht nach Kubub zu bewirken und die zum Bau nötigen Einzelentwürfe aufzustellen, sowie auf Grund dieser Unterlagen die genannte Bahn betriebsfertig herzustellen, mit Fahrzeugen, Ausrüstungsgegenständen und Inventarienstücken gehörig auszustatten, die Bahn in dem weiter unten festgesetzten Umfange während der Bauzeit zu betreiben und bis zur Hauptabnahme die von ihr hergestellten baulichen Anlagen der Bahn zu unterhalten.

Auf Verlangen der Kolonial-Abteilung verpflichtet sich die Firma, die Unterhaltung der Bahnanlagen ein halbes Jahr über die Hauptabnahme hinaus durch ihre Organe zu bewirken, und zwar gegen Erstattung der ihr erwachsenden und von ihr nachzuweisenden Selbstkosten.

2. Der Grunderwerb sowie die Vermessung und Einsteinung der erworbenen Flächen ist nicht Sache der Firma. Den für die Bahn dauernd nötigen

Grund und Boden, sowie die nur während des Baues nötigen Flächen hat das Gouvernement der Firma rechtzeitig und kostenlos zu überweisen.

3. Die Wassererschließung für Bauzwecke ist Sache der Firma, die für den endgültigen Betrieb Sache des Gouvernements. Dieses hat die für den endgültigen Betrieb nötigen Kessel- und Röhrenbrunnen, Zisternen, Talsperren oder Staudämme zu bauen, und zwar einschließlich etwaiger Reinigungsanlagen und der Leitung und der Maschinen, die das Wasser in die Reinigungsanlagen führen sollen.

Alle Anlagen, die auf den Stationen zur Hebung, Leitung und Aufspeicherung des betriebsbrauchbaren Wassers nötig sind, wie Pumpen, Anschlußleitung, Wasserkran, Hochbehälter usw., hat die Firma zu liefern und einzubauen. Das Gouvernement hat die von ihm für den endgültigen Betrieb hergestellten Brunnen usw. der Firma auf ihren Antrag tunlichst bald zur freien Benutzung zu übergeben. Die Firma hat diese Anlagen alsdann wie die von ihr selbst hergestellten baulichen Anlagen zu unterhalten.

§ 2. Bauentwurf.

1. Die ausführlichen Vorarbeiten und Einzelentwürfe sollen die folgenden zeichnerischen Darstellungen umfassen:

a) Übersichtslageplan mit einem Übersichtslängenprofil, 1:200000 für die Längen, 1:2000 für die Höhen,

b) Lage- und Höhenpläne 1:2500 bzw. 1:250, für den Vorbau in einfachster Form, für den Ausbau mit Darstellung des Geländes durch Schichtenlinien, Signaturen der Bewachsung usw. Die Breite des darzustellenden Geländestreifens soll im allgemeinen im offenen Gelände 100 m beiderseits der Bahn sein und ist im übrigen dem Zwecke anzupassen.

c) Bahnhofspläne 1:1000,

d) Bau- und Werkzeichnungen der prinzipiellen Bahnquerschnitte, Futtermauern, Wegeübergänge, Brücken, Durchlässe, sonstigen Bauwerke, Gleismaterialien, Weichen, Drehscheiben, Schiebebühnen, Fahrzeuge und maschinellen Anlagen in üblichen Maßstäben.

2. Alle von der Örtlichkeit unabhängigen Entwürfe, wie die Normalien für Gleis, Weichen, eiserne Überbauten, bedürfen der Genehmigung der Kolonialabteilung, alle anderen Entwürfe der Genehmigung des von der Kolonialabteilung zu ernennenden Eisenbahn-Kommissars. Alle Entwürfe muß die Firma mindestens in vierfacher Ausfertigung vorlegen. Eine genehmigte Ausfertigung erhält sie zu eigenem Gebrauch zurück.

3. Amtliche Genehmigungen der Entwürfe entbinden die Firma nicht von der Gewährleistung für die Güte und Leistungsfähigkeit der Bahn in allen ihren Teilen.

4. Die Firma hat sämtliche Entwurfstücke nach der Ausführung zu berichtigen und die Übereinstimmung mit der Ausführung zu bescheinigen. Von den so berichtigten und bescheinigten Entwurfsstücken hat sie der Kolonialabteilung — soweit die Stücke noch nicht den Bestätigungsvermerk des Eisenbahn-Kommissars tragen, durch dessen Vermittelung — spätestens alsbald nach der Hauptabnahme der Bahn oder, soweit es sich um später fertig werdende Anlagen handelt, alsbald nach deren Abnahme je eine auf Pausleinewand gefertigte Abzeichnung zu Eigentum und freier Verfügung zu geben.

§ 3. Militärischer Schutz und Mobilmachung.

1. Das Gouvernement wird für angemessenen militärischen Schutz der Arbeiten der Firma Sorge tragen.

2. Die Beamten und Arbeiter dürfen nicht zum Kriegsdienst ausgehoben werden, da der Bahnbau selbst zu Kriegszwecken dient.

§ 4. Fristen und Dispositionen.

1. Die Firma muß ihre Arbeiten unverzüglich nach dem Abschluß dieses Vertrages beginnen und derartig beschleunigen, daß sie die Höhen- und Lagepläne der ersten 20 km 6 Wochen nach dem Vertragsschluß dem Eisenbahn-Kommissar vorlegt.

2. Sobald die ersten Pläne genehmigt sind und das Gouvernement den Grund und Boden für eine angemessene Strecke überwiesen hat, muß die Firma mit den Bauarbeiten beginnen.

3. Zunächst hat die Firma dann mit jeder nur möglichen Beschleunigung die Bahn so im kriegsmäßigen Vorbau vorzutreiben, daß sie 8 Monate nach Vorlage der unter Ziffer 1 dieses Paragraphen bezeichneten Pläne in ihrer ganzen Länge für Kriegstransporte benutzbar ist. Im Anschluß hieran hat die Firma den Ausbau der Bahn zu bewirken. Dieser Ausbau soll binnen 18 Monaten nach der Beendigung des Vorbaues, d. h. nach dem Zeitpunkte vollendet sein, wo der Eisenbahn-Kommissar die Bahn in ihrer ganzen Länge für Kriegstransporte als benutzbar erklärt hat. Während der Bauzeit hat die Firma die Arbeiten fortgesetzt im Verhältnis zu dieser Vollendungsfrist angemessen zu fördern.

4. Zur Ermöglichung eines Urteils über den angemessenen Baufortschritt hat die Firma das erste Mal binnen 4 Monaten nach dem Abschluß des Vertrages und dann in Zeitabständen von höchstens 2 Monaten dem Eisenbahn-Kommissar Baudispositionspläne für den jeweiligen Rest des Baues in dreifacher Ausfertigung zur Kenntnis einzureichen.

5. Die Firma hat bei Überschreitung der für den Ausbau ausbedungenen Frist Vorsatz und Fahrlässigkeit zu vertreten. Das Vorhandensein von Vorsatz oder Fahrlässigkeit wird als erwiesen angenommen, sofern die Firma nicht dartut, daß die Überschreitung der Baufrist durch Baubehinderung infolge höherer Gewalt oder sonstiger seitens der Firma nicht verschuldeter Umstände verursacht worden ist. Von allen solchen Behinderungen hat die Firma dem Eisenbahn-Kommissar möglichst bald Anzeige zu erstatten.

Über den Tatbestand ist dann unverzüglich ein gemeinsames Protokoll aufzunehmen.

6. Versäumnisse des Gouvernements in der Erfüllung der ihm nach § 1 Ziffer 2 und 3 und § 3 obliegenden Pflichten begründen, soweit sie nicht auf Vorsatz beruhen, keinen anderen Anspruch als gegebenenfalls den auf Verlängerung der Baufrist für den Ausbau.

§ 5. Aufsicht.

1. Der Eisenbahn-Kommissar wird die Arbeiten der Firma bahntechnisch und landespolizeilich überwachen. Er wird insbesondere gemeinschaftlich mit dem Bauleitenden der Firma die Linie für den Vorbau und den Ausbau im einzelnen festlegen und sich über die Arbeiten der Firma ständig durch Bereisungen der Strecke so unterrichtet halten, daß er dem Bauleitenden der Firma die nötigen Entscheidungen stets tunlichst ohne Verzug geben kann.

2. Dem Eisenbahn-Kommissar und seinen Untergebenen steht zu diesem Zwecke jederzeit der Zutritt zu den Räumen, Arbeitsplätzen und Werkstätten der Firma frei. Die Firma hat ihnen jede zur Durchführung der Aufsicht nötige Auskunft zu geben. Dem Eisenbahn-Kommissar hat die Firma jederzeit auf Verlangen Einsicht in die Bücher zu gestatten, die sie nach diesem Vertrage zu führen verpflichtet ist.

3. Baut die Firma nach Entwürfen, die ihr weder in der Heimat von der Kolonial-Abteilung noch in dem Schutzgebiet von dem Eisenbahn-Kommissar genehmigt sind, so ist sie verpflichtet, etwaige von der Aufsichtsbehörde für erforderlich erachtete Änderungen zu Lasten ihrer nach § 16 Ziffer 1 b gewährten Vergütung auszuführen.

4. Die Bestimmungen unter Ziffer 3 gelten auch für Abweichungen von schon genehmigten Entwürfen.

5. In Fällen vorschriftswidriger Arbeiten oder Lieferungen kann die Kolonial-Abteilung sowohl wie der Eisenbahn-Kommissar verlangen, daß in angemessenen Fristen die Mängel beseitigt und vorschriftswidrige Materialien von der Verschiffung ausgeschlossen oder von den Baustellen und Werkplätzen entfernt werden.

6. Auf Verlangen des Eisenbahn-Kommissars hat die Firma die Messungen, die zur Anfertigung und Bescheinigung von Revisionszeichnungen nötig sind, insbesondere die Messung der Bahnlänge im Beisein und unter Kontrolle eines vom Eisenbahn-Kommissar zu bezeichnenden Beamten ausführen zu lassen.

§ 6. Vergebung von Lieferungen.

1. Die Firma hat die Verpflichtung, bei Vergebung der Lieferungen des eisernen Oberbaumaterials, der eisernen Brückenkonstruktionen, der eisernen Telegraphenstangen, sowie der Betriebsmittel mindestens drei Firmen zum Wettbewerb aufzufordern und dafür, daß dies geschehen, auf Verlangen der Kolonial-Abteilung oder des Eisenbahn-Kommissars den Nachweis zu erbringen. Die Firma ist im übrigen darüber keine Rechenschaft schuldig, ob es etwa Mittel und Wege gegeben hätte, gegenüber den tatsächlichen Aufwendungen Ersparnisse zu erzielen.

2. Zum Bahnbau sollen tunlichst nur Gegenstände deutschen Ursprungs verwendet werden. Soweit es sich um Oberbaumaterialien, Betriebsmittel und Eisenkonstruktionen handelt, dürfen Gegenstände nicht deutschen Ursprungs nur mit Genehmigung der Kolonial-Abteilung oder des Eisenbahn-Kommissars Verwendung finden. Die Versendungen sollen tunlichst nur über deutsche Häfen erfolgen.

§ 7. Personal der Firma.

1. Die Firma ist verpflichtet, einen mit den nötigen Vollmachten ausgestatteten, technisch gebildeten und im Eisenbahnbau erfahrenen Bauleitenden zu bestellen. Der Sitz der Bauleitung ist Lüderitzbucht. Solange der Bauleitende von Lüderitzbucht abwesend ist, hat er an diesem Ort einen Vertreter zu bestellen. Beide müssen Angehörige des Deutschen Reiches sein.

2. Die bei den Bauarbeiten und dem Betriebe beschäftigten Angestellten müssen eine ihrer Verwendung entsprechende Vorbildung und guten Leumund haben.

3. Untüchtige oder übelbeleumundete Angestellte hat die Firma auf Verlangen des Eisenbahn-Kommissars sofort zu entfernen.

§ 8. Ordnungsvorschriften.

1. Die Firma ist dafür verantwortlich, daß alle Angestellten und Arbeiter die für die Bauausführung gültigen gesetzlichen, polizeilichen und sonstigen Vorschriften befolgen. Insbesondere haftet sie für die Tüchtigkeit der Rüstungen, Transportbrücken und sonstigen Bauvorrichtungen.

2. Die Firma hat sämtliche Arbeiten so zu regeln, daß die ihnen beiwohnende Gefahr soweit vermindert wird, als es die Natur der Arbeiten und das gesteckte Ziel gestatten.

§ 9. Zollfreiheit.

Die Firma genießt Zollfreiheit für die Einfuhr aller Gegenstände in das Schutzgebiet, deren sie zur Erfüllung dieses Vertrages bedarf.

§ 10. Gebrauch der Lieferungsgegenstände und Anlagen.

1. Die Firma ist befugt, sämtliche Gegenstände und Anlagen, die sie in Ausführung dieses Vertrages geliefert und hergestellt hat, zur weiteren Erfüllung dieses Vertrages zu gebrauchen.

2. Sie ist gehalten, die Lieferungsgegenstände und Anlagen vor jeder sachwidrigen Behandlung zu schützen und sie bei der Gesamtabnahme in einem Zustande zu übergeben, wie er der naturgemäßen Abnutzung entspricht.

3. Sollten die in der Baubeschreibung vorgesehenen Fahrzeuge für die Bauzeit nicht genügen, so hat die Firma weitere Fahrzeuge, ebenso wie die sonstigen Baugeräte und Baumaschinen zu Lasten des Baukontos zu beschaffen und nach Gebrauch zugunsten des Baukontos zu veräußern.

§ 11. Telegramme.

1. Amtliche Telegramme sind kostenlos zu befördern.

2. Die Firma ist befugt, und falls der Eisenbahn-Kommissar es verlangt, verpflichtet, Privattelegramme auf der Bahnleitung zu befördern, soweit dies ohne Behinderung des Baufortschritts und mit dem vorhandenen Personal möglich ist. Sie hat dabei die Bestimmungen zu beobachten, die die Reichs-Postverwaltung hierfür festsetzen wird.

3. Ausgaben und Einnahmen aus diesem Telegrammverkehr gelten als Bauausgaben und Baueinnahmen.

§ 12. Betrieb der Bahn während des Baues.

1. Die Firma hat die Bahn entsprechend dem Fortschritte des Vorbaues in kurzen Teilstrecken für Militärtransporte zu eröffnen, sobald der Eisenbahn-Kommissar die Strecken für betriebsfähig erklärt hat. Die Bemessung der Länge der Teilstrecken steht dem Eisenbahn-Kommissar zu.

2. Auf den zu eröffnenden Teilstrecken hat die Firma bis zur Hauptabnahme der Bahn auf Verlangen durchschnittlich an jedem Werktage 35 t während des Vorbaues und 70 t während des Ausbaues landeinwärts zu befördern. Sofern die Militärverwaltung im Durchschnitt nicht die Beförderung solcher Mengen für militärische Zwecke verlangt, ist die Firma verpflichtet, auf Verlangen Postsachen (nach den Bestimmungen vom 28. Mai 1879, betreffend die Verpflichtungen der Eisenbahnen untergeordneter Bedeutung zu Leistungen für die Zwecke des Postdienstes) und so viel Privatgut neben dem Militärgut zu befördern, bis die oben festgesetzte Gesamtleistung erreicht wird. Jeder auf Verlangen des Eisenbahn-Kommissars eingestellte Personenwagen rechnet dabei für 7 t Frachtgut.

3. Für Beraubungen der Transporte haftet die Firma nicht.

4. Die Militärtransporte sollen tunlichst von Militärpersonen begleitet sein.

5. Die Militärtransporte sind für die Zeit des Vorbaues frei, für die Zeit des Ausbaues sind die entstehenden und nachzuweisenden Selbstkosten dem Baukonto wieder gutzubringen. Für Privattransporte ist der jeweilige Tarif der Regierungsbahn Swakopmund—Windhuk zu berechnen.

6. Die Angestellten des Gouvernements, die in besonderem Auftrage aus Anlaß des Bahnbaues die Strecke bereisen, sind mit ihrem Gepäck gebührenfrei zu befördern.

7. Die Ausgaben und Einnahmen aus diesen Transporten gelten als Bauausgaben und als Baueinnahmen.

8. Bis zum 15. eines jeden Monats hat die Firma dem Eisenbahn-Kommissar eine Statistik über den militärischen und Privat- sowie Postverkehr des Vormonats in dreifacher Ausfertigung einzureichen. Aus der Statistik müssen ersichtlich sein die Zahl der Personen und Personenkilometer, nach Wagenklassen getrennt, und die Zahl der Gütertonnen und Tonnenkilometer, nach Warengattungen getrennt.

9. Der gesamte Betrieb auf den für Militär- und Privattransporte eröffneten Strecken unterliegt den preußischen Betriebsvorschriften für Kleinbahnen mit Maschinenbetrieb vom 13. August 1898 und den vom Kommissar genehmigten abändernden Bestimmungen.

§ 13. Überlassung und Ausbildung von Personal.

1. Soweit die Firma ihrer Angestellten nach der Hauptabnahme der Bahn nicht mehr zur Abwicklung dieses Vertrages bedarf, hat sie sie mit deren Einverständnis auf Antrag des Gouvernements zum Tage nach der Hauptabnahme aus ihren Diensten zu entlassen und ihnen den Übertritt in die Dienste des Gouvernements zu gestatten.

2. Die Firma wird darauf Bedacht nehmen, genügendes Personal für den Betrieb der Bahn bis zur Hauptabnahme nach den preußischen Betriebsvorschriften für Kleinbahnen mit Maschinenbetrieb vom 13. August 1898 auszubilden. Sie ist hierzu verpflichtet, wenn das Gouvernement die Bezüge des auszubildenden Personals außerhalb dieses Vertrages zahlt.

§ 14. Abnahme.

1. Der Firma gegenüber werden die vertraglichen Leistungen und Lieferungen der Firma durch den Eisenbahn-Kommissar abgenommen.

2. Die Abnahme solcher Leistungen und Lieferungen, deren Prüfung später nicht mehr oder nur mit besonderen Unkosten möglich ist, z. B. die Abnahme der Bausohlen der einzuschüttenden Bauwerke usw., erfolgen schon während der Bauzeit. Die Firma hat diese Abnahme rechtzeitig zu beantragen. Die Gefahr und, soweit rechtlich möglich, das Eigentum an den so abgenommenen Gegenständen und Anlagen bleibt bis zur Hauptabnahme der Bahn bei der Firma.

3. Auf Verlangen der Kolonial-Abteilung hat die Firma zu Lasten ihrer Verwaltungskosten die aus der Heimat zur Lieferung kommenden Gegenstände durch einen von den Unterlieferanten vollständig unabhängigen Sachverständigen vor der Verschiffung, vorläufig und unbeschadet der Rechte der Kolonial-Abteilung bzw. des Eisenbahn-Kommissars nach § 5 Nr. 5 prüfen zu

lassen. Die Wahl des Sachverständigen unterliegt der Genehmigung der Kolonial-Abteilung. Der letzteren steht es frei, sich bei den Prüfungen vertreten zu lassen. Zu dem Zwecke hat die Firma sie rechtzeitig von den Prüfungsterminen zu benachrichtigen und ihr ferner von dem Ergebnis der Prüfung Kenntnis zu geben.

4. Sobald die Firma übersehen kann, wann die Bahn voraussichtlich im Ausbau fertig hergestellt und ausgestattet sein wird, hat sie dem Eisenbahn-Kommissar diesen Zeitpunkt mitzuteilen. Nach dieser vorläufigen Ankündigung hat sie die Hauptabnahme der Bahn beim Eisenbahn-Kommissar rechtzeitig zu beantragen. Dieser hat dann einen Tag für die Hauptabnahme festzusetzen, der höchstens 4 Wochen nach dem Antrage oder, wenn dies einen späteren Termin ergibt, höchstens 3 Monate später liegen soll, als der Eisenbahn-Kommissar die vorläufige Ankündigung erhalten hat.

5. Über die Hauptabnahme ist ein Protokoll aufzunehmen. Nähere Bestimmungen für das Protokoll behält sich die Kolonial-Abteilung vor.

6. Spätestens mit der Hauptabnahme gehen das Eigentum und die Gefahr an der gesamten Bahnanlage, soweit sie dann abgenommen sein wird, an den Schutzgebietsfiskus über.

7. Für die Abstellung der bei den Teilabnahmen oder der Hauptabnahme ermittelten Mängel gelten die Bestimmungen des § 5.

§ 15. Gewähr.

1. Für alle Leistungen und Lieferungen, auf die sich die Hauptabnahme erstreckt hat, leistet die Firma noch ein Jahr lang nach dieser Hauptabnahme Gewähr. Für die Leistungen und Lieferungen, die erst nach der Hauptabnahme abgenommen sind und sich nicht als Ersatz nach Ziffer 2 dieses Paragraphen darstellen, leistet die Firma noch ein Jahr nach den betreffenden Teilabnahmen Gewähr. Für die Lieferung von eisernem Gleismaterial wird die Gewährzeit vom Tage der Anlieferung in Lüderitzbucht ab, und zwar auf 5 Jahre, gerechnet.

2. Auf Grund dieser Gewährpflicht hat die Firma alle Anlagen und Gegenstände, die sich während der Gewährzeit als nicht bedingungsgemäß erweisen oder die infolge schlechten Materials oder mangelhafter Arbeit bei gewöhnlicher Betriebsbenutzung, d. h. ohne nachweisbare Unfälle betriebsunbrauchbar werden, unverzüglich zu ihren Lasten bzw. zu Lasten des nach § 18 zu hinterlegenden Pfandes durch neue bedingungsgemäße zu ersetzen.

Für alle solche Ersatzleistungen und Ersatzlieferungen leistet die Firma Gewähr bis zum Ablauf der Gewährfrist für die betreffenden ursprünglichen Leistungen und Lieferungen.

3. Erweisen sich die Inventarien und Ausrüstungsstücke bei der Hauptabnahme der Menge nach als unzulänglich, so hat die Firma weitere Inventarien und Ausrüstungsstücke mit Ausnahme von Fahrzeugen nachzuliefern. Die Gewährfrist hierfür läuft bis zum Schlusse des mit der Hauptabnahme beginnenden Jahres.

§ 16. Vergütung.

1. An Vergütung für die vertragsmäßigen Leistungen und Lieferungen erhält die Firma:

a) den Pauschbetrag von 512 000 Mk., in Worten: Fünfhundertzwölftausend Mark als Ersatz ihrer Verwaltungskosten,

b) den Ersatz der übrigen zur Erfüllung dieses Vertrages aufgewendeten Selbstkosten.

c) einen Gewinn von 10 % der nach b) aufgewendeten und nachzuweisenden Selbstkosten.

Bleibt die Summe der unter a), b) und c) sich ergebenden Beträge unter der Summe von 7 332 500 Mk., so erhält die Firma von der Ersparnis 33⅓ %.

Wird dagegen die Summe von 7 332 500 Mk. überschritten, so erhält die Firma von der Überschreitungssumme keinen Gewinn, partizipiert vielmehr an dieser mit 33⅓ % bis zum Höchstbetrage von ⅓ des ihr nach c) zukommenden Gewinnes.

Die Summe von 7 332 500 Mk. basiert auf einer Bahnlänge von 150 Kilometern, gerechnet im durchgehenden Hauptgleis mit Einschluß des Hafengleises von der Wurzel der Landungsbrücke an. Für jedes Kilometer Mehr- oder Minderlänge erhöht oder vermindert sie sich um 40 000 Mk.

Muß die Linienführung nach dem Ergebnisse der speziellen Vorarbeiten auf gewissen Strecken gegenüber der Trasse in der dem zweiten Nachtragsetat des südwestafrikanischen Schutzgebiets für 1905 beigefügten Karte abgeändert werden, so bleiben die Bestimmungen dieses Paragraphen bestehen, nur bezüglich der bei Verkürzung der Gesamtstrecke zu machenden Abzüge wird besondere Vereinbarung auf Grund der tatsächlichen Ergebnisse vorbehalten.

2. Für jeden Tag, um den die Firma den Vorbau vor dem in § 4 Z. 3 bezeichneten Termin fertigstellt, erhält sie eine besondere Vergütung von 3000 Mk. Für jeden Tag, um den sich die Fertigstellung des Vorbaues durch Verschulden der Firma über diesen Tag hinaus verzögert, hat die Firma eine Konventionalstrafe von 3000 Mk. zu zahlen, soweit sie nicht gemäß § 4 Z. 5 des Vertrages ihr Unverschulden an der Verzögerung nachzuweisen vermag.

Als fertig gilt der Vorbau mit dem Zeitpunkte, wo der Eisenbahn-Kommissar die letzte Teilstrecke als benutzbar für Militärtransporte erklärt hat.

3. Verwaltungskosten im Sinne der Bestimmung unter 1 a dieses Paragraphen sind

a) die Personalkosten der Firma für ihre Beamten in Berlin, für den bauleitenden Ingenieur und dessen Stellvertreter, sowie für die Feldmesser und Bureaubeamten in Südwestafrika. Alle anderen Personen, seien es Beamte oder Arbeiter, die aus Anlaß des Bahnbaues in Südwestafrika tätig sind, gehen zu Lasten des Baukontos. In gleicher Weise sind auf das Baukonto zu verbuchen die Kosten der Unfall-, Kranken-, Invaliden- und sonstigen Versicherung, der ärztlichen Behandlung, der Abfindung und Unterstützung usw. aller Beamten und Arbeiter mit Ausnahme der im Satz 1 genannten Beamten,

b) sämtliche Bureaukosten, wie z. B. für Einrichtung und Ausstattung der Bureaus, Bureau-, Meß- und Zeichengeräte, Bücher, Karten, Modelle usw., Miete, Heizung, Reinigung, Beleuchtung, Versicherung der Bureaus, Drucksachen, Schreib- und Zeichenmaterialien, Zeitungen, Bekanntmachungen, Stempel, Porti, Boten und Bureaudiener,

c) sämtliche Kosten, die der Firma bei der Prüfung von Lieferungsgegenständen außerhalb des Schutzgebietes entstehen,

d) sämtliche Kosten der Geldbeschaffung,

e) sämtliche Steuern und Abgaben.

4. Selbstkosten im Sinne der Ziffer 1 b dieses Paragraphen sind sämtliche übrigen Kosten, die der Firma in Erfüllung dieses Vertrages erwachsen. Sie sind nach dem Bruttoprinzip als der Überschuß der einschlägigen Ausgaben über die einschlägigen Einnahmen nachzuweisen. Über diese Selbstkosten hat die

Firma ordnungsmäßig Buch zu führen. Die hierher gehörigen Ausgaben und Einnahmen soll sie tunlichst mit Quittung vorlegen oder, soweit dies nicht durchführbar ist, von eigens hierfür durch Handschlag an Eidesstatt verpflichteten Angestellten der Firma auf ihre Richtigkeit und ihre richtige Verbuchung bescheinigen lassen.

Falls die Militärverwaltung sich mit dem entbehrlichen Personal (Offizieren und Mannschaften der Eisenbahnbaukompagnie) an den Bauarbeiten der Firma beteiligen wird, werden der letzteren und damit dem Baufonds nur die Mehrkosten in Rechnung gestellt, die der Militärverwaltung durch diese Beteiligung erwachsen, nicht aber die laufenden Bezüge und sonstigen Kosten, die der Militärverwaltung auch ohne diese Beteiligung für jenes Personal erwachsen sein würden.

§ 17. Rechnungslegung.

1. Über die im § 16 1 b genannten Selbstkosten hat die Firma der Kolonialabteilung von dem Vertragsabschluß an in angemessenen Zeiträumen, mindestens aber alle 3 Monate Rechnung zu legen. Die Schlußrechnung soll die Firma tunlichst binnen 3 Monaten nach der letzten der in § 14, 1 bezeichneten Abnahmen einreichen.

2. Für die Rechnung ist die Einteilung des Normalbuchungsformulars für die Eisenbahnen Deutschlands maßgebend.

3. Über die in § 16, 1 a genannten Verwaltungskosten schuldet die Firma keine Rechnungslegung.

4. Die Kolonialabteilung hat die eingereichten Rechnungen nur auf ihre rechnerische und buchungsmäßige Richtigkeit zu prüfen, nicht auf die Angemessenheit und Notwendigkeit der Ausgaben und Einnahmen.

5. Den mit der Prüfung der Abrechnung betrauten Organen der Kolonialabteilung hat die Firma jede nötige Auskunft zu gewähren.

§ 18. Zahlungen.

1. Die Firma erhält am Tage nach Abschluß dieses Vertrages und dann bis zum 31. März 1906 am Schlusse eines jeden Monats eine Abschlagszahlung von 500 000 Mk., sowie den Ersatz der nachzuweisenden Materialkosten, sodann 12 Monate lang an jedem Monatsschluß eine Abschlagszahlung von 200 000 Mk. Den Rest der ihr nach § 16 zustehenden Vergütung erhält sie tunlichst binnen 3 Monaten, nachdem sie die Schlußrechnung eingereicht hat. Sollte sich in dieser Frist die Prüfung der Schlußrechnung nicht in allen Teilen durchführen lassen, so erhält die Firma zu diesem Termin jedenfalls den nicht strittigen Teil ihres Guthabens, den Rest aber alsbald nach Abschluß der Prüfung. Diese hat die Kolonial-Abteilung möglichst zu beschleunigen.

2. Die Zahlungen erfolgen nach Wahl der Firma im Schutzgebiet durch das Gouvernement oder in Deutschland durch die Kolonial-Abteilung. Die Firma hat ihre Wahl in jedem Falle der einen Zahlstelle so früh mitzuteilen, daß diese die andere Zahlstelle vor dem Tage der Fälligkeit der Zahlung benachrichtigen kann. Wird eine telegraphische Benachrichtigung nötig, so trägt die Firma die Kosten.

3. Wünscht die Firma, in einem Falle mehr als 100 000 Mk. durch das Gouvernement ausbezahlt zu erhalten, so hat sie ihm dies mindestens 4 Wochen vorher mitzuteilen.

4. Bei Säumigkeit der Firma in der Erfüllung ihrer Vertragspflichten, oder bei Stockungen im Baufortschritt kann die Kolonial-Abteilung dem-

entsprechend die Abschlagszahlungen teilweise oder ganz zurückbehalten, sie kann sie erhöhen oder vorzeitig zahlen, wenn die Firma nachweist, daß sie zum Zwecke und mit dem Erfolge der Abkürzung der programmäßigen Bauzeit Ausgaben über den jeweiligen Gesamtbetrag der Monatsraten hinaus gemacht hat.

§ 19. Pfand.

1. Als Pfand für die Erfüllung ihrer Vertragspflichten hinterlegt die Firma binnen 14 Tagen nach dem Vertragsabschlusse und jedenfalls vor der Auszahlung der ersten Abschlagsrate bei der Legationskasse des Auswärtigen Amtes. Abteilung II, 350 000 Mk. in Papieren, die in solcher Höhe bei der Reichsbank beleihungsfähig sind, oder in Sichtwechseln, die die Firma ausstellt und die von einer ersten deutschen Bank akzeptiert sind.

2. Nimmt die Kolonial-Abteilung das Pfand vertragsmäßig in Anspruch, so hat die Firma es binnen 14 Tagen auf die alte Höhe zu ergänzen.

3. Die Firma erhält das Pfand zurück, sofern sie nach Ablauf des Jahres, das auf die letzte der im § 14,1 genannten Abnahmen folgt, allen bis dahin fälligen Vertragspflichten nachgekommen ist.

4. Soweit von der Firma ein Teil der vertraglichen Leistungen noch nicht erfüllt ist, kann ein entsprechender Teil des Pfandes bis zur vollständigen Erfüllung von der Kolonial-Abteilung einbehalten werden.

5. Außer dem bisher genannten Pfande gilt die gesamte Bahnanlage nebst Zubehör bis zum Übergang in das Eigentum des Fiskus als der Kolonialabteilung verpfändet.

§ 20. Schiedsgericht.

1. Alle Meinungsverschiedenheiten zwischen der Kolonial-Abteilung und der Firma hinsichtlich der Rechte und Pflichten aus diesem Vertrage werden unter Ausschluß des ordentlichen Rechtsweges durch ein Schiedsgericht geschlichtet.

2. Der Teil, welcher ein Schiedsgericht anrufen will, hat dem anderen Teile eine darauf hinzielende Erklärung zugehen zu lassen, in welcher er selbst einen Schiedsrichter benennt. Innerhalb zweier Wochen nach Empfang hat der andere Teil einen zweiten Schiedsrichter zu benennen. Diese Frist wird auf 8 Wochen verlängert, sofern sich die zur Ernennung der Schiedsrichter nach dem Vertrage oder kraft besonderer Vollmacht berufenen Vertreter beider Parteien nicht im selben Erdteil befinden. Läßt der andere Teil die Frist verstreichen, ohne sich zu erklären, so ist der erste Teil befugt, den Präsidenten des Hanseatischen Oberlandesgerichts zu Hamburg um Ernennung eines zweiten Schiedsrichters für den anderen Teil anzugehen. Die beiden benannten Schiedsrichter haben sich alsbald über einen dritten Schiedsrichter, der zugleich die Stellung eines Obmannes einnehmen soll, zu einigen. Sofern sie sich nicht einigen können, hat der Präsident des Hanseatischen Oberlandesgerichts zu Hamburg den Obmann zu ernennen.

3. Die Schiedsrichter sind berechtigt, Erhebungen anzustellen, auch Sachverständige und Zeugen zu vernehmen. Den Erhebungen und Vernehmungen der Sachverständigen und Zeugen können Vertreter beider Teile beiwohnen.

4. Der Schiedsspruch, der auch über die Kosten des Verfahrens und ihre Verteilung zu entscheiden hat, ist schriftlich abzufassen und von den drei Schiedsrichtern zu vollziehen.

5. Das schiedsrichterliche Verfahren regelt sich im übrigen nach den Vorschriften der Zivilprozeß-Ordnung. Bei Stimmengleichheit im Schieds-

gericht entscheidet der Obmann; in Fällen der §§ 1045 und 1046 der Zivilprozeß-Ordnung ist das Gericht Berlin zuständig.

§ 21. Übertragbarkeit und Abschluß des Vertrages.

1. Dieser Vertrag ist nur mit Zustimmung beider Parteien übertragbar.

2. Er wird in je einer Ausfertigung für die beiden Parteien geschlossen.

3. Die Kosten des Vertragsabschlusses, insbesondere etwaige Stempelsteuergebühren, trägt die Firma zu Lasten ihrer Verwaltungskosten.

Berlin, den 15. Januar 1906.
Auswärtiges Amt, Kolonial-Abteilung.
E. Hohenlohe.

Berlin, den 15. Januar 1906.
Deutsche Kolonial-Eisenbahnbau- und Betriebs-Gesellschaft.
F. Lenz.

Anlage zu Nr. 2.

Baubeschreibung für den Bau der Eisenbahn von Lüderitzbucht nach Kubub.

§ 1. Linienführung.

Die Eisenbahn soll von Lüderitzbucht ausgehen und in der Gegend von Kubub oder Aus an einer Stelle enden, die für die Fortsetzung nach Osten hin günstig liegt; dabei ist mindestens der Längengrad von Aus zu erreichen.

§ 2. Bauvorgang.

Der Bau zerfällt in den Vorbau und in den Ausbau.

Der Vorbau umfaßt lediglich die Arbeiten, die nötig sind, um die Strecke überall mit einer Geschwindigkeit von 20 km in der Stunde befahrbar zu machen und zu erhalten.

Der Ausbau umfaßt die übrigen in der Baubeschreibung aufgeführten Leistungen und Lieferungen und hat zum Ziel eine Eisenbahn, die an allen Stellen mit einer Geschwindigkeit von 40 km in der Stunde befahren werden kann und für den Dauerbetrieb genügend ausgestattet ist. Der Eisenbahn-Kommissar ist befugt, für einzelne Stellen eine geringere Zuggeschwindigkeit als maßgebend zuzulassen.

Alle Leistungen und Lieferungen sollen den besten Regeln der Technik entsprechen. In bahntechnischer Hinsicht gelten die im Juli 1896 beschlossenen Grundzüge für den Bau und die Betriebseinrichtungen der Lokaleisenbahnen, soweit nachstehend keine anderen Bestimmungen getroffen sind.

§ 3. Neigungs- und Richtungsverhältnisse.

Für den Vorbau sind im allgemeinen Steigungen bis zu 40 ‰ und Krümmungen bis zu 70 m Halbmesser statthaft.

Es sind als maßgebende Steigungen für den Ausbau in der Richtung nach Aus 25 ‰ und in der Richtung nach Lüderitzbucht tunlichst 20 ‰ und höchstens 25 ‰ derartig einzuhalten, daß der durch Steigungen und Krümmungen zusammen verursachte Widerstand nirgends mehr als der durch die bezeichnete Steigung auf der Graden hervorgerufene beträgt. Als Krümmungswiderstand im Bogen vom Halbmesser R in Metern gelten $\frac{400}{R-20}$ ‰ des Zuggewichtes. Wieweit in Einlaufsteigungen steilere Steigungen zulässig sind, befindet der

Eisenbahn-Kommissar von Fall zu Fall. Verlorene Gefälle sind unerwünscht und nach Möglichkeit zu vermeiden. Zwischen Gegenneigungen von 10 °/₀₀ und darüber sollen tunlichst Zwischenstrecken eingelegt werden, die höchstens mit 3 °/₀₀ geneigt sind. Die Ausrundung der Gefällwechsel soll mit mindestens 2000 m Halbmesser erfolgen, der Auslauf der Erhöhung mit höchstens 3½ %. Die kleinsten Krümmungen der freien Strecke sollen im Ausbau nach Möglichkeit 150 m, mindestens aber 100 m Halbmesser, Weichenkrümmungen einen Halbmesser von mindestens 70 m haben.

§ 5. Der Bahnkörper.

Die Breite des Planums beträgt 3,50 m. Die Böschungen sollen, wo nicht Fels vorhanden, im allgemeinen 1½ fach geneigt sein; steilere Böschungen sind an einzelnen Stellen mit Genehmigung des Eisenbahn-Kommissars zulässig.

Das Bahngelände wird im allgemeinen zu 60 m Breite angenommen. Soweit es erforderlich ist, sind die Streifen neben der Bahn als Feuerschutzstreifen durch Einrichtung von Wundstreifen und Beseitigung feuergefährlicher Bahndecken auszugestalten. Bäume, die im Fallen das Gleis oder die Telephonleitung beschädigen oder den Betrieb stören können, müssen gefällt werden.

§ 6. Schutzbauten und Übergänge.

Gegen Sandverwehungen sind an den gefährdeten Stellen noch näher zu bestimmende Schutzbauten herzurichten.

Übergänge über die die Bahn kreuzenden Fahrwege sollen durch Schotter oder Bohlenbelag befestigt und mit Pfählen oder Warnungstafeln versehen werden.

§ 7. Kunstbauten.

Für den Ausbau sind Durchlässe und Brücken nur in Stein und Eisen, für den Vorbau auch solche in Holz zugelassen. Die Brücken sind nach den in Preußen geltenden Vorschriften unter der Annahme der folgenden Verkehrslasten zu berechnen:

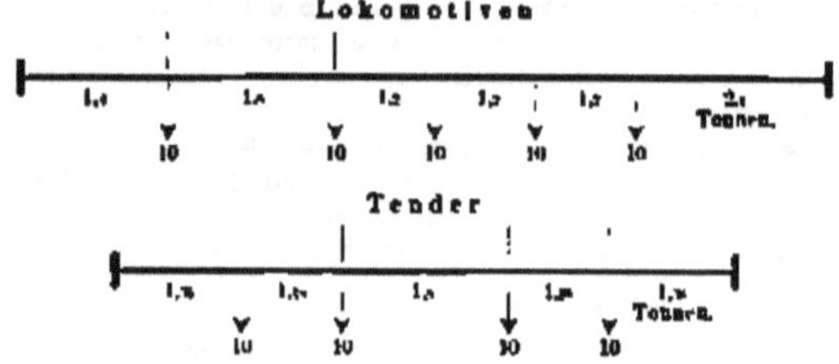

Es ist ein Lastenzug, bestehend aus zwei Lokomotiven und einer unbeschränkten Anzahl von einseitig angehängten Tendern oder Wagen der vorstehend skizzierten Art zugrunde zu legen. Für kleinere Brücken sind, sofern dies ungünstiger wirkt, die ersten oder die beiden ersten oder die drei ersten Lokomotivachsen mit je 12 t Achsdruck allein anzunehmen. Für die eisernen Überbauten kann die Kolonial-Abteilung Verschraubung statt Vernietung verlangen.

Soweit im einzelnen nichts anderes bestimmt ist, sollen die Konstruktionen in Eisen mindestens mit fünffacher und die Konstruktionen in Stein und Beton mindestens mit sechsfacher Sicherheit gegen Druck, Zug, Biegung und Knicken ausgeführt werden. Die Holzkonstruktionen sollen gegen Druck, Zug und Biegung mindestens fünffache und gegen Knicken mindestens zehnfache Sicherheit aufweisen.

§ 8. Oberbau.

Das Gleis soll bis auf die Spurweite und die Schwellenlänge demjenigen für die Bahn Lome—Palime entsprechen. Die Spurweite beträgt 1,067 m. Die Schwellen sind 5 cm länger als bei der genannten Bahn. In der Geraden sollen 12 und im Bogen unter 300 m Halbmesser 13 Schwellen auf 10 m gelegt werden. Die Baulänge der Weichen beträgt im geraden Gleise 20 m.

Von allen Gleismaterialien sind 1 % über den Baubedarf hinaus nach Wahl des Eisenbahn-Kommissars in Stapeln auf den Bahnhöfen oder in Baugleisen mitzuliefern.

§ 9. Die Bettung.

Die Breite der Bettung, die aus geeignetem, an der Bahnlinie vorhandenem Material zu gewinnen ist, soll in der Höhe der Schienenunterkante 2,50 m sein und etwa 25 cm unter die Schienenunterkante reichen.

§ 10. Elektrische Leitung und Signale.

Die Bahn soll in ihrer ganzen Länge mit einer doppeldrahtigen elektromagnetischen Leitung an eisernen Stützen versehen werden. Für die ersten 30 km ist Bronzedraht von 3 mm Durchmesser, für die weitere Strecke verzinkter Eisendraht von 3½ mm Durchmesser zu wählen. In der Leitung sollen auf allen Betriebsstationen Fernsprech- und Morse-Apparate eingeschaltet werden. Die Schaltung soll so geschehen, daß der eine Draht für die Hinleitung, der andere für die Rückleitung dient. Die Stützen sind mit 2 Reservebohrlöchern zu versehen.

Die sonstige Ausrüstung der Bahn mit Signalen im Rahmen der Grundzüge für Lokaleisenbahnen wird der Entscheidung des Eisenbahn-Kommissars vorbehalten.

§ 11. Hochbauten auf den Stationen.

In Lüderitzbucht ist ein Lokomotivschuppen vereinigt mit einer Werkstätte nebst Ausrüstung, eine Lokomotivdrehscheibe, ein Kohlenschuppen und eine Wasserstation zu bauen; in Kubub ein Lokomotivschuppen und eine Lokomotivdrehscheibe. Für die Größe und Ausrüstung der Werkstätte ist die für Lome genehmigte Anlage maßgebend. Nach Möglichkeit soll noch eine der Zwischenstationen eine Wasserstation erhalten; im übrigen sind als Hochbauten nur Buden und Baracken nach Maßgabe des Betriebsbedürfnisses zu errichten.

§ 12. Hafenanlagen.

In Lüderitzbucht ist die Landungsanlage soweit auszubauen, wie es für den Bahnbetrieb nötig ist.

§ 13. Betriebsmittel.

An Fahrzeugen sollen, vorbehaltlich besonderer Bestimmungen im Rahmen des Anschlages:

6 Lokomotiven,
4 Tender mit je 12 cbm Wasserraum,
35 offene Güterwagen } von je 7 t Tragfähigkeit
35 bedeckte Güterwagen }

3 Motorfahrräder und
6 Bahnmeisterwagen

geliefert werden.

Reserveteile für die Fahrzeuge sind im ungefähren Werte von 5% des Wertes der Fahrzeuge zu beschaffen.

Sämtliche Fahrzeuge, mit Ausnahme der Motorfahrräder und der Bahnmeisterwagen, sollen für durchgehende selbsttätige Bremse eingerichtet sein.

Welche Wagen Handbremse erhalten sollen, wird noch besonders bestimmt.

Das für die Betriebsmittel zu verwendende Material muß den Lieferungsbedingungen der preußischen Staatsbahn entsprechen, insofern sich nicht die Kolonial-Abteilung mit Abweichungen einverstanden erklärt.

2. Runderlafs des Auswärtigen Amts, Kolonial-Abteilung, betreffend die Bescheinigungen über die Prüfung der Rechnungsbelege. Vom 12. Februar 1906.

Bei dem Anschwellen der Schutzgebietsabrechnungen und der dazu gehörigen Belege hat das Bestreben, den Bescheinigungen über die kalkulatorische Prüfung der Belege zur Verminderung des Schreibwerks eine möglichst einfache, kurze Form zu geben, dahin geführt, daß in den einzelnen Schutzgebieten die verschiedensten Bescheinigungen, wie z. B. „geprüft" oder „richtig" usw., zur Anwendung gelangen.

Um ein einheitliches Verfahren sicherzustellen, das nicht nur den Anforderungen des Rechnungshofes genügt, sondern auch den berechtigten Wünschen der Kolonialverwaltung auf tunlichste Vereinfachung Rechnung trägt, bin ich mit dem Rechnungshofe in Verbindung getreten. Im Einvernehmen mit demselben treffe ich nunmehr *folgende Anordnungen:*

Der für die Abnahme der Rechnungen und Prüfung der Belege in Betracht kommende § 47 der Instruktion für die Oberrechnungskammer vom 18. Dezember 1824 bestimmt in seinem ersten Absatz nur allgemein, daß vor der Abnahme der Rechnungen diese sowohl wie die Belege rechnerisch geprüft und bescheinigt sein müssen, und es unterliegt auch nach Auffassung des Rechnungshofes keinem Bedenken, für die Bescheinigung der Belege hinsichtlich der rechnerischen Prüfung eine möglichst einfache Form zuzulassen. Soweit nicht im Einzelfalle, wie z. B. bei Reisekostenliquidationen usw., eine besondere kalkulatorische Prüfungsbescheinigung vorgeschrieben ist, hat die auf die Hauptbelege zu setzende Bescheinigung fortan in der Fassung „rechnerisch richtig" bzw. „rechnerisch berichtigt" zu erfolgen. Dabei wird ausdrücklich darauf aufmerksam gemacht, daß durch diese abgekürzte Form die Verantwortlichkeit des Rechnungsbeamten hinsichtlich der Prüfung nach den etwaigen Unterbelegen bzw. nach den Verträgen, Tarifen usw. nicht eingeschränkt wird.

Soweit bei den einzelnen Dienststellen besondere Rechnungsbeamte angestellt sind, dürfen die durch die Belege nachgewiesenen Beträge erst zur Zahlung gelangen, nachdem sie durch diese Beamten in der vorstehenden Weise hinsichtlich der rechnerischen Richtigkeit geprüft und bescheinigt sind. Sind solche Beamten nicht vorhanden, so hat sich der zahlende Beamte vor der Zahlungsleistung selbst dieser Prüfung zu unterziehen und gegebenenfalls die Rechnung zu berichtigen. Vorbehaltlich der späteren Nachprüfung und Bescheinigung durch den dazu berufenen Rechnungsbeamten trägt der zahlende Beamte für die rechnerische Richtigkeit des gezahlten Betrages persönlich die Verantwortung.

Ich ersuche ergebenst, die beteiligten Dienststellen hiernach mit Weisung zu versehen.

Berlin, den 12. Februar 1906.

Auswärtiges Amt, Kolonial-Abteilung.
I. V.: v. König.

3. Tarifanzeiger Nr. 31 für die Eisenbahn Swakopmund—Windhuk. Vom 6. März 1906.

Infolge besonderen Übereinkommens mit der Otavi-Eisenbahngesellschaft übernimmt diese jetzt bis auf weiteres neben den Transporten für die Regierung und die Militärverwaltung, die Beförderung von Privatgütern in größerem Umfange. Über Zeitpunkt und Umfang der Beförderungen erteilen die Bezirksämter Swakopmund, Karibib und Windhuk auf Anfrage Auskunft. Stückgutverkehr bleibt über Usakos vorläufig ausgeschlossen und bleibt der Regierungsbahn. Zement und Wellblech befördert die Otavi-Bahn.

Die Beförderung auf der Otavi-Bahn geschieht im allgemeinen zu den gleichen Tarifen wie bei der Regierungsbahn. Jedoch wird bei jeder Wagenladung die Fracht für mindestens 7½ Tonnen berechnet. Für das auf einem Wagen etwa überschießende Gewicht wird die Fracht nach dem betreffenden Wagenladungssatze weiter berechnet. Die Fracht bis Karibib ist bei der Aufgabe in Swakopmund zu entrichten.

Der Regierungstarif für Viehtransporte findet auf der Otavi-Bahn nur für Zuchtvieh Anwendung. Für alles sonstige Vieh wird die Otavi-Bahn im Falle der Beförderung den fünffachen Satz des Militärtarifs anwenden, dessen Höhe bei der Eisenbahnverwaltung erfragt werden kann.

Haftpflicht wird bei der Güter- und Viehbeförderung von der Otavi-Bahn in demselben Umfange wie jeweilig von der Staatsbahn übernommen.

Die Entladefrist für die in Karibib via Usakos ankommenden Güter beträgt für den Wagen 6 Tagesstunden nach Ankunft bzw. Avisierung. Als Tagesstunden gelten dabei die von 6 Uhr morgens bis 6 Uhr abends. Für angefangene weitere 6 Tagesstunden sind 3 Mk. Wagenstandgeld und für angebrochene weitere 24 Stunden Überschreitung 30 Mk. für jeden Wagen zu bezahlen. Eine Unterbrechung dieser Fristen durch Sonn- oder Feiertage findet nicht statt.

Die für die Umladung von Gütern in Karibib zur Erhebung kommende Gebühr beträgt 3 Mk. für eine Tonne. Bruchteile einer Tonne werden auf volle 100 kg abgerundet.

Bei der Aufgabe in Swakopmund müssen jeder Sendung zwei Frachtbriefe, wie bei der Staatsbahn üblich, beigegeben werden. Diese Frachtbriefe gelten nur für den Transport bis Karibib und müssen an eine Mittelsperson daselbst gerichtet sein, die die Weiterspedierung der Sendungen auf der Staatsbahn unter Ausfertigung neuer Frachtbriefe übernehmen muß. Versuchsweise und widerruflich soll gestattet sein, die Weiterexpedition durch Organe der Regierungsbahn zu bewirken. Es sind dann aber für jede Sendung schon von dem ursprünglichen Absender in Swakopmund die für den Transport von Karibib nach der oberen Strecke erforderlichen neuen Frachtbriefe auszustellen und nebst einem Ladeverzeichnisse in Briefumschlag den ersten Frachtbriefen beizuheften. Diese neuen Papiere stehen in keiner Beziehung zu dem Transport von Swakopmund nach Karibib. Es empfiehlt sich im weiteren, auf den Rückseiten der ersten Frachtbriefe den Vermerk: „zur Weiterbeförderung an N. N. in N." und auf den Rückseiten der neuen Frachtbriefe den Vermerk: „von Sendung des N. N. in Swakopmund" anzubringen.

Zur Erzielung der billigsten Frachtberechnung empfiehlt es sich, in solchen Fällen, möglichst zu zwei Wagenladungen der Otavi-Bahn (15 000 kg) drei neue Frachtbriefe (in duplo) für drei Wagen der Staatsbahn (gleichfalls 15 000 kg) auszufertigen.

Die vorstehenden Bestimmungen für den Übergangsverkehr in Karibib gelten, wie eingangs gesagt, bis auf weiteres.

Durch diese Bestimmungen werden mithin die der Otavi-Minen- und Eisenbahngesellschaft durch die Konzessionsurkunden bewilligten Rechte bei Ausübung des öffentlichen Verkehrs und bei Festsetzung der Tarife nicht dauernd berührt.

Windhuk, den 6. März 1906.

Der Kaiserliche Gouverneur.
I. V.: Dr. Meyer.

4. Bau- und Betriebskonzession für die Kamerun-Eisenbahngesellschaft. Vom 13. Juni 1906.

[Der Text der Konzession entspricht der Anlage zum Gesetz, betreffend Übernahme einer Garantie des Reichs in bezug auf eine Eisenbahn von Duala nach den Manenguba-Bergen, vom 4. Mai 1906, D. Kol. Gesetzgeb. 1906, S. 163.]

Berlin, den 13. Juni 1906.

Der Stellvertreter des Reichskanzlers.
Graf v. Posadowsky.

5. Tarifanzeiger Nr. 36 für die Eisenbahn Swakopmund—Windhuk. Vom 22. Juni 1906.

Für die mit der Otavi-Bahn nach Karibib beförderten Güter gilt der Bahnhof der Otavi-Bahn als Endpunkt der Beförderung und als Ort der Ablieferung.

Übernimmt die Regierungsbahn die Überführung von geschlossenen Wagenladungen der Otavi-Bahn nach dem Bahnhofe der Regierung zwecks Weiterbeförderung nach den in ihrem Bereiche gelegenen Privatanschlüssen, so erhebt sie für die Überführung jedes Waggons nach dem Regierungsbahnhofe 10 Mk. Die Zahlung der vertragsmäßigen Anschlußgebühr wird dadurch nicht berührt.

Eine Verpflichtung, derartige Transporte von Bahn zu Bahn zu dem angegebenen Zwecke auszuführen, übernimmt die Regierungsbahn nicht, erteilte Zusagen sind jederzeit widerruflich.

Werden lediglich zum Zwecke der Umladung Wagen einer Bahn auf Gleise der andern überführt, so wird eine Überführungsgebühr fortab nicht erhoben.

Windhuk, den 22. Juni 1906.

Kaiserliche Eisenbahnverwaltung.
I. V.: Salomon.

Vorstehender Tarifanzeiger Nr. 36 ist durch Verfügung des Gouvernements vom 20. Juni 1906 genehmigt worden.

6. Vertrag zwischen dem Gouvernement von Deutsch-Südwestafrika und der Otavi-Minen- und Eisenbahn-Gesellschaft, betreffend Leistungen der Otavi-Bahn für die Regierung und den Privatverkehr. Vom 15. Juli/14. September 1906 (mit Zusatz vom 22. November 1906/30. Januar 1907).

Zwischen dem Kaiserlichen Gouvernement für Deutsch-Südwestafrika — namens des südwestafrikanischen Landesfiskus — und der Otavi-Minen- und Eisenbahngesellschaft wird folgendes vereinbart:

§ 1. Der vorstehende Tarifanzeiger Nr. 31*) des Kaiserlichen Gouvernements vom 6. März 1906 wird von den beiden unterzeichneten Parteien als gültig und bindend anerkannt.

§ 2. Im Anschluß an diesen Tarifanzeiger, dessen öffentliche Bekanntgabe in der Deutsch-Südwestafrikanischen Zeitung erfolgt ist, werden auf Grund der bereits früher stattgehabten mündlichen Verhandlungen folgende Vereinbarungen noch schriftlich festgelegt:

1. Die Otavi-Bahn gewährleistet die Beförderung von mindestens monatlich 3000 (Dreitausend) Tonnen Gütern bzw. die Leistung von 600 000 (Sechshunderttausend) Tonnenkilometern monatlich auf ihrer Strecke für Zwecke der Regierung und der privaten Verfrachter. Die Regierung trägt Sorge dafür, daß der Otavi-Bahn Transporte in diesem Umfange zur Verfügung stehen. Dieses für die Dauer von sechs Monaten, vom 1. März 1906 ab gerechnet. Nach Ablauf dieser sechs Monate wird die Regierung auch für fernere sechs Monate bemüht sein, der Otavi-Bahn Transporte in gleichem Umfange zukommen zu lassen. Sie erkennt zwar keine rechtliche, aber eine moralische Verpflichtung hierzu an.

Die Otavi-Bahn wird täglich nicht unter 60 (sechzig) Tonnen Güter nach Karibib befördern.

2. Die Otavi-Bahn wird für einen Zug täglich einen Fahrplan aufstellen und für genaue Einhaltung des Fahrplanes Sorge tragen.

3. Jedem dieser fahrplanmäßigen Züge wird ein zur Personenbeförderung eingerichteter Wagen beigegeben werden.

4. Die Regierung erhält auf die von ihr an die Otavi-Bahn zu zahlenden Frachten 10 % Ermäßigung. Von dieser Ermäßigung ausgeschlossen sind die Frachten für Zuchtviehtransporte.

5. Eine Änderung der durch den Tarifanzeiger Nr. 31 festgelegten Tarifsätze soll nicht vor Jahresfrist eintreten, gerechnet vom 1. März 1906 ab.

Von dem vorstehenden Vertrage erhält jede der vertragschließenden Parteien eine Ausfertigung.

Windhuk, den 15. Juli 1906.
Der Kaiserliche Gouverneur.
v. Lindequist.

Windhuk, den 14. September 1906.
Otavi-Minen- und Eisenbahn-Gesellschaft.
T. Tönnesen,
Kontroll-Ingenieur.

Windhuk, den 30. Januar 1907.
Nachstehender Zusatz wird anerkannt.
Der Kaiserliche Gouverneur.
I. V.: Hintrager.

Swakopmund, den 22. Novbr. 1906.
In § 2 Abs. 4 bemerke ich, daß die Vergütung von 10% nur für nach Karibib bestimmte Güter Gültigkeit hat.
T. Tönnesen.

---

*) Oben Nr. 3.

7. Vertrag zwischen dem Auswärtigen Amt, Kolonial-Abteilung, und der Deutschen Kolonialgesellschaft für Südwestafrika, betreffend Landabtretungen an den Fiskus für den Bahnbau Lüderitzbucht—Kubub/Aus. Vom 19. Juli/15. August 1906.

Zwischen dem Deutsch-Südwestafrikanischen Landesfiskus, vertreten durch den Reichskanzler, dieser vertreten durch die Kolonial-Abteilung des Auswärtigen Amts, Berlin, einerseits und der Deutschen Kolonialgesellschaft für Südwestafrika, Berlin — im nachstehenden Kolonialgesellschaft genannt —, vertreten durch ihre unterzeichneten Vorstandsmitglieder andrerseits, ist heute nachstehender Vertrag abgeschlossen worden:

§ 1. Die Kolonialgesellschaft verpflichtet sich, im Hinblick auf den aus Reichsmitteln in Angriff genommenen Bahnbau Lüderitzbucht—Kubub/Aus, dem deutsch-südwestafrikanischen Landesfiskus nach endgültiger Festlegung der Bahntrace auf sein Anfordern nachstehende Gelände und Rechte, soweit sie ihrer Verfügung dann noch unterstehen, unentgeltlich zu dauerndem Eigentum zu übertragen:

1. Das zum Bau und Betrieb der Eisenbahn Lüderitzbucht—Kubub/Aus erforderliche Geleisgelände in einer Breite von 60 (sechzig) Metern.

2. Das für die Verbindungsgeleise nach dem Robertstrande notwendige Gelände.

3. $2\frac{1}{2}$ (zweieinhalb) Hektar für die Bahnhofsanlagen in Lüderitzbucht unter Ausschluß des von der Lüderitzbucht-Gesellschaft gepachteten Streifens am Robertstrande.

4. Das zur Errichtung von Bahnstationen zwischen Lüderitzbucht und Kubub/Aus nötige Gelände.

5. 2 (zwei) Hektar an einem vom Gouvernement noch näher zu bestimmenden Zug-Kreuzungspunkte der Bahnstrecke Lüderitzbucht—Kubub/Aus.

6. $12\frac{1}{2}$ (zwölfeinhalb) Hektar im sogenannten Burenkamp in Lüderitzbucht ausschließlich des daselbst etwa für Straßenanlagen erforderlichen Geländes.

Diese $12\frac{1}{2}$ Hektar verteilen sich in alternierenden Blöcken über das durch den Bebauungsplan festgelegte Baugelände, so daß für jeden Block des Fiskus ein Block von gleicher Größe an die Kolonialgesellschaft fällt. Für die einzelnen Blöcke wird ein Höchstflächeninhalt von 10 000 (zehntausend) Quadratmetern festgesetzt. Soweit es sich um dauernde Anlagen des Gouvernements handelt, kann dieser Höchstflächeninhalt nach gegenseitiger Absprache überschritten werden. Die Kosten des vom Gouvernement aufzustellenden Bebauungsplans im Burenkamp trägt der Fiskus.

7. An beiden Seiten des Geleisgeländes der Bahn Lüderitzbucht—Kubub/Aus an dieses angrenzend Geländeblöcke von 10 (zehn) Kilometern Breite mit einem Abstand von jedesmal 10 (zehn) Kilometern voneinander, dergestalt, daß je ein dem Fiskus abzutretender Block dem der Kolonialgesellschaft verbleibenden Gelände gegenüberliegt.

Die Tiefe dieser Blöcke beträgt, soweit es sich um das Grundeigentum handelt, 10 (zehn) Kilometer, für die Bergwerksgerechtsame 30 (dreißig) Kilometer.

Die dem Fiskus zufallenden Blöcke sollen in einem Abstande von 10 (zehn) Kilometern Luftlinie vom Bahnhofe Lüderitzbucht ab beginnen und in einer gleichen Entfernung vor Kubub bzw. Aus enden.

5. In Kubub bzw. Aus ein Drittel des für die Ortschaft im Bebauungsplan vorgesehenen Baugeländes nach Abzug des für öffentliche Plätze und Wege erforderlichen Terrains.

Das Gouvernement wird auf Kosten des Fiskus sobald als tunlich für die in Betracht kommende Ortschaft die Anfertigung eines Bebauungsplanes nebst den dazu gehörigen Ausmessungen veranlassen.

Das an den Fiskus abzutretende Drittel und die übrigen zwei Drittel der Kolonialgesellschaft verteilen sich in alternierenden Blöcken über das durch den Bebauungsplan festgelegte Baugelände, so daß für jeden Block der Gesellschaft ein Block in halber Größe an den Fiskus fällt. Für die Blöcke des Fiskus wird ein Höchstflächeninhalt von 10 000 (zehntausend) Quadratmetern festgesetzt. Die Größe des für die Bahnhofsanlage erforderlichen Blocks kann dieses Höchstmaß übersteigen.

Wo in diesem Vertrage die Orte Kubub und Aus miteinander in Wahl gestellt sind, soll bei Durchführung des Vertrages derjenige der beiden Orte in Betracht kommen, der den Endpunkt der durch den zweiten Nachtrag zum Haushaltsetat für die Schutzgebiete auf das Rechnungsjahr 1905 genehmigten Bahnlinie bilden wird.

§ 2. Mit dem Eigentumsrecht des Fiskus an den im § 1 genannten Geländeteilen gehen auch die Berg- und Wasserrechte an den Fiskus über.

Die Kolonialgesellschaft verpflichtet sich, außerdem zu gestatten, daß das für den Bau und Betrieb der Eisenbahn Lüderitzbucht—Kubub/Aus erforderliche Wasser unentgeltlich aus dem ihr verbleibenden Gelände entnommen wird, sobald und solange nach der Erklärung des Gouvernements die Möglichkeit der Auffindung und Beschaffung für den Bahnbetrieb geeigneten ausreichenden Wassers innerhalb des fiskalischen Geländes nicht vorliegt.

Die innerhalb des Gesellschaftsgeländes für den Bahnbetrieb benutzten Wasserstellen sind der Kolonialgesellschaft auf ihren Wunsch zur Verfügung zu stellen, wenn entsprechender und ausreichender Ersatz für solche Wasserstellen im fiskalischen Gelände geschaffen sein sollte. Die Kolonialgesellschaft hat hierbei dem Fiskus die von ihm auf diese Wasserstellen verwendeten Kosten in einer nach den jeweiligen Verhältnissen angemessenen Höhe zu erstatten.

§ 3. Der Lauf der Trace für die Bahnlinie Lüderitzbucht—Kubub/Aus wie auch die Lage der für die Linie erforderlichen Stationen wird vom Gouvernement bestimmt.

Im übrigen sollen Lage und Umfang des abzutretenden Geländes (§ 1), soweit darüber der vorliegende Vertrag keine Bestimmungen enthält, an Ort und Stelle gemeinschaftlich durch die Vertreter des Gouvernements und der Kolonialgesellschaft festgesetzt werden. Diese Festsetzung soll tunlichst bald nach erfolgter Festlegung der Trace geschehen und die Wünsche der Kolonialgesellschaft tunlichst berücksichtigen.

Kann zwischen den Vertretern des Gouvernements und der Gesellschaft eine Einigung nicht erzielt werden, so entscheidet das nach § 12 zu bildende Schiedsgericht.

Bei Bestimmung der Lage des Bahnhofs in Lüderitzbucht soll darauf Bedacht genommen werden, daß ausreichende Verkehrsmöglichkeit zwischen den schon bestehenden Niederlassungen und den Landungsplätzen bestehen bleibt, oder daß doch den genannten Niederlassungen eine ausreichende Verbindung mit dem Strande durch Bahnübergänge gesichert wird.

§ 4. Der Fiskus verpflichtet sich, die auf den abgetretenen Gelände- und Minenblöcken ruhenden Lasten von dem Zeitpunkt ab zu übernehmen, in welchem er die Inanspruchnahme des Geländes der Kolonialgesellschaft gegenüber erklärt.

Soweit bei Ausführung dieses Vertrages für die Kolonialgesellschaft Entschädigungspflichten Dritten gegenüber erwachsen sollten, übernimmt der Fiskus diese dergestalt, daß die Entschädigungsberechtigten ihre Ansprüche unmittelbar gegen den Fiskus geltend machen können.

Von dem Vorliegen solcher Verbindlichkeiten ist der Fiskus binnen Jahresfrist seit endgültiger Festlegung der Trace Lüderitzbucht—Kubub/Aus (wovon die Kolonialgesellschaft sofort zu benachrichtigen ist) in Kenntnis zu setzen, widrigenfalls eine Übernahme der Verbindlichkeit seitens des Fiskus nicht eintritt.

§ 5. Das Gouvernement wird dafür Sorge tragen, daß den Bahnhofsgastwirtschaften auf der Strecke Lüderitzbucht—Kubub/Aus die Genehmigung zum Warenhandel unter jederzeitigem Widerruf und nur dann erteilt wird, wenn dies mangels einer ständigen Handelsniederlassung am Stationsorte nach dem Ermessen des Gouvernements im allgemeinen Interesse wünschenswert ist.

§ 6. Die Vermessung des zu übereignenden Geländes geschieht zu Lasten des Fiskus, der auch alle Kosten zu tragen hat, welche etwa von Gerichten oder anderen Behörden aus Anlaß der Übereignung erfordert werden könnten.

Die Vermessungen sind durch Gouvernements-Landmesser unter Hinzuziehung eines Landmessers der Kolonialgesellschaft auszuführen. Das Gouvernement hat die Kolonialgesellschaft von dem Beginn der Vermessungsarbeiten so rechtzeitig in Kenntnis zu setzen, daß ihr die Gestellung eines Landmessers zur Teilnahme an den fraglichen Arbeiten ermöglicht wird. Erfolgt trotzdem die Gestellung eines Landmessers seitens der Gesellschaft nicht, so können die Vermessungsarbeiten auch ohne einen solchen in Angriff genommen werden.

Die durch Hinzuziehung des Gesellschaftslandmessers der Kolonialgesellschaft erwachsenden Kosten fallen dem Fiskus gleichfalls zur Last.

Kann eine Einigung zwischen dem Landmesser des Gouvernements und dem der Gesellschaft nicht erzielt werden, so entscheidet das nach § 12 zu bildende Schiedsgericht.

§ 7. Die Kolonialgesellschaft gestattet dem Gouvernement, die zum Bau und zur Unterhaltung der Bahn erforderlichen Materialien an Steinen, Sand und Lehm von den ihr gehörenden und zu ihrer Verfügung stehenden Ländereien unentgeltlich zu entnehmen.

Durch die vorstehend erteilte Erlaubnis soll die Kolonialgesellschaft an der freien Verfügung über die gedachten Materialien nicht gehindert sein, wenn sie dieselben zu eignem Gebrauch mitbenutzen oder durch Dritte mitbenutzen lassen will, insoweit hierdurch die Bedürfnisse der Eisenbahn-Verwaltung nicht beeinträchtigt werden.

§ 8. Die Benutzung der Bahn Lüderitzbucht—Kubub/Aus zur Beförderung von Personen oder Gütern wird der Kolonialgesellschaft oder deren Rechtsnachfolgern sowie der Lüderitzbucht-Gesellschaft L. Scholz & Co. m. b. H. nach den darüber bestehenden allgemeinen Bestimmungen, insbesondere unter den Bedingungen des allgemeinen Tarifs, jederzeit freistehen. Sollten bestimmten Privatpersonen oder Gesellschaften besondere Vorrechte oder Begünstigungen hinsichtlich der Tarife eingeräumt werden, so haben die Kolonialgesellschaft oder deren Rechtsnachfolger sowie die Lüderitzbucht-Gesellschaft L. Scholz & Co. m. b. H. Anspruch auf gleiche Behandlung, soweit die Vorrechte oder Begünstigungen nicht aus öffentlichen Gründen (allgemeine Wohlfahrt, Wohltätigkeit und dergl.) zugestanden worden sind.

§ 9. Die Kolonialgesellschaft behält sich nach wie vor das ihr zustehende Recht, selbst und durch andere Bahnen und Wege in dem ihr gehörenden Gebiet zu bauen, vor.

Wenn die Kolonialgesellschaft Schienengeleise zur Verbindung von Teilen ihres Land- oder Minengebietes mit Stationen der Bahn Lüderitzbucht—Kubub/Aus selbst anlegt oder durch andere anlegen läßt, so soll ihr oder ihren Rechtsnachfolgern der unmittelbare Anschluß dieser Geleise an das Geleise der Bahn unter Beachtung der vom Gouvernement gestellten Bedingungen und gegen Tragung der durch solchen Anschluß entstehenden Kosten jederzeit gestattet sein.

Soweit hierbei die Benutzung solchen Geländes sich als erforderlich erweist, das durch vorliegenden Vertrag dem Fiskus unentgeltlich abgetreten worden ist, wird diese Benutzung der Kolonialgesellschaft unentgeltlich zugestanden, sofern das fragliche Gelände dann noch in freier Verfügung des Fiskus steht.

Für die Transporte nach und von den etwaigen Anschlußbahnen der Kolonialgesellschaft oder ihrer Rechtsnachfolger sollen auf den zu benutzenden Teilstrecken der Bahn Lüderitzbucht—Kubub/Aus keine höheren Tarifeinheitssätze zur Anwendung kommen, als es dem Verhältnisse der benutzten Teilstrecke zu der gesamten Ausdehnung der genannten Bahn und dem für letztere geltenden Tarif-Einheitssatz entspricht.

Wagendurchgang von und nach diesen Anschlußbahnen mit Betriebsmitteln gleicher Art, wie solche von der Bahnverwaltung der Regierung verwendet werden, oder mit Betriebsmitteln, die von letzterer als geeignet anerkannt werden, wird beiderseitig grundsätzlich zugesichert; die näheren Abmachungen darüber werden besonderen Vereinbarungen vorbehalten.

Bei den von der Kolonialgesellschaft oder deren Rechtsnachfolgern etwa erbauten Anschlußbahnen stehen der Regierung sinngemäß die gleichen Rechte zu, wie sie in §§ 8 u. 9 dieses Vertrages der Kolonialgesellschaft oder deren Rechtsnachfolgern hinsichtlich der Bahn Lüderitzbucht—Kubub/Aus eingeräumt worden sind.

§ 10. In dem Falle, daß der Fiskus die Bahn Lüderitzbucht—Kubub/Aus oder Teile derselben veräußern sollte, hat er seinen Rechtsnachfolger zur Übernahme sämtlicher aus diesem Vertrage der Kolonialgesellschaft gegenüber eingegangenen Verpflichtungen zu veranlassen.

§ 11. Die Kolonialgesellschaft wird, soweit es im Gesellschaftsinteresse irgendwie angängig ist, dahin wirken, daß nicht durch zu hohe Grundstückspreise und sonstige Erschwerungen beim Grunderwerb die freie Betätigung des Handelsgewerbes in dem von der Bahn Lüderitzbucht—Kubub/Aus erschlossenen Gebiete behindert wird.

§ 12. Über alle Streitigkeiten aus dem gegenwärtigen Vertragsverhältnis, auch wenn sie nach dessen Lösung entstehen, entscheidet unter Ausschluß des Rechtsweges ein Schiedsgericht.

§ 13. Die Bildung des Schiedsgerichts erfolgt nach den Vorschriften der Zivilprozeßordnung in der Weise, daß eine jede Partei zwei Schiedsrichter ernennt.

Das dem Fiskus zustehende Ernennungsrecht wird von dem Kaiserlichen Gouverneur in Windhuk ausgeübt.

Wird bei Abstimmungen der Schiedsrichter keine absolute Mehrheit erzielt, so ist der Kaiserliche Oberrichter in Windhuk als Obmann hinzuzuziehen, dessen Stimme dann den Ausschlag gibt.

Die nach den §§ 1045 u. 1046 der Zivilprozeßordnung zu treffenden Entscheidungen werden vom Bezirksrichter in Lüderitzbucht erlassen; sofern ein solcher dort nicht vorhanden ist, tritt an seine Stelle der Bezirksrichter von Swakopmund.

Berlin, den 19. Juli/15. August 1906.

Für den deutsch-südwestafrikanischen Landesfiskus:
Auswärtiges Amt. Kolonial-Abteilung.
I. V.: Rose.

Deutsche Kolonialgesellschaft für Südwestafrika.
F. Bugge. Fowler.

8. Tarifanzeiger Nr. 39 für die Eisenbahn Swakopmund—Windhuk. Vom 14. September 1906.

Vom 1. November d. J. ab wird im Bereiche der unterzeichneten Verwaltung das von den Reisenden bei den Stationen zur Beförderung aufgelieferte Reisegepäck nicht mehr auf Frachtbrief, sondern auf Gepäckschein abgefertigt.

Als Gepäck werden in der Regel nur Gegenstände befördert, deren der Reisende zu seiner Reise bedarf, namentlich Koffer, Mantel- und Reisesäcke, Hutschachteln, kleine Kisten und dergl. Dazu werden auch gerechnet: Fahr- und Rollstühle, welche Kranke mit sich führen, Kinderwagen, für den Gebrauch mitreisender Kinder, Musikinstrumente in Kästen, Futteralen, oder sonstigen Umschließungen, Handwerkszeug, Meßinstrumente, Fahrräder.

Größere kaufmännisch verpackte Kisten, Tonnen und andere nicht zum Reisebedarf zu rechnende Gegenstände können, wenn die Beförderung mit den von den Reisenden benutzten Zügen erfolgen kann, nach Ermessen des abfertigenden Beamten ausnahmsweise zur Beförderung als Gepäck zugelassen werden, jedoch wird bei solchen Sendungen kein Freigewicht in Anrechnung gebracht.

Die Fracht für Gepäck ist bis auf weiteres dieselbe wie für gewöhnliches Stückgut. Sie ist bei der Aufgabe zu entrichten. Mit Wiedereinführung des Stückgutverkehrs wird die Gepäckfracht erhöht werden.

Als Handgepäck dürfen nur kleine, leicht tragbare Gegenstände, sofern dadurch nicht Mitreisende belästigt werden und nicht Zoll-, Steuer- oder Polizeivorschriften entgegenstehen, mitgeführt werden. Sitzplätze dürfen zur Unterbringung von Handgepäck nicht verwendet werden.

Die Aufgabe oder Mitnahme feuergefährlicher, sowie anderer Gegenstände, die auf irgend eine Weise Schaden verursachen können, als Gepäck oder Handgepäck, ist ausgeschlossen. Es finden diesethalb die in der Verkehrsordnung für die Eisenbahnen Deutschlands vorgesehenen Bestimmungen und Strafbestimmungen Anwendung.

Ebenso finden die Bestimmungen dieser Ordnung über die Art der Verpackung (§ 31 Absatz 1 und 2), die Auflieferung (§ 32) und die Auslieferung des Gepäcks (§ 33), sowie die über die Haftung der Eisenbahn (§§ 28 und 34 und ff.) sinngemäße Anwendung. Eine Deklaration des Wertes oder des Interesses an der Lieferung von Gepäck ist nicht zulässig.

Edelmetalle in Barren und sogenannte Kontanten (Geld, geldwerte Papiere usw.), Pretiosen, Dokumente dürfen nicht als Gepäck aufgegeben werden. Geschieht dies unter Verschweigung des Inhalts, so haftet die Eisenbahn dafür nicht.

An Lagergeld für verspätete Abholung von Gepäck werden für jedes Stück und jede angefangene 24 Stunden (nach Ablauf der Abholungsfrist von 24 Stunden) 40 Pfennig erhoben. Das gleiche wird für je angefangene 24 Stunden und 1 Stück erhoben, wenn Gepäck vor der Auflieferung zur Verwahrung angenommen wird.

Windhuk, den 14. September 1906.

Kaiserliche Eisenbahnverwaltung.
I. V.: Salomon.

Vorstehender Tarifanzeiger Nr. 30 ist durch Verfügung des Gouvernements vom 22. September 1906 genehmigt worden.

Anlage zu Nr. 6.

Auszug aus der Verkehrsordnung.
(Zu Tarifanzeiger Nr. 30.)

§ 28. Mitnahme von Handgepäck in die Personenwagen.

1. Kleine, leicht tragbare Gegenstände können, sofern sie die Mitreisenden nicht durch ihren Geruch oder auf andere Weise belästigen und nicht Zoll-, Steuer- oder Polizeivorschriften entgegenstehen, in den Personenwagen mitgeführt werden. Für solche in den Wagen mitgenommene Gegenstände werden Gepäckscheine nicht ausgegeben; sie sind von den Reisenden selbst zu beaufsichtigen.

2. Unter denselben Voraussetzungen ist Reisenden vierter Klasse auch die Mitführung von Handwerkszeug, Tornistern, Traglasten in Körben, Säcken und Kiepen sowie von ähnlichen Gegenständen, welche Fußgänger mit sich führen, gestattet.

3. In der ersten, zweiten und dritten Wagenklasse steht dem Reisenden nur der über und unter seinem Sitzplatze befindliche Raum zur Unterbringung von Handgepäck zur Verfügung. Die Sitzplätze dürfen hierzu nicht verwendet werden.

§ 29. Von der Mitnahme ausgeschlossene Gegenstände.

1. Feuergefährliche sowie andere Gegenstände, die auf irgend eine Weise Schaden verursachen können, insbesondere geladene Gewehre, Schießpulver, leicht entzündliche Stoffe und dergl. sind von der Mitnahme ausgeschlossen.

2. Die Eisenbahnbediensteten sind berechtigt, sich von der Beschaffenheit der mitgenommenen Gegenstände zu überzeugen.

3. Der Zuwiderhandelnde haftet für allen aus der Übertretung des obigen Verbots entstehenden Schaden und verfällt außerdem in die durch die bahnpolizeilichen Vorschriften bestimmte Strafe.

4. Jägern und im öffentlichen Dienste stehenden Personen ist die Mitführung von Handmunition gestattet. Auch ist Begleitern von Gefangenentransporten die Mitführung geladener Schußwaffen unter der Voraussetzung gestattet, daß die Beförderung in besonderen Wagen oder Wagenabteilungen erfolgt.

5. Der Lauf eines mitgeführten Gewehrs muß nach oben gerichtet sein.

§ 30. 4. Gegenstände, welche von der Beförderung als Frachtgut, sowie solche, welche nach § 29 von der Mitnahme in die Personenwagen ausgeschlossen sind, dürfen, bei Vermeidung der im § 53 Abs. 8 festgesetzten Folgen, auch als Reisegepäck nicht aufgegeben werden.

§ 31. Art der Verpackung. Entfernung älterer Beförderungszeichen.

1. Das Reisegepäck muß sicher und dauerhaft verpackt sein. Bei mangelnder oder ungenügender Verpackung kann es zurückgewiesen werden. Wird derartiges Gepäck zur Beförderung angenommen, so ist die Eisenbahn berechtigt, auf dem Gepäckschein einen entsprechenden Vermerk zu machen. Die Annahme des Gepäckscheins mit dem Vermerke gilt als Anerkenntnis dieses Zustandes durch den Reisenden.

2. Auf den Gepäckstücken dürfen ältere Eisenbahn-, Post- und andere Beförderungszeichen sich nicht befinden. Wird infolge der Nichtbeachtung dieser Vorschrift das Gepäck verschleppt, so haftet die Eisenbahn nicht für den daraus erwachsenden Schaden.

§ 32. Auflieferung des Gepäcks. Gepäckscheine.

1. Die Abfertigung des Reisegepäcks erfolgt innerhalb der für den Verkauf der Fahrkarten festgesetzten Zeit.

2. Die Abfertigung von Gepäck, welches nicht spätestens 15 Minuten vor Abgang des Zuges bei der Gepäck-Abfertigungsstelle aufgeliefert ist, kann nicht beansprucht werden.

3. Bei Abfertigung des Gepäcks ist dem Reisenden ein Gepäckschein auszuhändigen.

4. Die Gepäckfracht ist bei der Abfertigung zu entrichten.

5. Wird in dringenden Fällen Gepäck ausnahmsweise unter Vorbehalt späterer Abfertigung unabgefertigt zur Beförderung zugelassen, so wird es bis zum Zeitpunkte der Abfertigung als zum Transport aufgegeben nicht angesehen.

6. Dasselbe gilt für die Annahme von Reisegepäck auf Haltestellen ohne Gepäckabfertigung.

7. Für die Abfertigung von Fahrrädern können durch die Tarife besondere Vorschriften gegeben werden.

§ 33. Auslieferung des Gepäcks.

1. Das Gepäck wird nur gegen Rückgabe des Gepäckscheins ausgeliefert. Die Eisenbahn ist nicht verpflichtet, die Berechtigung des Inhabers zu prüfen.

2. Der Inhaber des Gepäckscheins ist berechtigt, am Bestimmungsorte die sofortige Auslieferung des Gepäcks an der Ausgabestelle zu verlangen, sobald nach Ankunft des Zuges, zu welchem das Gepäck aufgegeben wurde, die zur ordnungsmäßigen Ausladung und Ausgabe sowie zur etwaigen zoll- und steueramtlichen Abfertigung erforderliche Zeit abgelaufen ist.

3. Werden Gepäckstücke innerhalb 24 Stunden nach Ankunft des Zuges nicht abgeholt, so ist das tarifmäßige Lagergeld oder Standgeld zu entrichten.

4. Wird der Gepäckschein nicht beigebracht, so ist die Eisenbahn zur Auslieferung des Gepäcks nur nach vollständigem Nachweise der Empfangsberechtigung gegen Ausstellung eines Reverses und nach Umständen gegen Sicherheit verpflichtet.

5. In der Regel ist das Gepäck nur auf der Station auszuliefern, wohin es abgefertigt ist. Das Gepäck kann jedoch auf Verlangen des Reisenden, sofern Zeit und Umstände sowie Zoll- und Steuervorschriften es gestatten, auch auf einer vorliegenden Station zurückgegeben werden. In einem solchen Falle hat der Reisende bei der Auslieferung des Gepäcks den Gepäckschein zurückzugeben und die Fahrkarte vorzuzeigen.

9. Bekanntmachung des Gouverneurs von Deutsch-Neu-Guinea, betreffend die Ausführung der Verordnung des Reichskanzlers, betreffend das Geldwesen der Schutzgebiete außer Deutsch-Ostafrika und Kiautschou vom 1. Februar 1905. Vom 14. September 1906.

Auf Grund der §§ 3 und 8 der Verordnung des Reichskanzlers betreffend das Geldwesen der Schutzgebiete außer Deutsch-Ostafrika und Kiautschou vom 1. Februar 1905*) wird für das Schutzgebiet Deutsch-Neu-Guinea einschließlich des Inselgebiets der Karolinen, Palau und Marianen hiermit folgendes bestimmt:

§ 1. Die Verordnung des Reichskanzlers tritt am 1. Oktober 1906 in Kraft.

§ 2. Vom 1. Oktober 1906 ab werden bei folgenden Kassen:

1. der Hauptkasse des Kaiserlichen Gouvernements in Herbertshöhe,
2. den Kassen der Kaiserlichen Bezirksämter in Friedrich-Wilhelmshafen, Ponape, Jap, Saipan

nach Wahl dieser Kassen gegen Einzahlung von Nickel- und Kupfermünzen in Beträgen von wenigstens 100 (Hundert) Mark Gold- oder Silbermünzen auf Verlangen verabfolgt werden.

Die Einlieferung der umzutauschenden Münzen hat in kassenmäßig formierten Beuteln oder Tüten zu erfolgen.

Die Auszahlung des Gegenwertes erfolgt an den Einlieferer nach bewirkter Durchzählung der eingelieferten Münzen, welche von den gedachten Kassen in der Regel sofort, spätestens aber binnen fünf Tagen nach der Einlieferung bewerkstelligt werden wird.

§ 3. Von den amtlichen Kassen dürfen bis auf weiteres die nachstehenden fremden Goldmünzen zu dem bei ihnen angegebenen Wertverhältnis in Zahlung genommen werden:

1 Pfund Sterling englisch = 20 Mark,
10 Schilling = 10 Mark,
20 Dollar der Vereinigten Staaten von Amerika = 80 Mark,
10 Dollar der Vereinigten Staaten von Amerika = 40 Mark,
5 Dollar der Vereinigten Staaten von Amerika = 20 Mark,
2½ Dollar der Vereinigten Staaten von Amerika = 10 Mark.

Die amtlichen Kassen sind verpflichtet, bis auf weiteres die Neuguinea-Münzen zu ihrem Nennwerte in Zahlung zu nehmen.

§ 4. Andere als die in § 3 genannten fremden Münzen dürfen in Zahlung weder gegeben noch genommen werden. Gewohnheitsmäßige oder gewerbsmäßige Zuwiderhandlungen gegen diese Anordnung werden mit Geldstrafe bis zu 150 Mark oder mit Haft bis zu 6 Wochen bestraft.

Herbertshöhe, den 14. September 1906.

Der Kaiserliche Gouverneur.
I. V.: Krauss.

---

*) D. Kol. Gesetzgeb. 1905 S. 43

10. Runderlaß des Auswärtigen Amts, Kolonial-Abteilung, betreffend Reisebeihilfen für Familienmitglieder der nichtetatsmäßigen Schutzgebietsbeamten. Vom 3. Oktober 1906.

Zufolge der Anmerkung zum Haushaltsetat der Schutzgebiete auf das Rechnungsjahr 1905*) können den nichtetatsmäßigen Schutzgebietsbeamten in den Fällen der Ausreise nach dem Schutzgebiete beim Dienstantritt, der Heimreise beim Ausscheiden aus dem Schutzgebietsdienst und der Versetzung nach einem anderen Schutzgebiete bei Mitnahme von Familienmitgliedern für letztere Beihilfen zur Deckung der wirklich entstandenen Beförderungskosten bewilligt werden.

Diese Anmerkung bezieht sich auf die Reisestrecke im Binnenlande der Schutzgebiete, also zwischen Küste und Stationsort, ohne weiteres nicht. Ich will indessen hierdurch ausdrücklich genehmigen, daß vom 1. April 1905 ab für die Familienmitglieder auch der nicht etatsmäßigen Schutzgebietsbeamten freie Beförderung bzw. Ersatz der tatsächlich notwendigen Beförderungskosten auch für die aus den gedachten Anlässen stattfindenden Reisen zwischen Küste und Stationsort gewährt wird. Stehen ausnahmsweise amtliche Transportmittel nicht zur Verfügung, sondern muß der Beamte hierfür aus eigenen Mitteln sorgen, so ist die Notwendigkeit der Auslage und die Angemessenheit der gezahlten Beträge auf den betreffenden Rechnungen seitens der dem Familienoberhaupt vorgesetzten Dienststelle ausdrücklich zu bescheinigen.

Sofern es sich bei den gedachten Reisen um eine Beförderung vermittels der einer besonderen Betriebsverwaltung angehörenden Schiffe oder der Eisenbahnen handelt, werden die von den Beteiligten selbst zu zahlenden tarifmäßigen Fahrgelder gleichfalls erstattet.

Fuhrkosten und Tagegelder werden nicht gewährt.

Hiernach stelle ich die weitere Veranlassung ergebenst anheim.

Berlin, den 3. Oktober 1906.

Der Reichskanzler.
I. A.: Dernburg.

11. Internationale Konvention, betreffend die Revision der in der General-Akte der Brüsseler Antisklaverei-Konferenz vom 2. Juli 1890 (Reichs-Gesetzbl. 1892 S. 605) vorgesehenen Behandlung der Spirituosen bei ihrer Zulassung in bestimmten Gebieten Afrikas. Vom 3. November 1906.

(Reichs-Gesetzbl. 1908 S. 5. Kol. Bl. 1908 S. 105.)

(Übersetzung.)

Seine Majestät der Deutsche Kaiser, König von Preußen, im Namen des Deutschen Reichs; Seine Majestät der König der Belgier; Seine Majestät der König von Spanien; Seine Majestät der König-Souverän des Unabhängigen Congostaates; der Präsident der Französischen Republik; Seine Majestät der König des Vereinigten Königreichs von Großbritannien und Irland, Kaiser von

*) Der betreffende Teil der „Anmerkung" lautete: „Den nichtetatsmäßigen und den etatsmäßigen Schutzgebietsbeamten, soweit letzteren ein Anspruch nicht zusteht, können in den Fällen der Ausreise nach dem Schutzgebiete beim Dienstantritte, der Heimreise beim Austritt aus dem Schutzgebietsdienst und der Versetzung nach einem anderen Schutzgebiete bei Mitnahme von Familienmitgliedern Beihilfen zur Deckung der amt-

Indien; Seine Majestät der König von Italien; Ihre Majestät die Königin der Niederlande; Seine Majestät der König von Portugal und Algarvien, usw.; Seine Majestät der Kaiser aller Reußen und Seine Majestät der König von Schweden;

von dem Wunsche geleitet, die Bestimmung des Artikel I der Konvention vom 8. Juni 1899,*) welche ihrerseits in Ausführung des Artikel XCII der Brüsseler General-Akte**) getroffen ist, und kraft deren der Einfuhrzoll auf Spirituosen in gewissen Gebieten Afrikas auf der Grundlage der durch die bisherige Tarifierung erzielten Resultate einer Revision unterzogen werden soll, auszuführen, haben beschlossen, zu diesem Zwecke eine Konferenz in Brüssel zusammentreten zu lassen und zu Ihren Bevollmächtigten ernannt:

Seine Majestät der Deutsche Kaiser, König von Preußen, im Namen des Deutschen Reichs: den Herrn Nikolaus Grafen von Wallwitz, Ihren Wirklichen Geheimen Rat, außerordentlichen Gesandten und bevollmächtigten Minister bei Seiner Majestät dem Könige der Belgier, und den Herrn Wilhelm Göhring, Ihren Wirklichen Geheimen Legationsrat;

Seine Majestät der König der Belgier: den Herrn Léon Capelle, Ihren außerordentlichen Gesandten und bevollmächtigten Minister, Generaldirektor des Handels und der Konsulate im Ministerium der auswärtigen Angelegenheiten, und den Herrn J. Kebers, Generaldirektor der Zölle und Akzisen im Ministerium der Finanzen und der öffentlichen Arbeiten;

Seine Majestät der König von Spanien: den Herrn Arturo de Baguer, Ihren außerordentlichen Gesandten und bevollmächtigten Minister bei Seiner Majestät dem Könige der Belgier;

Seine Majestät der König-Souverän des Unabhängigen Congostaates: den Herrn Hubert Droogmans, Generalsekretär des Finanzdepartements des Unabhängigen Congostaates, und den Herrn A. Mechelynck, Anwalt bei dem Appellationshofe von Gent, Mitglied der Belgischen Repräsentantenkammer;

der Präsident der Französischen Republik: den Herrn A. Gérard, außerordentlichen Gesandten und bevollmächtigten Minister der Französischen Republik bei Seiner Majestät dem Könige der Belgier;

Seine Majestät der König des Vereinigten Königreichs von Großbritannien und Irland, Kaiser von Indien: Sir Arthur Hardinge, Ihren außerordentlichen Gesandten und bevollmächtigten Minister bei Seiner Majestät dem Könige der Belgier, und den Herrn A. Walrond Clarke, Chef des afrikanischen Departements im Auswärtigen Amte, den Herrn A. J. Read, Chef des ostafrikanischen Departements im Kolonialamte;

Seine Majestät der König von Italien: den Herrn Lelio Grafen Bonin Longare, Ihren außerordentlichen Gesandten und bevollmächtigten Minister bei Seiner Majestät dem Könige der Belgier;

Ihre Majestät die Königin der Niederlande: den Jonkheer O. D. van der Staal de Piershil, Ihren Kammerherrn, außerordentlichen Ge-

---

lichen dadurch wirklich entstandenen Beförderungskosten bewilligt werden, jedoch nicht über die für etatsmäßige Beamte mit Familien zulässigen Beträge hinaus. Soweit später für die betreffenden Umzugsreisen der Familien besondere Umzugskosten zuständig werden, ist darauf die für Mitnahme der Familie gewährte Beihilfe in Anrechnung zu bringen". Vgl. hierzu auch die Ziff. III der Denkschrift zu dem erwähnten Haushaltsetat (D. Kol. Gesetzgeb. 1905 S. 120). Vgl. ferner wegen der jetzigen Fassung der „Anmerkung" D. Kol. Gesetzgeb. 1906 S. 148, 149.

*) D. Kol. Gesetzgeb. V S. 1.

**) D. Kol. Gesetzgeb. I S. 137

sandten und bevollmächtigten Minister bei Seiner Majestät dem Könige der Belgier;

Seine Majestät der König von Portugal und Algarvien: den Herrn Carlos Cyrillo Machado, Vicomte de Santo Thyrso, Ihren außerordentlichen Gesandten und bevollmächtigten Minister bei Seiner Majestät dem Könige der Belgier, und den Herrn Thomaz Antonio Garcia Rosado, Oberstleutnant im Generalstabe, Mitglied Ihres Rates und Offizier des Ehrendienstes;

Seine Majestät der Kaiser aller Reußen: den Herrn N. de Giers, Ihren außerordentlichen Gesandten und bevollmächtigten Minister bei Seiner Majestät dem Könige der Belgier;

Seine Majestät der König von Schweden: den Herrn Gustav M. M. Baron Falkenberg, Ihren außerordentlichen Gesandten und bevollmächtigten Minister bei Seiner Majestät dem Könige der Belgier;

welche, versehen mit Vollmachten in guter und gehöriger Form, die nachfolgenden Bestimmungen angenommen haben:

Artikel I. Vom Inkrafttreten gegenwärtiger Konvention an wird der Einfuhrzoll auf Spirituosen im ganzen Gebiete der Zone, wo das im Artikel XCI der Brüsseler General-Akte vorgesehene Verbot nicht in Kraft stehen sollte, auf die Höhe von 100 Franken für das Hektoliter von 50 Zentigrad Alkoholgehalt gebracht.

Es besteht jedoch Einverständnis darüber, daß für Erythraea diese Abgabe nur 70 Franken für das Hektoliter mit 50 Zentigrad Alkoholgehalt betragen darf, wobei die Gesamtheit der übrigen in dieser Kolonie bestehenden Abgaben eine allgemeine und gleichmäßige Ergänzung auf 100 Franken darstellt.

Der Einfuhrzoll ist für jeden Grad über 50 Zentigrad Alkoholgehalt verhältnismäßig zu erhöhen; er darf für jeden Grad unter 50 Zentigrad verhältnismäßig herabgesetzt werden.

Die Mächte behalten das Recht, in denjenigen Gebieten, wo sie dazu berechtigt sind, die Zollsätze auch über das im gegenwärtigen Artikel festgesetzte Minimum aufrechtzuerhalten oder zu erhöhen.

Artikel II. Wie aus Artikel XCIII der Brüsseler General-Akte sich ergibt, sind die Spirituosen, welche in den im Artikel XCII bezeichneten Gebieten fabriziert werden sollten und für den Bedarf im Innern bestimmt sind, mit einer Steuer zu belegen.

Diese Steuer, deren Erhebung die Mächte, soweit möglich, zu sichern sich verpflichten, soll nicht niedriger sein als der im Artikel I gegenwärtiger Konvention festgesetzte Minimalsatz des Einfuhrzolls.

Es besteht jedoch Einverständnis bezüglich Angolas, daß die Portugiesische Regierung, um die allmähliche und vollständige Umwandelung der Brennereien in Zuckerfabriken zu sichern, von dem Ertrage dieser Abgabe von 100 Franken eine Summe von 30 Franken vorwegnehmen darf, welche den Produzenten überwiesen wird, mit der in ihrer Erfüllung von der Regierung zu kontrollierenden Verpflichtung, diese Umwandelung zu verwirklichen.

Macht die Portugiesische Regierung von dieser Befugnis Gebrauch, so darf die Zahl der in Tätigkeit befindlichen Brennereien und die Produktionsfähigkeit einer jeden derselben den am 31. Oktober 1906 festgestellten Stand nach Zahl und Produktionsfähigkeit nicht übersteigen.

Artikel III. Die Bestimmungen der gegenwärtigen Konvention werden für einen Zeitraum von zehn Jahren festgesetzt.

Nach Ablauf dieses Zeitraums wird der im Artikel I festgesetzte Einfuhrzoll auf Grundlage der durch die bisherige Tarifierung erzielten Resultate einer Revision unterzogen.

Jedoch wird jeder der vertragschließenden Mächte die Befugnis eingeräumt, eine Revision dieser Abgabe mit Ablauf des achten Jahres zu verlangen.

Diejenige Macht, welche von dieser Befugnis Gebrauch macht, hat ihre Absicht 6 Monate vor Ablauf des achten Jahres den anderen Mächten durch Vermittelung der Belgischen Regierung anzuzeigen, welche sich verpflichtet, die Konferenz in der oben angegebenen Frist von 6 Monaten zusammenzurufen.

Artikel IV. Es besteht Einverständnis darüber, daß die Mächte, welche die Brüsseler General-Akte unterzeichnet haben oder ihr beigetreten sind, und welche nicht auf der gegenwärtigen Konferenz vertreten sind, das Recht behalten, dieser Konvention beizutreten.

Artikel V. Die gegenwärtige Konvention soll ratifiziert werden und die Ratifikationen sollen im Ministerium der auswärtigen Angelegenheiten zu Brüssel binnen kürzester und keinesfalls den Zeitraum eines Jahres überschreitender Frist niedergelegt werden.

Eine beglaubigte Abschrift des Hinterlegungsprotokolls wird durch die Belgische Regierung an alle beteiligten Mächte gesandt werden.

Artikel VI. Die gegenwärtige Konvention soll in allen in der im Artikel XC der Brüsseler General-Akte festgesetzten Zone gelegenen Besitzungen der Vertragsmächte in Kraft treten am 30. Tage nach dem Tage, an welchem das im vorigen Artikel erwähnte Hinterlegungsprotokoll geschlossen worden ist.

Von diesem Tage an soll die Konvention über die Spirituoseneinfuhr in Afrika, welche in Brüssel am 8. Juni 1899 unterzeichnet worden ist, außer Kraft treten.

Zur Beglaubigung dessen haben die betreffenden Bevollmächtigten gegenwärtige Konvention unterzeichnet und ihr Siegel beigesetzt.

Geschehen, in einem einzigen Exemplar, am 3. November 1906.

(L. S.) Graf von Wallwitz. Göhring. Capelle. Kebers. Arturo de Baguer. H. Droogmans. A. Mechelynck. A. Gérard. Arthur H. Hardinge. A. W. Clarke. H. J. Read. Bonin. van der Staal de Piershil. Santo Thyrso. Garcia Rosado. N. de Giers. Falkenberg.

Die vorstehende Konvention ist ratifiziert worden. Die Niederlegung der Ratifikationen im Ministerium der auswärtigen Angelegenheiten zu Brüssel hat stattgefunden. Das Hinterlegungsprotokoll ist am 3. November 1907 geschlossen worden.

12. Tarifanzeiger Nr. 40 für die Eisenbahn Swakopmund—Windhuk. Vom 10. November 1906.

Bei Verfrachtung von Erzen in Wagenladungen in der Richtung vom Inneren nach der Küste wird mit Rückwirkung vom 27. Oktober 1906 folgender Frachtsatz erhoben: für 100 kg und 1 km 0,007 M.

Windhuk, den 10. November 1906.

Der Kaiserliche Gouverneur.
I. V.: Hintrager.

13. Verfügung des Gouverneurs von Deutsch-Südwestafrika, betreffend das Distriktsamt Namutoni. Vom 14. November 1906.

(Kol. Bl. 1907 S. 101.)

Durch Verfügung des Kaiserlichen Gouverneurs von Deutsch-Südwestafrika vom 30. Dezember 1905 ist im Bezirk Grootfontein ein besonderes Distriktsamt Namutoni eingerichtet und dem Bezirksamt Grootfontein unterstellt worden.

Als Grenzen des Distriktes sind durch Verfügung des Gouverneurs vom 14. November 1906 festgesetzt worden: Im Osten: der 18. Längengrad, im Süden: die Nordgrenze des Gebiets der South West Africa Co., im Westen: die nördliche Verlängerung der Westgrenze des Gebiets der South West Africa Co., im Norden: die Südgrenze des Ovambolandes.

14. Runderlaß des Gouverneurs von Kamerun, betreffend Beförderung von Familienmitgliedern bei Reisen von Beamten. Vom 30. Dezember 1906.

Auf Anordnung der Kolonial-Abteilung wird bezüglich der Beförderung von Familienmitgliedern bei Reisen von Beamten folgendes bestimmt:

Zufolge der Anmerkung zum Haushaltsetat der Schutzgebiete auf das Rechnungsjahr 1905*) können den nichtetatsmäßigen Schutzgebietsbeamten in den Fällen

1. der Ausreise nach dem Schutzgebiete beim Dienstantritt;
2. der Heimreise beim Ausscheiden aus dem Schutzgebietsdienst und
3. der Versetzung nach einem anderen Schutzgebiete

bei Mitnahme von Familienmitgliedern für letztere Beihilfen zur Deckung der wirklich entstandenen Beförderungskosten bewilligt werden.

Diese Anmerkung bezieht sich auf die Reisestrecke im Binnenlande der Schutzgebiete, also zwischen Küste und Stationsort, ohne weiteres nicht. Die Kolonial-Abteilung hat indessen durch Erlaß vom 3. Oktober 1906**) ausdrücklich genehmigt, daß vom 1. April 1905 ab für die Familienmitglieder auch der nichtetatsmäßigen Schutzgebietsbeamten freie Beförderung bzw. Ersatz der tatsächlich notwendigen Beförderungskosten auch für die aus den gedachten Anlässen stattfindenden Reisen zwischen Küste und Stationsort gewährt wird. Stehen ausnahmsweise amtliche Transportmittel nicht zur Verfügung, sondern muß der Beamte hierfür aus eigenen Mitteln sorgen, so ist die Notwendigkeit der Auslage und die Angemessenheit der gezahlten Beträge auf den betreffenden Rechnungen seitens der dem Familienoberhaupt vorgesetzten Dienststelle ausdrücklich zu bescheinigen.

Sofern es sich bei den gedachten Reisen um eine Beförderung vermittels der einer besonderen Betriebsverwaltung angehörenden Schiffe oder der Eisenbahnen handelt, werden die von den Beteiligten selbst zu zahlenden tarifmäßigen Fahrgelder gleichfalls erstattet.

Fuhrkosten und Tagegelder werden nicht gewährt.

Bei den aus andern als den oben genannten Anlässen stattfindenden Dienstreisen von Beamten werden die Beförderungskosten für etwa mitgenommene Familienmitglieder demnach nicht erstattet, es müssen vielmehr für die

*) Vgl. Anm. *) zu II Nr. 10.
**) Oben Nr. 10.

letzteren bei Fahrten auf Regierungsdampfern nach wie vor die tarifmäßigen Gebühren bezahlt und die dem Fiskus durch Stellung von Trägern und dergl. etwa entstandenen Kosten zurückerstattet werden.

Buea, den 30. Dezember 1906.

Der stellvertr. Kaiserliche Gouverneur.
Gleim.

1907.

15. Runderlafs des Auswärtigen Amts, Kolonial-Abteilung, betreffend Heimschaffung der Hinterbliebenen verstorbener Schutzgebietsbeamter. Vom 1. Januar 1907.

Die Frage der Heimschaffung der Hinterbliebenen verstorbener Schutzgebietsbeamter und der Verrechnung der hierdurch entstehenden Kosten ist hier zum Gegenstand eingehender Erwägungen gemacht worden. Diese haben zu folgendem Ergebnis geführt.

Die Rechtslage ergibt sich aus Artikel 1 der Beamtenverordnung vom 9. August 1896*) in Verbindung mit dem Gesetz vom 1. April 1888**) (siehe Tesch,***) 2. Aufl., S. 91 und 235). Danach haben die Hinterbliebenen der in den Schutzgebieten verstorbenen pensionsberechtigten, d. h. der etatsmäßigen Landesbeamten einen Rechtsanspruch, in einer ihrer gesellschaftlichen Stellung entsprechenden Weise auf Rechnung des Fiskus heimbefördert zu werden.

Ein gleicher Anspruch besteht für die Hinterbliebenen der nichtetatsmäßigen Beamten zwar nicht, indessen sprechen die allgemeinen Erwägungen, welche dahin geführt haben, die Unterschiede in der finanziellen Behandlung der etatsmäßigen Beamten einerseits und der nichtetatsmäßigen Beamten andererseits in den Hauptpunkten fallen zu lassen, für ein gleiches Vorgehen in den Nebenpunkten, mit der durch die gegebene Rechtslage gebotenen Einschränkung der fakultativen Bewilligung für nichtetatsmäßige Beamte. In dieser Hinsicht finden sich im Haupt-Etat der Schutzgebiete für 1905 bereits verschiedene dispositive Anmerkungen.

In Absatz 3 Seite 14 ist bestimmt, daß die Hinterbliebenen der nichtetatsmäßigen Beamten das sogenannte Gnadenquartal und „fernere Versorgung in dem gleichen Maße" erhalten können wie die Hinterbliebenen der etatsmäßigen Schutzgebietsbeamten.

Als eine „Versorgung" im weiteren Sinne ist aber auch die freie Heimschaffung der Hinterbliebenen anzusehen. Die fakultative Anwendung des Gesetzes vom 1. April 1888 auf die Hinterbliebenen nichtetatsmäßiger Schutzgebietsbeamter auf Grund jener Dispositivbemerkung kann einem Bedenken um-

*) D. Kol. Gesetzgeb. II S. 265.
**) D. Kol. Gesetzgeb. I S. 10.
***) Laufbahn der deutschen Kolonialbeamten, Berlin, Verl. Otto Salle.

soweniger unterliegen, als zwischen Kolonial-Verwaltung und Reichsfinanz-Verwaltung bei anderem Anlaß ausdrückliches Einverständnis darüber erzielt worden ist, daß die Wohltaten dieses Gesetzes als „Versorgungs a n s p r ü c h e" der Hinterbliebenen von Schutztruppenangehörigen im Sinne des § 5 des Schutztruppengesetzes*) o h n e w e i t e r e s zu gelten haben.

Ich ersuche ergebenst, in Zukunft entsprechend zu verfahren. Die entstehenden Kosten sind bei dem Reise- und Umzugskostentitel zu verrechnen.

B e r l i n, den 1. Januar 1907.

Auswärtiges Amt. Kolonial-Abteilung.
D e r n b u r g.

16. Ergänzungsblatt I zum Tarif der Usambarabahn,**) herausgegeben von der Deutschen Kolonial-Eisenbahnbau- und Betriebsgesellschaft, vom Gouverneur von Deutsch-Ostafrika bekanntgemacht am 2. Januar 1907.

(Amtl. Anz. Nr. 1).

Mit dem 1. Januar 1907 treten folgende Änderungen in Kraft:

I. 1. Für die II. Wagenklasse werden Abonnementskarten eingeführt, die innerhalb eines Zeitraumes von 6 Monaten zu 12 Fahrten an beliebigen Tagen zwischen 2 bestimmten Stationen berechtigen.

2. Der Preis der Abonnementskarten wird in der Weise berechnet, daß für die einzelne Fahrt ein Preis von 4 Hellern pro km zugrunde gelegt wird. Der hiernach ausgerechnete Betrag wird auf 10 Heller aufwärts abgerundet und mit der Zahl 12 vervielfältigt.

3. Die Erteilung einer Abonnementskarte kann bei der Betriebsleitung der Usambarabahn in Tanga oder bei den Eisenbahnstationen beantragt werden.

4. Die ausgegebenen Abonnementskarten sind in Gegenwart eines Eisenbahnbeamten von dem Inhaber vor der Benutzung eigenhändig zu unterschreiben.

Eine Abonnementskarte darf nur von der Person, die sie unterschrieben hat, benutzt und auf eine andere Person nicht übertragen werden. Wird sie von einer anderen Person benutzt, so wird die Karte eingezogen bei Verlust des dafür bezahlten Preises.

5. Die Karte ist den überwachenden Beamten vorzuzeigen.

6. Bei jeder Fahrt auf Abonnementskarte werden 30 kg Freigepäck gewährt.

7. Jeder Mißbrauch der Abonnementskarte, sei es durch eine nicht berechtigte Person, sei es auf einer Strecke, für die sie nicht gilt, zieht strafrechtliche Verfolgung nach sich.

8. Die einzelnen Fahrten auf Abonnementskarten werden durch die Lochzange des Zugführers gekennzeichnet.

9. Nach Ablauf der Gültigkeitsdauer ist die Karte zurückzugeben.

II. Der Artikel Künstliche Düngemittel ist im Verzeichnis der Güter des Spezialtarifs I zu streichen und in das Verzeichnis der Güter des Spezialtarifs II aufzunehmen.

III. Der Artikel Getrocknete Rinderhäute ist unter die Güter des Spezialtarifs I aufzunehmen.

D a r e s s a l a m, den 2. Januar 1907.

*) D. Kol. Gesetzgeb. II S. 252.
**) D. Kol. Gesetzgeb. 1903, S. 64.

17. Verfügung des Auswärtigen Amts, Kolonial-Abteilung, betreffend Edelsteinbergbau im Nordosten des Deutsch-Südwestafrikanischen Schutzgebiets. Vom 2. Januar 1907.

(Reichsanzeiger vom 9. Januar 1907. Kol. Bl. S. 47.)

Gemäß §§ 93, 97 der Kaiserlichen Bergverordnung für Deutsch-Südwestafrika vom 8. August 1905 (Reichs-Gesetzbl. S. 727)*) wird hiermit bestimmt, daß derjenige Teil des Deutsch-Südwestafrikanischen Schutzgebiets, der östlich vom 21. Längengrad liegt (sog. Caprivi-Zipfel), dem Landesfiskus von Deutsch-Südwestafrika zur ausschließlichen Aufsuchung oder Gewinnung von Edelsteinen bis auf weiteres vorbehalten wird, soweit dem nicht wohlerworbene Rechte Dritter entgegenstehen.

Berlin, den 2. Januar 1907.

Auswärtiges Amt. Kolonial-Abteilung.
Dernburg.

18. Verfügung des Gouverneurs von Kamerun, betreffend Errichtung eines Eisenbahnamts in Duala. Vom 2. Januar 1907.

Für die nach dem Gesetz, betreffend Übernahme einer Garantie des Reichs in bezug auf eine Eisenbahn von Duala nach den Manengubabergen vom 4. Mai 1906**), der Regierung zufallenden Aufgaben wird in Duala eine besondere Behörde, das Eisenbahnamt, gebildet, das in eine Verwaltungs- und eine technische Abteilung zerfällt.

A. Der Verwaltungsabteilung liegt insbesondere ob:

1. Wahrnehmung der Funktionen der Aufsichtsbehörde gegenüber der Eisenbahngesellschaft, abgesehen von der technischen Aufsicht.

2. Die Durchführung der Enteignung auf der Halbinsel Bonaberi in Vertretung des Bezirksamtmanns (§ 2 des Gesetzes).

3. Die Prüfung der Frage der Beitragsleistung von Landgesellschaften und Plantagenbesitzern (§ 3 des Gesetzes).

4. Die Grundeigentumsbeschaffung für den Bau und Betrieb der Bahn (§ 9 der Konzession).

5. Feststellung der Landgerechtsame der Gesellschaft (§ 11 der Konzession).

6. Wahrnehmung der Funktionen des Arbeiterkommissars gegenüber den Bahnarbeitern.

B. Der technischen Abteilung liegt ob:

1. Führung der technischen Aufsicht über den Bahnbau und Bahnbetrieb (§§ 3 und 4).

2. Feststellung des Wertes der zu enteignenden Baulichkeiten auf der Halbinsel Bonaberi.

3. Feststellung eines Bebauungsplanes auf Bonaberi.

Soweit die in dieser Verfügung genannte Erledigung von Fragen in die bisherige Tätigkeit der Bezirksämter und Stationen hineingreift, wird sie vom

*) D. Kol. Gesetzgeb. 1905 S. 221.
**) D. Kol. Gesetzgeb. 1906 S. 163.

Eisenbahnamt erledigt. Eingänge sind zu richten an das Eisenbahnamt, Verwaltungsabteilung, oder an das Eisenbahnamt, technische Abteilung, von denen jede selbständig zeichnet.

Buea, den 2. Januar 1907.

Der stellvertretende Gouverneur.
Gleim.

19. Runderlaſs des Auswärtigen Amts, Kolonial-Abteilung, betreffend Grundsätze für die Etatsanmeldungen. Vom 4. Januar 1907.*)

Im Anschluß an die Runderlasse vom 19. Dezember 1903 Kol. Gesetzgeb. Bd. 7 S. 282, 26. Juni 1906**) und 17. September 1906.***)

Die Etatsanmeldungen der Schutzgebietsverwaltung haben bislang sowohl bei dem Zivil- wie bei dem Militärressort formell wie sachlich nicht den Anforderungen genügt, die an sie im Interesse einer raschen Bearbeitung bei der Kolonial-Zentralverwaltung und im Interesse einer sachgemäßen Behandlung bei der Prüfung durch die Reichsressorts und die gesetzgebenden Körperschaften zu stellen sind. Ich nehme daher Veranlassung, nachstehend die Grundsätze des näheren festzustellen, nach denen die Anmeldungen in Zukunft zu erfolgen haben.

A. Form.

Zur Verminderung des Schreibwerks sind die Etatsanmeldungen in Zukunft unter Benutzung eines Exemplars des dem Gouvernement zuletzt zugegangenen gedruckten Etatsentwurfs für das betreffende Schutzgebiet aufzustellen, und zwar in der Art, wie die hier beigefügte Anlage†) ergibt, in die eine Reihe von Anmeldungen des Gouvernements von Deutsch-Ostafrika zum Etat für 1906 beispielsweise eingetragen sind. Für die Etatsanmeldungen für 1909 ist daher ein Druckexemplar des Etatsentwurfs für 1907 zu benutzen.

Werden neue Positionen, Titel, Kapitel beantragt, so ist der dispositive Wortlaut, den sie erhalten sollen, auf der rechten Seite in der Spalte „Erläuterungen" einzutragen, und zwar in gleicher Höhe mit der Stelle, an der in der „Mehr"- und „Weniger"-Spalte die Forderung zur neuen Position usw. ausgebracht wird. (Vgl. in der Anlage z. B. Titel 5 der Einnahmen.) Änderungen, die lediglich das bisherige Etatsdispositiv betreffen, ohne daß Zu- oder Abgänge damit verbunden sind, sind auf der linken Seite unter Abänderung des bisherigen Textes einzutragen.

Werden Änderungen, die die gesetzgebenden Körperschaften zum Etatstexte oder zu den Etatsansätzen beschlossen haben, dem Gouvernement rechtzeitig vor Abschluß der neuen Etatsanmeldungen mitgeteilt, so ist das Druckexemplar hiernach entsprechend zu berichtigen. Derartige Berichtigungen sind durch Unterstreichen kenntlich zu machen.

---

*) Der R. E. ist sämtlichen Gouverneuren und daneben — jedoch in etwas veränderter Fassung — auch den Bezirksämtern des Inselgebiets von Deutsch-Neu-Guinea zugegangen.

**) Nicht in der D. Kol. Gesetzgeb. abgedruckt. In dem R. E. wird um rechtzeitige Vorlage der Etatsanmeldungen und Beifügung der erforderlichen Unterlagen ersucht.

***) Nicht in der D. Kol. Gesetzgeb. abgedruckt. Der R. E. schreibt vor, daß den Etatsanmeldungen Nachweisungen über den jeweiligen Wert der einzelnen fiskalischen Baulichkeiten sowie Angaben über den Prozentsatz ihrer Unterhaltungskosten beizufügen sind.

†) Nicht mit abgedruckt.

Vom Gouvernement beantragte Abänderungen im Texte sind nicht zu unterstreichen.

Nicht in das Formular aufzunehmen, sondern einem besonderen Antrage vorzubehalten sind Vorschläge, die eine grundsätzliche Änderung des Etatsschemas oder der Kapitel- und Titel-Einrichtung bezwecken, es sei denn, daß solche Änderungen bereits in den Etats anderer Schutzgebiete vorhanden sind.

In der Erläuterungsspalte sind die regelmäßig wiederkehrenden Veranschlagungen, wie z. B. in der Anlage die Einnahme-Übersichten zu Titel 1, 2 und 3, die Übersicht zu Kapitel 1 Titel 4 und 5 der fortdauernden Ausgaben usw., stets vollständig aufzustellen, und zwar, falls es sich ohne Beeinträchtigung der Übersichtlichkeit tun läßt, durch Abänderung der Übersichten im Druckexemplar, andernfalls durch Überkleben der Veranschlagung im Druckexemplar und Neuaufstellung einer solchen.

Das Entsprechende gilt von den sonst bei einigen wenigen Etatsstellen alljährlich wiederkehrenden Erläuterungen.

Im übrigen sind die Erläuterungen im Druckexemplar zu durchstreichen.

Jede neue Erläuterung ist in einer besonderen Beilage zu geben, die genügenden Raum für etwaige Änderungen und Ergänzungen läßt. Die Beilagen sind fortlaufend zu numerieren. Auf die Nummer der Beilage ist im Etatsentwurfe an der betreffenden Stelle Bezug zu nehmen, während umgekehrt bei jeder Erläuterung anzugeben bleibt, auf welche Position des Etats sie sich bezieht. Die Beilagen sind zu einem Heft zu vereinigen.

Alles weitere hinsichtlich der Form der Anmeldungen ergibt sich aus dem beiliegenden Schema.

B. Inhalt.

Es hat bisher kaum eine Zu- und Abgangs-Nachweisung aus den Schutzgebieten hier vorgelegen, bei der nicht bereits seitens der Kolonialabteilung, zum Teil in großer Anzahl, Forderungen haben gestrichen werden müssen, weil die Dringlichkeit einer Forderung nicht anerkannt werden konnte, oder weil eine ausreichende Begründung fehlte. Es muß wiederholt verlangt werden, daß nur wirklich dringliche Forderungen gestellt werden. Die Finanzlage des Reiches ist andauernd eine ungünstige und erfordert die größtmögliche Sparsamkeit. Verlangt muß ferner werden, daß sämtliche Anmeldungen, mit den erforderlichen Unterlagen (Erläuterungen, statistischen Übersichten, Kostenanschlägen usw.) versehen, in erschöpfender Weise begründet werden. Forderungen, bei denen es an einer der beiden Voraussetzungen mangelt, müssen in Zukunft von vornherein hier abgelehnt werden. Ich erwarte daher, daß derartige Forderungen hier nicht mehr gestellt werden; sie erschweren und vermehren lediglich unnütz die Arbeit hier wie im Schutzgebiet.

Unberücksichtigt müssen ferner, wie schon wiederholt betont, diejenigen Anmeldungen bleiben, die nicht bis zu dem vorgeschriebenen Termin — 1. Juni — hier vorliegen. Ich erwarte, daß nicht nur dieser Termin in Zukunft genau eingehalten wird, sondern daß auch nachträgliche Anmeldungen nicht mehr eingereicht werden.

Fragen grundsätzlicher Art (z. B. Einführung neuer Tarifsätze beim Zoll oder bei den fiskalischen Eisenbahnen, Änderung der Gehaltsklassifikationen der Beamten, anderweite Bemessung der Kolonialdienstzulagen usw.) sind aus den Etatsanmeldungen auszuscheiden, falls sie nicht bereits vorher erörtert und entschieden worden sind. Die Reichsfinanzverwaltung lehnt es regelmäßig ab, derartige Fragen von grundsätzlicher Bedeutung innerhalb der Etatsverhandlungen zu behandeln. Sie sind daher zum Gegenstande besonderer Berichterstattung zu machen, und zwar so zeitig, daß die Entscheidung darüber bereits vor den Etatsverhandlungen getroffen sein kann.

Zu vermeiden sind in den Begründungen allgemein gehaltene Ausdrücke, wie „unabweisliches Bedürfnis", „gebieterische Notwendigkeit" und dergl. Die Begründungen haben sich in einfacher Sprache auf Tatsachen zu stützen. Möglichste Kürze des Ausdrucks ist geboten.

Im einzelnen ist folgendes noch hervorzuheben:

I. Einnahmen.

Die Veranschlagung der Einnahmen aus Steuern und Zöllen, der verschiedenen Verwaltungseinnahmen, der Einnahmen aus staatlichen Betrieben hat in der Regel nach dem Durchschnittsergebnis der vorangegangenen letzten 3 Rechnungsjahre zu erfolgen.

Bestehen besondere Gründe, die eine Abweichung von der Veranschlagung nach dieser Regel rechtfertigen, so hat die Veranschlagung unter Berücksichtigung dieser Gründe zu geschehen. Solche Gründe sind z. B. dauernde Steigerung oder dauernder Rückgang bestimmter Einnahmen, so daß es gerechtfertigt erscheint, für die Veranschlagung das Ergebnis nur des letzten oder der beiden letzten Jahre zu berücksichtigen, ferner inzwischen erfolgte oder für das neue Etatsjahr beabsichtigte Erhöhung oder Herabsetzung der Zoll-, Steuer- oder Abgabensätze, Einführung neuer Steuern usw., Tarifänderungen, besondere wirtschaftliche oder sonstige die Einnahmen beeinflussende Verhältnisse usw. Derartige, von der Regel abweichende Veranschlagungen sind jedoch in den Erläuterungen eingehend zu begründen und möglichst ziffernmäßig zu belegen.

Eine Übersicht der Erträgnisse der einzelnen Einnahmequellen in den letzten 3 Jahren ist jedesmal den Etatsanmeldungen beizufügen.

II. Ausgaben.

1. Allgemeines. a) Besonders umfangreiche Forderungen, insbesondere solche, die einen neuen Verwaltungsgegenstand betreffen oder einen Verwaltungszweig wesentlich ausdehnen oder nur den Anfang von weiteren in späteren Etats zu stellenden Forderungen darstellen, z. B. erhebliche Vermehrung des Personals der allgemeinen Verwaltung, der Zollverwaltung, der Forstverwaltung usw., Verstärkung der Schutztruppe usw., systematische Ausdehnung des Schulwesens, umfassende Wegebauprogramme, Bauten infolge Verlegung des Sitzes einer Behörde nach einem anderen Ort und dergl., sind stets ausführlich durch eine den Anmeldungen beizufügende besondere Vorlage in Form einer Denkschrift zu begründen, die so abzufassen ist, daß sie tunlichst ohne Änderungen dem Etat beigefügt werden kann.

b) Bei den Ausgaben ist zu prüfen nicht nur, ob die bisherigen Etatsansätze ausreichend, sondern ebenso auch, ob sie zu ermäßigen sind. Dies gilt insbesondere auch von den Personalfonds, den Fonds für Bureaubedürfnisse, Frachtkosten, Dienstreisen usw.

c) Soweit Fonds ganz oder zum Teil im letzten Etat als künftig fortfallend bezeichnet sind, ist, falls der so bezeichnete Betrag bei der Etatsanmeldung nicht in Abgang gestellt wird, stets zu begründen, weshalb er nicht abgesetzt werden kann.

2. Fortdauernde Ausgaben.

a) Personalfonds (Kapitel 1 Titel 1. 2. 4, Personal der Lehrer, Flottille usw.).

α) Da beabsichtigt ist, ein besonderes Beamtenrecht für die Schutzgebiete zu schaffen, sind bis zum Erlaß der bezüglichen Bestimmungen neue etatsmäßige Stellen — abgesehen von Richterstellen — nicht zu beantragen, da derartige Vorschläge unter keinen Umständen berücksichtigt werden können.

β) Die Auslandsgehälter und die diätarischen Vergütungen sind für das im Etat bereits vorhandene Personal nach dem Besoldungszustande vom 1. Juli des dem neuen Rechnungsjahre vorangehenden Jahres zu veranschlagen, also für 1908 nach dem voraussichtlichen Stande vom 1. Juli 1907, für das neugeforderte Personal nach dem auf Grund der Besoldungsordnung (Beilage zum Hauptetat der Schutzgebiete auf 1906) bzw. der Klassifizierung zustehenden Mindestsatze.

Beim Wegfall eines Beamten oder Angestellten ist die von dem Beamten tatsächlich bezogene Besoldung als Weniger aufzuführen.

Eine Übersicht der bezüglichen Berechnungen ist nicht mit einzureichen, da die Berechnungen der Personalfonds hier aufgestellt werden.

γ) Bei Anforderung neuen Personals ist, falls nicht ohne weiteres ersichtlich, in der Begründung stets mitzuteilen, wie das im Etat bereits bewilligte Personal gleicher Art (Bezirksamtmänner, Zollbeamte, Lehrer usw.) verteilt ist und weshalb es nicht ausreichend erscheint, wie das neugeforderte Personal verwendet werden soll und weshalb eine dauernde Stelle auszubringen ist. Letztere Begründung kann deshalb nicht entbehrt werden, weil zur Deckung von vorübergehenden Bedürfnissen an Personal der unter I. Kapitel 1 Titel 4 mitausgebrachte allgemeine Fonds für „außerordentliche Hilfskräfte und Stellvertretungen" bestimmt ist.

Andererseits ist zu beachten, daß der letztgenannte allgemeine Fonds auch nur zur Deckung von vorübergehenden oder nicht als dauernd erkannten Bedürfnissen an Personal bestimmt ist. Sobald sich daher herausstellt, daß eine Stelle wirklich dauernd erforderlich ist, muß sie bei den besonders benannten Stellen mit aufgeführt werden.

b) Sächliche Fonds. α) Zugänge bei den Fonds zu Bureaubedürfnissen usw., zu Dienstreisen usw., zum Lazarettbetrieb, zu Frachtkosten usw., zur Ausrüstung der Schutztruppe usw. sind stets zu belegen mit einer Übersicht der tatsächlichen Ausgaben der letzten 3 Rechnungsjahre. Übersteigt die Anmeldung den Durchschnitt dieser 3 Jahre, so ist die Berechtigung der Mehrforderung zahlenmäßig nachzuweisen.

β) Um für die Bemessung des Gebäudeunterhaltungsfonds für die Zukunft einen bestimmten Maßstab zu erhalten, ist spätestens bis zu den Etatsanmeldungen für 1909, soweit nicht schon geschehen, eine Berechnung des Baukostenwertes der sämtlichen vorhandenen fiskalischen Bauten und der zur Unterhaltung der Bauten in den letzten Jahren aufgewendeten Mittel aufzustellen. Der Prozentsatz, den demnach die Unterhaltungskosten an den Baukosten darstellen, ist in Zukunft der Bemessung des Gebäudeunterhaltungsfonds zugrunde zu legen.

Den Etatsanmeldungen ist dann später jedesmal eine Übersicht der Bauwerte der seit der letzten Etatsanmeldung neu hinzugetretenen und in Wegfall gekommenen Gebäude beizufügen.

3. Einmalige Ausgaben. a) Zu jeder bei den einmaligen Ausgaben gestellten Forderung, auch wenn sie im Etat des vorangegangenen Jahres bereits im gleichen oder in einem höheren Betrage bewilligt war, ist eine Begründung zu geben.

Bei zweiten oder ferneren Raten von Forderungen genügt die Bezugnahme auf die früher gegebene Erläuterung.

b) Bei Bauforderungen von 30 000 M. und darüber sind für jedes angeforderte Bauwerk die Unterlagen in einem besonderen Heft vereinigt vorzulegen.

Dieses Heft hat zu enthalten: Einen Erläuterungsbericht, Kostenanschlag mit Massenberechnung, Bauzeichnungen nebst Lageplan mit Orientierungsnadel.

In dem Erläuterungsbericht ist zuerst die Begründung und daran anschließend die Baubeschreibung zu geben.

Bei Wohngebäuden im besonderen hat die Begründung zu enthalten:

eine Übersicht der an dem betreffenden Orte bereits vorhandenen fiskalischen Wohnhäuser, eine Übersicht der Belegung der Wohnungen, die Angabe, welche Beamte — ob verheiratet oder unverheiratet — in dem neu beantragten Gebäude untergebracht werden sollen.

Entsprechend ist bei der Begründung neuer Gefängnis- oder Lazarettbauten zu verfahren. Sind solche an dem betreffenden Orte noch nicht vorhanden, so ist mitzuteilen, mit wieviel Gefangenen bzw. Kranken täglich durchschnittlich zu rechnen ist und wieviele Gefangene bzw. Kranke das neue Gebäude aufnehmen kann. Ist ein Gefängnis oder Lazarett an dem betreffenden Orte oder in angemessener Nähe bereits vorhanden, so bedarf es außer der vorerwähnten Angabe einer solchen über die Aufnahmefähigkeit der vorhandenen Gebäude oder Räume.

Bei Anmeldungen unter 30 000 M. braucht Kostenanschlag und Zeichnung hier nicht eingereicht zu werden. Die Begründung ist dann in der Erläuterung der Etatsanmeldungen mit zu geben; inhaltlich gilt von ihr aber genau dasselbe, wie vor gesagt. Insbesondere sind auch hier — tunlichst unter Beifügung einer einfachen Skizze über die geplante Ausführung — wenigstens soweit Erläuterungen zu geben, daß sie eine Beurteilung der Kosten zulassen. Bei Wohngebäuden ist der Grundriß sowie die Art der Ausführung — ob massiv oder in Wellblech oder in Holz usw., Zahl der Stockwerke und Wohnräume — mitzuteilen.

c) Die Kosten der Wegeunterhaltung und Wegeneubauten sind, soweit nicht schon geschehen, möglichst bald besonders zu veranschlagen. Erstere Anmeldungen sind nach den vorhandenen Wegekilometern und den erfahrungsgemäß auf das Kilometer entfallenden Unterhaltungskosten zu berechnen. Eine Übersicht der Berechnung ist jedesmal mitzuteilen. Soweit die Kosten der Wegeunterhaltung bei den einmaligen Ausgaben bisher mit aufgeführt sind, sind sie dort abzusetzen und auf die fortdauernden Ausgaben zu übernehmen.

Berlin, den 4. Januar 1907.

Auswärtiges Amt. Kolonial-Abteilung.
Dernburg.

20. Verfügung des Gouverneurs von Togo, betreffend die Gewährung von sogenannten Fahrradgeldern. Vom 5. Januar 1907.

(Amtsbl. S. 4.)

Für die Benutzung eigener Fahrräder auf Dienstreisen werden Fahrradgelder im Betrage von 10 Pfennig für jedes zurückgelegte Kilometer gewährt.

Die Fahrradgelder stehen zu, sofern

1. zur Zurücklegung der Strecke nicht gleichzeitig Kosten für amtliche Beförderungsmittel, insbesondere Hängemattenträger, erwachsen sind;
2. die zurückgelegte Strecke mindestens 15 km beträgt.

Die Richtigkeit der Entfernungsangaben in den betreffenden Liquidationen ist durch den zuständigen Lokalbeamten zu bescheinigen und die sich ergebende Gesamtvergütung nach oben hin, auf einen durch 5 teilbaren Betrag abzurunden.

Vorstehende Bestimmungen dürfen auf die farbigen Angestellten, welche bei Dienstreisen eigene Fahrräder benutzen, angewendet werden, wenn die Benutzung des eigenen Fahrrads im dienstlichen Interesse gelegen und notwendig war, was durch den zuständigen Beamten besonders zu bescheinigen ist.

Die Verfügung tritt mit dem 1. Januar 1907 in Kraft.

Gleichzeitig treten außer Kraft:

Die Verfügungen, betreffend die Gewährung von sogenannten Fahrradgeldern vom 27. Dezember 1904 (D. Kol. Gesetzg. 8. Teil, Seite 267) und vom 2. und 25. Januar 1906 (Amtsblatt für das Schutzgebiet Togo, 1. Jahrgang, Nr. 1 u. 3).*)

Lome, den 5. Januar 1907.

Der Gouverneur.
Graf Zech.

21. Erlaſs des Auswärtigen Amts, Kolonial-Abteilung, an den Gouverneur von Deutsch-Ostafrika, betreffend die Vorlage allgemeiner Anordnungen über das Rechnungswesen. Vom 8. Januar 1907.**)

Die dortseits ergangene, die Rechnungslegung der Bezirkskassen betreffende Verfügung ist nebst zugehörigen Rechnungsmustern dem Rechnungshofe diesseits mitgeteilt worden. Abschrift der Antwort des letzteren vom 14. November v. J. lasse ich Euerer Exzellenz beifolgend zur gefälligen Kenntnisnahme mit dem Ersuchen ergebenst zugehen, gefälligst zu veranlassen, daß die dortseits beabsichtigten allgemeinen Anordnungen über die Kassenverwaltung und Buchführung von Fall zu Fall im Entwurf hierher mitgeteilt werden. Sie sollen aber nach diesseitiger Prüfung vor ihrem Erlaß zunächst noch dem Rechnungshof unterbreitet werden.

Berlin, den 8. Januar 1907.

Auswärtiges Amt. Kolonial-Abteilung.
Dernburg.

Anlage zu Nr. 21.

Potsdam, den 14. November 1906.

Rechnungshof des Deutschen Reiches.

Auf das Schreiben vom 28. September 1906.

Gegen das eingesandte Muster für die Verwaltungsrechnungen der Bezirkskassen in Deutsch-Ostafrika ist nichts einzuwenden.

*) D. Kol. Gesetzgeb. 1906 S. 2 u. 80.
**) Abschriftlich auch den Gouverneuren der übrigen Schutzgebiete mitgeteilt.

Wir erlauben uns jedoch ergebenst zu bemerken, daß derartige das Rechnungswesen betreffende Anordnungen vor ihrer Einführung uns mitzuteilen sind. (§ 14, 2. Abs. des Gesetzes, betreffend die Einrichtung und die Befugnisse der Ober-Rechnungskammer vom 27. März 1872.)

Rechnungshof des Deutschen Reichs.
v. Leib.

An das Auswärtige Amt, Kolonial-Abteilung. Berlin.

22. Runderlaſs des Gouverneurs von Deutsch-Südwestafrika, betreffend die Zollverwaltung. Vom 15. Januar 1907.

Die Zollverwaltung ist im dienstlichen Interesse wieder an das Kaiserliche Gouvernement in Windhuk zurückverlegt worden. Aus diesem Grunde findet ein besonderer Schriftverkehr mit der Zollverwaltung nicht mehr statt, es sind vielmehr alle Berichte, Nachweisungen usw. in Zollangelegenheiten an das Kaiserliche Gouvernement zu richten.

Windhuk, den 15. Januar 1907.

I. V.: Bruhns.

23. Erlaſs des Auswärtigen Amts, Kolonial-Abteilung, an den Gouverneur von Kamerun, betreffend die Eingeborenen-Zivilrechtspflege. Vom 15. Januar 1907.

Der obige Bericht geht von irrigen rechtlichen Voraussetzungen aus. Die §§ 5 und 6 der Verfügung des Reichskanzlers vom 27. September 1903 (Kol. Gesetzgeb. Bd. 7 S. 214) beziehen sich nur auf „polizeiliche und sonstige die Verwaltung betreffende Vorschriften“. Auf dem Gebiete der Eingeborenen-Gerichtsbarkeit ist dagegen das in der Schutzgewalt enthaltene, an sich gemäß § 1 des Schutzgebietsgesetzes dem Kaiser zustehende Verordnungsrecht (v. Stengel, Rechtsverhältnisse der Schutzgebiete 1901 S. 38) bisher ausschließlich dem Reichskanzler delegiert worden (durch die Allerhöchste Verordnung vom 25. Februar 1888, Kol. Gesetzgeb. Bd. 2 S. 213). Eine rechtliche Ermächtigung, allgemeine Anordnungen mit Gesetzeskraft auf dem Gebiete der Zivilgerichtsbarkeit für Eingeborene zu erlassen, besteht hiernach für die Gouverneure ebensowenig wie für die Bezirksamtmänner.

Die beabsichtigte Gouvernements-Verordnung wird demnach keinesfalls erlassen werden dürfen. Auf der anderen Seite wird aber auch das Vorgehen des Bezirksamtmanns in Edea wenigstens formell nicht zu beanstanden sein. Seine Kundgebung stellt sich schon ihrer Fassung nach gar nicht als eine Verordnung, sondern als eine an die eingeborene Bevölkerung gerichtete Bekanntmachung dar, in welcher er zu gewissen, offenbar zweifelhaft gewesenen Rechtsfragen Stellung nimmt. Es wird keinem Bedenken unterliegen können und bei dem Mangel einer Kodifikation des Eingeborenen-Zivilrechts häufig nur für zweckmäßig zu erachten sein, wenn eine mit der Eingeborenen-Gerichtsbarkeit betraute Dienststelle auf diesem Wege die Gerichtseingesessenen darüber belehrt, welche Grundsätze sie bei der Rechtsprechung befolgen will. Allerdings wird nach dem eingangs Erörterten durch ein derartiges Verfahren nicht eigentlich neues Recht geschaffen werden können und dem Inhalt der erlassenen Bekanntmachungen kann nicht die Bedeutung geschriebener Rechtsnormen beikommen. Die Bekanntmachungen können im Grunde nur Hinweisungen auf bereits vorhandenes, nach Meinung der betreffenden Gerichtsbehörde schon an sich geltendes Recht enthalten. Da indes im dortigen Schutzgebiet für die Eingeborenen-Zivilrechtspflege geschriebenes Recht fast gar nicht in Betracht kommt und auch die Rechtsgewohnheiten der Eingeborenen, wenngleich sie regelmäßig zu beachten sind, (Dernburg, Bürgerl. Recht, Bd. I 3. Aufl. S. 81), doch nur insoweit Anerkennung beanspruchen können, als sie nicht — vom Standpunkt einer europäischen Kulturnation aus beurteilt — gegen die gesunde Vernunft und die guten Sitten verstoßen (vgl. Dernburg, a. a. O. S. 82), so wird das anzuwendende Recht in der Hauptsache aus allgemeinen rechtlichen Erwägungen hergeleitet werden müssen (namentlich unter Zuhilfenahme der Analogie des Bürgerlichen Gesetzbuches), und es wird immerhin für das freie Ermessen der richterlichen Dienststellen ein großer Spielraum übrigbleiben. Ferner wird wie in der Heimat, so auch in den Schutzgebieten dem Gerichtsgebrauch eine gewisse rechtsschöpferische Kraft nicht abgesprochen werden können. (Vgl. Dernburg, a. a. O. S. 83, 84; ders. Pandekten Bd. I 7. Aufl. S. 62, 63; Kohler in Ihering's Jahrbuch Bd. 25 S. 262 f.; ders. Lehrbuch des Bürgerlichen Rechts Bd. I S. 112.) Deshalb wird schließlich auch die Möglichkeit einer Fortbildung des Eingeborenen-Zivilrechts durch Bekanntmachungen der in Rede stehenden Art und eine sich darauf gründende richterliche Übung — entsprechend der Entwicklung, wie sie z. B. auch im römischen und später im gemeinen deutschen Zivilrecht stattgefunden hat — nicht in Abrede gestellt werden können. (Soweit der Inhalt solcher Bekanntmachungen in ständiger Praxis befolgt wird, wird er mit der Zeit sogar gesetzgleiche Norm werden können.)

Dieselben Erwägungen werden nun freilich auch Platz greifen müssen, soweit die Zuständigkeit des Kaiserlichen Gouvernements als der obersten mit Gerichtsbarkeit über die Eingeborenen bekleideten Behörde des Schutzgebiets in Frage kommt. Es wird ihm nicht verwehrt werden können, auch seinerseits Bekanntmachungen zu erlassen, in welchen es zu Fragen des Eingeborenen-Zivilrechts Stellung nimmt, und — soweit dabei der Rahmen einer Belehrung nicht überschritten wird — wird es sich mit entsprechenden Kundgebungen (Runderlassen, Dienstanweisungen) auch an die untergeordneten, mit der Eingeborenen-Zivilrechtspflege betrauten Dienststellen wenden dürfen. Seine Aufsichtsstellung wird es auch mit sich bringen, daß es die letzteren zur Zurücknahme oder Änderung einer von ihnen ausgegangenen Bekanntmachung anhalten kann, wenn diese zu Bedenken Anlaß gibt. Ob ein solches Vorgehen etwa gegenüber der Bekanntmachung des Bezirksamtmanns in Edea vom 6. Juni v. Js. angebracht sein möchte, überlasse ich der Entschließung des Kaiserlichen Gouvernements. Da hier für eine Beurteilung des materiellen Inhalts jener Bekanntmachung die Unterlagen fehlen, so beschränke ich mich in diesem Erlasse darauf, die Rechtslage nach ihrer formellen Seite hin klarzustellen. . . . .

Berlin, den 15. Januar 1907.

Auswärtiges Amt. Kolonial-Abteilung.

I. V.: Seitz.

24. Runderlaß des Gouverneurs von Kamerun, betreffend Waffenkontrolle. Vom 15. Januar 1907.

Von der nachträglichen Anmeldung der von Schutztruppenangehörigen zur Zeit geführten, nicht registrierten Privatfeuerwaffen wird abgesehen. Der Schlußsatz des Runderlasses Nr. 195*) von: „Die“ bis „verpflichtet“ ist zu streichen.

Buea, den 15. Januar 1907.

Der stellvertretende Gouverneur.
Gleim.

25. Verordnung des Gouverneurs von Togo, betreffend Anordnung einer Quarantäne. Vom 15. Januar 1907.**)

(Amtsbl. S. 9.)

Mit Rücksicht auf das Vorkommen von Gelbfieber in Grand-Popo (Dahomey) wird auf Grund des § 15 des Schutzgebietsgesetzes, des § 5 der Verfügung des Reichskanzlers vom 27. September 1903 und der Verordnung, betreffend die Verhütung der Einschleppung ansteckender Krankheiten vom 20. September 1892, folgendes verordnet:

§ 1. Personen, welche aus dem südlichen Teil von Dahomey kommen, haben sich beim Betreten des Schutzgebiets einer fünftägigen Quarantäne zu unterwerfen.

§ 2. Die Quarantänestation für die zu Lande das Schutzgebiet betretenden Personen befindet sich östlich Anecho bei Hilakonyi. Nur an diesem Punkte ist das Überschreiten der Grenze von Dahomey her gestattet, während im übrigen die Ostgrenze von der See bis Tokpli für allen Verkehr aus Dahomey gesperrt ist.

§ 3. Schiffe, welche aus Grand-Popo kommen, haben beim Anlaufen der Reede von Lome die Quarantäneflagge zu führen.

§ 4. Reisenden, welche zum dauernden Aufenthalt an Land gehen wollen, kann vom Regierungsarzt die Erlaubnis hierzu erteilt werden, nachdem festgestellt ist, daß gelbfieberkranke oder -verdächtige Personen sich nicht an Bord befinden. Diejenigen Personen, welchen die Erlaubnis erteilt worden ist, an Land zu gehen, haben sich der in § 1 bestimmten Quarantäne zu unterwerfen.

§ 5. Der Güterverkehr zwischen dem Lande und den in § 3 bezeichneten Schiffen ist frei.

§ 6. Zuwiderhandlungen werden an Nichteingeborenen mit Gefängnis bis zu 3 Monaten, Haft oder Geldstrafe bis zu 1000 M., an Eingeborenen unter analoger Anwendung des vorbezeichneten Strafrahmens nach Maßgabe der Verfügung des Reichskanzlers vom 22. April 1896 bestraft.

§ 7. Diese Verordnung tritt heute in Kraft.

Lome, den 15. Januar 1907.

Der Gouverneur.
Graf Zech.

*) Vom 1. März 1906. D. Kol. Gesetzgeb. 1906 S. 120.
**) Wieder aufgehoben durch V. vom 14. Februar 1907 (unter Nr. 57).

26. Verordnung des Gouverneurs von Togo, betreffend Zollfreiheit von Benzin, Spiritus und Petroleum bei ihrer Verwendung zu motorischen Zwecken. Vom 16. Januar 1907.

(Kol. Bl. S. 329. Amtsbl. S. 10.)

Auf Grund des § 15 des Schutzgebietsgesetzes in Verbindung mit § 5 der Verfügung des Reichskanzlers vom 27. September 1903 wird hiermit in Abänderung der Verordnung, betreffend die Erhebung von Einfuhrzöllen vom 29. Juli 1904, verordnet, was folgt:

§ 1. Benzin, welches zum Antrieb von Motoren jeder Art bestimmt ist, bleibt vom Eingangszoll befreit.

§ 2. Die mißbräuchliche Verwendung von Benzin, der auf Grund der Bestimmung des § 1 zollfrei belassen ist, zu anderen als motorischen Zwecken wird als Zollhinterziehung angesehen und als solche bestraft.

§ 3. Der auf Spiritus und Petroleum gezahlte Zoll wird insoweit zurückvergütet, als der Spiritus oder das Petroleum nachweislich zum Antriebe von in landwirtschaftlichen oder gewerblichen Betrieben verwendeten Explosions-Motoren gedient hat.

Die Rückvergütung erfolgt auf Antrag an den Einführenden unter der Voraussetzung sorgfältiger Beobachtung der für jeden einzelnen Betrieb vom Gouverneur vorzuschreibenden Kontrollmaßregeln.*)

§ 4. Diese Verordnung tritt mit dem 1. April 1907 in Kraft.

Lome, den 16. Januar 1907.

Der Gouverneur.
Graf Zech.

27. Beschluſs des Bundesrats, betreffend die Kamerun-Eisenbahn-Gesellschaft (K. E. G.) in Berlin. Vom 17. Januar 1907.

(Kol. Bl. S. 144. Reichsanzeiger vom 18. Februar 1907.)

In Gemäßheit des § 11 des Schutzgebietsgesetzes (Reichs-Gesetzbl. 1900, S. 813) wird nachstehendes zur öffentlichen Kenntnis gebracht:

Der Bundesrat hat in seiner Sitzung vom 17. Januar 1907 beschlossen, der Kamerun-Eisenbahn-Gesellschaft in Berlin auf Grund ihrer vom Reichskanzler genehmigten Satzung**) die Fähigkeit beizulegen, unter ihrem Namen Rechte, insbesondere Eigentum und andere dingliche Rechte an Grundstücken zu erwerben, Verbindlichkeiten einzugehen, vor Gericht zu klagen und verklagt zu werden.

28. Runderlaſs des Auswärtigen Amts, Kolonial-Abteilung, betreffend Verbot des Haltens unerwachsener weiblicher Eingeborener als Dienerinnen seitens der Gouvernementsangestellten. Vom 19. Januar 1907.

Es sind vereinzelte Fälle festgestellt worden, in welchen Gouvernementsangestellte unerwachsene eingeborene Mädchen als Dienerinnen gehalten haben.

*) Vgl. die Bekanntmachung des Gouverneurs vom 4. November 1907, unten Nr. 278.

**) Der Text der Satzung entspricht dem als Anlage zum Gesetz vom 4. Mai 1906 (D. Kol. Gesetzgeb. 1906 S. 173) abgedruckten Entwurfe mit der Maßgabe, daß im § 2 Abs. 1 als Datum der Konzession der 13. Juni 1906 eingerückt ist. (Vgl. oben Nr. 4.) Die Satzung ist durch notarielle Verhandlung vom 19. Juni 1906 als Gesellschaftsvertrag festgestellt.

Mit Rücksicht auf die sich hieraus ergebenden Unzuträglichkeiten verbiete ich hiermit die Aufnahme unerwachsener weiblicher Eingeborener, sei es als Dienerinnen, sei es in irgendwelcher anderen Eigenschaft in den Hausstand unverheirateter europäischer Beamter oder sonstiger Gouvernementsangestellter.

Im übrigen ersuche ich Ew. usw. ergebenst, nachdrücklich darauf hinzuwirken, daß bei Verwendung erwachsener farbiger Frauen oder Mädchen als Hauspersonal nicht Anlaß zu Anstoß und Ärgernis gegeben wird.

Sofern in dieser Beziehung Mißstände hervortreten, bitte ich mit Strenge disziplinarisch einzuschreiten.

Berlin, den 10. Januar 1907.

Auswärtiges Amt. Kolonial-Abteilung.
Dernburg.

29. Bekanntmachung des Gouverneurs von Deutsch-Südwestafrika, betreffend die Einfuhr von Pferden, Maultieren und Eseln nach der Kapkolonie. Vom 19. Januar 1907.

Die Kapregierung hat verordnet, daß die Einfuhr von Pferden, Maultieren und Eseln aus Deutsch-Südwestafrika in die Kapkolonie nur über folgende Grenzwege stattfinden darf:

Nach Namaqualand über Ramansdrift.

Nach Betschuanaland:

1. über Rietfontein,*)
2. an einem Punkte der Grenze über Davignab—Abiquas—Aar,
3. an einem Punkte der Grenze über Van Roois Vlei und Burghersdam,
4. an einem Punkte der Grenze über Ukamas—Nakab.

Sämtliche Pferde, Maultiere und Esel müssen vor ihrem Übergang über die deutsche Grenze durch einen Tierarzt oder eine andere von dem deutschen Gouvernement gehörig beglaubigte Person untersucht und für frei von ansteckenden Krankheiten befunden, ferner der Mallein-Probe unterworfen worden sein. (Einspritzung von Mallein unter die Haut zur Prüfung auf Rotz.)

Jeder, der Einhufer in die Kapkolonie einführt, hat eine Bescheinigung über die erwähnte amtliche Untersuchung bei sich zu führen und den britischen Behörden und Landeigentümern auf Verlangen vorzuzeigen.

Tiere, welche ohne Beachtung obiger Bestimmungen in die Kapkolonie eingeführt werden, sollen ohne Entschädigung getötet werden.

Windhuk, den 10. Januar 1907.

Der Kaiserliche Gouverneur.
I. V.: Hintrager.

30. Verordnung des Gouverneurs von Togo, betreffend das Löschen und Laden von Seeschiffen an Sonn- und Feiertagen. Vom 19. Januar 1907.

(Kol. Bl. S. 381. Amtsbl. S. 49.)

Auf Grund des § 5 der Verfügung des Reichskanzlers vom 27. September 1903 und § 15 des Schutzgebietsgesetzes wird folgendes verordnet:

*) Bekanntmachung des Gouverneurs vom 1. März 1907.

§ 1. Das Löschen und Laden im Schiffsverkehr ist an Sonn- und Feiertagen verboten. Ausgenommen sind:

1. der Passagier- und Postverkehr;
2. das Laden von Kautschuk und Elfenbein nach den Dampfern für beschleunigten Post- und Passagierverkehr;
3. das Löschen und Laden von lebenden Pflanzen, lebendem Vieh und Geldsendungen von und nach den unter 2 genannten Dampfern.

Als Feiertage gelten der erste Weihnachtstag, der Charfreitag, der Himmelfahrtstag, der Neujahrstag und der Geburtstag des Deutschen Kaisers.

§ 2. Das Kaiserliche Gouvernement kann in besonderen Fällen das Löschen und Laden auch an den in § 1 genannten Tagen gestatten.

Für die Erteilung eines diesbezüglichen Erlaubnisscheins ist eine Abgabe von 100 M., und wenn das Löschen und Laden bis 12 Uhr mittags beendet oder nach diesem Zeitpunkt begonnen wird, eine solche von 50 M. an die Kasse des Kaiserlichen Zollamtes zu zahlen.

In dringenden Fällen kann die Abgabe erlassen werden.

§ 3. Zuwiderhandlungen gegen die vorstehenden Bestimmungen werden mit Geldstrafe bis zu 1000 M. bestraft.

§ 4. Diese Verordnung tritt mit dem heutigen Tage in Kraft.

Die Verordnung vom 10. November 1902, betr. das Löschen und Laden an Sonn- und Feiertagen,*) wird, die in jener Verordnung außer Kraft gesetzten Verordnungen vom 1. Oktober 1891, betr. das Löschen und Laden an Sonn- und Feiertagen, und vom 15. Juli 1894, betr. Lade- und Löschgebühren auf den Reeden Togos, bleiben aufgehoben.

Lome, den 10. Januar 1907.

Der Gouverneur.
Graf Zech.

31. Verfügung des Gouverneurs von Togo, betreffend die Regelung der Bezüge der farbigen Angestellten für die Dienststellen in Lome und bei den Bezirksämtern. Vom 19. Januar 1907.

(Amtsbl. S. 51.)

1. Für die farbigen Angestellten der Dienststellen in Lome und bei den Bezirksämtern, und zwar für die Kanzlisten, Dolmetscher, Setzer, Unterlehrer, Zollaufseher, Heilgehilfen, Gesundheitsaufseher und farbigen Zollassistenten werden folgende Lohnstufen gebildet:

im 1. Dienstjahr 20 M., im 2. 25 M., im 3. 30 M., im 4. 35 M., im 5. 40 M., im 6. 60 M., im 7. 65 M., im 8. 70 M., im 9. 75 M., im 10. 80 M., im 11. 100 M., im 12. 105 M., im 13. 110 M., im 14. 115 M., im 15. 120 M., im 16. 130 M., im 17. 135 M., im 18. 140 M., im 19. 145 M., im 20. 150 M.

Ferner wird, falls eine Dienstwohnung nicht überwiesen worden ist, eine monatliche Mietsentschädigung von 5 M. gezahlt.

Verpflichtet sich der Angestellte nach Ablauf von 5 Jahren, für weitere fünf Jahre im Dienste des Gouvernements zu verbleiben, so wird mit Beginn des sechsten Dienstjahres eine einmalige Zulage von 50 M., mit Beginn des elften Dienstjahres eine einmalige Zulage von 100 M. und mit Beginn des sechzehnten Dienstjahres eine einmalige Zulage von 150 M. gewährt.

*) In der D. Kol. Gesetzgeb. nicht abgedruckt.

2. Lohnsteigerungen werden nur am Anfang des Rechnungsjahres (1. April) bewilligt. Erfolgt eine Neueinstellung im Laufe des Rechnungsjahres, so tritt die erste Lohnerhöhung erst mit Ablauf des auf das Einstellungsjahr folgenden Rechnungsjahres ein.

Ein Anspruch auf Lohnsteigerungen steht dem Angestellten nicht zu.

3. Farbige, die im Privatdienst tätig waren, oder in Diensten der Mission gestanden haben, oder sich sonst die erforderlichen Kenntnisse zu einem bestimmten Beruf verschafft haben, können bei ihrer Übernahme in den Dienst des Gouvernements durch Verfügung des Gouverneurs in eine ihrem Alter und ihren Kenntnissen entsprechende Lohnstufe eingereiht werden.

4. In Krankheitsfällen erhalten Angestellte, welche im Genuß von monatlichen Bezügen bis zu 40 M. stehen, ein tägliches Krankengeld von 0,50 M., Angestellte, welche im Genuß von monatlichen Bezügen bis zu 100 M. stehen, ein tägliches Krankengeld von 1 M., bei höheren Bezügen ein tägliches Krankengeld von 1,50 M. an Stelle des Lohnes.

Ärztliche Behandlung und Arzneien werden kostenlos gewährt.

Ferner kann den Angestellten Urlaub bis zu 14 Tagen jährlich bewilligt werden unter Fortzahlung der Bezüge.

Zuständig für die Erteilung des Urlaubs ist für das Gouvernementsbureau der Gouverneur, im übrigen die Vorstände der Dienststellen.

5. Bei Dienstreisen erhalten Angestellte mit einem Lohn bis zu 100 M. 1 M. Tagegelder und 1 Träger, über 100 M. 2 M. Tagegelder und 2 Träger, bei Benutzung von Eisenbahnen und Dampfern Fahrkarten der letzten Klasse. Berechtigt der Fahrschein zur Benutzung eines Dampfers zu freier Verpflegung, so fallen für die Zeit der Benutzung des Dampfers die Tagegelder fort.

Bei vorübergehendem Reise-Aufenthalt an irgend einem Orte im Innern oder an der Küste werden Tagegelder nur für sechs Tage gewährt.*)

6. Die Bestimmungen über die Gewährung von sogenannten Fahrradgeldern dürfen auf die farbigen Angestellten, welche bei Dienstreisen eigene Fahrräder benutzen, angewendet werden, wenn die Benutzung des eigenen Fahrrads im dienstlichen Interesse gelegen und notwendig war, was durch den zuständigen Beamten besonders zu bescheinigen ist.

7. Neueinstellungen, sowie Lohnsteigerungen unterliegen der Genehmigung des Gouvernements.

8. Wegen Einreihung der vorhandenen farbigen Angestellten in die obigen Lohnstufen bleibt Verfügung vorbehalten.

9. Vorstehende Bestimmungen treten mit dem 1. April 1907 in Kraft.

Lome, den 19. Januar 1907.

Der Gouverneur.
Graf Zech.

32. Polizeiverordnung des Bezirksamtmanns in Swakopmund, betreffend Inkraftsetzung der Baupolizeiverordnung von Swakopmund für Usakos. Vom 22. Januar 1907.

Auf Grund des § 6 der Verfügung des Reichskanzlers vom 27. September 1903, betreffend das Verordnungsrecht der Behörden in den Schutzgebieten

*) Die Fassung der Ziff. 5 Abs. 2 beruht auf einer Verfügung vom 28 März 1907 (Amtsbl. S. 77).

Afrikas und der Südsee, und der Gouvernementsverfügungen, betreffend den Erlaß polizeilicher und sonstiger die Verwaltung betreffender Vorschriften in Deutsch-Südwestafrika, vom 26. Februar 1901 und vom 23. November 1903, verordne ich hierdurch was folgt:

Einziger Paragraph. Die Baupolizeiverordnung von Swakopmund vom 20. März 1905*) wird für die Ortschaft Usakos mit dem 1. März 1907 in Kraft gesetzt.

Swakopmund, den 22. Januar 1907.

Der Kaiserliche Bezirksamtmann.
Boesel.

33. Zusatz-Verordnung des Gouverneurs von Deutsch-Neuguinea zur Verordnung, betreffend Erhaltung der Disziplin unter den farbigen Arbeitern vom 20. Juni 1900. Vom 22. Januar 1907.

(Kol. Bl. S. 502.)

Auf Grund des § 15 Absatz 2 und 3 des Schutzgebietsgesetzes (Reichs-Gesetzbl. 1900, Seite 813) in Verbindung mit der Verfügung des Reichskanzlers, betreffend die seemannsamtlichen und konsularischen Befugnisse und das Verordnungsrecht der Behörden in den Schutzgebieten Afrikas und der Südsee vom 27. September 1903 (Kolonialbl. Seite 509), wird für das Schutzgebiet Deutsch-Neuguinea mit Ausschluß des Inselgebietes der Karolinen, Palau, Marianen, Marschall-, Brown- und Providence-Inseln folgendes bestimmt:

§ 1 der Verordnung, betreffend die Erhaltung der Disziplin unter den farbigen Arbeitern vom 20. Juni 1900**), erhält folgenden Zusatz (Absatz III):

Farbige, die nicht entsprechend der Verordnung, betreffend die Ausführung und Anwerbung von Eingeborenen als Arbeiter in Deutsch-Neuguinea vom 31. Juli 1901 angeworben sind, unterliegen der disziplinaren Bestrafung nur dann, wenn der Verwaltungsbehörde des Arbeitsortes die Abschrift eines mit ihnen geschlossenen Arbeits- oder Dienstvertrages seitens des Arbeitgebers vorgelegt worden ist.

Herbertshöhe, den 22. Januar 1907.

Der Kaiserliche Gouverneur.
Hahl.

34. Bekanntmachung des Gouverneurs von Deutsch-Ostafrika, betreffend Eröffnung einer Markthalle in Buera. Vom 25. Januar 1907.

(Amtl. Anz. Nr. 2.)

Am 1. April 1907 wird in Buera im Rufiyidelta eine Markthalle eröffnet werden. Die Verordnung, betreffend das Marktwesen im Bezirk Rufiyi vom

*) D. Kol. Gesetzgeb. 1905 S. 73.
**) D. Kol. Gesetzgeb. VI S. 248.

27. August 1903 (Amtl. Anzeiger vom 5. September 1903),*) findet vom 1. April 1907 ab auch für die Ortschaft Buera Anwendung.

Daressalam, den 25. Januar 1907.

Der Kaiserliche Gouverneur.
Freiherr v. Rechenberg.

35. Verfügung des Auswärtigen Amts, Kolonial-Abteilung, betreffend Erteilung einer Sonderberechtigung zum Schürfen und Bergbau an den Landesfiskus von Kamerun. Vom 25. Januar 1907.

(Kol. Bl. S. 144. Reichsanzeiger vom 23. Februar 1907.)

Auf Grund des § 93 der Kaiserlichen Bergverordnung vom 27. Februar 1906 (Reichs-Gesetzbl. S. 363)**) wird dem Landesfiskus des Schutzgebiets Kamerun vorbehaltlich wohlerworbener Rechte Dritter die Sonderberechtigung zum ausschließlichen Schürfen und Bergbau für Bitumen in festem, flüssigem und gasförmigem Zustand, insbesondere Erdöl und Asphalt, sowie für Steinsalz nebst den auf derselben Lagerstätte brechenden Salzen und für die Solquellen in dem Küstengebiete einschließlich der Bezirke Ossidinge, Tinto-Fontemdorf, Jabassi, Edea, Lolodorf und Ebolowa erteilt.

Berlin, den 25. Januar 1907.

Auswärtiges Amt. Kolonial-Abteilung.
Dernburg.

36. Verordnung des Bezirksamtmanns zu Ponape, betreffend Abänderung der Verordnung vom 29. August 1898, betreffend Einführung von Steuern. Vom 28. Januar 1907.

(Kol. Bl. S. 386.)

Auf Grund des § 15 des Schutzgebietsgesetzes in Verbindung mit der Verfügung des Reichskanzlers vom 27. September 1903 wird hiermit verordnet:

Der § 3 der Verordnung vom 29. August 1898, betreffend Einführung von Steuern (Kol. Gesetzgeb. Bd. 3 Nr. 48), erhält folgende Fassung:

Jeder männliche, über 16 Jahre alte Bewohner der Marschall-Inseln, welcher nicht als Marschall-Eingeborener zu betrachten ist, hat bei einem ununterbrochenen Aufenthalt von mehr als drei Monaten eine persönliche Steuer zu entrichten, welche für das Jahr beträgt:

a) für Weiße und ihnen gleichstehende Rassen 40 M.,

b) für alle übrigen 20 M.

Ausgenommen sind die Angehörigen der Missionsgesellschaften mit ihren Zöglingen und diejenigen Chinesen, für welche als Kontraktarbeiter (Kulis) eine Anwerbegebühr erhoben wird.

Diese Bestimmung tritt mit dem 1. Oktober 1906 in Kraft.

Ponape, den 28. Januar 1907.

Der Kaiserliche Bezirksamtmann.
I. V.: Berg.

*) D. Kol. Gesetzgeb. 1903 S. 187.
**) D. Kol. Gesetzgeb. 1906 S. 36.

37. Verordnung des Bezirksamtmanns zu Ponape, betreffend Abänderung der Verordnung, betreffend die Anwerbung und die Einfuhr farbiger Arbeiter. Vom 28. Januar 1907.

(Kol. Bl. S. 387.)

Auf Grund des § 15 des Schutzgebietsgesetzes in Verbindung mit der Verfügung des Reichskanzlers vom 27. September 1903 wird hiermit verordnet:

Dem § 5 der Verordnung, betreffend die Anwerbung und die Einfuhr farbiger Arbeiter (Kol. Gesetzg. Bd. 6 Nr. 320), tritt als Absatz 2 hinzu:

Die vorstehende Gebühr erhöht sich bei chinesischen Kontraktarbeitern (Kulis) auf 20 M., für solche mit längerem als zweijährigen Vertrag auf 30 M. Bei Erneuerung oder Verlängerung eines Vertrages werden dieselben Gebühren entsprechend erhoben.

Diese Bestimmung tritt mit dem 1. Oktober 1906 in Kraft.

Ponape, den 28. Januar 1907.

Der Kaiserliche Bezirksamtmann.
I. V.: Berg.

38. Allerhöchste Order, betreffend Anrechnung des Jahres 1905 als Kriegsjahr aus Anlafs des Aufstandes in Deutsch-Ostafrika. Vom 30. Januar 1907.

(Reichs-Gesetzbl. S. 39. Kol. Bl. S. 143.)

Ich bestimme:

1. Der Anfang August 1905 ausgebrochene Aufstand in Deutsch-Ostafrika gilt im Sinne des § 16 des Gesetzes über die Pensionierung der Offiziere einschließlich Sanitätsoffiziere des Reichsheeres, der Kaiserlichen Marine und der Kaiserlichen Schutztruppen vom 31. Mai 1906*) und des § 6 des Gesetzes über die Versorgung der Personen der Unterklassen des Reichsheeres, der Kaiserlichen Marine und der Kaiserlichen Schutztruppen vom 31. Mai 1906,**) der §§ 23 und 90 des Gesetzes vom 27. Juni 1871, betreffend die Pensionierung und Versorgung der Militärpersonen des Reichsheeres und der Kaiserlichen Marine sowie die Bewilligungen für die Hinterbliebenen solcher Personen, des § 1 des Gesetzes vom 31. Mai 1901, betreffend Versorgung der Kriegsinvaliden und der Kriegshinterbliebenen, sowie des § 40 des Reichsbeamtengesetzes vom 31. März 1873 als Krieg beziehungsweise Feldzug.

2. Für die Beteiligung an der Niederwerfung des vorgenannten Aufstandes im Jahre 1905 ist, sofern sie mindestens einen Monat betragen hat oder die Teilnahme an einem Gefechte vorliegt, den dabei zur Verwendung gelangten Deutschen das Jahr 1905 als Kriegsjahr anzurechnen.

3. Eine Bestimmung hinsichtlich der Beendigung des Aufstandes im Sinne des § 14, 2 des Gesetzes vom 31. Mai 1901 wird seinerzeit folgen.

Berlin, den 30. Januar 1907.

Wilhelm.
Fürst v. Bülow.

An den Reichskanzler (Oberkommando der Schutztruppen und Reichs-Marine-Amt).

*) D. Kol. Gesetzgeb. 1906 S. 197.
**) D. Kol. Gesetzgeb. 1906 S. 218.

39. Verfügung des Gouverneurs von Deutsch-Südwestafrika, betreffend Zahlung der Bezüge an Gouvernementsangestellte. Vom 30. Januar 1907.

Um für die Zukunft Unzuträglichkeiten zu vermeiden, ordne ich hiermit an, daß nur den festangenommenen Gouvernementsangehörigen, denen Beamteneigenschaft beigelegt worden ist, ihre Bezüge monatlich im voraus zu zahlen sind.

Allen übrigen, gegen Jahres- oder Monatsremuneration angenommenen Gouvernementsangestellten ohne Beamteneigenschaft sowie den im Schutzgebiet auf Probe angenommenen Beamten dürfen die Bezüge nur monatlich nachträglich gezahlt werden, letzteren bis zur vertraglichen Anstellung.

Alle besonderen Zulagen, wie Teuerungszulagen usw. sind stets nachträglich zahlbar.

Hiernach ist bei Neuannahme von Gouvernementsangestellten zu verfahren.

Windhuk, den 30. Januar 1907.

Der Kaiserliche Gouverneur.
I. V.: Hintrager.

40. Bekanntmachung des Gouverneurs von Deutsch-Ostafrika, betreffend die Zollstation Muansa. Vom 31. Januar 1907.

(Amtl. Anz. Nr. 3.)

Auf Grund des § 62 der Zollverordnung vom 13. Juni 1903*) und im Anschluß an die Bekanntmachung vom 12. April 1906 (Amtl. Anz. Nr. 13/06)**) wird hierdurch folgendes bestimmt:

Die Zollstation Muansa gilt als selbständiges Hauptzollamt und ist den Zollstationen Bukoba und Schirati, welche als Zollämter II. Kl. bzw. III. Kl. zu betrachten sind, übergeordnet.

Bei der Entdeckung und Verfolgung von Zollvergehen ist seitens der Zollstationen Bukoba und Schirati nach § 68 der Ausf. Bestimmungen zur Zollverordnung***) zu verfahren.

Daressalam, den 31. Januar 1907.

Der Kaiserliche Gouverneur.
Freiherr v. Rechenberg.

41. Ergänzungsblatt II zum Tarif der Usambarabahn, herausgegeben von der Deutschen Kolonial-Eisenbahnbau- und Betriebsgesellschaft, vom Gouverneur von Deutsch-Ostafrika bekanntgemacht am 31. Januar 1907.

(Amtl. Anz. Nr. 3.)

Mit Wirkung vom 1. Februar d. J. tritt folgende Änderung des Tarifs der Usambara-Eisenbahn†) ein:

1. Die auf Seite 9 des Tarifs unter Ziffer III aufgeführten Tarifsätze für den Viehverkehr treten am 1. Februar 1907 außer Kraft.

*) D. Kol. Gesetzgeb. 1903 S. 244.
**) D. Kol. Gesetzgeb. 1906 S. 156.
***) D. Kol. Gesetzgeb. 1903 S. 262.
†) D. Kol. Gesetzgeb. 1903 S. 64.

2. An Stelle der aufgehobenen Tarifsätze treten mit dem gleichen Zeitpunkte die nachstehenden:

Bezeichnung	Gewöhnlicher Tarifsatz für 1 Stück u. km Heller	Wagenladungssatz für 1 Stück und 1 km Heller	Mindestsatz bei Einzelsendungen Rp.
1. Pferde und europäische Zuchttiere	12	6	3
2. Rindvieh, Maultiere und Maulesel	6	3	2
3. Esel, Füllen, Kälber	4	2	1
4. Kleinvieh bis 30 kg	1	0,5	0,30
5. Kleinvieh bis 90 kg	2	1	0,60
6. Kleinvieh über 90 kg	3	1,5	0,00

Daressalam, den 31. Januar 1907.

42. Verordnung des Distriktschefs zu Lüderitzbucht, betreffend Bekämpfung des Typhus und anderer ansteckender Krankheiten in Lüderitzbucht. Vom 1. Februar 1907.

Auf Grund der §§ 5 und 6 der Verfügung des Reichskanzlers, betreffend die seemannsamtlichen und konsularischen Befugnisse und das Verordnungsrecht der Behörden in den Schutzgebieten Afrikas und der Südsee, vom 27. September 1903 und der Verfügung des Gouverneurs vom 16. Januar 1907*) wird hiermit für die Ortschaft Lüderitzbucht folgendes bestimmt:

§ 1. Jede Erkrankung an Typhus, an Ruhr, an Diphtherie, an Scharlach und an Masern sowie jeder Todesfall unter der weißen oder farbigen Bevölkerung infolge der bezeichneten Krankheiten ist der Ortspolizeibehörde unverzüglich mündlich oder schriftlich anzuzeigen. Die Beerdigung darf erst nach Besichtigung der Leiche durch einen Arzt oder amtlich bestellten Leichenschauer erfolgen.

§ 2. Die in § 1 vorgeschriebene Anzeige haben zu erstatten:

a) der Haushaltungsvorstand,

b) der Dienstherr, soweit es sich um farbige Angestellte handelt,

c) der Inhaber oder Besitzer der Wohnung oder des Hauses, in denen der Krankheits- oder Sterbefall erfolgt ist,

d) der Arzt oder sonstige Heilkundige, der die Behandlung geleitet hat.

§ 3. Gegenstände und Räume, von denen anzunehmen ist, daß sie mit Stoffen der in § 1 bezeichneten Krankheiten in Berührung gekommen sind, sind zu desinfizieren.

Die Desinfektion erfolgt kostenlos durch die Behörde.

§ 4. Auf jedem Grundstücke, das bewohnt ist oder eine regelmäßige Arbeitsstätte bildet, müssen Aborte und Müllager vorhanden sein.

Für jede Haushaltung sowie für eingeborene Angestellte muß ein besonderer Abort vorhanden sein.

Gasthöfe, Speisewirtschaften und Ausschänke müssen besondere Aborte und Pissoire für ihre Gäste in angemessener Zahl haben. In gleicher Weise sind Massenquartiere mit einer angemessenen Zahl von Aborten und Pissoiren zu versehen. Darüber, welche Zahl angemessen ist, entscheidet die gemäß Ver-

*) Durch diese Verf. ist der Erlaß der V. vom Gouverneur genehmigt worden.

fügung des Kaiserlichen Gouverneurs vom 23. Juni 1905*) gebildete Gesundheitskommission, falls diese nicht mehr bestehen sollte, der Distriktschef.

Die Aborte müssen mit verschließbaren Türen, mit Sitzbrett und wasserdichtem, die Brille des Sitzbrettes umfassenden metallenen Abortgefäßen versehen sein. Der vordere Einschnitt der Brille muß mindestens 5 cm von der Vorderwand des Abortsitzes entfernt sein. Die Abortgefäße müssen zwischen 45 und 50 cm hoch sein und dürfen im Durchmesser zwischen 45 und 50 cm halten. Der obere Rand darf sich nicht mehr als 5 cm unter dem Sitzbrett befinden.

Der Boden, auf dem die Abortgefäße stehen, muß entweder dicht gedielt oder zementiert sein.

Aborte und Pissoire müssen so eingerichtet sein, daß die Gefäße mühelos herausgenommen werden können.

Aborte und Pissoire in Gasthöfen, Ausschänken und Speisewirtschaften sowie die Wege von den Gastzimmern zu ihnen müssen vor Eintritt der Dunkelheit bis zum Schlusse der Wirtschaft ausreichend beleuchtet sein.

Die Müllager müssen mit abhebbarem Deckel versehen sein. Gemauerte Müllager müssen mit Seitentür versehen oder so groß sein, daß eine Person in ihnen arbeiten kann. Sonst sind als Müllager nur Kisten zu verwenden, die mit Blech ausgeschlagen, mit Deckel und Handgriffen versehen und in ihrer Größe dem Haushalte angemessen sind. Hinsichtlich der Entscheidung über die Angemessenheit findet Abs. 2 Satz 3 Anwendung. Die Müllkisten sind mit der deutlich sichtbaren Aufschrift „Müll“ zu versehen.

§ 5. Für das Vorhandensein der nach § 4 notwendigen Einrichtungen hat der Eigentümer eines Hauses, im Falle seiner Abwesenheit sein Vertreter, zu sorgen.

§ 6. Für Instandhaltung und Reinhaltung der Aborte, Pissoire und Müllager haben die einzelnen Haushaltungsvorstände und, soweit eine Anlage für die Haushaltungen des Grundstückes gemeinschaftlich ist, der Hauswirt oder Verwalter Sorge zu tragen.

§ 7. Die Verrichtung der Notdurft auf anderen Plätzen als den Aborten und Pissoiren ist verboten.

§ 8. Für die Reinhaltung eines Grundstücks, soweit es sich um freie Plätze, Straßen und unbebautes Gelände handelt und der Umgebung des Grundstücks bis zu einer Entfernung von 10 m, hat der Hauswirt oder Besitzer zu sorgen.

Es ist verboten, Abfälle irgendwelcher Art innerhalb des Ortes auf Höfen, Straßen, Plätzen usw. wegzuwerfen.

Leere Kisten, Blecheinsätze und dergl. sind zu stapeln.

§ 9. Vieh darf im Orte nur in Ställen oder besonders für diesen Zweck bestimmten Einfriedigungen gehalten werden.

Für die Abfuhr des Düngers in regelmäßigen Zwischenräumen von höchstens 3 Wochen haben die Besitzer der Ställe und Viehkraale Sorge zu tragen.

§ 10. Kadaver gefallener Tiere haben die Halter der gefallenen Tiere sofort zu beseitigen. Die Kadaver sind auf dem Abfuhrplatz zu vernichten.

§ 11. Das Trocknen von Häuten innerhalb des Ortes und innerhalb einer Entfernung von 500 m von einem bewohnten Raume ist verboten.

§ 12. Die Unterbringung sowie das Nächtigen Eingeborener im Orte in Zelten, Pontoks oder unter freiem Himmel ist verboten.

*) Nicht abgedruckt.

Eingeborene dürfen im Ort nur in Wohnungen wohnen, die gedielt oder mit Zementfußboden ausgelegt sind und mit Fenstern versehen sind. Das Betreten der Eingeborenenquartiere ist den Polizeibeamten jederzeit zu gestatten.

§ 13. Jeder Haushaltungsvorstand, Hausbesitzer und Hauseigentümer ist verpflichtet, dem Abfuhrunternehmer zur Abholung der Fäkalien, des Mülls und der Spülwässer, den mit einer Desinfektion beauftragten Leuten zur Ausführung dieses Zweckes sowie der Gesundheitskommission und den Polizeibeamten bei Besichtigung der Höfe, Aborte, Pissoire, Spülwässer, Müllager, Eingeborenenquartiere, in Schank- und Speisewirtschaften und Massenquartieren auch zwecks Besichtigung der Küchen und Vorratskammern Zutritt zu gestatten.

§ 14. Weiße, die den Bestimmungen dieser Verordnung zuwiderhandeln oder wissentlich dulden, daß die in ihren Diensten stehenden Eingeborenen dies tun, werden mit Geldstrafe bis zu 150 M. oder mit Haft bis zu 6 Wochen bestraft, soweit nicht nach den allgemeinen Strafgesetzen eine höhere Strafe verwirkt ist.

Eingeborene, die den Bestimmungen der §§ 7 und 12 zuwiderhandeln, werden mit Gefängnis mit Zwangsarbeit bis zu 6 Monaten oder mit Prügelstrafe oder mit beiden Strafen bestraft.

§ 15. Die Verordnung tritt am 15. Februar 1907 in Kraft.

Lüderitzbucht, den 1. Februar 1907.

Der Kaiserliche Distriktschef.
Böhmer.

43. Verordnung des Distriktschefs zu Lüderitzbucht, betreffend das Abfuhrwesen in Aus. Vom 1. Februar 1907.

Auf Grund der §§ 5 und 6 der Verfügung des Reichskanzlers, betreffend die seemannsamtlichen und konsularischen Befugnisse und das Verordnungsrecht der Behörden in den Schutzgebieten Afrikas und der Südsee, vom 27. September 1903 und der Verfügung des Gouverneurs vom 16. Januar 1907*) wird hiermit für die Ortschaft Aus folgendes bestimmt:

§ 1. Die Aborte müssen mit verschließbaren Türen, mit Sitzbrett und wasserdichten, die Brille des Sitzbrettes umfassenden metallenen Abortgefäßen versehen sein. Der vordere Einschnitt der Brille muß mindestens 5 cm von der Vorderwand des Abortsitzes entfernt sein. Die Gefäße müssen zwischen 45 und 50 cm hoch sein und dürfen im Durchmesser zwischen 45 und 50 cm halten. Der obere Rand darf sich nicht mehr als 5 cm unter dem Sitzbrett befinden.

Der Boden, auf dem die Abortgefäße stehen, muß entweder dicht gedielt oder zementiert sein.

§ 2. Die Müllager müssen mit Deckel versehen sein.

§ 3. Für das Vorhandensein der nach §§ 1 und 2 notwendigen Einrichtungen hat der Eigentümer eines Hauses und im Falle seiner Abwesenheit sein Vertreter zu sorgen, für Instandhaltung und Reinhaltung der Aborte, Pissoire und Müllager dagegen die einzelnen Haushaltungsvorstände und, soweit eine Anlage für die Haushaltungen des Grundstücks gemeinschaftlich ist, der Hauswirt oder Verwalter Sorge zu tragen.

§ 4. Die Verrichtung der Notdurft auf anderen Plätzen als den Aborten und Pissoiren ist verboten.

*) Durch diese Verf. ist der Erlaß der V. vom Gouverneur genehmigt worden.

§ 5. Für die Reinhaltung eines Grundstücks, soweit es sich um freie Plätze, Straßen und unbebautes Gelände handelt, und der Umgebung des Grundstücks bis zu einer Entfernung von 10 m hat der Hauswirt oder der Besitzer zu sorgen.

Es ist verboten, Abfälle irgendwelcher Art innerhalb des Ortes auf Höfen, Straßen, Plätzen usw. wegzuwerfen.

Leere Kisten, Blecheinsätze und dergl. sind zu stapeln.

§ 6. Die Abfuhr der Fäkalien, des Mülls und der Spülwässer liegt den Hauswirten oder den Besitzern des Grundstücks ob.

§ 7. Die Abfuhr der Fäkalien hat zu erfolgen, sobald die Gefäße zu drei Vierteilen gefüllt sind, mindestens aber wöchentlich einmal. Nach der Entleerung sind die Gefäße zu reinigen und zu desinfizieren.

§ 8. Die Abfuhr des Mülls hat so oft zu geschehen, daß die Müllager nie überfüllt sind, mindestens aber einmal wöchentlich.

§ 9. Die Abfuhr der Spülwässer hat so oft zu geschehen, daß die Behälter nie überlaufen, mindestens aber einmal wöchentlich.

§ 10. Die Fäkalien, der Müll und die Spülwässer dürfen nur nach den, vom Distriktsamt bestimmten, durch eine Tafel gekennzeichneten Plätzen verbracht werden.

§ 11. Zuwiderhandlungen gegen die Bestimmungen der §§ 1 bis 10 werden mit Geldstrafe bis zu 150 M. oder mit Haft bis zu sechs Wochen bestraft.

§ 12. Diese Verordnung tritt am 15. Februar 1907 in Kraft.

Lüderitzbucht, den 1. Februar 1907.

Der Kaiserliche Distriktchef.
Böhmer.

44. Verordnung des Distriktschefs zu Lüderitzbucht, betreffend die Spülwässer in Aus. Vom 1. Februar 1907.

Auf Grund der §§ 5 und 6 der Verfügung des Reichskanzlers, betreffend die seemannsamtlichen und konsularischen Befugnisse und das Verordnungsrecht der Behörden in den Schutzgebieten Afrikas und der Südsee, vom 27. September 1903 und der Verfügung des Gouverneurs vom 10. Januar 1907*) wird hiermit für die Ortschaft Aus folgendes bestimmt:

§ 1. Die Verordnung, betreffend die Spülwässer in Lüderitzbucht, vom 7. Mai 1906**) wird hiermit auch für die Ortschaft Aus eingeführt.

§ 2. Die Verordnung tritt am 15. Februar 1907 in Kraft.

Lüderitzbucht, den 1. Februar 1907.

Der Kaiserliche Distriktchef.
Böhmer.

45. Verordnung des Bezirksamtmanns zu Grootfontein, betreffend die Schonzeit für Jagdwild. Vom 3. Februar 1907.

Auf Grund des § 9 der Verordnung des Kaiserlichen Gouverneurs vom 1. September 1902, betr. Ausübung der Jagd im deutsch-südwestafrikanischen

*) Durch diese Verf. ist der Erlaß der V. vom Gouverneur genehmigt worden.
**) D. Kol. Gesetzgeb. 1906 S. 191.

Schutzgebiete,*) wird hiermit für den ganzen Umfang des Bezirks Grootfontein verordnet, was folgt:

Einziger Paragraph. Die Schonzeit für die im § 1 der genannten Verordnung aufgeführten jagdbaren Tiere — sofern die Jagd auf einzelne Arten derselben nicht überhaupt gemäß § 3 der genannten Verordnung verboten ist —, insbesondere also für Wildebeeste, Hartebeeste, Kudus, Elands, Gemsböcke, Bastardgemsböcke, Bastardhartebeeste und Strauße wird über den 28. Februar hinaus bis zum 31. März dieses Jahres hiermit verlängert.

Grootfontein, den 3. Februar 1907.

Der Kaiserliche Bezirksamtmann.
v. Eschstruth.

46. Pachtvertrag zwischen dem Fiskus des Schutzgebiets Togo und der Gesellschaft m. b. H. Lenz & Co. zu Berlin, betreffend die Landungsbrücke, die Küstenbahn und die Inlandsbahn in Togo. Vom 5./12. Februar 1907.

(Kol. Bl. S. 508.)

Zwischen dem Fiskus des Schutzgebiets Togo, vertreten durch den Reichskanzler, dieser vertreten durch die Kolonial-Abteilung des Auswärtigen Amts zu Berlin, einerseits und der Gesellschaft mit beschränkter Haftung Lenz & Co. zu Berlin andererseits wird nachstehender Vertrag geschlossen.

§ 1. Gegenstand, Dauer und Kündigung des Vertrages.

1. Der Landesfiskus des Schutzgebiets Togo verpachtet die ihm gehörige „Verkehrsanlage", bestehend aus der Eisenbahn Lome—Anecho, der Eisenbahn Lome—Palime und der Landungsbrücke in Lome, an die Gesellschaft mit beschränkter Haftung Lenz & Co. Die Pacht beginnt mit dem Tage, an dem die Eisenbahn Lome—Palime dem regelmäßigen öffentlichen Verkehr nach der vertraglichen Gesamtabnahme übergeben wird, und läuft bis zum 31. März 1908.

2. Während der Dauer des Vertrages hat die Pächterin die Verkehrsanlage unter den nachstehenden Bedingungen selbständig und auf eigene Rechnung zu betreiben und zu unterhalten.

§ 2. Bestimmungen für den Betrieb.

1. Die Pächterin verpflichtet sich, die Verkehrsanlage während der Dauer des Pachtverhältnisses ordnungsgemäß und nach Maßgabe des Verkehrsbedürfnisses zu betreiben und dabei die zur Zeit bestehenden Vorschriften zu befolgen. Als solche Vorschriften gelten insbesondere

I. die preußischen Betriebsvorschriften für Kleinbahnen vom 13. August 1898,

II. die Verpflichtungen gegenüber der Reichs-Post- und Telegraphen-Verwaltung, wie sie sich aus den Vorschriften des Eisenbahnpostgesetzes vom 20. Dezember 1875 und den dazu gehörigen Vollzugsbestimmungen ergeben, jedoch mit der Erleichterung, daß an Stelle der Artikel 2, 3 und 4 des Gesetzes auf die Dauer von 20 Jahren die im Erlaß des Reichskanzlers vom 28. Mai 1879 enthaltenen Bestimmungen, betreffend „die Verpflichtungen der Eisenbahnen untergeordneter Bedeutung zu Leistungen für die Zwecke

*) D. Kol. Gesetzgeb. VI S. 526.

des Postdienstes", zu gelten haben; ferner die Vereinbarung vom 8./17. Juni 1905,*) die zwischen der Reichs-Post- und Telegraphen-Verwaltung und der Kolonial-Abteilung über den Bau, die Unterhaltung und die Überwachung der beiderseitigen Telephon- und Telegraphen-Anlagen längs der Bahn Lome—Anecho getroffen ist.

2. Der Betrieb umfaßt

I. die Beförderung von Personen

a) auf den beiden Bahnen,

b) zwischen Landungsbrücke und Schiff in Lome;

II. die Beförderung von Gütern von einer öffentlichen Verkehrsstelle oder einem Privatanschlußgleise der beiden Bahnen zu einer anderen solchen Stelle oder einem anderen solchen Gleis oder bis an ein auf der Reede von Lome liegendes Schiff oder die letztere Leistung in umgekehrter Richtung. Im Sinne dieser Bestimmung gilt das Gleisstück vor dem Postamte in der Hamburger Straße zu Lome als dessen Privatanschlußgleis;

III. die Beförderung von Privattelegrammen nach den Vorschriften und mit den Einschränkungen, die die Reichs-Telegraphenverwaltung hierfür festsetzen wird. Diese Vorschriften der Reichs-Telegraphenverwaltung sollen für den Bahneigentümer oder die Pächterin keine Verpflichtung zur Beförderung von Privattelegrammen aufstellen, sondern nur die Befugnis zu dieser Beförderung regeln.

§ 3. Bestimmungen für die Unterhaltung.

1. Die Pächterin ist verpflichtet, die gesamte Verkehrsanlage, insbesondere den Unter- und Oberbau, die zugehörigen Baulichkeiten, die Fahrzeuge, die Ausrüstungsgegenstände und die Inventarienstücke in gebrauchsfähigem und betriebsicherem Zustande zu erhalten und die nötigen Erneuerungen nach den heimischen Grundsätzen zu bewirken sowie die erforderlichen Ergänzungen vorzunehmen. Jede Strecke der Bahn soll ohne Gefahr mit einer Geschwindigkeit von 40 km in der Stunde befahren werden können. Soweit das Gouvernement bei der Übergabe der Bahn für einzelne Stellen nur eine geringere Höchstgeschwindigkeit für statthaft erklärt, gilt diese für jene Stellen anstatt der 40 km in der Stunde.

2. Über die während der Pachtzeit abgehenden und zugehenden Gegenstände sind genaue Aufstellungen und Verzeichnisse von der Pächterin zu führen.

§ 4. Übergabe der Verkehrsanlage beim Pachtbeginn.

Mit dem Pachtbeginn sind der Pächterin die ganze Verkehrsanlage, die sämtlichen zum Betriebe gehörigen Baulichkeiten, Fahrzeuge, Materialvorräte, Ausrüstungsgegenstände und Inventarienstücke in gutem und leistungsfähigem Zustande zu übergeben. In Zweifelsfällen gilt alles das als zur Verkehrsanlage gehörig, was die Pächterin beim Ablaufe des zwischen denselben Parteien geschlossenen Pachtvertrages vom 4./10. August 1905**) und bei der Bauabnahme der Bahn Lome—Palime abzugeben hat. Bei der Übergabe ist von den Vertretern beider Teile über die Fahrzeuge, Materialvorräte, Ausrüstungsgegenstände und Inventarienstücke ein Verzeichnis nebst Wertschätzung aufzunehmen und mit einer Nachweisung des Bestandes an Gleisen und baulichen Anlagen zu vollziehen. Dies bildet die Grundlage für die Rückgabeverpflichtung der Pächterin

*) Nicht abgedruckt.
**) D. Kol. Gesetzgeb. 1905 S. 208.

bei Ablauf des Pachtverhältnisses. Gegenstände, welche in dem Verzeichnis nicht aufgeführt worden sind, gelten nicht als der Pächterin übergeben.

§ 5. Benutzung von Anlagen und Fahrzeugen.

Reichen die für den Brückenbetrieb vorhandenen Leichterfahrzeuge und sonstigen Ausrüstungsgegenstände für die ordnungsmäßige Bewältigung des Verkehrs nicht aus, so hat die Pächterin weitere Leichterfahrzeuge und sonstige Ausrüstungsstücke auf eigene Rechnung in dem erforderlichen Umfange zu beschaffen; diese Leichterfahrzeuge und Ausrüstungsstücke bleiben Eigentum der Pächterin. Brückenkrane fallen nicht unter diese „Leichterfahrzeuge und sonstigen Ausrüstungsstücke“.

§ 6. Erfüllung bestehender Verträge.

Etwa bestehende Verträge, betreffend den Betrieb der Verkehrsanlage, hat die Pächterin an Stelle des Verpächters zu erfüllen. Sie ist berechtigt, alle dem Verpächter oder einem seiner Vertreter darin eingeräumten Rechte selbst auszuüben. Sofern die Ausübung dieser Rechte nur auf den Namen des Gouvernements von Togo geschehen kann, ist der Pächterin rechtzeitig eine Vollmacht auszustellen. Soweit auf Lieferungen oder Arbeiten, die im Interesse des Betriebes der Verkehrsanlage erst nach deren Übergabe an die Pächterin ausgeführt werden und nach diesem Vertrage als Betriebsausgaben gebucht werden müssen, seitens der Kolonialverwaltung Vorschüsse gezahlt worden sind, hat die Pächterin diese zu erstatten.

§ 7. Ersatzleistungen für Schäden.

1. Die Bestreitung von Ausgaben, die durch außergewöhnliche Elementarereignisse und größere Unfälle, Tötungen und Körperverletzungen von Personen sowie Beschädigungen der Verkehrsanlage nebst Zubehör und fremder Sachen durch den Betrieb hervorgerufen werden, ist Sache der Pächterin, soweit die Schäden im einzelnen Falle weniger als 1000 M. Kapitalwert haben.

2. Von der Gesamtheit der während der Pachtdauer fällig werdenden Ersatzleistungen für Schäden derselben Art, die aber einzeln 1000 M. Kapitalwert oder mehr haben, trägt die Pächterin die ersten 10 000 M. und der Verpächter den etwaigen Rest.

3. Von allen unter 2. fallenden Schäden hat die Pächterin dem Gouvernement unverzüglich Anzeige zu erstatten.

4. Ersatzleistungen nach Ziffer 2 dieses Paragraphen bedürfen der Genehmigung des Verpächters. Die Pächterin hat diese letzteren Ersatzleistungen nach ihrer Genehmigung zunächst aus eigenen Mitteln zu erfüllen und erhält die hierfür gemachten Auslagen alsbald nach Auflösung des Pachtvertrages ohne Zinsen zurück. Ist es zunächst strittig, ob ein Schaden unter Ziffer 1 oder 2 dieses Paragraphen fällt, oder wie hoch ein unter Ziffer 2 fallender Schaden zu bewerten ist, so hat jedenfalls die Pächterin auf Verlangen des Gouvernements unverzüglich vorab denjenigen Teil des Schadensersatzes auszuzahlen, der nach der übereinstimmenden Meinung des Gouvernements und der Pächterin mindestens fällig ist.

5. Die Pächterin verpflichtet sich, ihr weißes Personal nach Möglichkeit gegen Unfall zu versichern.

§ 8. Substanzvermehrung.

Ausgaben für Neuanschaffungen und Neuanlagen, welche als Substanzvermehrung oder Verbesserung und somit nach kaufmännischer und betriebstechnischer Auffassung als Vermögenszuwachs anzusehen sind, gehen mit Ausnahme der im § 5 genannten Ausgaben zu Lasten des Verpächters und bedürfen seiner Genehmigung.

§ 9. Betriebsausgaben und Betriebseinnahmen.

1. Alle aus dem Betriebe der Verkehrsanlage entspringenden Ausgaben, die nicht ausdrücklich in den §§ 7 und 8 als zu Lasten des Verpächters gehend genannt worden sind, gelten als Betriebsausgaben. Für die allgemeinen persönlichen und sächlichen Kosten der betriebs-, bau-, maschinen- und verkehrstechnischen sowie der kaufmännischen Oberleitung des Betriebes von Deutschland aus ist die Pächterin berechtigt, sich die Summe von 6000 M. für die Pachtzeit zu berechnen und sie als Betriebsausgabe zu buchen. In dieser Summe sind auch die Kosten der Revisionsreisen von Deutschland aus einbegriffen.

2. Alle aus dem Betriebe der Verkehrsanlage entspringenden Einnahmen gelten als Betriebseinnahmen.

§ 10. Buchung und Rechnungslegung.

1. Die Pächterin hat die Ausgaben und Einnahmen des Betriebes nach dem Normalbuchungsformular der Eisenbahnen Deutschlands zu verbuchen, falls die Kolonial-Abteilung nicht einer anderen Buchungsmethode zustimmt.

2. Die Pächterin hat nach Ablauf eines jeden Kalendervierteljahrs vor Ablauf des nächsten Kalendervierteljahrs dem Gouvernement eine Übersicht über die Betriebseinnahmen zuzusenden. Aus der Übersicht muß die Höhe des zu § 11, 1 a fälligen Pachtzinses ersichtlich sein.

3. Innerhalb von sechs Monaten nach dem Ablaufe der Pacht hat die Pächterin dem Verpächter einen ordnungsmäßig aufgestellten Betriebsabschluß zu übersenden.

4. Zur Prüfung der Übersicht zu 2 und des Betriebsabschlusses zu 3 steht es dem Verpächter frei, durch von ihm zu entsendende Vertreter Einsicht in die Bücher der Pächterin und in sämtliche Ausgabe- und Einnahmebelege zu nehmen.

5. Erinnerungen gegen die Einstellung der Ausgaben und Einnahmen sind nur bezüglich ihrer rechnerischen Richtigkeit und ihrer Verrechnungsstelle zulässig.

§ 11. Pachtzins.

1. Als Pachtzins hat die Pächterin
   a) von den Bruttoeinnahmen aus dem Personenverkehr, soweit er über die Landungsbrücke geht, die Hälfte, aus dem Güterverkehr des Landungsbrückenbetriebes 3 M. für die Tonne und von den übrigen Bruttobetriebseinnahmen ein Drittel,
   b) mindestens aber den über 110 % der Betriebsausgaben aufkommenden Teil der Betriebseinnahmen zu zahlen,

und zwar den für jedes Kalendervierteljahr fälligen Betrag zu a vor Ablauf des folgenden Vierteljahres an das Gouvernement und den nach b etwa fälligen weiteren Betrag binnen 14 Tagen nach der endgültigen Feststellung des Betriebsabschlusses an die Kolonial-Abteilung.

§ 12. Personal.

1. Die Pächterin ist verpflichtet, einen mit den nötigen Vollmachten ausgestatteten technisch gebildeten und im Betriebsdienst erfahrenen Betriebsleiter

und einen Stellvertreter für diesen zu ernennen, die ihren Wohnsitz in Lome zu nehmen haben. Der Betriebsleiter und sein Vertreter müssen Angehörige des Deutschen Reichs sein.

2. Die sonstigen bei der Unterhaltung und im Betriebe beschäftigten Angestellten müssen eine ihrer Verwendung entsprechende Vorbildung (die weißen Lokomotivführer gemäß den Bestimmungen des Bundesrats über die Befähigung von Eisenbahnbetriebsbeamten vom 5. Juli 1892 und den zugehörigen Nachträgen, die anderen weißen Angestellten gemäß den Betriebsvorschriften für Kleinbahnen mit Maschinenbetrieb vom 13. August 1898) und guten Leumund besitzen.

3. Farbiges Personal darf in der Unterhaltung und im Betriebe nur mit Zustimmung des Gouvernements beschäftigt werden. Es herrscht Einverständnis darüber, daß die Bestrebungen Förderung verdienen, farbiges Personal in tunlichst weitem Umfange, das heißt, soweit es unbeschadet der Betriebssicherheit möglich ist, selbst in verantwortlichen Stellungen zu verwenden.

4. Untüchtige und übel beleumundete Angestellte sind auf Verlangen des Gouvernements sofort zu entfernen.

§ 13. Fahrplan.

1. Die Pächterin hat eine den jeweiligen Verkehrsverhältnissen entsprechende Anzahl von Zügen fahren zu lassen. Die Reisegeschwindigkeit der Züge soll mindestens 20 km in der Stunde betragen. Die Pächterin setzt den Fahrplan unter Befolgung dieser Verpflichtungen fest. Zu Änderungen muß die vorherige Genehmigung des Gouvernements eingeholt werden.

2. Die Beförderungen im öffentlichen Interesse, insbesondere von Truppenteilen, gehen allen anderen vor und sind nach Möglichkeit gemäß den Wünschen des Gouvernements einzurichten.

3. Die Pächterin ist verpflichtet, jederzeit auf Verlangen des Regierungsarztes Kranke mit möglichster Beschleunigung nach Anecho zu befördern. Das Ablassen eines Sonderzuges zu diesem Zwecke kann der Regierungsarzt nur in Fällen von Lebensgefahr verlangen.

§ 14. Tarife.

1. Die Maximaltarife setzt die Kolonial-Abteilung fest. Tarifänderungen innerhalb der Maximaltarife bedürfen der Zustimmung des Gouvernements.

2. Die Pächterin darf Bahndienstgut frei befördern und eine Freifahrtordnung erlassen. Die letztere unterliegt der Genehmigung des Gouvernements.

3. Als Maximaltarife gelten für die Pächterin die Sätze des mit dem Pachtvertrag vom 4./10. August 1905 eingeführten Landungsbrücken- und Eisenbahntarifs in Togo.*)

4. Das Gouvernement ist befugt, Güter, die in der Anlage 2 des eben genannten Landungsbrücken- und Eisenbahntarifs in Togo nicht ausdrücklich einer der Klassen II, III oder IV zugeteilt sind, nachträglich einer dieser drei Klassen zuzuweisen.

§ 15. Ordnungsvorschriften für Fahrplan und Tarif.

1. Die Fahrpläne und die Beförderungspreise sowie deren Änderung sind vor ihrer Einführung öffentlich bekannt zu machen.

---

*) D. Kol. Gesetzgeb. 1905 S. 215. — Die Pächterin hat dem Tarif im Jahre 1907 eine veränderte Fassung gegeben, welche demnächst auch vom Reichs-Kolonialamt als maßgebend anerkannt worden ist. In dieser ist er als Zusatz am Schlusse der Nummer abgedruckt.

2. Die angesetzten Beförderungspreise haben gleichmäßig für alle Personen oder Güter Anwendung zu finden. Ermäßigungen der Beförderungspreise, welche nicht unter Erfüllung der gleichen Bedingungen jedermann zugute kommen, sind unzulässig.

§ 16. Anschlüsse.

1. Der Verpächter hat das Recht, den Anschluß an die Bahn mit Privatanschlußgleisen oder Anschlußbahnen zu gestatten oder selbst herzustellen, sofern der Pächterin die ihr daraus erwachsenden unmittelbaren Kosten ersetzt werden.

2. Die Pächterin ist verpflichtet, auf den Privatanschlußgleisen den Betrieb gegen angemessene Vergütung zu übernehmen und ferner den Übergang geeigneter Fahrzeuge der Anschlußbahnen ebenfalls gegen angemessene Vergütung zu gestatten.

§ 17. Bahnbaugüter.

Falls fiskalische Bauten zur Erweiterung der Bahnanlagen oder zur Einrichtung von Anschlußgleisen oder Anschlußbahnen ausgeführt werden, hat die Pächterin die hierzu erforderlichen Baumaterialien zu Frachtsätzen zu befördern, welche über die Selbstkosten nicht hinausgehen dürfen. Die Höhe dieser Sätze hat das Gouvernement nach Anhören der Pächterin festzusetzen.

§ 18. Aufsicht.

1. Die landespolizeiliche und technische Aufsicht liegt dem Gouvernement durch seine Beamten ob.

2. Das Gouvernement ist berechtigt, jederzeit durch von ihm zu beauftragende Beamte die Verkehrsanlage zu besichtigen. Die Pächterin ist berechtigt, zu verlangen, daß bei derartigen Besichtigungen ein von ihr zu bestimmender Beamter zugegen ist und daß etwaige Mängel unter seiner Mitwirkung festgestellt werden. Beamte des Gouvernements, welche in ihrer aufsichtsbehördlichen Diensttätigkeit in bezug auf die Verkehrsanlage auf dieser verkehren, sind von der Pächterin mit ihrem Gepäck und ihren Dienern gebührenfrei zu befördern.

§ 19. Rückgabe.

1. Bei Beendigung des Pachtverhältnisses findet die Rückgabe aller gepachteten Gegenstände auf Grund des bei Beginn des Pachtverhältnisses gemäß § 4 aufgenommenen Verzeichnisses und der gemäß § 9 geführten Aufstellung über abgegangene und zugegangene Gegenstände statt. Die Gegenstände müssen sich im betriebsfähigen und ordnungsmäßigen Zustande befinden.

2. Bei Rückgabe der Verkehrsanlage sind Materialien von gleichem Werte in natura oder Geld zu erstatten, wie sie beim Pachtbeginn übernommen sind, soweit sie nicht während der Pachtzeit mit Genehmigung des Gouvernements zu Neuanlagen gemäß § 8 verwendet sein werden. Im übrigen leistet die Pächterin für naturgemäße Wertverminderung der Gegenstände infolge ordnungsmäßigen Gebrauchs keinen Ersatz.

§ 20. Überlassung und Ausbildung von Personal.

1. Die Pächterin verpflichtet sich, ihre bei der Verkehrsanlage beschäftigten Bediensteten, soweit sie ihrer nicht mehr zur Abwicklung dieses Vertrages bedürfen wird, mit deren Einverständnis auf Wunsch des Verpächters am Tage

der Rückgabe der Verkehrsanlage aus ihren Diensten zu entlassen, um ihnen den Eintritt in die Dienste des Gouvernements zu ermöglichen.

2. Auch ist sie verpflichtet, vom 1. Januar 1908 ab auf Wunsch des Gouvernements eine für den Betrieb und die Unterhaltung der Verkehrsanlage ausreichende Zahl von Bediensteten des Gouvernements in allen Dienstzweigen des Betriebes und der Unterhaltung kostenlos und gründlich auszubilden. Die Bezüge dieses letzteren Personals und seine Versicherung zahlt das Gouvernement.

§ 21. Übergabe und Rückgabe.

1. Die Übergabe bei Beginn und die Abnahme bei Beendigung der Pachtzeit erfolgt durch eine Kommission, bestehend aus einem Vertreter der Pächterin und zwei Vertretern des Verpächters. Von den letzteren muß einer technisch gebildet sein.

2. Über die Verhandlungen der Kommission ist ein Protokoll aufzunehmen und in je einer Ausfertigung jeder Vertragspartei einzusenden.

3. Findet eine Einigung der Kommissare über einzelne Punkte nicht statt, so sind diese Punkte im Protokoll auszuscheiden. Die Sondergutachten der Kommissare sind dem Protokoll beizufügen.

4. Die Kosten der Tätigkeit der Kommission trägt jede Partei an ihrem Teil außerhalb dieses Vertrages.

§ 22. Schiedsgericht.

1. Alle Meinungsverschiedenheiten zwischen der Pächterin und dem Verpächter hinsichtlich der Rechte und Pflichten aus diesem Vertrage, so namentlich auch nach Beendigung des Pachtverhältnisses, werden unter Ausschluß des ordentlichen Rechtweges durch ein Schiedsgericht geschlichtet.

2. Der Teil, welcher ein Schiedsgericht anrufen will, hat dem anderen Teil eine darauf hinzielende Erklärung zugehen zu lassen, in welcher er selbst einen Schiedsrichter benennt. Innerhalb zweier Wochen nach Empfang hat der andere Teil einen zweiten Schiedsrichter zu benennen. Diese Frist wird auf 8 Wochen verlängert, sofern sich die zur Ernennung der Schiedsrichter nach dem Vertrage oder kraft besonderer Vollmacht berufenen Vertreter beider Parteien nicht im selben Erdteil befinden. Läßt der andere Teil die Frist verstreichen, ohne sich zu erklären, so ist der erste Teil befugt, den Präsidenten des Hanseatischen Oberlandesgerichts zu Hamburg um Ernennung eines zweiten Schiedsrichters für den anderen Teil anzugehen. Die beiden benannten Schiedsrichter haben sich alsbald über einen dritten Schiedsrichter, der zugleich die Stellung eines Obmanns einnehmen soll, zu einigen. Sofern sie sich nicht einigen können, hat der Präsident des Hanseatischen Oberlandesgerichts zu Hamburg den Obmann zu ernennen.

3. Die Schiedsrichter sind berechtigt, Erhebungen anzustellen, auch Sachverständige und Zeugen zu vernehmen. Den Erhebungen und Vernehmungen der Sachverständigen und Zeugen können Vertreter beider Teile beiwohnen.

4. Der Schiedsspruch, der auch über die Kosten des Verfahrens und ihre Verteilung zu entscheiden hat, ist schriftlich abzufassen und von den drei Schiedsrichtern zu vollziehen.

5. Das schiedsrichterliche Verfahren regelt sich im übrigen nach den Vorschriften der Zivilprozeßordnung. Bei Stimmengleichheit im Schiedsgericht entscheidet der Obmann; in Fällen der Paragraphen 1045 und 1046 der Zivilprozeßordnung ist das Gericht Berlin zuständig.

§ 23. Kaution.

Die Kaution, welche die Pächterin auf Grund des Vertrags über den Bau der Bahn Lome—Palime*) bei der Legationskasse des Auswärtigen Amtes hinterlegt hat, haftet zugleich für die Verpflichtungen der Pächterin aus dem gegenwärtigen Vertrage und wird erst zurückgegeben, wenn die Pächterin neben den Bedingungen, die in jenem Bauvertrage für die Rückgabe festgesetzt sind, auch ihre Pflichten aus dem gegenwärtigen Vertrage erfüllt hat.

§ 24. Kosten des Vertragsabschlusses.

Die Kosten des Abschlusses dieses Vertrages und insbesondere etwaige Stempelsteuergebühren hat die Pächterin zu tragen.

§ 25. Ausfertigung des Vertrages.

Dieser Vertrag wird in einer Hauptausfertigung für den Verpächter und in einer Nebenausfertigung für die Pächterin abgeschlossen vorbehaltlich der Zustimmung des Bundesrats und des Reichstags zu den aus dem Vertrage für den Landesfiskus von Togo sich ergebenden finanziellen Folgen.

Berlin, den 5. Februar 1907.

Auswärtiges Amt. Kolonial-Abteilung.
Dernburg.

Berlin, den 12. Februar 1907.

Lenz & Co., Gesellschaft mit beschränkter Haftung.
F. Lenz.

Zusatz zu Nr. 46.

Landungsbrücken- und Eisenbahntarif in Togo.

A. Brückentarif.

I. Personenverkehr.

1. Für die Beförderung von der Landungsbrücke in Lome bis an ein auf der Reede von Lome liegendes Schiff oder die gleiche Leistung in umgekehrter Richtung, zahlen:
   a) Kajütspassagiere (Weiße) . . . 3 Mark,
   b) Deckpassagiere (Farbige) . . . 1 „
2. Für Halbjahrskarten, die für die Dauer ihrer Gültigkeit zur Benutzung jeder öffentlichen Personenfahrgelegenheit zwischen Schiff und Brücke berechtigen, zahlen:
   a) Kajütspassagiere (Weiße) . . . 40 Mark,
   b) Deckpassagiere (Farbige) . . . 20 „
3. Die im Landes- oder Reichsdienste stehenden Personen sind für die in ihrer dienstlichen Eigenschaft geschehenden Fahrten von der Zahlung der Gebühr befreit.
4. Die Kapitäne und Offiziere der Schiffe sowie die Angehörigen der Kaiserlichen Deutschen Marine genießen freie Fahrt.

II. Gepäckverkehr.

5. Die Beförderung des Passagiergepäcks vom Zollamte in Lome bis an ein auf der Reede von Lome liegendes Schiff oder die gleiche Leistung in umgekehrter

*) D. Kol. Gesetzgeb. 1904 S. 163.

Richtung geschieht: für die ersten 200 kg gebührenfrei und für je weitere angefangene 100 kg zu 0,90 Mark.

III. Beförderung von Hunden.

6. Die Beförderung von Hunden geschieht zu dem Satze des Viehtarifs.

IV. Güterverkehr.

7. Für die Beförderung der Güter von einer öffentlichen Verkehrsanlage oder einem Privatanschlußgleise der Bahn Lome—Anecho (mit Einschluß des Bahnhofs Lome) bis an ein auf der Reede von Lome liegendes Schiff oder die gleiche Leistung in umgekehrter Richtung werden erhoben:

a) für Maschinen, Materialien und sonstige technische Hilfsmittel, die zum Bau, zur Ausrüstung oder zum Betriebe von Bahn-, Reichspost-, Reichstelegraph-, Reichstelephon-, Hafen-, Bergwerks-, Steinbruch- oder Wasserversorgungsanlagen Verwendung finden sollen, für Maschinen zu landwirtschaftlichen oder industriellen Zwecken sowie für Postsendungen:

für je angefangene 100 kg . . . . . . 0,60 Mark,

b) für alle anderen Güter (außer Silber- und Goldgeld):

für je angefangene 100 kg . . . . . . 0,90 Mark.

8. Sperrgut wird mit dem $1\frac{1}{2}$ fachen seines wirklichen Gewichts in Ansatz gebracht. Bei Sendungen, die teils aus sperrigem, teils aus nicht sperrigem Gute bestehen, wird für das erstere das $1\frac{1}{2}$ fache, für das letztere das einfache Gewicht berechnet. Als sperrig werden nur die in der Anlage 1 aufgeführten Güter betrachtet.

9. Das Aufladen der Güter auf die Eisenbahnwagen und das Abladen von diesen bei Beginn oder Beendigung der Beförderung ist Sache der Versender und Empfänger, soweit die Verwaltung die Übergabe des Gutes unmittelbar auf den Eisenbahnfahrzeugen zuläßt und für das Ladegeschäft die vorgeschriebene Ladefrist gewährt.

10. Wegen der Beförderung von Geld siehe Abschnitt XIII.

V. Viehverkehr.

11. Für die Beförderung lebender Tiere von einer öffentlichen Verkehrsanlage der Bahn Lome—Anecho (mit Einschluß des Bahnhofs Lome) bis an ein auf der Reede von Lome liegendes Schiff oder die gleiche Leistung in umgekehrter Richtung werden erhoben:

für ein Stück Großvieh (Pferde, Rinder usw.)	9,00	Mark,
„ „ „ Kleinvieh (Schafe, Schweine, Ziegen, Hunde) .	2,00	„
„ „ „ Geflügel	0,05	„ .

Die Gebühr für das Reinigen der Fahrzeuge ist einbegriffen.

12. Das Aufladen des Viehs auf die Eisenbahnwagen und das Abladen von diesen bei Beginn oder Beendigung der Beförderung ist Sache der Versender und Empfänger. Soweit die Sendung nicht einen ganzen Wagen ausfüllt, kann die Verwaltung verlangen, daß das Auf- und Abladen während des fahrplanmäßigen Aufenthalts des Zuges unmittelbar an diesem geschieht.

B. Bahntarif.

VI. Personenverkehr.

13. Es bestehen auf der Grundlage von 15 Pf. für das Personenkilometer in der I., 10 Pf. in der II. und 2 Pf. in der III. Wagenklasse Zonentarife von 5 zu 5 km auf der Küsten- und 10 zu 10 km auf der Inlandsbahn (siehe die Anlagen 4, 4a und 5, 5a in Verbindung mit Anlage 6 und 7).

14. Kinder bis zu 4 Jahren in Begleitung Erwachsener werden frei befördert, falls für sie kein besonderer Platz beansprucht wird. Sonst zahlen sie die Hälfte der vollen Fahrpreise.

Kinder vom vollendeten 4. bis zum vollendeten 10. Jahre zahlen die Hälfte der vollen Fahrpreise.

VIa. Beförderung von Sonderzügen.

(Siehe die Bekanntmachung des Gouverneurs vom 2. Februar 1907, unten Nr. 30.)

VII. Gepäck- und Traglastenverkehr.

15. Es bestehen wie im Personenverkehr Zonentarife nach Maßgabe der Anlagen 4, 4a und 5, 5a in Verbindung mit Anlage 6 und 7.

16. In die Personenklassen I und II dürfen an Handgepäck und in die Personenklasse III an Handgepäck oder Traglasten 15 kg auf jede Kinderkarte und 30 kg auf jede andere Fahrkarte mitgenommen werden.

VIII. Beförderung von Hunden.

17. Es bestehen wie im Personenverkehr Zonentarife nach Maßgabe der Anlagen 4, 4a und 5, 5a in Verbindung mit Anlage 6 und 7.

IX. Güterverkehr.

18. Für 100 kg und 1 km werden erhoben:

in der Klasse		I	II	III	IV
für Stückgüter	Pf.	7,5	5,0	3,0	2,0
für Wagenladungsgüter	„	6,0	4,0	2,0	1,0

18a. Wegen der bestehenden Ausnahmetarife wird auf Anlage 9 verwiesen.

19. Die Zugehörigkeit der Güter zu den einzelnen Klassen geht aus der Anlage 8 hervor.

20. Zu den Stückgutsätzen werden die Güter befördert, die der Absender nicht als Wagenladung aufgibt.

21. Als Mindestgewicht für eine Stückgutsendung werden 20 kg berechnet. Im übrigen werden angefangene 10 kg für voll gerechnet. Die Fracht wird auf die nächst höhere durch fünf teilbare Pfennigsumme abgerundet.

22. Die Mindestfracht für eine Stückgutsendung beträgt 50 Pf.

23. Werden Stückgüter verschiedener Klassen, aber klassenweise getrennt verpackt, mit einem Frachtbriefe aufgegeben, so wird die Fracht für das ganze Gewicht nach dem Satze der teuersten in der Sendung vertretenen Stückgutklasse berechnet, sofern nicht das Gewicht nach Stückgutklassen getrennt angegeben und die Einzelberechnung billiger ist.

24. Werden Stückgüter verschiedener Klassen zu einem Frachtstück vereinigt, so wird die Fracht zu dem Satze der teuersten in der Sendung vertretenen Stückgutklasse berechnet.

25. Für sperrige Stückgüter gilt Artikel 8.

26. Das Auf- und Abladen der Stückgüter übernimmt die Bahnverwaltung ohne besondere Gebühr.

27. Zu den Wagenladungssätzen werden die Güter befördert, die der Absender mit einem Frachtbrief für einen Wagen als Wagenladung aufgibt.

28. Die Fracht für eine Wagenladung wird für ein Gewicht von 7000 kg berechnet. Für Palmöl beträgt das der Frachtberechnung zugrunde zu legende Mindestgewicht 5000 kg pro Wagen und für gepreßte Baumwolle 2000 kg. Hinsichtlich unentkernter Rohbaumwolle siehe Anlage 10.

29. Stellt sich für eine als Wagenladung aufgegebene Sendung die Fracht nach dem Stückguttarife billiger als nach dem Wagenladungstarife, so ist die

erstere zu berechnen, sofern der Absender nicht ausdrücklich die Gestellung eines besonderen Wagens verlangt.

30. Wird eine Wagenladung aus Gütern verschiedener Klassen gebildet, so wird die Fracht zu dem Satze der teuersten in der Sendung vertretenen Wagenladungsklasse berechnet, sofern nicht das Gewicht nach Klassen getrennt angegeben und die Einzelberechnung billiger ist.

31. Das Auf- und Abladen der Wagenladungen ist Sache der Versender und Empfänger.

32. Wegen Beförderung von Geld siehe Abschnitt XIII.

X. Viehverkehr.

33. Für das Stück und Kilometer (mit Einschluß der Reinigungsgebühr)

bei:	Einzelversand	Sammelversand (mindestens 12 Stück)	Mindestfracht für eine Sendung
	Pf.	Pf.	Pf.
Großvieh (Pferde, Rinder) .	5	2,5	5,0
Kleinvieh (Schafe, Schweine, Ziegen, Hunde)	2	1	2,0
Geflügel	1	0,5	1,0

34. Stellt sich für eine Sendung von weniger als 12 Stück Vieh die Berechnung für 12 Stück zum Satze des Sammelversandes billiger als die Berechnung für die wirkliche Stückzahl zum Satze des Einzelversandes, so ist die erstere anzuwenden.

35. Für Auf- und Abladen von Vieh gilt Artikel 12.

C. Gemeinsame Bestimmungen zu A. und B.

XI. Nebengebühren.

36. Für das Auf- und Abladen einer Sendung wird mit der im Schlußsatz des Artikels 12 erwähnten Ausnahme eine Ladefrist von 24 Stunden gewährt. Sie rechnet von dem Augenblick an, wo dem Empfänger oder Versender die Bereitstellung des Wagens mitgeteilt ist. Nach Ablauf der Ladefrist werden an Standgeld erhoben:

für einen Wagen von 7000 kg Ladegewicht und je angefangene 24 Stunden . . . . 2,00 Mark,
für einen Wagen unter 7000 kg Ladegewicht und je angefangene 24 Stunden . . . . 1,00 „ .

37. Für die Überführung eines beladenen Wagens auf ein Privatanschlußgleis oder von einem solchen, werden, soweit diese Leistung nicht nach den obigen Bestimmungen ohne besondere Gebühr zu erfolgen hat, an Anschlußgebühr erhoben:

für einen Wagen von mindestens 7000 kg Ladegewicht 1,00 Mark,
„ „ „ unter 7000 kg Ladegewicht . . . . 0,50 „ .

38. Güter, die durch die Verwaltung abgeladen sind, werden 24 Stunden unentgeltlich gelagert. Die Frist rechnet von dem Augenblick an, wo dem Empfänger die Ankunft des Gutes mitgeteilt ist. Nach Ablauf der Frist werden für je angefangene 24 Stunden und angefangene 100 kg 5 Pf. Lagergeld erhoben.

39. Für Auf- und Abladen von Gütern, soweit es nicht nach den obigen Bestimmungen ohne besondere Gebühr zu erfolgen hat oder soweit es Sache der Versender oder Empfänger ist, aber auf deren Antrag oder infolge deren

Säumigkeit durch die Verwaltung geschieht, werden für je angefangene 100 kg 5 Pf. erhoben.

40. Wägegeld wird erhoben für die Ermittlung des Gewichts von Gütern, deren Beförderung nach Gewicht berechnet wird:
   a) wenn der Frachtbrief keine oder eine falsche Gewichtsangabe enthält,
   b) wenn der Absender nach der amtlichen Verwiegung deren Wiederholung beantragt und der Unterschied beider Verwiegungen höchstens 2% beträgt,
   c) wenn der Empfänger die Verwiegung beantragt und diese kein von der Verwaltung zu vertretendes Mindergewicht ergibt.

   Das Wägegeld beträgt:
   für die Verwiegung eines Wagens auf der Brückenwage 2,00 Mark,
   im übrigen für je angefangene 100 kg einer Frachtbriefsendung . . . . 0,05 „ .

41. Für die Beförderung zu Wasser wird keine und für die Bahnbeförderung im Wagenladungsverkehr eine Deckenmiete von 3 Mark für die Decke und die Fahrt erhoben.

42. Frachtbriefe werden zu 2 Pf. für das Stück und zu 1,50 Mark für 100 Stück abgegeben. Für die Ausfüllung eines Frachtbriefes werden 10 Pf. berechnet.

43. Für jede Benachrichtigung über die Ankunft oder Bereitstellung von Gütern oder Wagen werden Gebühren in der Höhe der Frankaturbeträge erhoben, die bei Zustellung durch die Post entrichtet werden müssen.

44. Für Bahntelegramme werden dieselben Gebühren erhoben wie für Telegramme des Reichstelegraphen.

XII. Höchstsätze der Bahn Lome—Anecho.

45. Bei Sendungen, die ganz oder teilweise auf der Bahn Lome—Anecho befördert werden, ohne über die Landungsbrücke in Lome zu gehen, sind für die Leistungen, die in den durch den Brückentarif vorgesehenen Leistungen einbegriffen sind, höchstens die Gebühren zu erheben, die nach dem Brückentarife für die gleichen oder weitergehenden Leistungen fällig sein würden.

D. Tarif auf Eisenbahnbaustrecken.

46. Soweit auf der Bahn Lome—Palime vor Beendigung der Bauarbeiten ein öffentlicher Verkehr zugelassen wird, gelten die Tarife unter B mit der Einschränkung, daß alle Güter nach Stückgutsätzen tarifieren und die Güter der Klasse IV mit in die Klasse III rücken sowie daß die Frachten im Viehverkehr stets zu den Sätzen des Einzelversandes berechnet werden. Für das Auf- und Abladen gelten Artikel 10 und 12, nicht Artikel 27.

XIII. Geldverkehr.

(S. die Bekanntmachung des Gouverneurs vom 17. Juli 1906, D. Kol. Gesetzgeb. 1906 S. 281.)

Anlage 1.

Verzeichnis der sperrigen Güter.

1. Bäume und Gesträuche, lebende sowie Christbäume (Weihnachtsbäume), unverpackt oder nicht in fester Verschnürung, ferner lebende Pflanzen und Blumen, unverpackt und unverhüllt.

   Als unverpackt gelten Bäume usw. auch dann, wenn sie nur mit einer Wurzelpackung versehen sind.

2. Baumwolle, unentkernte Roh-.
3. Borke, rohe.
Ausgenommen Eichen- und Nadelholzrinde sowie Rinde von Baumarten, welche nicht Gegenstand eines betriebsmäßigen Einschlags in der europäischen Forst- und Landwirtschaft sind.
4. Bottiche, hölzerne (Hohlgefäße mit nur einem Boden und von mindestens 4 hl Gehalt), leere nicht ineinandergesetzte.
5. Fahrzeuge.
6. Fässer, hölzerne, neue, leere.
Ausgenommen ineinandergesetzte Fässer und Fässer aus Eichenholz mit eisernen Reifen, welche bei einer Holzstärke von mindestens 3 cm am Kopfe gemessen bis zu 1 hl Gehalt haben.
7. Fässer aus Papierstoff, neue, leere, ausgenommen ineinandergesetzte.
8. Faßreifen (Tonnenbände), hölzerne.
9. Federbetten.
10. Federn, folgende: Daunen-, Flaum- und Schleißfedern (gerissene Bettfedern).
Ausgenommen ungerissene gekielte Bettfedern und ungerissene gekielte Federn anderer Art (Zierfedern).
11. Getreidereinigungsmaschinen, landwirtschaftliche (Windfegen).
Ausgenommen die hauptsächlich aus Eisen bestehenden Getreidereinigungsmaschinen, Getreidesortiermaschinen, auch Trieurs.
12. Glas- und Tonballons, leere, verpackt.
Unverpackt werden dieselben nur als Wagenladungen angenommen.
13. Häcksel.
14. Heu.
Ausgenommen in gepreßten Ballen von mindestens 80 kg Einzelgewicht oder in Zöpfen.
15. Hopfen.
Ausgenommen in Ballen zylindrischer oder runder Form von mindestens 100 kg Einzelgewicht — (für solche Ballen von über 60 bis 100 kg Einzelgewicht wird die Fracht nur für 100 kg berechnet) — ferner in rechtwinkligen Ballen, in Kisten oder in Metallzylindern.
16. Hüte aller Art und gesteifte Hutstumpen.
Ausgenommen in verschnürten Ballen oder im Falle der überseeischen Ausfuhr in Kisten.
17. Kasten von Eisenbahnwagen (ausgenommen Kipp- und Förderwagen) und Land- (Straßen-) Fahrzeugen.
18. Kisten, Lattenkisten, Harasse, hölzerne, leere, neue, nicht ineinandergesetzte und nicht zerlegte in Bündeln.
Ausgenommen Bierkisten mit Fächereinsatz, Zigarrenkistchen und Kistchen, letztere, wenn sie in Lattengestellen oder offenen Kisten verpackt sind.
19. Korbwaren, als Körbe, auch Latten- und Geflügelkörbe, leere neue, Korbgeflechte und Korbmöbel.
Ausgenommen Backschüsseln und Futterschwingen in Satzform oder aneinandergereiht.
20. Korkwaren, Korkstöpsel.
21. Möbel aus gebogenem Holz, unzerlegte.
22. Rauhkarden, Weberdisteln.
23. Rohr (Schilfrohr), auch Schilf u. Seile aus Schilf.
24. Seegras, Waldgras, Alpengras, Alpha, Esparto, Espartogras.
Ausgenommen in verschnürten Ballen oder in Zöpfen.
25. Sophagestelle.
26. Stroh, auch Raps- und Reisstroh (ausgenommen in gepreßten Ballen von mindestens 80 kg Einzelgewicht oder in Zöpfen) und Seile aus Stroh.

27. Stühle und Stuhlgestelle, unter Ausschluß der eisernen, unzerlegte oder nicht zusammenlegbare, nicht gepolsterte.
28. Watte.

Ausgenommen ungeleimte baumwollene Fabrikate (Scharpie-Baumwollfließe, gekrempelte Scharpie-Baumwolle, medizinische Verbandwatte).

29. Wolle und Wollabfälle, gewaschene.

Ausgenommen in Ballen runder oder zylindrischer Form von mindestens 100 kg Einzelgewicht oder in rechtwinkligen Ballen.

Anlage 2.

Togo-Eisenbahn.

Güter-Tarifklassifikation.

Klasse I.

Alle Güter, soweit sie nicht einer anderen Klasse ausdrücklich zugewiesen sind.*)

Klasse II.

Bier
Blei
Eisen und Eisenwaren, auch emailliert, verzinnt, verzinkt und verkupfert (ausschl. Gewehre, Fahrräder, Nähmaschinen) soweit nicht einzelne Artikel dieser Art in einer niedrigeren Tarifklasse enthalten sind
Farben
Fruchtsaft
Garne
Gewürze (siehe Nahrungsmittel)
Glasscheiben
Hohlglas
Holzpfeifen
Kaffee
Kakao
Kolanüsse
Konfektionsartikel
Konserven
Kupfer
Lampen
Laternen
Leinöl
Manufakturen
Messing
Mineralwasser
Möbel, fertige
Nägel
Nahrungs- und Genußmittel, einschl. Gewürze, soweit nicht einzelne Artikel dieser Art in einer niedrigeren Tarifklasse enthalten sind ausschl. Spirituosen
Palmöl
Papierwaren
Parfümerien
Pfeffer
Schokolade
Seifen
Stabeisen
Steingut
Streichhölzer
Tabak
Tabakfabrikate
Tauwerk
Tee
Tonpfeifen
Wein
Zeuge
Zucker

Klasse III.

Backwaren
Baumwolle, gepreßte, siehe auch Rohbaumwolle
Butter, Eier
Emballagen, gebrauchte, soweit nicht in Klasse IV genannt
Erdnüsse
Felle, rohe
Flaschen, leere
Fleisch, frisches
Gemüse, frisches Gras
Häute, rohe
Heu
Honig
Hörner, rohe
Hülsenfrüchte, frische
Käse
Kartoffeln
Kassada
Kopra
Mais
Maniok
Mehl
Milch, frische
Mineralöle
Obst, frisches
Palmkerne
Petroleum
Piassava
Reis
Roggen
Rohbaumwolle, entkernte
Salz
Schibutter
Weizen
Wolle, Roh-
Yams

Klasse IV.

Asphalt
Bandeisen
Baubeschläge
Baugeräte
Baumaschinen
Baumaterialien
Baumwolle, unentkernte
Bindfaden
Braunkohlen
Brennholz

*) Auch Branntwein und Spiritus, Bekanntmachung des Gouverneurs vom 4. Juli 1907, unten Nr. 178.

Briketts
Demijons
Erze
Fässer, leere
Holzkohlen
Holzzement
Kalk

Kies
Kisten, leere
Kokosnüsse
Maschinen, landwirtschaftliche
Ölkuchen
Ölpalmfrüchte
Ölpalmnüsse, ungeöffnete

Packleinen
Palmblätter
Pech
Pflanzen, lebende
Preßrückstände der Ölpalmfrüchte
Sackleinen
Säcke, leere
Sämereien

Sand
Schinüsse
Sodawasser
Stecklinge
Steine
Steinkohlen
Teer
Teertuch
Tins, leere

Anlage 4.

Strecke Lome—Anecho.
Zonenzeiger für den Personen- usw. Verkehr.

	Lome	Groß Be	Kainkorbe	Bagida	Vorwerk Bagida	Messaplaka	Porto Seguro	Kpeme	Gumkorbe	Anecho
Lome	—	I	II	III	IV	V	VII	VII	VIII	IX
Groß Be	I	—	II	II	III	V	VI	VI	VII	VIII
Kainkorbe	II	II	—	I	II	III	V	V	VI	VII
Bagida	III	II	I		I	III	IV	V	V	VII
Vorwerk Bagida	IV	III	II	I	—	II	III	IV	IV	VI
Messaplaka	V	V	III	III	II		II	II	III	IV
Porto Seguro	VII	VI	V	IV	III	II	—	I	II	III
Kpeme	VII	VI	V	V	IV	II	I	—	I	II
Gumkorbe	VIII	VII	VI	V	IV	III	II	I	—	II
Anecho	IX	VIII	VII	VII	VI	IV	III	II	II	—

Anlage 4a.

Strecke Lome—Anecho.
Fahrpreise und Gepäckfrachtsätze.

Zonen	Preis für die Fahrkarte in Pfennigen				Fracht für 100 kg	
	I.	II.	III.	Hunde (in Begleitung von Reisenden)	Reisegepäck *)	Traglasten **)
	Klasse				in Pfennigen	
I	80	50	10	10	40	20
II	150	100	20	20	80	40
III	230	150	30	30	120	60
IV	300	200	40	40	160	80
V	380	250	50	50	200	100
VI	450	300	60	60	240	120
VII	530	350	70	70	280	140
VIII	600	400	80	80	320	160
IX	680	450	90	90	360	180

*) Auf Reisegepäck wird Freigewicht nicht angerechnet.
**) Auf Traglasten hat jede Person ein Freigewicht von 30 kg. Die Mindestgebühr für frachtpflichtige Traglasten beträgt 50 Pf.

Anlage 5.

Strecke Lome—Palime.

Zonenzeiger für den Personen- usw. Verkehr.

	Lome	Sangera	Noëpe	Badja	Wasserstelle Badja	Kewe	Assahun	Towega	Amussukovhe	Gadja	Avhegame	Abessia	Palime
Lome	—	II	III	V	V	V	VI	VII	VIII	X	XI	XII	XII
Sangera	II	—	II	III	III	IV	IV	V	VII	IX	IX	X	XI
Noëpe	III	II	—	II	II	III	III	IV	VI	VIII	VIII	IX	X
Wasserstelle Badja	V	III	II	I		I	I	III	IV	VI	VII	VIII	VIII
Kewe	V	IV	III	I	I	–	I	II	III	V	VI	VII	VII
Assahun	VI	IV	III	II	I	I	—	II	III	V	VI	VII	VII
Towega	VII	V	IV	III	III	II	II	–	II	IV	IV	V	VI
Amussukovhe	VIII	VII	VI	IV	IV	III	III	II		II	III	IV	V
Gadja	X	IX	VIII	VI	VI	V	V	IV	II	—	I	II	III
Avhegame	XI	IX	VIII	VII	VII	VI	VI	IV	III	I	—	I	II
Abessia	XII	X	IX	VIII	VIII	VII	VII	V	IV	II	I		I
Palime	XII	XI	X	VIII	VIII	VII	VII	VI	V	III	II	I	—

Anlage 5a.

Strecke Lome—Palime.

Fahrpreise und Gepäckfrachtsätze.

Zonen	Preis für die Fahrkarte in Pfennigen: I. Klasse	II. Klasse	III. Klasse	Hunde (in Begleitung von Reisenden)	Fracht für 100 kg in Pfennigen: Reisegepäck *)	Traglasten **)
I	150	100	20	20	75	40
II	300	200	40	40	150	80
III	450	300	60	60	225	120
IV	600	400	80	80	300	160
V	750	500	100	100	375	200
VI	900	600	120	120	450	240
VII	1050	700	140	140	525	280
VIII	1200	800	160	160	600	320
IX	1350	900	180	180	675	360
X	1500	1000	200	200	750	400
XI	1650	1100	220	220	825	440
XII	1800	1200	240	240	900	480

*) Auf Reisegepäck wird Freigewicht nicht angerechnet.
**) Auf Traglasten hat jede Person ein Freigewicht von 30 kg.
Die Mindestgebühr für frachtpflichtige Traglasten beträgt 50 Pf.

Anlage 6.

Strecke Lome—Anecho.
Kilometerzeiger.

	Lome	Groß Be	Kainkovhe	Bagida	Vorwerk Bagida	Messaplaka	Porto Seguro	Kpeme	Gumkovhe	Anecho
Lome	—	4	9	13	18	24	31	34	37	43
Groß Be	4	—	6	10	14	21	28	30	34	40
Kainkovhe	9	6	—	4	9	15	22	25	28	34
Bagida	13	10	4	—	5	11	18	21	24	31
Vorwerk Bagida	18	14	9	5	—	7	14	16	20	26
Messaplaka	24	21	15	11	7	—	7	10	13	20
Porto Seguro	31	28	22	18	14	7	—	3	6	13
Kpeme	34	30	25	21	16	10	3	—	4	10
Gumkovhe	37	34	28	24	20	13	6	4	—	7
Anecho	43	40	34	31	26	20	13	10	7	—

Anlage 7.

Strecke Lome—Palime.
Kilometerzeiger.

	Lome	Sangera	Noëpe	Badja	Wasserstelle Badja	Keve	Assahun	Tovegan	Amusukovhe	Gadja	Avhegame	Abessia	Palime
Lome	—	16	27	41	43	50	53	66	78	98	105	114	119
Sangera	16	—	11	25	27	34	37	50	62	82	89	98	103
Noëpe	27	11	—	14	16	23	26	39	51	71	78	87	92
Wasserstelle Badja	43	27	16	2	—	7	10	23	35	55	62	71	76
Keve	50	34	23	9	7	—	3	16	28	48	55	64	69
Assahun	53	37	26	12	10	3	—	13	25	45	52	61	66
Tovegan	66	50	39	25	23	16	13	—	12	32	39	48	53
Amusukovhe	78	62	51	37	35	28	25	12	—	20	27	36	41
Gadja	98	82	71	57	55	48	45	32	20	—	7	16	21
Avhegame	105	89	78	64	62	55	52	39	27	7	—	9	14
Abessia	114	98	87	73	71	64	61	48	36	16	9	—	5
Palime	119	103	92	78	76	69	66	53	41	21	14	5	—

Togo-Eisenbahn
(Strecke Lome—Anecho).

Stationstariftabelle für den Güterverkehr.
(Für den über See ein- oder ausgehenden Verkehr gilt der besonders herausgegebene „Brückentarif".)

Entfernung km	Zwischen Lome Bhf. und	Frachtsätze für 100 kg in Pfennigen							
		Stückgut				Wagenladungen			
		I	II	III	IV	I	II	III	IV
13	Bagida	90	65	40	30	60	55	30	15
31	Porto Seguro	100	100	100	65	90	90	65	35

Entfernung km	Zwischen Lome Bhf. und	Frachtsätze für 100 kg in Pfennigen Stückgut I	II	III	IV	Wagenladungen I	II	III	IV
34	Kpeme	90	90	90	70	90	90	70	35
48	Anecho	90	90	90	90	90	90	90	45
	Zwischen Bagida und								
13	Lome Bhf.	90	65	40	30	60	55	30	15
18	Porto Seguro	90	90	55	40	90	75	40	20
21	Kpeme	90	90	65	45	90	85	45	25
31	Anecho	90	90	90	65	90	90	65	35
	Zwischen Porto Seguro und								
31	Lome Bhf.	90	90	90	65	90	90	65	35
18	Bagida	90	90	55	40	90	75	40	20
3	Kpeme	25	15	10	10	20	15	10	5
13	Anecho	90	65	40	30	60	55	30	15
	Zwischen Kpeme und								
34	Lome Bhf.	90	90	90	70	90	90	70	35
21	Bagida	90	90	65	45	90	85	45	25
3	Porto Seguro	25	15	10	10	20	15	10	5
10	Anecho	75	50	30	20	60	40	20	10
	Zwischen Anecho und								
48	Lome Bhf.	90	90	90	90	90	90	90	45
31	Bagida	90	90	90	65	90	90	65	35
13	Porto Seguro	90	65	40	30	60	55	30	15
10	Kpeme	75	50	30	20	60	40	20	10

Togo-Eisenbahn

(Strecke Lome—Palime).

Stationstariftabelle für den Güterverkehr.

(Für den über See ein- oder ausgehenden Verkehr werden neben den Sätzen dieser Stationstariftabelle die Sätze des besonders herausgegebenen „Brückentarifs" erhoben.)

Entfernung km	Zwischen Lome Bhf. und	Frachtsätze für 100 kg in Pfennigen Stückgut I	II	III	IV	Wagenladungen I	II	III	IV
27	Noepe . .	205	195	85	55	105	110	55	30
53	Asahun .	400	265	100	110	320	215	110	55
69	Tovega . .					400	265	185	70
98	Gadja . . .				—	500	395	200	100
105	Avhegame .	700	525	315	210	630	420	210	105
119	Palime . .	895	595	360	240	715	480	240	120

Anlage 9.

Ausnahmetarifsätze.

(Für den über See ein- oder ausgehenden Verkehr werden neben diesen Ausnahmetarifsätzen die Sätze des besonders herausgegebenen „Brückentarifs" erhoben.)

Nach Lome Bahnhof von	Frachtsätze für 100 kg in Pfennigen					
	Elfenbein, Gummi	Kakao	Gepreßte Baumwolle	Palmöl	Palmkerne	Bohnen, Erderbsen, Erdnüsse, Mais, Reis, Sesamsaat
	als Stückgut		in Wagenladungen			
Badja		. .	—	.	. .	—
Assahun	—	200	—	200	—	80
Towega	—	200	—	200	—	80
Gadja	500	200	—	200	150	80
Agbegame	500	200	200	200	150	80
Palime	500	200	200	200	150	80

Anlage 10.

Für die Beförderung unentkernter Rohbaumwolle in Wagenladungen auf Entfernungen bis zu 100 km tritt bis auf weiteres die Nummer 29 des Landungsbrücken- und Eisenbahntarifs in Togo außer Kraft und an deren Stelle die Bestimmung, daß als Mindestgewicht 2500 kg und im übrigen das tatsächliche Gewicht in Rechnung gestellt wird.

Bei der Verfrachtung auf weitere Entfernungen als 100 km bleibt die Tarifnummer 29 für den ganzen Weg in Kraft.

47. Preisliste des Gouvernements von Deutsch-Südwestafrika für die aus amtlichen Beständen zum Verkauf an Beamte und Angestellte zugelassenen Verpflegungsartikel usw. Vom 6. Februar 1907.

Laufende Nr.	Artikel	Einheit	Preis M.	Preis Pf.	Monatlich kann gekauft werden	Bemerkungen.
1	Kaffee	1 kg	1	50	5 kg	
2	Tee	„	2	20	2 „	
3	Zucker	„		70	6 „	
4	Salz	„		15	4 „	
5	Reis	„		30	150 kg	
6	Erbsen	„		15		
7	Bohnen	„		45		
8	Linsen	„		95		
9	Nudeln	„	1	35		
10	Makkaroni	„	1	35		
11	Erbswurst	„	1	50		
12	Weizenmehl	„		35		
13	Roggenmehl	„		35		

Laufende Nr.	Artikel	Einheit	Preis M	Preis Pf.	Monatlich kann gekauft werden	Bemerkungen.
14	Speck	1 kg	2	40	5–6 kg	je nach Packung.
15	Butter	„	3	90	5–6 „	
16	Schmalz	„	1	75	5–6 „	
17	Backobst	„	1	20	5–6 „	
18	Gewürz	„	2	—	1 kg	
19	Essig-Essenz	1 Liter	2	60	1 Liter	
20	Corned-Beef	1 kg	1	20	10 kg	Übersteigt der Einkaufspreis den Betrag von 1,50 M., so sind die Selbstkosten zu zahlen.
21	Fleisch	„	1	50	10 „	
22	1 Brot zu 3 kg oder 2 Brote zu je 1,5 kg		1	20	15 „	
23	Tabak	1 Platte		22*	50 Platten	
24	Zündhölzer	1 Pack	—	20	1 Pack	
25	Petroleum	1 Liter		35	20 Liter	Der Gewichtsverlust durch Austrocknung bleibt unberücksichtigt.
26	Seife	1 kg		65	6 kg	
27	Hafer	„		30	150 „	

Bemerkungen.

1. Ein Anspruch auf die höchst zulässige Menge ist durch diese Bestimmungen nicht begründet. Die Abgabe richtet sich vielmehr nach den vorhandenen Beständen und können daher jederzeit einzelne Artikel nur in geringerer Menge abgegeben oder unter Umständen auch ganz vom Verkauf ausgeschlossen werden.

2. Mit Ausnahme von Tabak, Gewürz, Zündhölzer und Essig-Essenz werden keine Mengen unter 1 kg oder 1 Liter abgegeben.

3. Bei Abgabe von Proviant usw. an Personen, die keinen Anspruch auf Frachtfreiheit haben, denen aber ausnahmsweise der Ankauf aus amtlichen Beständen zugebilligt ist, wird zu den vorstehenden Sätzen der Fachtpreis von der Küste bis zum Kaufort (einschl. Bahnfracht) hinzugerechnet. Privatpersonen zahlen den ortsüblichen Ladenpreis. Da auf derartige Abgaben die Proviantbestände nicht zugeschnitten sind, so darf ein Verkauf nur in Fällen der Not geschehen.

4. Der Ankauf ist nur für den eigenen Bedarf oder Haushalt statthaft, jede andere Verwendung ist unzulässig.

5. Bei Verlusten an Frachtgut, wofür der betreffende Frachtfahrer aufzukommen hat, ist stets der ortsübliche Ladenpreis in Anrechnung zu bringen.

6. Der Verkauf von Proviant findet nur gegen sofortige Barzahlung und auf Grund von Quittungsbüchern statt. Die Eintragung der gewünschten Artikel in die Bücher, die Bereithaltung von Packgefäßen sowie der Weitertransport der gekauften Mengen ist Sache der Käufer.

7. Es bleibt jedem Käufer überlassen, sich von dem richtigen Gewicht bei dem Empfange des Proviants zu überzeugen. Sobald die gekauften Artikel die Schwelle des Verkaufsraumes überschritten haben, hört die Verantwortlichkeit des Proviantbeamten für das richtige Gewicht auf. Originalpackungen werden zu dem Sollgewicht abgegeben.

8. Alle übrigen Verpflegungsartikel, welche in dieser Liste nicht aufgeführt sind, werden im allgemeinen vom Verkauf ausgeschlossen.

---

*) Verf. des Gouvernements vom 25. Februar 1907.

9. Verkaufstage am 2. und 20. jedes Monats von 8 bis 11 Uhr vormittags. Fällt einer dieser Tage auf einen Sonn- oder Festtag, so findet die Ausgabe am nächstfolgenden Wochentage statt. Fleisch- und Brottage sind nach den örtlichen Verhältnissen auf bestimmte Wochentage zu legen.

10. Vorstehende Preisliste tritt mit dem 1. März 1907 in Kraft. Alle vorhergegangenen Preisfestsetzungen werden hierdurch aufgehoben.

Windhuk, den 6. Februar 1907.

Der Kaiserliche Gouverneur.
I. V.: Hintrager.

48. Bestimmungen des Gouvernements von Deutsch-Südwestafrika über den Bezug von Wasser aus der fiskalischen Wasserleitung in Windhuk. Vom 6. Februar 1907.

§ 1. Zum Anschluß an die fiskalische Wasserleitung in Windhuk sowie zur Vornahme jeder Änderung an der hergestellten Zuleitung ist die Genehmigung der Bauverwaltung des Kaiserlichen Gouvernements erforderlich.

Die Anschlußleitung besteht aus der Zuleitung und der Privatleitung. Die Zuleitung erstreckt sich von der Hauptleitung bis zur Abschlußvorrichtung und dem Wassermesser einschließlich. Die Privatleitung ist die vom Wassermesser weiterführende Leitung.

§ 2. Die Herstellung und Unterhaltung der Zuleitung erfolgt auf Antrag und Kosten des betreffenden Grundstückseigentümers durch die Bauverwaltung oder einen von dieser mit der Ausführung betrauten Unternehmer. Die Zuleitung geht in das Eigentum des Landesfiskus über.

§ 3. Die Grundstücksbesitzer dürfen weder selbst noch durch Beauftragte irgendwelche Arbeiten, Änderungen usw. an den Zuleitungen oder den Wassermessern vornehmen und sind für alle denselben zugefügten Beschädigungen, namentlich des Wassermessers, haftbar.

§ 4. Für die Herstellung und Unterhaltung der Privatleitung hat der Grundstückseigentümer selbst zu sorgen.

§ 5. Das Öffnen und Schließen der Absperrvorrichtung ist nur dem Personal der Bauverwaltung oder des mit den Wasserleitungsarbeiten betrauten Unternehmers gestattet. Die Durchmesser der Zuleitungen und die Größe des Wassermessers wird von der Bauverwaltung in jedem Falle bestimmt. Wird infolge späterer größerer Ansprüche an die Zuleitung eine Änderung derselben notwendig, so hat der Antragsteller auch die hieraus entstehenden Kosten zu tragen.

§ 6. Wird die Richtigkeit eines Wassermessers angezweifelt, so muß er sowohl auf Antrag des Wasserabnehmers, als auch auf Verlangen der Bauverwaltung einer Untersuchung unterzogen werden. Diese Untersuchungen werden bei der Bauverwaltung vorgenommen; die Ergebnisse derselben sind sowohl für die Bauverwaltung als auch für den Abnehmer bindend. Stellt sich bei der Prüfung heraus, daß der Messer nicht richtig zeigt, so wird auf eine Abweichung bis zu 5% keine Rücksicht genommen. Zeigen sich aber größere Abweichungen, so wird die durch den Messer in der laufenden Zahlzeit zu viel angezeigte Menge dem Wasserabnehmer in Abzug gebracht, ebenso aber auch die zu wenig gezeigte Menge nachträglich eingezogen. Hat der Wasserabnehmer die Prüfung beantragt, so hat er bei einer Abweichung von weniger als 5% die Kosten der Prüfung und des Wiedereinbaues des Wassermessers zu tragen.

§ 7. Der Wasserzins beträgt 30 Pfennig für 1000 Liter und ist am Schlusse eines jeden Kalendervierteljahres an die Gouvernementshauptkasse zu entrichten. Die Höhe des Mindestsatzes beträgt 3 M pro Vierteljahr.

§ 8. Wenn eine Leitung vorübergehend ohne Wassermesser in Benutzung gewesen ist, so wird für diesen Zeitraum behufs Ermittelung des Wasserverbrauchs eine Pauschmenge nach dem voraufgegangenen oder nachfolgenden Gebrauch berechnet. Der Umstand, daß das Wasser nicht in der erwarteten Menge und Reinheit geliefert, oder daß eine zeitweise Unterbrechung der Wasserförderung eingetreten ist, berechtigt den Abnehmer nicht zu Ansprüchen auf Schadenersatz.

§ 9. Beim Ausbruch eines Schadenfeuers ist jeder Abnehmer verpflichtet, seine Leitung zur Verfügung zu stellen. Das zu Löschzwecken abgegebene Wasser wird auf einen innerhalb 3 Tagen nach erfolgtem Verbrauch bei der Bauverwaltung gestellten Antrag in Abrechnung gebracht.

§ 10. Durch Unterzeichnung des Anmeldescheines, durch den der Grundstückseigentümer seinen Anschluß an die Wasserleitung beantragt, unterwirft er sich diesen Bestimmungen und den etwa erfolgenden Abänderungen. Dem Unternehmer steht das Recht zu, das Vertragsverhältnis mit vierteljähriger Frist zum Schlusse eines Kalendervierteljahres zu kündigen. Nach Beendigung des Vertragsverhältnisses trennt die Bauverwaltung auf Kosten des bisherigen Abnehmers die Zuleitung von der Privatleitung.

§ 11. Bei Zuwiderhandlungen gegen vorstehende Bestimmungen, insbesondere bei Verzug in der Entrichtung des Wasserzinses, ist die Bauverwaltung zur Schließung der Zuleitung berechtigt.

§ 12. Das Gouvernement behält sich das Recht vor, nach seinem Ermessen gegenwärtige Bestimmungen abzuändern, wenn dies die Umstände und Verhältnisse bedingen.

Windhuk, den 6. Februar 1907.

Kaiserliches Gouvernement.
I. V.: Hintrager.

49. Ausführungsbestimmungen des Gouverneurs von Samoa zur Kaiserlichen Verordnung, betreffend Zwangs- und Strafbefugnisse der Verwaltungsbehörden in den Schutzgebieten Afrikas und der Südsee, vom 14. Juli 1905. Vom 6. Februar 1907.*)

(Kol. Bl. S. 429. Gouv. Bl. III Nr. 50.)

Mit Zustimmung des Reichskanzlers wird zur Ausführung der Kaiserlichen Verordnung, betr. Zwangs- und Strafbefugnisse der Verwaltungsbehörden in den Schutzgebieten Afrikas und der Südsee, vom 14. Juli 1905 (Reichs-Gesetzbl. S. 717),**) folgendes bestimmt:

§ 1 (zu § 1 der Kaiserlichen Verordnung).

Zur Zwangsvollstreckung werden, soweit nicht durch bestehende Vorschriften ein anderes angeordnet ist, die Vorsteher der Dienststellen ermächtigt, die für die Feststellung der beizutreibenden Geldforderungen und Ansprüche auf Herausgabe von Sachen zuständig sind. Dem Gouverneur bleibt vorbehalten, die

*) Vgl. hierzu den Erl. des Gouverneurs v. 16. Februar 1907, unten Nr. 58.
**) D. Kol. Gesetzgeb. 1905 S. 169.

Funktionen der Vollstreckungsbehörde selbst zu übernehmen (vgl. § 3 dieser Bestimmungen).

Wegen anderer als öffentlichrechtlicher Forderungen und Ansprüche, insbesondere zur Beitreibung von Forderungen des Fiskus als Privatunternehmers, findet das Verwaltungszwangsverfahren (in Ermangelung der Möglichkeit einer „Feststellung“ der bezüglichen Forderungen im Sinne des § 1 der Kaiserlichen Verordnung) nicht statt. Forderungen für amtliche Vermessungen dürfen nur mit Zustimmung des Gouverneurs auf diesem Wege beigetrieben werden.

Für die Gerichte bleibt hinsichtlich der Beitreibung der Geldstrafen und aller Kosten, einschließlich der Kosten der Strafvollstreckung, die Verfügung des Reichskanzlers, betr. die Regelung des gerichtlichen Kostenwesens in den Schutzgebieten Afrikas und der Südsee, vom 28. November 1901 (Kol. Bl. S. 853)*) maßgebend.

§ 2 (zu § 2 der Kaiserlichen Verordnung).

Anwendung finden insbesondere auch die Vorschriften des § 5 der Verfügung des Reichskanzlers, betr. die Ausübung der Gerichtsbarkeit in den Schutzgebieten Afrikas und der Südsee, vom 25. Dezember 1900 (Kol. Bl. 1901, S. 1).**)

§ 3 (zu § 6 der Kaiserlichen Verordnung).

Die Zwangsvollstreckung ist in allen Fällen durch Ersuchen des Bezirksrichters auszuführen.

§ 4 (zu § 8 der Kaiserlichen Verordnung).

Zu polizeilichen und anderen obrigkeitlichen Anordnungen sowie zur Anwendung von Zwang behufs ihrer Durchführung (§§ 9 bis 22 der Kaiserlichen Verordnung) sind nur die vom Gouverneur in jedem Fall namentlich benannten Beamten ermächtigt.

Unter polizeiliche Anordnungen fallen diejenigen, bei denen die Voraussetzungen des § 10 des Preußischen Allgemeinen Landrechts, Teil II, Titel 17, zutreffen:

„Die nötigen Anstalten zur Erhaltung der öffentlichen Ruhe, Sicherheit und Ordnung und zur Abwendung der dem Publiko oder einzelnen Mitgliedern desselben bevorstehenden Gefahr zu treffen, ist das Amt der Polizei.“

Anordnungen polizeilicher Art sollen zur Vermeidung von Mißverständnissen stets als „Polizeiverfügung“ ausdrücklich bezeichnet werden.

§ 5 (zu § 23 der Kaiserlichen Verordnung).

Zum Erlasse polizeilicher Strafverfügungen ist innerhalb der Inseln Upolu, Manono, Apolima der Polizeivorsteher zu Apia mit der Einschränkung ermächtigt, daß er Geldstrafen bis zu 60 M und Haft bis zu einer Woche sowie Einziehung festsetzen kann. Die Haft darf das bezeichnete Strafmaß, auch wenn sie an die Stelle einer nicht beizutreibenden Geldstrafe tritt, nicht übersteigen.

Die polizeiliche Strafverfügung ist auch gegen Beschuldigte im Alter von zwölf bis achtzehn Jahren zulässig.

Die polizeiliche Strafverfügung hat außer der Festsetzung der Strafe die strafbare Handlung, Zeit und Ort derselben, die angewendete Strafvorschrift und die Beweismittel sowie die Angabe zu enthalten, daß die Geldstrafe oder die eingezogene Sache an den Polizeivorsteher abgeliefert werden soll.

---

*) D. Kol. Gesetzgeb. VI S. 426.
**) D. Kol. Gesetzgeb. V S. 178.

Sie hat ferner die Eröffnung zu enthalten:

a) daß der Beschuldigte binnen der zweiwöchigen Frist des § 23 Abs. 2 der Kaiserlichen Verordnung auf gerichtliche Entscheidung antragen kann;

b) daß der Antrag auf gerichtliche Entscheidung entweder bei dem Polizeivorsteher oder bei dem Bezirksrichter anzubringen ist;

c) daß die polizeiliche Strafverfügung, falls innerhalb der Frist zu a) ein Antrag auf gerichtliche Entscheidung nicht erfolgt, vollstreckbar wird.

Wird bei dem Bezirksrichter auf gerichtliche Entscheidung angetragen, so ist dem Antragsteller eine Bescheinigung darüber kostenfrei zu erteilen.

§ 6 (zu § 28 der Kaiserlichen Verordnung).

Ist ein Antrag auf gerichtliche Entscheidung bei dem Polizeivorsteher nicht fristgerecht gestellt, auch die im § 5, Nr. 4 dieser Bestimmungen vorgesehene Bescheinigung nicht vorgelegt, so ist die Strafverfügung zu vollstrecken.

Gebühren werden nicht erhoben, jedoch fallen bare Auslagen dem Beschuldigten zur Last.

Der Polizeivorsteher hat die eingezahlte Geldstrafe oder abgelieferte eingezogene Sache an das Bezirksgericht abzuliefern.

Er hat dem Gericht monatliche Übersichten der Strafverfügungen einzureichen.

§ 7 (zu § 36 der Kaiserlichen Verordnung).

Hinsichtlich der Befugnis zum Erlasse von Strafbescheiden wegen Zuwiderhandlungen gegen die Vorschriften über die Erhebung öffentlicher Abgaben und Gefälle bewendet es bei den Vorschriften der „Ordinance concerning the collection of customs 1894".

Diese Ausführungsbestimmungen treten mit dem Zeitpunkte ihrer Verkündung in Kraft. Gleichzeitig treten außer Kraft:

1. die Ordinance to enforce the payment and to facilitate the recovery of rates and taxes within the Municipal District of Apia 1892;
2. die Gouvernements-Verordnung vom 15. November 1900, Gouvernements-Bl. Bd. III, Nr. 6*) bzw. vom 20. Mai 1903, Gouvernements-Bl. Bd. III, Nr. 24**);
3. die Gouvernements-Verordnung vom 1. November 1901, Gouvernements-Bl. Bd. III, Nr. 13.***)

Apia, den 6. Februar 1907.

Der Kaiserliche Gouverneur.
Solf.

50. Bekanntmachung des Gouverneurs von Togo, betreffend Beförderung von Sonderzügen auf der Togobahn. Vom 7. Februar 1907.

(Amtsbl. S. 52.)

In Ergänzung des Landungsbrücken- und Eisenbahntarifs in Togo †) werden folgende Bestimmungen für die Beförderung von Sonderzügen und für die Berechnung der Gebühren derselben erlassen.

* D. Kol. Gesetzgeb. VI S. 262.
** D. Kol. Gesetzgeb. 1903 S. 114.
*** D. Kol. Gesetzgeb. VI S. 410.
†) D. Kol. Gesetzgeb. 1905 S. 215 und in veränderter Fassung oben Nr. 46 (Zusatz).

In erster Linie werden die tarifmäßigen Kosten für die in den Sonderzügen beförderten Personen berechnet, mindestens müssen jedoch bezahlt werden 2 M. pro Zug und Kilometer bei Entfernungen bis zu 25 km und 1,50 M. pro Zug und Kilometer für die 25 km übersteigenden Entfernungen, mit der Maßgabe, daß im Ganz mindestens 30 M. zu entrichten sind.

Muß ein Sonderzug aus Betriebsgründen leer nach der Zugsausgangsstation zurückbefördert werden, so wird der gleiche Fahrpreis auch für diese Beförderungsstrecke zu erheben sein.

Der Bahnverwaltung bleibt die Entscheidung darüber überlassen, ob sie auf Antrag Sonderzüge gestellen kann oder nicht.

Lome, den 7. Februar 1907.

Der Gouverneur.
Graf Zech.

51. Runderlaß des Gouverneurs von Deutsch-Ostafrika, betreffend die Erhebung der Häuser- und Hüttensteuer. Vom 9. Februar 1907.

(Amtl. Anz. Nr. 3.)

Die wegen Erhebung einer Häuser- und Hüttensteuer erlassenen Verordnungen vom 1. November 1897*) und 22. März 1905**) weisen übereinstimmend 50% der eingehenden Steuerbeträge den kommunalen Verbänden zu. In Auslegung dieser Bestimmung hat das Auswärtige Amt, Kolonial-Abteilung, angeordnet, daß die Teilung der Steuererträgnisse zwischen dem Landesfiskus einerseits und dem Kommunalfiskus andererseits in dem angegebenen Verhältnis bezüglich derjenigen Summen vorzunehmen sei, welche tatsächlich an die Kasse des Landesfiskus abgeliefert worden sind. Insoweit daher Steuerbeträge von den Steuerpflichtigen zwar eingezogen, aber infolge einer Unterschlagung usw. endgültig in Verlust geraten sind, bevor sie bei den Kassen zum rechnungsmäßigen Nachweis gelangten, scheiden sie bei jener Berechnung aus. Die fraglichen Verluste sind also von dem Landesfiskus und von den Kommunen je zur Hälfte zu tragen.

Auf die Verteilung der Erträgnisse der Gewerbesteuer findet die vorstehende Bestimmung entsprechende Anwendung mit denjenigen Maßgaben, welche sich aus dem anderen Teilungsprozentsatz dieser Steuer ergeben.

Daressalam, den 9. Februar 1907.

Der Kaiserliche Gouverneur.
Freiherr v. Rechenberg.

52. Runderlaß des Gouverneurs von Togo, betreffend die Bestrafung der Straftaten der Eingeborenen. Vom 11. Februar 1907.

(Amtsbl. S. 60.)

Mit Rücksicht darauf, daß einerseits die Kodifikation des Eingeborenenstrafrechts noch längere Dauer in Anspruch nehmen wird und andererseits wiederholt die Bestrafung von Handlungen der Eingeborenen verlangt worden ist, die

*) D. Kol. Gesetzgeb. II S. 368.
**) D. Kol. Gesetzgeb. 1905 S. 93.

nach europäischer Auffassung Straftaten darstellen, aber weniger Ausflüsse eines verbrecherischen Willens, als vielmehr überlieferter und tief eingewurzelter Anschauungen, Sitten und Gebräuche sind, weise ich im nachfolgenden auf die augenblickliche Rechtslage in der betreffenden Materie und die Verpflichtung der Bezirksämter und Stationen hin, bei Ausschreitungen der Eingeborenen einzugreifen.

Ein schriftlich festgelegtes materielles Eingeborenenstrafrecht gibt es bisher im Schutzgebiet nicht. Die Verfügungen des Reichskanzlers vom 27. Februar und 22. April 1896*) geben nur gewisse Verfahrensvorschriften und bestimmen die zulässigen Strafen; eine Grundlage für die Aburteilung der Eingeborenendelikte schaffen sie nicht. Wenn sonach die Paragraphen des Reichsstrafgesetzbuches und der übrigen Reichsgesetze nicht ohne weiteres auf die Eingeborenen angewandt werden können, so geben sie doch immerhin einen gewissen Anhalt, und es ist Sache der Bezirksämter und Stationen, die in diesen Gesetzen niedergelegten Rechtsanschauungen, soweit sie auf die von den europäischen Verhältnissen immerhin abweichenden Verhältnisse des Landes nur irgend angewendet werden können, allmählich auch in den Eingeborenen großzuziehen. Am geeignetsten geschieht dies durch wiederholten Hinweis auf die Strafbarkeit der fraglichen Handlungen.

Ich ersuche daher bei sich bietenden Gelegenheiten, die Eingeborenen darauf hinzuweisen, daß sich strafbar macht:

1. wer einer Schwangeren die Frucht abtreibt oder ihr die Mittel zur Abtreibung verschafft;

2. die Schwangere, die selbst abtreibt;

3. wer einen andern zum Fetischtrinken oder -essen oder zu Handlungen des Fetischdienstes nötigt;

4. wer durch Darreichen eines giftigen Trankes ein Urteil oder eine Entscheidung herbeizuführen versucht, auch wenn die Person, welche den Trank zu sich nimmt, sich der Giftprobe freiwillig unterzieht;

5. wer im Interesse des Fetischdienstes
   a) andere Personen gegen ihren oder ihrer Eltern bzw. deren Stellvertreter Willen körperlich verletzt;
   b) durch sittlich anstoßerregende Handlungen öffentlich grobes Ärgernis verursacht;

6. wer sich von den örtlichen Verwaltungsbehörden nicht anerkannte Häuptlings- oder Richterbefugnisse anmaßt;

7. ein mit Gerichtsbefugnissen ausgestatteter Häuptling, der Gerichtsgebühren oder Strafen in Branntwein einzieht;

8. ein mit Gerichtsbefugnissen ausgestatteter Häuptling, welcher während der Gerichtsverhandlung Palmwein, Branntwein oder andere berauschende Getränke zu sich nimmt, oder gestattet, daß die streitenden Parteien oder die geladenen Zeugen dies tun;

9. wer Blutrache nimmt.

Bei der Festsetzung der zu erkennenden Strafe ist aber zu berücksichtigen, daß in vielen Fällen der im Reichsstrafgesetzbuch erforderliche verbrecherische Wille fehlen wird und deshalb das in den entsprechenden Paragraphen aufgestellte hohe Strafmaß auch keineswegs zur Anwendung kommen kann. Sache der

*) D. Kol. Gesetzgeb. II S. 213 u. 215.

erkennenden Behörde ist es, unter Berücksichtigung aller Tatbestandsmomente hier das richtige Strafmaß zu treffen und trotz Schonung des Rechtsgefühls der Eingeborenen allmählich zivilisierter Rechtsanschauung zum Siege zu verhelfen.

In zivilrechtlicher Beziehung ist gleichzeitig darauf hinzuweisen, daß Kinderverlobungen keine Verbindlichkeit besitzen, und daß Witwen nicht zur Ehe gezwungen und nicht an der Eingehung einer von ihnen gewollten Ehe gehindert werden können. Längere Vernachlässigung der Ehefrau oder der Familie kann als Ehescheidungsgrund zugelassen werden.

Der „Königseid“ als Bekräftigungsmittel ist durch Belehrung möglichst zu beseitigen.

Von einer Straffestsetzung ersuche ich in diesen Fällen vorläufig abzusehen.

Lome, den 11. Februar 1907.

Der Gouverneur.
Graf Zech.

53. Bekanntmachung des Gouverneurs von Deutsch-Südwestafrika, betreffend Änderung der Ausführungsbestimmungen zur Zollverordnung. Vom 12. Februar 1907.

Auf Grund des § 63 der Verordnung des Reichskanzlers vom 31. Januar 1903 (Zollverordnung für das deutsch-südwestafrikanische Schutzgebiet)*) wird verordnet wie folgt:

„Der § 1 der Ausführungsbestimmungen zur Zollverordnung für das Deutsch-Südwestafrikanische Schutzgebiet vom 10. April 1903**) erhält als zweiten bis vierten Absatz folgenden Zusatz:

„Ein- und Ausfuhrtransporte, einschließlich des lebenden Viehes, dürfen die Zollgrenzen des Schutzgebiets landwärts nur auf einer Zollstraße überschreiten. Der Weg von der Zollgrenze bis zur nächsten Zollstelle und umgekehrt muß auf der Zollstraße ohne Abweichung und willkürlichen Aufenthalt und ohne daß die Ladung eine Veränderung erleidet, fortgesetzt werden.

Die Zollstraßen werden öffentlich bekannt gemacht.***)

Wo die Zollgrenze durch ein schiffbares Wasser gebildet wird, werden die erforderlichen Landungsplätze bestimmt werden.“

Windhuk, den 12. Februar 1907.

Der Kaiserliche Gouverneur.
I. V.: Hintrager.

54. Bekanntmachung des Gouverneurs von Deutsch-Südwestafrika, betreffend Zollstrafsen. Vom 12. Februar 1907.

Als Zollstraßen im Sinne der Ausführungsbestimmungen zur Zollverordnung vom 12. Februar 1907†) werden hierdurch folgende Wege bezeichnet:

*) D. Kol. Gesetzgeb. 1903 S. 12.
**) D. Kol. Gesetzgeb. 1903 S. 79.
***) S. die nachstehende Bekanntmachung.
†) Oben Nr. 53.

1. Im Norden:

a) Ondonga—Okaukwejo—Outjo,
b) Ondonga—Amatoni—Grootfontein.

2. Im Osten:

a) Rietfontein (Nord)—Olifantskloof—Gobabis,
b) Rietfontein (Süd)—Hasuur,
c) Upington—Dawignab,
d) Aris—Ukamas.

3. Im Westen:

a) Walfischbay an der Küste nach Swakopmund,
b) Walfischbay—Nonidas—Swakopmund,
c) Walfischbay—Haigamkhab,
d) Walfischbay—Rooibank—Ururas.

Die an letzter Stelle genannten Orte der Wegstrecken sind die Grenzzollstationen, bei denen die Anmeldung der Ein- und Ausfuhrtransporte stattzufinden hat. Die Waren-Ein- und Ausfuhr, einschließlich des lebenden Viehes, auf anderen Wegen ist nach § 49 ff. der Zollverordnung strafbar.

Ferner wird bekannt gemacht, daß außer den in der Bekanntmachung vom 14. Oktober 1903*) bezeichneten Zollstellen im Süden des Schutzgebiets das Zollamt Ramansdrift und die Zollstation Stolzenfels (Schuitdrift) als Zollstellen eingerichtet sind. Die Zollstraße nach diesen Zollstellen beginnt an den zu bestimmenden Landungsplätzen in Ramansdrift und Stolzenfels.

Windhuk, den 12. Februar 1907.

Der Kaiserliche Gouverneur.
I. V.: Hintrager.

55. Verordnung des Gouverneurs von Deutsch-Südwestafrika, betreffend Abänderung des Zolltarifs. Vom 13. Februar 1907.

(Kol. Bl. S. 280.)

Auf Grund des § 6 der Zollverordnung für das deutsch-südwestafrikanische Schutzgebiet vom 31. Januar 1903 wird hiermit verordnet, was folgt:

§ 1. Der zur Zollverordnung für das deutsch-südwestafrikanische Schutzgebiet vom 31. Januar 1903 gehörige Tarif**) nebst sämtlichen dazu ergangenen Abänderungen und Ergänzungen wird mit Ablauf des 28. Februar 1907 aufgehoben.

§ 2. Am 1. März 1907 tritt der in der Anlage enthaltene Zolltarif in Kraft.

Windhuk, den 13. Februar 1907.

Der Kaiserliche Gouverneur.
I. V.: Hintrager.

---

*) Nicht abgedruckt.
**) D. Kol. Gesetzgeb. 1903 S. 24.

Anlage zu Nr. 58.

Zolltarif für das deutsch-südwestafrikanische Schutzgebiet.

Tarif-Nr.	Benennung der Gegenstände	Tarifsatz	Amtliche Tara-Vergütung bei Verpackung in Kisten oder Fässern	Bemerkungen
	A. Einfuhrzölle.			
A I	I. Tabak u. Tabakfabrikate.			
a	Zigarren und Zigaretten . . .	netto 1 kg 3 M.	20 %	
b	Plattentabak	brutto 1 kg 3 M.		
c	rohe Tabakblätter und anderer Rauch-, Kau- u. Schnupftabak	netto 1 kg 3 M.	20 %	
A II	II. Getränke.			
a	Bier aller Art	brutto 1 kg 0,15 M.		
b	stille Weine	brutto 1 kg 0,20 M.		
c	Schaumweine	brutto 1 kg 0,50 M.		
d	Branntwein aller Art bis einschl. 70 % Alkoholgehalt nach Tralles	1 Liter 1 M.		Zu II d bis e. Bei der Ermittlung des Literinhalts von Flaschen, Kruken usw. wird jedes angefangene Zehntelliter einer Flasche, Kruke usw. für ein volles Zehntel gerechnet und danach der gesamte Literinhalt festgestellt. Branntwein und alkoholhaltige Essenzen zum Medizinalgebrauch sind zollfrei, desgl. zum menschlichen Genuß unbrauchbar gemachter Spiritus u. Spiritus in konsistenter Form, ferner Spiritus zu wissenschaftlichen Zwecken auf Antrag sowie unter Nachweis der eigenen Verwendung.
e	Branntwein aller Art über 70 % Alkoholgehalt nach Tralles, alkoholhaltige Essenzen . . .	1 Liter 6 M.		
A III	III. Feuerwaffen und Munition.			
a	Ein- und mehrläufige Hinterladergewehre sowie Läufe zu solchen	1 Stück 20 M.		
b	Sonstige Feuerwaffen einschließlich Teschins	1 Stück 5 M.		
c	Pulver aller Art, Zündhütchen .	brutto 1 kg 1 M.		
d	Schrot	brutto 1 kg 0,10 M.		
e	Patronen und Patronenhülsen .	brutto 1 kg 0,20 M.		
	B. Ausfuhrzölle.			
B 1	Weibliches Rindvieh	1 Stück 20 M.		Dieser Ausfuhrzoll wird nicht erhoben bei der Ausfuhr nach solchen südafrikanischen Staaten, welche die Ausfuhr von Angoraziegen mit dem gleichen Zoll belasten.*)
2	„ Kleinvieh (Schafe, Ziegen)	1 Stück 2 M.		
2a	Angoraziegen, männliche und weibliche	1 Stück 2000 M.*)	.	
3	Robbenfelle, Bobskins	1 Stück 1 M.		
4	Guano.			

Jahresausbeute		Zoll bei einem Ammoniakgehalte von 5½ %	5½—7 %	7—9 %	über 9 %
500 Tonnen u. darunter	für die Gewichtstonne	—	—	—	—
über 500 bis 1000 Tonnen	„ „ „	1,25 M.	3,00 M.	4,00 M.	5,00 M.
„ 1000 „ 2000 „	„ „ „	2,50 „	6,00 „	8,00 „	10,00 „
„ 2000 Tonnen	„ „ „	5,00 „	12,00 „	16,00 „	20,00 „

*) Hinzugefügt durch V. v. 24. Oktober 1907, unten Nr. 269.

56. Verordnung des Gouverneurs von Deutsch-Südwestafrika, betreffend die Nachverzollung von im freien Verkehr befindlichen Waren. Vom 13. Februar 1907.

(Kol. Bl. S. 280.)

Auf Grund des § 15 des Schutzgebietsgesetzes (Reichs-Gesetzbl. 1900, S. 813) und des § 5 der Verfügung des Reichskanzlers vom 27. September 1903, betreffend die seemannsamtlichen und konsularischen Befugnisse und das Verordnungsrecht der Behörden in den Schutzgebieten Afrikas und der Südsee, wird hiermit verordnet, was folgt:

§ 1. Die mit Ablauf des 28. Februar 1907 im Schutzgebiet vorhandenen, im freien Verkehr befindlichen ausländischen Gegenstände unterliegen der Nachverzollung nach Maßgabe des am 1. März 1907 in Kraft tretenden Zolltarifs. Bei der Nachverzollung von Branntwein wird der nach dem früheren Zolltarife gezahlte Zollbetrag in Anrechnung gebracht.

§ 2. Die nachzuverzollenden Gegenstände sind auf dem amtlichen Formular zu Zolleingangsanmeldungen nach Zahl, Bezeichnung und Verpackungsart der Frachtstücke sowie nach der Gattung und Menge anzumelden. Die Anmeldung der Menge hat nach Gewicht, Maß oder Stückzahl zu erfolgen, je nach dem Erhebungsmaßstab des Zolltarifs.

§ 3. Zur Anmeldung verpflichtet sind die Inhaber zollpflichtiger Gegenstände. Die Anmeldungen sind ausgefüllt bis zum Beginn des 1. März 1907 bei der nächsten Zollstelle abzugeben.

§ 4. Auf die Zollrevision, die an Ort und Stelle vorzunehmen ist, finden die §§ 23 bis 25 der Zollverordnung Anwendung.

§ 5. Behufs Nachverzollung der am 1. März 1907 im Schutzgebiet unterwegs befindlichen Gegenstände sind die Versender von Waren verpflichtet, alle innerhalb der vorhergegangenen acht Tage von ihnen versandten Gegenstände nach Vorschrift des § 2 anzumelden und die Anmeldungen, für jeden Empfänger besonders ausgefertigt, bis zum 1. März 1907 gleichfalls der nächsten Zollstelle abzugeben.

§ 6. Zur Entrichtung des Zolles ist der Eigentümer der Waren verpflichtet. Der Zoll muß spätestens binnen acht Tagen nach Mitteilung des Betrages durch die Zollstelle bei dieser entrichtet werden. Kaufleuten können die Nachverzollungsbeträge, falls sie 1000 M. übersteigen, auf eine angemessene Zeit, jedoch nicht über sechs Monate hinaus gestundet werden.

§ 7. Eine Aufnahme nachverzollungspflichtiger Gegenstände in eine Zollniederlage sowie eine Verwendung solcher Gegenstände unter Zollkontrolle findet nicht statt.

§ 8. Unrichtige Anmeldungen oder nicht rechtzeitige Anmeldungen zur Nachverzollung und sonstige Zuwiderhandlungen gegen diese Verordnung unterliegen den Strafbestimmungen der Zollverordnung.

§ 9. Von der Nachverzollung und der Anmeldung zur Nachverzollung befreit bleiben folgende Mengen:

Zigarren bis 1000 Stück, Zigaretten bis 1000 Stück, Tabak jeder Art bis 10 kg, Bier aller Art bis zu 2 Kisten, stille Weine bis zu 50 Flaschen, Schaumweine bis zu 20 Flaschen, Branntwein bis zu 10 Litern.

Vorräte, die die genannten Höchstmengen übersteigen, sind einschließlich der Höchstmengen der Nachverzollung zu unterwerfen.

§ 10. Die den Militärpersonen bisher gewährten Zollbefreiungen werden mit Ablauf des 28. Februar 1907 aufgehoben. Zollfrei bleiben noch für Kriegsdauer Liebesgaben und Feldpostpakete.

Die mit Ablauf des 28. Februar 1907 vorhandenen Bestände zollpflichtiger Gegenstände in Kasinos, Kantinen und von Truppenangehörigen unterliegen vorbehaltlich der in § 9 bezeichneten zollfreien Höchstmengen gleichfalls der Nachverzollung nach Maßgabe der vorstehenden Bestimmungen.

Windhuk, den 13. Februar 1907.

Der Kaiserliche Gouverneur.
I. V.: Hintrager.

57. Verordnung des Gouverneurs von Togo, betreffend Aufhebung einer Quarantäne. Vom 14. Februar 1907.

(Amtsbl. S. 49.)

Auf Grund des § 15 des Schutzgebietsgesetzes in Verbindung mit § 5 der Verfügung des Reichskanzlers vom 27. September 1903 wird folgendes verordnet:

§ 1. Die Verordnung, betreffend Anordnung einer Quarantäne, vom 15. Januar d. Js. (Amtsblatt für das Schutzgebiet Togo, Sonderausgabe von demselben Tage),*) wird aufgehoben.

§ 2. Diese Verordnung tritt heute in Kraft.

Lome, den 14. Februar 1907.

Der Gouverneur.
Graf Zech.

58. Erlaſs des Gouverneurs von Samoa an den Polizeivorsteher von Apia, betreffend die Befugnisse der Polizei. Vom 16. Februar 1907.

(Gouv. Bl. III Nr. 53.)

Unter Bezugnahme auf § 4 der Ausführungsbestimmungen zur Kaiserlichen Verordnung, betreffend Zwangs- und Strafbefugnisse der Verwaltungsbehörden in den Schutzgebieten Afrikas und der Südsee, vom 14. Juli 1905 (Samoanisches Gouvernements-Blatt Bd. III Nr. 50),**) lasse ich Ihnen über die Auslegung des § 10 des Preußischen Allgemeinen Landrechts Teil II Titel 17***) folgende Instruktion als Richtschnur zugehen:

1. Unter Anstalten sind Anordnungen, Vorkehrungen zu verstehen. Diese müssen notwendig („nötig") sein, denn es soll nicht mehr als notwendig vorgekehrt werden.

Der Begriff „Ruhe" hat keine selbständige Bedeutung, insbesondere nicht die des Fernhaltens von Lärm, wird vielmehr durch die Begriffe „Erhaltung der öffentlichen Sicherheit" und „Erhaltung der öffentlichen Ordnung" mitgedeckt.

Unter „öffentlicher Sicherheit" ist das Fernsein von Gefahren für den Staat sowie für die bürgerliche Gesellschaft zu verstehen. „Öffentliche Ordnung"

*) Oben Nr. 25.
**) Oben Nr. 42.
***) „Die nötigen Anstalten zur Erhaltung der öffentlichen Ruhe, Sicherheit und Ordnung und zur Abwendung der dem Publiko oder einzelnen Mitgliedern desselben bevorstehenden Gefahr zu treffen, ist das Amt der Polizei." [Anm. des Erlasses.]

bedeutet etwas Tatsächliches, den Gegensatz zur Unordnung, wie auch etwas Rechtliches, die öffentliche Rechtsordnung. Die Polizei kann danach zum Schutze des öffentlichen Rechts, insbesondere des Strafrechts und des Verwaltungsrechts, gleichviel, ob dessen aufrechtzuerhaltende Norm zur Abwendung von Gefahren oder zur Förderung des allgemeinen Wohles aufgestellt ist, einschreiten; nicht aber zum Schutze des Privatrechts, es sei denn, daß private Rechte durch eine strafbare Handlung bedroht sind oder der Bedrohte die Gefahr zu vermeiden oder abzuwenden außerstande ist oder die Polizei durch besondere gesetzliche Vorschrift zur Tätigkeit berufen ist.

„Gefahren" sind Zustände, welche die Besorgnis begründen, daß sie einen Schaden herbeiführen werden. Bloße Nachteile, Störungen oder Belästigungen sind keine Gefahren im Sinne der Vorschrift. Nur erhebliche Gefahren erfordern ein polizeiliches Einschreiten. Sie müssen „bevorstehend", d. h. nach verständigem Ermessen zu befürchten sein, und es reicht weder eine bloß mögliche, in weiter Ferne liegende Gefahr aus, noch ist eine unmittelbar bevorstehende Gefahr Voraussetzung.

2 a. Soweit die Polizei zum Schutze des Strafrechts mitberufen ist (s. Nr. 1), ist sie ein Hilfsorgan des Bezirksgerichts, des Obergerichts und der Staatsanwaltschaft, und hat deren Ersuchen zu erledigen (vgl. §§ 2, 3, 6 Nr. 2 des Schutzgebietsgesetzes, § 56 des Gesetzes über die Konsulargerichtsbarkeit, § 5 der Kaiserlichen Verordnung, betreffend die Rechtsverhältnisse in den deutschen Schutzgebieten, vom 9. November 1900, § 153 des Gerichtsverfassungsgesetzes).

Im einzelnen ergeben sich die Befugnisse und Obliegenheiten der Polizei auf dem Gebiete der Strafrechtspflege, namentlich hinsichtlich der Feststellung des Tatbestandes, der Befugnis zu Vernehmungen, Beschlagnahmen und Durchsuchungen, Verhaftungen und vorläufigen Festnahmen aus der Strafprozeßordnung (vgl. insbesondere §§ 150 ff., § 94, §§ 112 ff.).

2 b. Die Polizeibehörden sind ferner an der Strafrechtspflege insofern mitbeteiligt, als sie Übertretungen gegen die Strafgesetze und Strafverordnungen im Wege polizeilicher Strafverfügungen ahnden, vorbehaltlich des Antrags des Beschuldigten auf gerichtliche Entscheidung (für die Schutzgebiete jetzt durch die §§ 23 bis 28 der Kaiserlichen Verordnung geregelt).

Die polizeilichen Strafverfügungen unterscheiden sich einerseits von den Polizeiverfügungen dadurch, daß letztere erst Gebote und Verbote schaffen, die dann mit Zwangsmitteln, einschließlich Strafzwanges, durchgesetzt werden, andererseits von den in § 15 des Schutzgebietsgesetzes erwähnten „polizeilichen und sonstigen, die Verwaltung betreffenden Vorschriften" dadurch, daß diese in Ergänzung der bestehenden Gesetze neue Rechtsnormen schaffen, — wogegen die polizeilichen Strafverfügungen die Nichtbefolgung vorhandener Rechtsnormen ahnden.

Polizeiverfügungen und „polizeiliche Vorschriften" im Sinne des § 15 des Schutzgebietsgesetzes unterscheiden sich ihrerseits dadurch, daß die ersteren konkrete Fälle regeln wollen, die letzteren abstrakte, objektive Rechtsnormen schaffen (weshalb diese Befugnis auch lediglich dem Reichskanzler und den von ihm durch die Verfügung vom 27. September 1903, Kol. Bl. S. 509,*) ermächtigten Beamten vorbehalten ist).

3. Auch abgesehen von der Verfolgung strafbarer Handlungen (Nr. 2)

*) D. Kol. Gesetzgeb. 1903 S. 214.

ist die Polizei berechtigt, Personen in polizeiliche Verwahrung zu nehmen, sobald deren eigener Schutz oder die Aufrechterhaltung der öffentlichen Sicherheit oder Ordnung dies dringend erfordert (z. B. wenn ein Betrunkener auf der Straße selbst gefährdet erscheint oder andere gefährdet). In solchen Fällen muß jedoch spätestens im Laufe des folgenden Tages die Freilassung erfolgen, sofern nicht hinterher der Verdacht einer schweren Straftat sich herausstellt, deshalb eine weitere Festhaltung angezeigt erscheint und das zur Überweisung an das Gericht Erforderliche veranlaßt wird.

Ebenso sind die Beamten der Polizei, falls dies aus Gründen der öffentlichen Sicherheit und Ordnung unbedingt notwendig erscheint, auch in anderen als den in der Strafprozeßordnung vorgesehenen Fällen befugt, in eine Wohnung einzudringen, z. B. wenn deren Beschaffenheit gefahrdrohend ist oder es sich darum handelt, ein Verbrechen zu verhüten.

Apia, den 16. Februar 1907.

Der Kaiserliche Gouverneur.
Solf.

59. Auszug aus dem Runderlaß des Gouverneurs von Kamerun, betreffend Elfenbein. Vom 18. Februar 1907.

Sämtliches auf den Stationen usw. aufkommendes Elfenbein ist jeweils mit sich bietender Gelegenheit an das Hauptmagazin in Duala abzusenden.

Da vom 1. April laufenden Jahres ab die Ausfuhr und das in den Handel Bringen von Elfenbeinzähnen unter 5 kg verboten ist, sind Geschenke und Strafzahlungen an Elfenbein von den Eingeborenen nur dann anzunehmen, wenn die einzelnen Zähne ein Mindestgewicht von 5 kg haben.

Buea, den 18. Februar 1907.

Der stellvertretende Gouverneur.
Gleim.

60. Verfügung des Auswärtigen Amts, Kolonial-Abteilung, betreffend Erteilung einer Sonderberechtigung auf Schürfen und Bergbau an den Fiskus der Karolinen usw. Vom 19. Februar 1907.

(Kol. Bl. S. 280.)

Auf Grund des § 93 der Kaiserlichen Bergverordnung vom 27. Februar 1906 (Reichs-Gesetzbl. S. 363)*) wird dem Fiskus des Inselgebiets der Karolinen, Palau, Marianen und Marschall-Inseln, vorbehaltlich wohlerworbener Rechte Dritter, die Sonderberechtigung zum ausschließlichen Schürfen und Bergbau auf organische und unorganische Phosphate für die Inseln Angaur, Fais, Grimes, Mang, Assongson, Medinilla, Saipan, Rota, Truk, Ponape und Kussaie erteilt.

Berlin, den 19. Februar 1907.

Auswärtiges Amt. Kolonial-Abteilung.
Dernburg.

---

*) D. Kol. Gesetzgeb. 1906 S. 36.

61. Polizeiverordnung des Bezirksamtmanns zu Swakopmund, betreffend Benutzung der Stadtgleise in Swakopmund. Vom 20. Februar 1907.

Auf Grund des § 6 Absatz 1 der Verfügung des Reichskanzlers vom 27. September 1903, betr. das Verordnungsrecht der Behörden in den Schutzgebieten Afrikas und der Südsee, und der Gouvernementsverfügungen, betreffend den Erlaß polizeilicher und sonstiger die Verwaltung betreffender Vorschriften in Deutsch-Südwestafrika, vom 20. Februar 1901 und vom 23. November 1903 verordne ich für die Ortschaft Swakopmund hiermit, was folgt:

§ 1. Jedes zum Befahren der Stadtgleise benutzte Fahrzeug muß vor seiner Benutzung bei der Eisenbahnstation Swakopmund angemeldet werden. Die von dieser ausgegebene Kontrollnummer ist an dem Fahrzeug so anzubringen, daß sie ohne Mühe lesbar ist. Die Polizeibeamten sind berechtigt, Fahrzeuge, welche ohne Nummer auf den Stadtgleisen angetroffen werden, anzuhalten und an die Eisenbahnstation abzuliefern.

§ 2. Jedes zum Befahren der Stadtgleise benutzte Fahrzeug muß sich in betriebsfähigem Zustande befinden und mit gut wirkender Bremse versehen sein.

Jeder Verkehr mit Fahrzeugen auf den Stadtgleisen ist von einem weißen Führer zu beaufsichtigen.

Die Geschwindigkeit der verkehrenden Fahrzeuge darf 9 km in der Stunde, d. h. 150 m in der Minute, nicht übersteigen und muß sofortiges Anhalten in jedem Gefälle gestatten. Bei Einbruch der Dunkelheit muß jedes einzelne Fahrzeug sowie bei zusammengesetzten Zügen das vorderste Fahrzeug durch eine Kopflaterne hinreichend beleuchtet sein. Während der Dunkelheit darf außerdem die Schnelligkeit von 100 m in der Minute nicht überschritten werden.

§ 3. Wenn Rangierabteilungen und Fahrzeuge einander begegnen, so haben die letzteren stets auszuweichen, oder durch Zurückgehen die Bahn so weit freizugeben, daß die Rangierabteilung weiterfahren kann. Gleise, die ausschließlich für den Lokomotivbetrieb bestimmt und als solche durch Tafeln bezeichnet sind, dürfen von Privatfuhrwerken nicht befahren werden.

§ 4. Das Abladen von Gütern zu beiden Seiten der Gleise ist nur unter Freilassung eines mindestens 1 m breiten Streifens an beiden Seiten gestattet.

§ 5. Das Befahren der Stadtgleise mit anderen als den Maschinen der Staatsbahn und den von der Eisenbahnbetriebsleitung zugelassenen Maschinen ist verboten.

§ 6. Zum Befahren der Bahnhofsgleise ist in jedem einzelnen Falle die Genehmigung der Eisenbahnstation Swakopmund einzuholen.

§ 7. Diese Verordnung tritt am 15. März 1907 in Kraft.

§ 8. Zuwiderhandlungen werden mit Geldstrafe bis zu 60 M. oder im Falle des Unvermögens mit Haft bis zu 14 Tagen bestraft, sofern nicht nach den allgemeinen strafrechtlichen Bestimmungen eine härtere Strafe verwirkt ist.

Swakopmund, den 20. Februar 1907.

Der Kaiserliche Bezirksamtmann.
Boesel.

62. Vertrag zwischen dem Fiskus des Schutzgebiets Deutsch-Südwestafrika und der Deutschen Kolonial-Eisenbahn-Bau- und Betriebsgesellschaft zu Berlin über den Bau der Eisenbahn von Aus nach Feldschuhhorn mit Einschluß der etwa 7 Kilometer langen Umgehungslinie bei Aus und über die allgemeinen Vorarbeiten für die Eisenbahn von Feldschuhhorn nach Keetmannshop.*) Vom 20. Februar/12. März 1907.**)

Zwischen dem Fiskus des Schutzgebietes Südwestafrika, vertreten durch den Reichskanzler, dieser vertreten durch die Kolonial-Abteilung des Auswärtigen Amts (in folgendem Kolonial-Abteilung genannt), einerseits und der Deutschen Kolonial-Eisenbahn-Bau- und Betriebs-Gesellschaft (in folgendem Firma genannt) andererseits wird folgender Vertrag abgeschlossen.**)

§ 1. Gegenstand und Unterlage des Vertrages.

1. Die Firma hat nach Maßgabe der beigefügten Baubeschreibung die sämtlichen Leistungen und Lieferungen zu erfüllen, die in dem mit Lageplan und Längenprofil beigegebenen Kostenanschlage***) aufgeführt sind, mit Ausschluß der Leistungen und Lieferungen des Titels I, der Position 12 des Titels IX, der Position 2 des Titels XIII und der Position 7 des Titels XIV und mit Ausnahme der Staatsaufsicht in der Position 3 des Titels XIII. Die Firma hat die Einzelentwürfe aufzustellen, die zum Bau der Bahn von Aus nach Feldschuhhorn mit Einschluß der Umgehungslinie bei Aus nötig sind, auf Grund dieser Unterlagen die genannte Bahn nebst Umgehungslinie betriebsfertig herzustellen, mit Fahrzeugen, Ausrüstungsgegenständen und Inventarienstücken gehörig auszustatten, die Bahn nebst Umgehungslinie in dem weiter unten festgesetzten Umfange bis zur Hauptabnahme zu betreiben und zu unterhalten sowie die allgemeinen Vorarbeiten für die Bahn von Feldschuhhorn nach Keetmanshoop auszuführen.

2. Der Grunderwerb sowie die Vermessung und Einsteinung der erworbenen Flächen ist nicht Sache der Firma. Den für die Bahn dauernd nötigen Grund und Boden sowie die nur während des Baues nötigen Flächen hat das Gouvernement der Firma rechtzeitig und kostenlos zu überweisen.

3. Dem Gouvernement steht die Wahl frei, ob, wann und wo es die im Titel IX Position 12 des Anschlages genannten Versuche zur Erschließung weiteren Wassers anstellen wird. Diese Versuche beziehen sich nicht auf die Stationen Aus, Doorns, Kuibis, Buchholzbrunn, Keßlersbrunn und Sandverhaar. Der Bau dieser Wasserstationen mit allen baulichen und maschinellen Anlagen und mit Einschluß der Versuche, in Doorns Wasser zu erschließen, liegt der

*) Unter Aus ist im folgenden stets Kilometer 0 und unter Feldschuhhorn Kilometer 145 des beigehefteten Übersichtsblattes verstanden. Wo nichts Besonderes bemerkt ist, wird unter „Bahn" die Strecke Aus—Feldschuhhorn ohne die Umgehungslinie verstanden. Als Umgehungslinie gilt das in dem beigefügten Übersichtsblatt strichpunktierte Gleisstück bei Aus. (Anm. im Vertrage. Wegen der erwähnten Übersichtsblätter vgl. Anm.***)

**) Vgl. hierzu den Zusatzvertrag vom 25. 27. Juli 1907, unten Nr. 197.

***) Diese Anlagen sind unter Nr. 4 und 5 dem zweiten Nachtragsetat für die Schutzgebiete auf das Rechnungsjahr 1906 beigegeben und daher hier nicht mit abgedruckt worden. (Anm. im Vertrage.)

Firma ob. Die Firma hat diese Versuche in Doorns auf Verlangen des Gouvernements bis zu einem Aufwande von 50 000 M. zu unternehmen.

Haben die am Eingang dieser Ziffer genannten Versuche des Gouvernements Erfolg, so erhält die Firma auf Wunsch das erschlossene Wasser für die Erfüllung dieses Vertrages zur Verfügung. Sie hat diese Wasserstellen alsdann wie die von ihr selbst hergestellten Anlagen zu unterhalten. Wenn das Gouvernement diese Wasserstellen mit Einrichtungen für den endgültigen Betrieb der Bahn versehen lassen will, so wird die Firma die Einrichtungen auf Verlangen zu den nachweisbaren Selbstkosten — außerhalb der im § 16 vorgesehenen Vergütung — ohne Hinzurechnung von Verwaltungskosten nach den Anweisungen des Gouvernements ausführen und auf Wunsch für die Erfüllung dieses Vertrages zur Verfügung erhalten. In diesem Falle hat die Firma die Einrichtungen in gleicher Weise wie die von ihr selbst hergestellten Anlagen zu unterhalten.

§ 2. Bauentwurf.

1. Die ausführlichen Vorarbeiten und Einzelentwürfe sollen die folgenden zeichnerischen Darstellungen umfassen:

a) Übersichtslageplan mit einem Übersichtslängenprofil, 1:200 000 für die Längen, 1:2000 für die Höhen;

b) Lage- und Höhenpläne 1:2500 bzw. 1:250, für den Vorbau in einfachster Form, für den Ausbau mit Darstellung des Geländes durch Schichtenlinien, Signaturen der Bewachsung usw. Die Breite des darzustellenden Geländestreifens soll im allgemeinen im offenen Gelände 100 m beiderseits der Bahn sein und ist im übrigen dem Zwecke anzupassen;

c) Bahnhofspläne 1:1000;

d) Bau- und Werkzeichnungen der prinzipiellen Bahnquerschnitte, Futtermauern, Wegeübergänge, Brücken, Durchlässe, sonstigen Bauwerke, Gleismaterialien, Weichen, Drehscheiben, Schiebebühnen, Fahrzeuge und maschinellen Anlagen in üblichen Maßstäben.

Abweichungen von den genannten Maßstäben bedürfen der Genehmigung der Stelle, die für die Genehmigung der betreffenden Entwürfe zuständig ist.

2. Alle von der Örtlichkeit unabhängigen Entwürfe, wie die Normalien für Gleis, Weichen, eiserne Überbauten, bedürfen der Genehmigung der Kolonialabteilung, alle anderen Entwürfe der Genehmigung des von der Kolonial-Abteilung zu ernennenden Eisenbahnkommissars. Alle Entwürfe muß die Firma mindestens in vierfacher Ausfertigung vorlegen. Eine genehmigte Ausfertigung erhält sie zu eigenem Gebrauch zurück.

3. Amtliche Genehmigungen der Entwürfe entbinden die Firma nicht von der Gewährleistung für die Güte und Leistungsfähigkeit der Bahn in allen ihren Teilen.

4. Die Firma hat sämtliche Entwurfsstücke nach der Ausführung zu berichtigen und die Übereinstimmung mit der Ausführung zu bescheinigen. Von den so berichtigten und bescheinigten Entwurfsstücken hat sie der Kolonial-Abteilung — soweit die Stücke noch nicht den Bestätigungsvermerk des Eisenbahnkommissars tragen, durch dessen Vermittlung — spätestens alsbald nach der Hauptabnahme der Bahn, oder, soweit es sich um später fertig werdende Anlagen handelt, alsbald nach deren Abnahme je eine auf Pausleinewand gefertigte Abzeichnung zu Eigentum und freier Verfügung zu geben.

5. Die Bestimmungen der Ziffer 1 bis 4 dieses Paragraphen gelten nicht für die allgemeinen Vorarbeiten der Linie Feldschuhhorn—Keetmanshoop, für diese wird folgendes bestimmt:

a) Die Linie soll nach den Grundsätzen der diesem Vertrage angehefteten Baubeschreibung ausgeführt werden.

b) An Entwurfsstücken sollen gefertigt werden:

I. Ein Übersichtsblatt mit Längenprofil in der Art des diesem Vertrage angehefteten Übersichtsblattes, aber auf Pausleinewand gezeichnet.

II. Lage- und Höhenpläne, die ersteren mit Skizzierung des Geländes, im Längenmaßstabe von 1 : 25 000 bis 1 : 5000 und im zehn- bis zwanzigmal größeren Höhenmaßstabe. Die schwierigeren Strecken, namentlich die Partien am Fischfluß, sollen auf Grund genauer Nivellements in möglichst großem Maßstabe, die leichteren Strecken können auf Grund barometrischer Höhenmessungen in kleinerem Maßstabe dargestellt werden.

Abweichungen von den vorgeschriebenen Maßstäben sind mit Einwilligung des Eisenbahnkommissars statthaft.

III. Ein Kostenanschlag nach dem Normalbuchungsformular für die Eisenbahnen Deutschlands.

IV. Ein Erläuterungsbericht, enthaltend die Beschreibung und Begründung der Linienführung und die Erläuterung des Kostenanschlages, unter anderem also die Beschreibung des Geländes, möglichst genaue Angaben über die Vorflutverhältnisse, die Ergiebigkeit und Beschaffenheit der Wasserstellen, die Aussicht auf weitere Erschließung von Wasser, die Gewinnungsstellen und die Brauchbarkeit der Baumaterialien sowie die Begründung der Einheitssätze des Kostenanschlages. Schürfen, Bohren und Sprengen zur Untersuchung des Bodens und der Wasserverhältnisse sind zwar erwünscht, aber nicht verlangt.

§ 3. Militärischer Schutz und Mobilmachung.

1. Das Gouvernement wird für angemessenen militärischen Schutz der Arbeiten der Firma Sorge tragen.

2. Die Beamten und Arbeiter dürfen nicht zum Kriegsdienst ausgehoben werden, da der Bahnbau selbst zu Kriegszwecken dient.

§ 4. Fristen und Dispositionen.

1. Die Firma muß die allgemeinen Vorarbeiten für die Strecke Feldschuhhorn—Keetmanshoop möglichst bald und tunlichst am 1. März 1907 dem Eisenbahnkommissar übergeben.

2. Die Firma hat die Bauarbeiten der Umgehungslinie so zu betreiben, daß ihre Hauptabnahme möglichst zugleich mit der der sonstigen Teile der Strecke Lüderitzbucht—Aus stattfinden kann.

3. Die Firma hat die Bauarbeiten der Strecke Aus—Feldschuhhorn spätestens 6 Wochen nach dem Abschlusse dieses Vertrages zu beginnen und dann zunächst die Bahn mit jeder nur möglichen Beschleunigung im Vorbau so vorzutreiben, daß sie binnen zehn Monaten nach dem Ablauf der genannten sechswöchigen Vorbereitungszeit in ihrer ganzen Länge für den öffentlichen Verkehr benutzbar ist. Im Anschluß hieran hat die Firma den Ausbau der Bahn zu bewirken. Dieser Ausbau soll binnen 8 Monaten nach der Beendigung des Vorbaues, d. h. nach dem Zeitpunkte vollendet sein, wo der Eisenbahnkommissar die

Bahn in ihrer ganzen Länge für Kriegstransporte als benutzbar erklärt hat. Während der Bauzeit hat die Firma die Arbeiten fortgesetzt im Verhältnis zu dieser Vollendungsfrist angemessen zu fördern.

4. Zur Ermöglichung eines Urteils über den angemessenen Baufortschritt hat die Firma das erstemal binnen 2 Monaten nach dem Abschluß des Vertrages und dann in Zeitabständen von höchstens 2 Monaten dem Eisenbahnkommissar Baudispositionspläne für den jeweiligen Rest des Baues in dreifacher Ausfertigung zur Kenntnis einzureichen.

5. Die Firma hat bei Überschreitung der ausbedungenen Fristen Vorsatz und Fahrlässigkeit zu vertreten. Das Vorhandensein von Vorsatz oder Fahrlässigkeit wird als erwiesen angenommen, sofern die Firma nicht dartut, daß die Überschreitung der Baufrist durch Baubehinderung infolge höherer Gewalt oder sonstiger seitens der Firma nicht verschuldeter Umstände verursacht worden ist. Von allen solchen Behinderungen hat die Firma dem Eisenbahnkommissar möglichst bald Anzeige zu erstatten. Über den Tatbestand ist dann unverzüglich ein gemeinsames Protokoll aufzunehmen.

6. Versäumnisse des Gouvernements in der Erfüllung der ihm nach § 1 Ziffer 2 und 3 und § 3 obliegenden Pflichten begründen, soweit sie nicht auf Vorsatz beruhen, keinen anderen Anspruch, als gegebenenfalls den auf Verlängerung der Baufristen.

§ 5. Aufsicht.

1. Der Eisenbahnkommissar wird die Arbeiten der Firma bahntechnisch und landespolizeilich überwachen. Er wird insbesondere gemeinschaftlich mit dem Bauleitenden der Firma die Linie für den Vorbau und den Ausbau im einzelnen festlegen und sich über die Arbeiten der Firma ständig durch Bereisungen der Strecke so unterrichtet halten, daß er dem Bauleitenden der Firma die nötigen Entscheidungen stets tunlichst ohne Verzug geben kann.

2. Dem Eisenbahnkommissar und seinen Untergebenen steht zu diesem Zwecke jederzeit der Zutritt zu den Räumen, Arbeitsplätzen und Werkstätten der Firma frei. Die Firma hat ihnen jede zur Durchführung der Aufsicht nötige Auskunft zu geben. Dem Eisenbahnkommissar hat die Firma jederzeit auf Verlangen Einsicht in die Bücher zu gestatten, die sie nach diesem Vertrage zu führen verpflichtet ist.

3. Baut die Firma nach Entwürfen, die ihr weder in der Heimat von der Kolonial-Abteilung noch in dem Schutzgebiete von dem Eisenbahnkommissar genehmigt sind, so ist sie verpflichtet, etwaige von der Aufsichtsbehörde für erforderlich erachtete Änderungen zu Lasten ihrer nach § 16 Ziffer 1 b bewährten Vergütung auszuführen.

4. Die Bestimmungen unter Ziffer 3 gelten auch für Abweichungen von schon genehmigten Entwürfen.

5. In Fällen vorschriftswidriger Arbeiten oder Lieferungen kann die Kolonial-Abteilung sowohl wie der Eisenbahnkommissar verlangen, daß in angemessenen Fristen die Mängel beseitigt und vorschriftswidrige Materialien von der Verschiffung ausgeschlossen oder von den Baustellen und Werkplätzen entfernt werden.

6. Auf Verlangen des Eisenbahnkommissars hat die Firma die Messungen, die zur Anfertigung und Bescheinigung von Revisionszeichnungen nötig sind, insbesondere die Messung der Bahnlänge im Beisein und unter Kontrolle eines vom Eisenbahnkommissar zu bezeichnenden Beamten ausführen zu lassen.

§ 6. Vergebung von Lieferungen.

1. Die Firma hat die Verpflichtung, bei Vergebung der Lieferungen des eisernen Oberbaumaterials, der eisernen Brückenkonstruktionen, der eisernen Telegraphenstangen, sowie der Fahrzeuge mindestens drei Firmen zum Wettbewerb aufzufordern, soweit dies nicht infolge der Syndizierung der Lieferungsgegenstände zwecklos ist, und dafür, daß dies geschehen, auf Verlangen der Kolonial-Abteilung oder des Eisenbahnkommissars den Nachweis zu erbringen. Die Firma ist im übrigen darüber keine Rechenschaft schuldig, ob es etwa Mittel und Wege gegeben hätte, gegenüber den tatsächlichen Aufwendungen Ersparnisse zu erzielen.

2. Zum Bahnbau sollen tunlichst nur Gegenstände deutschen Ursprungs verwendet werden. Soweit es sich um Oberbaumaterialien, Fahrzeuge und Eisenkonstruktionen handelt, dürfen Gegenstände nicht deutschen Ursprungs nur mit Genehmigung der Kolonial-Abteilung oder des Eisenbahnkommissars Verwendung finden. Die Versendungen sollen tunlichst nur über deutsche Häfen erfolgen.

§ 7. Personal der Firma.

1. Die Firma ist verpflichtet, einen mit den nötigen Vollmachten ausgestatteten, technisch gebildeten und im Eisenbahnbau erfahrenen Bauleitenden zu bestellen. Der Sitz der Bauleitung ist zunächst Lüderitzbucht. Mit Zustimmung des Eisenbahnkommissars kann er verlegt werden. Solange der Bauleitende vom Sitz der Bauleitung abwesend ist, hat er an diesem Ort einen Vertreter zu bestellen. Beide müssen Angehörige des Deutschen Reichs sein.

2. Die bei den Bauarbeiten und dem Betriebe beschäftigten Angestellten müssen eine ihrer Verwendung entsprechende Vorbildung und guten Leumund haben.

3. Untüchtige oder übelbeleumundete Angestellte hat die Firma auf Verlangen des Eisenbahnkommissars sofort zu entfernen.

§ 8. Ordnungsvorschriften.

1. Die Firma ist dafür verantwortlich, daß alle Angestellten und Arbeiter die für die Bauausführung gültigen gesetzlichen, polizeilichen und sonstigen Vorschriften befolgen. Insbesondere haftet sie für die Tüchtigkeit der Rüstungen, Transportbrücken und sonstigen Bauvorrichtungen.

2. Die Firma hat sämtliche Arbeiten so zu regeln, daß die ihnen beiwohnende Gefahr so weit vermindert wird, als es die Natur der Arbeiten und das gesteckte Ziel gestatten.

§ 9. Zoll- und Hafengebühr.

Die Firma genießt Zollfreiheit und Freiheit von Hafengebühren für die Einfuhr aller Gegenstände in das Schutzgebiet, deren sie zur Erfüllung dieses Vertrages bedarf, mit Einschluß der für die persönliche Verpflegung, Ausrüstung und Bewaffnung des Bahnbaupersonals erforderlichen Gegenstände.

§ 10. Gebrauch der Lieferungsgegenstände und Anlagen.

1. Die Firma ist befugt, sämtliche Gegenstände und Anlagen, die sie in Ausführung dieses Vertrages liefert und herstellt, zur weiteren Erfüllung dieses Vertrages zu gebrauchen. Dasselbe gilt von den Gegenständen und Anlagen, die die Firma in Ausführung des am 15. Januar 1906 über den Bau der Bahn von Lüderitzbucht nach Kubub abgeschlossenen Vertrages geliefert oder hergestellt

hat, soweit sie nicht zur Erfüllung jenes älteren Vertrages oder später zu einem dem § 12 dieses Vertrages Ziffer 3 b sinngemäß entsprechenden Betriebe der Linie Lüderitzbucht—Aus und zum Bau und Betrieb der Strecke Feldschuhhorn—Keetmanshoop nötig sind.

2. Sie ist gehalten die Lieferungsgegenstände und Anlagen vor jeder sachwidrigen Behandlung zu schützen und sie bei der Hauptabnahme in einem Zustande zu übergehen, wie er der naturgemäßen Abnutzung entspricht.

3. Sollten die in dem Kostenanschlage vorgesehenen Fahrzeuge für die Bauzeit nicht genügen, so hat die Firma weitere Fahrzeuge ebenso wie die sonstigen Baugeräte und Baumaschinen zu Lasten des Baukontos zu beschaffen und nach Gebrauch zugunsten des Baukontos zu veräußern.

§ 11. Telegramme.

1. Amtliche Telegramme sind kostenlos zu befördern.

2. Die Firma ist befugt, und falls der Eisenbahnkommissar es verlangt, verpflichtet, Privattelegramme auf der Bahnleitung zu befördern, soweit dies ohne Behinderung des Baufortschrittes und mit dem vorhandenen Personal möglich ist. Sie hat dabei die Bestimmungen zu beobachten, die die Reichspostverwaltung hierfür festsetzen wird.

3. Ausgaben und Einnahmen aus diesem Telegrammverkehr gelten als Bauausgaben und Baueinnahmen.

§ 12. Betrieb während der Bauzeit.

1. Die Umgehungslinie wird alsbald nach ihrer Vollendung in den Betrieb der Linie Lüderitzbucht—Aus einbezogen.

2. Die Firma hat die Bahn entsprechend dem Fortschritte des Vorbaues in kurzen Teilstrecken für Militärtransporte zu eröffnen, sobald der Eisenbahnkommissar die Strecken für betriebsfähig erklärt hat. Die Bemessung der Länge der Teilstrecken steht dem Eisenbahnkommissar zu.

3. Auf den eröffneten Teilstrecken hat die Firma auf Verlangen durchschnittlich an jedem Werktage:

a) während des Vorbaues der Bahn fünf Wagenladungen mit Ausschluß des eigenen Bedarfs in jeder Richtung zu befördern,

b) nach dem Vorbau der Bahn neben etwaigen Baubedürfnissen der weiteren Bahnstrecke Feldschuhhorn—Keetmanshoop acht Wagenladungen und, solange die Bahnstrecke Feldschuhhorn—Keetmanshoop nicht im Bau ist, 12 Wagenladungen, beides mit Ausschluß des eigenen Bedarfs in jeder Richtung über die Bahn Aus—Feldschuhhorn zu befördern. Jeder auf Verlangen des Eisenbahnkommissars eingestellte, zur Personenbeförderung eingerichtete Wagen rechnet dabei für einen beladenen Güterwagen.

4. In den festgesetzten Leistungsgrenzen hat die Firma vorerst die angemeldeten Militärtransporte, sodann die Postgüter (nach den Bestimmungen vom 28. Mai 1879, betreffend die Verpflichtungen der Eisenbahnen untergeordneter Bedeutung zu Leistungen für die Zwecke des Postdienstes) und in dritter Linie die Güter der Zivilverwaltung und der Privaten zu befördern, doch soll der Post- und der Zivilverwaltung sowie den Privaten auf Verlangen jedenfalls wöchentlich je eine Wagenladung in jeder Richtung zugestanden werden.

5. Die Firma hat zu erheben:

a) für sämtliche Personen- und Gütertransporte mit Ausnahme der Militärtransporte sowie der etwa zu Lasten des Baufonds Feldschuhhorn—

Keetmanshoop gehenden Gütertransporte die Sätze nach dem jeweiligen Tarife der Windhukbahn,

b) für Militärtransporte:
   I. während des Vorbaues nichts,
   II. nach Beendigung des Vorbaues die Selbstkosten ohne Verwaltungskosten,

c) für die etwaigen Gütertransporte zu Lasten des Baufonds Feldschuhhorn—Keetmanshoop die Selbstkosten ohne Verwaltungskosten.

Bis auf weiteres werden zu b II und c die tatsächlichen Selbstkosten nachträglich erhoben. Sobald genügende Erfahrungen für die Veranschlagung dieser Selbstkosten vorliegen, kann das Gouvernement auf Antrag der Firma für die nach b II und c gehörigen Transporte die jener Veranschlagung entsprechenden Tarifsätze vorschreiben.

6. Die Militärtransporte sollen tunlichst von Militärpersonen begleitet und bewacht werden. Für Beraubungen der Militärtransporte haftet die Firma nicht.

7. Die Angestellten des Gouvernements, die in besonderem Auftrage aus Anlaß des Bahnbaues die Strecke bereisen, sind mit ihren Dienern, ihrem Gepäck und ihren Reittieren gebührenfrei zu befördern.

8. Bis zum 15. eines jeden Monats hat die Firma dem Eisenbahnkommissar eine Statistik über den Verkehr des Vormonats, getrennt nach den Klassen der Ziffer 5 a, b und c, in dreifacher Ausfertigung einzureichen.

9. Die Firma hat in Aus und Feldschuhhorn den mietfreien Wagenübergang von und nach den anstoßenden Bahnlinien gegen Naturalersatz zu gestatten.

10. Der gesamte Betrieb auf den für Militär- und Privattransporte eröffneten Strecken unterliegt den preußischen Betriebsvorschriften für Kleinbahnen mit Maschinenbetrieb vom 13. August 1898 und den vom Eisenbahnkommissar genehmigten abändernden Bestimmungen.

11. Die Ausgaben und Einnahmen aus diesem Betriebe gelten als Bauausgaben und Baueinnahmen.

§ 13. Bestimmungen zur Sicherung des Betriebes nach der Hauptabnahme.

1. Soweit die Firma ihrer Angestellten nach der Hauptabnahme der Bahn nicht mehr zur Abwicklung dieses Vertrages bedarf, hat sie diese mit deren Einverständnis auf Antrag des Gouvernements zum Tage nach der Hauptabnahme aus ihren Diensten zu entlassen und ihnen den Übertritt in die Dienste des Gouvernements zu gestatten.

2. Die Firma wird darauf Bedacht nehmen, bis zur Hauptabnahme genügendes Personal für den Betrieb der Bahn nach den preußischen Betriebsvorschriften für Kleinbahnen mit Maschinenbetrieb vom 13. August 1898 auszubilden. Sie ist hierzu verpflichtet, wenn das Gouvernement die Bezüge des auszubildenden Personals außerhalb dieses Vertrages zahlt.

3. Die Firma ist auf Verlangen verpflichtet:

a) den Betrieb der Linie Lüderitzbucht—Aus von deren Hauptabnahme an bis zur Hauptabnahme der Bahn Aus—Feldschuhhorn,

b) den Betrieb der Linie Lüderitzbucht—Feldschuhhorn bis zur Hauptabnahme der Strecke Feldschuhhorn—Keetmanshoop, falls ihr vor

Vollendung der Bahnlinie bis Feldschuhhorn auch der Bau dieses Teiles übertragen werden sollte,

sinngemäß zu den nach der Beendigung des Vorbaues geltenden Bedingungen des § 12 dieses Vertrages zu übernehmen.

Im Falle solcher Übernahme gelten die vorstehenden für die Strecke Aus—Feldschuhhorn und den Tag ihrer Hauptabnahme bestimmten Ziffern 1 und 2 auch für den Gegenstand und den Endtermin des übernommenen Betriebes.

§ 14. Abnahme.

1. Der Firma gegenüber werden die vertraglichen Leistungen und Lieferungen der Firma durch den Eisenbahnkommissar abgenommen.

2. Die Abnahme solcher Leistungen und Lieferungen, deren Prüfung später nicht mehr oder nur mit besonderen Unkosten möglich ist, z. B. die Abnahme der Bausohlen der einzuschüttenden Bauwerke usw. erfolgt schon während der Bauzeit. Die Firma hat diese Abnahme rechtzeitig zu beantragen. Die Gefahr und, soweit rechtlich möglich, das Eigentum an den so abgenommenen Gegenständen und Anlagen bleibt bis zur Hauptabnahme der Bahn bei der Firma.

3. Auf Verlangen der Kolonial-Abteilung hat die Firma zu Lasten ihrer Verwaltungskosten die aus der Heimat zur Lieferung kommenden Gegenstände durch einen von den Unterlieferanten vollständig unabhängigen Sachverständigen vor der Verschiffung vorläufig und unbeschadet der Rechte der Kolonial-Abteilung bzw. des Eisenbahnkommissars nach § 5 Nr. 5 prüfen zu lassen. Die Wahl des Sachverständigen unterliegt der Genehmigung der Kolonial-Abteilung. Der letzeren steht es frei, sich bei den Prüfungen vertreten zu lassen. Zu dem Zwecke hat die Firma sie rechtzeitig von den Prüfungsterminen zu benachrichtigen und ihr ferner von dem Ergebnis der Prüfung Kenntnis zu geben.

4. Die Hauptabnahme der Umgehungslinie soll, wenn die letztere bis dahin vollendet ist, gleichzeitig mit der Hauptabnahme der übrigen Anlagen der Linie Lüderitzbucht—Aus und nach den dafür gültigen Vorschriften und sonst nach denselben Vorschriften vor ihrer Einbeziehung in den Betrieb der Linie Lüderitzbucht—Aus geschehen.

Sobald die Firma übersehen kann, wann die Strecke Aus—Feldschuhhorn voraussichtlich im Ausbau fertig hergestellt und ausgestattet sein wird, hat sie dem Eisenbahnkommissar diesen Zeitpunkt mitzuteilen. Nach dieser vorläufigen Ankündigung hat sie die Hauptabnahme der Bahn beim Eisenbahnkommissar rechtzeitig zu beantragen. Dieser hat dann einen Tag für die Hauptabnahme festzusetzen, der höchstens 4 Wochen nach dem Eingange des Antrages oder, wenn dies einen späteren Termin ergibt, höchstens 3 Monate später liegen soll, als der Eisenbahnkommissar die vorläufige Ankündigung erhalten hat.

Die sonstigen Bestimmungen dieses Vertrages über die Hauptabnahme gelten sowohl für die erste als auch für die zweite der beiden vorstehend genannten Hauptabnahmen, und zwar für jede in bezug auf die zugehörige Strecke.

5. Über die Hauptabnahme ist ein Protokoll aufzunehmen. Nähere Bestimmungen für das Protokoll behält sich die Kolonial-Abteilung vor.

6. Spätestens mit der Hauptabnahme gehen das Eigentum und die Gefahr an der gesamten Bahnanlage, soweit sie dann abgenommen sein wird, an den Schutzgebietsfiskus über.

7. Für die Abstellung der bei den Teilabnahmen oder der Hauptabnahme ermittelten Mängel gelten die Bestimmungen des § 15.

§ 15. Gewähr.

1. Für alle Leistungen und Lieferungen, auf die sich die Hauptabnahme erstreckt hat, leistet die Firma noch ein Jahr lang nach dieser Hauptabnahme Gewähr. Für die Leistungen und Lieferungen, die erst nach der Hauptabnahme abgenommen sind und sich nicht als Ersatz nach Ziffer 2 dieses Paragraphen darstellen, leistet die Firma noch ein Jahr nach den betreffenden Teilabnahmen Gewähr. Für die Lieferung von eisernem Gleismaterial rechnet die Gewährzeit bis zum 31. März 1912; in Schadensfällen wird dabei bis zum Gegenbeweise angenommen, daß alles auf der Linie Aus—Feldschuhhorn eingebaute Gleismaterial den auf Grund dieses Vertrages bewirkten Lieferungen entstammt.

2. Auf Grund dieser Gewährpflicht hat die Firma alle Anlagen und Gegenstände, die sich während der Gewährzeit als nicht bedingungsgemäß erweisen oder die infolge schlechten Materials oder mangelhafter Arbeit bei gewöhnlicher Betriebsnutzung, d. h. ohne nachweisbare Unfälle betriebsunbrauchbar werden, unverzüglich zu ihren Lasten bzw. zu Lasten des nach § 18 zu hinterlegenden Pfandes durch neue, bedingungsgemäße zu ersetzen.

Für alle solche Ersatzleistungen und Ersatzlieferungen leistet die Firma Gewähr bis zum Ablauf der Gewährfrist für die betreffenden ursprünglichen Leistungen und Lieferungen.

3. Erweisen sich die Inventarien und Ausrüstungsstücke bei der Hauptabnahme der Menge nach als unzulänglich, so hat die Firma weitere Inventarien und Ausrüstungsstücke mit Ausnahme von Fahrzeugen nachzuliefern. Die Gewährfrist hierfür läuft bis zum Schlusse des mit der Hauptabnahme beginnenden Jahres.

§ 16. Vergütung.

1. An Vergütung für die vertragsmäßigen Leistungen und Lieferungen erhält die Firma:

a) als Ersatz ihrer Verwaltungskosten 597 000 M., in Worten: Fünfhundertsiebenundneunzigtausend Mark,

b) den Ersatz der übrigen zur Erfüllung dieses Vertrages aufgewendeten Selbstkosten bis zur Höhe von 11 000 000 M., in Worten: Elf Millionen Mark, den über 11 000 000 M. aufkommenden Teil dieser Selbstkosten trägt die Firma, soweit diese Mehrkosten nicht für die Beseitigung von Schäden erwachsen, die unmittelbar durch die Aufständischen oder durch Erdbeben herbeigeführt sind,

c) als Gewinn 950 000 M., in Worten: Neunhundertfünfzigtausend Mark, vermehrt um ein Zehntel des Betrages, um den die vorstehend unter b erwähnten Selbstkosten (ohne die Ausgaben zur Beseitigung der unmittelbar durch die Aufständischen oder durch Erdbeben herbeigeführten Schäden) unter 11 000 000 M., in Worten: Elf Millionen Mark, bleiben, insgesamt jedoch nicht über 1 250 000 M., in Worten: Eine Million zweihundertfünfzigtausend Mark.

2. Für jeden Tag, um den die Firma den Vorbau vor dem in § 4 Ziffer 3 bezeichneten Termin fertigstellt, erhält sie eine besondere Vergütung von 300 M. bis zur Höhe von 75 000 M. und, soweit die Vergütung gemäß der vorstehenden Ziffer 1, a bis c, unter 12 547 000 M. bleibt, auch über 75 000 M. hinaus; für jeden Tag, um den die Firma diesen Termin überschreitet, hat sie eine Vertragsstrafe von 3000 M. zu zahlen, sofern sie nicht gemäß § 4 Ziffer 5 das Fehlen von Vorsatz und Fahrlässigkeit nachzuweisen vermag.

Als fertig gilt der Vorbau mit dem Zeitpunkte, zu dem der Eisenbahnkommissar die letzte Teilstrecke als benutzbar für Militärtransporte erklärt hat.

3. Verwaltungskosten im Sinne der Bestimmung unter 1 a dieses Paragraphen und der Ziffer 5 des § 12 sind:

a) die Personalkosten der Firma für ihre Beamten außerhalb des Schutzgebietes Südwestafrika und für den bauleitenden Ingenieur, seinen Stellvertreter und die Bureaubeamten in Südwestafrika. Alle anderen Personen, seien es Beamte oder Arbeiter, die aus Anlaß des Bahnbaues in Südwestafrika tätig sind, gehen zu Lasten des Baukontos. In gleicher Weise sind auf das Baukonto zu verbuchen die Kosten der Unfall-, Kranken-, Invaliden- und sonstigen Versicherung, der ärztlichen Behandlung, der Abfindung und Unterstützung usw. aller Beamten und Arbeiter mit Ausnahme der im Satz 1 genannten Beamten.

b) sämtliche Bureaukosten, wie z. B. für Einrichtung und Ausstattung der Bureaus, Bureau-, Meß- und Zeichengeräte, Bücher, Karten, Modelle usw., Miete, Heizung, Reinigung, Beleuchtung, Versicherung der Bureaus, Drucksachen, Schreib- und Zeichenmaterialien, Zeitungen, Bekanntmachungen, Stempel, Porti, Boten und Bureaudiener,

c) sämtliche Kosten, die der Firma bei der Prüfung von Lieferungsgegenständen außerhalb des Schutzgebietes entstehen,

d) sämtliche Kosten der Geldbeschaffung,

e) sämtliche Steuern und Abgaben.

4. Selbstkosten im Sinne der Ziffer 1 b dieses Paragraphen sind sämtliche übrigen Kosten, die der Firma in Erfüllung dieses Vertrages erwachsen. Sie sind nach dem Bruttoprinzip als der Überschuß der einschlägigen Ausgaben über die einschlägigen Einnahmen nachzuweisen. Über diese Selbstkosten hat die Firma ordnungsmäßig Buch zu führen, die hierher gehörigen Ausgaben und Einnahmen soll sie tunlichst mit Quittung belegen oder, soweit dies nicht durchführbar ist, von eigens hierfür durch Handschlag an Eidesstatt verpflichteten Angestellten der Firma auf ihre Richtigkeit und ihre richtige Verbuchung bescheinigen lassen.

Falls die Militärverwaltung sich mit dem entbehrlichen Personal (Offizieren und Mannschaften der Eisenbahnbaukompagnie) an den Bauarbeiten der Firma beteiligen wird, werden der letzteren und damit dem Baufonds nur die Mehrkosten in Rechnung gestellt, die der Militärverwaltung durch diese Beteiligung erwachsen, nicht aber die laufenden Bezüge und sonstigen Kosten, die der Militärverwaltung auch ohne diese Beteiligung für jenes Personal erwachsen sein würden.

§ 17. Rechnungslegung.

1. Über die im § 16 I b genannten Selbstkosten hat die Firma der Kolonial-Abteilung von dem Vertragsabschluß an in angemessenen Zeiträumen, mindestens aber alle 3 Monate, Rechnung zu legen. Die Schlußrechnung soll die Firma tunlichst binnen 3 Monaten nach der letzten der in § 14 I bezeichneten Abnahmen einreichen.

2. Für die Rechnung ist die Einteilung des Normalbuchungsformulars für die Eisenbahnen Deutschlands maßgebend.

3. Über die in § 16 I a genannten Verwaltungskosten schuldet die Firma keine Rechnungslegung.

4. Die Kolonial-Abteilung hat die eingereichten Rechnungen nur auf ihre rechnerische und buchungsmäßige Richtigkeit zu prüfen, nicht auf die Angemessenheit und Notwendigkeit der Ausgaben und Einnahmen.

5. Den mit der Prüfung der Abrechnung betrauten Organen der Kolonial-Abteilung hat die Firma jede nötige Auskunft zu gewähren.

§ 18. Zahlungen.

1. Unter der Voraussetzung der rechtzeitigen Bereitstellung der Mittel durch den Etat erhält die Firma am Tage nach Abschluß dieses Vertrages und dann bis zum 30. September 1907 am Schlusse eines jeden Monats eine Abschlagszahlung von 1 000 000 M., sodann 9 Monate lang an jedem Monatsschluß eine Abschlagszahlung von 360 000 M. Den Rest der ihr nach § 16 zustehenden Vergütung erhält die Firma tunlichst binnen 3 Monaten, nachdem sie die Schlußrechnung eingereicht hat. Sollte sich in dieser Frist die Prüfung der Schlußrechnung nicht in allen Teilen durchführen lassen, so erhält die Firma zu diesem Termin jedenfalls den nicht strittigen Teil ihres Guthabens, den Rest aber alsbald nach Abschluß der Prüfung. Diese hat die Kolonial-Abteilung möglichst zu beschleunigen.

2. Die Zahlungen erfolgen nach Wahl der Firma im Schutzgebiet durch das Gouvernement oder in Deutschland durch die Kolonial-Abteilung. Die Firma hat ihre Wahl in jedem Falle der einen Zahlstelle so früh mitzuteilen, daß diese die andere Zahlstelle vor dem Tage der Fälligkeit der Zahlung benachrichtigen kann. Wird eine telegraphische Benachrichtigung nötig, so trägt die Firma die Kosten.

3. Wünscht die Firma in einem Falle mehr als 100 000 M. durch das Gouvernement ausbezahlt zu erhalten, so hat sie ihm dies mindestens 4 Wochen vorher mitzuteilen, wenn das Gouvernement es verlangt.

4. Bei Säumigkeit der Firma in der Erfüllung ihrer Vertragspflichten oder bei Stockungen im Baufortschritt kann die Kolonial-Abteilung dementsprechend die Abschlagszahlungen teilweise oder ganz zurückbehalten, sie kann sie erhöhen oder vorzeitig zahlen, wenn die Firma nachweist, daß sie zum Zwecke und mit dem Erfolge der Abkürzung der programmäßigen Bauzeit Ausgaben über den jeweiligen Gesamtbetrag der Monatsraten hinaus gemacht hat.

§ 19. Pfand.

1. Als Pfand für die Erfüllung ihrer Vertragspflichten hinterlegt die Firma binnen 14 Tagen nach dem Vertragsabschluß und jedenfalls vor der Auszahlung der ersten Abschlagsrate bei der Legationskasse des Auswärtigen Amtes, Abteilung II, 600 000 M. in Papieren, die in solcher Höhe bei der Reichsbank beleihungsfähig sind, oder in Sichtwechseln, die die Firma ausstellt und die von einer ersten deutschen Bank akzeptiert sind.

2. Nimmt die Kolonial-Abteilung das Pfand vertragsmäßig in Anspruch, so hat die Firma es binnen 14 Tagen auf die alte Höhe zu ergänzen.

3. Die Firma erhält das Pfand zurück, sofern sie nach Ablauf des Jahres, das auf die letzte der im § 14, 1 genannten Abnahmen folgt, allen bis dahin fälligen Vertragspflichten nachgekommen ist.

4. Soweit von der Firma ein Teil der vertraglichen Leistungen noch nicht erfüllt ist, kann ein entsprechender Teil des Pfandes bis zur vollständigen Erfüllung von der Kolonial-Abteilung einbehalten werden.

5. Außer dem bisher genannten Pfande gilt die gesamte Bahnanlage nebst Zubehör bis zum Übergang in das Eigentum des Fiskus als der Kolonial-Abteilung verpfändet.

§ 20. Schiedsgericht.

1. Alle Meinungsverschiedenheiten zwischen der Kolonial-Abteilung und der Firma hinsichtlich der Rechte und Pflichten aus diesem Vertrage werden unter Ausschluß des ordentlichen Rechtsweges durch ein Schiedsgericht geschlichtet.

2. Der Teil, welcher ein Schiedsgericht anrufen will, hat dem anderen Teile eine darauf hinzielende Erklärung zugehen zu lassen, in welcher er selbst einen Schiedsrichter benennt. Innerhalb zweier Wochen nach Empfang hat der andere Teil einen zweiten Schiedsrichter zu benennen. Diese Frist wird auf 6 Wochen verlängert, sofern sich die zur Ernennung der Schiedsrichter nach dem Vertrage oder kraft besonderer Vollmacht berufenen Vertreter beider Parteien nicht im selben Erdteil befinden. Läßt der andere Teil die Frist verstreichen, ohne sich zu erklären, so ist der erste Teil befugt, den Präsidenten des Hanseatischen Oberlandesgerichts zu Hamburg um Ernennung eines zweiten Schiedsrichters für den anderen Teil anzugehen. Die beiden benannten Schiedsrichter haben sich alsbald über einen dritten Schiedsrichter, der zugleich die Stellung eines Obmannes einnehmen soll, zu einigen. Sofern sie sich nicht einigen können, hat der Präsident des Hanseatischen Oberlandesgerichts zu Hamburg den Obmann zu ernennen.

3. Die Schiedsrichter sind berechtigt, Erhebungen anzustellen, auch Sachverständige und Zeugen zu vernehmen. Den Erhebungen und Vernehmungen der Sachverständigen und Zeugen können Vertreter beider Teile beiwohnen.

4. Der Schiedsspruch, der auch über die Kosten des Verfahrens und ihre Verteilung zu entscheiden hat, ist schriftlich abzufassen und von den drei Schiedsrichtern zu vollziehen.

5. Das schiedsrichterliche Verfahren regelt sich im übrigen nach den Vorschriften der Zivilprozeßordnung. Bei Stimmengleichheit im Schiedsgericht entscheidet der Obmann, in Fällen §§ 1045 und 1046 der Zivilprozeßordnung ist das Gericht Berlin-Mitte zuständig.

§ 21. Übertragbarkeit und Abschluß des Vertrages.

1. Dieser Vertrag ist nur mit Zustimmung beider Parteien übertragbar.

2. Er wird in je einer Ausfertigung für die beiden Parteien geschlossen.

3. Die Kosten des Vertragsabschlusses, insbesondere etwaige Stempelsteuergebühren, trägt die Firma zu Lasten ihrer Verwaltungskosten.

Berlin, den 12. März 1907.

Auswärtiges Amt. Kolonial-Abteilung.
Dernburg.

Berlin, den 20. Februar 1907.

Deutsche Kolonial-Eisenbahn-Bau- und Betriebs-Gesellschaft.
Fr. Lenz.

Anlage zu Nr. 62.

Baubeschreibung für den Bau der Eisenbahn von Aus nach Feldschuhhorn mit Einschluß der Umgehungslinie bei Aus.

§ 1. Allgemeine Bestimmungen.

1. Der Bau zerfällt in den Vorbau und in den Ausbau.

2. Der Vorbau umfaßt lediglich die Arbeiten, die nötig sind, um die

Strecke überall mit einer Geschwindigkeit von 20 km in der Stunde befahrbar zu machen und zu erhalten.

3. Der Ausbau umfaßt die übrigen vertraglichen Leistungen und Lieferungen und hat zum Ziel eine Eisenbahn, die an allen Stellen mit einer Geschwindigkeit von 40 km in der Stunde befahren werden kann und für den Dauerbetrieb genügend ausgestattet ist. Der Eisenbahnkommissar ist befugt, für einzelne Stellen eine geringere Zuggeschwindigkeit als maßgebend zuzulassen.

4. Alle Leistungen und Lieferungen sollen den besten Regeln der Technik entsprechen. In bahntechnischer Hinsicht gelten die im Juli 1896 beschlossenen Grundzüge für den Bau und die Betriebseinrichtungen der Lokaleisenbahnen, soweit nachstehend keine anderen Bestimmungen getroffen sind.

§ 2. Linienführung.

1. Für den Vorbau sind im allgemeinen Neigungen bis zu 40 ‰ und Krümmungshalbmesser bis zu 70 m statthaft.

2. Für den Ausbau gelten folgende Bedingungen:

a) Maßgebende Steigung: landeinwärts 25 ‰, landauswärts tunlichst 20 ‰ und höchstens 25 ‰, und zwar derart, daß der Neigungs- und Krümmungswiderstand zusammen diese Grenzen nirgendwo überschreiten. Als Krümmungswiderstand im Bogen vom Halbmesser R. (in Metern) gelten $\frac{450}{R-50}$ ‰. In Anlaufstrecken kann der Eisenbahnkommissar nötigenfalls stärkere Neigungen gestatten.

b) Gegenneigungen: Vom Treffpunkt zweier Gegenneigungen an soll eine der beiden wenigstens 100 m weit höchstens 8 ‰ Neigung haben.

c) Kleinster Bogenhalbmesser der freien Strecke: im allgemeinen 200 m, in engem Gelände vereinzelt 150 m; nötigenfalls kann der Eisenbahnkommissar ausnahmsweise 100 m gestatten.

d) Zwischengerade zwischen zwei Gegenbogen $\geqq$ 50 m.

e) Ausrundung der Neigungswechsel: Halbmesser $\geqq$ 2000 m. Die Ausrundungsbogen sollen außerhalb der Überhöhungsrampen der Krümmungen liegen.

f) Verlorene Gefälle: sollen tunlichst vermieden werden. Es werden darunter Gefälle verstanden, die selbst die Bremsneigung überschreiten oder mit stärkerer als der Bremsneigung wieder eingebracht werden, sowie der durch das Gelände bedingten Hauptneigung eines Bahnabschnittes entgegengesetzt sind. Als Bremsneigung gelten 3 ‰ vermehrt um den Krümmungswiderstand.

g) Bahnhöfe: sollen $\geqq$ 2½ ‰ geneigt sein, möglichst $\geqq$ 200 m nutzbare Länge der Überholungsgleise und $\geqq$ 4 m Gleisabstand erhalten. Weichenhalbmesser 70 m, kleinster Halbmesser außerhalb der Weichen 100 m, im Notfall und vereinzelt 70 m.

h) Das Planum: soll hochwasserfrei liegen.

§ 3. Der Bahnkörper.

1. Die Bestimmung des Profils des lichten Raumes wird der Kolonial-Abteilung vorbehalten.

2. Die Breite des Planums beträgt 3,50 m. Die Böschungen sollen, wo nicht Fels vorhanden, im allgemeinen 1½ fach geneigt sein. Ausnahmen hiervon

sowie die Wahl steilerer Böschungen in den Felspartien bedürfen der Genehmigung des Eisenbahnkommissars. Seitengräben sollen, wo sie nötig sind, ≥ 40 cm breit und tief sein, ihre bahnseitige Kante darf in Einschnitten mit der Planumskante zusammenfallen, vom Fuße der Dämme soll sie 1 m entfernt bleiben. Fanggräben oberhalb der Einschnittsböschungen und in angemessener Entfernung von ihnen sollen nach Bedarf angelegt werden.

3. Das Bahngelände wird im allgemeinen zu 60 m Breite angenommen. Soweit es erforderlich ist, sind die Streifen neben der Bahn als Feuerschutzstreifen durch Einrichtung von Wundstreifen und Beseitigung feuergefährlicher Bodendecken umzugestalten. Bäume, die im Fallen das Gleis oder die Telephonleitung beschädigen oder den Betrieb stören können, müssen gefällt werden.

§ 4. Übergänge.

Übergänge über die die Bahn kreuzenden Fahrwege sollen durch Schotter oder Bohlenbelag befestigt und mit Pfählen oder Warnungstafeln versehen werden.

§ 5. Kunstbauten.

1. Für den Ausbau sind Durchlässe und Brücken nur in Stein und Eisen, für den Vorbau auch solche in Holz zugelassen. Die Brücken sind nach den in Preußen geltenden Vorschriften unter der Annahme der folgenden Verkehrslasten zu berechnen:

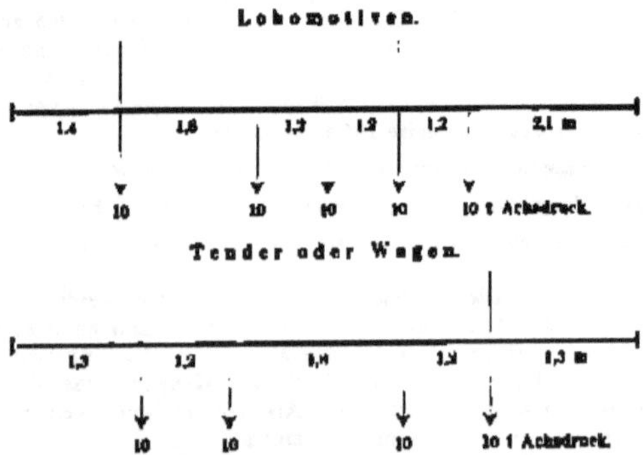

Es ist ein Lastenzug, bestehend aus 2 Lokomotiven und einer unbeschränkten Anzahl von einseitig angehängten Tendern oder Wagen der nebenstehend skizzierten Art zugrunde zu legen. Für kleinere Brücken sind, sofern dies ungünstiger wirkt, die ersten oder die beiden ersten oder die drei ersten Lokomotivachsen mit je 12 t Achsdruck allein anzunehmen. Verschraubung statt Vernietung der eisernen Überbauten ist nur mit Genehmigung der Kolonial-Abteilung zulässig.

2. Soweit im einzelnen nichts anderes bestimmt ist, sollen die Konstruktionen in Eisen mindestens mit fünffacher und die Konstruktionen in Stein und Beton mindestens mit zehnfacher Sicherheit gegen Druck, Zug, Biegung und Knicken ausgeführt werden. Die Holzkonstruktionen sollen gegen Druck, Zug

und Biegung mindestens fünffache und gegen Knicken mindestens zehnfache Sicherheit aufweisen.

§ 6. Oberbau.

1. Das Gleis nebst Weichen soll den für die Lüderitzbahn vorgeschriebenen Musterzeichnungen entsprechen. Es sind mindestens die im Kostenanschlage vorgesehenen Mengen zu liefern; was davon in endgültigen Gleisen nicht gebraucht wird, soll als Reserve geliefert werden, und zwar nach Wahl des Eisenbahnkommissars in Stapeln auf den Bahnhöfen oder in Baugleisen; in der Reserve sollen von Schrauben, Federringen und den verschiedenen Klemmplatten ungefähr dreimal höhere Prozentsätze der endgültig eingebauten Massen vorhanden sein als von den anderen Gleisteilen. Innerhalb jeder der beiden Klassen — nämlich der Schrauben, Federringe und Klemmplatten einerseits und der sonstigen Gleisteile anderseits — sollen die verschiedenen Stücke möglichst ungefähr mit gleichen Prozentsätzen der eingebauten Mengen vertreten sein.

2. Die Bettung soll in der Höhe der Schienenunterkante $\geq$ 2,50 m breit und zwischen Planum und Schienenunterkante etwa 25 cm stark sein. Als Bettungsstoff genügt im allgemeinen grober Quarzsand und alles ihm wenigstens gleichwertige Material.

3. Der Oberbau soll nach den für die Bahn Lüderitzbucht—Aus erlassenen Vorschriften verlegt werden.

§ 7. Signale.

1. Die Bahn soll mit einer doppeldrahtigen elektromagnetischen Leitung an eisernen Stützen versehen werden. Für die Leitung ist 3½ mm starker verzinkter Eisendraht zu wählen. Auf allen Betriebsstationen sollen sowohl Fernschreib- als auch Fernsprech-Apparate eingeschaltet werden. Es gelten die für die Strecke Lüderitzbucht—Aus genehmigten Normalien.

2. Die sonstige Ausrüstung der Bahn mit Signalen im Rahmen der Grundzüge für Lokaleisenbahnen wird der Entscheidung des Eisenbahnkommissars vorbehalten.

§ 8. Hochbauten.

Bei dem Bau von Stationsgebäuden soll auf das Bedürfnis der Reichspostverwaltung an Räumen für Post- und Telegraphenstationen Rücksicht genommen werden.

§ 9. Fahrzeuge.

1. Die Fahrzeuge sollen im allgemeinen den für die Bahn Lüderitzbucht—Aus genehmigten Normalien entsprechen. Doch werden Abweichungen zur Berücksichtigung der im Betriebe gewonnenen Erfahrungen vorbehalten.

2. Zu jedem offenen Güterwagen soll eine wasserdichte Wagendecke mitgeliefert werden.

3. Reserveteile sollen im ungefähren Wert von 5 % des Wertes der Fahrzeuge beschafft werden. Die Auswahl der Reserveteile wird der Kolonial-Abteilung vorbehalten.

63. Runderlaß des Auswärtigen Amts, Kolonial-Abteilung, betreffend Mitteilungen an die Presse. Vom 21. Februar 1907.

Anläßlich einiger Spezialfälle mache ich die Gouvernements wiederholt darauf aufmerksam, daß den Beamten und Offizieren nicht gestattet ist, ohne diesseitige Genehmigung Mitteilungen an die Presse gelangen zu lassen. Ich bitte, die Beamten und Offiziere auf diese Bestimmung in geeigneter Weise hinweisen zu wollen.

Bei dieser Gelegenheit bemerke ich ergebenst, daß es mir erwünscht wäre, wenn häufiger als bisher geschehen ist, von Beamten und Offizieren durch Vermittlung des Gouvernements Aufsätze hierher eingereicht würden, welche zur Aufnahme in das Kolonialblatt geeignet sind. Es handelt sich hierbei nicht nur um Reisebeschreibungen und Berichte über Expeditionen usw., sondern ebenso sehr um Abhandlungen ethnographischer, geographischer und auch historischer Natur, überhaupt um Mitteilungen über Land und Leute in den Schutzgebieten, welche für die Öffentlichkeit in Deutschland von Interesse sind. Ich bitte, den Beamten und Offizieren zu eröffnen, daß derartige Abhandlungen künftighin in weiterem Maße als es bisher der Fall war, in das Kolonialblatt Aufnahme finden und auf diesem Wege in die Presse übergehen werden.

Berlin, den 21. Februar 1907.

Auswärtiges Amt. Kolonial-Abteilung.
Dernburg.

64. Verordnung des Gouverneurs von Samoa, betreffend Verbot der Einfuhr von Hengsten aus Tonga. Vom 21. Februar 1907.

(Gouv. Bl. III Nr. 51.)

Auf Grund des § 15 des Schutzgebietsgesetzes (Reichs-Gesetzbl. 1900, S. 813) in Verbindung mit § 5 der Verfügung des Reichskanzlers vom 27. September 1903, betreffend die seemannsamtlichen und konsularischen Befugnisse und das Verordnungsrecht der Behörden in den Schutzgebieten Afrikas und der Südsee (Kol. Bl. S. 509), wird hiermit verordnet, was folgt:

Einziger Paragraph. Die Einführung von Hengsten aus Tonga wird vom 1. April dieses Jahres an verboten.

Apia, den 21. Februar 1907.

Der Kaiserliche Gouverneur.
Solf.

65. Verordnung des Gouverneurs von Deutsch-Südwestafrika, betreffend die Besteuerung von Hunden. Vom 23. Februar 1907.

(Kol. Bl. S. 385.)

Auf Grund des § 15 des Schutzgebietsgesetzes (Reichs-Gesetzbl. 1900, S. 813) und des § 5 der Verfügung des Reichskanzlers vom 27. September 1903, betreffend die seemannsamtlichen und konsularischen Befugnisse und das Verordnungsrecht der Behörden in den Schutzgebieten Afrikas und der Südsee, wird hiermit verordnet, was folgt:

§ 1. Von allen Hunden, welche über drei Monate alt sind, wird in sämtlichen Ortschaften des Schutzgebiets eine Steuer erhoben. Der Gouverneur bestimmt durch Bekanntmachung,*) welche Plätze als Ortschaften im Sinne dieser Verordnung anzusehen sind.

Die Steuer beträgt für das Rechnungsjahr (1. April bis 31. März) für einen Hund dreißig Mark. Diese Steuer steigt für den zweiten Hund desselben Be-

*) S. die nachstehende Bekanntmachung.

zweiten auf vierzig Mark, für den dritten auf fünfzig Mark und in gleicher Weise für jeden weiteren Hund um je zehn Mark.

§ 2. Steuerpflichtig ist, wer am 1. April einen über drei Monate alten Hund hält.

Die Steuer wird am 1. April für das ganze Steuerjahr fällig und ist bis zum 30. desselben Monats an die Bezirks- oder Distriktskasse zu entrichten.

Wer nach dem 1. April in den Besitz eines Hundes kommt, hat innerhalb eines Monats beim Bezirks- oder Distriktsamt behufs Versteuerung Anzeige hiervon zu machen.

In gleicher Weise ist Anzeige zu erstatten, wenn ein Hund nach dem 1. April das steuerpflichtige Alter erreicht. Die Versteuerung unterbleibt, wenn ein Hund nur an die Stelle eines anderen von demselben Besitzer schon versteuerten Hundes tritt. Für die nachträglich zur Anzeige kommenden Hunde wird, wenn die Anschaffung oder der Eintritt in das steuerpflichtige Alter in der ersten Hälfte des Rechnungsjahres erfolgt ist, die volle Jahresabgabe, in den übrigen Fällen die Hälfte derselben erhoben.

Der Ausweis über die Entrichtung der Steuer wird durch eine von der Verwaltungsbehörde gelieferte Marke geführt, welche am Halsbande des Hundes sichtbar zu befestigen ist. Bei Verlust dieser Marke ist eine neue gegen Entrichtung von 1 Mark zu lösen.

§ 3. Hunde von vorübergehend anwesenden Personen bleiben steuerfrei, wenn die Aufenthaltsdauer der Hunde in den in § 1 genannten Orten vier Wochen nicht übersteigt.

§ 4. Die Steuer wird mittels Zustellung von Steuerzetteln angefordert.

Jeder steuerpflichtige Eigentümer ist verpflichtet, den am 1. April jeden Jahres vorhandenen Besitzstand an Hunden bei dem Bezirks- oder Distriktsamt seines Wohnortes bis zum 30. April anzumelden.

§ 5. Derjenige, welcher einen bisher versteuerten Hund zwar am 1. April nicht mehr besitzt, aber nicht in der Zeit vom 1. bis 30. April abmeldet, hat die Steuer weiter zu entrichten. Abmeldung außer dieser Zeit befreit nicht von der Steuer.

§ 6. Wer die Anzeige eines zu versteuernden Hundes unterläßt, hat den doppelten Betrag der Steuer, um die der Fiskus verkürzt ist oder verkürzt werden sollte, zu zahlen.

Daneben tritt eine Geldstrafe von 5 bis 150 Mark, wenn die Absicht der Steuerhinterziehung vorgelegen hat.

§ 7. Für die von Eingeborenen zu zahlenden Steuern und Strafen sind die Werftältesten mithaftbar.

§ 8. Hunde ohne Marke sind von der Ortspolizei einzufangen. Das Einfangen ist in ortsüblicher Weise bekannt zu machen. Meldet sich der Eigentümer des Hundes binnen einer Woche nicht, so kann der Hund öffentlich versteigert oder getötet werden.

§ 9. Die Verbindlichkeit zur Nachzahlung der Steuer verjährt in drei Jahren, ebenso der Anspruch auf Rückerstattung zu viel gezahlter Steuern. Die Verjährungsfrist beginnt mit dem Ablauf des Steuerjahres, in dem die Verbindlichkeit oder der Anspruch entstanden war.

§ 10. Diese Verordnung tritt am 1. April 1907 in Kraft. Mit dem gleichen Tage treten die Gouvernementsverordnungen vom 24. Dezember 1898 (Kol. Gesetzg. IV Nr. 10), vom 1. Februar 1900 (Kol. Gesetzg. V Nr. 20) und vom 28. Oktober 1901 (Kol. Gesetzg. VI Nr. 274) außer Kraft.

Windhuk, den 23. Februar 1907.

Der Kaiserliche Gouverneur.
I. V.: Hintrager.

66. Bekanntmachung des Gouverneurs von Deutsch-Südwestafrika zur Verordnung, betreffend die Besteuerung von Hunden. Vom 24. Februar 1907.

(Kol. Bl. S. 386.)

Gemäß § 1 Absatz 1 der Verordnung vom 23. Februar 1907, betreffend die Besteuerung von Hunden in Deutsch-Südwestafrika, wird hierdurch bekannt gegeben, daß als Ortschaften im Sinne dieser Verordnung nachstehende Plätze anzusehen sind, an welchen demgemäß Hundesteuer erhoben wird:

Swakopmund, Usakos, Karibib, Otjimbingue, Omaruru, Otjiwarongo, Otavi, Tsumeb, Grootfontein, Outjo, Okahandja, Windhuk mit Klein-Windhuk, Rehoboth, Gobabis, Gibeon, Keetmanshoop, Warmbad, Bethanien, Aus, Lüderitzbucht.*)

Windhuk, den 24. Februar 1907.

Der Kaiserliche Gouverneur.
I. V.: Hintrager.

67. Runderlafs des Gouverneurs von Deutsch-Ostafrika, betreffend Vorschriften und Befehle für die Polizeitruppe. Vom 25. Februar 1907.

Zur Behebung etwaiger Zweifel weise ich darauf hin, daß nach erfolgter Abtrennung der Polizeitruppe von der Schutztruppe**) sämtliche bisher in Kraft befindlichen Vorschriften und Befehle auch fernerhin für die Polizeitruppe sinngemäß so lange als maßgebend zu betrachten sind, bis eine Änderung befohlen wird.

Eine solche ist bisher nur insofern eingetreten, als für die Polizeiabteilungen an Stelle des Kommandos der Schutztruppe als vorgesetzte Behörde in allen Fällen das Gouvernement anzusehen ist.**)

Daressalam, den 25. Februar 1907.

Der Kaiserliche Gouverneur.
Freiherr v. Rechenberg.

68. Verfügung des Reichskanzlers, betreffend die anderweite Regelung der Verwaltung im Inselgebiete der Karolinen, Palau und Marianen. Vom 27. Februar 1907.

In Abänderung des § 1 der Verfügung vom 24. Juli 1899,***) betreffend die Regelung der Verwaltung und der Rechtsverhältnisse im Inselgebiet der Karolinen, Palau und Marianen, bestimme ich hierdurch, was folgt:

*) Durch eine weitere Bekanntmachung des Gouverneurs v. 11. Oktober 1907 ist die V. v. 23. Februar 1907 mit Wirkung vom 1. April 1908 ab auch auf die Ortschaften Ukamas und Hamansdrift (Bezirk Keetmanshoop) ausgedehnt worden.

**) Vgl. D. Kol. Gesetzgeb. 1906 S. 304, 341.

***) D. Kol. Gesetzgeb. IV S. 83.

Die Verwaltung der Marianen wird vom 1. April d. J. ab dem Bezirksamtmann für die Westkarolinen und Palau mit unterstellt. Die Verwaltung der Ostkarolinen wird vom gleichen Zeitpunkte ab von einem Bezirksamtmann wahrgenommen. Die Verantwortung des Gouverneurs von Deutsch-Neu-Guinea für die Gesamtverwaltung des Inselgebiets bleibt bestehen. Der Gouverneur ist ermächtigt, innerhalb der etatsrechtlichen Grenzen Stationen einzurichten, die den Bezirksamtmännern unterstellt sind, und deren örtliche und sachliche Zuständigkeit zu bestimmen. Die bisher über die Errichtung von Stationen getroffenen Anordnungen bleiben in Kraft.

Berlin, den 27. Februar 1907.

Der Reichskanzler.
Fürst v. Bülow.

69. Guano-Konzession der Jaluit-Gesellschaft für die Marschall-Inseln, erteilt vom Reichskanzler am 21. November 1905, und Nachtrag hierzu vom 27. Februar 1907.

a. Konzession vom 21. November 1905.

Die der Jaluit-Gesellschaft in dem Vertrage vom 21. Januar 1888*) übertragene ausschließliche Berechtigung, die im Schutzgebiet der Marschall-Inseln vorhandenen Guano-(Phosphat-)Lager unbeschadet wohlerworbener Rechte Dritter auszubeuten, wird der Gesellschaft auch nach der am 31. März 1906 erfolgenden Aufhebung des erwähnten Vertrages**) auf die Dauer von 94 Jahren, beginnend mit dem 1. April 1906, nach Maßgabe der nachstehenden Bestimmungen belassen:

1. Die Jaluit-Gesellschaft zahlt vom 1. April 1906 ab im voraus eine jährliche Abgabe von 25 000 M. an den Fiskus.

2. Wenn in einem Geschäftsjahr mehr als 50 000 Tonnen Guano (Phosphat), die Tonne zu 1000 kg gerechnet, zur Verschiffung gebracht werden, so hat die Jaluit-Gesellschaft für jede über dieses Quantum hinaus verschiffte Tonne eine mit dem Ablauf des Geschäftsjahres fällige Abgabe von 50 Pf. zu zahlen. Auf diese Abgabe wird die vor Eröffnung des Betriebes in Gemäßheit der Nr. 1 gezahlte Abgabe — jedoch nur bis zum Höchstbetrage von 100 000 M. — in Anrechnung gebracht.

3. Außer den zu den Nrn. 1 und 2 festgesetzten Abgaben wird seitens der Kaiserlichen Verwaltung die Gewinnung und Ausfuhr von Guano (Phosphat) in den Marschall-Inseln mit keiner andern Abgabe belegt werden.

4. Die Jaluit-Gesellschaft genießt Zollfreiheit für die der Guano-(Phosphat-)Ausbeutung dienenden Betriebsmittel und Betriebsmaterialien sowie für die zur Ernährung der bei der Guano-(Phosphat-)Ausbeutung beschäftigten Angestellten und Arbeiter von ihr eingeführten Lebensmittel.

5. Wenn die Jaluit-Gesellschaft mit der Zahlung der von ihr nach den Nrn. 1 und 2 zu entrichtenden Beträge länger als 6 Monate, vom Tage der Zahlungsaufforderung an gerechnet, im Rückstand ist, so ist der Reichskanzler unbeschadet des Anspruchs auf Nachzahlung der rückständigen Beträge befugt, die

*) D. Kol. Gesetzgeb. I S. 602.

**) Der Vertrag ist infolge Kündigung seitens des Ausw. Amts zu dem erwähnten Zeitpunkt außer Kraft getreten. Vgl. auch die V. v. 18. Januar 1906, D. Kol. Gesetzgeb. 1906 S. 24.

Berechtigung ohne jeden Anspruch der Jaluit-Gesellschaft auf Ersatz von Auslagen und Schäden für aufgehoben zu erklären. Die gleiche Befugnis zum Widerruf der Berechtigung steht dem Reichskanzler auch dann zu, wenn die Jaluit-Gesellschaft den ordnungsmäßigen Betrieb bis zum 1. April 1926 nicht eröffnet oder nach diesem Zeitraum den eröffneten ordnungsmäßigen Betrieb länger als 10 Jahre ruhen läßt.

6. Die Jaluit-Gesellschaft kann auf die Berechtigung verzichten. In diesem Falle hat die Gesellschaft dem Reichskanzler von der Absicht der Verzichtleistung mit einjähriger Frist Mitteilung zu machen. Mit dem auf den Ablauf dieser Frist folgenden 31. März erlischt die Verpflichtung zur Zahlung der nach Nr. 1 zu entrichtenden jährlichen Abgabe.

7. Vor Eröffnung des Betriebes auf jeder einzelnen der zur Marschall-Gruppe gehörenden Inseln hat die Jaluit-Gesellschaft der Verwaltung des Schutzgebiets so frühzeitig Anzeige zu erstatten, daß diese die im Interesse der Eingeborenen erforderlichen Maßnahmen treffen kann.

8. Nach Aufhören der Berechtigung fallen alle Anlagen, welche nicht von der Jaluit-Gesellschaft innerhalb eines Jahres entfernt werden, ohne Entschädigung dem Fiskus zu freiem Eigentum zu.

9. Über Privatrechtsstreitigkeiten, die sich bei Ausübung der Berechtigung ergeben sollten, und bei Meinungsverschiedenheiten über die Frage, ob ein ordnungsmäßiger Betrieb in Gemäßheit der Nr. 5 vorliegt, entscheidet, unter Ausschluß des Rechtsweges, endgültig ein Schiedsgericht, welches wie folgt gebildet wird:

Jeder Teil bestellt zwei Schiedsrichter; von sämtlichen Schiedsrichtern wird ein Obmann gewählt. Der Reichskanzler wird die von ihm gewählten Schiedsrichter der Gesellschaft benennen und die Gesellschaft gleichzeitig auffordern, die von ihr zu wählenden Schiedsrichter binnen vier Wochen, vom Tage der Zustellung der Aufforderung an gerechnet, zu bestellen und ihm namhaft zu machen. Kommt die Gesellschaft dieser Aufforderung nicht rechtzeitig nach, so wählt der Reichskanzler auch die fehlenden Schiedsrichter. Als Obmann ist gewählt, wer die Mehrheit der abgegebenen Stimmen auf sich vereinigt. Bei Stimmengleichheit wird derselbe von dem Präsidenten des Hanseatischen Oberlandesgerichts ernannt. Für das schiedsrichterliche Verfahren gelten die Vorschriften des zehnten Buches der Zivilprozeß-Ordnung.

10. Die Jaluit-Gesellschaft kann mit Zustimmung des Reichskanzlers unbeschadet ihrer Weiterhaftung für die ihr durch diese Konzession auferlegten Pflichten die Ausübung ihrer Berechtigung an Dritte übertragen. Dabei ist mit dem Dritten zu vereinbaren, daß auch die von diesem geschaffenen Anlagen im Falle der Nr. 8 ohne Entschädigung dem Fiskus übereignet werden. Andererseits soll dem Dritten auch die der Jaluit-Gesellschaft in Nr. 4 eingeräumte Zollfreiheit gewährt werden.

Berlin, den 21. November 1905.

Der Reichskanzler.
Fürst v. Bülow.

b. Nachtrag

zur Guano-Konzession der Jaluit-Gesellschaft vom 21. November 1905. Vom 27. Februar 1907.

Die der Jaluit-Gesellschaft nach der Konzession vom 21. November 1905 zustehende ausschließliche Berechtigung, die im Schutzgebiete der Marschall-

Inseln vorhandenen Guano-(Phosphat-)Lager unbeschadet wohlerworbener Rechte Dritter auszubeuten, wird, nachdem am 1. April 1906 in jenem Schutzgebiete die Kaiserliche Bergverordnung vom 27. Februar 1900 (R. G. Bl. S. 363)*) in Kraft getreten ist, auf Antrag der Jaluit-Gesellschaft mit Wirkung vom 1. April 1906 ab dahin ergänzt und bestätigt, daß in diesem Gebiete auf die Guano-(Phosphat-)Gewinnung von der genannten Bergverordnung nur die §§ 1 II zu 3 d, 2, 52—56, 58, 60, 69—89, 91, 92 und 96 Anwendung finden.

Der Inhalt der Konzession bleibt im übrigen unberührt.

Berlin, den 27. Februar 1907.

Der Reichskanzler.
Fürst v. Bülow.

70. Verfügung des Reichskanzlers, betreffend die Einführung dunkel gefärbter Degen- und Säbelscheiden für die Schutztruppen. Vom 2. März 1907

(Kol. Bl. S. 279.)

Die Allerhöchste Kabinetts-Order vom 15. Juni 1905, betreffend Einführung dunkel gefärbter Degen- und Säbelscheiden für das Preußische Heer, ist entsprechend der Bekleidungs-Vorschrift für die Kaiserlichen Schutztruppen in Afrika, Neudruck 1898, Anlage 10 zu § 30 der Schutztruppen-Ordnung,**) Ziffer I. A. 9 und I. C. 9, auch für das Oberkommando der Schutztruppen und die Schutztruppen maßgebend.

Berlin, den 2. März 1907.

Der Reichskanzler.
Fürst v. Bülow.

71. Bekanntmachung des Gouverneurs von Deutsch-Ostafrika, betreffend Verbot der Jagd auf Elefanten in den Landschaften Grofs- und Klein-Ufiomi. Vom 2. März 1907.

(Amtl. Anz. Nr. 4).

In den nördlich der Nebenstelle Kondoa-Irangi gelegenen Landschaften Groß- und Klein-Ufiomi sowie Mangati, auch dem unbewohnten Teil, wird die Jagd auf Elefanten bis auf weiteres verboten. Zuwiderhandlungen werden nach § 14 der Jagdschutzverordnung vom 1. Juni 1903 gemäß Abänderung vom 15. Juli 1905***) bestraft.

Daressalam, den 2. März 1907.

Der Kaiserliche Gouverneur.
Freiherr v. Rechenberg.

*) D. Kol. Gesetzgeb. 1900 S. 36.
**) D. Kol. Gesetzgeb. III S. 85.
***) D. Kol. Gesetzgeb. 1905 S. 176. Durch die V. vom 15. Juli 1905 ist § 11 der V. v. 1. Juni 1903 aufgehoben worden!

72. Allerhöchste Ordre, betreffend Aufhebung des Kriegszustandes in Südwestafrika. Vom 6. März 1907.

(Kol. Bl. S. 233. Reichsanzeiger vom 16. März 1907.)

Auf Ihren Bericht vom 4. März dieses Jahres bestimme Ich:

1. Der im Schutzgebiet Südwestafrika bestehende Kriegszustand*) wird mit dem 31. März dieses Jahres aufgehoben.

2. Mit dem gleichen Zeitpunkt enthebe Ich den Chef des Generalstabes der Armee von der ihm übertragenen Leitung der Operationen. Das bisherige Kommando der Schutztruppe für Südwestafrika mit dem Hauptquartier ist sobald als möglich aufzulösen.

3. Mit dem 1. April dieses Jahres treten unter Aufhebung aller für die Dauer des Kriegszustandes ergangenen entgegenstehenden Erlasse die „Organisatorischen Bestimmungen für die Kaiserlichen Schutztruppen in Afrika**) mit den nachfolgenden Einschränkungen wieder in Kraft.

a) Abweichend von der Schutztruppen-Ordnung***) verleihe Ich mit dem Zeitpunkt der Aufhebung des Kriegszustandes dem Kommandeur der Schutztruppe für Südwestafrika die Disziplinarstrafgewalt, welche derjenigen eines Brigadekommandeurs in der Armee entspricht.

b) Die Kommandeure der Nord- und Südbezirke erhalten die Disziplinarstrafgewalt eines heimischen Regimentskommandeurs und üben die niedere Gerichtsbarkeit über die ihnen unterstellten Truppen und Behörden aus.

c) Die in Meiner Ordre vom 28. Juli 1904†) getroffene Anordnung, daß für die Beförderung von Unteroffizieren, Gefreiten und Reitern die im Heere geltenden Bestimmungen maßgebend sein sollen, bleibt für die südwestafrikanische Schutztruppe auch nach Aufhebung des Kriegszustandes vorläufig in Kraft.

4. Ich ermächtige Sie, die hiernach erforderlich werdenden Änderungen und Ergänzungen zur Schutztruppen-Ordnung***) vorzunehmen.

Dem Preußischen Kriegsministerium und dem Chef des Generalstabes der Armee habe Ich Abschrift dieser Ordre zugehen lassen.

Berlin, den 6. März 1907.

Wilhelm I. R.

Fürst v. Bülow.

An den Reichskanzler (Oberkommando der Schutztruppen).

73. Vertrag zwischen der Kamerun-Eisenbahngesellschaft zu Berlin und der Deutschen Kolonial-Eisenbahn-Bau- und Betriebsgesellschaft ebendaselbst über den Bau einer Eisenbahn von Bonaberi (Duala) bis nach dem Manenguba-Gebirge im Schutzgebiete Kamerun. Vom 6. März 1907. (Genehmigt vom Reichs-Kolonialamt am 18. Mai 1907.)

Zwischen der Kamerun-Eisenbahngesellschaft zu Berlin einerseits und der Deutschen Kolonial-Eisenbahn-Bau- und Betriebs-Gesellschaft zu Berlin

*) Vgl. D. Kol. Gesetzgeb. 1904 Nr. 90, S. 124.
**) D. Kol. Gesetzgeb. III S. 49.
***) Abgekürzte Bezeichnung für die „Organisatorischen Bestimmungen usw.".
†) Nicht abgedruckt.

anderseits wird hierdurch vorbehaltlich der Genehmigung des Reichskanzlers*) über den Bau obengenannter Strecke folgender Vertrag geschlossen:

§ 1. Die Kamerun-Eisenbahn-Gesellschaft überträgt nach Maßgabe der ihr erteilten Konzession vom 13. Juni 1906**) an die Deutsche Kolonial-Eisenbahn-Bau- und Betriebs-Gesellschaft zu Berlin, und diese übernimmt die betriebsfertige bauliche Herstellung der Bahnstrecke von Bonaberi (Duala) bis nach dem Manengubagebirge mit einer Spurweite von 1 m einschließlich der Beschaffung aller Betriebsmittel, Ausrüstungsgegenstände und Inventarienstücke.

§ 2. Projektunterlagen.

Für die Bauausführung sind maßgebend:

I. a) die Normalprofile für Auf- und Abtrag;
   b) die Umgrenzungsprofile des lichten Raumes;
   c) die Zeichnungen des Oberbaues und der Weichen;
   d) die in angemessenem Maßstab, mindestens aber in 1:5000 speziell zu bearbeitenden Lage- und Höhenpläne;
   e) die Entwürfe für die Brücken, einschließlich der Landungsbrücke bei Bonaberi und die Durchlässe;
   f) die Entwürfe für Über- und Unterführungen;
   g) die Pläne der Bahnhöfe und Haltestellen;
   h) die Zeichnungen der Betriebsmittel.

II. Die diesem Vertrage beigeheftete Baubeschreibung.

§ 3. Einzelentwürfe.

Die Bauunternehmerin hat alle Entwürfe anzufertigen und die technisch und wirtschaftlich vorteilhaftesten Lösungen zu ermitteln.

Sämtliche Entwürfe sind der Kamerun-Eisenbahn-Gesellschaft mit allen Erläuterungen und Begründungen in der erforderlichen Zahl zu übergeben, und zwar in einer zur Vorlage bei den Genehmigungsbehörden geeigneten Form.

Der Unternehmerin ist gestattet, hierbei die in der Heimat üblichen Trassierungssätze von Lokalbahnen anzuwenden.

Kosten, die etwa durch die landespolizeilichen und eisenbahntechnischen Revisionen der Projekte entstehen sollten, hat die Bauunternehmerin zu tragen.

§ 4. Projektänderungen.

Änderungen und Ergänzungen, welche infolge der behördlichen Prüfungen und Revisionen des Projekts im Rahmen des Bauprogramms gefordert werden sollten, sind von der Bauunternehmerin auszuführen.

Anderseits ist die Bauunternehmerin berechtigt, bei der Bauausführung Änderungen der festgestellten Entwürfe, die sich als wünschenswert oder notwendig herausstellen, auszuführen. Sie tut dies jedoch auf eigenes Risiko, solange und insofern sie nicht vorher die Genehmigung des Vorstandes der Kamerun-Eisenbahn-Gesellschaft und nötigenfalls der Aufsichtsbehörde eingeholt hat.

---

*) Die Genehmigung ist erteilt durch Schreiben des Reichs-Kolonialamts vom 18. Mai 1907, und zwar mit der Maßgabe, daß die Unternehmerin seitens der Kamerungesellschaft vertraglich verpflichtet würde, vor Inangriffnahme der einzelnen Bauabschnitte die der Bauausführung zugrunde zu legenden endgültigen Entwurfstücke dem Reichs-Kolonialamt zur Prüfung und Genehmigung vorzulegen, sowie mit einigen weiteren, die Zahlung der Bausumme (§§ 15, 16) betreffenden Maßgaben.

**) Oben Nr. 4 u. D. Kol. Gesetzgeb. 1906 S. 163.

Der Vorstand der Kamerun-Eisenbahn-Gesellschaft wird ohne wichtigen Grund diese Genehmigung nicht versagen.

Für Abweichungen von der genehmigten Linie, sofern sie eine Abkürzung oder Verlängerung der gesamten Strecke um mehr als 10 km, gleichviel nach welcher Richtung, oder endlich eine Verschiebung des Anfangs- oder Endpunktes bedingen, ist die Genehmigung des Reichskanzlers einzuholen (vgl. Konzession § 3 Nr. 5).

§ 5. Bauausführung.

Die Bauunternehmerin hat die Bahn nebst allem Zubehör unter genauer Beachtung aller für den Bau von Bahnen in den Deutschen Kolonien gültigen Vorschriften nach Maßgabe der in § 2 aufgeführten, behördlich zu prüfenden Vertragsunterlagen betriebsfertig herzustellen.

§ 6. Bauleitung.

Die Bauausführung hat unter Leitung eines bewährten, von der Bauunternehmerin mit den nötigen Vollmachten ausgestatteten Fachmannes zu geschehen.

§ 7. Bauaufsicht.

Der Kamerun-Eisenbahngesellschaft steht das Recht zu, während der Dauer des Baues die Bauausführungen durch ihren Vorstand oder einen von diesem zu bestimmenden Beamten überwachen zu lassen. Die durch die Revision der Bauausführung seitens der Kamerun-Eisenbahn-Gesellschaft entstehenden Kosten hat die Bauunternehmerin zu tragen.

Jeden dritten Monat hat sie dem Vorstande der Eisenbahngesellschaft zur Orientierung über den Stand der Bauarbeiten graphische Bauberichte anzufertigen und Aufklärung über die Baudisposition usw. zu geben.

§ 8. Materiallieferungsbedingungen.

Die Lieferung der Oberbaumaterialien, der eisernen Brückenkonstruktionen sowie der Betriebsmittel hat nach Maßgabe der technischen Bedingungen der Preußischen Staatsbahn zu erfolgen.

Da in Betracht gezogen ist, an Stelle der vorgesehenen eisernen Schwellen im Falle der Verwendbarkeit hölzerne Schwellen anzuwenden, so hat die Bauunternehmerin eine prüfungsfähige vergleichende Berechnung für die Lieferung hölzerner und eiserner Schwellen aufzustellen, ferner sofort bei Beginn der Bauausführung in Untersuchungen über die Verwendbarkeit hölzerner Schwellen einzutreten und das Ergebnis dem Vorstande der Kamerun-Eisenbahn-Gesellschaft mitzuteilen.

§ 9. Benutzung der Betriebsmittel usw. beim Bau.

Der Bauunternehmerin steht das Recht zu, sämtliche für den Bau und Betrieb der Bahn bestimmte Lieferungsgegenstände und Bauten für die Dauer der Bauzeit zu Bauzwecken unentgeltlich in Anspruch zu nehmen. Hierbei darf indessen der Oberbau mit Maschinen erst dann befahren werden, wenn er durch entsprechende Festlegung mit geeignetem Boden in eine so sichere Lage gebracht ist, daß eine dauernde Beschädigung des Oberbaues und der Betriebsmittel ausgeschlossen ist.

Entstehen durch die Benutzung während des Baues Beschädigungen, so hat die Bauunternehmerin diese vor Übergabe des Bahnbaues zu beseitigen oder eine Entschädigung in barem Gelde zu zahlen.

§ 10. Bauabnahme und Baubetrieb.

Sobald eine Teilstrecke der Bahn betriebsfertig hergestellt ist, kann nach Vereinbarung mit der Bauunternehmerin der Vorstand der Kamerun-Eisenbahn-Gesellschaft die behördliche Abnahme und die Erlaubnis zur Betriebseröffnung beantragen. Wird diesem Antrage stattgegeben, so hat unmittelbar nach der behördlichen Abnahme eine besondere Bauabnahme durch die Kamerun-Eisenbahn-Gesellschaft zu erfolgen.

Die bei der behördlichen und gesellschaftsseitigen Abnahme sich etwa herausstellenden Mängel hat die Bauunternehmerin in den vorgeschriebenen Fristen zu beseitigen. Die Abnahme der letzten Teilstrecke und damit der ganzen Bahnlinie ist mindestens 3 Monate vorher bei dem Vorstande der Kamerun-Eisenbahn-Gesellschaft zu beantragen. Die sich hierbei etwa noch ergebenden Mängel wird die Kamerun-Eisenbahn-Gesellschaft auf Verlangen der Bauunternehmerin für Rechnung der letzteren beseitigen.

Ist die Betriebseröffnung auf einer Teilstrecke erfolgt, so hat die Bauunternehmerin die erforderlichen Betriebsmittel und Einrichtungen aller Art für diesen Zweck zur Verfügung zu stellen. Der Betriebsplan wird seitens der Kamerun-Eisenbahn-Gesellschaft im Einvernehmen mit der Unternehmerin festgestellt. Die etwaige Erschwerung der Bauausführung infolge der Inanspruchnahme der dem öffentlichen Verkehr übergebenen Teilstrecken begründet für die Bauunternehmerin keinerlei Entschädigungsansprüche.

Die Unternehmerin hat während der Bauzeit die Betriebsführung selbst zu übernehmen. Die Einnahmen und Ausgaben gehen zu Gunsten und Lasten der Bauunternehmerin.

§ 11. Nach beendeter Bauausführung hat die Unternehmerin der Kamerun-Eisenbahn-Gesellschaft je 20 Zeichnungen aller üblicherweise zeichnerisch darzustellenden Bauausführungen, Lieferungen und Einrichtungen, welche den tatsächlichen Verhältnissen entsprechen müssen, zur Verfügung zu stellen. Auch hat sie ein Verzeichnis über sämtliche zum Betriebe gehörigen Ausrüstungsgegenstände zu liefern.

§ 12. Baufrist.

Die Baufrist für die betriebsfähige Herstellung der Bahn wird auf höchstens 4 Jahre festgesetzt. Sie wird gerechnet vom Tage der Bestätigung des Gesellschaftsvertrages.

Die Kamerun-Eisenbahn-Gesellschaft steht der Bauunternehmerin dafür ein, daß diese in der Beschaffung der erforderlichen Arbeiter vom Kaiserlichen Gouvernement in Kamerun wirksam und in der gleichen Weise unterstützt werden wird, wie dies bei den Plantagen in Kamerun bisher geschieht.

Die Baufrist verlängert sich jedoch um denjenigen Zeitraum, auf welchen sich eine Behinderung der Bauarbeiten durch Mobilmachung des Deutschen Heeres oder der Deutschen Flotte, durch elementare oder kriegerische Ereignisse in der Kolonie oder sonstige höhere Gewalt erstreckt hat.

Werden ferner, hiervon abgesehen, durch die Bauunternehmerin besondere Gründe geltend gemacht, welche die Innehaltung der Baufrist ohne Verschulden der Bauunternehmerin unmöglich gemacht haben, so kann mit Zustimmung des Reichskanzlers die Baufrist angemessen verlängert werden. Wenn die hiernach zu berechnende Baufrist mit Verschulden der Bauunternehmerin überschritten wird, so hat diese für jede volle Woche der Fristüberschreitung eine Konventionalstrafe von 1000 M. zu zahlen.

§ 13. Garantiepflicht.

Die Bauunternehmerin haftet für Mängel des Bahnkörpers, der Bauten und der Einrichtungen, welche auf fehlerhafte oder unzureichende Konstruktion oder auf Verwendung schlechten oder ungeeigneten Materials zurückzuführen sind, ein Jahr nach Abnahme jeder dem Betriebe übergebenen Teilstrecke.

Die Unternehmerin hat die Unterhaltung des Oberbaues und des Bahnkörpers für die in Betrieb genommenen Teilstrecken bis zur Betriebseröffnung der ganzen Strecke und für die letzte Teilstrecke noch ein halbes Jahr nach ihrer Betriebseröffnung für eigene Rechnung zu bewirken.

Werden der Unternehmerin von Lieferanten des Schienen- oder sonstigen Materials Gewährleistungen für einen längeren Zeitraum als 1 Jahr nach der Betriebseröffnung zugestanden, so hat die Unternehmerin dafür zu sorgen, daß die ihr daraus erwachsenden Rechte ohne weiteres auf die Aktiengesellschaft als Eigentümerin der Bahn übergehen.

Von der Betriebseröffnung der letzten Teilstrecke ab trifft, unbeschadet der obigen Garantiepflicht, jeder die Bahn betreffende Schaden die Kamerun-Eisenbahn-Gesellschaft als Eigentümerin.

§ 14. Bauzinsen.

Nach § 18 der Satzung*) hat die Kamerun-Eisenbahn-Gesellschaft an die Vorzugsanteile Reihe A Bauzinsen in Höhe von 3 vom Hundert des eingezahlten Kapitals zu zahlen und dem Reiche am 15. Juni der Jahre 1907 bis 1910 den vollen Betrag der vom Reiche am 1. Juli eines jeden Jahres gemäß § 17 Absatz 1 der Satzung an die Stammanteile Reihe B zu leistenden Zahlungen zu vergüten. Die zur Erfüllung dieser Zahlungsverpflichtungen benötigten Beträge stellt die Bauunternehmerin der Kamerun-Eisenbahn-Gesellschaft 14 Tage vor dem jeweiligen Fälligkeitstermin zur Verfügung.

§ 15. Bausumme.

Die gesamte Bausumme stellt sich nach § 16 der Konzession auf 16 640 000 M. Diese Summe erhält die Unternehmerin als Pauschalentschädigung für die rechtzeitige und einwandfreie Ausführung aller ihr obliegenden Leistungen und Lieferungen. Zu den von der Unternehmerin übernommenen Leistungen gehört auch die Zahlung von 600 000 M. am Tage der Betriebseröffnung der Gesamtstrecke zum Zwecke der Bilanz eines Betriebsreservefonds.

Außerhalb der Pauschalsumme erhält die Bauunternehmerin von der Kamerun-Eisenbahn-Gesellschaft als Entgelt für die gemäß § 14 des Vertrages zu bewirkende Bereitstellung der Bauzinsen und für die übernommene Verpflichtung, bis zur Betriebseröffnung der Gesamtstrecke sämtliche Gesellschaftskosten, wie Ausgaben für Generalversammlungen, Aufsichtsratsitzungen usw. aus eigenen Mitteln zu bestreiten, die Zinsbeträge, die der Kamerun-Eisenbahn-Gesellschaft aus sämtlichen Bareinzahlungen auf die Reihen der Anteile bis zur Betriebseröffnung zufließen.

Eine Abrechnung über die der Bauunternehmerin gewährte Pauschalsumme findet nicht statt.

Die Kamerun-Eisenbahn-Gesellschaft steht der Unternehmerin für die zollfreie Einfuhr aller Bauerfordernisse nach Kamerun ein.

§ 16. Abschlagszahlungen.

Der Unternehmerin wird nach erfolgter Gründung der Gesellschaft die Summe von 1 640 000 M. zur Verfügung gestellt, die Zahlung der übrigen 15 000 000 M. erfolgt in monatlichen Raten von 375 000 M. für die auf etwa 40

*) Oben Nr. 27 u. D. Kol. Gesetzgeb. 1906 S. 173.

Monate berechnete Bauzeit. Die erste Monatszahlung wird 8 Monate nach erfolgter Gründung der Kamerun-Eisenbahn-Gesellschaft geleistet.

Gelingt es der Baufirma, die Bahnstrecke in einer kürzeren als der vierjährigen Baufrist fertigzustellen, so erfolgt die Zahlung der gesamten Restsumme innerhalb 4 Wochen nach Betriebseröffnung.

Innerhalb 14 Tagen nach jedem Kalenderjahr hat die Gesellschaft der Unternehmerin die für das abgeschlossene Jahr ihr aus den Bareinzahlungen zugeflossenen Zinsbeträge zu überweisen. Die Überweisung der bei Beendigung des Baues noch nicht abgeführten Zinsen erfolgt spätestens 4 Wochen nach Betriebseröffnung.

Ergibt die örtliche Feststellung, daß der Bau voraussichtlich in längerer oder kürzerer Zeit als 4 Jahre ausgeführt wird, so wird die Kamerun-Eisenbahn-Gesellschaft dementsprechend die Abschlagszahlungen verringern oder erhöhen.

Die Auszahlung der Monatsraten erfolgt nach Wahl der Bauunternehmerin in Duala oder in Berlin.

§ 17. Kaution.

Zur Sicherstellung der Erfüllung ihrer Verpflichtungen aus diesem Vertrage bestellt die Bauunternehmerin eine Kaution in Höhe von 500 000 M. in bei der Reichsbank in solcher Höhe beleihungsfähigen Papieren oder in von ihr ausgestellten, durch ein erstes Bankhaus akzeptierten Sichtwechsel.

Wird dieser Sicherheitsbetrag durch vertragsmäßige Inanspruchnahme verringert, so hat die Bauunternehmerin denselben binnen 4 Wochen zu der ursprünglichen Höhe zu ergänzen.

Die Kaution ist zurückzugeben, wenn nach Ablauf der vertraglich übernommenen Garantie feststeht, daß die Bauunternehmerin von sämtlichen aus diesem Vertrage entspringenden Verpflichtungen frei ist; für geringe Restbauverpflichtungen ist jedoch nur ein angemessener Teilbetrag der Kaution zurückzubehalten.

§ 18. Schiedsgericht.

Sollten bei Ausführung dieses Vertrages Privatrechtsstreitigkeiten entstehen, so wählen beide Teile unter Verzicht auf den ordentlichen Rechtsweg zur Entscheidung der Streitpunkte in Gemäßheit des zehnten Buches der Deutschen Zivilprozeßordnung je einen höheren Eisenbahnbeamten als Schiedsrichter. Falls diese beiden Schiedsrichter sich nicht einigen, tritt ein von ihnen gewählter oder mangels Einigung ein von dem Präsidenten des Reichs-Eisenbahnamtes zu bestellender Obmann behufs Entscheidung durch Mehrheitsbeschluß hinzu.

Unterläßt oder verzögert einer der beiden Teile die Ernennung eines Schiedsrichters oder entzieht sich einer der ernannten Schiedsrichter der Ausübung schiedsrichterlicher Obliegenheiten, so tritt an Stelle des Schiedsgerichts das ordentliche gerichtliche Verfahren ein. In Fällen der §§ 1045 und 1046 der Zivilprozeßordnung ist das Gericht Berlin ausschließlich zuständig.

§ 19. Stempelkosten.

Etwaige Stempelkosten aus diesem Vertrage trägt die Kolonial-Eisenbahn-Bau- und Betriebsgesellschaft allein.

§ 20. Dieser Vertrag ist in 3 Exemplaren ausgefertigt.

Berlin, den 6. März 1907.

Kamerun-Eisenbahn-Gesellschaft.
Dr. Mosler.

Deutsche Kolonial-Eisenbahn-Bau- und Betriebs-Gesellschaft.
F. Lenz.

74. Verfügung des Auswärtigen Amts, Kolonial-Abteilung, betreffend Verleihung einer Sonderberechtigung zum Schürfen und Bergbau auf Kohlen an den Fiskus der Karolinen, Palau, Marianen und Marschall-Inseln. Vom 6. März 1907.

Auf Grund des § 93 der Kaiserlichen Bergverordnung vom 27. Februar 1906 (R. G. Bl. S. 363) wird dem Fiskus des Inselgebiets der Karolinen, Palau, Marianen und Marschall-Inseln vorbehaltlich wohlerworbener Rechte Dritter die Sonderberechtigung zum ausschließlichen Schürfen und Bergbau auf Steinkohlen und Braunkohlen für das genannte Inselgebiet erteilt.

Berlin, den 6. März 1907.

Auswärtiges Amt. Kolonial-Abteilung.
Dernburg.

75. Verordnung des Gouverneurs von Samoa, betreffend die Herstellung und den Verkauf von Kopra. Vom 8. März 1907.

(Kol. Bl. S. 503. Gouv. Bl. III Nr. 53.)

Auf Grund des § 15 des Schutzgebietsgesetzes (Reichs-Gesetzbl. 1900, S. 813) in Verbindung mit § 5 der Verfügung des Reichskanzlers vom 27. September 1903, betr. die seemannsamtlichen und konsularischen Befugnisse und das Verordnungsrecht der Behörden in den Schutzgebieten Afrikas und der Südsee (Kol. Bl. S. 509), wird hiermit verordnet, was folgt:

§ 1. Kopra darf nur aus abgefallenen, reifen Kokosnüssen hergestellt werden.

§ 2. Der Kauf und Verkauf von Kopra, die nicht nach der Vorschrift des § 1 hergestellt ist, sowie der Kauf und Verkauf von unreifen Kokosnüssen (niu sami, grüne Nüsse) ist verboten.

§ 3. Zuwiderhandlungen gegen die Vorschriften dieser Verordnung werden mit Geldstrafe bis zu 2000 M. oder mit Gefängnis bis zu drei Monaten bestraft.

Händlern, die dreimal wegen Zuwiderhandlung gegen die Vorschriften dieser Verordnung bestraft sind, kann die Konzession entzogen werden.

Apia, den 8. März 1907.

Der Kaiserliche Gouverneur.
Solf.

76. Runderlaſs des Auswärtigen Amts, Kolonial-Abteilung, betreffend Prüfung der Zollbelege, nebst Prüfungsbestimmungen für Zollamtsassistenten II. Klasse. Vom 11. März 1907.

Der bisherige Grundsatz, die Prüfung der Zollbelege in den Schutzgebieten durch berufsmäßig vorgebildete europäische Zollbeamte vornehmen zu lassen, ist im Einvernehmen mit der Reichsfinanzverwaltung dahin erweitert worden, daß künftig auch die der Besoldungsklasse 10 angehörenden geprüften Zollamtsassistenten II. Klasse zur Prüfung der Zolldeklarationen und entsprechenden Abgabe der kalkulatorischen Bescheinigung für befähigt erachtet werden sollen.

Mitbestimmend hierfür war der Umstand, daß es bei der rechnerischen Feststellung der Zollbelege weniger auf eine genaue Kenntnis des gesamten Kassen- und Rechnungswesens ankommt, als auf die erforderliche Sicherheit in der Anwendung der 4 Rechnungsarten und auf eine ausreichende Kenntnis der besonderen Zollbestimmungen des betr. Schutzgebiets.

Es erschien daher vertretbar, denjenigen Zollbeamten, welche die Prüfung zum Zollassistenten II. Klasse auf Grund der beifolgenden, im Einvernehmen mit dem Reichsschatzamt z. Zt. erlassenen Prüfungsvorschriften bestanden haben, eine — mit Rücksicht auf ihre nur auf das Zollwesen beschränkte Tätigkeit — rein zollkalkulatorische Verantwortlichkeit beizulegen.

Letztere erstreckt sich jedoch, wie nochmals ausdrücklich bemerkt wird, nur auf die Prüfung der Zollbelege.

Berlin, den 11. März 1907.

Auswärtiges Amt. Kolonial-Abteilung.
Dernburg.

Anlage zu Nr. 76.

Prüfungsbestimmungen für Anstellung als Zollamtsassistent II. Kl. in den Schutzgebieten.

Zur Prüfung können zugelassen werden Anwärter, welche sich seit mindestens 1 Jahr im Zolldienst des betreffenden Schutzgebiets befinden, und deren Führung dienstlich wie außerdienstlich einwandsfrei war.

Die Meldung zur Prüfung hat im Instanzenwege zu erfolgen; die Zulassung erfolgt durch den Gouverneur auf Vorschlag des Vorstehers der Zollbehörde des betreffenden Schutzgebiets.

Die Prüfung ist zunächst eine schriftliche und umfaßt die Bearbeitung dreier von dem Vorstand der Zollbehörde zu stellenden Aufgaben.

Das Thema der ersten Aufgabe soll dem Anwärter Gelegenheit geben, seine Kenntnis der Zollordnung des betreffenden Schutzgebiets und deren Ausführungsvorschriften, der zollamtlichen Behandlung der Warentransporte wie der Personen- und Warenabfertigung zu beweisen.

Die zweite Aufgabe soll die Vertrautheit des Anwärters mit dem Kassen- und Abrechnungswesen nachweisen.

Das Thema der dritten Aufgabe soll dazu dienen, die Fähigkeit des Anwärters, einen einfacheren Zollprozeß durchzuführen, nachzuweisen.

Als Zeitdauer wird für die 3 an verschiedenen Tagen zu fertigenden Aufgaben je sechs Stunden festgesetzt, als Hilfsmittel sind die den Zollbeamten in den Schutzgebieten dienstlich zu Gebote stehenden Quellen und Hilfsmittel gestattet.

Am Schlusse jeder Aufgabe hat der Anwärter schriftlich die dienstliche Versicherung abzugeben, daß er die Arbeit selbständig ausgeführt hat.

Der Vorsteher der Zollbehörde des betreffenden Schutzgebiets hat die Prüfung der drei Arbeiten vorzunehmen und dieselben mit einem begründeten Gutachten als „gut", „ausreichend" oder „nicht ausreichend" zu bezeichnen. Erhalten sämtliche drei Arbeiten das Prädikat „gut" oder „ausreichend", so wird die Prüfung als „bestanden" erachtet und von einer weiteren mündlichen Prüfung Abstand genommen. Sind 2 oder alle 3 der gelieferten Arbeiten als „nicht ausreichend" bezeichnet, so gilt die Prüfung als „nicht bestanden" und kann nach einjähriger, im Zolldienst verbrachter Frist wiederholt werden.

Ist eine der drei Aufgaben als „nicht ausreichend“ erachtet, so muß der Anwärter sich einer mündlichen Prüfung unterziehen.

Dieselbe soll die Dauer von einer Stunde nicht überschreiten und sich besonders auf diejenige Materie erstrecken, der die mißlungene Arbeit entnommen war. Sie wird durch den Vorsteher der Zollbehörde des Schutzgebiets in Gegenwart eines von dem Gouverneur zu bestimmenden höheren Beamten vorgenommen. Über den Verlauf der mündlichen Prüfung ist ein Protokoll aufzunehmen.

Fällt die mündliche Prüfung „gut“ oder „ausreichend“ aus, so gilt die Prüfung als bestanden. Andernfalls gilt das vorher in betreff Nichtbestehens der Prüfung Gesagte.

Zwecks etatmäßiger Anstellung derjenigen Anwärter, welche die Prüfung bestanden haben, ist seitens des Gouverneurs unter Beifügung der Prüfungsakten ein entsprechender Antrag bei der Kolonial-Abteilung zu stellen. Letztere entscheidet dann endgültig, ob und von welchem Zeitpunkt ab der Bewerber etatmäßig als Zollamtsassistent II. Klasse anzustellen ist.

Es wird jedoch bemerkt und sind die in Betracht kommenden Beamten besonders darauf hinzuweisen, daß die in den Schutzgebieten vorgebildeten und geprüften Zollamtsassistenten II. Klasse im Falle späterer Tropendienstuntauglichkeit, aber heimischer Dienstfähigkeit, im allgemeinen keine Aussicht haben, in den heimischen Dienst übernommen zu werden.

77. Erlaſs des Auswärtigen Amts, Kolonial-Abteilung, betreffend die Urlaubsbeihilfen für die Landesbeamten von Togo. Vom 11. März 1907.

(Amtsbl. S. 85.)

Nachdem die Woermannlinie die Preise für die Personenbeförderung von Hamburg nach dem Schutzgebiet Togo und in umgekehrter Richtung mit Wirkung vom 1. April 1906 ab erhöht hat, will ich im Einvernehmen mit der Reichsfinanzverwaltung die Urlaubsbeihilfen für die Landesbeamten des Schutzgebiets Togo vom vorbezeichneten Zeitpunkte ab auf 400 M., statt bisher 350 M. und auf 550 M., statt bisher 525 M., festsetzen. Die höheren Beträge sind zahlbar für alle am 1. April 1906 und später in der einen oder anderen Richtung angetretenen bzw. künftig anzutretenden Urlaubsreisen.

Berlin, den 11. März 1907.

Auswärtiges Amt. Kolonial-Abteilung.
Dernburg.

78. Vorschriften des Gouverneurs von Deutsch-Südwestafrika, betreffend Verwendung der Bohrmaschinen des Gouvernements im Interesse privater Personen. Vom 12. März 1907.*)

Kosten. 1. Die Kosten der Bohrungen belaufen sich bis auf weiteres auf 20 M. pro Tag, einschließlich der Zeit, die zum Aufstellen und Abbauen der Maschinen verwandt wird.

Mindestbetrag. 2. Der Mindestbetrag dieser Kosten ist auf 100 M. festgesetzt.

*) Erneut bekannt gemacht am 30. September 1907.

Tieferbohren von Brunnen. 3. Bei Bohrungen in bereits vorhandenen Brunnen hat der Besitzer für die Sicherung der Brunnenwände nach Angabe des Sachverständigen Sorge zu tragen und auf seine Kosten einen festen Aufstellungsplatz herzurichten, damit die Maschine ohne Aufenthalt die Arbeit beginnen kann.

4. Falls der Besitzer einen derartigen Verbau nicht selbst ausführen lassen kann, so ist er verpflichtet, das nötige Baumaterial herbeizuschaffen. Der Verbau wird dann von der Bohrkolonne ausgeführt. Die Arbeit für diesen Zweck wird mit 20 M. pro Tag berechnet.

Wasserversorgung der Kolonne. 5. Der Antragsteller ist verpflichtet, seine bereits vorhandenen Wasserstellen der Bohrkolonne zur Verfügung zu stellen.

6. Der Weg (Pad) nach der Bohrstelle ist vor dem Eintreffen der Kolonne in fahrbaren Zustand zu bringen. Ist dieses nicht geschehen, so wird die Zeit, die die Kolonne für die Ausführung von Besserungsarbeiten benötigt hat, dem Antragsteller in Rechnung gesetzt.

7. Anträge auf Bohrungen nehmen die Kaiserlichen Bezirks- und Distriktsämter entgegen und geben dieselben umgehend an das Gouvernement weiter.

8. Das Gouvernement übernimmt keine Verantwortung für den Erfolg der Bohrungen. Kosten werden jedoch nur berechnet, falls die Bohrarbeit einen praktisch brauchbaren Erfolg gezeitigt hat. Die Entscheidung hierüber steht unter Ausschluß des Rechtsweges allein dem Gouvernement zu.

9. Die voraussichtlich entstehenden Kosten werden von Sachverständigen des Kaiserlichen Gouvernements eingeschätzt und sind vor Beginn der Bohrung bei der Gouvernementshauptkasse in Windhuk einzuzahlen. Mehrkosten werden nach Vollendung der Bohrung eingezogen, Überschüsse zurückerstattet.

10. Um Zusammenbrechen der Bohrlöcher zu verhindern, können auf Wunsch die Führungsrohre in den Löchern belassen werden, soweit solche entbehrlich sind. Die Kosten für die Rohre hat der Antragsteller zu ersetzen.

11. Die vorstehenden Bestimmungen werden auf Wunsch vom Gouvernement an die Interessenten gegen eine Gebühr von 50 Pf. abgegeben. Auch liegen diese Bestimmungen in den Geschäftsräumen der Kaiserlichen Bezirks- und Distriktsämter zur Einsichtnahme aus.

Nachtrag.*)

Werden Gutachten des Bohrinspektors oder sonstiger Sachverständigen des Kaiserlichen Gouvernements über Ort und Art einer Brunnenanlage, über Be- und Entwässerungsanlagen gewünscht, so sind vorher an die Gouvernementshauptkasse in Windhuk die entstehenden Reisekosten sowie für jeden Reise- und Verwendungstag 20 M. als Kostenbeitrag zu entrichten. Die entstehende Summe wird den Interessenten zugleich mit Bekanntgabe des Tages des Eintreffens des Bohrinspektors mitgeteilt werden. An der nächsten Eisenbahnstation ist ein Pferd oder eine Karre vom Interessenten zur Beförderung zur Verfügung zu stellen.

Windhuk, den 12. März 1907.

Der Kaiserliche Gouverneur.
I. V.: Hintrager.

*) Hinzugefügt durch Erl. des Gouverneurs v. 10. April 1907.

79. Bekanntmachung des Gouverneurs von Deutsch-Ostafrika wegen Änderung der Verordnung, betreffend Befeuerungs- und Betonnungsgebühren. Vom 13. März 1907.

(Amtl. Anz. Nr. 6.)

In der Bekanntmachung vom 26. September 1905 (L. G. Nachr. Nr. 74)*), betreffend Änderung der Verordnung, betreffend Befeuerungs- und Betonnungsgebühren für die Häfen der deutsch-ostafrikanischen Küste, vom 17. September 1903,**) werden in dem Satze „mit Ausnahme der im § 10 Ziffer 1 der Gouvernementsverordnung vom 1. März 1893***) bezeichneten Fahrzeuge“ die Worte „Ziffer 1“ gestrichen, so daß nunmehr sämtliche in § 10 der Gouvernementsverordnung vom 1. März 1893 bezeichneten Fahrzeuge von der Hafenabgabe befreit bleiben.

Daressalam, den 13. März 1907.

Der Kaiserliche Gouverneur.
Freiherr v. Rechenberg.

80. Verordnung des Gouverneurs von Deutsch-Neuguinea wegen Abänderung der Verordnung des Landeshauptmanns, betreffend die Jagd auf Paradiesvögel in Kaiser-Wilhelmsland, vom 27. Dezember 1892. Vom 13. März 1907.

(Kol. Bl. S. 503.)

Auf Grund des § 15 des Schutzgebietsgesetzes (Reichs-Gesetzbl. 1900, S. 813) in Verbindung mit § 5 der Verfügung des Reichskanzlers, betr. die seemannsamtlichen und konsularischen Befugnisse und das Verordnungsrecht der Behörden in den Schutzgebieten Afrikas und der Südsee, vom 27. September 1903, bestimme ich hiermit für den Bezirk Kaiser-Wilhelmsland, was folgt:

§ 1. Der § 2 der Verordnung des Landeshauptmanns, betr. die Jagd auf Paradiesvögel in Kaiser-Wilhelmsland, vom 27. Dezember 1892†) wird abgeändert, wie folgt:

Für den Erlaubnisschein sind nachstehende Gebühren zu entrichten: 1. für ein Kalenderjahr 100 M., 2. für ein halbes Kalenderjahr 90 M., 3. für ein Kalendervierteljahr 50 M.

Beträgt die Zahl der zugelassenen eingeborenen Gehilfen mehr als einen, oder wird die Jagd gewerbsmäßig ausgeübt, so werden die Bedingungen, unter welchen der Erlaubnisschein erteilt wird, in jedem Falle durch den Gouverneur oder durch den von ihm ermächtigten Beamten festgesetzt.

§ 2. Diese Verordnung tritt am 1. April 1907 in Kraft.

Herbertshöhe, den 13. März 1907.

Der Kaiserliche Gouverneur
Hahl.

*) D. Kol. Gesetzgeb. 1905 S. 252.
**) D. Kol. Gesetzgeb. 1903 S. 193.
***) D. Kol. Gesetzgeb. II S. 6.
†) D. Kol. Gesetzgeb. II S. 1.

51. Beschluſs des Bundesrats, betreffend die Ostafrika-Kompagnie in Berlin. Vom 14. März 1907.

(Kol. Bl. S. 549. Reichsanzeiger vom 19. Juni 1907.)

Der Bundesrat hat in seiner Sitzung vom 14. März 1907 beschlossen, der Ostafrika-Kompagnie in Berlin auf Grund ihrer vom Reichskanzler genehmigten Satzungen gemäß § 11 des Schutzgebietsgesetzes die Rechtsfähigkeit zu verleihen.

Satzungen der Ostafrika-Kompagnie.

I. Allgemeine Bestimmungen.

Name und Sitz der Gesellschaft.

§ 1. Unter der Firma Ostafrika-Kompagnie wird auf Grund des Schutzgebietsgesetzes vom 24. Juli 1900 (Reichs-Gesetzbl. 1900 S. 813) eine Kolonialgesellschaft errichtet, die ihren Sitz in Berlin hat.

Gegenstand des Unternehmens.

§ 2. Die Gesellschaft hat zum Gegenstand ihres Unternehmens den Erwerb und die Verwertung von Grundbesitz, den Betrieb von Land- und Plantagenwirtschaft, den Betrieb von Bergbau, Handel und Gewerbe und allen dem Handel und Verkehr dienenden Unternehmungen in Deutschen Schutzgebieten.

§ 3. Die Gesellschaft ist berechtigt, Zweigniederlassungen auch außerhalb der Deutschen Schutzgebiete zu begründen und zu betreiben.

Dauer des Unternehmens.

§ 4. Die Dauer der Gesellschaft ist unbeschränkt.

II. Grundkapital, Haftbarkeit, Mitgliedschaft und Anteilscheine.

Grundkapital.

§ 5. Das Grundkapital der Gesellschaft beträgt Mk. 1 200 000 — eine Million zweimalhunderttausend Mark — und ist eingeteilt in Anteile zu je Mk. 500.

Auf die Anteile ist sofort eine Anzahlung von 30 vom Hundert zu leisten.

Über Höhe und Termin der späteren Teilleistungen hat der Aufsichtsrat Bestimmung zu treffen.

Die Zahlung erfolgt an die Direktion und auf deren Aufforderung.

Durch Beschluß des Aufsichtsrats kann innerhalb einer Frist von fünf Jahren nach der Gründung das Grundkapital durch Bareinlagen bis auf den Betrag von Mk. 2 000 000 — zwei Millionen — erhöht werden. Weitere Erhöhungen kann die Hauptversammlung beschließen. Das Grundkapital soll jedoch um mehr als Mk. 800 000 nicht eher erhöht werden, als bis zwei Drittel der auf die schon begebenen Anteile gezeichneten Leistungen bewirkt sind.

Haftbarkeit.

§ 6. Für die Verbindlichkeiten der Gesellschaft haftet den Gläubigern derselben nur das Gesellschaftsvermögen.

Mitgliedschaft und Anteilscheine.

§ 7. Über die Anteile werden Anteilscheine ausgegeben; dieselben lauten auf den Inhaber.

§ 8. Die Zeichner der Anteile und demnächst deren Rechtsnachfolger bilden die Gesellschaft. Die Anteile sind unteilbar.

§ 9. Die Zeichner von Anteilen und deren Rechtsnachfolger sind für die Zahlung des vollen Nennbetrages der gezeichneten Anteile der Gesellschaft haftbar. Sie können von den ihnen obliegenden Leistungen an die Gesellschaft nicht befreit werden und sind nicht befugt, gegen das Recht auf diese Leistungen eine Forderung an die Gesellschaft aufzurechnen. Eine Übertragung der Anteile vor deren Vollzahlung kann nur mit Genehmigung des Vorstandes erfolgen.

Die Namen der ersten Zeichner sowie ihrer Rechtsnachfolger im Besitze nicht voll eingezahlter Anteile werden in ein Verzeichnis eingetragen.

§ 10. Die Urkunden über die Anteile werden erst nach Einzahlung des vollen Nennbetrages ausgehändigt. Über die einzelnen Teilzahlungen wird auf einem Zwischenschein, welcher auf den Namen ausgestellt ist, eine Bescheinigung erteilt.

Die Zwischenscheine sind vorbehaltlich der Beschränkung des § 9 Absatz 1 durch schriftliche Abtretungserklärung übertragbar, unbeschadet der dem Zeichner des Anteils daselbst auferlegten weiteren Haftbarkeit.

Wo in diesen Satzungen von Anteilen der Gesellschaft gesprochen wird, treten die Zwischenscheine an deren Stelle, bis die Urkunden über die Anteile ausgegeben sind.

§ 11. Zu den Anteilscheinen sind je 20 Gewinnanteilscheine und je ein Erneuerungsschein auszugeben, sobald die Verteilung von Gewinn beginnt.

§ 12. Nach Einlösung des letzten Gewinnanteilscheins werden gegen Einlieferung des Erneuerungsscheins weitere 20 Gewinnanteilscheine und so fort ausgegeben.

§ 13. Verpflichtete, welche fällige Teilleistungen nicht entrichten, sind dazu und zur Zahlung von Zinsen zu vier vom Hundert des geschuldeten Betrages durch den Vorstand aufzufordern. Dabei ist ihnen eine Frist von mindestens zwei Monaten zu bestimmen.

Wer diese Frist verstreichen läßt, verfällt in eine Vertragsstrafe von zehn vom Hundert des fälligen Betrages und haftet auch außerdem für allen durch seine Säumnis entstehenden Schaden.

Statt der Geltendmachung dieser Rechte ist der Aufsichtsrat oder mit seiner Genehmigung der Vorstand befugt, den Säumigen seiner Anrechte aus der Zeichnung und den bereits darauf bewirkten Leistungen zugunsten der Gesellschaft für verlustig zu erklären, jedoch nur nach vorheriger Androhung unter Stellung einer zweiten Erfüllungsfrist von mindestens vier Wochen.

Die Erklärung ist öffentlich und außerdem dem davon Betroffenen persönlich bekannt zu machen. Damit ist die Kraftloserklärung des über den Anteil ausgegebenen Zwischenscheines zu verbinden. An Stelle des letzteren wird ein neuer Zwischenschein zur Verfügung der Gesellschaft ausgefertigt. Für einen Ausfall, den die Gesellschaft bei der Veräußerung des neuen Zwischenscheins erleidet, bleibt der Säumige verhaftet.

Die auf den für kraftlos erklärten Zwischenschein bereits geleisteten Zahlungen werden dem Reservefonds überwiesen.

§ 14. Sind Anteile oder andere von der Gesellschaft nach den Bestimmungen der §§ 10 und 11 ausgefertigte Urkunden beschädigt oder unbrauchbar geworden, jedoch in ihren wesentlichen Teilen noch dergestalt erhalten, daß dem Aufsichtsrate über ihre Richtigkeit kein Zweifel obwaltet, so ist der Aufsichtsrat ermächtigt, gegen Einreichung der beschädigten Papiere diese auf Kosten des Inhabers gegen neue gleichartige Papiere umzutauschen. Außer in diesem Falle ist die Ausfertigung und Ausreichung neuer Anteile und Zwischenscheine an Stelle der beschädigten oder verloren gegangenen nur nach gerichtlicher Kraftloserklärung der letzteren zulässig.

§ 15. Die Mitglieder können ihre Einlagen nicht zurückfordern; sie haben, solange die Gesellschaft besteht, nur Anspruch auf den Reingewinn, soweit dieser nicht nach dem Gesellschaftsvertrage von der Verteilung ausgeschlossen ist.

§ 16. Die Gesellschaft soll unbeschadet der in § 13 enthaltenen Vorschriften eigene Anteilsrechte im regelmäßigen Geschäftsbetriebe weder erwerben noch zum Pfande nehmen.

§ 17. Die Einziehung von Anteilen ist nur zulässig, wenn und soweit sie im Gesellschaftsvertrage angeordnet oder gestattet ist.

§ 18. Bei einer Erhöhung des Grundkapitals muß jedem Mitglied auf sein Verlangen ein seinem Anteil an dem bisherigen Grundkapital entsprechender Teil an dem die Erhöhung bildenden Kapital gewährt werden, soweit nicht in dem Beschluß über die Erhöhung ein anderes bestimmt ist.

Für die Geltendmachung des Bezugsrechts der bisherigen Mitglieder kann durch öffentliche Bekanntmachung eine Frist von mindestens zwei Monaten bestimmt werden.

Der Beschluß über die Erhöhung ist öffentlich bekannt zu machen.

III. Organisation und Verwaltung.

§ 19. Die Organe der Gesellschaft sind
a) der Vorstand,
b) der Aufsichtsrat,
c) die Hauptversammlung.

a. Der Vorstand.

§ 20. Der Vorstand besteht aus einem oder mehreren vom Aufsichtsrate in notarieller Verhandlung zu bestellenden Direktoren. Die Mehrheit der Mitglieder des Vorstandes muß die Reichsangehörigkeit besitzen. Auch können stellvertretende Mitglieder in gleicher Weise ernannt werden. Mitglieder des Vorstandes dürfen nicht Mitglieder des Aufsichtsrates sein. Die Mitglieder des Vorstandes können durch den Aufsichtsrat jederzeit abberufen werden, jedoch unbeschadet des Anspruchs auf die vertragsmäßige Vergütung.

§ 21. Der Vorstand vertritt die Gesellschaft Dritten gegenüber in allen Rechtsgeschäften und sonstigen Angelegenheiten. Er führt die Verwaltung selbständig, soweit nicht nach dem Statut der Aufsichtsrat oder die Hauptversammlung mitzuwirken hat. Gegen Dritte hat eine Beschränkung des Vorstandes keine rechtliche Wirkung.

§ 22. Willenserklärungen sind für die Gesellschaft verbindlich, wenn sie, wofern nur ein ordentliches Vorstandsmitglied besteht, von diesem, wofern mehrere ordentliche Vorstandsmitglieder bestehen, von zwei denselben unter der Firma der Gesellschaft abgegeben werden. Der Zeichnung des ordentlichen Vorstandsmitgliedes oder von zwei ordentlichen Vorstandsmitgliedern kommt die Zeichnung von zwei stellvertretenden Vorstandsmitgliedern gleich. Zur Empfangnahme gewöhnlicher Briefsendungen jeder Art, von Begleitadressen zu gewöhnlichen Paketen und von Paketen selbst, von Ablieferungsscheinen oder Begleitadressen zu Einschreibsendungen und zu Sendungen mit Wertangabe, von Postanweisungen und Anlagen der Postaufträge, zur Einziehung von Geldbeträgen sowie zur Quittungsleistung über die Sendungen selbst und die baren

Geldbeträge ist beim Vorhandensein mehrerer Vorstandsmitglieder jedes allein berechtigt. Der Vorstand ist auch befugt, für die Empfangnahme aller Postsendungen, insbesondere der vorerwähnten, einen Bevollmächtigten zu bestellen.

Ist eine Willenserklärung gegenüber der Gesellschaft abzugeben, so genügt die Abgabe gegenüber einem Mitgliede des Vorstandes.

b. Aufsichtsrat.

§ 23. Der Aufsichtsrat besteht aus wenigstens 5 und höchstens 9 von der Hauptversammlung zu wählenden Mitgliedern. Die Hauptversammlung setzt auch die Zahl der Aufsichtsratsmitglieder fest. Mindestens zwei Drittel der Mitglieder des Aufsichtsrates, bei ungerader Zahl die Mehrheit der Mitglieder, muß die Reichsangehörigkeit besitzen. Auch müssen mindestens zwei Drittel der Mitglieder zugleich Mitglieder der Gesellschaft sein.

Die Wahl erfolgt für die Zeit vom Schlusse derjenigen Hauptversammlung, in der sie vorgenommen wird, bis zum Schluß der fünften auf die Wahl folgenden ordentlichen Hauptversammlung. Mit jeder ordentlichen Hauptversammlung scheidet ein Mitglied aus und wird durch Neuwahl ersetzt. Bis die Reihe im Austritt gebildet ist, bestimmt das Los. Bei Vorhandensein von mehr als fünf Aufsichtsratsmitgliedern scheiden vom 6. Geschäftsjahre ab jedesmal alle die Mitglieder aus, deren Amtsdauer von 5 Jahren abgelaufen ist, und werden durch Neuwahl ersetzt.

Die Ausscheidenden sind wieder wählbar. Scheidet in der Zwischenzeit ein Mitglied aus, so können die übrigen Mitglieder eine bis zur nächsten Hauptversammlung gültige Zuwahl treffen. Die endgültige Ersatzwahl für den Rest der Amtsdauer des Ausgeschiedenen ist in dieser Hauptversammlung vorzunehmen. Solange die Zahl der Mitglieder des Aufsichtsrates noch 5 beträgt, kann die Zuwahl für ein außer der Zeit ausscheidendes Mitglied unterbleiben.

Die Bestellung zum Mitgliede des Aufsichtsrates kann auch vor dem Ablaufe des Zeitraumes, für welchen die Wahl erfolgt ist, durch die Hauptversammlung widerrufen werden. Dieser Beschluß bedarf einer Mehrheit, die mindesten drei Viertel des bei der Beschlußfassung vertretenen Kapitales umfaßt.

§ 24. Die Mitglieder des Aufsichtsrates können nicht gleichzeitig oder dauernd Stellvertreter von Vorstandsmitgliedern sein, auch nicht als Beamte die Geschäfte der Gesellschaft führen. Nur für einen im voraus begrenzten Zeitraum kann der Aufsichtsrat einzelne seiner Mitglieder zu Stellvertretern behinderter Vorstandsmitglieder bestellen. Während dieses Zeitraumes und bis zur Entlastung des Vertreters darf dieser eine Tätigkeit als Mitglied des Aufsichtsrates nicht ausüben.

Scheiden aus dem Vorstande Mitglieder aus, so können sie nicht vor der Entlastung in den Aufsichtsrat gewählt werden.

§ 25. Die Mitglieder des Aufsichtsrates sind unter sich koordiniert mit der Maßgabe indes, daß der Aufsichtsrat in jedem Jahre sofort nach der ordentlichen Hauptversammlung in einer Sitzung, zu welcher die anwesenden Mitglieder ohne besondere Berufung zusammentreten, einen Vorsitzenden und dessen Stellvertreter wählt.

§ 26. Der Vorsitzende beruft den Aufsichtsrat unter Angabe der Tagesordnung, sobald die Geschäfte dazu Anlaß geben, oder wenn wenigstens zwei Mitglieder es beantragen. Der Aufsichtsrat beschließt seine Geschäftsordnung selbst, soweit sie nicht in diesen Satzungen festgelegt ist.

Der Aufsichtsrat ist beschlußfähig, wenn mindestens drei Mitglieder anwesend sind. Die Beschlußfassung erfolgt durch einfache Stimmenmehrheit.

Die Mitglieder haben gleiches Stimmrecht. Bei Stimmengleichheit entscheidet die Stimme des Vorsitzenden der Sitzung. Bei Stimmengleichheit bei vom Aufsichtsrat vorzunehmenden Wahlen entscheidet das Los.

Die Beschlüsse des Aufsichtsrates werden in der Regel in Sitzungen gefaßt. Nach dem Ermessen des Vorsitzenden kann ausnahmsweise ein Beschluß auch durch briefliche oder telegraphische Abstimmung herbeigeführt werden. Geschieht dies, so ist Stimmeneinheit der sämtlichen in Europa anwesenden Aufsichtsrats-Mitglieder erforderlich mit der Maßgabe, daß jedenfalls die Mehrheit der Aufsichtsrats-Mitglieder befragt werden muß. Auch hat im Falle der brieflichen oder telegraphischen Abstimmung der Vorsitzende dafür Sorge zu tragen, daß der gemäß § 52 bestellte Kommissar seine Aufsicht wahrzunehmen vermag.

Über die Verhandlungen und Beschlüsse des Aufsichtsrates ist ein Protokoll aufzunehmen, welches wenigstens der Vorsitzende der Sitzung und ein Mitglied zu unterzeichnen haben.

§ 27. Die Mitglieder des Vorstandes sind auf Beschluß des Aufsichtsrates verpflichtet, an seinen Sitzungen teilzunehmen.

§ 28. Der Aufsichtsrat hat die gesamte Geschäftsführung zu überwachen. Er kann insbesondere jederzeit von dem Vorstande Bericht über die Angelegenheiten der Gesellschaft verlangen und durch den Vorsitzenden oder einzelne von ihm zu bestimmende Mitglieder, auch durch dritte Sachverständige, die Bücher und Schriften der Gesellschaft einsehen und prüfen sowie den Bestand der Gesellschaftskasse und die sonstigen Bestände an Aktiven untersuchen.

Der Aufsichtsrat ist befugt, die Gesellschaft bei der Vornahme von Rechtsgeschäften mit den Vorstandsmitgliedern sowie bei Rechtsstreitigkeiten mit diesen zu vertreten.

Insbesondere steht dem Aufsichtsrate Beschluß zu:

1. über die Aufstellung der zusammen mit dem jährlichen Geschäftsberichte der ordentlichen Haupt-Versammlung vorzulegenden Jahres-Bilanz, die Vorschläge über die Verwendung und Verteilung von Überschüssen unter Berücksichtigung der Bestimmungen des § 46 sowie die Anlegung und Verwaltung von Reservefonds und von Geldern, die zum Geschäftsbetriebe nicht erforderlich sind;
2. über Voranschläge der laufenden Ausgaben und Einnahmen der Gesellschaft sowie über besondere Ausgaben, soweit diese im einzelnen Falle mehr als 5000 M. betragen;
3. über Einforderung von Einzahlungen auf die Anteile der Gesellschaft;
4. über die Grundsätze, nach welchen Ländereien zu erwerben, nutzbar zu machen, zu veräußern oder zu verpachten sind;
5. über die Errichtung von Neuanlagen und Zweigniederlassungen;
6. über die Ernennung und Anstellung von Vorstandsmitgliedern, Prokuristen und solchen Beamten, welche ein jährliches Gehalt von mehr als 5000 M. oder Tantieme bzw. Prämien erhalten, oder auf länger als vier Jahre angestellt werden sollen, und über die mit solchen abzuschließenden Verträge sowie über deren Entlassung.

§ 29. Alle schriftlichen Erklärungen des Aufsichtsrates sind rechtsgültig, wenn sie die Unterschrift „Der Aufsichtsrat der Ostafrika-Kompagnie" und die Namensunterschrift des Vorsitzenden oder eines Stellvertreters tragen.

§ 30. Jedes Aufsichtsratsmitglied bezieht eine feste jährliche Vergütung von 500 M., der Vorsitzende das Doppelte. Außerdem werden den Aufsichtsratsmitgliedern die aus der Wahrnehmung ihres Amtes entspringenden Auslagen ersetzt. Ferner erhält der Aufsichtsrat den in § 40 festgesetzten Gewinnanteil, über dessen Verteilung unter die einzelnen Mitglieder er selbst (mit Berücksichtigung der von den einzelnen Mitgliedern geleisteten Arbeit für die Gesellschafts-Interessen) beschließt.

Für eine außerordentliche Tätigkeit einzelner Mitglieder, z. B. bei Vertretung abwesender oder behinderter Vorstandsmitglieder kann der Aufsichtsrat die Gewährung einer besonderen Vergütung beschließen.

c. Hauptversammlung.

§ 31. Die Hauptversammlung vertritt die Gesamtheit der Gesellschaftsmitglieder. Ihre Beschlüsse und Wahlen sind für alle Mitglieder verbindlich.

§ 32. Die Hauptversammlungen finden in Berlin statt, sofern nicht durch Beschluß des Aufsichtsrates ausnahmsweise ein anderer Ort bestimmt wird.

Die Einberufung geschieht durch den Vorsitzenden des Aufsichtsrates oder durch den Vorstand.

Die Einladungen erfolgen mittels öffentlicher Bekanntmachung, welche mindestens 21 Tage, die Tage der Bekanntmachung und der Versammlung eingerechnet, vorher zu erfolgen hat.

Die Bekanntmachung bzw. Einladung hat die zu verhandelnden Gegenstände sowie die Form und die Stellen für Hinterlegung der Anteilscheine anzugeben. Falls ein Mitglied es beantragt, muß ihm die Berufung der Hauptversammlung und die Tagesordnung, sobald deren öffentliche Bekanntmachung erfolgt, durch eingeschriebenen Brief auf seine Kosten mitgeteilt werden.

Anträge von Gesellschafts-Mitgliedern, welche auf die Tagesordnung der Hauptversammlung kommen sollen, müssen mindestens sechs Wochen vorher dem Aufsichtsrate mitgeteilt werden und von zwanzigtausend Mark Anteilen unterstützt sein.

§ 33. In der Hauptversammlung berechtigt jeder Anteil von 500 M. zu einer Stimme.

Für vollbezahlte Anteile kann das Stimmrecht nur dann ausgeübt werden, wenn dieselben mindestens acht Tage vor der Hauptversammlung an einer der in der Einberufung angegebenen Stellen hinterlegt worden sind. Der Beifügung der Gewinnanteilscheine und Erneuerungsscheine bedarf es nicht. Der Hinterlegung der Anteile steht eine amtliche Bescheinigung einer Behörde, der Reichsbank oder eines Notars über die bei ihnen hinterlegten Anteilscheine gleich. Der Aufsichtsrat oder ein Ausschuß desselben kann auch die Bescheinigung von Bankhäusern und anderen Stellen oder Personen über die bei ihnen hinterlegten Anteilscheine für gleichwertig erklären.

Bei Hinterlegung der Anteilscheine und der ihnen gleichstehenden Bescheinigungen erhalten die Hinterleger einen Ausweis über die Zahl und den Betrag ihrer Anteilscheine, der als Teilnahmekarte für die Hauptversammlung gilt.

Gegen Aushändigung der Teilnahmekarten werden demnächst die hinterlegten Anteilscheine und Bescheinigungen zurückgegeben.

§ 34. Zur Teilnahme an den Hauptversammlungen sind die Gesellschaftsmitglieder bzw. deren gesetzliche Vertreter berechtigt. Dieselben können sich auch durch Bevollmächtigte vertreten lassen, welche jedoch Mitglieder der Gesellschaft sein müssen. Schriftliche Vollmacht ist erforderlich und ausreichend.

Die Zahl der Stimmen, welche ein Bevollmächtigter für andere vertreten darf, ist nicht beschränkt.

§ 35. Wer durch die Beschlußfassung entlastet oder von einer Verpflichtung befreit werden soll, hat hierbei kein Stimmrecht und darf solches auch nicht für andere ausüben. Dasselbe gilt von einer Beschlußfassung, welche die Vornahme eines Rechtsgeschäftes mit einem Mitgliede oder die Einleitung oder Erledigung eines Rechtsstreites zwischen ihm und der Gesellschaft betrifft.

§ 36. Den Vorsitz in der Hauptversammlung führt der Vorsitzende oder ein anderes vom Aufsichtsrate dazu bestimmtes Mitglied des Aufsichtsrates, in Ermangelung eines solchen ein von der Hauptversammlung zum Vorsitz berufenes Mitglied der Gesellschaft.

Der Vorsitzende leitet die Verhandlungen und ernennt, falls dies erforderlich ist, die Stimmzähler.

Die Beschlüsse der Verhandlungen sind zu notariellem Protokoll, welches vom Vorsitzenden zu unterschreiben ist, zu beurkunden.

§ 37. Über Gegenstände, die nicht auf der Tagesordnung stehen, darf kein Beschluß gefaßt werden, außer über einen in der Hauptversammlung gestellten Antrag auf Berufung einer außerordentlichen Hauptversammlung.

§ 38. Die Hauptversammlung ist entweder eine ordentliche oder außerordentliche. Die ordentliche Hauptversammlung findet in jedem Jahre, zuerst im Jahre 1908, spätestens im Monat Oktober statt. In ihr werden insbesondere folgende Gegenstände verhandelt:

1. Bericht des Vorstandes und Aufsichtsrates, Vorlegung und Genehmigung der Bilanz nebst Gewinn- und Verlustrechnung für das abgelaufene Geschäftsjahr.
2. Beschlußfassung über die Genehmigung der zu 1 bezeichneten Vorlagen und die Gewinnverteilung sowie über die Entlastung des Vorstandes und Aufsichtsrates.
3. Wahlen zum Aufsichtsrate.

Wird die Bilanz nicht sogleich genehmigt, so kann die Hauptversammlung einen Ausschuß zur Nachprüfung ernennen.

§ 39. Außerordentliche Hauptversammlungen können von der ordentlichen Hauptversammlung und dem Aufsichtsrate jederzeit einberufen werden.

Die Berufung muß außerdem erfolgen auf Verlangen

1. der Aufsichtsbehörde oder des von ihr bestellten Kommissars,
2. von Gesellschaftsmitgliedern, welche mindestens ein Zwanzigstel des Gesamtkapitals der Gesellschaft besitzen oder vertreten.

Diese Mitglieder haben unter gleichzeitiger Hinterlegung ihrer Anteilscheine dem Aufsichtsrate zur Vorlage an die Hauptversammlung einen schriftlichen Antrag einzureichen.

Auf ein derartiges Verlangen ist die Versammlung binnen zehn Tagen unter Bekanntgabe der zu verhandelnden Gegenstände einzuberufen.

§ 40. Die Beschlüsse der Hauptversammlung werden, abgesehen von den Bestimmungen des § 41, durch einfache Stimmenmehrheit der abgegebenen Stimmen gefaßt. Im Falle der Stimmengleichheit gilt der gestellte Antrag als abgelehnt.

Die Wahlen finden, falls gegen eine andere vorgeschlagene Abstimmungsart Einspruch erhoben wird, durch Abgabe von Stimmzetteln statt und werden nach relativer Stimmenmehrheit entschieden, so daß die Personen als gewählt gelten, welche die meisten Stimmen erhalten haben. Bei Stimmengleichheit findet eine engere Wahl zwischen denen, welche die gleiche Anzahl von Stimmen erhalten haben, statt. Beim eventl. zweiten Falle entscheidet das Los.

§ 41. Über folgende Gegenstände:

1. die Auflösung der Gesellschaft oder die Umwandlung ihrer rechtlichen Form,

2. die Abänderung des Gegenstandes des Unternehmens,
3. die teilweise Zurückzahlung oder die Herabsetzung des Grundkapitals

kann nur mit einer Mehrheit von mindestens zwei Dritteln der in der Hauptversammlung vertretenen Stimmen, welche mindestens die Hälfte des Grundkapitals ausmachen müssen, Beschluß gefaßt werden.

Falls in dieser Versammlung die Hälfte des Grundkapitals nicht vertreten ist, muß eine zweite Hauptversammlung innerhalb 4 Wochen einberufen werden, welche ohne Rücksicht auf die Höhe des vertretenen Grundkapitals über die betreffenden Vorlagen Beschluß fassen kann. Bei der Einberufung der zweiten Versammlung ist hierauf ausdrücklich hinzuweisen.

§ 42. Ansprüche der Gesellschaft gegen ihre Organe aus deren Geschäftsführung müssen geltend gemacht werden, wenn es in der Hauptversammlung mit einfacher Stimmenmehrheit beschlossen wird. Zur Führung des Rechtsstreites kann die Hauptversammlung besondere Vertreter wählen. Die Vorschriften der §§ 269, 270 H. G. B. finden entsprechende Anwendung. Alle derartigen Ansprüche verjähren jedoch in 5 Jahren, beginnend mit derjenigen Handlung und Unterlassung, auf welche der Ersatzanspruch begründet wird.

IV. Abschluß, Ermittlung und Verteilung des Gewinnes und Rücklagen.

§ 43. Das Geschäftsjahr ist das Kalenderjahr. Das erste Geschäftsjahr umfaßt den Zeitraum bis zum 31. Dezember 1907.

§ 44. Der Vorstand hat für das abgelaufene Geschäftsjahr die Bilanz nebst Gewinn- und Verlust-Rechnung aufzustellen und mit einem den Vermögensstand und die Verhältnisse der Gesellschaft entwickelnden Berichte dem Aufsichtsrate vorzulegen. Diese Schriftstücke sind demnächst, mit den Bemerkungen des Aufsichtsrates versehen, vierzehn Tage vor der Hauptversammlung im Geschäftslokale der Gesellschaft zur Einsicht der Mitglieder auszulegen.

§ 45. Die den Mitgliedern des Vorstandes und den Beamten der Gesellschaft vertragsmäßig zugestandenen Tantiemen oder Prämien und die feste Vergütung des Aufsichtsrates werden als Geschäftsunkosten vor Abschluß gebucht.

§ 46. Der aus der festgesetzten Bilanz sich ergebende Überschuß der Aktiva über die Passiva bildet den Reingewinn der Gesellschaft.

Der Reingewinn wird wie folgt verteilt:

a) Zunächst werden mindestens 5 vom Hundert der ordentlichen Rücklage zugeführt, bis diese eine Höhe von 25 vom Hundert des eingezahlten Grundkapitals erreicht bzw. wieder erreicht hat, nachdem sie angegriffen war.
b) Sodann erhalten die Mitglieder der Gesellschaft bis zu 5 vom Hundert auf das einbezahlte Grundkapital.
c) Vom verbleibenden Rest erhält der Aufsichtsrat zehn vom Hundert als Gewinnanteil.
d) Ein etwa verbleibender Rest wird unter die Mitglieder als weitere Dividende verteilt, soweit nicht die Hauptversammlung anders bestimmt.

§ 47. Die ordentliche Rücklage dient zur Deckung etwaiger Verluste.

§ 48. Die Auszahlung der Dividende erfolgt in bezug auf die nicht vollgezahlten Anteile an die zur Zeit im Mitgliederverzeichnis eingetragenen Mitglieder. Auf die vollgezahlten Anteile erfolgt die Auszahlung einer Dividende spätestens einen Monat nach der Hauptversammlung, welche die Dividende beschlossen hat, gegen Einlieferung der Gewinnanteilscheine. Der Beschluß über

Verteilung einer Dividende ist zu veröffentlichen. Dividenden, welche vier Jahre nach dem Zeitpunkte der Fälligkeit nicht abgehoben sind, verfallen zugunsten der Gesellschaft.

V. Bekanntmachungen.

§ 49. Die nach diesen Satzungen erforderlichen Bekanntmachungen erfolgen im „Deutschen Reichsanzeiger und Königlich Preußischen Staatsanzeiger". Der Aufsichtsrat kann noch andere Blätter bestimmen, jedoch ist die Bekanntmachung im Reichsanzeiger allein stets ausreichend und für den Lauf der von der Bekanntmachung ab zu rechnenden Fristen entscheidend.

VI. Auflösung der Gesellschaft.

§ 50. Die Auflösung der Gesellschaft erfolgt:

a) auf Beschluß der Hauptversammlung,

b) bei Eröffnung des Konkurses über das Vermögen der Gesellschaft,

c) wenn die Zahl der Mitglieder auf weniger als fünf herabsinkt.

§ 51. Für die Liquidation gelten die Vorschriften der §§ 48 bis 52 des B. G. B. Die Hauptversammlung ernennt die Liquidatoren.

Bis zur Beendigung der Liquidation verbleibt es bei der bisherigen Organisation der Gesellschaft und ihrem Gerichtsstande.

VII. Aufsichtsbehörde.

§ 52. Die Aufsicht über die Gesellschaft wird von dem Reichskanzler (Auswärtiges Amt, Kolonial-Abteilung) oder der etwa durch Reichsgesetz oder Verordnung zu bestimmenden sonstigen Reichsbehörde geführt. Die Aufsicht beschränkt sich, soweit nicht in diesen Satzungen etwas anderes bestimmt ist, darauf, daß die Geschäftsführung im Einklang mit den gesetzlichen Vorschriften und den Bestimmungen der Satzungen erfolgt.

Der von dem Reichskanzler bestellte Kommissar ist berechtigt, auf Kosten der Gesellschaft an jeder Verhandlung des Aufsichtsrates und jeder Hauptversammlung teilzunehmen, die Aufnahme bestimmter Gegenstände in die Tagesordnung der Hauptversammlung (ordentlichen wie außerordentlichen) sowie von dem Aufsichtsrate der Gesellschaft jederzeit Bericht über die Angelegenheiten zu verlangen, die Bücher und Schriften derselben einzusehen, oder auf Kosten der Gesellschaft eine Revision der Geschäftsführung durch einen oder mehrere vereidete Sachverständige anzuordnen, schließlich auf Kosten der Gesellschaft, wenn dem Verlangen der dazu berechtigten Mitglieder nicht entsprochen wird (§ 39), oder aus sonst wichtigen Gründen, eine Sitzung des Aufsichtsrates oder eine außerordentliche Hauptversammlung zu berufen.

§ 53. Der Genehmigung der Aufsichtsbehörde sind die Beschlüsse der Gesellschaft unterworfen, nach welchen eine Änderung oder Ergänzung der Satzungen oder die Aufnahme von Anleihen oder die teilweise Zurückzahlung des Grundkapitals oder die Vereinigung der Gesellschaft mit einer anderen oder die Umwandlung ihrer rechtlichen Form oder die Auflösung des Unternehmens oder die Verwertung des Gesellschafts-Vermögens durch Veräußerung im ganzen erfolgen soll.

§ 54. Der Kaiserliche Bezirksamtmann a. D. Walter von St. Paul-Illaire zu Köln überträgt seine ihm durch Erbschaft von seinem verstorbenen Vater, dem Hofmarschall a. D. Ulrich von St. Paul-Illaire zu Fischbach, Riesengebirge, überkommenen Besitzungen in Deutsch-Ostafrika, ebenso wie diejenigen Pachtrechte in bezug auf Land im Süden des Schutzgebietes, welche das Kaiserliche Gouvernement ihm nach den jetzt im Schutzgebiete geltenden Bestimmungen zugesagt hat, mit allen Rechten und Pflichten auf die Gesellschaft gegen eine Zahlung von 75 000 M. in bar und 225 000 M. in Anteilen, welche als voll bezahlt gelten. Die Gesellschaft tritt in seine sämtlichen auf den genannten Objekten ruhenden Rechte und Pflichten ein. Herr von St. Paul-Illaire übernimmt es indes, die auf dem Lande am Kihuhwi stehende Hypothek sofort zur Löschung zu bringen.

VIII. Übergangsbestimmungen.

§ 55. Nachdem die Gesellschaft durch Annahme dieses Gesellschaftsvertrages errichtet worden ist, wird im Anschlusse an die Errichtung von den anwesenden bzw. vertretenen Gesellschaftern der erste Aufsichtsrat, ohne daß es der Beobachtung weiterer Förmlichkeiten bedarf, gewählt.

Die anwesenden gewählten Aufsichtsrats-Mitglieder treten im Anschluß hieran zur ersten Sitzung des Aufsichtsrates zusammen. Sie sind ohne Rücksicht auf ihre Zahl beschlußfähig und wählen den Vorsitzenden des Aufsichtsrates und dessen Stellvertreter sowie den Vorstand.

Der erste Aufsichtsrat wird ermächtigt, durch seinen Vorsitzenden die Genehmigung dieser Satzungen bei dem Reichskanzler und die im § 11 des Schutzgebietsgesetzes vorgesehene Verleihung der Rechte einer juristischen Person beim Bundesrate nachzusuchen.

Der Vorsitzende des ersten Aufsichtsrates wird ferner ermächtigt, Abänderungen oder Ergänzungen der Satzungen, die von Reichsbehörden gefordert werden, rechtsgültig vorzunehmen.

82. Gesetz, betreffend die Gewährung eines Darlehns an das Südwestafrikanische Schutzgebiet. Vom 16. März 1907.

(Reichs-Gesetzbl. S. 73.)

Wir Wilhelm, von Gottes Gnaden Deutscher Kaiser, König von Preußen usw., verordnen im Namen des Reichs, nach erfolgter Zustimmung des Bundesrats und des Reichstags, was folgt:

§ 1. Die dem Südwestafrikanischen Schutzgebiete zum Baue einer Eisenbahn von Lüderitzbucht nach Keetmanshoop reichsseitig durch den Etat gewährten oder noch zu gewährenden Beträge sind seitens des Schutzgebiets vom 1. April 1911 ab mit 3½ vom Hundert jährlich zu verzinsen und vom 1. April 1912 ab, nach einem vom Reichskanzler aufzustellenden Tilgungsplane, mit ⅗ vom Hundert jährlich unter Hinzurechnung der ersparten Zinsen nach Maßgabe der Bestimmung im § 2 Abs. 2 zu tilgen.

§ 2. Die zur Verzinsung erforderlichen Beträge sind alljährlich in den Etat des Südwestafrikanischen Schutzgebiets aufzunehmen und zur Verfallzeit aus den bereitesten Mitteln an das Reich abzuführen.

In gleicher Weise ist mit der Tilgung zu verfahren, sobald das Schutzgebiet eines Zuschusses aus Reichsmitteln nicht bedarf. Erreichen die aus den eigenen Einnahmen des Schutzgebiets zur Verfügung stehenden Beträge nicht die zur Deckung der planmäßigen Tilgungsraten erforderliche Höhe, so sind sie zurückzubehalten und einem Fonds zuzuführen, aus welchem künftige Fehlbeträge am Soll des Tilgungsbedarfs zu decken sind. Über den Stand dieses Fonds ist den gesetzgebenden Körperschaften alljährlich in der Etatsvorlage für das Südwestafrikanische Schutzgebiet Mitteilung zu machen.

§ 3. Im Verkehrsbezirke der im § 1 genannten Eisenbahn sind die Grundeigentümer zu einer ihren Interessen an der Bahn entsprechenden Leistung zugunsten des Schutzgebiets heranzuziehen. Es kann verlangt werden, daß die Leistung in Form von Landabtretung erfolgt, sofern das Grundstück durch die Abtretung nicht derart zerstückelt wird, daß das Restgrundstück nach seiner bisherigen Bestimmung nicht mehr zweckmäßig benutzt werden kann. Mangels einer Einigung über die Höhe der Leistung sowie über Größe und Lage der abzutretenden Flächen entscheidet eine vom Reichskanzler zu bestellende besondere Kommission von drei Mitgliedern endgültig.

Als Vorsitzender der Kommission ist der Oberrichter des Schutzgebiets zu berufen. Die Beisitzer werden auf Vorschlag des Gouvernementsrats ernannt.

Die Kommission hat das Recht, die Grundeigentümer vorzuladen, Zeugen und Sachverständige eidlich zu hören, eidesstattliche Versicherungen entgegenzunehmen sowie Gerichte und Verwaltungsbehörden um Rechtshilfe zu ersuchen. Die Entscheidungen der Kommission sind schriftlich abzufassen und mit Entscheidungsgründen zu versehen.

Urkundlich unter Unserer Höchsteigenhändigen Unterschrift und beigedrucktem Kaiserlichen Insiegel.

Gegeben Berlin im Schloß, den 16. März 1907.

Wilhelm.

Fürst v. Bülow.

83. Verordnung des Gouverneurs von Deutsch-Neuguinea, betreffend die Erhebung einer Jahreskopfsteuer von den Eingeborenen. Vom 18. März 1907.

(Kol. Bl. S. 708.)

Auf Grund des § 15 des Schutzgebietsgesetzes vom 10. September 1900 (D. Kol. Bl. 1900, S. 690) und der Verfügung des Reichskanzlers vom 27. September 1903 (D. Kol. Bl. 1903, S. 509) wird für das Schutzgebiet Deutsch-Neuguinea mit Ausschluß des Inselgebietes der Karolinen, Marshall-Inseln, Palau und Marianen folgendes bestimmt:

§ 1. Jeder erwachsene männliche, arbeitsfähige Eingeborene hat eine Jahreskopfsteuer von 5 M. zu entrichten, sofern die Gemeinde (die Landschaft), in der er zur Zeit der Steuererhebung wohnt oder sich aufhält, als steuerpflichtig erklärt wird.

Das Steuerjahr reicht vom 1. April bis 31. März.

Die Erklärung einer Gemeinde (Landschaft) als steuerpflichtig erfolgt durch die örtliche Verwaltungsbehörde, in deren Bezirk sie gelegen ist, vorbehaltlich der Genehmigung des Gouverneurs.

§ 2. Die Erhebung der Steuer erfolgt nach Maßgabe der örtlichen Verhältnisse in viertel- oder halbjährlichen Raten oder in voller Summe auf einmal.

§ 3. Der Voranschlag über die nach dem jeweils zuletzt ermittelten Stande der Bevölkerung zu erwartenden Steuern wird von der örtlichen Verwaltungsbehörde in Gestalt einer nach dem anliegenden Muster zu führenden Heberolle für jede Gemeinde (Landschaft) je für ein Steuerjahr aufgestellt.

§ 4. Die Erhebung der Steuer von den Steuerpflichtigen erfolgt auf Grund des Voranschlages durch die bestellten Gemeindevorsteher (Häuptlinge), die das Ergebnis an die Kasse der örtlichen Verwaltungsbehörde abzuführen haben.

Die Steuerheberollen sind spätestens vier Monate nach Schluß des Steuerjahres abzuschließen.

Den Gemeindevorstehern (Häuptlingen) oder dem sonstigen bei der Steuererhebung tätigen Unterpersonal können bis zu 10 v. H. des Steuerertrages als Remuneration überwiesen werden.

§ 5. Eine Verwaltung von Rückständen der Steuer sowie ein Nachweis über uneinbringliche Steuerbeträge findet nicht statt.

§ 6. Für die zwangsweise Beitreibung haftet das Vermögen des säumigen steuerpflichtigen Eingeborenen, soweit es nicht zur Lebenshaltung erforderlich ist. Von der zwangsweisen Beitreibung kann abgesehen werden, wenn dadurch Kosten verursacht werden, die in keinem Verhältnis zur Steuerleistung stehen.

Sofern säumige oder zahlungsunfähige Steuerpflichtige bei öffentlichen Arbeiten Beschäftigung finden, ist die Höhe des auf die Steuer zu verrechnenden Tagelohnes durch die örtliche Verwaltungsbehörde zu bestimmen.

§ 7. Von der Steuerzahlung befreit sind die Eingeborenen, die nachweisbar innerhalb eines Steuerjahres zehn Monate bei einem Nichteingeborenen oder einem Gewerbesteuer zahlenden Eingeborenen beschäftigt sind. Daneben kann der Gouverneur auch aus besonderen Gründen weitere Steuerbefreiungen eintreten lassen oder solche im Einzelfalle bewilligen.

Diejenigen Eingeborenen, welche Steuern zahlen, sind von Fronarbeiten befreit.

§ 8. In Distrikten, deren Zugehörigkeit zum friedlichen Machtbereich der örtlichen Verwaltungsbehörde nicht völlig außer Zweifel steht, sowie in den Gebieten an den Grenzen der Nachbarkolonien erfolgt die Anwendung der Vorschriften der §§ 1 bis 6 nach Maßgabe der örtlichen Verhältnisse und dem pflichtmäßigen Ermessen der örtlichen Verwaltungsbehörden.

§ 9. Diese Verordnung tritt am 1. April 1907 in Kraft.

Herbertshöhe, den 18. März 1907.

Der Kaiserliche Gouverneur.

Hahl.

Anlage zu Nr. 63.

Heberolle der Kopfsteuer für den Bezirk . . . .

Lfd. Nr.	Gemeinde	Vorsteher	Jahr der letzten Zahlung	Zahl der Bevölkerung		Voranschlag für das Steuerjahr	Wirkliche Zahlung		Ausfall durch Verminderung der Zahl der Steuerpflichtigen oder wegen Uneinbringlichkeit
				Gesamt	Steuerpflichtig		Sofort	Beigetrieben	
1	2	3	4	5	6	7	8	9	10

84. Urkunde, betreffend die Stiftung einer Denkmünze für die an der Niederwerfung der Aufstände in Südwestafrika beteiligt gewesenen deutschen Streitkräfte, und Ausführungsbestimmungen hierzu. Vom 10. März 1907.

(Kol. Bl. S. 276. Reichsanzeiger vom 25. März 1907.)

Wir Wilhelm, von Gottes Gnaden Deutscher Kaiser, König von Preußen, usw., haben beschlossen, den an der Niederwerfung der Aufstände in Südwestafrika beteiligt gewesenen deutschen Streitkräften in Anerkennung ihrer hervorragenden Tapferkeit und bewunderungswürdigen Ausdauer im Ertragen von Anstrengungen und Entbehrungen eine Auszeichnung zu verleihen.

Wir haben zu diesem Zwecke eine Denkmünze gestiftet und bestimmen, was folgt:

1. Die Denkmünze aus Bronze erhalten:

a) alle Offiziere, Sanitätsoffiziere, Zeug- und Feuerwerksoffiziere, Marine-Ingenieure, Beamte und Mannschaften der nach Südwestafrika entsandten oder bei Beginn der kriegerischen Ereignisse dort bereits anwesenden deutschen Streitkräfte,

b) alle sonstigen Personen, welche an der Niederwerfung der Aufstände in Südwestafrika mit der Waffe beteiligt waren. Die Bestimmung darüber, welche Persönlichkeiten in Frage kommen, trifft der Gouverneur von Südwestafrika,

c) die Mitglieder der freiwilligen Krankenpflege, welche als solche von Unserem Kommissar und Militär-Inspekteur der freiwilligen Krankenpflege legitimiert und während der Dauer der Niederwerfung der Aufstände in Südwestafrika tätig gewesen sind,

d) die Beamten der in Südwestafrika eingestellten Feld-Postanstalten sowie diejenigen sonstigen Beamten der Reichspostverwaltung, welche in Südwestafrika in erster Linie im Interesse der Truppe tätig gewesen sind.

2. Zur Verleihung der Denkmünze aus Stahl können Uns vorgeschlagen werden:

a) Diejenigen Angehörigen der Schutztruppen, des Heeres und der Marine sowie alle diejenigen Personen, welche an den Vorbereitungen zur Aufstellung und Entsendung der südwestafrikanischen Streitkräfte oder während der Dauer der Niederwerfung der Aufstände in außergewöhnlicher, besonders anerkennenswerter Weise im Interesse der nach Südwestafrika entsandten Truppen tätig gewesen sind.

b) Angehörige der Besatzungen derjenigen Schiffe deutscher Reedereien, welche ausschließlich zu dem Zweck gechartert waren, Truppen und Kriegsbedarf nach Südwestafrika oder von dort nach der Heimat zu befördern.

3. Die Denkmünze zeigt auf der Vorderseite den Kopf der Germania und die Inschrift: „Südwestafrika 1904—06", auf der Rückseite Unseren Namenszug, darüber die Kaiserkrone, und bei der Denkmünze aus Bronze darunter zwei gekreuzte Schwerter sowie die Inschrift: „Den siegreichen Streitern", bei derjenigen aus Stahl: unter Unserem Namenszuge einen Lorbeerzweig sowie die Inschrift: „Verdienste um die Expedition".

4. Die Denkmünze wird auf der linken Brust an einem an beiden Rändern mit schwarzen und weißen Längsstreifen und in der Mitte mit roten und weißen Querstreifen versehenen 36 mm breiten Bande getragen und rangiert an der Ordensschnalle unmittelbar vor der China-Denkmünze.

5. Diejenigen Besitzer der Denkmünze, welche während der Niederwerfung der Aufstände in Südwestafrika an den in der Anlage aufgeführten Gefechten usw. teilgenommen haben, sind berechtigt, auf dem Bande dieser Denkmünze Spangen mit den gleichfalls aus der Anlage ersichtlichen Namen zu tragen. Die Spange besteht aus vergoldetem Messing; der Rand und die Inschrift sind glatt und poliert, die Buchstaben erhaben. Die Inschrift ist in einer Zeile zu fertigen. Die Spangen sind an dem Bande so zu befestigen, daß sie wagerecht liegen.

6. Die Spangen „Hereroland" und „Groß-Namaland" sind auch solche Persönlichkeiten zu tragen berechtigt, die zwar keines der aufgeführten Gefechte usw. mitgemacht, aber als Feldsignalisten, -Telegraphisten, Funker, im Etappendienst und im Reichspost- und Reichstelegraphendienst mit dem Feinde gekämpft haben.

7. Ausgeschlossen von der Verleihung der Denkmünze sind diejenigen Personen, welche während der Dauer der kriegerischen Ereignisse unter der Wirkung von Ehrenstrafen standen oder seitdem unter dieselbe getreten und bis zum heutigen Tage noch nicht rehabilitiert sind.

8. Die für den Verlust von Orden und Ehrenzeichen gegebenen Bestimmungen gelten auch für diese Denkmünze.

9. Den mit der Denkmünze Beliehenen wird ein Besitzzeugnis nach dem von Uns genehmigten Muster ausgefertigt.

10. Die General-Ordenskommission hat die namentlichen Verzeichnisse der Inhaber der Denkmünze, welche Wir derselben zustellen lassen werden, aufzubewahren.

11. Nach dem Ableben eines Inhabers der Denkmünze verbleibt dieselbe seinen hinterbliebenen Angehörigen.

12. Die besonderen Bestimmungen über die Ausführung dieser Urkunde sind angeschlossen.

Urkundlich unter Unserer Höchsteigenhändigen Unterschrift und beigedrucktem Kaiserlichen Insiegel.

Gegeben Berlin, den 19. März 1907.

Wilhelm I. R.
Fürst v. Bülow.

Spangen zur Südwestafrika-Denkmünze.

Die Teilnehmer an den nachstehenden Gefechten usw. sind berechtigt zur Anlegung einer Spange am Bande der Denkmünze.

Gefechte usw. — Ort	Gefechte usw. — Datum	Spange
Verteidigung von Windhuk	Januar 1904	Hereroland
Entsatz von Windhuk	20. Januar 1904	
Verteidigung von Okahandja und damit zusammenhängende Gefechte	Januar 1904	
Entsatz von Okahandja und Gefecht am Kaiser-Wilhelm-Berg	27. u. 28. Januar 1904	
Namutoni	28. Januar 1904	
Verteidigung von Omaruru	17. Januar bis 4. Februar 1904	

Gefechte usw. — Ort	Gefechte usw. — Datum	Spange
Entsatz von Omaruru	4. Februar 1904	
Liewenberg und Gr. Barmen	10. u. 19. Februar 1904	
Otjihinamaparero	25. Februar 1904	
Kl. Barmen	4. März 1904	
Outjo und Okowakuatjiwi	2., 4., 9. Mai und Ende Mai 1904	Hereroland
Okaharui	3. April 1904	
Otjituo und östlich von Okanguindi	18. Januar und 28. April 1904	
Hudaob	12. Mai 1906	
Onganjira	9. April 1904	Onganjira
Otjomaso	24. Mai 1904	
Waterberg	11. August 1904	Waterberg
Omatupa	15. August 1904	
Verfolgung in die Omaheke, Züge durch die Omaheke und zur Ostgrenze	September 1904 bis Ende Juni 1905	Omaheke
Südlich Guru	2. April 1905	
Packriem	27. Oktober 1904	
Kub	22. November 1904	
Alurisfontein	25., 26. Nov. 1904	
Warmbad	27., 28., 30. Nov. 1904	
Naris und Rietmont	4., 5. Dezember 1904	
Uibis am Hudup	21. Dezember 1904	
Thannarob	13. April 1905	
Haruas	27. April 1905	
Ganachab	8., 9. Mai 1905	
Aris	9. Juni 1905	
Nubib	13. September 1905	
Gorabis	24. Oktober 1905	Groß-Namaland
Fahlgras	29. Oktober 1905	
Koms	2. November 1905	
Aub	8. Dezember 1905	
Toasis	17. Dezember 1905	
Aribamsas Pforte	10. Januar 1906	
Nakab	20. März 1906	
Fettkluft	8. April 1906	
Vom Roois Vlei (östlich Gapütz)	4. Mai 1906	
Gawachab	4., 5. Mai 1906	
de Villiers Püts	21. Mai 1906	
Dakaib	23. Mai 1906	
Nukais	25. Mai 1906	
Koms-Langhas	30. Aug. u. 4. Sept. 1904	
Gais	21. September 1904	
Hurub	5. Oktober 1904	
Spitzkopp	14. November 1904	
Garis und Uchanaris	10. u. 22. März 1905	Káras-Berge
Anams	7. April 1905	
Klipdam	18. April 1905	
Ganams	26. u. 27. April 1905	
Leukopp	19. Mai 1905	
Narus	17. Juni 1905	

Gefechte usw.		Spange
Ort	Datum	
Wittmund	20. April 1906	Kärras-Berge
Gamsobrevier	22. April 1906	
Groß-Nabas	2. bis 4. Januar 1905	Groß-Nabas
Lidfontein	29. November 1904	Auob
Koes	15. Dezember 1904	
Stamprietfontein	16. Dezember 1904	
Stamprietfontein	1. Januar 1905	
Haruchas	3. Januar 1905	
Gochas	5. Januar 1905	
Zwartfontein	7. Januar 1905	
Kowes	17. Mai 1905	
Aub, Koais, Geibanes, Nurudas	10. u. 11. März 1905	Nurudas
Aminuis	25. März 1905	Nossob
Südlich Kowise Kolk	7. Mai 1905	
Vorstoß bis 45 km südöstlich Kowise Kolk	bis 8. April 1905	
Keidorus	28. Juni 1905	Oranje
Goabis	10. August 1905	
Duurdrift	5. Januar 1906	
Norechab	14. Februar 1906	
10 km südwestlich Wasserfall	8. u. 9. März 1906	
Kl. Pelladrift	11. März 1906	
Hartebeestmund	12. März 1906	
Sperlingspütz	3. und 4. Juni 1906	

Ich bestimme zur Ausführung der Urkunde, betreffend die Stiftung einer Denkmünze für die an der Niederwerfung der Aufstände in Südwestafrika beteiligt gewesenen deutschen Streitkräfte, das Nachstehende:

1. Das Oberkommando der Schutztruppen überweist den Königlichen Kriegsministerien unter Beifügung von namentlichen Listen die erforderliche Anzahl Denkmünzen aus Bronze nebst Besitzzeugnisformularen für diejenigen ehemaligen Angehörigen der Schutztruppe für Südwestafrika, welche aus dieser vor dem vom Oberkommando zu bestimmenden Zeitpunkte ausgeschieden sind.

2. Das Kommando der Schutztruppe für Südwestafrika, das Auswärtige Amt, das Reichs-Marine-Amt, das Reichspostamt und der Militärinspekteur der freiwilligen Krankenpflege reichen dem Reichskanzler (Oberkommando der Schutztruppen) baldigst summarische Nachweisungen der zum Empfange der Denkmünze aus Bronze berechtigten Personen ihres Geschäftsbereiches ein. In diesen Nachweisungen ist die Zahl der unter Nr. 5 näher bezeichneten Personen besonders ersichtlich zu machen.

3. Die namentlichen Verzeichnisse zur Verleihung der Denkmünze aus Stahl (Ziffer 2 der Urkunde) sind Mir von den zuständigen Zentralstellen — von Zeit zu Zeit gesammelt — zur Entscheidung vorzulegen.

4. Das Oberkommando der Schutztruppen hat demnächst den unter 2 und 3 genannten Stellen die erforderliche Anzahl von Denkmünzen und Besitzzeugnisformularen zu überweisen.

5. Die Vollziehung der Besitzzeugnisse für die Generale, Admirale, Regimentskommandeure, die in gleichem Range stehenden Offiziere und Sanitäts-

offiziere, Schiffskommandanten, Meine Flügeladjutanten, die Offiziere Meines Militär- und Marinekabinetts, des Oberkommandos der Schutztruppen, der Kriegsministerien, der Generalstäbe, bzw. die Seeoffiziere des Reichs-Marine-Amts und des Admiralstabes, für die Beamten im Range der Räte I. Klasse sowie für die höheren Beamten der Zentralbehörden behalte Ich Mir vor. Die Besitzzeugnisse sind Mir — bis zur Unterschrift vollständig ausgefertigt — mit namentlicher Nachweisung von den unter 2 und 3 genannten Stellen vorzulegen, diejenigen der Schutztruppe für Südwestafrika durch das Oberkommando der Schutztruppen.

6. Die Besitzzeugnisse

a) für alle übrigen Offiziere, Sanitäts-, Zeug- und Feuerwerksoffiziere, Marineingenieure, oberen und mittleren Beamten vollziehen die unter 1, 2 und 3 genannten beteiligten Stellen;

b) für die Mannschaften und die einem Militär- oder Marinebefehlshaber unterstellten unteren Beamten die nächstens mit der Disziplinarstrafgewalt eines Regiments- oder selbständigen Bataillonskommandeurs beliehenen Vorgesetzten, für die einem militärischen Befehlshaber nicht unterstellten unteren Beamten diejenigen Dienstvorgesetzten, welche die Bestallungen für diese Beamten auszufertigen haben;

c) für sämtliche Schutztruppenangehörige, welche vor dem vom Oberkommando der Schutztruppen zu bestimmenden Zeitpunkte die Heimreise angetreten haben, der Chef des Stabes beim Oberkommando der Schutztruppen, ausschließlich der unter 5 und 6a Genannten.

7. Die namentlichen Listen der mit der Denkmünze Beliehenen sind von den unter 1, 2 und 3 genannten Dienststellen getrennt nach Denkmünzen aus Bronze und aus Stahl der General-Ordenskommission unmittelbar zu übersenden.

8. Für abhanden gekommene Denkmünzen wird von der General-Ordenskommission Ersatz gewährt.

9. Die Denkmünze führt die abgekürzte Bezeichnung „Südwestafrika-Denkmünze (S. W. A. D.)".

Berlin, den 19. März 1907.

Wilhelm I. R.

Fürst v. Bülow.

An den Reichskanzler (Oberkommando der Schutztruppen).

85. Verfügung des Gouverneurs von Deutsch-Südwestafrika, betreffend Selbständigmachung der Distriktsämter Rehoboth und Okahandja. Vom 20. März 1907.

Die Distriktsämter Rehoboth und Okahandja werden mit dem 1. April 1907 vom Bezirksamt Windhuk losgelöst und als selbständige Distriktsämter dem Gouvernement unmittelbar unterstellt.

Windhuk, den 20. März 1907.

Der Kaiserliche Gouverneur.
I. V.: Hintrager.

86. Verordnung des Gouverneurs von Togo, betreffend Anordnung einer Quarantäne. Vom 20. März 1907.*)

(Amtsbl. S. 65.)

Mit Rücksicht auf den bestehenden Verdacht des Auftretens von Gelbfieber in Anecho wird auf Grund des § 15 des Schutzgebietsgesetzes in Verbindung mit § 5 der Verfügung des Reichskanzlers vom 27. September 1903 folgendes verordnet:

§ 1. Personen, welche aus demjenigen Teile des Bezirks Anecho kommen, der östlich des Haho, des Togosees und einer östlich von Porto-Seguro gezogenen Sperrgrenze liegt, ist das Betreten anderer Teile des Schutzgebiets erst gestattet, nachdem sie sich einer fünftägigen Quarantäne in der bei Porto-Seguro eingerichteten Quarantänestation unterworfen haben.

§ 2. Jeglicher Verkehr auf dem Togosee ist verboten. Ausnahmen gestattet der Gouverneur, der in jedem Falle die hierbei zu beachtenden besonderen Kontrollmaßregeln vorschreibt.**)

§ 3. Der Gütertransport auf der Küstenbahn nach und von Anecho darf mit der Maßgabe aufrecht erhalten bleiben, daß die Bahnzüge nicht vor 7 Uhr morgens in Anecho eintreffen dürfen und Anecho an demselben Tage spätestens 5 Uhr abends verlassen müssen, und daß das Zugpersonal bei Porto-Seguro gewechselt wird.

§ 4. Zuwiderhandlungen werden an Nichteingeborenen mit Gefängnis bis zu 3 Monaten, Haft oder Geldstrafe bis zu 1000 Mark, an Eingeborenen unter analoger Anwendung des vorbezeichneten Strafrahmens nach Maßgabe der Verfügung des Reichskanzlers vom 22. April 1896 bestraft.

§ 5. Diese Verordnung tritt heute in Kraft.

Lome, den 20. März 1907.

Der Gouverneur.
Graf Zech.

87. Verordnung des Gouverneurs von Kamerun, betreffend die Verabfolgung von geistigen Getränken an die farbigen Angehörigen der Kaiserlichen Schutztruppe und Polizeitruppe. Vom 21. März 1907.

(Kol. Bl. S. 586.)

Auf Grund des § 15 des Schutzgebietsgesetzes (Reichs-Gesetzbl. 1900, S. 813) in Verbindung mit § 5 der Verfügung des Reichskanzlers vom 27. September 1903 (Kol. Bl. S. 509) wird verordnet, wie folgt:

§ 1. Die Verabfolgung von Wein, Bier, Branntwein und ähnlichen berauschenden Getränken an die farbigen Angehörigen der Kaiserlichen Schutztruppe und Polizeitruppe ist nur gegen Vorzeigung einer schriftlichen Erlaubnis eines weißen Vorgesetzten derselben gestattet.

§ 2. Die Verabfolgung der im § 1 genannten Getränke an solche Personen, von denen der Verabfolger weiß, daß sie Familienangehörige oder Bediente

*) Wiederaufgehoben durch V. v. 18. Mai 1907, unten Nr. 146.

**) Satz 2 ist hinzugefügt durch eine mit dem Tage des Erlasses in Kraft getretene V. v. 18. April 1907 (Amtsbl. S. 82).

einer Angehörigen der Kaiserlichen Schutztruppe oder Polizeitruppe sind, ist verboten, es sei denn, daß dieselben als Beauftragte handeln und im Besitze der Erlaubnis sind.

§ 3. Zuwiderhandlungen gegen die vorstehende Bestimmung werden an Nichteingeborenen mit Geldstrafe bis zu 150 Mark, im Wiederholungsfalle bis zu 300 Mark, im Nichtbeitreibungsfalle mit Haft oder Gefängnis nach Maßgabe der Bestimmungen des Strafgesetzbuchs, an Eingeborenen nach den Bestimmungen der Reichskanzler-Verfügung vom 22. April 1896 (Kol. Bl. S. 241)*) bestraft.

§ 4. Die Bekanntmachung für die Dualadörfer Tokoto, Joßdorf, Belldorf und Akwadorf, betreffend den Verkehr der Eingeborenen mit den Gouvernementssoldaten, vom 24. Mai 1894**) sowie der Gouvernementsbefehl, betreffend den Verkauf geistiger Getränke an farbige Schutztruppenangehörige, vom 19. April 1901**) werden aufgehoben.

§ 5. Vorstehende Verordnung tritt am 1. Juni 1907 in Kraft.

Buea, den 21. März 1907.

Der stellvertretende Kaiserliche Gouverneur.
Gleim.

58. Verordnung des Gouverneurs von Deutsch-Südwestafrika, betreffend Bildung von Wildreservaten in dem südwestafrikanischen Schutzgebiete. Vom 22. März 1907.

(Kol. Bl. S. 428.)

Auf Grund des § 15 des Schutzgebietsgesetzes (Reichs-Gesetzbl. 1900, S. 813) und des § 5 der Verfügung des Reichskanzlers vom 27. September 1903, betreffend die seemannsamtlichen und konsularischen Befugnisse und das Verordnungsrecht der Behörden in den Schutzgebieten Afrikas und der Südsee, wird verordnet, was folgt:

§ 1. Als Wildreservate werden bestimmt:

1. Das Gebiet östlich Grootfontein, welches durch folgende Linien begrenzt wird:
   Im Westen von Buschmann-Püts über Nuragas nach Daster-Vlei und von dort bis zu einem in der Fortsetzung dieser Linie, 30 km nördlich Daster-Vlei gelegenen Punkte.
   Im Norden von letzterem Punkte bis Gasamas und daran anschließend die Linie Gasamas—Numkaub.
   Im Osten und Süden von einer 10 km südöstlich des Omuramba und Omatako von Numkaub bis Buschmann-Püts verlaufenden Linie.
2. Das Gebiet südlich, westlich und nordwestlich der Etoscha-Pfanne in den Bezirken Grootfontein und Outjo, welches durch folgende Linien begrenzt wird:
   Im Osten und Süden die Westgrenze des Ovambolandes vom Kuneno bis Osohama. Von dort nach Koantsab und über Ondowu, Chudob, Ohab, Aigab, Vib, Chorub nach Gub. Von Gub über Otjokawaro (Kowares) bis Oachab. Von Oachab das Hoarusib-Revier bis zum Meere.
   Im Westen vom Meere.
   Im Norden vom Kunene bis zur Grenze des Ovambolandes.

*) D. Kol. Gesetzgeb. II S. 215.
**) Nicht abgedruckt.

3. Das im Bezirk Swakopmund gelegene Gebiet, welches begrenzt wird:
Im Norden von einer Linie 5 km südlich des Swakop.
Im Westen vom englischen Walfischbai-Gebiet.
Im Süden von einer Linie, welche 10 km südlich des Kuiseb verläuft.
Im Osten von einer Linie von Salem nach Onanis und von dort in südlicher Richtung über Bloomthal bis zum Kuiseb, von dort in südwestlicher Richtung vom Wege zur Hopemine bis zum Kuiseb.

§ 2. Die Ausübung jeglicher Jagd, auch auf Springböcke und Kleinwild, ist in den in § 1 bezeichneten Wildreservaten nur mit schriftlicher Genehmigung des Gouvernements gestattet.

§ 3. Der Verkehr mit Fahrzeugen aller Art in den Wildreservaten ist nur mit schriftlicher Genehmigung des zuständigen oder nächsten Bezirks- oder Distriktsamtes gestattet. Ausgenommen hiervon sind die öffentlichen Wege, die zu bewohnten, innerhalb der Wildreservate belegenen Farmen führen.

§ 4. Die Genehmigung zu § 2 und 3 kann von der Erfüllung besonderer Bedingungen abhängig gemacht werden. Bei Nichterfüllung der Bedingungen verliert der Erlaubnisschein seine Gültigkeit.

§ 5. Der Genehmigungsausweis ist mitzuführen und den Polizeiorganen auf Verlangen vorzuzeigen.

§ 6. Zuwiderhandlungen gegen § 2 dieser Verordnung werden mit Geldstrafe von 300 bis 5000 Mark oder mit Gefängnis bis zu drei Monaten allein oder in Verbindung miteinander, gegen § 3 dieser Verordnung mit Geldstrafe bis zu 150 Mark oder Haft bis zu sechs Wochen bestraft.

Zuwiderhandlungen gegen § 5 werden mit Geldstrafe bis zu 50 Mark oder Haft bis zu acht Tagen bestraft.

§ 7. Ausgenommen von den Bestimmungen des § 2 sind die Besitzer der innerhalb der Reservate gelegenen Farmen und deren Vertreter, sofern die Farmen bewohnt und in Bewirtschaftung genommen sind, jedoch nur innerhalb der Grenzen dieser Farmen und soweit es sich um die Erlegung von nicht jagdbarem und zur niederen Jagd gehörigen Wild für den eigenen Wirtschaftsbedarf handelt.

§ 8. Diese Verordnung tritt mit dem 1. Mai 1907 in Kraft.

Windhuk, den 22. März 1907.

Der Kaiserliche Gouverneur.
I. V.: Hintrager.

89. Verfügung des Gouverneurs von Deutsch-Südwestafrika, betreffend Wegfall der Zollabfertigung der ausgehenden Postpakete und des ausgehenden Passagiergepäcks. Vom 22. März 1907.

Nachdem vom 1. d. Mts. ab der Ausfuhrzoll auf Straußenfedern in Wegfall gekommen ist,*) bedarf es auch allgemein nicht mehr einer Zollabfertigung der ausgehenden Postpakete. Ins Ausland gehende Postpakete brauchen also nicht mehr den Zollstellen vorgeführt zu werden. Zur statistischen Anschreibung der ausgehenden Postpakete werden die Poststellen des Schutzgebiets die zweiten Exemplare der Zollinhaltserklärungen vierteljährlich sammeln und am Schlusse des Vierteljahres den zuständigen Zollstellen übersenden.

*) Vgl. die V. v. 13. Februar 1907, oben Nr. 55.

Aus dem oben angeführten Grunde bedarf es ferner nicht mehr der Anmeldung und Abfertigung des ausgehenden Passagiergepäcks.

Windhuk, den 22. März 1907.

Der Kaiserliche Gouverneur.
I. V.: Hintrager.

90. Verordnung des Gouverneurs von Kamerun, betreffend den Anmeldezwang von Erwerbsniederlassungen. Vom 23. März 1907.*)

(Kol. Bl. S. 557.)

Auf Grund des § 15 des Schutzgebietsgesetzes (Reichs-Gesetzbl. 1900, S. 813) in Verbindung mit § 5 der Verfügung des Reichskanzlers vom 27. September 1903 (Kol. Bl. S. 509) wird verordnet, wie folgt:

§ 1. Erwerbsgesellschaften jeder Art, ebenso Erwerb jeder Art treibende einzelne Personen sind verpflichtet, von der Errichtung von allen Niederlassungen im Schutzgebiete der Verwaltungsbehörde (Bezirksamt, Residentur, Station) Anzeige zu erstatten, in deren Bezirke die Niederlassung belegen ist. Diese Vorschrift findet auf Wanderhändler keine Anwendung.

Die Anzeige muß binnen einer Woche nach erfolgter Niederlassung bei der Verwaltungsbehörde eingehen, sofern die Niederlassung am Sitze dieser Behörde belegen ist. Andernfalls verlängert sich die Frist um die Zeit, in der eine Nachricht vom Orte der Niederlassung dorthin gelangen kann.

Der Anmeldung ist ein Verzeichnis des in der Niederlassung beschäftigten Personals beizufügen; bei dem eingeborenen Personal ist auch die Stammesangehörigkeit anzugeben. Am 1. Januar jeden Jahres ist das Verzeichnis von neuem aufzunehmen und der im Absatz 1 genannten Verwaltungsbehörde zuzusenden.

§ 2. Zuwiderhandlungen gegen § 1 werden an Nichteingeborenen mit Geldstrafe bis zu 150 Mark, im Wiederholungsfalle bis zu 1000 Mark, im Nichtbeitreibungsfalle mit Haft oder Gefängnis nach Maßgabe der Bestimmungen des Strafgesetzbuchs, an Eingeborenen nach den Bestimmungen der Reichskanzler-Verfügung vom 22. April 1896 (Kol. Bl. S. 241)**) bestraft.

§ 3. Die Verordnung, betreffend den Anmeldezwang der Zweigfaktoreien und Zweigniederlassungen in Kamerun, vom 22. März 1902 (Kol. Bl. S. 211)***) wird aufgehoben.

§ 4. Diese Verordnung tritt an dem Tage ihrer Verkündung in Kraft.

Buea, den 23. März 1907.

Der Kaiserliche Gouverneur.
I. V.: Gleim.

91. Runderlaſs des Gouverneurs von Kamerun zur Verordnung, betreffend den Anmeldezwang von Erwerbsniederlassungen. Vom 23. März 1907.

In der Anlage übersende ich ergebenst die heute von mir vollzogene Verordnung, betreffend den Anmeldezwang von Erwerbsniederlassungen.†)

---

*) Vgl. hierzu den nachstehenden R. E.
**) D. Kol. Gesetzgeb. II S. 215.
***) D. Kol. Gesetzgeb. VI S. 465.
†) Vorstehend.

Diese Verordnung unterscheidet sich von der bisher gültigen Verordnung, betreffend den Anmeldezwang der Zweigfaktoreien und Zweigniederlassungen in Kamerun, vom 22. März 1902 (Kol. Gesetzgeb. VI S. 465) insofern, als letztere bloß die Anmeldung von Zweigbetrieben vorschreibt, während nach den anliegenden Bestimmungen nunmehr jede Niederlassung, also auch die Hauptniederlassung des betreffenden Geschäfts anmeldungspflichtig ist. Die sogenannten Buschfaktoreien sind miteinbegriffen, da sie ebenfalls als Niederlassung im Sinne der Verordnung zu gelten haben. Durch die Anmeldung nicht nur der Zweig-, sondern auch Haupt- und der sonstigen selbständigen Niederlassungen wird den Bezirks- und Stationsleitern eine bessere Kontrolle des Handels in ihren Bezirken ermöglicht.

Die Anzeige muß binnen der nach Absatz 3 in Frage kommenden Frist nach erfolgter Niederlassung gemacht werden.

Wann eine Niederlassung als begründet anzusehen ist, darüber können für alle Fälle gültige Normen nicht gegeben werden. Es empfiehlt sich daher, die Gesichtspunkte zur Richtschnur zu nehmen, welche die heimische Praxis für die Beantwortung dieser Frage als leitend aufgestellt hat. In dieser Beziehung sagt das Reichsgericht (Entscheidungen in Strafsachen, Band 29, Seite 5), daß eine Niederlassung nur dann als begründet angesehen werden kann, wenn

a) der Gewerbetreibende ein zum dauernden Gebrauche eingerichtetes, beständig oder doch in regelmäßiger Wiederkehr von ihm benutztes Lokal für den Betrieb seines Gewerbes besitzt, und

b) der Gewerbetreibende die ernstliche Absicht hat, in diesem Lokale dauernd ein Gewerbe betreiben zu wollen.

Hiernach wird auch für die hiesigen Verhältnisse die obige Frage zu beantworten sein.

Ausgeschlossen von den Bestimmungen der Verordnung sind die Wanderhändler. Ich bemerke hierzu, daß voraussichtlich auch der Wanderhandel demnächst im Verordnungswege einer eingehenden Regelung unterworfen werden wird.

Der Wandergewerbeschein ist indessen, wie ich ausdrücklich hervorhebe, kein Beweis dafür, daß sein Besitzer auch wirklich nur Wanderhandel treibt. Es ist sehr wohl denkbar, daß ein Wanderhändler sich in einem Dorfe eine Hütte mietet, dortselbst sein Warenlager unterbringt und die Absicht faßt, von nun ab in dem Dorfe zu handeln und den Wanderhandel nur nebenbei noch zu betreiben.

In diesem Falle liegt dann eine Niederlassung einer Erwerb treibenden einzelnen Person vor, und es greift die Anmeldepflicht Platz.

Das am Schluß von § 1 geforderte Verzeichnis dürfte wesentlich mit dazu berufen sein, bei Aufstellung der alljährlich aufzustellenden Statistik als Unterlage zu dienen.

Buea, den 23. März 1907.

Der stellvertretende Kaiserliche Gouverneur.

Gleim.

92. Bahnordnung für die Eisenbahn Daressalam—Morogoro, erlassen von der Ostafrikanischen Eisenbahngesellschaft und von Abschn. IV einschl. ab bekannt gegeben vom Gouverneur am 26. März 1907.*)

(Amtl. Anz. Nr. 6)

I. Bahnanlage.

§ 1. Spurweite.

1. Die Spurweite beträgt im geraden Gleis 1 m.

2. In den Krümmungen mit einem Halbmesser von weniger als 600 m ist die Spurweite zu vergrößern. Die Vergrößerung darf 25 mm nicht übersteigen.

§ 2. Krümmungen.

In durchgehenden Hauptgleisen sind Krümmungen von weniger als 60 m Halbmesser nicht zulässig.

§ 3. Längsneigung.

Die Längsneigung auf freier Strecke soll 25 ‰ nicht überschreiten.

§ 4. Gleislage.

1. Die winkelrecht gegenüberliegenden Punkte der Schienenoberkanten müssen in geraden Strecken gleich hoch liegen.

2. Die Überhöhung des äußeren Stranges gekrümmter Gleise muß auf eine möglichst große Länge, mindestens aber auf das 200fache ihres Betrages auslaufen.

3. Verschiedene Krümmungen und Querneigungen sind stetig ineinander überzuführen.

§ 5. Umgrenzung des lichten Raumes.

1. An sämtlichen Gleisen, auf denen Züge bewegt werden, ist ein lichter Raum mindestens nach der in der Anlage gezeichneten Umgrenzung offen zu halten. Dabei ist in Krümmungen auf die Spurerweiterung und die Gleisüberhöhung Rücksicht zu nehmen.

2. Bei Ladegleisen können Einschränkungen dieser Umgrenzung zugelassen werden.

3. Bei Gleisen müssen die bis zu 50 mm über Schienenoberkante herantretenden unbeweglichen Gegenstände außerhalb des Gleises im allgemeinen mindestens 150 mm von der Innenkante des Schienenkopfes entfernt bleiben. Dieses Maß kann auf 135 mm eingeschränkt werden, wenn der Gegenstand mit der Fahrschiene fest verbunden ist. Der Abstand von 67 mm zwischen Schieneninnenkante und festen Gegenständen innerhalb des Gleises kann gegen die Mitte von Zwangsschienen allmählich bis auf 30 mm eingeschränkt werden. In gekrümmten

---

*) Die Bekanntmachung ist überschrieben: „Bahnpolizei auf der Eisenbahn Daressalam—Morogoro". Es folgen dann die §§ 41—50 mit den Überschriften. Der Schluß lautet:

„Als Bahnpolizeibeamte gelten: Franz Maier, Stationsvorsteher, Daressalam, Wilhelm Haase, Oberbahnmeister, Pugu, Otto Götz, Zugführer, Daressalam.

Daressalam, den 26. März 1907.

Der Kaiserliche Gouverneur.
Freiherr v. Rechenberg."

Daß der Inhalt der Bekanntmachung die Bedeutung einer Polizeiverordnung im Sinne des § 15 des Schutzgebietsgesetzes haben solle, ist nicht zum Ausdruck gebracht.

Strecken tritt zu den Maßen von 67 mm und 30 mm noch das Maß der Spurerweiterung hinzu.

4. Die Tiefe von 30 mm des freien Raums neben der Schieneninnenkante muß bei stärkster Abnutzung der Schienen voll vorhanden sein.

§ 6. Gleisabstand.

Der Abstand der Gleise, abgesehen von Überladegleisen, soll mindestens 3,5 m von Gleismitte zu Gleismitte betragen.

§ 7. Wasserkrane.

Wasserkrane mit drehbarem Ausleger müssen mit einem Signale versehen sein, das bei Dunkelheit die Stellung des Auslegers anzeigt.

§ 8. Tragfähigkeit des Oberbaues.

1. Der Oberbau soll einer bewegten Radlast von 4000 kg bei einer Fahrgeschwindigkeit von 40 km/Std. mit Sicherheit Widerstand leisten.

2. Die Fahrschienen müssen eine bewegte Radlast von 4500 kg mit Sicherheit tragen können.

§ 9. Abteilungszeichen, Neigungszeichen, Merkzeichen.

1. Die Bahn ist in Abschnitten von 100 m mit Abteilungszeichen zu versehen.

2. Bei Gefällen von mehr als 10 °/₀₀ sind an den Gefällswechseln Neigungszeiger aufzustellen.

3. Zwischen zusammenlaufenden Schienensträngen muß ein Merkzeichen angebracht sein, welches die Stellen angibt, über die hinaus aus dem einen Gleis Fahrzeuge mit keinem ihrer Teile vorgeschoben werden dürfen, ohne daß der Durchgang von Fahrzeugen aus dem anderen Gleis gehindert wird.

§ 10. Einfriedigungen, Warnungstafeln.

1. Ob und in welchem Umfange an Wegen Schutzwehren anzulegen sind, wird für jeden Fall besonders bestimmt.

2. Vor Wegeübergängen ohne Schranken sind Läutetafeln für den Lokomotivführer anzubringen.

§ 11. Telegraph, Fernsprecher.

Entlang der Strecke ist eine Telegraphen- oder Fernsprechleitung anzulegen.

§ 12. Signale.

1. Inwieweit Kreuzungen in Schienenhöhe und Gleisabzweigungen mit Signalen zu decken sind, wird für jeden Fall besonders bestimmt.

2. Die Einfahrweichen müssen mit Weichensignalen versehen sein, wenn sie nicht für gewöhnlich verschlossen gehalten werden.

II. Fahrzeuge.

§ 13. Beschaffenheit der Fahrzeuge.

Die Fahrzeuge müssen so beschaffen sein und unterhalten werden, daß sie mit der größten dafür zugelassenen Geschwindigkeit ohne Gefahr bewegt werden können.

§ 14. Raddruck.

1. Der Raddruck stillstehender Fahrzeuge darf bei der größten Belastung im allgemeinen nicht mehr als 4000 kg betragen.

2. Auf Strecken, auf denen der Oberbau und die Brücken eine genügende Tragfähigkeit haben, darf der Raddruck stillstehender Fahrzeuge 5 t erreichen.

§ 15. Räder.

1. Die Räder müssen Spurkränze haben. Sind aber drei oder mehr Achsen in demselben Rahmen gelagert, so können die Spurkränze unverschiebbarer Mittelräder weggelassen werden, wenn diese unter allen Umständen eine genügende Auflage auf den Schienen finden.

2. An den Rädern sind folgende Abmessungen einzuhalten:
Breite der Radreifen mindestens 110 mm,
Stärke der Radreifen der Lokomotiven und Tender mindestens 16 mm,
Stärke der Radreifen der Wagen mindestens 14 mm.

§ 16. Zug- und Stoßvorrichtungen.

Lokomotiven mit Schlepptender müssen vorn, Tender hinten, alle übrigen Fahrzeuge an beiden Enden mit federnden Zug- und Stoßvorrichtungen versehen sein.

§ 17. Bremsen.

1. Bremskurbeln müssen so eingerichtet sein, daß die Bremsen durch Drehen der Kurbeln nach rechts angezogen werden können.

2. Tenderlokomotiven und Tender müssen mit einer Handbremse versehen sein, auch wenn sie andere Bremsvorrichtungen haben.

3. Die mit durchgehender Bremse versehenen Wagen müssen in einer den Vorschriften des § 29 entsprechenden Anzahl auch für die Bedienung der Bremsen von Hand eingerichtet sein.

§ 18. Ausrüstung der Lokomotiven und Tender.

1. Die Dampfkessel müssen folgende Ausrüstung erhalten:

a) ein Speiseventil, das bei Abstellung der Speisevorrichtung durch den Druck des Kesselwassers geschlossen wird,

b) zwei voneinander unabhängige Vorrichtungen zur Speisung, von denen jede für sich imstande ist, dem Kessel während der Fahrt die erforderliche Wassermenge zuzuführen und wovon eine auch beim Stillstand der Lokomotive arbeiten kann,

c) ein Wasserstandsglas und eine zweite, mit dem Kessel in gesonderter Verbindung stehende Vorrichtung zur Erkennung des Wasserstandes,

d) Marken des festgesetzten niedrigsten Wasserstandes am Wasserstandsglas und an der Kesselwandung, die mindestens 100 mm über dem höchsten wasserbenetzten Punkte der Feuerbuchse liegen müssen,

e) zwei Sicherheitsventile, wovon mindestens das eine so eingerichtet ist, daß seine Belastung nicht über das bestimmte Maß gesteigert werden kann.

Ferner sind beide Sicherheitsventile so einzurichten, daß sie vom gespannten Dampf nicht weggeschleudert werden können, wenn eine unbeabsichtigte Entlastung eintritt. Die senkrechte Bewegung muß mindestens 3 mm betragen können,

f) ein Manometer, das den Dampfdruck fortwährend anzeigt und auf dessen Zifferblatt die festgesetzte höchste Dampfspannung durch eine unverstellbare, in die Augen fallende Marke bezeichnet ist,

g) eine Vorrichtung zum Anschluß eines Prüfungsmanometers,

h) ein metallenes Fabrikschild, worauf die festgesetzte höchste Dampfspannung, der Name des Fabrikanten, die Fabriknummer und das Jahr der Anfertigung angegeben und das so am Kessel zu befestigen ist, daß es auch nach der Ummantelung sichtbar bleibt.

2. An den Lokomotiven ist der Name oder die Ordnungsnummer, der Name des Fabrikanten, das Jahr der Anfertigung und die größte, nach Maßgabe der Bauart zulässige Geschwindigkeit anzugeben.

3. Lokomotiven müssen mit einer Dampfpfeife oder einer anderen, zur Erteilung hörbarer Signale geeigneten Vorrichtung von ähnlicher Wirksamkeit versehen sein, ferner, wenn an der Bahnstrecke unbewachte Wegeübergänge vorhanden sind, mit einem Läutewerke.

4. An Lokomotiven müssen vorn, an den Tendern hinten, an den Tenderlokomotiven vorn und hinten Bahnräumer angebracht sein.

5. Dampflokomotiven müssen mit einem verschließbaren Aschenkasten ausgerüstet sein.

6. Wenn die Beschaffenheit des Heizstoffes es erfordert, müssen die Lokomotiven mit Funkenfängern versehen sein.

§ 19. Tragfedern der Wagen.

Die Wagen müssen mit Tragfedern versehen sein.

§ 20. Anschriften an den Wagen.

An beiden Langseiten der Wagen sind folgende Anschriften anzubringen:

a) Kennzeichnung der Eigentumsverwaltung,
b) Ordnungsnummer,
c) Eigengewicht einschl. Achsen, Räder und der dauernd im Wagen mitgeführten Ausrüstungsgegenstände,
d) bei Güter- und Gepäckwagen das Ladegewicht und die Tragfähigkeit,
e) der Radstand,
f) Art und Wirkungsweise der durchgehenden Bremsen,
g) der Zeitpunkt der letzten Untersuchung,
h) bei den zur Viehbeförderung geeigneten Wagen der Inhalt der Bodenfläche.

§ 21. Abnahme und Untersuchung der Lokomotiven.

1. Neue oder mit neuen Kesseln versehene Lokomotiven dürfen erst in Betrieb gesetzt werden, nachdem sie geprüft und sicher befunden worden sind.

2. Lokomotiven sind mindestens alle drei Jahre gründlich zu untersuchen. Diese Zeitabschnitte sind vom Tage der Inbetriebnahme nach beendeter Untersuchung bis zum Tage der Außerdienststellung zum Zwecke der nächsten Untersuchung zu rechnen.

3. Die Untersuchung muß sich auf alle Teile erstrecken. Dabei sind die Kesselverkleidung, die Lager und die Federn ab- und die Radsätze herauszunehmen.

4. Außer den Untersuchungen nach 2 sind Dampfkessel auch nach jeder umfangreicheren Ausbesserung zu untersuchen.

5. Bei der Abnahmeprüfung und den wiederkehrenden Untersuchungen (2 und 4) ist der vom Mantel entblößte Kessel durch Wasserdruck zu prüfen. Der Probedruck muß den höchsten zulässigen Dampfüberdruck um 5 Atmosphären übersteigen. Er ist mit einem Prüfungsmanometer zu messen, das von Zeit zu Zeit auf seine Richtigkeit untersucht werden muß.

6. Kessel, die bei der Wasserdruckprobe ihre Form bleibend ändern, dürfen in diesem Zustande nicht in Dienst genommen werden.

7. Bei der Wasserdruckprobe sind auch die Manometer und Ventilbelastungen zu prüfen.

8. Der bei der Untersuchung als zulässig erkannte höchste Dampfüberdruck ist am Stande des Lokomotivführers zu verzeichnen.

9. Spätestens 6 Jahre nach der Inbetriebnahme müssen Lokomotiven im Innern untersucht werden, wobei die Heizröhren zu entfernen sind. Nach spätestens je 6 Jahren ist diese Untersuchung zu wiederholen.

10. Über das Ergebnis der Untersuchung ist Buch zu führen.

§ 22. Abnahme und Untersuchung der Tender und Wagen.

1. Neue Tender und Wagen dürfen erst in Betrieb genommen werden, nachdem sie untersucht und sicher befunden worden sind.

2. Tender und Wagen sind von Zeit zu Zeit gründlich zu untersuchen. Die Untersuchung muß sich auf alle Teile erstrecken. Dabei sind die Achslager und die Federn ab- und die Radsätze herauszunehmen.

3. Die Untersuchung hat spätestens 8 Jahre nach der Inbetriebnahme oder nach der letzten Untersuchung zu erfolgen.

III. Bahnbetrieb.

§ 23. Eisenbahnbetriebsbeamte.

1. Eisenbahnbetriebsbeamte sind die nachstehend aufgeführten Beamten, Bediensteten und Arbeiter sowie ihre Vertreter:

a) die die Unterhaltung und den Betrieb der Bahn leitenden und beaufsichtigenden Beamten,

b) die Vorsteher und Aufseher der Stationen,

c) die Bahnmeister,

d) die Zugbegleitungsbeamten,

e) die Betriebswerkmeister,

f) die Lokomotivführer und Heizer.

2. Die Betriebsbeamten sind in der zur gesicherten Durchführung des Betriebes erforderlichen Anzahl anzustellen.

3. Den Betriebsbeamten sind schriftliche oder gedruckte Anweisungen über ihre dienstlichen Pflichten einzuhändigen.

4. Über jeden Betriebsbeamten sind Personalakten zu führen.

5. Die Stationsbeamten, Bahnmeister, Zugführer und Lokomotivführer haben im Dienste eine richtig gehende Uhr zu tragen.

§ 24. Unterhaltung, Untersuchung und Bewachung der Bahn.

1. Die Bahn ist so zu unterhalten, daß jede Strecke ohne Gefahr mit der größten für sie zugelassenen Geschwindigkeit befahren werden kann.

2. Die Bahn muß mindestens an jedem Tage einmal auf ihren ordnungsmäßigen Zustand untersucht werden.

3. Gefahrdrohende Stellen sind während des Verkehrens der Züge zu beaufsichtigen.

§ 25. Freihalten des Bahnkörpers.

Die Gleise, auf denen Fahrzeuge durch Lokomotiven bewegt werden, sind von lagernden Gegenständen mindestens bis zu der in § 5 vorgeschriebenen Umgrenzung des lichten Raumes frei zu halten.

§ 26. Kennzeichnung mangelhafter oder unfahrbarer Bahnstrecken.

1. Bahnstrecken, auf denen die für gewöhnlich zugelassene Fahrgeschwindigkeit ermäßigt werden muß, sind durch Signale kenntlich zu machen.

2. Unfahrbare Strecken sind, auch wenn kein Zug erwartet wird, durch Signale abzuschließen.

§ 27. Stillstehende Fahrzeuge.

1. Stillstehende Fahrzeuge sind gegen unbeabsichtigte Bewegung zu sichern.

2. Lokomotiven müssen, solange sie durch eigenen Kraftantrieb bewegungsfähig sind, beaufsichtigt werden.

§ 28. Stärke der Züge.

Züge dürfen bei Geschwindigkeiten bis 30 km nicht über 80 Wagenachsen, von 31 bis 40 nicht über 40 Wagenachsen stark sein.

§ 29. Ausrüstung der Züge mit Bremsen.

1. Außer den Bremsen an der Lokomotive und dem Tender müssen in den Zügen so viele bediente Bremsen vorhanden sein, daß von 100 Wagenachsen mindestens die nach der folgenden Tafel zu berechnende Anzahl gebremst werden kann.

Bemerkung. Als bedient gilt eine Bremse, wenn sie von einem zugbegleitenden Beamten oder (bei durchgehenden Bremsen) vom Lokomotivführer in Tätigkeit gesetzt werden kann.

Neigung		Bei einer Zuggeschwindigkeit von				
‰	1 : n	20 und weniger	25	30	35	40
		Kilometer in der Stunde müssen von je 100 Wagenachsen gebremst werden können				
0	1 : ∞	6	6	6	6	6
2,5	1 : 400	6	6	6	7	9
5,0	1 : 200	6	6	7	9	12
7,5	1 : 133	6	8	10	12	15
10,0	1 : 100	8	10	13	15	18
12,5	1 : 80	10	13	15	18	21
15,0	1 : 66	12	15	18	21	24
17,5	1 : 57	15	18	21	24	27
20,0	1 : 50	17	20	23	27	31
22,5	1 : 44	19	22	26	30	34
25,0	1 : 40	21	25	29	33	37
30,0	1 : 33	26	30	34	38	43

2. Für Geschwindigkeiten und Neigungen zwischen den in der Tafel aufgeführten gilt jedesmal die größere der dabei in Frage kommenden Bremszahlen.

3. Bei der Zählung der Wagenachsen und bei der Feststellung der Bremsachsen ist eine unbeladene Güterwagenachse als halbe Achse zu rechnen. Als unbeladen gilt eine Güterwagenachse nur dann, wenn der Wagen keine Ladung trägt. Die Achsen von Personen-, Post- und Gepäckwagen, von kalt laufenden Lokomotiven und leerlaufenden Tendern sind voll in Ansatz zu bringen.

4. Für Berechnung der Bremsprozente nach dieser Tafel ist ferner maßgebend:

a) die größte Geschwindigkeit, die bei dem Zuge auf der Strecke angewandt werden darf,

b) die Bahnneigung, die dargestellt wird durch die Gerade, die zwei auf der betreffenden Strecke in 1000 m Entfernung liegende, den größten Höhenunterschied zeigende Punkte des Längenabschnitts der Bahn miteinander verbindet.

5. Den Stationsbeamten, den Lokomotiv- und Zugführern ist der Prozentsatz der Wagenachsen bekannt zu geben, die auf jeder Strecke bei den vorgeschriebenen Fahrgeschwindigkeiten gebremst werden müssen.

§ 30. Zusammenstellung der Züge.

1. Wagen mit leicht feuerfangenden Gegenständen dürfen nicht in unmittelbare Nähe der Lokomotive gestellt werden; sie müssen mit einer Decke versehen sein.

2. Am Schlusse eines mit durchgehender Bremse gefahrenen Personenzuges dürfen innerhalb der zugelassenen Zugstärke (§ 28) einzelne an die Bremse nicht angeschlossene Wagen mit zusammen 12 Achsen mitgeführt werden.

3. Mit Reisenden dürfen diese Wagen nur besetzt werden, wenn sie die nach § 29 erforderlichen bedienten Bremsen enthalten.

4. Kommen Neigungen von mehr als 5 ‰ (1 : 200) auf einer ununterbrochenen Länge von 1000 m oder mehr vor, so muß der letzte der unter 2 zugelassenen Wagen eine bediente Bremse haben.

§ 31. Gebrauch der Dampfpfeife und des Läutewerks, Öffnen der Zylinderhähne und Anstellen der Strahlpumpen.

1. Der Gebrauch der Dampfpfeife ist auf die notwendigsten Fälle zu beschränken.

2. Bei Annäherung eines Zuges oder einer einzeln fahrenden Lokomotive an einen in Schienenhöhe liegenden unbewachten Wegübergang hat der Lokomotivführer von der nach § 10, 2 gekennzeichneten Stelle an bis nach Erreichung des Überganges die Läutevorrichtung in Tätigkeit zu halten. Außerdem ist die Läutevorrichtung in Tätigkeit zu setzen, wenn Menschen oder Fuhrwerke auf der Bahn oder in ihrer gefahrdrohenden Nähe bemerkt werden.

3. Beim Schieben der Züge liegt die Verpflichtung zum Läuten in den vorbezeichneten Fällen dem wachthabenden Beamten oder Arbeiter auf dem vordersten Wagen des Zuges ob. Bei Zügen von 20 Achsen und weniger genügt es, wenn die Läutevorrichtung der Lokomotive in Tätigkeit gesetzt wird.

4. In der Nähe von dem öffentlichen Verkehr dienenden Straßen und Arbeiterkolonnen auf der Strecke sowie bei der Fahrt durch Ortschaften, überhaupt überall, wo Menschen dadurch belästigt werden oder Tiere scheuen können, ist das Öffnen der Zylinderhähne und des Bläsers zu unterlassen.

§ 32. Zugsignale.

Die Züge müssen Signale tragen, die bei Tage den Schluß, bei Dunkelheit die Spitze und den Schluß des Zuges erkennen lassen.

§ 33. Beleuchtung der Personenwagen.

Die zur Beförderung von Personen benutzten Wagen sind bei Dunkelheit zu erleuchten.

§ 34. Kuppeln der Wagen, Bremsprobe.

1. Die nicht in Gebrauch befindlichen Kuppelungen und Notketten müssen während der Fahrt der Züge aufgehängt werden.

2. Bevor ein mit Luftdruck- oder Luftsaugebremse gefahrener Zug die Anfangsstation verläßt, ist eine Bremsprobe vorzunehmen. Die Probe ist zu wiederholen, so oft der Zug getrennt oder ergänzt worden ist, es sei denn, daß nur Wagen am Schlusse abgehängt worden wären.

§ 35. Zugpersonal.

1. Dampflokomotiven müssen während der Fahrt mit einem Führer und einem Heizer besetzt sein.

2. Heizer müssen mit der Handhabung der Lokomotive mindestens so weit vertraut sein, um die Lokomotive erforderlichenfalls vor- und rückwärts in Gang bringen und still stellen zu können.

3. Das Zugpersonal ist während der Fahrt einem Beamten zu unterstellen.

4. Dieser Beamte hat einen Fahrbericht zu führen, worin Abgangs- und Ankunftszeiten auf den Stationen, die Anzahl der beladenen und unbeladenen Wagenachsen und etwaige außergewöhnliche Vorkommnisse zu verzeichnen sind.

§ 36. Mitfahren auf der Lokomotive.

Ohne Erlaubnis des zuständigen Beamten darf außer den dienstlich dazu berechtigten Personen niemand auf der Lokomotive mitfahren.

§ 37. Ein- und Ausfahrt der Züge. Zugfolge.

1. Kein Zug darf ohne Erlaubnis des zuständigen Beamten von einer Station abfahren.

2. Kein zur Beförderung von Personen dienender Zug darf vor der im Fahrplan angegebenen Zeit abfahren.

3. Kein Zug darf abgelassen werden, wenn nicht festgestellt ist, daß das Gleis bis zur nächsten, zur Kreuzung geeigneten Station durch einen Gegenzug nicht beansprucht wird und der vorhergehende Zug die nächste Station erreicht hat.

4. Die Verständigung über die Zugfolge hat durch den Telegraphen oder Fernsprecher zu erfolgen.

§ 38. Fahrgeschwindigkeit.

1. Die Geschwindigkeit darf die Grenzen nicht übersteigen, die

a) für die einzelnen Lokomotiven festgesetzt sind,
b) der Stärke der Züge (vgl. § 28) und
c) der Anzahl der bedienten Bremsachsen entsprechen,
d) durch die besonderen Verhältnisse der einzelnen Bahnstrecken geboten sind.

2. Abgesehen von dem Vorstehenden und den aus 3 und 4 und § 40 sich ergebenden Einschränkungen beträgt die höchste zulässige Geschwindigkeit 40 km.

3. Die größte zulässige Geschwindigkeit beträgt in Krümmungen

von 150 m	40 km
„ 120 „	30 „
„ 100 „	25 „
„ 60 „	20 „

bei Zügen, die geschoben werden, in jedem Falle 15 km.

4. Wird die durchgehende Bremse eines Zuges unterwegs unbrauchbar, so darf die Fahrt mit unverminderter Geschwindigkeit fortgesetzt werden, wenn die Bremsen in der nach § 29 erforderlichen Anzahl von Hand bedient werden.

§ 39. Schieben der Züge.

1. Züge ohne führende Lokomotive dürfen nur geschoben werden, wenn sie nicht mehr als 50 Wagenachsen stark sind.

2. Der vorderste Wagen ist mit einem Beamten zu besetzen, der, sofern mehr als 20 Achsen im Zuge laufen, eine weithin tönende Glocke mit sich zu führen hat.

§ 40. Sonderzüge.

Sonderzüge und einzeln fahrende Lokomotiven, die den Stationen und dem Bahnbewachungspersonal nicht vorher angekündigt sind, dürfen mit keiner größeren Geschwindigkeit als 20 km/Std. fahren.

IV. Bahnpolizei.

§ 41. Eisenbahnpolizeibeamte.

1. Eisenbahnpolizeibeamte sind:

a) der Betriebsleiter,
b) die Stationsbeamten,
c) Bahnmeister,
d) Weichensteller,
e) Streckenvorarbeiter,
f) Zugführer,
g) Nachtwächter,
h) Die Stellvertreter der Genannten.

2. Die Bahnpolizeibeamten sind zu vereidigen oder durch Handschlag an Eidesstatt zu verpflichten.

§ 42. Ausübung der Bahnpolizei.

1. Der Amtsbereich der Bahnpolizeibeamten umfaßt örtlich — ohne Rücksicht auf den Wohnort und Dienstbezirk — das gesamte Bahngebiet der Verwaltung, sachlich die Maßnahmen, die zur Handhabung der für den Eisenbahnbetrieb geltenden Verordnungen erforderlich sind.

2. Bei Ausübung des Dienstes müssen die Bahnpolizeibeamten Uniform oder ein Dienstabzeichen tragen oder mit einem sonstigen Ausweis über ihre amtliche Eigenschaft versehen sein.

3. Die Bahnpolizeibeamten haben sich dem Publikum gegenüber rücksichtsvoll, aber bestimmt zu benehmen.

4. Die Bahnpolizeibeamten, die sich zur Ausübung ihres Dienstes als ungeeignet zeigen, müssen sofort von der Wahrnehmung bahnpolizeilicher Verrichtungen entfernt werden.

5. Die Bahnverwaltung ist verpflichtet, über jeden Bahnpolizeibeamten Personalakten anzulegen und fortzuführen.

§ 43. Gegenseitige Unterstützung der Polizeibeamten.

Die sonstigen Polizeibeamten sind verpflichtet, die Bahnpolizeibeamten auf Ersuchen bei Handhabung der Bahnpolizei zu unterstützen. Ebenso sind die Bahnpolizeibeamten verbunden, den sonstigen Polizeibeamten bei der Ausübung ihres Dienstes innerhalb des Bahngebietes Beistand zu leisten, soweit es ihre bahndienstlichen Pflichten zulassen.

V. Bestimmungen für das Publikum.

§ 44. Allgemeine Bestimmungen.

Die Reisenden und das sonstige Publikum haben den allgemeinen Anordnungen, die von der Bahnverwaltung zur Aufrechterhaltung der Ordnung innerhalb des Bahngebietes und im Bahnverkehre getroffen werden, nachzukommen und den dienstlichen Anordnungen der in Uniform befindlichen oder mit einem Dienstabzeichen oder sonstigen Ausweis über ihre amtliche Eigenschaft versehenen Bahnpolizeibeamten Folge zu leisten.

§ 45. Betreten der Bahnanlagen.

1. Das Betreten der Bahnanlagen der freien Strecke, soweit sie nicht zur Benutzung als Wege bestimmt sein sollten, ist nur den dazu berechtigten und den im Dienst befindlichen Beamten des Gouvernements und den Angestellten der Bahn gestattet.

2. Die zum Betreten der Bahnanlagen Berechtigten haben es zu vermeiden, sich innerhalb der Gleise aufzuhalten.

3. Für das Betreten der Bahnanlagen durch Tiere ist der verantwortlich, dem die Aufsicht über die Tiere obliegt.

4. Wo der Bahnkörper außerhalb der Gleise zugleich als Weg dient, ist er bei Annäherung eines Zuges zu räumen.

§ 46. Überschreiten der Bahn.

1. Das Publikum darf die Bahn nur an den zu Übergängen bestimmten Stellen überschreiten, und zwar nur solange, als sich kein Zug nähert. Beim Überschreiten der Bahn ist jeder unnötige Aufenthalt zu vermeiden.

2. Baumstämme und andere schwere Gegenstände dürfen, wenn sie nicht getragen werden, nur auf Wagen über die Bahn geschafft werden.

3. Es ist untersagt, Schranken oder sonstige Einfriedigungen eigenmächtig zu öffnen oder zu überschreiten, etwas darauf zu legen oder zu hängen. Sobald das Läuten des Zuges ertönt oder überhaupt ein Zug sich nähert, müssen Fuhrwerke und Tiere an den Warnungstafeln oder, wo solche fehlen, in angemessener Entfernung von der Bahn angehalten werden. Fußgänger dürfen bis an die Schranken der damit versehenen Übergänge herantreten.

4. Viehherden dürfen innerhalb 10 Minuten vor dem mutmaßlichen Eintreffen eines Zuges nicht mehr über die Bahn getrieben werden.

§ 47. Bahnbeschädigungen und Betriebsstörungen.

Es ist verboten, die Bahnanlagen, die Betriebseinrichtungen oder die Fahrzeuge zu beschädigen, Gegenstände auf die Fahrbahn zu legen oder sonstige Fahrthindernisse anzubringen, Weichen umzustellen, falschen Alarm zu erregen, Signale nachzuahmen oder andere betriebsstörende Handlungen vorzunehmen.

§ 48. Verhalten der Reisenden.

1. Die Reisenden dürfen nur an den dazu bestimmten Stellen und auf der dazu bestimmten Seite des Zuges ein- und aussteigen.

2. Solange ein Zug sich in Bewegung befindet, ist verboten

a) das Öffnen der Wagentüren,

b) das Ein- und Aussteigen,

c) der Versuch oder die Hilfeleistung dazu,

d) das Betreten der Trittbretter und Plattformen, soweit der Aufenthalt hier nicht ausdrücklich gestattet ist.

3. Es ist untersagt, Gegenstände aus dem Wagen zu werfen, durch die ein Mensch verletzt oder eine Sache beschädigt werden könnte.

§ 49. Bestrafung von Übertretungen.

Wer den Bestimmungen der §§ 44 bis 48 zuwiderhandelt, wird mit Geldstrafe bis zu 75 Rup. bestraft, wenn nicht nach den allgemeinen Strafbestimmungen eine höhere Strafe verwirkt ist.

§ 50. Aushang von Vorschriften.

Ein Abdruck der in den §§ 44 bis 49 gegebenen Vorschriften ist in deutscher Sprache in jedem Warteraum auszuhängen.

93. Verfügung des Gouverneurs von Kamerun, betreffend die Gebühren der Rechtsanwälte. Vom 27. März 1907.

(Kol. Bl. S. 429.)

Auf Grund des § 8 der Verfügung des Reichskanzlers vom 28. November 1901, betr. die Regelung des gerichtlichen Kostenwesens in den Schutzgebieten Afrikas und der Südsee (Kol. Bl. S. 853),*) bestimme ich:

§ 1. Den Rechtsanwälten stehen Gebühren im doppelten Betrage der Sätze zu, die in den im § 18 des Gesetzes über die Konsulargerichtsbarkeit bezeichneten Vorschriften bestimmt sind.

§ 2. Diese Verfügung tritt sofort in Kraft; sie findet auch Anwendung auf die vor dem heutigen Tage einem Rechtsanwalt erteilten Aufträge, sofern die Liquidation bisher nicht erfolgt ist.

Buea, den 27. März 1907.

Der stellvertretende Kaiserliche Gouverneur.
Gleim.

94. Verordnung des Gouverneurs von Kamerun wegen Aufhebung der Verordnung vom 20. Juli 1885, betreffend die Einführung einer Abgabe auf den Handel mit Spirituosen im Kamerungebiete, und wegen Abänderung der Verordnung vom 20. Dezember 1900, betreffend den Kleinhandel mit geistigen Getränken und den Ausschank in Kamerun. Vom 27. März 1907.

Auf Grund des § 15 des Schutzgebietsgesetzes (Reichs-Gesetzbl. 1900 S. 813) und des § 5 der Verfügung des Reichskanzlers, betreffend die seemannsamtlichen und konsularischen Befugnisse und das Verordnungsrecht der Behörden in den Schutzgebieten Afrikas und der Südsee, vom 27. September 1903 wird hiermit verordnet, was folgt:

§ 1. Die Verordnung vom 27. Juli 1885, betreffend die Einführung einer Abgabe auf den Handel mit Spirituosen im Kamerun-Gebiete,**) wird aufgehoben.

§ 2. Die im § 4 der Verordnung vom 20. Dezember 1900, betreffend den Kleinhandel mit geistigen Getränken und den Ausschank in Kamerun,***) angeordnete Abgabe für die Erlaubnis zum Kleinhandel mit und zum Ausschank von geistigen Getränken wird auf jährlich 400 Mark erhöht.

---

*) D. Kol. Gesetzgeb. VI S. 425.
**) D. Kol. Gesetzgeb. I S. 239.
***) D. Kol. Gesetzgeb. VI S. 265.

§ 3. Absatz 1 des § 9 der Verordnung vom 20. Dezember 1900, betreffend den Kleinhandel mit geistigen Getränken und den Ausschank in Kamerun, erhält folgende Fassung:

Wer Kleinhandel mit geistigen Getränken betreibt, eventuell geistige Getränke ausschänkt, ohne im Besitz der erforderlichen Genehmigung zu sein, wird mit Geldstrafe von 10 bis 500 Mark bestraft und hat das Einfache der nicht entrichteten Abgabe nachzuzahlen. Wer sich einer Zuwiderhandlung gegen die Vorschriften in den vorstehenden §§ 6 und 8 schuldig macht, wird mit Geldstrafe von 10 bis 500 Mark bestraft.

§ 4. Diese Verordnung tritt am 1. April 1907 in Kraft.

Buea, den 27. März 1907.

Der stellvertretende Kaiserliche Gouverneur.
Gleim.

95. Verordnung des Reichskanzlers, betreffend Schaffung kommunaler Verbände in den Bezirken Moschi, Muansa und Tabora (Deutsch-Ostafrika). Vom 30. März 1907.

(Kol. Bl. S. 384. Reichsanzeiger vom 2. Mai 1907. Amtl. Anz. Nr. 12.)

Auf Grund der Kaiserlichen Verordnung, betreffend die Vereinigung von Wohnplätzen in den Schutzgebieten zu kommunalen Verbänden, vom 3. Juli 1899 (Reichs-Gesetzbl. S. 366)*) wird hierdurch folgendes bestimmt:

§ 1. Die Wohnplätze der in Deutsch-Ostafrika bestehenden Bezirksämter Moschi, Muansa und Tabora werden zu je einem, das Gebiet des betreffenden Bezirksamts umfassenden kommunalen Verband vereinigt.

Die Namen der hiernach gebildeten Verbände sind:

Moschi,
Muansa,
Tabora.

§ 2. Auf die kommunalen Verbände Moschi, Muansa und Tabora finden die Vorschriften der §§ 2 bis 11 der Verordnung, betr. die Schaffung kommunaler Verbände in Deutsch-Ostafrika, vom 29. März 1901 (Kol. Bl. S. 217)**) entsprechende Anwendung.

§ 3. Diese Verordnung tritt mit dem 1. April 1907 in Kraft.

Berlin, den 30. März 1907.

Der Reichskanzler.
I. V.: Graf v. Posadowsky.

96. Allgemeine Bestimmungen, betreffend die Vergebung von Leistungen und Lieferungen im Bereiche der Kolonialverwaltung, gültig vom 1. April 1907.***)

(Kol. Bl. S. 432. Reichsanzeiger vom 6. Juni 1907.)

Inhaltsübersicht.

*) D. Kol. Gesetzgeb. IV S. 78.
**) D. Kol. Gesetzgeb. VI S. 297.
***) Die „Allgemeinen Bestimmungen" sind den Gouvernements sowie den Bezirks

A. Arten der Vergebung.

I. Leistungen und Lieferungen sind in der Regel öffentlich auszuschreiben.

II. Mit Ausschluß der Öffentlichkeit können zu engerer Bewerbung ausgeschrieben werden:

1. Leistungen und Lieferungen, die nach ihrer Eigenart nur ein beschränkter Kreis von Unternehmern in geeigneter Weise ausführt;
2. Leistungen und Lieferungen, bezüglich deren in einer öffentlichen Ausschreibung ein annehmbares Ergebnis nicht erzielt worden ist;
3. sonstige Leistungen und Lieferungen, deren überschläglicher Gesamtwert (frei Werk ohne Verpackung) rund 5000 Mark beträgt, sofern besondere Gründe für die Ausschreibung zu engerer Bewerbung vorhanden sind. In diesem Falle sind in der Regel mindestens drei und höchstens sechs Bewerber, bei deren Auswahl nach Möglichkeit zu wechseln ist, zur Abgabe von Angeboten aufzufordern.

III. Unter Ausschluß jeder Ausschreibung kann die Vergebung erfolgen:

1. bei Gegenständen, deren überschläglicher Wert
   a) frei Werk ohne Verpackung den Betrag von 3000 Mark,
   b) frei Bord Schiff Seehafen einschließlich seetüchtiger, sachgemäßer Verpackung den Wert von 4000 Mark,
   c) frei Land Schutzgebiet den Wert von 5000 Mark nicht übersteigt;
2. bei Dringlichkeit des Bedarfs;
3. bei Leistungen und Lieferungen, deren Ausführung besondere Kunstfertigkeit erfordert oder unter Patent- oder Musterschutz steht;
4. bei Nachbestellung zur Ergänzung des für einen bestimmten Zweck ausgeschriebenen Gesamtbedarfs, sofern kein höherer Preis vereinbart wird als für die Hauptlieferung oder -leistung, und bei Ersatzlieferungen einzelner Teile.

Bei der Auswahl der Unternehmer ist nach Möglichkeit zu wechseln.

---

ustern des Inselgebiets von D. Neu-Guinea mit einem R. E. des Ausw. Amts, Kol. Abt., v. 3. Juni 1907 zugegangen, in welchem es in Abs. 4 heißt:

„Zu der unter A. III. 2 aufgenommenen Vorschrift, nach der die Vergebung „bei Dringlichkeit des Bedarfs unter Ausschluß jeder Ausschreibung erfolgen „kann, bemerke ich, daß die Dringlichkeit des Bedarfs jedesmal eingehend „zu prüfen und, falls die Beschaffung hier in die Wege geleitet werden soll, „ausführlich zu begründen ist. Die Beurteilung der Dringlichkeit des Bedarfs „bleibt dem Kaiserlichen pp. überlassen, zumal angenommen werden darf, daß „in absehbarer Zeit ein großer Teil der zur Zeit noch in Deutschland beschafften „Gegenstände im Schutzgebiete selbst, also bei eintretendem Bedarfe sofort „gekauft werden kann."

Vgl. ferner den R. E. v. 9. Juli 1907, unten Nr. 179, und die Anmerkungen hierzu sowie den R. E. vom 10. Juli 1907, unten Nr. 180.

B. Verfahren bei Ausschreibungen.

I. Gegenstand der Ausschreibung.

1. Der Gegenstand der Ausschreibung ist in allen wesentlichen Beziehungen bestimmt zu bezeichnen.

2. Über alle für die Preisberechnung erheblichen Nebenumstände sind vollständige, eine zutreffende Beurteilung der Bedeutung derselben ermöglichende Angaben zu machen.

3. Für die Ausführung von Bauten sind zur Verabfolgung an die Bewerber bestimmte Verdingungsanschläge aufzustellen, gegebenenfalls unter Zuziehung besonderer Sachverständiger. In den Anschlägen sind sämtliche Hauptleistungen sowie die Nebenleistungen, die zwar zur planmäßigen Ausführung der Leistung oder Lieferung nach Verkehrssitte mitgehören, aber für die Preisbemessung besondere Bedeutung besitzen, ersichtlich zu machen. Soweit angängig, sind den Verdingungsanschlägen die zur Klarstellung der Art und des Umfangs der zu vergebenden Leistungen und Lieferungen geeigneten zeichnerischen Darstellungen und Massenberechnungen beizugeben.

4. Die Verdingungsanschläge dürfen von der Behörde ermittelte Preisansätze nicht enthalten.

5. Bei umfangreicheren Massenberechnungen und Zeichnungen, von denen den Bewerbern Vervielfältigungen nicht zur Verfügung gestellt werden können, ist ihnen die Einsichtnahme zu gestatten.

6. Die Verdingung von Arbeiten und Lieferungen zu Bauausführungen in einer Bauschsumme ist nur im Ausnahmefalle zulässig. Auch in diesem Falle bedarf es eines bei der Verdingung als Baubeschreibung dienenden Kostenanschlags, wobei die Vorschriften unter 1. bis 3. sinngemäße Anwendung finden.

7. Die Ausschreibungen sind tunlichst derart zu zerlegen, daß auch kleineren Gewerbetreibenden und Handwerkern die Beteiligung an der Bewerbung ermöglicht wird. Bei größeren Arbeiten oder Lieferungen, die ohne Schaden für die gleichmäßige Ausführung getrennt vergeben werden können, hat daher die Vergebung in der Regel den verschiedenen Gewerbs- und Handwerkszweigen entsprechend zu erfolgen, auch ist in geeigneten Fällen die Verdingung nach den Arbeiten und den zugehörigen Lieferungen zu trennen. Bei besonders umfangreichen Ausschreibungen sind die auf die einzelnen Gewerbs- und Handwerkszweige entfallenden Arbeiten oder Lieferungen in mehrere Lose zu teilen.

8. Bezüglich der Beschaffenheit zu liefernder Waren und der Abmessung zu liefernder Gegenstände sind ungewöhnliche, im Handel nicht übliche Anforderungen nur insoweit zu stellen, als dies unbedingt notwendig ist.

9. Bei Waren, die im Deutschen Reiche hergestellt werden können, ohne daß dadurch Mehrkosten entstehen, soll tunlichst deutscher Ursprung zur Bedingung gemacht werden.

10. Ist bei Lieferungen der Kenntnis der Bezugsquelle (der Fabrik) eine besondere Bedeutung für die Beurteilung der Güte beizumessen, so ist von dem Bewerber die Namhaftmachung des Fabrikanten, von dem die Waren bezogen werden sollen, zu verlangen; auch können gegebenenfalls Angaben über die zur Herstellung der Waren verbrauchten Roh- und Hilfsstoffe erfordert werden. Die Mitteilungen werden vertraulich behandelt.

II. Fristen für die Vertragserfüllung.

1. Für die Ausführung der Leistung oder Lieferungen sind ausreichend bemessene **Fristen** unter Berücksichtigung der Lage des Marktes, der Jahreszeit und der Arbeitsverhältnisse zu bewilligen.

2. Bei *fortlaufendem Bedarf* sind die Lieferfristen sachgemäß zu verteilen, wobei möglichst dem Bedürfnis der Lieferer nach gleichmäßiger Beschäftigung Rechnung zu tragen ist.

3. Muß bei dringendem Bedarf die Frist für eine Lieferung ausnahmsweise kurz gestellt werden, so ist die besondere Beschleunigung nur für die zunächst erforderliche Menge vorzuschreiben.

III. Bekanntmachung der Ausschreibung.

1. Die Bekanntmachungen öffentlicher Ausschreibungen durch Zeitungen und Fachschriften müssen in gedrängter Form diejenigen Angaben vollständig enthalten, die für die Entschließung zur Beteiligung an der Bewerbung von Wichtigkeit sind. Insbesondere sind darin aufzuführen:

Gegenstand und Umfang der Leistung oder Lieferung nach den wesentlichsten Beziehungen, wobei die Teilung des Gegenstandes nach Handwerkszweigen, Losen usw. hervorzuheben ist;

die Frist für die Vertragserfüllung;

Ort und Zeit der Eröffnung der Angebote;

die Zuschlagsfrist;

der Preis der Verdingungsanschläge, Zeichnungen, Bedingungen und die Stellen, an denen sie eingesehen und von denen sie bezogen werden können.

2. Bemerkungen über den Vorbehalt der Auswahl unter den Bewerbern sind in die Bekanntmachungen nicht aufzunehmen.

3. Die Bekanntmachungskosten werden von der ausschreibenden Behörde getragen.

IV. Bewerbungsfrist.

Um den Bewerbern die notwendige Zeit zur sachgemäßen Vorbereitung der Angebote zu gewähren, ist — vorbehaltlich einer durch besondere Umstände gebotenen größeren Beschleunigung — der Zeitpunkt der Eröffnung bei kleineren Arbeiten und leicht zu beschaffenden Lieferungen unter Bestimmung einer Frist von mindestens 14 Tagen, bei größeren Arbeiten mit einer solchen von mindestens 4 Wochen, vom Tage des Erscheinens der Bekanntmachung in dem zuletzt zur Ausgabe gelangenden Blatte an gerechnet, festzusetzen.

V. Zuschlagsfrist.

1. Die Zuschlagsfristen sind in allen Fällen, insbesondere aber bei Lieferungen solcher Waren, deren Preise häufigen Schwankungen unterliegen, möglichst kurz zu bemessen.

2. Die Zuschlagsfrist darf in der Regel den Zeitraum von 4 Wochen nicht übersteigen.

VI. Bedingungen für die Bewerbung um Arbeiten und Lieferungen.

1. Den öffentlichen Ausschreibungen sind die in der Anlage 1 zusammengestellten, von Zeit zu Zeit öffentlich bekannt zu machenden Bedingungen zugrunde zu legen. *Anlage 1.*

2. In den Ausschreibungen selbst ist demnächst nur auf diese Bekanntmachungen zu verweisen.

3. Auf das Verfahren bei engeren Ausschreibungen finden diese Bedingungen mit der Maßgabe entsprechende Anwendung, daß für die Verdingungsanschläge, Zeichnungen, Bedingungen usw., die den zur Bewerbung aufgeforderten Unternehmern zugestellt werden, eine Erstattung von Kosten nicht beansprucht wird.

VII. Eröffnung der Angebote.

1. Zu der Verhandlung über die Eröffnung der Angebote werden nur die Bewerber und deren Vertreter, nicht aber unbeteiligte Personen zugelassen.

2. Die eingegangenen Angebote werden im Beisein der Erschienenen eröffnet und — mit Ausschluß der darin enthaltenen Angaben über Bezugsquellen und die zu verwendenden Stoffe — verlesen, soweit dies zur Klarstellung des Verdingungsergebnisses erforderlich erscheint. Bis dahin sind die Angebote unter Verschluß zu halten.

3. Über den Gang der Verhandlung wird eine Niederschrift angefertigt, in der die Angebote in der Reihenfolge des Eingangs aufzuführen sind. Die Angebotsschreiben werden mit fortlaufender Nummer bezeichnet, der Niederschrift beigefügt und von dem die Verhandlung leitenden Beamten mit seiner Namensaufschrift versehen.

4. Die Niederschrift wird verlesen und von den erschienenen Bewerbern und Vertretern mit vollzogen. Eine Veröffentlichung der Angebote sowie der Niederschrift ist den Beamten nicht gestattet, jedoch können die Bewerber auf ihre Kosten Auszüge daraus erhalten.

5. Nachträgliche Angebote bleiben unberücksichtigt.

6. Gehen Angebote nach dem Beginn der Verhandlung ein, so sind sie in der Niederschrift als verspätet eingegangen zu bezeichnen. Solche Angebote werden nur dann berücksichtigt, wenn sie noch vor der Eröffnung des ersten Angebots dem die Verhandlung leitenden Beamten von dem Bewerber oder seinem Vertreter persönlich eingehändigt worden sind oder wenn das verspätete Eintreffen durch Umstände verursacht ist, die außer aller Schuld des Bewerbers liegen, auch die Möglichkeit ausgeschlossen ist, daß das Ergebnis der Verdingung bei Abfassung des Angebots bekannt war.

7. Sofern die Feststellung des annehmbarsten Gebotes (vergleiche unter VIII.) besondere Ermittlungen nicht erfordert und der die Verhandlung leitende Beamte zur selbständigen Entscheidung über den Zuschlag zuständig ist, kann die Erteilung des Zuschlages in der von dem gewählten Unternehmer mit zu vollziehenden Niederschrift erfolgen.

VIII. Zuschlagserteilung.

1. Die niedrigste Geldforderung als solche darf für die Entscheidung über den Zuschlag keineswegs den Ausschlag geben.

2. Der Zuschlag darf nur auf ein in jeder Beziehung annehmbares, die tüchtige und rechtzeitige Ausführung der betreffenden Leistung oder Lieferung gewährleistendes Gebot erteilt werden.

3. Es sind nur solche Bewerber zu berücksichtigen, welche für die bedingungsmäßige Ausführung sowie für die Erfüllung ihrer Verpflichtungen gegenüber ihren Handwerkern und Arbeitern die erforderliche Sicherheit bieten. Bewerber, von denen der ausschreibenden Behörde bekannt ist, daß sie ihren Beitragspflichten bei der Kranken-, Unfall- und Invalidenversicherung nicht nachzukommen pflegen, sind ausgeschlossen.

4. In geeigneten Fällen sind die zuständigen Interessentenvertretungen (Handwerks-, Handels- oder Landwirtschaftskammern) um Auskunft über die Leistungsfähigkeit nicht hinreichend bekannter Unternehmer zu ersuchen.

5. Ausgeschlossen von der Berücksichtigung sind solche Angebote:

a) die den der Ausschreibung zugrunde gelegten Bedingungen oder Proben nicht entsprechen;

b) die nach den von den Bewerbern eingereichten Proben für den vorliegenden Zweck nicht geeignet sind;

c) die eine in offenbarem Mißverhältnis zu der Leistung oder Lieferung stehende Preisforderung enthalten, so daß nach dem geforderten Preise an und für sich eine tüchtige Ausführung nicht erwartet werden kann.

6. Nur ausnahmsweise darf in dem letzteren Falle (zu c) der Zuschlag erteilt werden, sofern der Bewerber als zuverlässig und leistungsfähig bekannt ist und ausreichende Gründe für die Abgabe des ausnahmsweise niedrigen Gebotes beigebracht sind oder auf Befragen beigebracht werden.

7. Die Bedürfnisse an landwirtschaftlichen Erzeugnissen sind, soweit dies ohne Schädigung fiskalischer oder anderer allgemeiner Interessen und ohne grundsätzliche Ausschließung des Handels ausführbar ist, tunlichst unmittelbar von den Produzenten zu erwerben.

8. Bei der Vergebung von Leistungen und Lieferungen für Bauten sind im Falle gleicher Preisstellung die am Orte der Ausführung oder in dessen Nähe wohnenden Gewerbetreibenden vorzugsweise zu berücksichtigen, wenn sie die Arbeiten im eigenen Betriebe ausführen.

9. Im übrigen ist bei öffentlichen Ausschreibungen der Zuschlag demjenigen der drei als Mindestfordernde in Betracht kommenden Bewerber zu erteilen, dessen Angebot unter Berücksichtigung aller Umstände als das annehmbarste zu erachten ist.

10. Bei engeren Ausschreibungen hat unter sonst gleichwertigen Angeboten die Vergebung an den Mindestfordernden zu erfolgen. Sind ausnahmsweise den Bewerbern die näheren Vorschläge in betreff der einzelnen Anlagen und Einrichtungen überlassen worden, so ist der Zuschlag auf dasjenige Angebot zu erteilen, das für den gegebenen Fall als das geeignetste und zugleich in Abwägung aller Umstände als das preiswürdigste erscheint.

11. Ist keines der hiernach bei öffentlichen und engeren Ausschreibungen in Betracht kommenden Mindestgebote für annehmbar zu erachten, so hat die Ablehnung sämtlicher Gebote und die Einleitung eines neuen Verfahrens zu erfolgen.

C. Abschluß förmlicher Verträge.

I. Form der Verträge.

1. Über den durch die Erteilung des Zuschlags zustande gekommenen Vertrag ist der Regel nach eine schriftliche Urkunde zu errichten.

2. Hiervon kann unter der Voraussetzung, daß die Rechtsgültigkeit des Übereinkommens dadurch nicht in Frage gestellt wird, abgesehen werden:

A. bei Gegenständen bis zum Wert von

a) 3000 Mark frei Werk ohne Verpackung,

b) 4000 Mark frei Bord Schiff Seehafen einschl. Verpackung,

c) 5000 Mark frei Land Schutzgebiet,

einschließlich;

B. bei Zug um Zug bewirkten Leistungen und Lieferungen;

C. bei einfachen Vertragsverhältnissen, über die ein alle wesentlichen Bedingungen enthaltender Brief- oder Telegrammwechsel vorliegt.

3. Wird in solchen Fällen von der Aufstellung einer schriftlichen Urkunde Abstand genommen, so ist in anderer geeigneter Weise — z. B. durch Bestellzettel, schriftliche, gegenseitig anerkannte Aufzeichnungen — für die Sicherung der Beweisführung über den wesentlichen Inhalt des Übereinkommens Vorsorge zu treffen.

II. Fassung der Verträge.

1. Die Fassung der Vertragsbedingungen muß knapp, aber bestimmt und deutlich sein.

2. Den Verträgen sind allgemeine Vertragsbedingungen zugrunde zu legen, soweit solche aufgestellt sind.

3. In der Vertragsurkunde müssen außer der Bezeichnung der vertragschließenden Parteien die besonderen der Verdingung zugrunde gelegten Bedingungen enthalten sein.

4. Der Vertragsschluß geschieht, soweit ein Beamter damit beauftragt ist, namens der zuständigen Behörde.

5. Für den Vertragsschluß kommen namentlich in Betracht:

a) der Gegenstand der Verdingung unter Bezeichnung der Bezugsquelle, falls eine derartige Angabe ausnahmsweise verlangt ist;

b) die Höhe der Vergütung und die Kasse, durch welche die Zahlungen zu erfolgen haben;

c) die Vollendungsfrist und die etwaigen Teilfristen;

d) die Höhe einer etwaigen Vertragsstrafe sowie die Voraussetzungen, unter denen sie fällig wird;

e) die Höhe einer etwa zu bestellenden Sicherheit unter genauer Bezeichnung derjenigen Verbindlichkeiten, für deren Erfüllung diese haften soll, sowie derjenigen Voraussetzungen, unter denen die Rückgabe zu erfolgen hat;

f) das Nähere in betreff der Abnahme der Leistungen oder Lieferungen sowie der Dauer und des Umfanges der von dem Unternehmer zu leistenden Gewähr;

g) Bestimmungen über das Austragen von Streitigkeiten, wobei in der Regel ein schiedsrichterliches Verfahren vorzusehen ist;

h) die technischen Vorschriften wegen der Beschaffenheit der Lieferungsgegenstände, Baustoffe, der Art der Ausführung und der dabei zu beachtenden Gesichtspunkte, soweit diese sich nicht bereits aus den Anschlägen und Zeichnungen ergeben.

6. Soweit der Unternehmer von ihm selbst im Inlande erzeugte Mengen von Sachen oder Waren liefert, ist dies nach den stempelrechtlichen Vorschriften in der Vertragsurkunde zum Ausdruck zu bringen. Bei Werkverträgen über nicht bewegliche Gegenstände ist nicht nur der Gesamtpreis, sondern auch der Wert der Baustoffe in demjenigen Zustande, in welchem sie mit dem Grund und Boden in dauernde Verbindung gebracht werden sollen, im Vertrage anzugeben.

7. Die allgemeinen Vertragsbedingungen sind, insofern nicht bei einfachen Vertragsverhältnissen zweckmäßiger die Aufnahme der wesentlichsten Bestimmungen in den Vertrag selbst erfolgt, der Vertragsurkunde beizufügen.

8. Verdingungsanschläge, Zeichnungen, allgemeine und besondere Bedingungen sind durch Anheften mit Schnur und Siegel zu Bestandteilen des Vertrages zu machen. Umfangreichere Zeichnungen sind als Anlagen lose beizufügen und als solche beiderseits anzuerkennen.

9. Durchstreichungen, Radierungen, Einschaltungen sind in den Vertragsurkunden zu vermeiden. Werden Berichtigungen erforderlich, so sind sie am Rande durch die Unterschrift beider Teile anzuerkennen.

10. Die Seiten der Vertragsurkunden sind mit fortlaufenden Zahlen zu bezeichnen.

D. Inhalt und Ausführung der Verträge.

Die Verbindlichkeiten, die den Unternehmern auferlegt werden, dürfen dasjenige Maß nicht übersteigen, welches Privatpersonen sich in ähnlichen Fällen auszubedingen pflegen. In den Verträgen sind nicht nur die Pflichten, sondern auch die ihnen entsprechenden Rechte der Unternehmer zu verzeichnen.

Im einzelnen.

I. Zahlung.

1. Die Zahlungen sind unter tunlichster Berücksichtigung der Verkehrssitte aufs äußerste zu beschleunigen.

2. Die Abnahme hat alsbald nach Fertigstellung oder Ablieferung der Leistung oder Lieferung zu erfolgen.

3. Verzögert sich die Zahlung infolge der notwendigen genauen Feststellung des Geleisteten oder Gelieferten, oder erstreckt sich die Ausführung über einen längeren Zeitraum, so sind Abschlagszahlungen bis zu demjenigen Betrage zu leisten, den der abnehmende Beamte nach pflichtmäßigem Ermessen zu vertreten vermag.

4. Wird dem Unternehmer von der Verwaltung eine Frist für die Einreichung der Schlußrechnung gesetzt, so hat die Prüfung und Festlegung der richtig befundenen Schlußrechnung innerhalb einer anschließenden gleichen Frist zu erfolgen.

5. Auf Antrag der Unternehmer sind Zahlungen an sie durch Vermittlung der Reichsbank zu leisten.

II. Sicherheitsleistung.

1. Die Zulassung zu dem Ausschreibungsverfahren ist von einer vorgängigen Sicherheitsleistung nicht abhängig zu machen; dagegen kann in den hierzu geeigneten Fällen vor der Erteilung des Zuschlages die ungesäumte Sicherheitsleistung verlangt werden.

2. Die Sicherheit kann durch Bürgen oder durch Pfänder bestellt werden.

3. Bei Bemessung der Höhe der Sicherheit und der Bestimmung darüber, ob sie auch während der Gewährleistungszeit ganz oder teilweise einbehalten wird, ist über dasjenige Maß nicht hinauszugehen, welches geboten ist, um die Verwaltung vor Schaden zu bewahren.

4. Der Regel nach ist die Sicherheit nicht höher als auf 5 vH. der Vertragsumme zu bemessen.

5. Wenn die Vertragsumme 10 000 Mark nicht übersteigt, oder wenn die zu hinterlegende Sicherheit den Betrag von 500 Mark nicht erreichen würde, ist auf Sicherheitsleistung in den Fällen zu verzichten, in denen die Unternehmer als leistungsfähig und zuverlässig bekannt sind.

6. Die Sicherheitsleistung gemäß Abs. 2 kann nach dem Ermessen der Verwaltung auch ersetzt werden:

a) durch Hinterlegung trockener oder gezogener Sichtwechsel, welche der Verwaltung einen wechselmäßigen Anspruch gegen den Aussteller in Höhe der Sicherheitssumme gewähren;

b) sofern die zu bestellende Sicherheit den Betrag von 1000 Mark nicht übersteigen würde, durch Einbehaltungen von Abschlagszahlungen in entsprechendem Betrage.

7. Zur Hinterlegung von Sparkassenbüchern als Sicherheit dürfen nicht nur Abrechnungsbücher von solchen öffentlichen Sparkassen, die behördlich zur Anlegung von Mündelgeld für geeignet erklärt sind, sondern auch Abrechnungsbücher von anderen öffentlichen und Privatsparkassen, Banken, Kreditgenossenschaften und sonstigen privaten Anstalten angenommen werden. Bei der Sicherheitsbestellung durch Abrechnungsbücher der letztgedachten Art ist jedoch zugleich der Nachweis zu erbringen, daß die betreffenden Anstalten nach ihren finanziellen Grundlagen und organisatorischen Einrichtungen ausreichende Sicherheit bieten.

Anlage 2. 8. Der Bürge hat einen Bürgschein nach dem Muster der Anlage 2 auszustellen.

9. Der Unternehmer, der in das Reichs- oder Staatsschuldbuch eingetragene Forderungen, Depotscheine der Reichsbank oder der Königl. Seehandlung (Preußischen Staatsbank), oder aber Sparkassenbücher zum Pfande bestellt, hat eine Verpfändungsurkunde auszustellen. Diese soll bei Forderungen, die in das Reichsschuldbuch oder in das preußische Staatsschuldbuch eingetragen sind, (Anlage 3.) den Wortlaut der Anlage 3, bei Verpfändung von Depotscheinen der Reichsbank oder der Königl. Seehandlung (Preußischen Staatsbank) und von Sparkassen- (Anlage 4.) büchern den Wortlaut der Anlage 4 haben.

10. Der Verpfänder von Depotscheinen der Reichsbank oder der Königl. Seehandlung (Preußischen Staatsbank) hat außerdem eine Erklärung nach Anlage 5 in doppelter Ausfertigung beizubringen. (Anlage 5.) Die Erklärungen sind, nachdem unter die erste Ausfertigung das darunter stehende Ersuchen gesetzt ist, an die Reichsbank oder die Seehandlung zu senden, welche die zweite Ausfertigung mit der entsprechenden Erklärung zurücksendet.

11. Bei Verpfändung von Sparkassenguthaben hat der Verpfänder nachzuweisen, daß er dem Drittschuldner (der Sparkassenverwaltung) die Verpfändung angezeigt hat. Bei Verpfändung von in das Reichs- oder Staatsschuldbuch eingetragenen Forderungen ist von ihm der Nachweis zu erbringen, daß die Verpfändung in das Schuldbuch eingetragen ist.

12. Die Zinsscheine der Wertpapiere für denjenigen Zeitraum, während dessen voraussichtlich die Leistung oder Lieferung noch in der Ausführung begriffen sein wird, können in den geeigneten Fällen den Unternehmern belassen werden.

13. Die Rückgabe der Pfänder hat, nachdem die Verpflichtungen, zu deren Sicherung sie gedient haben, erfüllt sind, ohne Verzug zu erfolgen.

III. Vertragsstrafen.

1. Vertragsstrafen sind nur auszubedingen, wenn ein erhebliches Interesse an der rechtzeitigen Vertragserfüllung besteht.

2. Die Höhe der Vertragsstrafen ist in angemessenen Grenzen zu halten, zumal sie bei Überschreitung dieser Grenzen nach den gesetzlichen Bestimmungen auf Antrag des Schuldners durch Urteil auf einen verhältnismäßigen Betrag herabgesetzt werden können.

3. Von der Vereinbarung solcher Strafen ist ganz abzusehen, wenn der Verdingungsgegenstand vorkommendenfalls ohne weiteres in der bedungenen Menge und Güte anderweit zu beschaffen ist.

IV. Überwachung der Ausführung.

Die Kosten der Überwachung und der Abnahme der Leistungen oder Lieferungen sind von der Verwaltung zu tragen, soweit in den Vertragsbedingungen nichts anderes bestimmt ist.

V. Meinungsverschiedenheiten.

1. Bei der Vergebung von Lieferungen ist es nicht zulässig, daß die vertragschließende Behörde sich die alleinige Entscheidung über die vertragsmäßige Beschaffenheit des gelieferten Gegenstandes mit Ausschluß der Anrufung eines Schiedsgerichts vertraglich vorbehält.

2. Bei allen Streitigkeiten über die durch Verträge über Lieferungen und Leistungen begründeten Rechte und Pflichten hat zunächst die vertragschließende Behörde eine förmliche Entscheidung zu treffen und dem Unternehmer zuzustellen. Der Entscheidung der Behörde soll tunlichst eine mündliche Erörterung mit dem Unternehmer vorausgehen. Der Unternehmer ist in der behördlichen Entscheidung auf die in den Bedingungen für die Beantragung der schiedsrichterlichen Entscheidung festgesetzte Frist und den mit deren Ablauf verbundenen Rechtsnachteil ausdrücklich hinzuweisen. Erst gegen die Entscheidung der Behörde kann das Schiedsgericht angerufen werden.

VI. Kosten des Vertragsabschlusses.

1. Zu den Kosten, die von dem Unternehmer nach dem Vertrage zur Hälfte mitgetragen werden, gehören nur diejenigen Gebühren und Auslagen, welche durch etwaige notarielle oder gerichtliche Aufnahme des Vertrages entstehen.

2. Bezüglich der Übernahme von Stempelkosten auf die Verwaltung sind die gesetzlichen Vorschriften maßgebend.

VII. Zeugnisse für die Unternehmer.

Offene Zeugnisse über Leistungsfähigkeit dürfen Unternehmern nicht erteilt werden, dagegen sind ihnen auf Antrag von den ausschreibenden Behörden Bescheinigungen über Art, Zeit und Umfang der ausgeführten Leistungen und Lieferungen und über die Bewährung der gelieferten Gegenstände auszustellen.

VIII. Rechnungslegung.

1. Bei vertraglichen Leistungen und Lieferungen ist in der Schlußrechnung zu vermerken, ob dem Vertragsabschluß ein öffentliches oder engeres Ausschreibungsverfahren vorangegangen und ob der Unternehmer Mindestfordernder gewesen ist.

2. Soweit Leistungen und Lieferungen im Werte von mehr als

a) 3000 Mark frei Werk ohne Verpackung,

b) 4000 Mark frei Bord Schiff Seehafen einschl. Verpackung,

c) 5000 Mark frei Land Schutzgebiet

freihändig oder auf Grund eines engeren Ausschreibungsverfahrens vergeben sind, ist zur Schlußrechnung anzugeben, aus welchen Gründen von jeder Ausschreibung oder von einer öffentlichen Ausschreibung abgesehen ist. Außerdem bedarf es in diesen Fällen einer Begründung bei der Zuschlagserteilung an Nichtmindestfordernde.

Anlage 1 zu Nr. 98.

Bedingungen für die Bewerbung um Arbeiten und Lieferungen.

§ 1. Persönliche Tüchtigkeit und Leistungsfähigkeit der Bewerber.

Bei der Vergebung von Arbeiten oder Lieferungen hat niemand Aussicht, als Unternehmer angenommen zu werden, der nicht für ihre tüchtige und pünktliche Ausführung die erforderliche Sicherheit bietet.

§ 2. Einsicht und Bezug der Verdingungsunterlagen.

Verdingungsanschläge, Zeichnungen, Bedingungen usw. sind an den in der Ausschreibung bezeichneten Stellen einzusehen. Vervielfältigungen werden auf Ersuchen gegen Erstattung der Selbstkosten verabfolgt, soweit sie vorrätig sind oder durch die verfügbaren Hilfskräfte neu angefertigt werden können. Der Name des Bewerbers, an den die Verdingungsunterlagen verabfolgt sind, wird nicht bekannt gegeben.

§ 3. Form und Inhalt der Angebote.

1. Die Angebote sind unter Benutzung der etwa vorgeschriebenen Vordrucke, von den Bewerbern unterschrieben, mit der in der Ausschreibung geforderten Überschrift versehen, verschlossen, porto- und bestellgeldfrei bis zu dem angegebenen Zeitpunkte einzureichen.

2. Die Angebote müssen enthalten:

a) die ausdrückliche Erklärung, daß der Bewerber sich den Bedingungen, die der Ausschreibung zugrunde gelegt sind, unterwirft;

b) die Angabe der geforderten Preise nach Reichswährung, und zwar sowohl der Preise für die Einheiten als auch der Gesamtforderung in Zahlen und Buchstaben; stimmt die Angabe der Einheitspreise in Zahlen mit der in Buchstaben nicht überein, so soll die Angabe in Buchstaben maßgebend sein; die Gesamtforderung wird aus den Einheitspreisen rechnerisch festgestellt;

c) die genaue Bezeichnung und Adresse des Bewerbers;

d) von gemeinschaftlich bietenden Personen die Erklärung, daß sie sich für das Angebot als Gesamtschuldner verbindlich machen, sowie die Bezeichnung eines zur Geschäftsführung und zur Empfangnahme der Zahlungen Bevollmächtigten; letzteres Erfordernis gilt auch für die Gebote von Gesellschaften und juristischen Personen;

e) nähere Angaben über die Bezeichnung der etwa mit eingereichten Proben. Die Proben selbst müssen ebenfalls vor der Verhandlung zur Eröffnung der Angebote eingesandt und derart bezeichnet sein, daß sich ohne weiteres erkennen läßt, zu welchem Angebot sie gehören;

f) die etwa vorgeschriebenen Angaben über die Bezugsquellen der Waren und die zu deren Herstellung verwendeten Roh- und Hilfsstoffe.

3. Angebote, die diesen Vorschriften nicht entsprechen, insbesondere solche, die bezüglich des Gegenstandes von der Ausschreibung selbst abweichen oder das Gebot an Sonderbedingungen knüpfen, haben keine Aussicht auf Berücksichtigung.

§ 4. Wirkung des Angebots.

1. Die Bewerber bleiben von dem Eintreffen des Angebots bei der ausschreibenden Behörde bis zum Ablauf der festgesetzten Zuschlagsfrist an ihre Angebote gebunden.

2. Die Bewerber unterwerfen sich mit der Abgabe des Angebots wegen aller für sie daraus entstehenden Rechte und Verbindlichkeiten der Zuständigkeit der Gerichte des Ortes, an dem die ausschreibende Behörde ihren Sitz hat.

§ 5. Erteilung des Zuschlags.

1. Der Zuschlag wird von dem mit der Ausschreibung beauftragten Beamten oder von der ausschreibenden Behörde oder von einer dieser übergeordneten Behörde entweder in der von dem gewählten Unternehmer mit zu vollziehenden Verhandlungs-Niederschrift oder durch besondere schriftliche Mitteilung erteilt.

2. Letzterenfalls ist der Zuschlag mit bindender Kraft erfolgt, wenn die Benachrichtigung hiervon innerhalb der Zuschlagsfrist als Depesche oder Brief dem Telegraphen- oder Postamt zur Beförderung an die in dem Angebot bezeichnete Adresse übergeben worden ist.

3. Diejenigen Bewerber, die den Zuschlag nicht erhalten, werden benachrichtigt, und zwar erfolgt die Nachricht als portopflichtige Dienstsache. Proben werden im Falle der Ablehnung des Angebots nur dann zurückgegeben, wenn dies in dem Angebotschreiben ausdrücklich verlangt oder ein dahingehender Antrag innerhalb vier Wochen nach Eröffnung der Angebote gestellt wird, vorausgesetzt, daß die Proben bei den Prüfungen nicht verbraucht sind. Die Rücksendung erfolgt alsdann auf Kosten des betreffenden Bewerbers. Eine Rückgabe findet im Falle der Annahme des Angebots in der Regel nicht statt; wertvolle Proben können jedoch auf die zu liefernde Menge angerechnet oder, soweit angängig, nach beendeter Lieferung dem Unternehmer auf seine Kosten wieder zugestellt werden.

4. Eingereichte Entwürfe werden geheim gehalten und auf Verlangen zurückgegeben.

5. Den Empfang des Zuschlagsschreibens hat der Unternehmer umgehend schriftlich zu bestätigen.

§ 6. Beurkundung des Vertrages.

1. Der Bewerber, der den Zuschlag erhält, ist verpflichtet, auf Erfordern über den durch die Erteilung des Zuschlags zustande gekommenen Vertrag eine schriftliche Urkunde zu vollziehen.

2. Sofern die Unterschrift des Bewerbers der Behörde nicht bekannt ist, bleibt vorbehalten, ihre Beglaubigung zu verlangen.

3. Die der Ausschreibung zugrunde liegenden Verdingungsanschläge, Zeichnungen, Bedingungen usw., welche bereits durch das Angebot anerkannt sind, hat der Bewerber bei Abschluß des Vertrages mit zu unterzeichnen.

§ 7. Sicherheitsleistung.

Innerhalb 14 Tage nach Erteilung des Zuschlags hat der Unternehmer die vorgeschriebene Sicherheit zu bestellen, widrigenfalls die Behörde befugt ist, von dem Vertrage zurückzutreten und Schadenersatz zu beanspruchen.

§ 8. Kosten der Ausschreibung.

Zu den durch die Ausschreibung selbst entstehenden Kosten hat der Unternehmer nicht beizutragen.

Anlage 2 zu Nr. 96.

Bürgschein.

Für die Erfüllung der von dem . . . . in dem Vertrage vom . . . . . . übernommenen Verbindlichkeiten . . . . . . verbürge . . . . . . hierdurch selbstschuldnerisch unter Verzicht auf die Einreden der Anfechtung, der Aufrechnung und der Vorausklage (§§ 770, 771 des Bürgerlichen Gesetzbuches) bis zum Betrage von . . . . (geschrieben . . . . . .).

Auf Anzeige gemäß § 777 des Bürgerlichen Gesetzbuches wird verzichtet.

. . . . . ., den . . . ten . . . . . . 19 . . .

Angenommen:

Kaiserliche . . . .

(Unterschrift) (Unterschrift des Bürgen)

Anlage 3 zu Nr. 96.

Verpfändungsurkunde.

Zur Sicherheit für die Forderungen, welche der . . . . . . Verwaltung aus dem . . . . . . Vertrage vom . . . . . . gegen den . . . . etwa erwachsen möchten, wird dieser hierdurch diejenige Forderung von . . . . Mark verpfändet, welche dem Unterzeichneten gegen die Hauptverwaltung der Staatsschulden — Reichsschuldenverwaltung laut Konto . . . . . . zusteht. Zugleich wird die . . . . ermächtigt, den Antrag auf gänzliche oder teilweise Löschung der Forderung, gegen Ausreichung von Schuldverschreibungen der . . . . vII. konsolidierten Anleihe an sie, selbst zu stellen und die Zinsen des Kontos zu erheben.

. . . . . ., den . . . ten . . . . . . 19 . . .

Angenommen:

Kaiserliche . . . .

(Unterschrift) (Unterschrift des Verpfänders)

(Diese Unterschrift ist gerichtlich oder notariell zu beglaubigen.)

Anlage 4 zu Nr. 96.

Verpfändungsurkunde.

Zur Sicherheit für die Forderungen, welche der . . . . . . Verwaltung aus dem . . . . . . Vertrage vom . . . . . . gegen den . . . . etwa erwachsen möchten, wird dieser hierdurch diejenige Forderung verpfändet, welche dem Unterzeichneten — gegen die Deutsche Reichsbank laut Depotschein Nr. . . . . — gegen die Königl. Seehandlung (Preuß. Staatsbank) laut Depotschein Nr. . . . . — gegen die Sparkasse zu . . . . laut Sparkassenbuch Nr. . . . . — auf Herausgabe — der — des — im letzteren bezeichneten Wertpapiere — Guthabens — zusteht. Zugleich wird die . . . . ermächtigt, das vorstehende — Depot bei der Reichsbank — Königl. Seehandlung (Preuß. Staatsbank) — Guthaben bei der Sparkasse — zu erheben und darüber Quittung zu erteilen.

. . . . . ., den . . . ten . . . . . . 19 . . .

Angenommen

Kaiserliche . . . .

(Unterschrift) (Unterschrift des Verpfänders)

Anlage 6 zu Nr. [illegible]

Erste Ausfertigung.

. . . . . ., den . . . ten 19 . . .

An
das Kontor für Wertpapiere
der Reichshauptbank — der Königl. Seehandlung
(Preuß. Staatsbank) —
in
Berlin.

Die Reichsbank — Königl. Seehandlung — benachrichtige . . ., daß . . . . die nach dem Depotschein . . . .

Nr. . . . . über Mark . . . . . .
„ . . . . „ „ . . . . . .
„ . . . . „ „ . . . . . .
„ . . . . „ „ . . . . . .

für eigene Rechnung dort in Verwahrung gegebenen Wertpapiere und das . . . . der Reichsbank — Königl. Seehandlung — gegenüber zustehende Rückforderungsrecht d . . Kaiserlichen . . . . als Sicherheit für . . . . verpfändet habe.

Die Reichsbank — Königl. Seehandlung — ersuche . . ., die vorbezeichneten Wertpapiere nebst Zinsscheinen und Anweisungen fortan für die genannte Behörde zu verwahren und nur dieser gegen deren Quittung herauszugeben.

(Unterschrift)

Urschriftlich
an das Kontor für Wertpapiere
der Reichshauptbank — der Königl. Seehandlung
(Preuß. Staatsbank) —
in
Berlin

mit dem Ersuchen zu übersenden, die anliegende zweite Ausfertigung des obigen Antrages, welchem wir uns anschließen, nach Abgabe der darunter befindlichen Erklärung an uns zurückzusenden.

. . . . . ., den . . . ten . . . . . . 19 . . .

Kaiserliche . . . .

(Unterschrift)

Zweite Ausfertigung.

. . . . . ., den . . . ten 19 . . .

An
das Kontor für Wertpapiere
der Reichshauptbank — der Königl. Seehandlung
(Preuß. Staatsbank) —
in
Berlin.

Die Reichsbank — Königl. Seehandlung — benachrichtige . . ., daß . . . . die nach dem Depotschein . . . .

Nr. . . . . über Mark . . . . . .
„ . . . . „ „ . . . . . .
„ . . . . „ „ . . . . . .
„ . . . . „ „ . . . . . .

für eigene Rechnung dort in Verwahrung gegebenen Wertpapiere und das .... der Reichsbank — Königl. Seehandlung — gegenüber zustehende Rückforderungsrecht d . . Kaiserlichen .... verpfändet habe.

Die Reichsbank — Königl. Seehandlung — ersuche . . ., die vorbezeichneten Wertpapiere nebst Zinsscheinen und Anweisungen fortan für die genannte Behörde zu verwahren und nur dieser gegen deren Quittung herauszugeben.

(Unterschrift)

D . . Kaiserlichen ....
zu

....

bestätigen wir, eine gleichlautende Ausfertigung erhalten zu haben. Zugleich erklären wir uns bereit, das bezügliche Depot gegen Übernahme d . . . bezeichneten quittierten Depotschein ..... und dieser Bescheinigung an d . . Kaiserliche .... auszuhändigen.

Berlin, den . . ten .... 19 . . .

Kontor für Wertpapiere
der Reichshauptbank — Königl. Seehandlung (Preuß. Staatsbank).
(Unterschrift)

97. Vorschriften der Kolonialverwaltung über Lieferung, Verpackung und Versendung von amtlich bestellten Bedarfsgegenständen für die deutschen Schutzgebiete in Afrika und der Südsee.*) Gültig vom 1. April 1907.**)

(Kol. Bl. S. 711. Reichsanzeiger vom 26. September 1907.)

Inhalt.

Zur Beachtung.

1. Grundsätzlich dürfen amtliche Bestellungen für die Schutzgebiete nur von dem Reichs-Kolonialamte in Berlin oder von den Gouvernements, und für das Inselgebiet der Karolinen usw. außerdem von den Bezirksämtern in Ponape, Jap und Jaluit, bewirkt werden.

*) Diese Vorschriften sind vom Reichs-Kolonialamt gegen Erstattung der Selbstkosten zu beziehen. (Anm. im Kol. Bl.)

**) Vgl. zu den „Vorschriften" den R. E. v. 9. Juli 1907, unten Nr. 179, und die Anmerkungen hierzu.

2. Gleichwohl werden zuweilen solche Bestellungen von den Vorstehern nachgeordneter Schutzgebietsbehörden oder auch von Beamten und Offizieren, die keine Behörde vertreten, unmittelbar aufgegeben, sei es unter Berufung auf einen Auftrag von vorgesetzter Stelle, sei es auch ohne Erwähnung eines solchen Auftrages.

3. Zur Vermeidung der hieraus entstehenden Weiterungen, insbesondere auch zur Vermeidung der Gefahr, daß diesen Bestellungen die Anerkennung versagt wird, werden die Unternehmer ersucht, sich in allen im Absatz 2 bezeichneten Fällen vor Ausführung der Bestellung durch Rückfrage bei dem Reichs-Kolonialamte zu vergewissern, ob die Bestellung genehmigt ist oder wird.

A. Bedingungen für die Bewerbung um Arbeiten und Lieferungen.

I. Persönliche Tüchtigkeit und Leistungsfähigkeit der Bewerber.

Bei der Vergebung von Arbeiten oder Lieferungen hat niemand Aussicht, als Unternehmer angenommen zu werden, der nicht für ihre tüchtige und pünktliche Ausführung die erforderliche Sicherheit bietet.

II. Einsicht und Bezug der Verdingungsunterlagen.

Verdingungsanschläge, Zeichnungen, Bedingungen usw. sind an den in der Ausschreibung bezeichneten Stellen einzusehen. Vervielfältigungen werden, soweit der Vorrat reicht, auf Ersuchen gegen Erstattung der Selbstkosten verabfolgt. Der Name des Bewerbers, an den die Verdingungsunterlagen verabfolgt sind, wird nicht bekannt gegeben.

III. Form und Inhalt der Angebote.

1. Die Angebote sind unter Benutzung der Vordrucke, von den Bewerbern unterschrieben und mit der in der Ausschreibung geforderten Überschrift versehen, verschlossen, post- und bestellgeldfrei bis zu dem angegebenen Zeitpunkte einzureichen.

2. Die Angebote müssen auf dem Umschlage mit der Aufschrift:

Angebot auf . . . .

versehen sein.

3. Die Angebote sind in bestimmten, unzweideutigen Ausdrücken abzufassen und dürfen in den Preisangaben weder radierte noch durchstrichene oder überklebte Stellen enthalten; es sei denn, daß die getroffenen Änderungen in dem Angebote selbst ausdrücklich und im einzelnen bescheinigt sind.

4. Die Angebote müssen enthalten:

a) Die ausdrückliche Erklärung, daß der Bewerber sich den Bedingungen, die der Ausschreibung zugrunde gelegt sind, unterwirft;

b) die Angabe der geforderten Preise nach Reichswährung, und zwar sowohl der Preise für die Einheiten, als auch der Gesamtforderung in Zahlen und Buchstaben. Stimmt die Angabe der Einheitspreise in Zahlen mit der in Buchstaben nicht überein, so soll die Angabe in Buchstaben maßgebend sein. Die Gesamtforderung wird aus den Einheitspreisen rechnerisch festgestellt;

c) die genaue Adresse des Bewerbers;

d) von gemeinschaftlich bietenden Personen die Erklärung, daß sie sich für das Angebot als Gesamtschuldner verbindlich machen, sowie die Bezeichnung eines zur Geschäftsführung und zur Empfangnahme der Zahlungen Bevollmächtigten. Letzteres gilt auch für die Angebote von Gesellschaften und juristischen Personen;

e) nähere Angaben über die Bezeichnung der eingereichten Proben. Die Proben müssen ebenfalls vor der Verhandlung zur Eröffnung der Angebote eingesandt und so bezeichnet sein, daß sich ohne weiteres erkennen läßt, zu welchem Angebot sie gehören;

f) die vorgeschriebenen Angaben über die Bezugsquellen der Waren und die zu ihrer Herstellung verwendeten Roh- und Hilfsstoffe.

Jeder Bewerber ist verpflichtet, auf Erfordern den Richtigkeitsnachweis zu erbringen;

g) alle zur Beurteilung der Preiswürdigkeit erforderlichen Angaben. Wenn keine besonderen Bestimmungen für die Verpackung getroffen sind, ist im Angebote anzugeben:

- α) die Verpackungsart, die dem Angebote zugrunde liegt, z. B. Holzkisten, Säcke, Bündel usw.,
- β) Größe, Inhalt, Brutto- und Nettogewicht der einzelnen Frachtstücke,
- γ) bei Lebensmitteln und Materialien, welche in kleineren Behältern, z. B. Dosen, Flaschen usw. verpackt werden müssen, Größe bzw. Inhalt der Dosen, Flaschen, Gläser usw.;

h) Angabe der Lieferfrist, und zwar:

- α) bis zur Verschiffung,
- β) bis zur betriebsfertigen Übergabe;

i) Verzeichnis der mitzuliefernden Zubehörteile usw.;

k) Bei Bauten, Maschinenanlagen und Lieferungen größerer Maschinen usw. einen Satz Zeichnungen mit eingeschriebenen Hauptmaßen und Kennzeichen der zur Verwendung kommenden Werkstoffe sowie Angabe des Kraftverbrauchs, der Leistung usw.

5. Die Maß- und Gewichtsangaben sind in deutschen Einheiten zu machen.

6. Angebote auf einzelne Bedarfsgegenstände oder Teilangebote bei Beschaffungen ohne Loseinteilung sind zulässig.

7. Angebote, die zu spät eintreffen oder diesen Vorschriften nicht entsprechen, insbesondere solche, die bezüglich des Gegenstandes von der Ausschreibung selbst abweichen oder das Gebot an Sonderbedingungen knüpfen, haben keine Aussicht auf Berücksichtigung. Im Interesse der Bewerber liegt es, die vorgeschriebene Adressierung genau zu beachten und die Angebote so rechtzeitig abzusenden, daß sie zu dem für die Eröffnung bestimmten Zeitpunkte zur Stelle sind.

IV. Proben.

1. Angeforderte Proben sind spätestens gleichzeitig mit dem Angebote kostenlos, post- und bestellgeldfrei einzureichen. Später eingehende oder nicht deutlich bezeichnete oder nicht bestellgeldfreie Proben werden nicht berücksichtigt. Vgl. A. III. 4. e.

2. Jede Probe ist zu versehen:

- a) mit deutlich lesbarer Firmenbezeichnung,
- b) mit Inhalts- und Preisangabe,
- c) mit der gleichen Nummer für Proben derselben Marke.

3. Proben werden im Falle der Ablehnung des Angebots nur dann zurückgegeben, wenn dies in dem Angebotschreiben ausdrücklich verlangt oder ein

dahingehender Antrag innerhalb vier Wochen nach Eröffnung der Angebote gestellt wird, vorausgesetzt, daß die Proben bei den Prüfungen nicht verbraucht wurden. Die Rücksendung erfolgt alsdann auf Kosten der Bewerber. Eine Rückgabe findet im Falle der Annahme des Angebots in der Regel nicht statt. Wertvolle Proben können jedoch auf die zu liefernde Menge angerechnet oder, soweit angängig, nach beendeter Lieferung dem Unternehmer auf seine Kosten wieder zugestellt werden.

4. Die ausschreibende Behörde behält sich das Recht vor, Proben von Wert aus einem nicht berücksichtigten Angebote, auch wenn gemäß IV. 3. ihre Rückgabe gewünscht ist, im Falle der Brauchbarkeit zum Preise des Mindestfordernden zu übernehmen.

5. Proben, welche nicht nach Ablauf von zwei Monaten nach dem Eröffnungstermine abgeholt oder abverlangt sind, gehen kostenlos in den Besitz der ausschreibenden Behörde über.

V. Beschaffenheit der Materialien usw.

1. Alle Gegenstände, Materialien usw. müssen von bester Beschaffenheit und, soweit möglich, deutschen Ursprungs sein, sowie den für die Tropen zu stellenden besonderen Anforderungen entsprechen.

2. Wirtschafts- und sonstige Gebrauchsgegenstände sollen eine möglichst einfache, praktische Bauart aufweisen, durch die ihre leichte Handhabung ermöglicht wird.

VI. Zuschlagserteilung.

1. Die ausschreibende Behörde behält sich volle Freiheit vor, ob und welchem der Bewerber sie den Zuschlag erteilen will, insbesondere auch das Recht, die ausgeschriebenen Gegenstände in Teillieferungen (Losen) oder bei Lieferungen ohne Loseinteilung einzeln zu vergeben.

2. Wenn mehrere Bewerber mit gleichen Angeboten als Mindestfordernde auftreten, so können sie zur Herabsetzung ihrer Preise aufgefordert werden.

3. Der Zuschlag wird von dem mit der Ausschreibung beauftragten Beamten oder von der ausschreibenden Behörde oder von einer dieser übergeordneten Behörde entweder in der von dem gewählten Unternehmer mit zu vollziehenden Verhandlungsniederschrift oder durch besondere schriftliche Mitteilung erteilt.

4. Letzterenfalls ist der Zuschlag mit bindender Kraft erfolgt, wenn er innerhalb der Zuschlagsfrist als Depesche oder Brief dem Telegraphen- oder Postamt zur Beförderung an die in dem Angebot bezeichnete Adresse übergeben worden ist.

5. Die Bewerber, die den Zuschlag nicht erhalten haben, werden hiervon benachrichtigt. Die Nachricht erfolgt als portopflichtige Dienstsache.

6. Der Bewerber ist nach der Zuschlagserteilung auf Lieferung oder Leistung von Bauten, Maschinenanlagen, größeren Werkzeugmaschinen usw. verpflichtet, weitere zwei Sats Zeichnungen einschließlich der Fundamentzeichnungen sowie der zu den beiden Vertragsausfertigungen erforderlichen Zeichnungen kostenlos zu liefern.

7. Eingereichte Entwürfe werden geheim gehalten und auf Verlangen und Kosten des Bewerbers zurückgegeben.

VII. Beurkundung des Vertrages.

1. Der Bewerber, der den Zuschlag erhält, ist verpflichtet, auf Erfordern über den durch die Erteilung des Zuschlags zustande gekommenen Vertrag eine schriftliche Urkunde zu vollziehen.

Die Vertragsurkunde hat jedoch nur die Bedeutung eines Beweismittels, so daß die Entstehung der Rechte und Pflichten aus dem Vertrage von der Errichtung der Urkunde nicht abhängig ist.

2. Sobald die Unterschrift des Bewerbers der Behörde nicht bekannt ist, bleibt ihr vorbehalten, die Beglaubigung der Unterschrift zu verlangen.

3. Die Vertragsurkunde ist von beiden Teilen zu unterschreiben und, sofern diese Siegel oder Stempel führen, zu untersiegeln oder zu unterstempeln.

4. Die der Ausschreibung zugrunde liegenden Verdingungsanschläge, Zeichnungen, Bedingungen, Vorschriften usw., welche bereits durch das Angebot anerkannt sind, hat der Bewerber bei Abschluß des Vertrages ebenfalls zu unterzeichnen. Sie sind durch Anheften mit Schnur und Siegel zu Bestandteilen des Vertrages zu machen. Umfangreichere Zeichnungen sind als Anlagen lose beizufügen und als solche beiderseits anzuerkennen.

5. Die Vertragsurkunde wird in zwei Ausfertigungen errichtet, von welchen eine für den Unternehmer bestimmt ist. Diese ist nicht erforderlich, wenn der Unternehmer auf sie verzichtet.

6. Kosten des Vertragsabschlusses.

a) Zu den Kosten, die von dem Unternehmer nach dem Vertrage zur Hälfte mitgetragen werden, gehören nur die Gebühren und Auslagen, die durch notarielle oder gerichtliche Aufnahme des Vertrages entstehen.

b) Bezüglich der Übernahme von Stempelkosten auf die Verwaltung sind die gesetzlichen Vorschriften maßgebend.

7. Von der Errichtung einer förmlichen Vertragsurkunde kann Abstand genommen werden, wenn es sich um ein einfaches Vertragsverhältnis handelt, über welches ein alle wesentlichen Bedingungen vereinbarender Schriftwechsel vorliegt.

8. Durchstreichungen, Radierungen, Verbesserungen, Einschaltungen usw. sind in den Vertragsurkunden zu vermeiden. Werden Berichtigungen erforderlich, so sind sie am Rande durch die Unterschrift beider Teile anzuerkennen.

9. Die Seiten der Vertragsurkunden sind mit fortlaufenden Zahlen zu bezeichnen.

VIII. Bestätigung der Aufträge.

Den Empfang des Zuschlagsschreibens hat der Unternehmer umgehend schriftlich zu bestätigen.

IX. Wirkung des Angebotes.

1. Die Bewerber bleiben von dem Eintreffen des Angebots bei der ausschreibenden Behörde bis zum Ablauf der festgesetzten Zuschlagsfrist an ihre Angebote gebunden.

2. Die Bewerber unterwerfen sich mit Abgabe des Angebots wegen aller für sie daraus entstehenden Rechte und Verbindlichkeiten der Zuständigkeit der Gerichte des Ortes, an dem die ausschreibende Behörde ihren Sitz hat.

3. Die Ablehnung einer Teillieferung ist nur zulässig, wenn im Angebote ausdrücklich der Vorbehalt gemacht ist, daß die geforderten Preise usw. nur für den Fall der Übertragung der gesamten Lieferung gelten.

4. Die in den §§ 477 und 638 B. G. B. für die Verjährung der Gewährleistungsansprüche auf 6 Monate bemessene Frist wird auf 1 Jahr verlängert.

5. Den Unternehmern bleibt es überlassen, die Haftpflicht ihrer etwaigen Unterlieferanten den von ihnen selbst dem Fiskus gegenüber eingegangenen Verpflichtungen vertraglich anzupassen und die Vorschrift des § 377 des Handelsgesetzbuches diesen Lieferanten gegenüber angemessen abzuändern.

6. Jeder Lieferant trägt die volle Verantwortlichkeit
a) für die tropensichere Beschaffenheit der gelieferten Ware,
b) für die Seetüchtigkeit und Sachgemäßheit der von ihm angewandten Verpackungsart.

7. Aus dieser Verantwortlichkeit folgt die Verpflichtung, für jeden Schaden vollen Ersatz zu leisten, der aus der Anlieferung nicht tropensicherer Waren oder aus der Anwendung seeuntüchtiger oder unsachgemäßer Verpackung entsteht.

8. Ob Schadenersatz in Geld oder durch Ersatz der beschädigten Gegenstände geleistet werden soll, entscheidet die auftraggebende Behörde.

9. Die Verantwortlichkeit des Lieferanten wird dadurch nicht berührt, daß die betreffende Lieferung oder deren Verpackung bei der vorläufigen Abnahme nicht beanstandet worden ist. Letztere greift der endgültigen Abnahme in keiner Weise vor.

10. Der vollen Verantwortlichkeit für die Sachgemäßheit der Verpackung wird ein Lieferant auch dadurch nicht enthoben, daß ihre Anwendung durch Annahme seines Angebots gutgeheißen worden ist, oder daß etwaige Verpackungsmängel bei der Übernahme an Bord seitens des Schiffers nicht bemerkt sein sollten.

11. Der Lieferant ist auf Verlangen der ausschreibenden Behörde verpflichtet, innerhalb einer von dieser zu bestimmenden angemessenen Frist an Stelle der den Lieferungsbedingungen nicht entsprechenden Gegenstände fehlerlose zu liefern. Kommt der Lieferant dieser Verpflichtung bis zum Ablauf der Frist nicht nach, so ist die Behörde unbeschadet der ihr gesetzlich zustehenden sonstigen Rechte befugt, die Gegenstände auf Kosten des Lieferanten anderweitig zu beschaffen. Das gleiche Recht steht der Behörde zu, wenn die festgesetzte Lieferfrist nicht pünktlich innegehalten wird. Die in solchem Falle etwa entstehenden Mehrkosten trägt ebenfalls der Lieferant, während er an den etwaigen Ersparnissen keinen Anteil hat.

12. Ist der Lieferant mit der Lieferung im Verzuge, oder fehlt dem gelieferten Gegenstande eine zugesicherte Eigenschaft, so kann die Behörde, abgesehen von den ihr gesetzlich zustehenden sonstigen Rechten, von dem Lieferanten den vollen Ersatz des dem Fiskus entstehenden Schadens beanspruchen.

13. Die in den besonderen Vertragsbedingungen vorgesehene Frist für die dem Unternehmer obliegende Gewährleistung für die Güte der Lieferungen und Leistungen beginnt mit dem Zeitpunkte der endgültigen Abnahme. Der Unternehmer haftet in dieser Zeit für jeden Mangel, sofern er auf fehlerhafte Bauart, Verwendung untauglicher Werkstoffe, mangelhafte Arbeitsausführung usw. zurückzuführen ist, auch wenn dieser Mangel bei der endgültigen Abnahme nicht bemerkt worden ist. Er ist verpflichtet, innerhalb einer angemessenen Frist auf Verlangen der Behörde den Schaden auf seine Kosten zu beseitigen.

14. Kommt der Unternehmer dieser Verpflichtung nicht vor Ablauf der gestellten Frist nach, so ist die Behörde befugt, sich auf andere Weise schadlos zu halten.

X. Sicherheitsleistung.

1. Innerhalb 14 Tage nach der Erteilung des Zuschlags hat der Unternehmer unaufgefordert die vorgeschriebene Sicherheit bei der Kolonial-Hauptkasse, Berlin W., Wilhelmstraße, zu bestellen, widrigenfalls die Behörde befugt ist, von dem Vertrage zurückzutreten und Schadenersatz zu beanspruchen.

2. Die Sicherheit kann durch Bürgen oder durch Pfandbestellung geleistet werden.

3. Bar hinterlegtes Geld wird nicht verzinst.

4. Der Bürge hat eine schriftliche Bürgschaftserklärung nach dem
Anlage 1. Muster der Anlage 1 auszustellen.

5. Zur Hinterlegung von Sparkassenbüchern als Sicherheit können nicht nur Abrechnungsbücher von solchen öffentlichen Sparkassen, die behördlich zur Anlegung von Mündelgeld für geeignet erklärt sind, sondern auch Abrechnungsbücher von anderen öffentlichen und Privatsparkassen, Banken, Kreditgenossenschaften und sonstigen privaten Anstalten angenommen werden. Bei der Sicherheitsbestellung durch Abrechnungsbücher der letztgedachten Art ist jedoch zugleich der Nachweis zu erbringen, daß die betreffenden Anstalten nach ihren finanziellen Grundlagen und organisatorischen Einrichtungen ausreichende Sicherheit bieten.

6. Der Unternehmer, der in das Reichs- oder Staatsschuldbuch eingetragene Forderungen, Depotscheine der Reichsbank oder der Königlichen Seehandlung (Preußischen Staatsbank), oder aber Sparkassenbücher zum Pfande bestellt, hat eine Verpfändungsurkunde auszustellen. Diese muß bei Forderungen, die in das Reichsschuldbuch oder in das preußische Staatsschuldbuch
Anlage 2. eingetragen sind, den Wortlaut der Anlage 2, bei Verpfändung von Depotscheinen der Reichsbank oder der Königlichen Seehandlung (Preußischen Staats-
Anlage 3. bank) und von Sparkassenbüchern den Wortlaut der Anlage 3 haben.

7. Der Verpfänder von Depotscheinen der Reichsbank oder der Königlichen Seehandlung (Preußischen Staatsbank) hat außerdem eine Erklärung
Anlage 4. nach Anlage 4 in doppelter Ausfertigung beizubringen. Die Erklärungen sind, nachdem unter die erste Ausfertigung das darunter stehende Ersuchen gesetzt ist, an die Reichsbank oder die Seehandlung zu senden, welche die zweite Ausfertigung mit der entsprechenden Erklärung zurücksendet.

8. Bei Verpfändung von Sparkassenguthaben hat der Verpfänder nachzuweisen, daß er dem Drittschuldner (der Sparkassenverwaltung) die Verpfändung angezeigt hat. Bei Verpfändung von in das Reichs- oder Staatsschuldbuch eingetragenen Forderungen ist von ihm der Nachweis zu erbringen, daß die Verpfändung in das Schuldbuch eingetragen ist.

9. Die Zinsscheine der Wertpapiere für denjenigen Zeitraum, während dessen voraussichtlich die Leistung oder Lieferung noch in der Ausführung begriffen sein wird, können in den geeigneten Fällen den Unternehmern belassen werden.

10. Die Wertpapiere werden zum Tageskurs als Sicherheit angenommen und sind mit den zugehörigen Zinsscheinen und Zinsscheinanweisungen zu hinterlegen. Diejenigen Zinsscheine, welche innerhalb des auf die Hinterlegung folgenden Jahres fällig werden, sind vom Lieferanten zurückzubehalten. Später fällige Zinsscheine werden den Lieferanten gegen Quittung ausgehändigt, sofern sie nicht mit der Sicherheit in Anspruch genommen werden sollen.

11. Die Sicherheitsleistung gemäß A. X. 2 kann nach dem Ermessen der Verwaltung auch ersetzt werden:

a) durch Hinterlegung zugunsten der Verwaltung in Höhe der Sicherheitssumme ausgestellter, trockener oder mit Akzept versehener, gezogener Sichtwechsel;

b) sofern die zu stellende Sicherheit den Betrag von 1000 Mark nicht übersteigen würde, durch Einbehaltung von Abschlagszahlungen in entsprechendem Betrage.

12. Der für mehrere in einem Auftrag enthaltene Teillieferungen hinterlegte Betrag kann ganz für jede Forderung aus jeder einzelnen Teillieferung in Anspruch genommen werden, und ist, wenn noch eine Haftpflicht des Lieferanten für eine spätere Teillieferung besteht und der hinterlegte Betrag sich infolge einer früheren Inanspruchnahme verringert hat, auf Anfordern binnen einer Woche in ursprünglicher Höhe zu erneuern oder zu ergänzen.

13. Die Rückgabe der Sicherheit erfolgt, sobald im Schutzgebiet festgestellt und von der zuständigen Stelle daselbst berichtet worden ist, daß die endgültige Abnahme der Lieferung oder der letzten aus dem Auftrage bewirkten Teillieferung erfolgt ist und Ersatzansprüche nicht geltend zu machen sind.

XI. Vorläufige Abnahme.

1. Sämtliche Lieferungen sind zur vorläufigen Abnahme bereitzustellen, wenn hierauf nicht ausdrücklich verzichtet wird.

2. Zeitpunkt und Ort für die vorläufige Abnahme sind von deutschen Firmen dem Reichs-Kolonialamt, Berlin W., Wilhelmstraße 62 rechtzeitig mitzuteilen.

3. Die Lieferanten sind verpflichtet, bei der vorläufigen Abnahme persönlich zugegen zu sein oder sich so vertreten zu lassen, daß der Vertreter für sie bindende Erklärungen — mündlich oder schriftlich — an Ort und Stelle abzugeben berechtigt ist.

4. Der Abnahmebeamte ist nicht verpflichtet, die Vertretungsbefugnisse der sie ausübenden Personen zu prüfen. Vielmehr sind ihre Erklärungen ohne weiteres für den betreffenden Lieferanten bindend.

5. Wird ein bevollmächtigter Vertreter nicht entsandt, so ist der Lieferant verpflichtet, die Bestandsaufnahme des von der Behörde beauftragten Abnahmebeamten als rechtsgültig anzuerkennen.

6. Tagegelder und Reisekosten des Abnahmebeamten gehen zu Lasten der Kolonialverwaltung, alle sonst durch die Abnahme entstehenden Kosten zu Lasten des Lieferanten. Werden bei der vorläufigen Abnahme Mängel am Material oder an der Arbeit festgestellt, oder liegen die Abnahmegegenstände zu dem vorher vereinbarten Abnahmezeitpunkte nicht zur Abnahme bereit, so gehen alle durch diese Vorkommnisse entstehenden Mehrkosten der vorläufigen Abnahme zu Lasten des Lieferanten.

7. Wird eine Lieferung bei der vorläufigen Abnahme, weil nicht den Lieferungsbedingungen entsprechend, zurückgestellt oder abgelehnt, so gehen die hierdurch entstehenden Kosten zu Lasten des Lieferanten.

8. Die vorläufige Abnahme gilt weder als Annahme im Sinne des § 464 noch als Abnahme oder Ablieferung im Sinne der §§ 477, 638, 640 Abs. 2 des Bürgerlichen Gesetzbuches.

XII. Endgültige Abnahme.

1. Die endgültige Abnahme wird, wenn möglich, an den Landungsstellen im Schutzgebiet (Zollstation) bewirkt. Die Abnahme soll nach Möglichkeit unter Hinzuziehung vom Gericht bestellter Sachverständiger und unter gerichtlicher Feststellung des Tatbestandes erfolgen, wenn über die Brauchbarkeit und Dauerfähigkeit der Ware Bedenken obwalten.

2. Die Abnahme erfolgt ohne Verzug nach Eintreffen und Entladung der Ware.

3. Beanstandungen werden dem Lieferanten nach Eingang der Abnahmeberichte von der Auftraggeberin mitgeteilt. Die hieraus sich ergebenden Verhandlungen sind ausschließlich mit der Auftraggeberin zu führen.

4. Ist eine Lieferung bei der endgültigen Abnahme als den Lieferungsbedingungen nicht entsprechend befunden worden, so steht es dem Auftraggeber frei, die zurückgewiesene Lieferung durch die Empfangsstelle für Rechnung des betreffenden Lieferanten bestmöglichst verwerten zu lassen, wenn letzterer nicht innerhalb von 14 Tagen nach erhaltener Aufforderung eine die Empfangsstelle von der Sorge um die Ware entbindende Bestimmung trifft.

5. Der aus Verwertung zurückgewiesener Waren erzielte Erlös wird bis zur Deckung des von dem Lieferanten zu leistenden Schadenersatzes unverzinslich einbehalten.

XIII. Meinungsverschiedenheiten.

1. Bei allen Streitigkeiten über durch Lieferungs- und Leistungsverträge begründete Rechte und Pflichten trifft zunächst die vertragschließende Behörde eine förmliche Entscheidung und stellt sie dem Unternehmer zu. Der Entscheidung der Behörde soll tunlichst eine mündliche Erörterung mit dem Unternehmer vorausgehen. Erst gegen die Entscheidung der Behörde kann das Schiedsgericht angerufen werden.

2. Falls über die Bildung des Schiedsgerichts durch die besonderen Vertragsbedingungen abweichende Vorschriften nicht getroffen sind, ernennen die Behörde und der Unternehmer je einen Schiedsrichter. Diese sollen nicht gewählt werden aus der Zahl der unmittelbar Beteiligten oder der Beamten, zu deren Geschäftskreis die Angelegenheit gehört hat.

3. Falls die Schiedsrichter sich über einen gemeinsamen Schiedsspruch nicht einigen können, wird das Schiedsgericht durch einen Obmann ergänzt. Er wird von den Schiedsrichtern gewählt, oder wenn diese sich nicht einigen können, von einem durch den Leiter des Gouvernements oder des Reichs-Kolonialamts anzurufenden Gerichtspräsidenten.

4. Der Obmann hat die weiteren Verhandlungen zu leiten und darüber zu befinden, ob und inwieweit eine Ergänzung der bisherigen Verhandlungen (Beweisaufnahmen usw.) stattzufinden hat. Die Entscheidung über den Streitgegenstand erfolgt dagegen nach Stimmenmehrheit.

5. Bestehen in Beziehung auf Summen, über welche zu entscheiden ist, mehr als zwei Meinungen, so wird die für die größte Summe abgegebene Stimme der für die zunächst geringere abgegebenen hinzugerechnet.

6. Über die Tragung der Kosten des schiedsrichterlichen Verfahrens entscheidet das Schiedsgericht nach billigem Ermessen.

7. Der Unternehmer und die Behörde sind an den Ausspruch des Schiedsgerichts gebunden.

8. Meinungsverschiedenheiten über die Brauchbarkeit und Güte der verwendeten Werkstoffe, der Materialien usw. sind, soweit möglich, dem Königlichen Material-Prüfungsamte in Groß-Lichterfelde-West zur technisch-wissenschaftlichen Untersuchung und Entscheidung zu unterbreiten.

Der Spruch dieser Behörde ist endgültig und auch für ein nachfolgendes schiedsrichterliches Verfahren maßgebend. Die entstehenden Kosten trägt der unterliegende Teil.

XIV. Allgemeines.

1. Abweichungen in der Erfüllung der Lieferung dürfen nur mit ausdrücklicher Genehmigung der ausschreibenden Behörde gemacht werden.

2. Die vertraglichen Verpflichtungen und Rechte können nur mit Genehmigung der ausschreibenden Behörde auf andere übertragen werden.

3. Stirbt der Unternehmer oder gerät er in Konkurs, bevor der Vertrag vollständig erfüllt ist, so kann die ausschreibende Behörde das Vertragsverhältnis ganz oder teilweise lösen.

4. Portokosten für den nach Erteilung des Auftrags aus dem Geschäft entspringenden Schriftwechsel und für Geldsendungen und alle sonstigen aus dem Geschäft entstehenden Nebenkosten sind von dem Unternehmer zu tragen, soweit Gegenteiliges nicht ausdrücklich vereinbart ist oder hinsichtlich der „sonstigen Nebenkosten" aus Handelsgebrauch sich ergibt.

5. Telegramme werden gegenseitig freigemacht.

B. Vorschriften für die Verpackung und Versendung von Gütern nach den deutschen Schutzgebieten.

I. Verpackung.

1. Auf seetüchtige sachgemäße Verpackung der anzuliefernden Gegenstände, wie sie für die Lieferung von Gütern nach überseeischen Ländern üblich ist, ist besonderer Wert zu legen, besonders wegen der oft schwierigen Landungsverhältnisse in den Häfen der Schutzgebiete und wegen der starken Beanspruchung der Verpackungen.

2. Jedem Frachtstück ist ein Verzeichnis der darin enthaltenen Sachen beizufügen und bei Kisten auf der Innenseite des Deckels zu befestigen.

3. Jedes Frachtstück darf nur für ein und denselben Empfänger bestimmte Gegenstände enthalten, wenn der Auftraggeber nicht ausdrücklich andere Anordnungen trifft.

4. Über unverpackte Gegenstände siehe B. II. 7.

5. Über Verpackung von Gegenständen, die vom Erfüllungsort für die Lieferung (frei Land Schutzgebiet) noch eine weitere Beförderung in das Innere des Schutzgebietes erfahren sollen, siehe B. III. 4.

II. Bezeichnung der Frachtstücke.

1. Jedes Frachtstück ist, soweit angängig (siehe Ziffer 4), zu versehen mit:

a) der Firma des Lieferanten und einer vom Lieferanten zu wählenden Nummer,
b) Bezeichnung des Empfängers,
c) genauer Inhaltsangabe unter Hinzufügung des Bruttogewichts der Kiste und des Nettogewichts des Inhalts,
d) dem Vermerk: Ausfuhrgut.

Zu a) Firma und Nummer sind bei Kisten an den beiden Kopfseiten zu wiederholen. Für jedes einzelne Frachtstück ist eine neue Nummer zu wählen.

2. Besteht der Inhalt aus leicht zerbrechlichen oder entzündlichen Gegenständen, so sind an den vier Längsseiten der Frachtstücke die Bezeichnungen: „Vorsicht! Nicht werfen!" anzubringen.

3. Kisten mit Gegenständen, die nicht in der Nähe des Maschinenraums gelagert werden dürfen, erhalten an den gleichen Stellen den Vermerk: „Kühl zu lagern!"

4. Die in mindestens 5 cm hohen Buchstaben und in deutlicher, durch Regen nicht verwischbarer Schrift, am besten durch Brandstempel, auszuführende Bezeichnung eines Frachtstückes würde etwa folgendermaßen zu lauten haben:

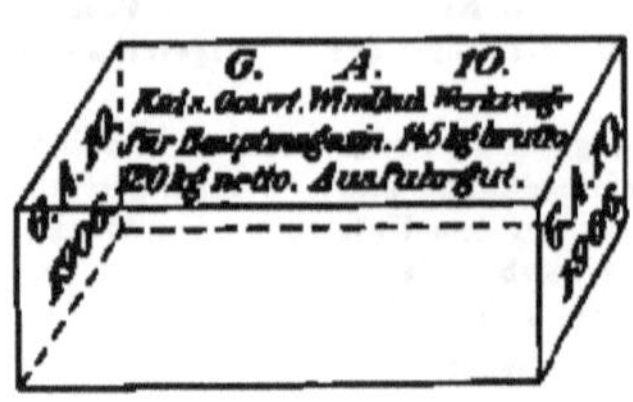

A. & B. 5.
Kais. Bez. Amt Tanga. Geschirr für Messe. 120 kg brutto 100 kg netto. Ausfuhrgut.
Vorsicht!
Nicht kanten!

5. Die für ein Gouvernement bestimmten Frachtstücke sind mit der Aufschrift: „Kais. Gouvt. (Ortsname)", zum Beispiel Frachtstücke für das Gouvernement Apia mit:

„Kais. Gouvt. Apia über Sydney",

die für ein Bezirksamt bestimmten mit der Aufschrift:

„Kais. Bez. Amt (Ortsname)",

und die für die übrigen Dienststellen bestimmten Frachtstücke mit den dem Bestellschreiben oder seinen Anlagen zu entnehmenden Aufschriften zu versehen.

6. Da durch Schwinden und Verwischen der Aufschriften erhebliche Schwierigkeiten bei der Abnahme im Schutzgebiet entstehen können, wird bei der vorläufigen Abnahme vor der Verschiffung die Dauerhaftigkeit der Aufschriften besonders geprüft werden.

7. Unverpackte Gegenstände, die nicht mit Marken und Nummern versehen werden können, müssen andere, unauswischbare, deutliche und leicht in die Augen fallende Unterscheidungszeichen tragen.

III. Größe der Frachtstücke.

1. Die Frachtstücke müssen handlich sein und sollen nicht über 100 kg brutto wiegen, falls nicht größere Bruttogewichte seitens des Auftraggebers ausdrücklich zugelassen oder nach Art der Lieferungsgegenstände nicht zu vermeiden sind (z. B. größere Maschinenteile usw.).

2. Latten, Leisten, Verschalbretter, Dielen von gleicher Länge sind in Bündel zusammenzufassen behufs besserer Ausnutzung des Laderaums.

3. Glasscheiben und andere leicht zerbrechliche Gegenstände sind in Frachtstücken bis zu höchstens 30 kg Gesamtgewicht zu verpacken.

4. Sind Güter für die Beförderung in das Innere des Schutzgebietes bestimmt, was in der Ausschreibung oder Bestellung in jedem einzelnen Falle zum Ausdruck gebracht wird, so müssen die einzelnen Frachtstücke einschließlich Verpackung hinsichtlich Gewicht und Umfang genau den Vorschriften des Auftraggebers entsprechen.

IV. Art der Versendung.

1. Die Verschiffung der Gegenstände hat mittels deutscher Reedereien zu erfolgen, falls nicht ausdrücklich die Benutzung ausländischer Reedereien zugelassen wird.

2. Über die zur Versendung gelangenden Gegenstände ist eine Verpackungsliste aufzustellen, aus der ihre Verteilung auf die einzelnen Frachtstücke zu ersehen ist.

3. Den Frachtbriefen ist der Vermerk: „Zur Ausfuhr über See nach überseeischen Ländern" hinzuzufügen.

4. Für alle Versendungen ist ein ordnungsgemäß ausgefüllter, gestempelter Anmeldeschein für die Ausfuhr (grüner Statistikzettel) auszustellen und den Frachtbriefen beizufügen, oder dem Spediteur bzw. der Reederei zu übergeben.

5. Die Lieferanten haben bei Lieferungen „frei Land Schutzgebiet“ die Speditions-, Fracht-, Versicherungs- und sämtliche übrigen Kosten bis zur endgültigen Abnahme der Waren im Schutzgebiet selbst zu tragen.

6. Die Lieferanten haben bei jeder Verschiffung und gleichzeitig mit Abgang des Dampfers postfrei abzusenden:

a) eine Abschrift der Konnossemente,
eine Abschrift der Rechnung,
eine Verpackungsliste

an die vom Auftraggeber in der Ausschreibung näher bezeichnete, mit der Abnahme im Ausschiffungshafen beauftragte Dienststelle;

b) eine Abschrift der Rechnung,
eine Verpackungsliste

an die Stationen, an die die Güter adressiert sind.

V. Versicherung.

Die Versicherung der Sendungen „frei Land Schutzgebiet“ ist Sache der Lieferanten. Die Versicherung ist bei einer deutschen Versicherungsgesellschaft zu bewirken. Soll die Versicherung seitens des Reichs-Kolonialamts bewirkt werden, so wird dies besonders mitgeteilt.

VI. Aufstellung, Einrichtung und Anweisung der Rechnungen.

1. Behufs Bezahlung der gelieferten Gegenstände sind die Rechnungen in vier Ausfertigungen mit den bezüglichen Konnossementen dem Kaiserlichen Gouvernement einzureichen.

2. Auf allen Rechnungen ist anzugeben:

a) Tag und Nummer des Schreibens, mit dem der Auftrag zur Lieferung erteilt ist,
b) Bezeichnung des Auftraggebers,
c) die laufende Nummer, unter welcher der Gegenstand in der Bestelliste oder dem Angebotformular aufgeführt ist.

3. Von den vier Rechnungsabschriften können zwei Preßkopien sein. Eine dritte Preßkopie erhält die mit der Abnahme im Ausschiffungshafen beauftragte Dienststelle (siehe IV. 6.). Die übrigen Rechnungsabschriften müssen entweder geschrieben oder mit der Schreibmaschine oder dem Hektographen hergestellt sein.

4. Die Rechnungen sind, sofern für mehr als eine Dienststelle geliefert wird, nach diesen getrennt und auf besonderen Bogen aufzustellen.

5. In den Rechnungen sind, soweit nicht besondere Vereinbarungen vorliegen, übereinstimmend mit den von der Verwaltung angenommenen, der Lieferung zugrunde liegenden Angeboten, nur die Einheits- und die Gesamtpreise für die Lieferungsgegenstände selbst „frei Land Schutzgebiet“ (vom Wasser nicht mehr bespülter Strand, Zollstation) aufzuführen, also einschließlich der vom Lieferanten zu tragenden Speditions-, Fracht-, Versicherungs- und sämtlicher übrigen Kosten. Die Bezahlung der Rechnungen erfolgt nur für die im Schutzgebiete abgelieferten und durch die dazu berufene Dienststelle endgültig abgenommenen Gegenstände nach deren Abnahme. Eine vorläufige Abnahme der Lieferung ändert hieran nichts.

6. Die Bezahlung erfolgt entweder unmittelbar durch die Gouvernementshauptkasse oder auf Anweisung des Kaiserlichen Gouvernements durch die Kolonialhauptkasse Berlin W., Wilhelmstraße, an den Werktagen zwischen 10 und 2 Uhr.

7. Erfolgt die Zahlung durch die Kolonialhauptkasse und wird Zusendung des Betrages auf dem Postwege gewünscht, so muß die Quittung vorher der Kolonialhauptkasse eingereicht werden.

VII. Mitteilungen über den Versand.

Bei Lieferungen, die durch das Reichs-Kolonialamt in Auftrag gegeben worden sind, hat der Lieferant von der Verladung der Gegenstände und der Absendung der Verpackungslisten und Rechnungen an die mit der Abnahme im Ausschiffungshafen beauftragte Dienststelle dem Reichs-Kolonialamte noch vor Abfahrt des Dampfers unter Beifügung einer Rechnungsabschrift (Preßkopie) und eines Versandnachweises (Konnossement usw.) schriftlich Mitteilung zu machen.

Anlage 1 zu Nr. 97.

Bürgschein.

Für die Erfüllung der von dem . . . . in dem Vertrage vom . . . . . . übernommenen Verbindlichkeiten . . . . verbürge . . . . hierdurch selbstschuldnerisch unter Verzicht auf die Einreden der Anfechtung, der Aufrechnung und der Vorausklage (§§ 770, 771 des Bürgerlichen Gesetzbuchs) bis zum Betrage von . . . . . . (geschrieben . . . .).

Auf Anzeige gemäß § 777 des Bürgerlichen Gesetzbuchs wird verzichtet.

. . . . . ., den . . . ten . . . . . . 19 . . .

Angenommen:

Kaiserliche . . . .

(Unterschrift.) (Unterschrift des Bürgen.)

Anlage 2 zu Nr. 97.

Verpfändungsurkunde.

Zur Sicherheit für die Forderungen, welche der . . . . . . Verwaltung aus dem . . . . . . Vertrage vom . . . . . . gegen den . . . . . . etwa erwachsen möchten, wird dieser hierdurch diejenige Forderung von . . . . Mark verpfändet, welche dem Unterzeichneten gegen die Hauptverwaltung der Staatsschulden / Reichsschuldenverwaltung laut Konto . . . . . . zusteht. Zugleich wird die . . . . ermächtigt, den Antrag auf gänzliche oder teilweise Löschung der Forderung, gegen Ausreichung von Schuldverschreibungen der . . . . vII. konsolidierten Anleihe an sie, selbst zu stellen und die Zinsen des Kontos zu erheben.

. . . . . ., den . . . ten . . . . . . 19 . . .

Angenommen:

Kaiserliche . . . .

(Unterschrift.) (Unterschrift des Verpfänders.)

(Diese Unterschrift ist gerichtlich oder notariell zu beglaubigen.)

Anlage 3 zu Nr. 97.

Verpfändungsurkunde.

Zur Sicherheit für die Forderungen, welche der . . . . . . Verwaltung aus dem . . . . . . Vertrage vom . . . . . . gegen den . . . . . . etwa erwachsen möchten, wird dieser hierdurch diejenige Forderung verpfändet, welche dem Unterzeichneten — gegen die Deutsche Reichsbank laut Depotschein Nr. . . . . — gegen die Königl. Seehandlung (Preuß. Staatsbank) laut Depotschein Nr. . . . . — gegen die Sparkasse zu . . . . laut Sparkassenbuch Nr. . . . . . — auf Herausgabe — der — des — im letzteren bezeichneten — Wertpapiere — Guthabens — zusteht. Zugleich wird die . . . . ermächtigt, das vorstehende — Depot bei der Reichsbank — Königl. Seehandlung (Preuß. Staatsbank) — Guthaben bei der Sparkasse — zu erheben und darüber Quittung zu erteilen.

. . . . . ., den . . . ten . . . . . . 19 . . .

Angenommen:

Kaiserliche . . . .

(Unterschrift.) (Unterschrift des Verpfänders.)

Anlage 4 zu Nr. 97.

Erste Ausfertigung.

. . . . . ., den . . . 19 . . .

An
das Kontor für Wertpapiere der Reichshauptbank,
der Königlichen Seehandlung (Preuß. Staatsbank)
in
Berlin.

Die Reichsbank — Königl. Seehandlung — benachrichtige . . ., daß . . . . . die nach dem Depotscheln . . . .

Nr. . . . . . . über Mark . . . . . .
„ . . . . . . „ „ . . . . . .
„ . . . . . . „ „ . . . . . .
„ . . . . . . „ „ . . . . . .
„ . . . . . . „ „ . . . . . .

für eigene Rechnung dort in Verwahrung gegebenen Wertpapiere und das . . . . der Reichsbank — Königl. Seehandlung — gegenüber zustehende Rückforderungsrecht dem Kaiserlichen . . . . als Sicherheit für . . . . verpfändet habe.

Die Reichsbank — Königliche Seehandlung — ersuche . . ., die vorbezeichneten Wertpapiere nebst Zinsscheinen und Anweisungen fortan für die genannte Behörde zu verwahren und nur dieser gegen deren Quittung herauszugeben.

(Unterschrift.)

Urschriftlich
an das Kontor für Wertpapiere der Reichshauptbank,
der Königlichen Seehandlung (Preuß. Staatsbank)
in
Berlin

mit dem Ersuchen zu übersenden, die anliegende zweite Ausfertigung des obigen

Antrages, welchem wir uns anschließen, nach Abgabe der darunter befindlichen Erklärungen an uns zurückzusenden.

. . . . . ., den . . . ten . . . . . . 19 . . .

Kaiserliche . . . .

(Unterschrift.)

Zweite Ausfertigung.

. . . . . ., den . . . 19 . . .

An
das Kontor für Wertpapiere der Reichshauptbank,
der Königlichen Seehandlung (Preuß. Staatsbank)
in
Berlin.

Die Reichsbank — Königl. Seehandlung — benachrichtige . . ., daß . . . . . die nach dem Depotschein . . . .

Nr. . . . . . . über Mark . . . . . .
" . . . . . . " " . . . . . .
" . . . . . . " " . . . . . .
" . . . . . . " " . . . . . .
" . . . . . . " " . . . . . .

für eigene Rechnung dort in Verwahrung gegebenen Wertpapiere und das . . . . der Reichsbank — Königl. Seehandlung — gegenüber zustehende Rückforderungsrecht dem Kaiserlichen . . . . verpfändet habe.

Die Reichsbank — Königliche Seehandlung — ersuche . . ., die vorbezeichneten Wertpapiere nebst Zinsscheinen und Anweisungen fortan für die genannte Behörde zu verwahren und nur dieser gegen deren Quittung herauszugeben.

(Unterschrift.)

Dem Kaiserlichen . . . .
zu . . . .

bestätigen wir, eine gleichlautende Ausfertigung erhalten zu haben, zugleich erklären wir uns bereit, das bezügliche Depot gegen Übernahme d . . . . . bezeichneten quittierten Depotschein . . . . und dieser Bescheinigung an d . . . Kaiserliche . . . . auszuhändigen.

Berlin, den . . . . 19 . . .

Kontor für Wertpapiere der Reichshauptbank,
Königliche Seehandlung (Preuß. Staatsbank).

(Unterschrift.)

98. Bekanntmachung des Gouverneurs von Deutsch-Südwestafrika, betreffend Wiederübernahme des Betriebs der Bahn Swakopmund—Windhuk durch das Gouvernement. Vom 1. April 1907.

Der Betrieb der Regierungsbahn Swakopmund—Windhuk ist am 1. April d. J. vom Kaiserlichen Gouvernement wieder übernommen worden; die Betriebsleitung ist der Kaiserlichen Eisenbahnverwaltung in Windhuk übertragen, an welche nunmehr alle bisher an die militärische Betriebsleitung Karibib gerichteten Zuschriften zu richten sind.

Gleichzeitig ist die Eisenbahnhauptkasse von Windhuk nach Karibib verlegt worden.

Windhuk, den 1. April 1907.

Der Kaiserliche Gouverneur.
I. V.: Hintrager.

99. Verordnung des Gouverneurs von Kamerun, betreffend Abänderung des Zolltarifs für die zur westlichen Zone des konventionellen Kongobeckens gehörigen Gebietsteile des Schutzgebiets Kamerun. Vom 2. April 1907.

(Kol. Bl. S. 654.)

Auf Grund des § 15 des Schutzgebietsgesetzes (Reichs-Gesetzbl. 1900, S. 813) und des § 5 der Verfügung des Reichskanzlers, betreffend die seemannsamtlichen und konsularischen Befugnisse und das Verordnungsrecht der Behörden in den Schutzgebieten Afrikas und der Südsee, vom 27. September 1903 wird hierdurch verordnet, was folgt:

§ 1. Die zur Verordnung, betreffend die Erhebung von Ein- und Ausfuhrzöllen in den zur westlichen Zone des konventionellen Kongobeckens gehörigen Gebietsteilen des Schutzgebietes Kamerun, vom 1. April 1899*) gehörigen Tarife A und B nebst sämtlichen dazu ergangenen Abänderungen und Ergänzungen werden mit Ablauf des 31. März 1905 aufgehoben.

§ 2. Mit dem gleichen Zeitpunkte tritt für den Geltungsbereich der im § 1 genannten Verordnung vom 1. April 1899*) der nachfolgende Zolltarif in Kraft.

A. Einfuhrzölle.

1. Spirituosen: Rum, Genever, Spiritus und sonstige alkoholhaltige Flüssigkeiten, welche weder süß noch mit einer Substanz gemischt sind, durch welche die Feststellung des Alkoholgehalts durch den Alkoholometer verhindert ist,
   a) bis einschließlich 50 vH. Tralles für ein Liter . . . . . 0,75 M.
   b) für jedes weitere Prozent Tralles ein Zuschlagzoll von 0,05 „
2. Spirituosen: Rum, Genever, Spiritus und sonstige alkoholhaltige Flüssigkeiten, welche gesüßt sind oder Zusätze enthalten, die die Feststellung des Alkoholgehalts durch den Alkoholometer verhindern, also z. B. alle Liköre, für ein Liter 1,00 M.
3. Alle übrigen Gegenstände, soweit sie nicht auf Grund der folgenden Zusammenstellung zollfrei sind, vom Wert 10 vH. Als Wert der zur Einfuhr kommenden Gegenstände gilt der Fakturenwert des See-Einfuhrhafens einschließlich Fracht und Spesen. Kann über die zur Einfuhr kommenden Waren eine Faktura nicht vorgelegt werden, so ist ihr Verzollungswert vom Verzoller im Einvernehmen mit der Zollstation zu ermitteln und zu deklarieren.

Zusammenstellung der vom Einfuhrzoll befreiten Gegenstände.

Schiffe, Boote, Dampfmaschinen, mechanische Vorrichtungen, welche der Industrie oder dem Ackerbau dienen, sowie Werkzeuge für gewerbliche oder landwirtschaftliche Zwecke sind bis auf weiteres frei vom Einfuhrzoll.

*) D. Kol. Gesetzgeb. IV S. 51.

Lokomotiven sowie Eisenbahnwagen und -material sind während des Baues der Linien und bis zum Tage der Eröffnung des Betriebes zollfrei.

Wissenschaftliche und Präzisionsinstrumente, die dem Gottesdienst und humanitären Zwecken dienenden Gegenstände sowie Reisegerät für den persönlichen Gebrauch der Reisenden und der Personen, welche sich im Schutzgebiete niederlassen, sind zollfrei.

D. Ausfuhrzölle.

1. Elfenbein, Kautschuk . . . . 10 vH. vom Wert.
2. Arachiden, Kaffee, roter Kopal, weißer Kopal (geringere Qualität), Palmöl, Palmnüsse, Sesam . . 5 vH. vom Wert.

Die Ausfuhrzölle auf Elfenbein und Kautschuk werden unter Zugrundelegung folgender Werte erhoben:

Elfenbein in Stücken, Enden usw.	8,00	M. das Kilogr.
Elfenbein-Zähne von einem Gewicht unter 6 kg	12,80	„ „ „
Elfenbein-Zähne von einem Gewicht von 6 kg und mehr	16,80	„ „ „
Kautschuk	3,20	„ „ „

Die Wertgrundlage kann von Jahr zu Jahr entsprechend dem Marktwert an der Küste Afrikas und unter Bedingungen, welche dem Handel jede Garantie bieten, einer Revision unterworfen werden.

3. Die vorstehenden Vorschriften treten an die Stelle der gleichlautenden, am 24. Oktober 1904 erlassenen Vorschriften*) mit Wirkung von dem darin angegebenen Zeitpunkt ab.

Buea, den 2. April 1907.

Der Kaiserliche Gouverneur.
I. V.: Gleim.

100. Verordnung des Bezirksamtmanns zu Jaluit, betreffend die Meldepflicht der die Insel Nauru anlaufenden Schiffe der Pacific Phosphate Company. Vom 2. April 1907.

(Kol. Bl. S. 1083.)

Auf Grund des § 15 Abs. 3 des Schutzgebietsgesetzes (Reichs-Gesetzbl. 1900, S. 813) in Verbindung mit § 5 der Verfügung des Reichskanzlers vom 27. September 1903 (D. Kol. Bl. 1903, S. 509) wird bestimmt, was folgt:

§ 1. Auf die im Dienste der Pacific Phosphate Company stehenden Schiffe findet die Verordnung vom 28. Juni 1888, betreffend den Hafen von Jaluit als Einklarierungshafen,**) bis auf weiteres keine Anwendung.

§ 2. Der Führer eines jeden die Insel Nauru anlaufenden Schiffes, welches auf seiner Reise sich noch nicht bei dem Vertreter der Kaiserlichen Regierung in Jaluit gemeldet hat, noch demnächst dorthin geht, ist in gleicher Weise, wie dieses durch die Verordnung vom 2. Juni 1888 für den Hafen von Jaluit vorgeschrieben ist, verpflichtet, die Ankunft und den Abgang desselben bei dem Kaiserlichen Stationsleiter in Nauru anzumelden.

§ 3. Die Meldegebühr beträgt für jede brit. Reg.-Tonne 7 Pfennige.

*) D. Kol. Gesetzgeb. 1904 S. 244. (Gegen die Rechtsgültigkeit der V. v. 24. Oktober 1904 hatten sich aus formellen Gründen wegen der Vorgänge bei ihrem Zustandekommen und ihrer Veröffentlichung Bedenken erhoben.)

**) D. Kol. Gesetzgeb. I S. 617.

§ 4. Die gesundheitspolizeiliche Kontrolle findet in Gemäßheit der für Jaluit erlassenen Vorschriften vom 5. August 1901*) statt.

Die von dem Schiffe dafür an die Stationskasse zu entrichtende Gebühr beträgt 20 M.

§ 5. Diese Verordnung tritt in Kraft mit Wirkung vom 1. Juni v. J. ab.

Ponape, den 2. April 1907.

Der Kaiserliche Bezirksamtmann.
I. V.: Berg.

101. Runderlaſs des Gouverneurs von Deutsch-Ostafrika, betreffend die Verpflegungsvorschriften. Vom 4. April 1907.

(Amtl. Anz. Nr. 7.)

Gemäß § 22, Abs. 2 der Verpflegungsvorschriften für das europäische Zivil- und Militärpersonal, vom 30. April 1896, L. G. Nr. 66,**) werden beim Antritt einer Expedition oder einer Dienstreise im Binnenlande für das Fortschaffen der Verpflegungslasten monatlich 2 Träger gewährt, wobei ein angefangener Monat voll gerechnet wird. Zufolge einer neuerdings ergangenen Entscheidung des Auswärtigen Amts, Kolonial-Abteilung, ist diese Bestimmung dahin aufzufassen, daß nicht jeder in die Dauer einer Dienstreise fallende angefangene Kalendermonat einen vollen Monat bildet, sondern daß jedesmal der nach der Monatsdauer sich ergebende Zeitraum z. B. von 30 Tagen vom Beginn der Reise an gerechnet, als ein voller Monat anzusehen, und daß demgemäß auch ein angefangener Teil eines solchen Zeitraums als ein voller Monat zu rechnen sei.

Hiernach wollen diejenigen Dienststellen verfahren, welche bei der Anordnung einer Dienstreise oder einer Expedition an Stelle des Gouvernements diejenige Zeit zu bestimmen haben, auf welche die Ausrüstung mit Verpflegungsartikeln und die Gestellung der zum Transport derselben zuständigen Träger zu erfolgen hat.

Bei vorzeitiger Rückkehr von einer Expedition oder einer Dienstreise ist zur Begründung der berechneten Verpflegungsträger entweder in den Verwaltungsrechnungen oder auf den betreffenden Geldausgabebelegen anzugeben, für wieviel volle Monate bei Beginn der Reise usw. die Gestellung von Verpflegungsträgern angeordnet war.

Daressalam, den 4. April 1907.

Der Kaiserliche Gouverneur.
Freiherr v. Rechenberg.

102. Verfügung des Gouverneurs von Samoa, betreffend die Erhebung einer Gebühr für Ausstellung von Gesundheitspässen an Schiffe. Vom 5. April 1907.

(Kol. Bl. S. 710. Gouv. Bl. III Nr. 54.)

Für die Ausstellung von Gesundheitspässen an Schiffe, die vom Hafen zu Apia in einen nicht zum Schutzgebiet gehörigen Hafen segeln, wird vom

*) D. Kol. Gesetzgeb. VI S. 871.
**) D. Kol. Gesetzgeb. II S. 219, VI S. 109.

1. Mai d. Js. an eine Gebühr erhoben. Die Gebühr beträgt für Schiffe, die nach Tutuila gehen, 4 M. — vier Mark —, für sämtliche übrigen 9 M. — neun Mark.

Apia, den 5. April 1907.

Der Kaiserliche Gouverneur.
Solf.

103. Verordnung des Gouverneurs von Deutsch-Ostafrika, betreffend das Marktwesen im Bezirke Langenburg. Vom 6. April 1907.

(Amtl. Anz. Nr. 8.)

Auf Grund des § 15, letzter Absatz, des Schutzgebietsgesetzes (Reichs-Gesetzbl. 1900 S. 812) in Verbindung mit der Verfügung des Reichskanzlers vom 27. September 1903 wird hiermit für die Ortschaften Neu-Langenburg, Mueia und Wiedhafen und für einen Umkreis um dieselben von 3 km, jeweils vom Stationsgebäude aus gerechnet, betreffend des Marktwesens verordnet was folgt:

§ 1. Erzeugnisse der einheimischen Land- und Forstwirtschaft, Viehzucht, Fischerei und Jagd, sowie daraus hergestellte Lebensmittel, die zur Befriedigung täglicher Bedürfnisse der Bevölkerung dienen sollen, dürfen zum Zwecke des Kleinverkaufes an die Verbraucher nur in den von der örtlichen Polizeibehörde zugelassenen Märkten gehandelt werden.

§ 2. Die Verkäufer der im § 1 bezeichneten Gegenstände haben Marktgebühren nach dem nachstehenden Tarife an die von der örtlichen Polizeibehörde zu bezeichnende Stelle zu entrichten.

§ 3. Die im § 1 aufgeführten Erzeugnisse bleiben, soweit sie zum eigenen Verbrauche der Produzenten bestimmt sind, von den Vorschriften des § 2 unberührt; jedoch müssen dieselben auf Verlangen der örtlichen Polizeibehörde ebenfalls in die Markthalle bzw. auf den Marktplatz gebracht und dem Marktaufseher vorgezeigt werden.

§ 4. Die Vorschriften des § 1 finden keine Anwendung auf:

1. den Handel mit Pferden, Eseln, Maultieren, Kamelen, Rindvieh und Kleinvieh, welches nicht zum Schlachten bestimmt ist,
2. den Gewerbebetrieb der Milchhändler.

Erfolgt indessen trotzdem der Verkauf der vorstehend genannten Erzeugnisse in der Markthalle, so ist die Marktgebühr nach Maßgabe des § 2 zu entrichten.

§ 5. Die Ortsbehörde kann anordnen, daß Rind-, Schaf-, Ziegen- und Schweinefleisch auf den Märkten nur feilgehalten werden darf, nachdem es von dem amtlich bestellten Sachverständigen für verkaufsfähig erklärt worden ist.

Das Schlachten von Vieh darf nur auf dem von der Ortsbehörde hierfür bestimmten Platze geschehen.

§ 6. Die örtliche Polizeibehörde kann in besonderen Fällen in Abweichung von den Vorschriften des § 1 gestatten, daß die dem Marktzwange unterworfenen Produkte auch im Hause oder im Umherziehen gehandelt werden dürfen, ohne daß dadurch die Gebührenpflicht derselben aufgehoben wird. Händler letzterer Art haben sich durch einen von der lokalen Verwaltungsbehörde ausgestellten Erlaubnisschein, den sie stets bei sich zu führen haben, zu legitimieren.

§ 7. Zuwiderhandlungen gegen die Vorschriften dieser Verordnung werden, soweit nicht nach den bestehenden Gesetzen eine härtere Strafe verwirkt ist, mit Geldstrafe bis zu 20 (zwanzig) Rupien, an deren Stelle im Unvermögensfalle Haft bis zu einer Woche, bei Eingeborenen Gefängnis mit Zwangsarbeit oder Kettenhaft tritt, bestraft. Gesundheitsschädliches Fleisch, sowie verdorbene Lebens- und Genußmittel werden mit Beschlag belegt. Sofern eine Hinterziehung nach § 2 zu entrichtender Gebühren stattgefunden hat, kommt außerdem der vierfache Betrag der hinterzogenen Gebühr, mindestens jedoch 1 (eine) Rupie als Zusatzstrafe zur Erhebung.

§ 8. Die auf Grund dieser Verordnung zu erhebenden Abgaben und Gebühren einschließlich der zu verhängenden Geldstrafen fließen zur Kommunalkasse.

§ 9. Diese Verordnung tritt mit dem 1. Juli 1907 in Kraft.

Daressalam, den 6. April 1907.

Der Kaiserliche Gouverneur.
Freiherr v. Rechenberg.

Marktgebühren-Tarif.

1.	Für jeden Verkaufsstand von 3 qm Größe, soweit nicht Gebühren nach Ziffer 2 zuständig sind, pro Stand und Tag Die Gebühren können für eine oder mehrere Wochen bis zu einem Monat im voraus bezahlt werden.	4 Heller
2.	Für jede Last einheimischen Reis und Weizenmehl bis zu 60 lbs.	6 „
3.	Für jede Last Mais-, Mtama-, Ulezi- und Mohogomehl, sowie für jede Last Körner- oder Erdfrüchte bis zu 60 lbs.	3 „
4.	Für jeden Topf Pombe	25 „
5.	Für Honig, Öl und Fett (Samli) pro Liter	2 „
6.	Für Zuckerrohr und Zwiebeln pro 60 lbs. Last	4 „
7.	Für 1 Stück Großvieh	1 Rupie.
8.	Für 1 Stück Kleinvieh	10 Heller.
9.	Für 1 Huhn	1 „
10.	Für 1 Ente oder sonstiges Geflügel	4 „

104. Bestimmungen des Gouvernements von Deutsch-Südwestafrika über den Bezug von Wasser aus der fiskalischen Wasserleitung in Swakopmund. Vom 6. April 1907.

§ 1. Zum Anschluß an die fiskalische Wasserleitung in Swakopmund, sowie zur Vornahme jeder Änderung an der hergestellten Zuleitung ist die Genehmigung des Kaiserlichen Hafenamtes erforderlich.

Die Anschlußleitung besteht aus der Zuleitung und der Privatleitung. Die Zuleitung erstreckt sich von der Hauptleitung bis zur Abschlußvorrichtung und dem Wassermesser einschließlich. Die Privatleitung ist die vom Wassermesser weiterführende Leitung.

§ 2. Die Herstellung und Unterhaltung der Zuleitung erfolgt auf Antrag des betreffenden Grundstückseigentümers durch das Hafenamt oder einen von diesem mit der Ausführung betrauten Unternehmer nach der Wahl der Interessenten. Die Kosten für die Herstellung und Unterhaltung der Zuleitung, mit Ausnahme der Abschlußvorrichtung und des Wassermessers, trägt der Antragsteller. Die Zuleitung geht in das Eigentum des Landesfiskus über.

§ 3. Für die zwischen der Zuleitung und der Privatleitung einzuschaltende

Abschlußvorrichtung und den Wassermesser wird eine Miete erhoben. Diese beträgt monatlich für eine Durchgangsweite von:

20 Millimeter	. . . .	1,50 Mark,
25 „	. . . .	2,40 „
30 „	. . . .	2,60 „
40 „	. . . .	3,20 „
50 „	. . . .	4,50 „
75 „	. . . .	7,00 „
100 „	. . . .	9,00 „
125 „	. . . .	12,00 „

Die Miete wird von dem ersten Tage des Monats an berechnet, in welchem die Anbringung der Abschlußvorrichtung und des Wassermessers erfolgt ist und sonst auch stets für volle Monate.

Ein Wassermesser, dessen Richtigkeit angezweifelt wird, muß sowohl auf Antrag des Wasserabnehmers wie auf Verlangen des Hafenamtes einer Untersuchung und nötigenfalls technischen Prüfung unterzogen werden. Diese technischen Prüfungen werden auf der Wassermesserprüfstelle des Hafenamtes vorgenommen; die daselbst festgestellten Ergebnisse sind sowohl für das Hafenamt als auch für den Abnehmer bindend. Dem Abnehmer steht es frei, den technischen Prüfungen selbst beizuwohnen oder sich durch eine geeignete Person vertreten zu lassen.

Stellt sich bei der Prüfung heraus, daß der Messer nicht richtig zeigt, so wird auf eine Abweichung bis zu 5 vH. keine Rücksicht genommen. Zeigen sich aber größere Abweichungen, so wird die durch den Messer in der laufenden Zahlzeit zuviel angezeigte Menge dem Wasserabnehmer in Abzug gebracht, ebenso aber auch die zu wenig bezahlte Menge nachträglich berechnet. Hat der Wasserabnehmer die Prüfung beantragt, so hat er bei einer Abweichung von weniger als 5 vH. die Kosten der Prüfung und des Wiedereinbaues des Wassermessers zu tragen.

§ 4. Die Grundstücksbesitzer dürfen weder selbst noch durch Beauftragte irgendwelche Arbeiten, Änderungen usw. an den Zuleitungen oder dem Wassermesser vornehmen und sind für alle denselben zugefügten Beschädigungen, namentlich des Wassermessers, haftbar.

§ 5. Für die Herstellung und Unterhaltung der Privatleitung hat der Grundstückseigentümer selbst zu sorgen.

§ 6. Das Öffnen und Schließen der Absperrvorrichtung ist nur dem Personal des Hafenamtes oder des vom Hafenamt mit den Wasserleitungsarbeiten betrauten Unternehmers gestattet. Der Durchmesser der Zuleitungen und die Größe des Wassermessers wird vom Hafenamt in jedem Falle bestimmt. Wird infolge späterer größerer Ansprüche an die Zuleitung eine Änderung derselben notwendig, so hat der Antragsteller auch die hieraus entstehenden Kosten zu tragen.

§ 7. Der Wasserzins beträgt 40 Pfg. für 1000 Liter und ist mitsamt der Miete für die Abschlußvorrichtung und Wassermesser am Schlusse eines jeden Kalendervierteljahres an die Kaiserliche Bezirkskasse in Swakopmund zu entrichten. Die Höhe des Mindestsatzes des Wasserzinses beträgt 3 M. pro Vierteljahr.

§ 8. Wenn eine Leitung vorübergehend ohne Wassermesser in Benutzung gewesen ist, so wird für diesen Zeitraum behufs Ermittlung des Wasserverbrauchs eine Pauschmenge nach dem voraufgegangenen oder nachfolgenden

Gebrauch berechnet. Der Umstand, daß das Wasser nicht in der erwarteten Menge und Reinheit geliefert oder daß eine zeitweise Unterbrechung der Wasserförderung eingetreten ist, berechtigt den Abnehmer nicht zu Ansprüchen auf Schadenersatz.

§ 9. Beim Ausbruch eines Schadenfeuers ist jeder Abnehmer verpflichtet, seine Leitung zur Verfügung zu stellen. Das zu Löschzwecken abgegebene Wasser wird auf einen innerhalb 3 Tagen nach erfolgtem Verbrauch beim Hafenamt gestellten Antrag in Abrechnung gebracht.

§ 10. Durch Unterzeichnung des Anmeldescheines, durch den der Grundstückseigentümer seinen Anschluß an die Wasserleitung beantragt, unterwirft er sich diesen Bestimmungen und den etwa erfolgenden Abänderungen. Dem Abnehmer steht das Recht zu, das Vertragsverhältnis mit vierteljähriger Frist zum Schlusse eines Kalendervierteljahres zu kündigen. Nach Beendigung des Vertragsverhältnisses trennt das Hafenamt auf Kosten des bisherigen Abnehmers die Zuleitung von der Privatleitung.

§ 11. Bei Zuwiderhandlungen gegen vorstehende Bestimmungen, insbesondere bei Verzug in der Entrichtung des Wasserzinses und der Miete für Abschlußvorrichtung und Wassermesser, ist das Hafenamt zur Schließung der Zuleitung berechtigt.

§ 12. Das Gouvernement behält sich das Recht vor, nach seinem Ermessen gegenwärtige Bestimmungen abzuändern, wenn dies die Umstände und Verhältnisse bedingen.

Windhuk, den 6. April 1907.

Kaiserliches Gouvernement.
I. V.: Hintrager.

105. Bekanntmachung des Gouverneurs von Deutsch-Südwestafrika, betreffend Übergabe der Otavi-Eisenbahn an den öffentlichen Verkehr. Vom 6. April 1907.

Die Otavi-Eisenbahn ist in ihrer Gesamtstrecke von Swakopmund bis Tsumeb am 16. Dezember 1906 dem öffentlichen Verkehr übergeben worden.

Windhuk, den 6. April 1907.

Der Kaiserliche Gouverneur.
I. V.: Hintrager.

106. Runderlafs des Auswärtigen Amts, Kolonial-Abteilung, betreffend Einsendung von Bildern aus den Schutzgebieten. Vom 8. April 1907.

In Ergänzung des Erlasses vom:
a) 2. August 1906 (nach Daressalam),
b) 7. Juli 1906 (nach Lome),
c) d) 13. August 1906 (nach Herbertshöhe und Apia),
e) 17. Juli 1906 (nach Windhuk).*)

Verlagshandlungen, Schriftsteller, Lehrer usw. bitten häufig um leihweise Überlassung von Photographien und sonstigen Bildern zur Verwertung in neu herauszugebenden Büchern oder zu Lehrzwecken. Diesen Bitten, deren Erfüllung vielfach im Interesse der Kolonial-Abteilung liegt, kann nur in Aus-

*) Nicht abgedruckt. In den Erlassen ist gestattet worden, Photographien aus den Schutzgebieten, welche Wege, Brücken, Eisenbahn- und Verkehrsanlagen, Versuchsgärten, Handelsniederlassungen, Stationen usw. darstellen, an illustrierte Zeit- und Fachschriften nebst den erforderlichen Notizen mitzuteilen.

nahmefällen stattgegeben werden, weil sich eine geordnete Bildersammlung in der Kolonial-Abteilung nicht befindet. Es erscheint aber aus dem oben angeführten Grunde erwünscht, auf die Anlage einer brauchbaren, stets auf dem laufenden zu haltenden Bildersammlung Bedacht zu nehmen.

Unter Bezugnahme auf den oben erwähnten Erlaß ersuche ich ergebenst von den an Zeitungen und Zeitschriften gesandten Bildern zugleich mit dem hierüber eingeforderten Bericht jedesmal je einen Abzug und ferner je einen Abzug der etwa sonst in amtlichem Besitz befindlichen Bilder, soweit es ohne nennbare Kosten angängig ist, zu übersenden.

Berlin, den 8. April 1907.

Auswärtiges Amt, Kolonial-Abteilung.
Dernburg.

107. Verfügung des Gouverneurs von Togo, betreffend die Bereithaltung von Materialien für den Fall einer Gelbfieber-Gefahr. Vom 9. April 1907.

(Amtsbl. S. 81.)

Die nachstehend bezeichneten zum Schutz gegen Mücken- bzw. zum Ausräuchern von Häusern bei eintretender Gelbfieber-Gefahr bestimmten Materialien sind in den angegebenen Mengen dauernd vom Bauamt vorrätig zu halten.

500 kg Schwefel.
1500 qm Moskitotüll mit Maschenweite nicht über 1 mm.
200 qm Drahtgaze mit Maschenweite nicht über 1 mm.
100 kg Dextrin.
2000 qm stärkeres Packpapier.
2000 m leichtes Packpapier, etwa 50 cm breit.

Anträge der Regierungsärzte auf Entnahme von diesem Vorrate sind beim Gouvernement zu stellen.

Sobald der Vorrat die oben angegebenen Mengen nicht mehr erreicht, ist seine Ergänzung sofort zu veranlassen. Verantwortlich hierfür ist der Vorstand des Bauamtes. Dieser hat jährlich am 1. Dezember an das Gouvernement Anzeige zu erstatten, ob der Vorrat vollständig vorhanden ist.

Lome, den 9. April 1907.

Der Gouverneur.
Graf Zech.

108. Verfügung des Auswärtigen Amts, Kolonial-Abteilung, betreffend Erteilung einer Sonderberechtigung zum Schürfen und Bergbau an den Landesfiskus von Kamerun. Vom 10. April 1907.

(Kol. Bl. S. 384.)

Auf Grund des § 93 der Kaiserlichen Bergverordnung vom 27. Februar 1906 (Reichs-Gesetzbl. S. 363)*) wird dem Landesfiskus des Schutzgebietes Kamerun vorbehaltlich wohlerworbener Rechte Dritter die Sonderberechtigung zum ausschließlichen Schürfen und Bergbau für Kupfer, Zinn und Glimmer im Bezirk Ossidinge erteilt.

Berlin, den 10. April 1907.

Auswärtiges Amt, Kolonial-Abteilung.
Dernburg.

*) D. Kol. Gesetzgeb. 1906 S. 86.

109. Zweiter Nachtrag*) zum Vertrag über die Einrichtung und Unterhaltung von Postdampferverbindungen mit Afrika vom 9./21. Juli 1900. Vom 11. April 1907.

(Reichsanzeiger vom 24. April 1907.)

Zwischen dem Stellvertreter des Reichskanzlers Grafen v. Posadowsky-Wehner, handelnd im Namen des Reichs, einerseits und der Aktiengesellschaft Deutsche Ost-Afrika-Linie zu Hamburg anderseits ist heute in Ergänzung des Vertrages über die Einrichtung und Unterhaltung von Postdampferverbindungen mit Afrika vom 9./21. Juli 1900**) das Folgende vereinbart worden:

Vorübergehend können auf Grund besonderer Vereinbarung zwischen den vertragschließenden Teilen in der Einrichtung der nach Artikel 1 unter A. und B. des Vertrags vom 9./21. Juli 1900 zu unterhaltenden Linien solche Änderungen getroffen werden, welche sich im Rahmen der Vorschriften des Gesetzes vom 25. Mai 1900***) halten und eine Verringerung der Gesamtleistung des Unternehmers gegenüber dem Vertrage vom 9./21. Juli 1900 nicht zur Folge haben.

Diese Vereinbarung ist urkundlich in zweifacher Ausfertigung von beiden Teilen unterschrieben und untersiegelt worden.

Berlin, den 11. April 1907.	Hamburg, den 11. April 1907.
Der Stellvertreter des Reichskanzlers.	Deutsche Ost-Afrika-Linie.
Graf v. Posadowsky.	Ed. Woermann.

---

*) Der erste Nachtrag vom 5./17. Juni 1901 (Kol. Bl. S. 526, Reichsanzeiger vom 2. Juli 1901) ist s. Zt. in der D. Kol. Gesetzgeb. nicht abgedruckt worden. Er lautet:

Nachtrag zum Vertrag über die Einrichtung und Unterhaltung von Postdampferverbindungen mit Afrika vom 21./9. Juli 1900.

Zwischen dem Reichskanzler Grafen v. Bülow, handelnd im Namen des Reichs, einerseits und der Aktiengesellschaft Deutsche Ostafrika-Linie zu Hamburg andererseits ist heute in Ergänzung des Vertrags über die Einrichtung und Unterhaltung von Postdampferverbindungen mit Afrika vom 21./9. Juli 1900 das Folgende vereinbart worden:

Auf Grund besonderer Vereinbarung können vorübergehend an Stelle der im Artikel 1 unter A des Vertrags vom 21./9. Juli 1900 vorgesehenen zweiwöchentlichen Rundfahrten um Afrika zwei vierwöchentliche Fahrten, eine Ostlinie und eine Westlinie, eingerichtet werden, von denen jede die Aus- und die Heimreise auf ein und derselben Seite Afrikas ausführt; die beiden Linien müssen sich mit ihren Endpunkten erreichen und mit sämtlichen unter A genannten Häfen eine regelmäßige Postdampferverbindung herstellen.

Für die Dauer einer solchen Vereinbarung kann für aushilfsweise zu verwendende Schiffe die im Artikel 2 Abs. 2 des Vertrags vorgesehene geringere Fahrgeschwindigkeit auch dann zugelassen werden, wenn die Schiffe nicht bereits vor dem 1. April 1900 in die ostafrikanische Reichspostdampferlinie eingestellt waren.

Diese Vereinbarung ist urkundlich in zweifacher Ausfertigung von beiden Teilen unterschrieben und untersiegelt worden.

Berlin, den 17. Juni 1901.	Hamburg, den 5. Juni 1901.
Der Reichskanzler.	Deutsche Ostafrika-Linie.
Graf v. Bülow.	Unterschriften.

**) D. Kol. Gesetzgeb. V S. 115.

***) D. Kol. Gesetzgeb. V S. 63.

110. Bekanntmachung des Gouverneurs von Deutsch-Ostafrika, betreffend Aufhebung der Sperre von Teilen der Bezirke Ssongea, Kilwa und Lindi. Vom 11. April 1907.

(Amtl. Anz. Nr. 8.)

Die durch die Bekanntmachung vom 1. Oktober 1906 (Amtlicher Anzeiger Nr. 33)*) erklärte Sperre von Teilen der Bezirke Ssongea, Kilwa und Lindi wird aufgehoben.

Gesperrtes Gebiet im Sinne des § 1 der Verordnung vom 7. März 1906 betreffend den öffentlichen Verkehr im Schutzgebiet**) bleibt bis auf weiteres noch der nordwestliche Teil des Bezirks Ssongea, welcher begrenzt wird: Im Osten durch den Luwegu von der Stelle, an der er den Bezirk Ssongea verläßt bis zur Breite von Samanguru, im Süden durch eine Linie von Samanguru nach dem Kipiki-Berg, und weiterhin durch eine Linie Mkangazi—Hanga—Rutukira—Rubuhu, im Norden und Westen durch die Grenze des Bezirks Ssongea.***)

Daressalam, den 11. April 1907.

Der Kaiserliche Gouverneur.
Freiherr v. Rechenberg.

111. Beschluß des Bundesrats, betreffend die unter der Firma „Debundscha-Pflanzung" mit dem Sitz in Berlin gegründete Kolonial-Gesellschaft. Vom 11. April 1907.

(Kol. Bl. S. 494. Reichsanzeiger vom 6. Juli 1907.)

In Gemäßheit des § 11 des Schutzgebietsgesetzes vom 25. Juli 1900 (Reichs-Gesetzbl. 1900 S. 813) wird nachstehendes zur öffentlichen Kenntnis gebracht:

Der Bundesrat hat in der Sitzung vom 11. April 1907 beschlossen, der mit dem Sitze in Berlin gegründeten Kolonial-Gesellschaft „Debundscha-Pflanzung" auf Grund der nachstehenden, vom Reichskanzler genehmigten Satzungen die Körperschaftsrechte zu verleihen.

Satzungen der Debundscha-Pflanzung.

1. Allgemeine Bestimmungen.

§ 1. Unter der Firma Debundscha-Pflanzung wird auf Grund des § 11 des Schutzgebietsgesetzes (Reichs-Gesetzbl. 1900 S. 813) eine Kolonialgesellschaft errichtet.

§ 2. Zweck der Gesellschaft ist die Anlage, Übernahme und der Betrieb von Land- und Plantagenwirtschaft, der Erwerb und die Verwertung von Grundbesitz, der Betrieb von Handel und Gewerbe sowie die Beteiligung an wirtschaftlichen Unternehmungen in Kamerun und den benachbarten Kolonien.

§ 3. Die Gesellschaft hat ihren Sitz und allgemeinen Gerichtsstand in Berlin.

§ 4. Die Dauer der Gesellschaft ist nicht beschränkt.

---

*) D. Kol. Gesetzgeb. 1906 S. 315.
**) D. Kol. Gesetzgeb. 1906 S. 124.
***) Durch Bekanntmachung v. 31. Juli 1907 (unten Nr. 200) ist auch die Sperrung des nordwestlichen Teils des Bezirks Ssongea aufgehoben worden.

§ 5. Die Organe der Gesellschaft sind:
der Vorstand,
der Aufsichtsrat,
die Hauptversammlung.

§ 6. Die Bekanntmachungen der Gesellschaft erfolgen rechtswirksam durch einmalige Veröffentlichung im „Deutschen Reichsanzeiger“. Bei bekannt gemachten Fristen wird der Tag der Ausgabe des Blattes mitgerechnet.

2. Grundkapital.

§ 7. Das Grundkapital der Gesellschaft beträgt 220 000 Mark, eingeteilt in 1100 Stammanteile der Serie A über je 200 Mark, die die Nummern 1 bis 1100 tragen.

Von diesen Anteilen erhalten die Gründer solche im Nominalbetrage von 120 000 Mark. Sie bringen für diese Anteile die ihnen als Miteigentümern gehörigen, am Westabhange des Kamerun-Gebirges in Debundscha im Bezirk Viktoria belegenen zwei Grundstücke nebst Pflanzungen, Baulichkeiten und Inventar mit allen darauf ruhenden Rechten und Pflichten und allen zu dem auf ihre gemeinschaftliche Rechnung geführten Pflanzungsbetriebe gehörigen Aktiven und Passiven nach der Bilanz vom 30. Juni 1905 in die Gesellschaft ein.

Vom 1. Juli 1905 ab wird der Betrieb als auf Rechnung der Gesellschaft geführt angesehen. Alle seitdem für die Gemeinschaft der Gründer entstandenen Aktiven und Passiven gehen auf Rechnung der Debundscha-Pflanzung.

Nach der Bilanz vom 30. Juni 1905 betragen die Aktiven, nämlich:

1. Wert der beiden Grundstücke mit Pflanzungen, Baulichkeiten und Inventar	174 796,37 Mark,
2. Der Wert der vorhandenen Bestände an Waren, der Barbestand und die ausstehenden Forderungen	6 388,97 „
zusammen	183 185,34 Mark,
die Passiva (Schulden)	63 185,34 „
der Reinwert der Einlage	120 000,— Mark.

Von den Anteilen erhält ferner Herr Geyger für seine Forderung an die Firma Linnell & Co. in Debundscha zum Ausgleich 49 446,05 Mark.

Die übrigen Anteile in Höhe von 50 553,95 Mark werden binnen 8 Tagen eingezahlt.

§ 8. Innerhalb der ersten fünf Jahre nach Konstituierung der Gesellschaft kann das Grundkapital durch Beschluß des Aufsichtsrats bis zum Betrage von 500 000 Mark „Fünfhunderttausend Mark“ erhöht werden, sofern die Erhöhung lediglich durch Bareinlagen geschehen soll. Im übrigen können Erhöhungen des Grundkapitals nur im Wege der Satzungsänderung (§§ 41, 42, 51) beschlossen werden. Die Erhöhung des Grundkapitals geschieht durch Ausgabe neuer Anteilscheine zu 200 Mark, welche als Serie B, C usf. bezeichnet werden.

§ 9. Auf die Anteile der späteren Serien sind, soweit nicht etwa andere als durch Barzahlung zu leistende Einlagen bedungen sind, 25 vH. zuzüglich des etwa bedungenen Aufgeldes binnen acht Tagen nach Aufforderung des Aufsichtsrats einzuzahlen. Der Rest wird in drei Raten von je 25 vH. auf Beschluß und Aufforderung des Aufsichtsrats mit vierwöchiger Frist und der Maßgabe eingefordert, daß zwischen den Zahlungsterminen jedesmal ein Mindestzeitraum von einem Jahre liegt. Wird die Zahlung in der festgesetzten Frist nicht geleistet, so kann der Säumige zur Zahlung der fälligen Beträge nebst 5 vH. Zinsen vom Fälligkeitstermine ab im Rechtswege angehalten werden. Statt dessen kann nach zweimaliger Zahlungsaufforderung, welche in gleicher Frist und unter Androhung des Ausschlusses stattzufinden hat, durch Beschluß des Aufsichtsrats der Säumige seines Anteils zugunsten der Gesellschaft für verlustig und der über den Anteil ausgestellte Schein für kraftlos erklärt werden.

Diese Erklärung wird dem Säumigen schriftlich mitgeteilt, und der für verfallen erklärte Anteil wird der Gesellschaft zugeschrieben; die letztere ist berechtigt, ihr zugeschriebene Anteile zu verwerten. Die Geltendmachung eines weiteren Schadens ist nicht ausgeschlossen.

§ 10. Die Inhaber der auszugebenden Anteile sowie demnächst deren Rechtsnachfolger bilden die Gesellschaft.

Die Anteile sind unteilbar.

Einzelne Mitglieder können nicht auf Teilung klagen.

§ 11. Für die Verbindlichkeiten der Gesellschaft haftet den Gläubigern nur das Gesellschaftsvermögen.

§ 12. Der Zeichner eines Anteils haftet für die Zahlung des vollen Nennbetrages, falls jedoch der Ausgabepreis ein höherer ist, dieses Betrages. Darüber hinaus haben die Mitglieder der Gesellschaft keine Verpflichtung.

Die Zeichner von Anteilen und deren Rechtsnachfolger können von den ihnen obliegenden Leistungen nicht befreit werden und sind nicht befugt, gegen das Recht auf diese Leistungen eine Forderung an die Gesellschaft aufzurechnen.

§ 13. Die Urkunden über die Anteile der Gesellschaft (Anteilscheine) lauten, solange dieselben nicht voll eingezahlt sind, auf den Namen und werden mit Angabe der Eigentümer nach Namen, Stand und Wohnort in das Stammbuch der Gesellschaft eingetragen.

Nach der Vollzahlung lauten die Anteilscheine auf den Inhaber, können aber auch auf den Namen umgeschrieben werden und sind dann in das Stammbuch der Gesellschaft einzutragen.

Mit den Anteilscheinen erhält der Eigentümer zugleich die Gewinnanteilscheine auf zehn Jahre und einen Erneuerungsschein zur Abhebung neuer Gewinnanteilscheine.

Die Gewinnanteile und die Erneuerungsscheine lauten stets auf den Inhaber.

§ 14. Solange die Anteile nicht vollgezahlt sind, gelten nur die in dem Stammbuch der Gesellschaft Eingetragenen der Gesellschaft gegenüber als Mitglieder.

Wenn das Eigentum eines Anteils vor der Vollzahlung auf einen anderen übergeht, so ist dies unter Vorlegung des Anteilscheines bei der Gesellschaft anzumelden und in dem Stammbuche sowie auf dem Anteilscheine zu vermerken.

§ 15. Durch Zeichnung oder Erwerb von Anteilen unterwerfen sich die Mitglieder für alle Streitigkeiten mit der Gesellschaft aus dem Gesellschaftsverhältnisse dem in Berlin zuständigen Gerichte.

3. Bilanz, Ermittlung und Verwendung des Ertrages, Reservefonds.

§ 16. Das Geschäftsjahr läuft mit dem Kalenderjahr. Das erste Geschäftsjahr schließt mit dem 31. Dezember 1900. Innerhalb der ersten fünf Monate nach Schluß eines Geschäftsjahres wird von dem Vorstand die Bilanz für das abgelaufene Geschäftsjahr gezogen. Diese muß mit der Gewinn- und Verlustrechnung und mit einem den Vermögensstand und die Verhältnisse der Gesellschaft entwickelnden Bericht des Vorstandes sowie mit dem darüber von dem Aufsichtsrate zu erstattenden Revisionsberichte alljährlich vor dem 30. Juni der Hauptversammlung vorgelegt werden. Die Bilanz und der Bericht des Vorstandes sind nach Prüfung und Genehmigung durch den Aufsichtsrat mindestens 14 Tage vor der Hauptversammlung in dem Geschäftslokal der Gesellschaft zur Einsicht der Mitglieder auszulegen. Der Hauptversammlung ist die Genehmigung der Bilanz sowie die Erteilung der Entlastung für die Geschäftsführung des Vorstandes und des Aufsichtsrats vorbehalten.

§ 17. Der durch die Bilanz festgestellte Reingewinn wird nach Abzug der durch den Aufsichtsrat festgesetzten Abschreibungen, wie folgt, verwendet:

a) 5 vH. werden dem ordentlichen Reservefonds zugeführt.
b) Alsdann wird auf die Anteile ein Gewinnanteil bis zu 5 vH. verteilt.
c) Von dem Überschuß beziehen die Mitglieder des Vorstandes und die Angestellten der Gesellschaft die etwaigenfalls ihnen vertraglich zugesicherten Gewinnanteile.
d) Von dem verbleibenden Betrage sind an den Aufsichtsrat 10 vH. als Tantieme zu zahlen.
e) Der Rest wird auf die Anteile verteilt.

Die Verteilung des Gewinnes auf die Anteile der späteren Serien erfolgt nach Maßgabe der geleisteten Einzahlungen. Ist eine Einzahlung im Laufe des Geschäftsjahres eingefordert worden, so entfällt auf den eingezahlten Betrag der Gewinnanteil nur nach Verhältnis der Zeit von der Einzahlung bis zum Ablaufe des Geschäftsjahres.

Die Auszahlung der Gewinnanteile erfolgt spätestens am 1. Juli nach dem abgelaufenen Geschäftsjahre.

Gewinnanteile, die innerhalb 4 Jahren nach der Fälligkeit nicht erhoben worden sind, verfallen zugunsten der Gesellschaft.

§ 18. Der ordentliche Reservefonds dient zur Deckung eines aus der Bilanz sich ergebenden Verlustes am Gesellschaftskapital sowie zur Bestreitung von anderen unvorhergesehenen und außerordentlichen Bedürfnissen der Gesellschaft. Die Überweisungen an den Reservefonds hören auf, sobald und sooft er die Höhe von 25 vH. des Grundkapitals erreicht hat.

Eine besondere Anlegung des Betrages des ordentlichen Reservefonds ist nicht erforderlich.

Das bei der Ausgabe neuer Anteilscheine der Gesellschaft etwa zu gewinnende Aufgeld fließt dem ordentlichen Reservefonds zu.

4. Verwaltung.

a. Der Vorstand.

§ 19. Der Vorstand vertritt die Gesellschaft nach außen in allen Rechtsgeschäften und sonstigen Angelegenheiten einschließlich derjenigen, welche nach den Gesetzen eine Sondervollmacht erfordern. Er führt die Verwaltung selbständig, soweit nicht nach dieser Satzung der Aufsichtsrat oder die Hauptversammlung mitzuwirken haben. Dritten gegenüber ist eine Beschränkung der Vertretungsbefugnis des Vorstandes unwirksam.

§ 20. Der Vorstand wird von dem Aufsichtsrat zu notariellem Protokoll bestellt. Eine Ausfertigung des notariellen Protokolls dient als Ausweis.

Besteht der Vorstand aus nur einer Person, so muß diese, besteht er aus mehreren, so muß die Hälfte, bei ungerader Zahl die Mehrheit die deutsche Reichsangehörigkeit besitzen.

Die Bestellung zum Mitgliede des Vorstandes ist jederzeit widerruflich, unbeschadet des Anspruchs auf die vertragsmäßige Vergütung.

§ 21. Der Vorstand besteht aus einem oder mehreren Mitgliedern; wenn der Vorstand aus mehreren Mitgliedern besteht, muß der Aufsichtsrat zu notariellem Protokoll eines der Mitglieder zum Vorsitzenden des Vorstandes ernennen.

§ 22. Alle Willenserklärungen, welche für die Gesellschaft verbindlich sein sollen, und alle Bekanntmachungen der Gesellschaft sind, wenn der Vorstand nur aus einem Mitgliede besteht, von diesem allein, wenn der Vorstand aus mehreren Mitgliedern besteht, von zwei Mitgliedern des Vorstandes und einem Prokuristen abzugeben.

Die Firma der Gesellschaft wird in der Weise gezeichnet, daß die Zeichnungsberechtigten der geschriebenen oder auf mechanischem Wege hergestellten Firma der Gesellschaft ihre Namensunterschrift hinzufügen, und zwar die Prokuristen mit einem das Prokuraverhältnis andeutenden Zusatz. Ist eine Willenserklärung gegenüber der Gesellschaft abzugeben, so genügt immer die Abgabe gegenüber einem Mitgliede des Vorstandes oder dessen zur Abgabe von Willenserklärungen für die Gesellschaft berechtigten Stellvertreter.

§ 23. Der Vorstand ernennt und entläßt die Beamten der Gesellschaft mit der durch § 30 Abs. e und g gegebenen Einschränkung. Zur Erteilung einer Prokura oder einer Gesamthandlungsvollmacht bedarf er der Zustimmung des Aufsichtsrats. Diese Beschränkung hat Dritten gegenüber keine Wirkung.

b. Der Aufsichtsrat.

§ 24. Der Aufsichtsrat besteht aus drei bis sieben Mitgliedern. Die Mitglieder müssen wenigstens zu zwei Dritteln Angehörige des Deutschen Reiches sein. Die Mitglieder des Aufsichtsrats können nicht zugleich Mitglieder des Vorstandes oder dauernd Stellvertreter von Vorstandsmitgliedern sein. Nur für einen im voraus begrenzten Zeitraum kann der Aufsichtsrat einzelne seiner Mitglieder zu Stellvertretern behinderter Vorstandsmitglieder bestellen; während dieses Zeitraumes darf dieser eine Tätigkeit als Mitglied des Aufsichtsrats nicht ausüben.

Die Mitglieder des Aufsichtsrats werden durch die Hauptversammlung gewählt. Ihre Wahl erfolgt auf drei Jahre. Von den gewählten Mitgliedern scheidet jährlich ein Drittel aus. Bis die Reihe des Austritts durch die Amtsdauer bestimmt ist, entscheidet darüber das Los. Die Ausscheidenden sind wieder wählbar.

Scheidet vor Ablauf der Wahlzeit ein Mitglied aus irgendeinem Grunde aus, so können die verbleibenden Mitglieder eine bis zur nächsten ordentlichen Hauptversammlung gültige Zuwahl treffen. Die endgültige Zuwahl erfolgt durch die Hauptversammlung für den Rest der Wahlzeit des ausgeschiedenen Mitgliedes. Eine Neuwahl und eine Ersatzwahl ist nicht erforderlich, wenn drei Mitglieder noch vorhanden sind.

Jedes Mitglied des Aufsichtsrats ist berechtigt, sein Amt jederzeit durch Erklärung an den Vorstand niederzulegen. Die Hauptversammlung kann die Wahl eines Aufsichtsratsmitgliedes auch vor Ablauf des Zeitraumes, für welchen die Wahl erfolgt ist, durch einen Beschluß, welcher einer Mehrheit von drei Vierteln der bei der Abstimmung abgegebenen Stimmen bedarf, widerrufen.

Über die Wahlen zum Aufsichtsrat ist ein notarielles Protokoll aufzunehmen.

§ 25. Der Aufsichtsrat wählt jährlich aus seiner Mitte einen Vorsitzenden und mindestens einen Stellvertreter, und zwar unmittelbar nach der ordentlichen Hauptversammlung durch die an deren Schluß anwesenden Mitglieder des Aufsichtsrats, ohne daß es dazu der Einberufung einer besonderen Sitzung des Aufsichtsrats bedarf.

Bei Erledigung eines der Ämter im Laufe des Jahres ist unverzüglich zu einer Neuwahl zu schreiten.

Der Aufsichtsrat hält seine Sitzungen in Berlin ab und wird von dem Vorsitzenden durch eingeschriebene Briefe unter Angabe der Beratungsgegenstände so oft berufen, als die Geschäfte es erfordern. Er muß binnen einer Woche berufen werden, wenn es von wenigstens zwei Mitgliedern des Aufsichtsrats oder von einem Vorstandsmitgliede schriftlich beantragt wird.

Die Mitglieder des Vorstandes können an den Sitzungen des Aufsichtsrats mit beratender Stimme teilnehmen. Auf Beschluß des Aufsichtsrats sind sie zur Teilnahme verpflichtet oder von der Teilnahme ausgeschlossen.

Der Aufsichtsrat ist beschlußfähig, wenn mindestens die Hälfte seiner Mitglieder anwesend ist. Alle Mitglieder des Aufsichtsrats haben gleiches Stimmrecht. Die Beschlüsse werden nach Stimmenmehrheit gefaßt. Bei Stimmengleichheit gibt die Meinung des Vorsitzenden den Ausschlag.

Über einen in dem Berufungsschreiben nicht angegebenen Gegenstand kann der Aufsichtsrat gültig beschließen, wenn der Beschluß von allen anwesenden Mitgliedern genehmigt wird.

Auf Aufforderung des Vorsitzenden kann der Aufsichtsrat, auch ohne zu einer Sitzung berufen zu werden, durch schriftliche Stimmabgabe beschließen; jedoch sind solche Beschlüsse nur wirksam, wenn sie von allen Mitgliedern übereinstimmend gefaßt werden.

§ 26. Der Aufsichtsrat beschließt seine Geschäftsordnung.

§ 27. Die Erklärungen des Aufsichtsrats sind rechtsgültig vollzogen, wenn sie den Namen der Gesellschaft und die Worte „Der Aufsichtsrat" unter Beifügung der Namensunterschrift des Vorsitzenden tragen. Die Unterschrift des Vorsitzenden kann durch diejenige seines Stellvertreters und eines weiteren Mitgliedes des Aufsichtsrats ersetzt werden. Der Aufsichtsrat sowie der Vorsitzende desselben und sein Stellvertreter weisen sich durch ein auf Grund der Wahlhandlung ausgefertigtes notarielles Zeugnis aus.

§ 28. Der Aufsichtsrat überwacht die gesamte Geschäftsführung in allen Zweigen der Verwaltung und unterrichtet sich zu diesem Zweck von dem Gange der Angelegenheiten der Gesellschaft. Er kann jederzeit über dieselben Berichterstattung von dem Vorstand verlangen und durch den Vorsitzenden oder durch einzelne von ihm zu bestimmende Mitglieder oder auch durch dritte Sachverständige die Bücher und Schriften der Gesellschaft einsehen und prüfen, sowie den Bestand der Gesellschaftskasse, alle sonstigen Bestände an Wertpapieren, Handelspapieren und Waren, endlich die Betriebe in Kamerun und den Nachbargebieten an Ort und Stelle untersuchen.

§ 29. Die Mitglieder des Aufsichtsrats können Ersatz der durch Erfüllung ihrer Amtspflichten entstandenen Auslagen beanspruchen. Über die Verteilung der ihnen nach § 17 zustehenden Tantieme entscheidet der Aufsichtsrat.

§ 30 Dem Aufsichtsrat liegt insbesondere ob:

a) Die Prüfung der Bilanz und der Gewinn- und Verlustrechnung sowie des Geschäftsberichtes;
b) die Feststellung der Grundsätze, nach welchen die Bilanz aufzustellen ist, sowie die Feststellung der Höhe der Abschreibungen und der Rücklagen nach Maßgabe des § 17 der Satzung;
c) die Genehmigung der Verträge bei Erwerb, Veräußerung oder Belastung von Grundstücken und die Genehmigung der Grundsätze für die Ausnutzung solcher Liegenschaften;
d) die Genehmigung zum Abschluß von Pacht- und Mietverträgen auf länger als ein Jahr und zu einem den Betrag von 5000 Mark übersteigenden jährlichen Zins;
e) die Genehmigung zur Erteilung der Prokura und einer Gesamthandlungsvollmacht sowie zur Anstellung und Entlassung von Beamten mit einem Jahresgehalt über 3000 Mark;
f) die Entscheidung über die Anlegung des Reservefonds und der Gelder, die zum Geschäftsbetrieb nicht erforderlich sind;
g) die Genehmigung aller sonstigen Verträge, welche der Gesellschaft Verpflichtungen für eine längere Zeit als drei Jahre auferlegen;
h) die Überwachung und Entlastung der Angestellten der Gesellschaft und die Genehmigung allgemeiner Vorschriften für die Verwaltung, insbesondere das Kassen- und Rechnungswesen der Betriebe im Schutzgebiet;
i) der Erlaß einer Geschäftsordnung für den Vorstand;
k) die Genehmigung der vom Vorstande vorzulegenden Voranschläge für die Einnahmen und Ausgaben der Verwaltung;
l) die Befugnis, die Hauptversammlung zu berufen und deren Tagesordnung festzusetzen und die Vorlagen festzustellen;
m) die Abordnung eines oder mehrerer Mitglieder des Aufsichtsrats zu bestimmten Geschäften, insbesondere zur Revision der von dem Vorstande geführten Bücher und Kassen sowie zur Revision der Jahresbilanz;
n) die Bestellung eines oder mehrerer engerer Ausschüsse aus der Mitte des Aufsichtsrats und die Übertragung einzelner Geschäfte oder Gattungen derselben an diese Ausschüsse durch Sondervollmacht.

§ 31. Der Aufsichtsrat ist befugt, die Gesellschaft bei der Vornahme von Rechtsgeschäften mit den Vorstandsmitgliedern zu vertreten und gegen die letzteren die von der Hauptversammlung beschlossenen Rechtsstreitigkeiten zu führen (§ 40 Abs. 4).

§ 32. Über die Verhandlungen und Beschlüsse des Aufsichtsrats ist ein von dem Vorsitzenden und mindestens einem zweiten Mitgliede zu unterzeichnendes Protokoll zu führen.

c. Die Hauptversammlung.

§ 33. Die Hauptversammlung vertritt die Gesamtheit der Gesellschaftsmitglieder. Ihre Beschlüsse und Wahlen sind für alle Mitglieder verbindlich.

§ 34. Die Hauptversammlungen werden in Berlin abgehalten. Sie werden von dem Aufsichtsrat oder dessen Vorsitzenden oder von dem Vorstande berufen. Die Einladung zur Hauptversammlung geschieht durch einmalige Bekanntmachung im Deutschen Reichsanzeiger. In allen Fällen ist bei der Einladung die Angabe des Gegenstandes der Verhandlung erforderlich. Die Bekanntmachung muß spätestens am zehnten Tage vor dem Tage der Hauptversammlung, sofern aber dieser Tag ein Sonntag oder staatlich anerkannter Feiertag ist, spätestens an dem diesem vorangehenden Werktage erlassen werden. Mängel der Form und Frist der Berufung gelten als geheilt, sofern sämtliche Anteile in der Hauptversammlung vertreten sind und die Mängel nicht von einem anwesenden Mitgliede ausdrücklich gerügt werden.

Im Handelsregister eingetragene Firmen, welche Mitglieder sind, werden durch eine der nach dem Handelsregister zu ihrer Vertretung befugten Personen in der Hauptversammlung vertreten, auch wenn sonst diese nach der Eintragung im Handelsregister nur gemeinschaftlich mit einer anderen Person zur Vertretung befugt ist.

Ein Mitglied kann, soweit nicht gesetzliche Vertretung oder Vertretung durch einen Handlungsbevollmächtigten oder die Vertretung von Ehefrauen durch ihre Ehemänner und von Witwen durch ihre volljährigen Söhne in Frage kommt, durch jeden Dritten in der Hauptversammlung vertreten werden. Die Vollmacht bedarf der schriftlichen Form. Sie ist spätestens am Tage der Hauptversammlung dem Vorstande zur Prüfung vorzulegen.

§ 35. Nach Vollzahlung der Anteile können nur solche Mitglieder in der Hauptversammlung das Stimmrecht ausüben, deren Anteile auf den Namen umgeschrieben und in das Stammbuch der Gesellschaft eingetragen sind (§ 13 Abs. 2) oder welche ihre auf den Inhaber lautenden Anteilscheine spätestens am dritten Tage vor dem Tage der Hauptversammlung bis 4 Uhr nachmittags, sofern aber dieser Tag ein Sonntag oder staatlich anerkannter Feiertag ist, spätestens an dem diesem vorangehenden Werktage bei dem Vorstande oder bei anderen vom Aufsichtsrat zu bestimmenden und in der öffentlichen Bekanntmachung zu bezeichnenden Stellen unter Beifügung eines doppelt ausgefertigten, zahlenmäßig geordneten Verzeichnisses der Nummern der Anteilscheine hinterlegt haben und die Anteilscheine bis zur Beendigung der Hauptversammlung daselbst belassen. In gleicher Weise können statt der Anteilscheine von der Reichsbank oder einem deutschen Notar ausgestellte Depotscheine hinterlegt werden.

§ 36. In der Hauptversammlung berechtigt jeder Anteil zu einer Stimme.

§ 37. Den Vorsitz in der Hauptversammlung führt der Vorsitzende des Aufsichtsrats oder im Falle seiner Verhinderung sein Stellvertreter oder, wenn auch dieser verhindert ist, ein anderes der anwesenden Mitglieder des Aufsichtsrats, von denen immer das an Jahren älteste Mitglied vor den übrigen das Vorrecht zur Übernahme des Vorsitzes hat. Der Vorsitzende leitet die Verhandlungen, bestimmt die Reihenfolge der Gegenstände der Tagesordnung sowie die Art der Abstimmung und ernennt die Stimmzähler.

Über Gegenstände, welche nicht auf die Tagesordnung gesetzt worden sind, können Beschlüsse nicht gefaßt werden; hiervon ist jedoch der Beschluß über den in einer Hauptversammlung gestellten Antrag auf Berufung einer außerordentlichen Hauptversammlung ausgenommen.

Mitglieder, welche in der Hauptversammlung zusammen mindestens den zwanzigsten Teil des Gesamtbetrages der Stimmen zu führen berechtigt sind, können in einer von ihnen unterzeichneten Eingabe verlangen, daß Gegenstände, die zur Zuständigkeit der Hauptversammlung gehören, zur Beschlußfassung angekündigt werden. Diese Gegenstände sind auf die Tagesordnung der nächsten Hauptversammlung zu setzen.

Wird das Verlangen nach erfolgter Einberufung der Hauptversammlung gestellt, so müssen solche Anträge auf Erweiterung der Tagesordnung mindestens eine Woche vor dem Tage der Hauptversammlung bei dem Vorstande eingereicht sein. Sie sind alsdann nachträglich auf die Tagesordnung der anberaumten Hauptversammlung zu setzen, und es ist dies mindestens am vierten Tage vor dem Tage der Hauptversammlung, sofern dieser Tag ein Sonntag oder staatlich anerkannter Feiertag ist, am nächstvorhergehenden Werktage bekannt zu machen.

§ 38. Jeder Gesellschafter, der im Stammbuch (§ 13 Abs. 2) eingetragen ist oder einen Anteilschein bei der Gesellschaft hinterlegt, kann verlangen, daß ihm auf seine Kosten die Berufung zur Hauptversammlung und die Tagesordnung, sobald deren öffentliche Bekanntmachung erfolgt, durch eingeschriebenen Brief besonders mitgeteilt wird. Die gleiche Mitteilung kann er auf seine Kosten über die in der Hauptversammlung gefaßten Beschlüsse verlangen.

§ 39. In jedem Jahre findet eine ordentliche Hauptversammlung vor Ablauf des Monats Juni statt. Eine außerordentliche Hauptversammlung wird berufen, sooft es im Interesse der Gesellschaft erforderlich ist. Sie muß unverzüglich gemäß den Bestimmungen des § 34 Abs. 1 berufen werden:

1. wenn von einer Hauptversammlung ein dahingehender Beschluß gefaßt ist (§ 37 Abs. 2);
2. wenn Mitglieder, deren Anteile zusammen den 20. Teil des Grundkapitals erreichen, und welche diese Anteile bei dem Vorstande hinterlegt haben, die Einberufung fordern und dem Vorstande zur Vorlage an die Hauptversammlung einen schriftlichen Antrag einreichen, dessen Gegenstand innerhalb der Zuständigkeit der Hauptversammlung liegt;
3. wenn die Abänderung des Gegenstandes des Unternehmens, die Auflösung der Gesellschaft oder die Verwertung des Gesellschaftsvermögens durch Veräußerung des Vermögens im ganzen beschlossen werden soll.

§ 40. In der ordentlichen Hauptversammlung werden der Geschäftsbericht des Vorstandes und die Bemerkungen des Aufsichtsrats über den Abschluß des abgelaufenen Rechnungsjahres zur Erörterung gebracht. Alsdann wird über die Genehmigung des Abschlusses und über die Vorschläge über die Verteilung eines Reingewinns Beschluß gefaßt. Sodann werden die fälligen Wahlen vollzogen.

Die Bilanz nebst Gewinn- und Verlustrechnung mit dem Geschäftsberichte des Vorstandes und den Bemerkungen des Aufsichtsrats muß während zwei Wochen vor der Versammlung in den Geschäftsräumen der Gesellschaft zur Einsicht eines jeden Mitgliedes ausgelegt werden.

Die Hauptversammlung ist berechtigt, wenn die Bilanz nicht sogleich genehmigt wird, einen Ausschuß zur Nachprüfung zu ernennen.

Die Hauptversammlung ist ferner berechtigt, über die Geltendmachung von Ansprüchen der Gesellschaft aus der Verantwortlichkeit der Mitglieder des Vorstandes oder der Mitglieder des Aufsichtsrats und über die zu diesem Zwecke einzuleitenden Schritte Beschlüsse zu fassen und zu deren Ausführung bevollmächtigte Vertreter zu wählen. Ansprüche dieser Art müssen geltend gemacht werden, wenn es in der Hauptversammlung mit einfacher Stimmenmehrheit beschlossen oder von einer Minderheit, die mindestens den zehnten Teil des Grundkapitals vertritt, verlangt wird. Die Ansprüche verjähren in fünf Jahren von der den Anspruch begründeten Handlung oder Unterlassung an.

Ist die Geltendmachung des Anspruchs von der Minderheit verlangt, so können die von ihr bezeichneten Personen durch das Gericht als deren Vertreter zur Führung des Rechtsstreits bestellt werden.

§ 41. Die Hauptversammlung beschließt ferner über Abänderungen und Ergänzungen der Satzungen.

§ 42. Die Beschlüsse der Hauptversammlung bedürfen der Mehrheit der bei der Abstimmung abgegebenen Stimmen (einfache Stimmenmehrheit). Bei Stimmengleichheit gibt die Stimme des Vorsitzenden den Ausschlag.

Die Abänderung des Gegenstandes des Unternehmens, die Auflösung der Gesellschaft, die Verwertung des Gesellschaftsvermögens durch Veräußerung des Vermögens im ganzen sowie die Herabsetzung des Grundkapitals bedarf einer Vertretung von mindestens drei Vierteln des Gesellschaftskapitals in der Versammlung sowie einer Mehrheit von wenigstens zwei Dritteln der in der Versammlung vertretenen Geschäftsanteile.

Falls in der Versammlung drei Viertel des Grundkapitals nicht vertreten sind, wird innerhalb sechs Wochen eine zweite Hauptversammlung einberufen, welche in jedem Falle beschlußfähig ist. Bei der Einberufung der zweiten Hauptversammlung ist auf diesen Umstand besonders hinzuweisen. Auch hier ist eine Stimmenmehrheit von zwei Dritteln zur Gültigkeit der Beschlüsse erforderlich.

Sonstige Abänderungen und Ergänzungen der Satzungen bedürfen ebenfalls einer Mehrheit von wenigstens zwei Dritteln der bei der Abstimmung abgegebenen Stimmen.

Die Wahlen finden, sofern sie nicht durch Zuruf einstimmig erfolgen, mittels Abgabe von Stimmzetteln nach einfacher Stimmenmehrheit statt. Ist diese bei der ersten Wahlhandlung nicht zu erreichen, so findet eine engere Wahl unter denjenigen statt, welchen die beiden höchsten Stimmenzahlen zugefallen sind. Bei gleicher Stimmenzahl in der engeren Wahl entscheidet das Los.

§ 43. Ergibt sich bei der Aufstellung der Jahresbilanz oder einer Zwischenbilanz, daß die Hälfte des Grundkapitals verloren ist, so ist unverzüglich eine Hauptversammlung zu berufen und dieser davon Anzeige zu machen. Glaubt der Vorstand, daß die Voraussetzung der vorstehenden Bestimmungen vorliegt, so hat er unverzüglich die Berufung einer Aufsichtsratsitzung zu beantragen.

§ 44. Das Protokoll der Hauptversammlung wird von einem Notar aufgenommen und ist von dem Vorsitzenden und den Stimmzählern zu unterzeichnen. In dasselbe werden nur die Ergebnisse der Verhandlungen aufgenommen.

5. Auflösung und Herabsetzung des Grundkapitals.

§ 45. Die Auflösung der Gesellschaft erfolgt:

1. auf Beschluß der Hauptversammlung;
2. bei Eröffnung des Konkurses über das Vermögen der Gesellschaft;
3. wenn die Zahl der Mitglieder auf weniger als drei heralsinkt.

§ 46. Für die Liquidation gelten die Vorschriften der §§ 48 und 49 des Bürgerlichen Gesetzbuchs.

Der nach Tilgung der Verbindlichkeiten der Gesellschaft verbleibende Betrag wird den Mitgliedern nach Verhältnis ihrer Einlagen ausgezahlt.

§ 47. Die Verteilung darf nicht eher vollzogen werden, als nach Ablauf eines Jahres, von dem Tage an gerechnet, an welchem die Auflösung der Gesellschaft unter Aufforderung der Gläubiger, sich bei ihr zu melden, im Deutschen Reichsanzeiger bekannt gemacht worden ist. Bekannte Gläubiger sind auch dann zu befriedigen, wenn sie sich nicht melden. Im übrigen wird nach § 52 des Bürgerlichen Gesetzbuchs verfahren.

§ 48. Auf Grund einer Herabsetzung des Grundkapitals dürfen Zahlungen an die Mitglieder der Gesellschaft nicht eher erfolgen, als nach Ablauf eines

Jahres, von dem Tage an gerechnet, an welchem der Beschluß auf Herabsetzung des Grundkapitals unter Aufforderung der Gläubiger der Gesellschaft, sich bei ihr zu melden, im Reichsanzeiger bekannt gemacht ist, und nachdem die Gläubiger, die sich gemeldet haben, befriedigt oder sichergestellt sind. Eine durch Herabsetzung des Grundkapitals bezweckte Befreiung der Mitglieder von der Verpflichtung zur Leistung von Einzahlungen auf die von ihnen übernommenen Anteile tritt nicht vor dem bezeichneten Zeitpunkte in Wirksamkeit.

§ 49. Bis zur Beendigung der Liquidation verbleibt es bei der bisherigen Organisation der Gesellschaft.

6. Aufsichtsbehörde.

§ 50. Die Aufsicht über die Gesellschaft wird von dem Reichskanzler (Auswärtiges Amt, Kolonial-Abteilung) geführt, der zu diesem Behufe einen oder mehrere Kommissare bestellen wird. Die Kommissare sind berechtigt, auf Kosten der Gesellschaft an den Sitzungen des Aufsichtsrats und an den Hauptversammlungen teilzunehmen, die Aufnahme bestimmter Gegenstände in die Tagesordnung der Hauptversammlungen (ordentlichen wie außerordentlichen) sowie von dem Vorstande oder dem Aufsichtsrate jederzeit Berichterstattung über die Angelegenheiten der Gesellschaft zu verlangen, auch deren Bücher und Schriften einzusehen, oder durch einen Bevollmächtigten einsehen zu lassen, oder — gleichfalls auf Kosten der Gesellschaft — eine Revision der Geschäftsführung durch einen oder mehrere Sachverständige anzuordnen, sowie auf Kosten der Gesellschaft, wenn dem Verlangen dazu berechtigter Mitglieder der Gesellschaft auf Berufung der Hauptversammlung gemäß § 39 Nr. 2 nicht entsprochen wird, oder aus sonstigen wichtigen Gründen eine Sitzung des Aufsichtsrats oder eine außerordentliche Hauptversammlung zu berufen.

§ 51. Die Aufsicht beschränkt sich darauf, daß die Geschäftsführung der Gesellschaft im Einklange mit den gesetzlichen Vorschriften und den Bestimmungen der Satzungen erfolgt. Die Genehmigung der Aufsichtsbehörde ist erforderlich:

1. zur Aufnahme von Anleihen und zur Ausgabe von Schuldverschreibungen;
2. zu allen Abänderungen oder Ergänzungen der Satzungen, zur Auflösung des Unternehmens sowie zur Verwertung des Gesellschaftsvermögens durch Veräußerung im ganzen.

Wird vom Aufsichtsrat eine Erhöhung des Grundkapitals gemäß § 8 Absatz 1 beschlossen, so hat er von diesem Beschlusse der Aufsichtsbehörde Anzeige zu erstatten.

7. Übergangsbestimmungen.

§ 52. Unmittelbar nach der notariellen Vollziehung des Gesellschaftsvertrages konstituieren sich die anwesenden bzw. vertretenen Gesellschafter ohne weitere Formalitäten als erste Hauptversammlung, um insbesondere die Mitglieder des Aufsichtsrats zu wählen. Dieser hat alsbald die Genehmigung des Gesellschaftsvertrages beim Reichskanzler (Auswärtiges Amt, Kolonial-Abteilung) und die im Schutzgebietsgesetz vorgesehene Verleihung der Rechtsfähigkeit durch den Bundesrat nachzusuchen. Der Aufsichtsrat wird ermächtigt, Abänderungen oder Ergänzungen dieser Satzungen, welche etwa von der Aufsichtsbehörde gefordert werden könnten, rechtsgültig vorzunehmen.

112. Verordnung des Gouverneurs von Deutsch-Neuguinea, betreffend den Einkauf von Kokosnüssen. Vom 11. April 1907.

(Kol. Bl. S. 610.)

Auf Grund des § 15 des Schutzgebietsgesetzes vom 10. September 1900 (D. Kol. Bl. 1900 S. 699) und der Verfügung des Reichskanzlers vom 27. September 1903 (D. Kol. Bl. 1903 S. 509) wird folgendes bestimmt:

Im Anschluß an die Verordnung vom 16. März 1906, betreffend den Einkauf von Kokosnüssen (D. Kol. Bl. 1906 S. 390),*) wird die Verordnung, betreffend das Verbot des Einkaufs von Kokosnüssen, vom 18. Oktober 1900 (D. Kol. Bl. 1901 S. 700)**) auch für das Gebiet der Admiralitätsinseln außer Kraft gesetzt.

Herbertshöhe, den 11. April 1907.

Der Kaiserliche Gouverneur.
Hahl.

113. Verordnung des Reichskanzlers, betreffend die allgemeinen Feiertage in den Schutzgebieten Afrikas und der Südsee. Vom 12. April 1907.

(Kol. Bl. S. 427. Reichsanzeiger vom 16. Mai 1907.)

Auf Grund des § 15 des Schutzgebietsgesetzes (Reichs-Gesetzbl. 1900 S. 813) wird für die Schutzgebiete Afrikas und der Südsee folgendes verordnet:

§ 1. Als allgemeine Feiertage im Sinne der das bürgerliche Recht sowie das Verfahren in bürgerlichen Rechtsstreitigkeiten, in Konkurssachen, in Angelegenheiten der freiwilligen Gerichtsbarkeit und in Strafsachen betreffenden gesetzlichen Bestimmungen gelten der Neujahrstag, der Karfreitag, der erste und zweite Ostertag, der Himmelfahrtstag, der erste und zweite Pfingsttag, der erste und zweite Weihnachtstag sowie außerdem der Geburtstag Seiner Majestät des Deutschen Kaisers.

§ 2. Diese Verordnung tritt am 1. Oktober 1907 in Kraft.

Berlin, den 12. April 1907.

Der Reichskanzler.
Fürst v. Bülow.

114. Allerhöchste Ordre, betreffend Anrechnung des Jahres 1907 als Kriegsjahr aus Anlafs der Aufstände im Südwestafrikanischen Schutzgebiete. Vom 12. April 1907.

(Reichs-Gesetzbl. S. 154. Kol. Bl. S. 383.)

Ich bestimme im Anschluß an Meine Ordres vom 12. Oktober 1905***) und 27. Februar 1906:†)

Den im Jahre 1907, bis zur Beendigung des Kriegszustandes, an der Bekämpfung der Eingeborenenaufstände in Südwestafrika beteiligt gewesenen Deutschen wird das Jahr 1907 als Kriegsjahr angerechnet, sofern in diesem Jahre

---

*) D. Kol. Gesetzgeb. 1906 S. 141.
**) D. Kol. Gesetzgeb. VI S. 261.
***) D. Kol. Gesetzgeb. 1905 S. 254.
†) D. Kol. Gesetzgeb. 1906 S. 55.

die Beteiligung mindestens einen Monat betragen hat oder die Teilnahme an einem Gefecht vorliegt.

Im übrigen findet Meine Ordre vom 12. Oktober 1903 sinngemäße Anwendung.

Berlin, den 12. April 1907.

Wilhelm I. R.

An den Reichskanzler (Oberkommando der Schutztruppen).

115. Verordnung des Gouverneurs von Kamerun, betreffend die Sperrung unruhiger oder noch nicht verkehrsreifer Gebiete im Schutzgebiete Kamerun. Vom 13. April 1907.*)

(Kol. Bl. S. 606.)

Auf Grund des § 15 des Schutzgebietsgesetzes (Reichs-Gesetzbl. 1900 S. 813) in Verbindung mit § 5 der Verfügung des Reichskanzlers vom 27. September 1903 (Kol. Bl. S. 509) und mit §§ 20 und 34 der Kaiserlichen Verordnung, betreffend Zwangs- und Strafbefugnisse der Verwaltungsbehörden in den Schutzgebieten Afrikas und der Südsee, vom 14. Juli 1905 (Reichs-Gesetzbl. S. 717) wird hierdurch verordnet, was folgt:

§ 1. Durch öffentliche Bekanntmachung des Gouverneurs können bestimmte, ihrer Lage und ihren Grenzen nach näher bezeichnete Teile des Schutzgebietes, deren eingeborene Bevölkerung für die unbeschränkte Aufnahme des öffentlichen Verkehrs nicht reif oder zeitweise nicht geeignet erscheint, als gesperrtes Gebiet erklärt werden.**)

Die Bekanntmachung kann, wenn die öffentliche Sicherheit und Ruhe dringend gefährdet erscheint, von der örtlichen Verwaltungsbehörde vorläufig bis zur Bestätigung durch den Gouverneur erlassen werden.

In den gesperrten Landesteilen unterliegt der Verkehr einer Beschränkung nach Maßgabe folgender Vorschriften:

§ 2. Nichteingeborenen und Angehörigen anderer als der in dem gesperrten Gebiet ansässigen farbigen Stämme ist der Aufenthalt in dem als gesperrt erklärten Gebiete nur nach persönlicher Einholung einer schriftlichen Erlaubnis der für diesen Landesteil zuständigen Verwaltungsbehörde gestattet.

Hat die Verwaltungsbehörde ihren Sitz innerhalb der Grenzen des gesperrten Gebietes, so ist der Antrag auf Erteilung der Erlaubnis vor dem Betreten der Landschaft auf schriftlichem Wege anzubringen, es sei denn, daß die Benutzung eines öffentlichen Weges zum Sitze der Verwaltungsbehörde in der Bekanntmachung (§ 1) freigegeben ist.

§ 3. Diejenigen Nichteingeborenen und Angehörigen anderer als der in dem gesperrten Gebiet ansässigen farbigen Stämme, welche sich bei Erlaß der Bekanntmachung (§ 1) in dem gesperrten Gebiet aufhalten, haben die Erlaubnis (§ 2) unverzüglich einzuholen, widrigenfalls die örtliche Verwaltungsbehörde ihre sofortige Entfernung aus dem gesperrten Gebiete zu verfügen befugt ist.

Die örtliche Verwaltungsbehörde kann bei Weißen auf Antrag von einer persönlichen Einholung der Erlaubnis absehen.

*) Vgl. hierzu den R. E. des Gouverneurs vom 18. April 1907, unten Nr. 122, sowie die Zusatz-V. v. 19. November 1907, unten Nr. 283.

**) Vgl. die Bekanntmachungen v. 12. u. 19. Oktober 1907, unten Nr. 257 u. 266.

§ 4. Bei Stellung des Antrages auf Erteilung der Erlaubnis (§§ 2, 3) sind seitens eines jeden Nichteingeborenen schriftlich oder zu Protokoll folgende Angaben zu machen:

1. Name, Stand oder Beruf, Staatsangehörigkeit, Alter und Wohnsitz;
2. Dauer des bisherigen Aufenthalts in Afrika und im Schutzgebiet Kamerun, hinsichtlich des letzteren getrennt nach den Bezirken, in welchen der Aufenthalt stattgefunden hat;
3. Zweck und gewünschte Dauer des Aufenthalts in dem gesperrten Gebiet;
4. Anzahl und Herkunft der zur Dienstleistung verpflichteten Eingeborenen, getrennt nach Trägern oder Tierwärtern, Arbeitern, persönlicher Dienerschaft und Schutzmannschaften einerseits sowie Handlungsgehilfen anderseits;
5. Anzahl und Art der mitgeführten Feuerwaffen sowie Art und Menge des Schießbedarfs getrennt nach ihrer Bestimmung zum Gebrauche durch Nichteingeborene oder durch Eingeborene;
6. Art und Menge mitgeführter Handelswaren;
7. Etwaige weitere von der örtlichen Verwaltungsbehörde verlangte Angaben.

Die Verwaltungsbehörde kann verlangen, daß ihr die Richtigkeit der Angaben, insbesondere auch hinsichtlich der persönlichen Verhältnisse jedes Nichteingeborenen, glaubhaft gemacht wird.

§ 5. Farbige können den Antrag auf Erteilung der Erlaubnis nur persönlich zu Protokoll erklären. Sie haben hierbei die im § 4 unter Ziffer 1, 3 bis 7 bezeichneten Angaben zu machen.

§ 4 Abs. 2 findet entsprechende Anwendung.

§ 6. Die Erteilung der Erlaubnis (§§ 2, 3) kann an die Bedingung der Einhaltung gewisser Verkehrswege, der Beschränkung des Aufenthalts auf bestimmte Örtlichkeiten und der Erfüllung besonderer Auflagen hinsichtlich des Verkehrs mit den eingeborenen Stämmen und ihren angestammten Oberen geknüpft werden.

§ 7. Vor Antritt einer Reise in dem gesperrten Gebiete hat sich der Unternehmer der Reise und, wenn dieser in dem Dienst eines Dritten steht, neben ihm der Dienstberechtigte unbeschadet der Vorschriften des § 6 vor der örtlichen Verwaltungsbehörde dem Landesfiskus gegenüber vertragsmäßig zur Tragung jedes von den eingeborenen Reiseteilnehmern in der Landschaft vorsätzlich oder fahrlässig verursachten Schadens zu verpflichten.

§ 8. Für die Erfüllung der auf Grund von § 6 festgelegten Bedingungen sowie für die Erfüllung der gemäß § 7 eingegangenen Verpflichtungen ist bei einer Behörde des Schutzgebiets eine Sicherheit von fünfhundert Mark mit der Maßgabe zu bestellen,

1. daß diese Sicherheit, wenn die Nichterfüllung einer Bedingung (§ 6) amtlich festgestellt wird, ohne weiteres an den Landesfiskus verfällt,
2. daß diese Sicherheit ohne weiteres in der erforderlichen Höhe zugunsten der Geschädigten verfällt, sobald der Gouverneur eine Schadensersatzpflicht gemäß § 7 für vorliegend erachtet,
3. daß die Rückzahlung der nicht in Anspruch genommenen Sicherheit frühestens nach drei Monaten seit dem Verlassen der gesperrten Landschaft verlangt werden kann.*)

---

*) Nach der Zusatz-V. v. 19. November 1907 (unten Nr. 283), kann die Sicherheitsleistung für Angestellte von Firmen, welche im Schutzgebiet ansässig sind, mit behördlicher Genehmigung durch eine schriftliche Gewährserklärung der Firma ersetzt werden.

Verfällt die Sicherheit auf Grund einer Schadensersatzpflicht gemäß § 7, so wird hierdurch die Pflicht zum Ersatze eines die geleistete Sicherheit übersteigenden Schadens nicht berührt.

§ 9. Die Erteilung der Erlaubnis erfolgt widerruflich und außer dem Falle der festen Niederlassung nur auf bestimmte Zeit. Ihre Geltungsdauer kann auf den vor ihrem Ablauf gestellten Antrag auf bestimmte Zeit verlängert werden.

§ 10. Die Erlaubnis ist zu versagen und die erteilte Erlaubnis zu widerrufen, wenn dies nach freiem Ermessen behufs Aufrechterhaltung der öffentlichen Sicherheit und Ruhe in dem gesperrten Gebiete erforderlich erscheint.

§ 11. Durch die Erlaubnis (§§ 2, 3) wird eine obrigkeitliche Gewährleistung für die Sicherheit der in dem gesperrten Gebiete sich aufhaltenden Personen und ihres Eigentums nicht begründet.

§ 12. Die Vorschriften der §§ 2 bis 10 finden keine Anwendung auf Beamte, Militärpersonen und farbige Angehörige der Schutz- und Polizeitruppe bei der Verrichtung ihres Dienstes.

§ 13. Die in den §§ 17, 18 der Kaiserlichen Verordnung, betr. Zwangs- und Strafbefugnisse der Verwaltungsbehörden in den Schutzgebieten Afrikas und der Südsee, vom 14. Juli 1905 (Reichs-Gesetzbl. S. 717) vorgesehenen zweiwöchigen Fristen für die Beschwerde an den Gouverneur und für den Antrag auf Wiedereinsetzung in den vorigen Stand werden für die Zwecke dieser Verordnung auf drei Monate verlängert. Den Vorschriften der bezeichneten Kaiserlichen Verordnung sind in den Grenzen der gegenwärtigen Verordnung die Eingeborenen gleich den Nichteingeborenen unterworfen.

§ 14. Zuwiderhandlungen gegen die Vorschriften der §§ 2, 3 werden gegenüber Nichteingeborenen mit Geldstrafe bis 500 Mark (fünfhundert Mark), an deren Stelle im Nichtbeitreibungsfalle Haft tritt, im Wiederholungsfalle mit Geldstrafe bis zu 3000 Mark (dreitausend Mark) allein oder in Verbindung mit Gefängnis bis zu drei Monaten bestraft.

Nichteingeborene, die im Wiederholungsfalle mit Freiheitsstrafe bestraft worden sind, haben außerdem die polizeiliche Beschränkung ihres Aufenthalts oder die Ausweisung aus dem Schutzgebiet zu gewärtigen.

§ 15. Nichteingeborene, die den Vorschriften dieser Verordnung zuwider einer amtlichen Aufforderung, sich mit den ihnen zur Dienstleistung verpflichteten Eingeborenen aus dem gesperrten Gebiet zu entfernen, binnen der in der Aufforderung gesetzten Frist nicht Folge leisten, haben ihre und der Eingeborenen zwangsweise Entfernung zu gewärtigen und werden mit Gefängnis nicht unter einem Monat sowie mit Geldstrafe bis zu 3000 Mark bestraft.

§ 16. Nichteingeborene, die einem zuständigen Beamten oder einer zuständigen Behörde die in dieser Verordnung oder zu deren Ausführung vorgeschriebenen Angaben verweigern oder in Angelegenheiten, auf welche sich diese Verordnung bezieht, wissentlich unrichtige Angaben machen, werden mit Geldstrafe bis zu 100 Mark (hundert Mark) oder mit Haft bestraft, sofern nicht nach den allgemeinen Strafgesetzen auf eine härtere Strafe zu erkennen ist.

§ 17. Eingeborene, die dieser Verordnung oder den im Anschluß an sie erlassenen behördlichen Anordnungen zuwiderhandeln, werden nach Maßgabe der Verfügung des Reichskanzlers vom 22. April 1896 (Kol. Bl. S. 241)*) bestraft. Die entgegen den Vorschriften dieser Verordnung bei ihnen vorgefundenen Feuerwaffen und der Schießbedarf können eingezogen werden.

*) D. Kol. Gesetzgeb. II S. 215.

Auch kann schon bei der ersten Zuwiderhandlung die Ausweisung verfügt werden (§ 14 Absatz 2).

§ 18. Vorstehende Verordnung tritt sofort in Kraft.

Buea, den 13. April 1907.

Der Kaiserliche Gouverneur.
I. V.: Gleim.

116. Runderlafs des Auswärtigen Amts, Kolonial-Abteilung, betreffend Beerdigungskosten für Schutztruppenangehörige und Zivilbeamte der Schutzgebiete. Vom 15. April 1907.

Hinsichtlich der rechnerischen Behandlung der Beerdigungskosten für in den Schutzgebieten verstorbene Funktionäre der letzteren ist seitens der beteiligten Behörden nach einheitlichen Grundsätzen bisher nicht verfahren worden. In dieser Beziehung wird nunmehr folgendes bestimmt:

Positive Vorschriften sind enthalten in den Bestimmungen für die Heeresverwaltung, wonach — siehe § 240 der Friedens-Sanitäts-Ordnung — die Beerdigungskosten für diejenigen Militärpersonen vom Fiskus zu tragen sind, welche zur kostenfreien Lazarettverpflegung berechtigt sind. In entsprechendem Sinne wird, soweit Angehörige der Schutztruppen in Frage kommen, im Bereiche der Kolonialverwaltung zu verfahren sein. Hiernach sind also die Beerdigungskosten für Schutztruppenangehörige in denjenigen Fällen auf amtliche Fonds zu übernehmen, in denen sich der Todesfall im Schutzgebiet ereignet hat, woselbst zufolge der Schutztruppenordnung*) sämtliche Militärpersonen freie Lazarettverpflegung erhalten. Bei Todesfällen, die dort außerhalb des Lazaretts vorkommen, ist gemäß § 32,1 der Friedens-Sanitäts-Ordnung in entsprechender Weise zu verfahren.

Mit den gleichen Maßgaben sind aus Gründen der Billigkeit auch die Beerdigungskosten für Zivilbeamte und Angestellte in den Schutzgebieten amtlicherseits zu tragen, da auch diesen bestimmungsgemäß die Vergünstigung freier Lazarettverpflegung im Schutzgebiete zu teil wird.

Die in angemessener Weise zu begrenzenden Kosten sind nach dem Vorgange bei der Heeresverwaltung — einschließlich der Kosten für die durch diesseitige Verfügung vom 7. und 24. Dezember 1901**) genehmigten einfachen Gedenksteine — bei dem Fonds für den Lazarettbetrieb mit zu verrechnen.

Berlin, den 15. April 1907.

Auswärtiges Amt, Kolonial-Abteilung.
Dernburg.

117. Verordnung des Bezirksamtmanns zu Grootfontein, betreffend Schonzeiten für Antilopen, Gazellen und Strausse. Vom 15. April 1907.

Auf Grund des § 9 der Verordnung des Kaiserlichen Gouvernements vom 1. September 1902 betreffend Ausübung der Jagd im südwestafrikanischen Schutzgebiet***) wird hiermit für den Umfang des Bezirks Grootfontein verordnet, was folgt:

*) D. Kol. Gesetzgeb. III S. 40.
**) Nicht abgedruckt.
***) D. Kol. Gesetzgeb. VI S. 526.

Die Schonzeit für die der genannten Verordnung unterliegenden Antilopen und Gazellen, insbesondere Kudus, Elands, Hartebeester, Gemsböcke, Bastardhartebeester, Bastardgemsböcke, Wildebeester, Riedböcke usw., soweit nicht die Jagd auf dieselben nach § 3 Ziffer e derselben Verordnung überhaupt verboten ist, wird auf die Zeit vom 1. August bis 28. Februar, für Straußenhähne auf die Zeit vom 1. September bis 30. Juni hiermit festgesetzt.

Grootfontein, den 15. April 1907.

Der Kaiserliche Bezirksamtmann.
v. Eschstruth.

118. Verordnung des Gouverneurs von Kamerun, betreffend Abänderung des Zolltarifs vom 5. Oktober 1904 und Erhebung eines Ausfuhrzolles von Elfenbein. Vom 15. April 1907.

(Kol. Bl. S. 655.)

Auf Grund des § 15 des Schutzgebietsgesetzes (Reichs-Gesetzbl. 1900 S. 813) in Verbindung mit § 5 der Verfügung des Reichskanzlers, betreffend das Verordnungsrecht der Behörden in den Schutzgebieten Afrikas und der Südsee, vom 27. September 1903 wird verordnet, was folgt:

§ 1. Der der Verordnung vom 5. Oktober 1904, betreffend den Zolltarif,*) als Anlage beigegebene Tarif der Einfuhrzölle erhält folgende Fassung:

1. Spirituosen mit Ausnahme von Wein, Schaumwein und Bier:		
a) unversetzte Spirituosen im Werte von weniger als 1 Mark für das Liter: Rum, Genever, Spiritus und sonstige alkoholhaltige Flüssigkeiten, welche weder süß, noch mit einer Substanz gemischt sind, durch welche die Feststellung des Alkoholgehalts durch das Alkoholometer verhindert ist, mit einem Alkoholgehalt bis einschließlich 50 % Tralles, das Liter	1,00	Mark,
Zuschlag für jedes Prozent Alkoholgehalt mehr	0,05	„
b) versetzte Spirituosen im Werte von weniger als 1 Mark für das Liter: Rum, Genever, Spiritus und sonstige alkoholhaltige Flüssigkeiten, welche gesüßt sind oder Zusätze enthalten, welche die Feststellung des Alkoholgehalts durch das Alkoholometer verhindern, das Liter	1,25	„
c) Spirituosen im Werte von 1 Mark und mehr für das Liter		
in Flaschen mit einem Inhalt bis zu 0,50 Liter, die Flasche	0,75	„
in Flaschen mit 0,50 bis 1 Liter Inhalt, die Flasche	1,50	„
in Gebinden von mehr als 1 Liter Inhalt, das Liter	2,00	„
2. Schaumwein:		
in Flaschen mit einem Inhalt bis zu 0,50 Liter, die Flasche	0,50	„
in Flaschen mit 0,50 Liter bis 1 Liter Inhalt die Flasche	1,00	„
in Gebinden von mehr als 1 Liter Inhalt, das Liter	1,30	„
3. Bier:		
in Flaschen mit einem Inhalt bis zu 0,50 Liter, die Flasche	0,05	„
in Flaschen mit 0,50 bis 1 Liter Inhalt, die Flasche	0,10	„
in Gebinden von mehr als 1 Liter Inhalt, das Liter	0,13	„

*) D. Kol. Gesetzgeb. 1904 S. 235.

4.	Feuerwaffen jeder Gattung, das Stück	2,50	Mark,
5.	Pulver, gewöhnliches und anderes, das Kilogramm	0,50	„
6.	Salz, die Tonne	20,00	„
7.	Tabak, unverarbeiteter, das Kilogramm	0,50	„
8.	Zigarren, das Tausend	10,00	„
9.	Zigaretten und Zigarillos, das Tausend	2,00	„

10. Alle übrigen Gegenstände, soweit sie nicht ausdrücklich für zollfrei erklärt sind, 10% vom Wert.

Die dem Zolltarif vom 5. Oktober 1904 beigegebene Freiliste bleibt unverändert.

§ 2. Die Ausfuhr von Elfenbein unterliegt einem Zolle von 2,00 Mark für das Kilogramm.

Auf die Ausfuhr von Elfenbein finden die für die Ausfuhr von Gummi erlassenen Vorschriften sinngemäße Anwendung.

§ 3. Diese Verordnung tritt am 20. April 1907 in Kraft.

Buea, den 15. April 1907.

Der stellvertretende Gouverneur.
Gleim.

119. Verordnung des Gouverneurs von Kamerun, betreffend die Erhebung einer Wohnungssteuer im Schutzgebiet Kamerun. Vom 15. April 1907.

(Kol. Bl. 1908 S. 82.)

Auf Grund des § 15 des Schutzgebietsgesetzes (Reichs-Gesetzbl. 1900 S. 813) in Verbindung mit § 5 der Verfügung des Reichskanzlers, betreffend das Verordnungsrecht der Behörden in den Schutzgebieten Afrikas und der Südsee, vom 27. September 1903 (Kol. Bl. S. 509) wird hiermit unter Aufhebung der Verordnung, betreffend Erhebung einer Kopfsteuer im Verwaltungsbezirke Duala, vom 16. Mai 1903*) für das Schutzgebiet verordnet, was folgt:

§ 1. Soweit der friedliche Machtbereich der lokalen Verwaltungsbehörden reicht, unterliegt jede zum dauernden Aufenthalte von Menschen bestimmte Behausung einer Wohnungssteuer.

Befinden sich in der Behausung mehrere selbständige Haushalte, so unterliegt jeder einzelne Haushalt der Steuer.

§ 2. Steuerpflichtig ist der Eigentümer, neben dem jeder Bewohner, der einen selbständigen Haushalt führt, für den auf seinen Haushalt entfallenden Betrag als Gesamtschuldner haftet.

§ 3. Die Steuer wird nicht erhoben für Behausungen:

1. die im Eigentum des Landes- oder Reichsfiskus stehen,
2. die ausschließlich dem Gottesdienst und Religionsübungen dienen,
3. die Erziehungs- und Unterrichtszwecken oder farbigen Missionslehrern als Wohnung dienen,
4. die sanitären Zwecken dienen,
5. die als Wohnung lediglich für farbige Diener, Handwerker und Arbeiter auf Grundstücken der Arbeitgeber dienen.

Die Steuer wird desgleichen nicht erhoben, wenn der Steuerpflichtige nicht erwerbsfähig ist.

* D. Kol. Gesetzgeb. 1903 S. 113.

§ 4. Die Höhe der Steuer beträgt:

A. in Orten, in denen eine Kommunalverwaltung besteht:

1. wenn die Behausung im Eigentum eines Weißen steht oder von einem Weißen bewohnt wird . . . . 20 Mark,
2. in anderen Fällen . . . . 12 „

B. an anderen Orten:

1. wenn die Behausung im Eigentum eines Weißen steht oder von einem Weißen bewohnt wird . . . . 10 „
2. in anderen Fällen . . . . 6 „

§ 5. Die Veranlagung der Wohnungssteuer erfolgt für jedes Steuerjahr durch die Lokalverwaltungsbehörde.

Das Steuerjahr reicht vom 1. April bis zum 31. März. Während des Steuerjahres eintretende Änderungen sind erst bei der Besteuerung für das folgende Jahr zu berücksichtigen.

§ 6. Weiße Steuerpflichtige erhalten über die Steuer, zu der sie veranlagt sind, einen Steuerzettel. Gegen die Veranlagung steht ihnen binnen einer Frist von vier Wochen nach Erhalt des Steuerzettels die Beschwerde an das Gouvernement zu.

Die Beschwerde ist bei der Lokalverwaltungsbehörde anzubringen und hat keine aufschiebende Wirkung.

Die Entscheidung des Gouvernements über die Beschwerde ist endgültig.

§ 7. Bei Veranlagung der von Farbigen zu entrichtenden Steuern bedient sich die Lokalverwaltungsbehörde der Mithilfe der von ihr bezeichneten Häuptlinge.

Jeder Häuptling hat bei Beginn des Steuerjahres lediglich die Zahl seiner Steuerpflichtigen bei der Lokalverwaltungsbehörde schriftlich oder mündlich anzugeben. Bei Prüfung dieser Angaben kann sich die Behörde, welche das Steuersoll feststellt, im allgemeinen auf Stichproben beschränken.

Der Häuptling erhält mit laufender Nummer versehene Steuermarken mit der Aufschrift: „Steuerjahr 19 . ./19 . . Häuptling N. N. Lfde. N . . . . . .“. Er muß jedem Steuerpflichtigen, der die Steuer an ihn bezahlt, eine solche Steuermarke als Quittung aushändigen. Bei Ablieferung der Steuer (§ 10) hat der Häuptling für jede nicht zurückgelieferte Steuermarke den Steuerbetrag zu entrichten.

§ 8. Die Erhebung der Steuer von den Weißen erfolgt alljährlich in einer Summe bis spätestens 1. Mai jeden Jahres; sie erfolgt unmittelbar durch die Lokalverwaltungsbehörde.

Im Falle der Nichtentrichtung der Steuer erfolgt die Beitreibung gemäß der Kaiserlichen Verordnung, betreffend Zwangs- und Strafbefugnisse der Verwaltungsbehörden in den Schutzgebieten Afrikas und der Südsee, vom 10. Juli 1905.

§ 9. Die Erhebung der Steuer von den Farbigen erfolgt alljährlich in einer Summe bis spätestens 1. Oktober jeden Jahres. Die Steuer ist in bar zu entrichten. Annahme von Naturalleistungen ist nicht gestattet.

§ 10. Die Einziehung der Steuer von den Farbigen erfolgt zunächst durch die Häuptlinge. Die Ablieferung an die Lokalverwaltungsbehörde erfolgt an den von dieser festzusetzenden Tagen innerhalb der in § 9 genannten Frist. Bei der Ablieferung sind gleichzeitig die Namen der etwa rückständigen Steuerpflichtigen vom Häuptling anzugeben. Über die Entrichtung erhält der Häuptling eine Quittung.

§ 11. Die von Farbigen nicht entrichtete Steuer kann von dem Steuerpflichtigen beigetrieben, auch kann die Abarbeitung von dem Steuerpflichtigen erzwungen werden.

Die Abarbeitung hat bei den öffentlichen Arbeiten des Bezirks zu erfolgen. Die Arbeitszeit darf die Dauer von 24 Tagen im Steuerjahr nicht überschreiten. Eine Verrechnung der Steuerarbeit findet nicht statt.

Eine Verwaltung von Steuerrückständen der Farbigen sowie ein Nachweis über unbeibringliche Steuerbeträge der Farbigen findet nicht statt.

§ 12. Von dem von Farbigen eingehenden Steuerbetrage erhält der die Steuer abliefernde Häuptling im Falle, daß die ganze Steuer am festgesetzten Tage in bar eingeht, 10 vH., sonst 5 vH. Dieser Anteil wird ihm sofort bei der Ablieferung ausbezahlt.

§ 13. Der Gouverneur ist berechtigt, infolge Eintretens besonderer Umstände wie Hungersnot, Überschwemmung und dgl. die Steuer in einem einzelnen Bezirk oder Teilen desselben zu erlassen oder zu ermäßigen.

§ 14. Diese Verordnung tritt in den vom Gouverneur durch öffentliche Bekanntmachung zu bezeichnenden Bezirken oder Teilen derselben an dem in gleicher Weise zu bezeichnenden Tage in Kraft.*)

Buea, den 15. April 1907.

Der stellvertretende Gouverneur.
Gleim.

120. Runderlaſs des Gouverneurs von Deutsch-Südwestafrika, betreffend Gebührenfreiheit der Sterbeurkunden Truppenangehöriger und im Aufstand Gebliebener. Vom 17. April 1907.

Die Verfügung vom 30. Mai 1904,**) wonach von der Erhebung der vorgeschriebenen Gebühr von 6,00 Mark***) für die Beurkundung von Sterbefällen und die Ausfertigung der Sterbeurkunde abzusehen ist, wenn es sich um Todesfälle von Truppenangehörigen oder um Todesfälle handelt, die mit der Aufstandsbewegung im Schutzgebiet zusammenhängen, bringe ich hiermit in Erinnerung.

Windhuk, den 17. April 1907.

Der Kaiserliche Gouverneur.
I. V.: Bruhns.

*) Die ebenfalls am 15. April 1907 erlassene Bekanntmachung (Kol. Bl. 1908 S. 54) lautet:

Die Verordnung vom heutigen Tage, betreffend die Erhebung einer Wohnungssteuer im Schutzgebiete Kamerun, tritt mit Wirkung vom 1. April 1907 in Kraft in den Bezirken Rio del Rey, östlich des Ndian-Flusses, Viktoria, Buea, Johann-Albrechtshöhe und Duala.

Buea, den 15. April 1907.

Der stellvertretende Gouverneur.
Gleim.

**) Nicht abgedruckt.

***) Vgl. Nr. 31 des Tarifs zum Ges. v. 1. Juli 1872, D. Kol. Gesetzgeb. I S. 691.

121. Verordnung des Gouverneurs von Kamerun, betreffend die Barlöhnung Farbiger. Vom 17. April 1907.

(Kol. Bl. S. 608.)

Auf Grund des § 15 des Schutzgebietsgesetzes (Reichs-Gesetzbl. 1900 S. 813) in Verbindung mit § 5 der Verfügung des Reichskanzlers vom 27. September 1903 (Kol. Bl. S. 509) wird verordnet, was folgt:

§ 1. Jeder Arbeitgeber ist verpflichtet, die Löhne der Farbigen, die zu ihm in einem Dienst- oder Arbeitsvertragsverhältnis stehen (Arbeiter, Diener, Träger usw.), in barem Gelde auszuzahlen. Der Arbeitgeber kann vereinbaren, daß diese Farbigen freien Unterhalt bekommen; er darf ihnen aber keine Waren unter Anrechnung auf die Lohnzahlung kreditieren.

§ 2. Zuwiderhandlungen gegen die vorstehende Bestimmung werden an Nichteingeborenen mit Geldstrafe bis zu 150 Mark, im Wiederholungsfalle bis zu 1000 Mark, im Nichtbeitreibungsfalle mit Haft oder Gefängnis nach Maßgabe der Bestimmungen des Strafgesetzbuches, an Eingeborenen nach den Bestimmungen der Reichskanzler-Verfügung vom 22. April 1896 (Kol. Bl. S. 241)*) bestraft.

§ 3. Diese Verordnung tritt in den Bezirken Kribi, Lolodorf, Ebolova, Lomie, Bertua und Jaunde am 1. April 1908, in den übrigen Bezirken am 1. Juli 1907 in Kraft.

Buea, den 17. April 1907.

Der stellvertretende Kaiserliche Gouverneur.
Gleim.

122. Runderlafs des Gouverneurs von Kamerun zur Verordnung vom 13. April 1907, betreffend die Sperrung unruhiger oder noch nicht verkehrsreifer Gebiete. Vom 18. April 1907.

Dem pp. übersende ich einen Abdruck der von mir unter dem 13. April dieses Jahres erlassenen Verordnung, betreffend die Sperrung unruhiger oder noch nicht verkehrsreifer Gebiete im Schutzgebiete Kamerun,**) und bemerke hierzu folgendes:

Die Verordnung ist den für Südwestafrika und Ostafrika bereits bestehenden Verordnungen nachgebildet und entspricht auch einer von dem Reichstag in der Sitzung vom 15. Dezember 1905 gefaßten Resolution, die dahin ging: „es möge nicht zu schnell mit der Erschließung der Schutzgebiete vorgegangen werden. Der Verkehr solle sich zunächst auf die Gebiete beschränken, in denen er mit den zur Zeit vorhandenen Machtmitteln genügend geschützt werden könne. Eine Zulassung des Handels in Gebieten, in denen eine ausreichende Machtentfaltung noch nicht erfolgt sei, würde nur zu Unruhen und Aufständen führen, die dann nur durch große Opfer an Geld und Menschenleben niedergeworfen werden könnten". Bei Anwendung der Verordnung wird allerdings berücksichtigt werden müssen, daß die Verhältnisse in Kamerun insofern wesentlich anders als in den südwestafrikanischen und ostafrikanischen Schutzgebieten liegen, als in Kamerun nahezu das ganze Gebiet dem Handel bereits erschlossen ist und es

*) D. Kol. Gesetzgeb. II S. 215.
**) Oben Nr. 116.

überhaupt nur noch wenige Gegenden gibt, in denen der Kaufmann noch nicht festen Fuß gefaßt hat.

Es kann und darf nun niemals Aufgabe einer Verwaltung sein, den in legitimen Grenzen sich bewegenden und fortentwickelnden Handel irgendwie in unnötiger Weise zu erschweren oder zu verhindern, und die vorliegende Verordnung darf deshalb in keiner Weise als ein Mittel hierzu angesehen werden. Es muß deshalb mit ganz besonderer Vorsicht bei Anwendung der Verordnung vorgegangen werden und die etwa zu treffenden Maßnahmen werden sich eher in der Richtung der Gewinnung einer Kontrolle über den Handel als einer völligen Ausschließung desselben bewegen müssen. Letzteres wird im wesentlichen nur gegen den Wanderhandel, der häufig Gefahren für die Ruhe und Sicherheit mit sich bringt, besonders gegen das ungesunde sogenannte tradeback System, nicht aber gegen den legitimen Handel zur Anwendung kommen können, dessen Betrieb sich lediglich von festen Niederlassungen aus vollzieht.

Dem mit der Verordnung verfolgten Zwecke wird deshalb in den meisten Fällen wohl dadurch Genüge geschehen, daß eine Handelskontrolle eingeführt wird, wie sie in der Verordnung vom 20. Oktober 1906, betreffend Beschränkung des Handels im Bezirk Ebolova (Kol. Bl. v. 1. März 1907, S. 193)*) bereits für diesen Bezirk geschaffen ist.

Grundsätzlich ist bei Anwendung der Verordnung davon auszugehen, daß nach § 1 Absatz 1 die Sperre für ein bestimmtes Gebiet vom Gouvernement erklärt werden muß. Nur bei dringender und unmittelbarer Gefahr für die Aufrechterhaltung der Sicherheit und Ruhe im Bezirk darf auch die lokale Verwaltungsbehörde selbständig die Sperre verhängen. Es wird dies im allgemeinen nur in Ausnahmefällen eintreten, da es ja die Pflicht aller Verwaltungsbehörden ist, ständig die politischen Verhältnisse und die allgemeine Stimmung im Bezirke im Auge zu behalten und wenn sich die Anzeichen mehren, die die Verhängung der Sperre nötig erscheinen lassen, sofort dem Gouvernement zu berichten.

Wird eine Sperre beantragt oder über eine von der Lokalbehörde verhängte Sperre berichtet, so ist dem Berichte stets eine genaue Kartenskizze (unter Angabe des verwendeten Kartenmaterials) beizufügen, aus welcher die genauen Grenzen des zu sperrenden (oder seitens der Lokalbehörde gesperrten) Gebietes hervorgehen; auch müssen die von der Sperre getroffenen Faktoreien nach Möglichkeit namentlich aufgeführt werden, damit das Gouvernement ohne vorherige Rückfrage in der Lage ist, Anfragen aus Interessentenkreisen zu beantworten und eventuelle Beschwerden erledigen zu können.

Buea, den 18. April 1907.

Der stellvertretende Gouverneur.
Gleim.

123. Verordnung des Gouverneurs von Samoa, betreffend die Bekämpfung der Rindenkrankheit. Vom 21. April 1907.

(Kol. Bl. S. 710. Gouv. Bl. III Nr. 58.)

Auf Grund des § 15 des Schutzgebietsgesetzes (Reichs-Gesetzbl. 1900 S. 813) in Verbindung mit § 5 der Verfügung des Reichskanzlers vom 27. September 1903, betreffend die seemannsamtlichen und konsularischen Befugnisse

*) D. Kol. Gesetzgeb. 1906 S. 327.

und das Verordnungsrecht der Behörden in den Schutzgebieten Afrikas und der Südsee (Kol. Bl. S. 509), wird hiermit verordnet, was folgt:

§ 1. Zur Bekämpfung der Rindenkrankheit wird eine Kommission eingesetzt, die aus fünf Mitgliedern besteht.

§ 2. Der Eigentümer, Nutzungsberechtigte oder Verwalter eines Grundstücks, auf dem die Rindenkrankheit auftritt, ist verpflichtet, hiervon der Kommission oder einem ihrer Mitglieder binnen 48 Stunden Mitteilung zu machen.

§ 3. Die Kommission und ihre einzelnen Mitglieder sind befugt, zur Nachforschung nach dieser Krankheit die Pflanzungen zu jeder Tageszeit zu betreten.

Der Eigentümer, Nutzungsberechtigte oder Verwalter einer Pflanzung ist von jedem Besuch im voraus in Kenntnis zu setzen.

§ 4. Im Falle der Ermittlung der Rindenkrankheit kann die Kommission verbieten:

daß Saat der krank befundenen oder als krank verdächtigen Bäume oder Pflanzen zu Pflanzungszwecken verabfolgt wird, oder —

daß solche Bäume oder Pflanzen oder Teile von ihnen — mit Ausnahme präparierter Früchte — von den betreffenden Grundstücken entfernt werden; oder anordnen:

daß die erkrankte oder als krank verdächtige Rinde herausgeschnitten wird, oder —

daß die erkrankten oder als krank verdächtigen Bäume oder Pflanzen ganz oder teilweise vernichtet oder mit Karbolineum, Blaustein oder ähnlichen Mitteln behandelt werden, oder —

daß Abfälle erkrankter oder als krank verdächtiger Bäume oder Pflanzen verbrannt oder eingegraben und mit Kalk übergossen werden.*)

Die Anordnungen der Kommission sind dem Eigentümer, Nutzungsberechtigten oder Verwalter schriftlich anzuzeigen.

§ 5. Die Beschwerde gegen die Anordnungen der Kommission ist innerhalb einer Frist von fünf Tagen beim Gouvernement einzulegen. Bis zur Erledigung der Beschwerde bleibt die Ausführung der angeordneten Maßregeln ausgesetzt.

In Fällen dringender Gefahr der Weiterverbreitung der Krankheit kann der Gouverneur auf Antrag der Kommission die Anordnungen der Kommission sofort für vollstreckbar erklären.

§ 6. Die Kosten der nach Maßgabe dieser Verordnung durch die Kommission angeordneten Vernichtung oder Behandlung erkrankter oder als krank verdächtiger Bäume oder Pflanzen fallen dem Eigentümer oder Nutzungsberechtigten zur Last.

§ 7. Zuwiderhandlungen gegen die Bestimmungen dieser Verordnung oder gegen die auf Grund dieser Verordnung erlassenen Anordnungen der Kommission werden mit Geldstrafe bis zu 2000 Mark bestraft.

Fagamalo (Savaii), den 21. April 1907.

Der Kaiserliche Gouverneur.
Solf.

*) Vgl. hierzu die Zusatz-V. v. 31. Juli 1907 (unten Nr. 202), wonach die Kommission auch anordnen kann, daß Abfälle, insonderheit Schoten (Pods) von gesunden Kakaobäumen zu verbrennen oder einzugraben und mit Kalk zu übergießen sind. — Der Text des § 4 ist übrigens im Kol. Bl. nicht genau wiedergegeben.

124. Bekanntmachung des Gouverneurs von Deutsch-Neu-Guinea, betreffend das Geldwesen in den Marshall-Inseln. Vom 24. April 1907.

Die Bekanntmachung des Gouverneurs von Deutsch-Neu-Guinea vom 14. September 1906,*) betreffend die Ausführung der Verordnung des Reichskanzlers betr. das Geldwesen der Schutzgebiete außer Deutsch-Ostafrika und Kiautschou vom 1. Februar 1905,**) erlangt mit dem 1. Oktober 1907 Geltung für den Amtsbereich des Kaiserlichen Bezirksamts Jaluit (ehemaliges Schutzgebiet der Marshall-, Brown- und Providence-Inseln) mit der Maßgabe, daß:

1. am gleichen Tage auch die Verordnung des Reichskanzlers in Kraft tritt,
2. die Bestimmung des § 2 der Bekanntmachung des Gouverneurs auch auf die Kasse des Kaiserlichen Bezirksamts Jaluit sich erstreckt.

Herbertshöhe, den 24. April 1907.

Der Kaiserliche Gouverneur.
Hahl.

125. Verfügung des Auswärtigen Amts, Kolonial-Abteilung, betreffend die Aufhebung des Bezirksgerichts in Saipan. Vom 27. April 1907.

(Kol Bl. S. 428.)

Auf Grund des § 15 des Schutzgebietsgesetzes (Reichs-Gesetzbl. 1900 S. 813) und des § 1 Ziffer 7 der Verfügung, betreffend die Ausübung der Gerichtsbarkeit in den Schutzgebieten Afrikas und der Südsee, vom 25. Dezember 1900 (Kol. Bl. 1901 S. 1)***) wird bestimmt:

1. Das Bezirksgericht in Saipan wird aufgehoben und dessen Bezirk dem Bezirksgericht in Jap angegliedert.
2. Diese Verfügung tritt am 1. Juli 1907 in Kraft.

Berlin, den 27. April 1907.

Auswärtiges Amt, Kolonial-Abteilung.
Dernburg.

126. Verordnung des Bezirksamtmanns zu Windhuk, betreffend Schonzeiten für Antilopen, Gazellen und Strauße. Vom 29. April 1907.†)

Auf Grund des § 9 der Verordnung des Kaiserlichen Gouvernements vom 1. September 1902, betreffend Ausübung der Jagd im südwestafrikanischen Schutzgebiet††) wird hiermit für den Umfang des Bezirks Windhuk verordnet, was folgt:

„Die Schonzeit für die der genannten Verordnung unterliegenden Antilopen und Gazellen, insbesondere Kudus, Elands, Hartebeester, Gemsböcke, Bastardhartebeester, Bastardgemsböcke, Wildebeester, Riedböcke usw., soweit nicht die Jagd auf dieselben nach § 3 Ziffer e derselben Verordnung überhaupt verboten ist, wird auf die Zeit vom 1. August bis 28. Februar, für Straußenhähne auf die Zeit vom 1. September bis 30. Juni hiermit festgesetzt."

Windhuk, den 29. April 1907.

Der Kaiserliche Bezirksamtmann.
Narciss.

*) Oben Nr. 9. — **) D. Kol. Gesetzgeb. 1905 S. 43. — ***) D. Kol. Gesetzgeb. V S. 174. — †) Vgl. hierzu die Verordnung desselben Bezirksamtmanns vom 17. Juli 1907, unten Nr. 191. — ††) D. Kol. Gesetzgeb VI S. 526.

127. Verfügung des Gouverneurs von Togo, betreffend die Vergütung für Benutzung der Eisenbahnen an Beamte bei Dienstreisen. Vom 30. April 1907.

(Amtsbl. S. 86.)

Bei Benutzung von Eisenbahnen im Schutzgebiet zu Dienstreisen steht den Beamten, welche Anspruch auf Schiffspassage I. Klasse haben, eine Vergütung für die Benutzung der ersten Wagenklasse zu. Alle übrigen europäischen Beamten und Angestellten haben nur Anspruch auf Vergütung für die zweite Wagenklasse. Den Forderungsnachweisen sind die benutzten Fahrkarten beizulegen.

Lome, den 30. April 1907.

Der Gouverneur.
Graf Zech.

128. Verordnung des Gouverneurs von Deutsch-Ostafrika, betreffend Aufhebung der Verordnung über den Schiffsverkehr mit Zanzibar und an der deutsch-ostafrikanischen Küste. Vom 1. Mai 1907.

(Amtl. Anz. Nr. 10.)

Die Verordnung vom 25. Mai 1906 (Amtl. Anz. Nr. 18/06 v. 2. Juni 1906)*), betreffend den Schiffsverkehr mit Zanzibar und an der deutsch-ostafrikanischen Küste, wird hierdurch aufgehoben.

Daressalam, den 1. Mai 1907.

Der Kaiserliche Gouverneur.
Freiherr v. Rechenberg.

129. Verordnung des Bezirksamtmanns zu Outjo, betreffend die Schonzeiten für Antilopen, Gazellen und Strauße. Vom 1. Mai 1907.

Auf Grund des § 9 der Verordnung des Kaiserlichen Gouvernements vom 1. September 1902, betreffend die Ausübung der Jagd im südwestafrikanischen Schutzgebiet,**) wird hiermit für den Umfang des Bezirks Outjo bestimmt, was folgt:

Einziger Paragraph.

Die Schonzeit für die der genannten Verordnung unterliegenden Antilopen und Gazellen, insbesondere Kudus, Elands, Hartebeester, Gemsböcke, Bastardgemsböcke, Bastardhartebeester, Wildebeester, Riedböcke usw., soweit nicht die Jagd auf dieselben nach § 3 Ziffer e derselben Verordnung überhaupt untersagt ist, wird auf die Zeit vom 1. August bis 28. Februar, für Straußenhähne auf die Zeit vom 1. September bis 30. Juni hiermit festgesetzt.

Outjo, den 1. Mai 1907.

Der Kaiserliche Bezirksamtmann.

*) D. Kol. Gesetzgeb. 1906 S. 193.
**) D. Kol. Gesetzgeb. VI S. 528.

130. Bekanntmachung des Gouverneurs von Togo, betreffend das Geldwesen im Schutzgebiet Togo. Vom 1. Mai 1907.

(Kol. Bl. S. 1184. Amtsbl. S. 86.)

Die Verordnung des Reichskanzlers, betreffend das Geldwesen der Schutzgebiete außer Deutsch-Ostafrika und Kiautschou, vom 1. Februar 1905 (D. Kol. Bl. S. 103)*) wird in Ausführung des § 8 Ziffer 5 dieser Verordnung mit dem 1. Juni 1907 in Kraft gesetzt.

Lome, den 1. Mai 1907.

Der Gouverneur.
Graf Zech.

131. Bekanntmachung des Gouverneurs von Togo, betreffend den Umtausch von Nickel- und Kupfermünzen gegen Silbermünzen und die Annahme von englischen Gold- und Silbermünzen bei den öffentlichen Kassen im Schutzgebiet Togo. Vom 1. Mai 1907.

(Kol. Bl. S. 1185. Amtsbl. S. 86.)

Auf Grund der §§ 3 und 8 der Verordnung des Reichskanzlers, betreffend das Geldwesen der Schutzgebiete außer Deutsch-Ostafrika und Kiautschou, vom 1. Februar 1905*) wird hiermit folgendes bekannt gemacht:

§ 1. Die Gouvernements-Hauptkasse in Lome sowie die Geschäftsstellen der Deutsch-Westafrikanischen Bank werden Reichssilbermünzen auf Verlangen gegen Einzahlung von Nickel- und Kupfermünzen in Beträgen von mindestens 100 Mark verabfolgen.

§ 2. Die Einlieferung der umzutauschenden Münzen hat in kassenmäßig formierten Beuteln, deren Inhalt bei Nickelmünzen 100 Mark und bei Kupfermünzen 20 Mark zu betragen hat, zu erfolgen.

§ 3. Die Auszahlung des Gegenwertes in Silber an den Einlieferer erfolgt nach bewirkter Durchzählung der eingelieferten Beutel, welche von den genannten Kassen in der Regel sofort, spätestens aber binnen 5 Tagen nach der Einlieferung zu bewirken ist.

§ 4. Englische Gold- und Silbermünzen werden bis auf weiteres von den öffentlichen Kassen des Schutzgebiets nach dem Wertverhältnis von 1 Pfund Sterling gleich 20 Mark in Zahlung genommen.

§ 5. Diese Bekanntmachung tritt mit dem 1. Juni 1907 in Kraft.

Lome, den 1. Mai 1907.

Der Gouverneur.
Graf Zech.

132. Verordnung des Gouverneurs von Togo, betreffend den Umlauf der Maria-Theresien-Taler im Schutzgebiet Togo. Vom 2. Mai 1907.

(Kol. Bl. S. 1185. Amtsbl. S. 86.)

Auf Grund des § 5 des Schutzgebietsgesetzes (Reichs-Gesetzbl. 1900 S. 813), des § 5 der Verfügung des Reichskanzlers, betreffend die seemannsamtlichen und

*) D. Kol. Gesetzgeb. 1905 S. 43.

konsularischen Befugnisse und das Verordnungsrecht der Behörden in den Schutzgebieten Afrikas und der Südsee vom 27. September 1903 und des § 8 der Verordnung des Reichskanzlers, betreffend das Geldwesen der Schutzgebiete außer Deutsch-Ostafrika und Kiautschou, vom 1. Februar 1905*) wird hiermit verordnet, was folgt:

§ 1. Maria-Theresien-Taler dürfen in das Schutzgebiet nur mit Genehmigung des Gouverneurs eingeführt, daselbst aber weder in Zahlung gegeben noch genommen werden.

Zuwiderhandlungen werden mit Geldstrafe bis zu 500 Mark, an deren Stelle im Unvermögensfalle Haft tritt, bestraft. Daneben ist auf Einziehung der eingeführten oder in Zahlung gegebenen bzw. genommenen Maria-Theresien-Taler zu erkennen.

§ 2. Diese Verordnung tritt mit dem 1. Juni 1907 in Kraft.

Lome, den 2. Mai 1907.

Der Gouverneur.
Graf Zech.

133. Verordnung des Gouverneurs von Togo, betreffend Ausdehnung der Verordnung über Kleinverkauf und Ausschank von Branntwein. Vom 2. Mai 1907.

(Kol. Bl. S. 558. Amtsbl. S. 87.)

Auf Grund des § 15 des Schutzgebietsgesetzes (Reichs-Gesetzbl. 1900 S. 813) und des § 5 der Verfügung des Reichskanzlers, betreffend die seemannsamtlichen und konsularischen Befugnisse und das Verordnungsrecht der Behörden in den Schutzgebieten Afrikas und der Südsee, vom 27. September 1903 (Kol. Bl. S. 509) wird folgendes verordnet:

§ 1. Die Bestimmungen der Verordnung, betreffend die Neuregelung des Kleinverkaufs und Ausschanks von Branntwein im Togogebiet, vom 28. März 1900 (Kol. Bl. S. 335)**) finden auch auf die an den Bahnstrecken des Schutzgebietes oder in einer Entfernung bis zu 5 km von der Eisenbahnhaltestelle gelegenen Orte Anwendung.

§ 2. Die unmittelbare Umgebung einer Ortschaft im Sinne des § 1 der Verordnung vom 28. März 1900 umfaßt einen Kreis von 5 km Halbmesser.

Diese Verordnung tritt mit dem 1. Juli 1907 in Kraft.

Lome, den 2. Mai 1907.

Der Gouverneur.
Graf Zech.

134. Bekanntmachung des Gouverneurs von Deutsch-Neu-Guinea, betreffend Änderung der Ausführungsbestimmungen vom 10. Dezember 1901 zur Arbeiter-Anwerbeverordnung vom 31. Juli 1901. Vom 4. Mai 1907.

Die Ausführungsbestimmungen vom 10. Dezember 1901***) zur Arbeiter-Anwerbeverordnung vom 31. Juli 1901 (D. Kol. Bl. S. 778)***) erhalten in Abs. 4 zu den §§ 7 bis 11 nachstehende Fassung:

*) D. Kol. Gesetzgeb. 1905 S. 48.
**) D. Kol. Gesetzgeb. V S. 49.
***) D. Kol. Gesetzgeb. VI S. 435 bzw. 863.

Verträgen mit einer Verpflichtungsdauer von über oder unter drei Jahren ist bei der erstmaligen Anwerbung eines Eingeborenen in der Regel die Genehmigung zu versagen.

Herbertshöhe, den 4. Mai 1907.

Der Kaiserliche Gouverneur.
Hahl.

135. Bekanntmachung des Gouverneurs von Deutsch-Südwestafrika, betreffend Einziehung des Stammesvermögens der Witbooi- usw. Hottentotten sowie der Roten Nation und der Bondelzwarts- einschl. der Swartmodder-Hottentotten. Vom 8. Mai 1907.*)

Auf Grund der Kaiserlichen Verordnung vom 26. Dezember 1905**) wird hierdurch die Einziehung des gesamten beweglichen und unbeweglichen Stammesvermögens der Witbooi-, Bethanier-, Franzmann- und Feldschuhträger-Hottentotten sowie der Roten Nation von Hoachanas und der Bondelzwarts- einschl. der Swartmodder-Hottentotten verfügt.

Hinsichtlich der Bondelzwarts-Hottentotten bleiben jedoch von der Einziehung ausgenommen diejenigen Sachen und Rechte, welche denselben durch das Unterwerfungsabkommen vom 23. Dezember 1906***) und, soweit die Stürmann-Leute in Betracht kommen, durch das Unterwerfungsabkommen vom 21. November 1906***) zugesichert sind.

Die Einziehung erfolgt aus dem Grunde, weil die aufgeführten Eingeborenenstämme kriegerisch feindselige Handlungen gegen die Regierung des Schutzgebietes, gegen Nichteingeborene und gegen andere Eingeborene begangen haben.

Die von der Einziehung betroffenen Eingeborenen können binnen vier Monaten nach der Anheftung dieser Bekanntmachung an die Amtstafel des Gouvernements bei mir gegen die Einziehung Einspruch erheben.

Alle diejenigen, welche Ansprüche aus einem Rechtsgeschäfte besitzen, das sich auf das eingezogene Stammesvermögen bezieht, haben diese binnen sechs Monaten von demselben Zeitpunkte an bei mir oder bei dem zuständigen Bezirks- oder Distriktsamte ihres Wohnsitzes oder Aufenthaltsortes schriftlich anzumelden, widrigenfalls die Ansprüche seitens des Fiskus nicht berücksichtigt werden. Den Schuldnern der eingezogenen Forderungen wird verboten, ihre Leistungen an die bisherigen Gläubiger zu bewirken. Eine diesem Verbot zuwider erfolgte Leistung befreit dem Fiskus gegenüber nicht von der Verbindlichkeit.

Falls die genannten Schuldner gegen einen der von der Einziehung betroffenen Stämme oder gegen einzelne Angehörige eines solchen vermögensrechtliche Ansprüche besitzen, welche nicht aus einem Rechtsgeschäft entstanden sind, das sich auf das eingezogene Stammesvermögen bezieht und vor dieser Bekanntmachung abgeschlossen ist, haben sie solche Ansprüche innerhalb 6 Monaten nach der Anheftung dieser Bekanntmachung an die Amtstafel des Gouvernements bei mir oder dem zuständigen Bezirks- oder Distriktsamte ihres Wohnsitzes oder Aufenthaltsortes schriftlich anzumelden. Andernfalls werde ich diese Ansprüche bei der Einziehung der auf den Fiskus übergegangenen Stammesforde-

---

*) Vgl. hierzu unten Nr. 231.
**) D. Kol. Gesetzgeb. 1905 S. 284.
***) Am Schlusse der Nummer abgedruckt.

rungen nicht berücksichtigen. Im Falle der rechtzeitigen Anmeldung behalte ich mir dagegen gemäß § 9 der Kaiserlichen Verordnung nähere Prüfung vor, inwieweit dem Schuldner einer eingezogenen Forderung die Leistung aus Billigkeitsgründen zu erlassen sein könnte.

Windhuk, den 6. Mai 1907.

Der Kaiserliche Gouverneur.
I. V.: Hintrager.

Zusatz zu Nr. 125.

a) Unterwerfungsabkommen zwischen Oberstleutnant v. Estorff und den Bondelzwart-Hottentotten, mit Zustimmung des Oberst v. Deimling abgeschlossen am 23. Dezember 1906.*)

1. Die Bondelzwart-Hottentotten unterwerfen sich der deutschen Regierung und erkennen deren Herrschaft an. Sie geben das Versprechen ab, fortan treue und gehorsame Untertanen zu sein.
2. Die Bondelzwart-Hottentotten liefern alle Gewehre und die noch in ihren Händen befindliche Munition ab. In Zukunft dürfen sie weder Gewehre noch Munition führen. Zu Jagdzwecken können ihnen jedoch auf einige Tage von den Aufsichtsorganen einige Gewehre leihweise überlassen werden.
3. Die Bondelzwarts erhalten zur Ansiedlung die Plätze Warmbad, Haib, Gabis, Draihuk und Wortel. Die Bondelzwarts sollen auf ihren Plätzen als freie Männer leben. Freie Bewegung innerhalb der Plätze ist ihnen gestattet; nach außerhalb dürfen sie nur mit Paß gehen. Von den ihnen überwiesenen Plätzen dürfen sie ohne Genehmigung weder etwas verkaufen noch verpachten.
4. Zum Lebensunterhalt erhalten die Bondelzwarts 1500 Bockies (Ziegen und Schafe), hauptsächlich Muttervieh, das bei Gestellung von Zurückkehrenden entsprechend nachzuliefern ist.

   Der Kapitän der Bondelzwarts erhält etwa 300 Stück Kleinvieh und ein Gespann Ochsen.

   Die 1500 Bockies bleiben Eigentum der Regierung. Der Nachwuchs gehört den Bondelzwarts. Das dem Kapitän überwiesene Gespann Ochsen ist nach und nach von Erträgnissen des Frachtfahrens abzuzahlen. Die 300 Stück Kleinvieh sind freies Eigentum des Kapitäns. Bis das Vieh herangeschafft worden ist, und solange die Bondelzwarts sich noch nicht selbst ernähren können, bekommen sie Verpflegung von der Regierung.
5. Von der Regierung wird sofort bei der Kapregierung die Rückkehr der noch auf englischem Gebiet befindlichen Männer, Weiber und Kinder verlangt werden.
6. Die vorliegende Abmachung wird auf alle Bondelzwarts, welche sich noch stellen wollen, ausgedehnt, z. B. Morris, Joseph Christian mit Anhang. Aber auch diese müssen ihre Gewehre abgeben.
7. Den Stürmann-Leuten wird freigestellt, nach Spitzkopf zu gehen.
8. Für die Bondelzwarts wird ein Offizier oder ein Beamter — vorerst Graf Kageneck — bestimmt, der ihre Interessen vertreten soll, und an den sie sich in allen Fragen wenden können.

*) In der nachstehenden Fassung im Reichsanzeiger vom 25. Februar 1907 abgedruckt.

b) Friedensverhandlungen zwischen der deutschen Regierung und Cornelius Stürmann, vereinbart am 21. November 1906.

1. Cornelius Stürmann hat sich mit einem Teil seiner Werft in Lifdood gestellt und die Waffen abgegeben. Ihm selbst hat Hauptmann Siebert zugestanden, daß er sein Gewehr 98 so lange behält, bis ein ihm von Hauptmann Siebert versprochener Privatdrilling in Keetmanshoop repariert ist.

2. Stürmann erkennt die deutsche Regierung an und verspricht, seinen Vater mit den im Englischen befindlichen Leuten aufzunehmen, sowie die in den Karasbergen befindlichen Leute von ihm heranzuholen, verlangt aber, daß die bei Johann Christian befindlichen Leute seiner Werft nach Friedensschluß mit Johann Christian ihm zugeführt werden.

3. Cornelius Stürmann wird mit seiner Werft bei Spitzkopje angesiedelt und erhält von der Regierung 600 Zuchtziegen nebst den nötigen Böcken, verpflichtet sich, dieselben nach Vermehrung seiner Herde der Regierung zurückzuerstatten. Außerdem erhält er zur Anschaffung der notwendigsten Bekleidung für jeden Mann seiner Werft 20 Mark (zwanzig Mark), für jedes Weib 10 Mark (zehn Mark).

Außerdem ist demselben versprochen, daß ihm zwei Truppenochsenwagen von Keetmanshoop als Eigentum übergeben werden, damit er später bei zunehmendem Wohlstand seiner Werft als Frachtfahrer Geld verdienen kann.

4. Leutnant Erich Müller der 8. Batterie wird als Ansiedlungskommissar, welcher ständig in Spitzkopje bleibt, bestimmt und von Stürmann und seinen Leuten anerkannt.

Vorläufig hat jeder Verkehr zwischen der Regierung und Stürmans Werft durch Leutnant Müller stattzufinden.

Das Strafrecht über die Werft steht allein Leutnant Müller zu.

Lifdood, den 21. November 1906.

Siebert, Hauptmann.	Müller, Leutnant.	XXX. Handzeichen des Cornelius Stürmann.

Als Dolmetscher
Stoffel Matton,
eingeborener Soldat.

136. Baupolizeiverordnung des Gouverneurs von Togo. Vom 8. Mai 1907.

(Kol. Bl. S. 608. Amtsbl. S. 67.)

Auf Grund des § 15 des Schutzgebietsgesetzes (Reichs-Gesetzbl. 1900 S. 813) in Verbindung mit § 5 der Verfügung des Reichskanzlers vom 27. September 1903 (Kol. Bl. S. 500) wird folgendes verordnet:

§ 1. In den vom Gouverneur durch öffentliche Bekanntmachung*) zu bezeichnenden Ortschaften oder Teilen derselben unterliegt die Bautätigkeit den in den nachfolgenden Paragraphen enthaltenen Beschränkungen.

§ 2. Wer beabsichtigt, einen Neubau zu errichten oder einen Umbau auszuführen, hat hierzu vor Beginn der diesem Zweck dienenden Arbeiten die schriftliche Genehmigung der örtlichen Verwaltungsbehörde einzuholen. Dieser sind auf Erfordern noch Skizzen oder Pläne der beabsichtigten Anlagen vorzulegen.

*) S. die nachstehende Bekanntmachung.

Der Einholung der nach Abs. 1 erforderlichen Genehmigung bedarf es nicht für Bauten, welche für Rechnung des Reichs oder des Schutzgebiets ausgeführt werden.

§ 3. Die örtliche Verwaltungsbehörde ist berechtigt, der Anlage aus bau-, feuer- oder gesundheitspolizeilichen Gründen oder mit Rücksicht auf die Innehaltung der Straßenzüge und den weiteren Ausbau des Straßennetzes die Genehmigung zu versagen oder sie an die Beobachtung der notwendigen Abänderungen zu knüpfen.

§ 4. Der örtlichen Verwaltungsbehörde bleibt es überlassen, die Genehmigung zur Ausführung der Anlage nur für eine bestimmte Frist zu erteilen, welche auf Antrag aus besonderen Gründen verlängert werden kann.

§ 5. Von der Fertigstellung der Anlage ist innerhalb eines Monats der örtlichen Verwaltungsbehörde Anzeige zu machen.

§ 6. Gras- oder Strohhäuser und sonstige bauliche Anlagen mit Wänden oder Dächern aus Gras, Stroh oder ähnlichem feuergefährlichen Material dürfen nicht errichtet und Reparaturen an den bestehenden derartigen Baulichkeiten ohne Genehmigung der örtlichen Verwaltungsbehörde nicht vorgenommen werden.

Die örtliche Verwaltungsbehörde ist berechtigt, Ortschaftsteile durch öffentliche Bekanntmachung zu bezeichnen, auf welche vorstehende Bestimmungen nicht Anwendung finden.

§ 7. Die örtliche Verwaltungsbehörde ist befugt, die Besitzer unfertig liegen gebliebener oder verwahrloster Häuser zum Ausbau oder Niederreißen ihrer Häuser unter Bestimmung einer angemessenen Frist anzuhalten.

§ 8. Die Errichtung von Zäunen aus Gras oder Stroh und die Reparatur derartiger noch bestehender Zäune ist verboten, desgleichen das Anbringen von Hecken aus Kaktus oder Euphorbien. Bestehende derartige Hecken sind zu beseitigen.

§ 9. Zuwiderhandlungen gegen die Bestimmungen dieser Verordnung werden an Nichteingeborenen, soweit nicht Bestimmungen des Reichs-Strafgesetzbuchs Platz greifen, mit Geldstrafe bis zu 150 Mark, an deren Stelle im Nichtbeitreibungsfalle entsprechende Haftstrafe tritt, an Eingeborenen unter analoger Anwendung des vorstehenden Strafrahmens nach Maßgabe der Verfügung des Reichskanzlers vom 22. April 1896 (Kol. Bl. S. 241)*) bestraft.

§ 10. Diese Verordnung tritt mit dem heutigen Tage in Kraft. Gleichzeitig tritt die Verordnung, betreffend die Gründung neuer Niederlassungen, die Errichtung von Neubauten und die Ausführung von Umbauten in Küstenplätzen des Togogebietes, vom 10. August 1899,**) außer Kraft.

Lome, den 8. Mai 1907.

Der Gouverneur.
Graf Zech.

137. Bekanntmachung des Gouverneurs von Togo, betreffend die Durchführung der Baupolizeiverordnung. Vom 8. Mai 1907.

(Kol. Bl. S. 609. Amtsbl. S. 88.)

Die Baupolizeiverordnung vom heutigen Tage erhält von heute ab für folgende Ortschaftsteile Geltung:

1. Für den inneren Bezirk der Stadt Lome mit Ausnahme des Soldatenlagers.

*) D. Kol. Gesetzgeb. II S. 215.
**) D. Kol. Gesetzgeb. IV S. 88.

Dieser Bezirk wird begrenzt im Süden von der See, im Westen, Norden und Osten von dem Umkreis, welcher durch folgende Punkte bezeichnet ist: Treffpunkt des vom Gouverneurhaus nach Süden führenden Weges mit dem Kaiser-Staden, Gouverneurhaus, Isolierbaracke, Schnittpunkt der Südgrenze der Kässplantage mit der Amutivestraße, Friedhof, Treffpunkt des vom Friedhof nach Süden führenden Weges mit der Strandstraße.

2. Für folgende Stadtteile von Anecho: Kodji, Aplayiho, Agbodji, Manya, Sosime, Fantekomo, Legbanu, Flamani, Bokotikponu, Ela, Djamadji und Kpota.

Lome, den 8. Mai 1907.

Der Gouverneur.
Graf Zech.

138. Runderlafs des Gouverneurs von Kamerun, betreffend Verlegung der Verwaltung des Bezirks Fontemdorf nach Dschang. Vom 10. Mai 1907.

(Vgl. Kol. Bl. S. 610.)

Die Verwaltung des Bezirks Fontemdorf ist nach Dschang verlegt worden. Der neuen Station unterstehen die Posten: Tinto,*) Mbo und Bare.

Buea, den 10. Mai 1907.

Der stellvertretende Gouverneur.
I. A.: Kalkmann.

139. Verfügung des Reichskanzlers, betreffend Verlängerung der Konzession des Irangi-Syndikats auf weitere fünf Jahre. Vom 13. Mai 1907.

(Amtl. Anz. für Deutsch-Ostafrika 1908 Nr. 5.)

Das Irangi-Syndikat hat binnen der durch die Verfügung vom 2. Mai 1904**) bestimmten Frist erklärt, seine Unternehmungen fortsetzen zu wollen und gleichzeitig nachgewiesen, daß ihm zu diesem Zwecke ein Betriebskapital von 250000 Mark zur Verfügung steht.

In Gemäßheit der vorbezeichneten Verfügung wird hierdurch die Dauer der dem genannten Syndikat unter dem 21. Mai 1896/25. Juni 1900 erteilten Konzession zum Zwecke der geologischen Erforschung der mittleren Hochländer des nördlichen Deutsch-Ostafrika (Kol. Gesetzgeb. Teil VI, S. 120 ff.) um fünf Jahre, also bis zum 21. Mai 1912, verlängert.

Berlin, den 13. Mai 1907.

Der Reichskanzler.
Fürst v. Bülow.

140. Verfügung des Gouverneurs von Deutsch-Südwestafrika, betreffend Umwandlung der Zollabfertigungsstelle Windhuk in ein Zollamt. Vom 14. Mai 1907.

Die Zollabfertigungsstelle in Windhuk führt fortan die Amtsbezeichnung „Kaiserliches Zollamt".

Windhuk, den 14. Mai 1907.

Der Kaiserliche Gouverneur.
I. V.: Hintrager.

*) Durch Runderlaß vom 18. Oktober 1907 (unten Nr. 264) ist der Posten aufgehoben und sein Gebiet der Station Ossidinge zugeteilt worden.

**) D. Kol. Gesetzgeb. 1904 S. 103.

141. Auszug aus der Bekanntmachung des Gouverneurs von Deutsch-Südwestafrika, betreffend Gestellung von Landbeschälern. Vom 15. Mai 1907.

Alle Pferdezüchter, welche auf die Gestellung eines Landbeschälers reflektieren, werden aufgefordert, bezügliche Gesuche baldmöglichst . . . . an die Gestütverwaltung Nauchas zu richten.

Die Landbeschäler (Rein-Afrikaner und Produkte von importierten englischen Vollbluthengsten und Rein-Afrikaner Stuten) werden unentgeltlich auf die Farmen der Züchter abgegeben und alle drei Jahre umgewechselt. Es soll auf etwa 30 bis 40 Stuten ein Landbeschäler zur Abgabe kommen. Als Entleiher sollen einzelne Farmer, eine Gemeinschaft von Farmnachbarn oder auch wirtschaftliche Vereine, welche die Hengste unter ihre Mitglieder wieder weiter verteilen, in Betracht kommen.

Die Gesuche sollen außer der Bezeichnung des Entleihers enthalten: möglichst genaue Angabe über die Lage der Farm, Zahl der in Betracht kommenden Stuten, Art der Stuten, ob Afrikaner oder Deutsche usw., Namen der Besitzer der Stuten . . . .

Windhuk, den 15. Mai 1907.

Der Kaiserliche Gouverneur.
I. V.: Hintrager.

142. Dienstanweisung zu den Ausführungsbestimmungen zur Kaiserlichen Verordnung, betreffend die Rechte an Grundstücken in den deutschen Schutzgebieten vom 21. November 1902*) und der hierzu erlassenen Verfügung des Reichskanzlers vom 30. November 1902*), für das Schutzgebiet Deutsch-Neu-Guinea unter Ausschlufs des Inselgebietes der Karolinen, Palau, Marianen und Marshallinseln erlassen vom Gouverneur am 16. Mai 1907.

Zu § 1.

1. Für die amtlichen Verzeichnisse sind die den Grundbuchämtern zugehenden gebundenen Bücher zu verwenden.

   Die erste Aufstellung erfolgt auf Grund der bereits angelegten Grundbuchblätter.

2. Für die noch nicht eingetragenen, aber bereits vermessenen Grundstücke gilt folgendes:

   Der Landmesser hat von jeder vollendeten Vermessung dem zuständigen Grundbuchamt unverzüglich Anzeige zu machen. Die Anzeige muß enthalten:

   a) die Bezeichnung des Grundbuchbezirks, in dem das Grundstück belegen ist;
   b) kurze Beschreibung der Lage des Grundstückes nach Landschaft und Grenzen;
   c) die Größe des Grundstücks;
   d) den Eigentümer;
   e) die Urkunde (Kaufvertrag, Besitzergreifungsurkunde usw.), auf die das Eigentum sich stützt.

*) D. Kol. Gesetzgeb. VI S. 4 bzw. 10.

Das Grundbuchamt hat auf Grund dieser Anzeige das Grundstück in das amtliche Verzeichnis einzutragen und dem Landmesser die Nummer mitzuteilen, die das Grundstück erhalten hat.

Der Landmesser vermerkt hiernach auf den betreffenden Urkunden und Karten die Nummer des Grundstücks nach dem amtlichen Verzeichnis.

Zu § 6 Ziff. 3.

Die bestehenden Grundbuchblätter und Tabellen sind entsprechend § 6 Ziff. 3 abzuändern.

Herbertshöhe, den 16. Mai 1907.

Der Kaiserliche Gouverneur.
Hahl.

143. Allerhöchster Erlafs, betreffend die Errichtung des Reichs-Kolonialamts. Vom 17. Mai 1907.

(Reichs-Gesetzbl. S. 239. Kol. Bl. S. 493.)

Ich bestimme hiermit, daß die bisher mit dem Auswärtigen Amte verbundene Kolonialabteilung nebst dem Oberkommando der Schutztruppen fortan eine besondere, dem Reichskanzler unmittelbar unterstellte Zentralbehörde unter der Benennung „Reichs-Kolonialamt“ zu bilden hat.*)

Wiesbaden, den 17. Mai 1907.

Wilhelm.
Fürst v. Bülow.

An den Reichskanzler.

144. Allerhöchster Erlafs, betreffend die Stellvertretung des Reichskanzlers im Geschäftskreise des Reichs-Kolonialamts. Vom 17. Mai 1907.

(Kol. Bl. S. 494. Reichsanzeiger vom 18. Mai 1907. Zentralbl. f. d. Reich S. 221.)

Auf Ihren Antrag will Ich den Staatssekretär des Reichs-Kolonialamts, Wirklichen Geheimen Rat Dernburg, mit Ihrer Stellvertretung im Geschäftskreise des Reichs-Kolonialamts nach Maßgabe des Gesetzes vom 17. März 1878 (Reichs-Gesetzbl. S. 7) hierdurch beauftragen.

Wiesbaden, den 17. Mai 1907.

Wilhelm I. R.
Fürst v. Bülow.

An den Reichskanzler.

145. Militärhinterbliebenengesetz. Vom 17. Mai 1907.

(Reichs-Gesetzbl. S. 214.)

Wir Wilhelm, von Gottes Gnaden Deutscher Kaiser, König von Preußen usw. verordnen im Namen des Reichs, nach erfolgter Zustimmung des Bundesrats und des Reichstags, was folgt:

---

*) Nach den vom Staatssekretär erlassenen Geschäftsordnungen ist das Reichs-Kolonialamt in vier Abteilungen gegliedert. Von diesen bearbeiten drei die Geschäfte der Zivilverwaltung, und zwar Abteilung A die politischen, allgemeinen Verwaltungs- und Rechtsangelegenheiten der Schutzgebiete, Abteilung B die Finanzen, Verkehrs- und technischen Angelegenheiten, Abteilung C die Personalangelegenheiten. Als vierte Abteilung

Erster Teil.

Reichsheer.

I. Allgemeine Versorgung.

A. Hinterbliebene von Offizieren einschließlich Sanitätsoffizieren des Friedensstandes.

§ 1. Die Witwen und die ehelichen oder legitimierten Kinder von Offizieren des Friedensstandes, welchen zur Zeit ihres Todes ein Anspruch auf lebenslängliche Pension aus der Reichskasse im Falle der Versetzung in den Ruhestand zugestanden hätte, sowie die Witwen und die ehelichen oder legitimierten Kinder von verabschiedeten Offizieren des Friedensstandes, welche eine lebenslängliche Pension aus der Reichskasse zu beziehen hatten, erhalten Witwen- und Waisengeld.

§ 2. Das Witwengeld besteht in vierzig vom Hundert derjenigen Pension, zu welcher der Verstorbene berechtigt gewesen ist oder berechtigt gewesen sein würde, wenn er am Todestag in den Ruhestand versetzt worden wäre.

Das Witwengeld soll jedoch, vorbehaltlich der im § 4 verordneten Beschränkung, mindestens 300 Mark und höchstens 5000 Mark betragen.

Bei Berechnung des Witwengeldes bleibt die Pensionsbeihilfe, die Verstümmelungszulage und die Alterszulage (§ 7 Abs. 1, §§ 11, 13 des Offizierpensionsgesetzes vom 31. Mai 1906)*) stets, die Kriegszulage, die Pensionserhöhung und die Tropenzulage (§§ 12, 49, 66, 67 ebenda) in dem Falle außer Betracht, daß die Witwe zu einer Kriegsversorgung berechtigt ist.

Der Jahresbetrag des Witwengeldes ist nach oben so abzurunden, daß bei Teilung durch drei sich volle Markbeträge ergeben.

§ 3. Das Waisengeld beträgt jährlich:

1. für jedes Kind, dessen Mutter noch lebt und zur Zeit des Todes des Verstorbenen zum Bezuge von Witwengeld berechtigt war, ein Fünftel des Witwengeldes;
2. für jedes Kind, dessen Mutter nicht mehr lebt oder zur Zeit des Todes des Verstorbenen zum Bezuge von Witwengeld nicht berechtigt war, ein Drittel des Witwengeldes.

Der Jahresbetrag des Waisengeldes ist nach oben so abzurunden, daß bei Teilung durch drei sich volle Markbeträge ergeben.

§ 4. Witwen- und Waisengeld dürfen weder einzeln noch zusammen den Betrag der Pension übersteigen, zu welcher der Verstorbene berechtigt gewesen ist oder berechtigt gewesen sein würde, wenn er am Todestag in den Ruhestand versetzt worden wäre.

Ergibt sich an Witwen- und Waisengeld zusammen ein höherer Betrag, so werden die einzelnen Sätze im gleichen Verhältnisse gekürzt.

§ 5. Nach dem Ausscheiden eines Witwen- oder Waisengeldberechtigten erhöht sich das Witwen- oder Waisengeld der verbleibenden Berechtigten von

(M) tritt die Militärverwaltung (Kommando der Schutztruppen) hinzu. Näheres ergibt das alljährlich erscheinende „Handbuch für das Deutsche Reich“. — Die Kassenangelegenheiten der Kolonial-Zentralverwaltung werden von der „Kolonial-Hauptkasse“ (früher: „Legationskasse, Abteilung II“) besorgt. (Kol. Bl. S. 608.) — Vgl. auch wegen der Vertretung des Staatssekretärs die A. O. vom 23. Juni 1907, unten Nr. 165.

*) D. Kol. Gesetzgeb. 1906 S. 197.

dem Beginne des folgenden Monats an insoweit, als sie sich noch nicht im vollen Genusse der ihnen nach §§ 2 bis 4 gebührenden Beträge befinden.

§ 6. War die Witwe mehr als 15 Jahre jünger als der Verstorbene, so wird das nach Maßgabe der §§ 2, 4 berechnete Witwengeld für jedes angefangene Jahr des Altersunterschieds über 15 bis einschließlich 25 Jahre um $^1/_{20}$ gekürzt. Nach fünfjähriger Dauer der Ehe wird für jedes angefangene Jahr ihrer weiteren Dauer dem gekürzten Betrag $^1/_{20}$ des berechneten Witwengeldes so lange hinzugesetzt, bis der volle Betrag wieder erreicht ist.

Auf den nach § 3 zu berechnenden Betrag des Waisengeldes ist diese Kürzung des Witwengeldes ohne Einfluß.

§ 7. Liegen die Voraussetzungen einer Kürzung sowohl nach § 4 als auch nach § 6 vor, so ist zunächst das Witwen- und Waisengeld nach § 4 und erst dann das Witwengeld nach § 6 zu kürzen, demnächst aber der gemäß § 6 gekürzte Betrag des Witwengeldes dem nach § 4 gekürzten Waisengelde bis zur Erreichung des vollen Betrags zuzusetzen.

§ 8. Keinen Anspruch auf Witwengeld hat die Witwe, wenn die Ehe mit dem Verstorbenen innerhalb dreier Monate vor seinem Ableben geschlossen worden und die Eheschließung zu dem Zwecke erfolgt ist, um der Witwe den Bezug des Witwengeldes zu verschaffen.

Keinen Anspruch auf Witwen- und Waisengeld haben die Witwe und die hinterbliebenen Kinder, wenn der Verstorbene die Ehe erst nach der Pensionierung oder Stellung zur Disposition und,

a) falls er im Heere oder in der Kaiserlichen Marine in einer mit Pensionsberechtigung verbundenen oder in einer im Militär- oder Marine-Etat für pensionierte Offiziere vorgesehenen Stelle Verwendung gefunden hat, nach dem Ausscheiden aus dieser Stelle,

b) falls er mit einer mit Gehalt oder Dienstzulage verbundenen Offizierstelle in einem Invalideninstitute beliehen worden ist, nach dem Ausscheiden aus dieser Stelle

geschlossen hat.

Eine Ehe gilt nur dann als nach der Pensionierung oder Stellung zur Disposition geschlossen, wenn die Eheschließung nach dem Schlusse des Monats stattgefunden hat, in welchem das Ausscheiden aus dem Dienste erfolgt ist.

§ 9. Der Witwe und den ehelichen oder legitimierten Kindern eines Offiziers, dem, wenn er am Todestage verabschiedet worden wäre, auf Grund des § 7 Abs. 2 des Offizierpensionsgesetzes eine Pension hätte bewilligt werden können, sowie der Witwe und den ehelichen oder legitimierten Kindern eines verabschiedeten Offiziers, der am Todestag eine nicht lebenslängliche Pension zu beziehen hatte, kann durch die oberste Militärverwaltungsbehörde des Kontingents Witwen- und Waisengeld bis zu der in den §§ 2 bis 7 angegebenen Höhe bewilligt werden.

§ 10. Stirbt ein Offizier, welchem im Falle der Pensionierung bei Berechnung der Pension die Anrechnung gewisser Zeiten auf die in Betracht kommende Dienstzeit nach § 15 Abs. 2, § 18 Abs. 2 des Offizierpensionsgesetzes hätte bewilligt werden dürfen, so kann eine solche Anrechnung auch bei Festsetzung des Witwen- und Waisengeldes durch die oberste Militärverwaltungsbehörde des Kontingents zugelassen werden.

B. Hinterbliebene von Offizieren einschließlich Sanitätsoffizieren des Beurlaubtenstandes und von den ausgeschiedenen, zum aktiven Militärdienste vorübergehend wieder herangezogenen Offizieren.

§ 11. Der Witwe und den ehelichen oder legitimierten Kindern eines Offiziers des Beurlaubtenstandes, dem zur Zeit seines Todes ein Anspruch auf Pension aus der Reichskasse im Falle der Verabschiedung zugestanden hätte, sowie der Witwe und den ehelichen oder legitimierten Kindern eines verabschiedeten Offiziers des Beurlaubtenstandes, welcher eine Pension aus der Reichskasse zu beziehen hatte, kann durch die oberste Militärverwaltungsbehörde des Kontingents Witwen- und Waisengeld bis zu der in den §§ 2 bis 7 angegebenen Höhe bewilligt werden.

Das Gleiche gilt für die Hinterbliebenen von Offizieren, die, ohne Pension ausgeschieden, zum aktiven Militärdienste vorübergehend wieder herangezogen worden sind, sowie für die Hinterbliebenen von Offizieren, die, mit Pension ausgeschieden, zum aktiven Militärdienste vorübergehend wieder herangezogen worden sind, falls die Ehe nach dem Ausscheiden aus dem Friedensstande geschlossen worden ist.

In den Fällen des Abs. 1 muß der Tod des Verstorbenen durch die Dienstbeschädigung verursacht worden sein, welche zur Pensionierung des Offiziers hätte führen können oder geführt hat.

C. Hinterbliebene von Militärpersonen der Unterklassen.

§ 12. Die Witwen und die ehelichen oder legitimierten Kinder von Militärpersonen der Unterklassen, die während der Zugehörigkeit zum aktiven Heere entweder infolge einer Dienstbeschädigung oder nach zehnjähriger Dienstzeit gestorben sind, erhalten Witwen- und Waisengeld.

Das Gleiche gilt für die Witwen und die ehelichen oder legitimierten Kinder von ehemaligen Militärpersonen der Unterklassen, die

1. zur Zeit ihres Todes nach Ablauf mindestens achtzehnjähriger Dienstzeit eine Rente zu beziehen hatten, oder
2. infolge einer Dienstbeschädigung vor Ablauf von sechs Jahren nach der Entlassung aus dem aktiven Dienste

gestorben sind.

Die Dienstbeschädigung muß im Falle der Nr. 2 innerhalb der Fristen des § 2 des Mannschaftsversorgungsgesetzes*) festgestellt sein.

§ 13. Das Witwengeld beträgt jährlich 300 Mark.

Dieser Betrag erhöht sich für die Witwen der Militärpersonen der Unterklassen mit mehr als fünfzehnjähriger Dienstzeit für jedes Jahr dieser weiteren Dienstzeit bis zum vollendeten vierzigsten Dienstjahr um sechs vom Hundert.

Dem hiernach berechneten Betrage des Witwengeldes treten für die Witwe einer der im § 10 Abs. 1 des Mannschaftsversorgungsgesetzes bezeichneten Personen, falls diese als Rentenempfänger verstorben ist, vierzig vom Hundert desjenigen Betrags hinzu, den der Verstorbene infolge der im § 10 Abs. 1 ebenda vorgeschriebenen Erhöhung der Vollrente bezogen hat. Ist der Tod vor dem Ausscheiden aus dem aktiven Dienste eingetreten, so beträgt die Erhöhung des Witwengeldes $^{15}/_{100}$ der von dem Verstorbenen zuletzt bezogenen, im Etat als pensionsfähig bezeichneten Löhnungszuschüsse oder Zulagen und steigt bei Witwen von Kapitulanten mit mehr als achtzehnjähriger Dienstzeit für jedes

*) D. Kol. Gesetzgeb. 1906 S. 218.

fernere Dienstjahr um $^{1}/_{100}$ bis höchstens $^{20}/_{100}$ dieser Löhnungszuschüsse oder Zulagen.

Sofern sich bei Anwendung der Vorschriften des Reichsbeamtengesetzes für die Witwe eines zur Klasse der Unteroffiziere gehörenden Gehaltsempfängers, mit Einschluß der im Range der Unteroffiziere stehenden Verwalter bei den Kadettenkorps ein höheres Witwengeld ergeben würde, ist dieses zu gewähren.

Der Jahresbetrag des Witwengeldes ist nach oben so abzurunden, daß bei Teilung durch drei sich volle Markbeträge ergeben.

§ 14. Die §§ 3, 9, 8 Abs. 1 und § 10 finden mit der Maßgabe Anwendung, daß an Stelle der im § 10 erwähnten Paragraphen des Offizierpensionsgesetzes § 5 Abs. 2 und § 8 Abs. 2 des Mannschaftsversorgungsgesetzes treten.

§ 15. Witwen- und Waisengeld dürfen weder einzeln noch zusammen den Betrag der im § 9 des Mannschaftsversorgungsgesetzes für den betreffenden Dienstgrad festgesetzten Vollrente übersteigen.

In Fällen des § 13 Abs. 3 Satz 1 erhöht sich diese Grenze um denjenigen Betrag, von welchem die Erhöhung des Witwengeldes zu berechnen ist, in den Fällen des § 13 Abs. 3 Satz 2 um $^{15}/_{100}$ der von dem Verstorbenen zuletzt bezogenen im Etat als pensionsfähig bezeichneten Löhnungszuschüsse oder Zulagen.

Bei den Hinterbliebenen der im § 12 Abs. 2 Nr. 1 erwähnten Personen dürfen Witwen- und Waisengeld weder einzeln noch zusammen den Betrag der vom Verstorbenen bezogenen Rente übersteigen.

Ergibt sich an Witwen- und Waisengeld zusammen ein höherer Betrag, so werden die einzelnen Sätze im gleichen Verhältnisse gekürzt.

Nach dem Ausscheiden eines Witwen- oder Waisengeldberechtigten erhöht sich das Witwen- oder Waisengeld der verbleibenden Berechtigten von dem Beginne des folgenden Monats ab insoweit, als sie sich noch nicht im vollen Genusse der ihnen nach §§ 13, 14 gebührenden Beträge befinden.

Liegen die Voraussetzungen einer Kürzung sowohl nach Abs. 1 als auch nach §§ 9, 14 vor, so ist zunächst das Witwen- und Waisengeld nach Abs. 1 und erst dann das Witwengeld nach §§ 9, 14 zu kürzen, demnächst aber der gemäß §§ 4, 14 gekürzte Betrag des Witwengeldes dem nach Abs. 1 gekürzten Waisengelde bis zur Erreichung des vollen Betrags zuzusetzen.

§ 16. Keinen Anspruch auf Witwen- und Waisengeld haben die Witwe und die hinterbliebenen Kinder, wenn der Verstorbene die Ehe erst nach der Entlassung aus dem aktiven Militärdienst und,

a) falls er zum Militärdienste wieder herangezogen worden ist, nach der Wiederentlassung,
b) falls er in einem Invalideninstitut Aufnahme gefunden hat, nach dem Ausscheiden aus diesem

geschlossen hat.

D. Hinterbliebene von Beamten des Beurlaubtenstandes, von Personen, die gemäß §§ 34, 35 des Offizierpensionsgesetzes im Kriege als Heeresbeamte verwendet worden sind, und von Personen der freiwilligen Krankenpflege auf dem Kriegsschauplatze.

§ 17. Der Witwe und den ehelichen oder legitimierten Kindern

1. von Heeresbeamten des Beurlaubtenstandes,
2. von Personen, die nicht zu den Heeresbeamten des Beurlaubtenstandes gehören, aber während der Dauer eines Krieges bei dem Feld- oder Besatzungsheer als Heeresbeamte verwendet worden sind,

kann, falls der Verstorbene zur Zeit seines Todes auf Grund der §§ 33, 34, 35 des Offizierpensionsgesetzes zu einer Pension im Falle seines Ausscheidens berechtigt gewesen sein würde oder eine Pension zu beziehen hatte, und falls der Tod durch Dienstbeschädigung verursacht worden ist, durch die oberste Militärverwaltungsbehörde des Kontingents Witwen- und Waisengeld bewilligt werden.

Diese Vorschrift findet entsprechende Anwendung auf die Hinterbliebenen von Personen der freiwilligen Krankenpflege, falls der Tod infolge dienstlicher Verwendung auf dem Kriegsschauplatze vor Ablauf von sechs Jahren nach dem Friedensschluß eingetreten ist. Beim Fehlen eines Friedensschlusses beginnt der Lauf der Frist mit dem Schlusse des Jahres, in welchem der Krieg beendigt worden ist.

§ 18. Auf die Hinterbliebenen der im § 17 Abs. 1 erwähnten Personen finden die §§ 2 bis 8 Abs. 1, § 10, auf die Hinterbliebenen von Personen der freiwilligen Krankenpflege finden § 13 Abs. 1, § 14, § 15 Abs. 1, 4 bis 6 mit folgender Maßgabe Anwendung:

1. Witwen- und Waisengeld kann nur gewährt werden, wenn die Ehe der ersteren vor dem Ausscheiden aus dem aktiven Heere und der letzteren vor Beendigung ihrer Verwendung auf dem Kriegsschauplatze geschlossen ist.
2. Das Witwengeld kann bis zu den aus vorstehenden Vorschriften sich ergebenden Sätzen gewährt werden, in keinem Falle darf es jedoch den Betrag von 3500 Mark übersteigen.

II. Kriegsversorgung.

§ 19. Die Witwen und die ehelichen oder legitimierten Kinder der zum Feldheere gehörigen Offiziere, einschließlich Sanitätsoffiziere, Beamten und Militärpersonen der Unterklassen mit Einschluß der in den §§ 34, 35 des Offizierpensionsgesetzes erwähnten Personen und der auf dem Kriegsschauplatze verwendeten Personen der freiwilligen Krankenpflege, die

1. im Kriege geblieben oder infolge einer Kriegsverwundung gestorben sind,
2. eine sonstige Kriegsdienstbeschädigung erlitten haben und an ihren Folgen gestorben sind,

erhalten Kriegswitwen- und Kriegswaisengeld, in dem Falle zu 2 jedoch nur, wenn der Tod vor Ablauf von 10 Jahren nach dem Friedensschluß oder dem im § 17 letzter Absatz Satz 2 angegebenen Zeitpunkt eingetreten ist.

§ 20. Das Kriegswitwengeld beträgt jährlich:

a. wenn die allgemeine Versorgung zusteht:

1.	für die Witwe eines Offiziers bis zum Stabsoffizier einschließlich abwärts	1500 Mark,
2.	für die Witwe eines Hauptmanns, Oberleutnants, Leutnants oder Feldwebelleutnants	1200 „
3.	für die Witwe eines Feldwebels, Vizefeldwebels, eines Sergeanten mit der Löhnung eines Vizefeldwebels, eines Zugführers der freiwilligen Kriegskrankenpflege oder eines Unterbeamten mit einem pensionsfähigen Diensteinkommen von jährlich mehr als 1200 Mark	300 „
4.	für die Witwe eines Sergeanten, Unteroffiziers, Zugführer-Stellvertreters oder Sektionsführers der freiwilligen Kriegskrankenpflege oder eines Unterbeamten mit einem pensionsfähigen Diensteinkommen von jährlich 1200 Mark und weniger	200 „
5.	für die Witwe eines Gemeinen oder einer jeden anderen Person des Unterpersonals der freiwilligen Kriegskrankenpflege	100

b. wenn die allgemeine Versorgung nicht zusteht:

1. für die Witwe eines Generals oder eines Offiziers in Generalsstellung . . . . 2000 Mark,
2. für die Witwe eines Stabsoffiziers . . . . 1600 „
3. für die Witwe eines Hauptmanns, Oberleutnants, Leutnants oder Feldwebelleutnants . . . . 1200 „
4. für die Witwe eines Feldwebels, Vizefeldwebels, eines Sergeanten mit der Löhnung eines Vizefeldwebels, eines Zugführers der freiwilligen Kriegskrankenpflege oder eines Unterbeamten mit einem pensionsfähigen Diensteinkommen von jährlich mehr als 1200 Mark . . . . 600 „
5. für die Witwe eines Sergeanten, Unteroffiziers, Zugführer-Stellvertreters oder Sektionsführers der freiwilligen Kriegskrankenpflege oder eines Unterbeamten mit einem pensionsfähigen Diensteinkommen von jährlich 1200 Mark und weniger 500 „
6. für die Witwe eines Gemeinen oder einer jeden anderen Person des Unterpersonals der freiwilligen Kriegskrankenpflege . . . 400 „ .

Erreicht das Jahresgesamteinkommen der zu Kriegswitwengeld berechtigten Witwe

1. eines Generals oder eines Offiziers in Generalsstellung nicht . 3000 Mark,
2. eines anderen Offiziers mit Ausnahme der Feldwebelleutnants nicht . . . . 2000 „
3. eines Feldwebelleutnants nicht . . . . 1500 „

so kann mit Genehmigung der obersten Militärverwaltungsbehörde des Kontingents das Kriegswitwengeld bis zur Erreichung dieser Sätze erhöht werden.

§ 21. Das Kriegswaisengeld beträgt jährlich:

a. wenn die allgemeine Versorgung zusteht:

1. für jedes vaterlose Kind eines Generals oder eines Stabsoffiziers in Generals- oder Regimentskommandeur-Stellung . . . . . 150 Mark,
   eines anderen Offiziers . . . . 200 „
   für jedes elternlose Kind eines Generals oder eines Stabsoffiziers in Generals- oder Regimentskommandeur-Stellung . . . . . 225 „
   eines anderen Offiziers . . . . 300 „
2. für jedes vaterlose Kind einer Militärperson der Unterklassen, eines Angehörigen der freiwilligen Kriegskrankenpflege oder eines Unterbeamten . . . . 108 „
   für jedes elternlose Kind einer Militärperson der Unterklassen, eines Angehörigen der freiwilligen Kriegskrankenpflege oder eines Unterbeamten . . . . 140 „ ;

b. wenn die allgemeine Versorgung nicht zusteht:

1. für jedes vaterlose Kind eines Offiziers . . . . 200 Mark,
   für jedes elternlose Kind eines Offiziers . . . . 300 „
2. für jedes vaterlose Kind einer Militärperson der Unterklassen, eines Angehörigen der freiwilligen Kriegskrankenpflege oder eines Unterbeamten . . . . 168 „
   für jedes elternlose Kind einer Militärperson der Unterklassen, eines Angehörigen der freiwilligen Kriegskrankenpflege oder eines Unterbeamten . . . . 240 „ .

Dem elternlosen Kinde steht das Kind gleich, dessen Mutter zur Zeit des Todes seines Vaters zum Bezuge des Kriegswitwengeldes nicht berechtigt ist.

§ 22. Den Verwandten der aufsteigenden Linie der im § 19 erwähnten Personen kann unter den dort bestimmten Voraussetzungen für die Dauer der Bedürftigkeit ein Kriegselterngeld gewährt werden, wenn der verstorbene Kriegsteilnehmer

a) vor Eintritt in das Feldheer oder
b) nach seiner Entlassung aus diesem zur Zeit seines Todes oder bis zu seiner letzten Krankheit

ihren Lebensunterhalt ganz oder überwiegend bestritten hat.

Das Kriegselterngeld beträgt jährlich höchstens:

1. für den Vater und jeden Großvater, für die Mutter und jede Großmutter eines Offiziers . . . . 450 Mark,
2. für den Vater und jeden Großvater, für die Mutter und jede Großmutter einer Militärperson der Unterklassen, eines Unterbeamten oder eines Angehörigen der freiwilligen Kriegskrankenpflege . . . . 250 „ .

§ 23. Die Höhe der Kriegsversorgung richtet sich:

1. bei den Hinterbliebenen der Personen, die an dem Kriege als Personen des Soldatenstandes teilgenommen haben,
   nach dem militärischen Dienstgrade, den der Verstorbene zuletzt vor seinem Tode im aktiven Heere bekleidet hatte oder dessen Charakter ihm verliehen war,
2. bei den Hinterbliebenen der Personen, die an dem Kriege als Heeresbeamte teilgenommen haben oder als solche verwendet worden sind,
   nach dem Diensteinkommen, das bei Berechnung des Ruhegehalts des Verstorbenen zugrunde gelegt worden ist oder zugrunde zu legen gewesen sein würde, falls der Verstorbene am Todestag in den Ruhestand versetzt worden wäre,
3. bei den Hinterbliebenen der während der Dauer eines Krieges in Stellen von Heeresbeamten verwendeten Personen des Soldatenstandes
   nach dem letzten militärischen Dienstgrade des Verstorbenen (Nr 1).
4. bei den Hinterbliebenen der im § 35 des Offizierpensionsgesetzes bezeichneten Personen
   nach dem Betrage, der gemäß den vom Bundesrate festgestellten Grundsätzen bei Berechnung des Ruhegehalts des Verstorbenen zugrunde gelegt worden ist oder zugrunde zu legen gewesen sein würde, falls der Verstorbene am Todestag in den Ruhestand versetzt worden wäre. Den Hinterbliebenen von solchen im § 35 des Offizierpensionsgesetzes genannten Personen, denen kein höherer militärischer Rang verliehen worden ist, sind die den Hinterbliebenen von Gemeinen zustehenden Sätze zu zahlen.

§ 24. Das Diensteinkommen oder der zu berücksichtigende Geldbetrag der oberen Heeresbeamten und der im § 35 des Offizierpensionsgesetzes erwähnten Personen ist für die Höhe der Kriegsversorgung ihrer Hinterbliebenen dergestalt maßgebend, daß, je nachdem es dem pensionsfähigen Diensteinkommen einer der im § 20 erwähnten Offizierdienstgrade bis zum Leutnant abwärts am nächsten gestanden hat, auch die für Hinterbliebene dieses Dienstgrads zustehenden Sätze gewährt werden.

Steht das pensionsfähige Diensteinkommen eines oberen Heeresbeamten genau in der Mitte zwischen dem pensionsfähigen Diensteinkommen zweier Offizierdienstgrade, so wird die höhere Versorgung gewährt.

§ 25. Keinen Anspruch auf Kriegswitwengeld hat die Witwe, wenn die Ehe bei den Teilnehmern an den vor dem 1. April 1901 beendeten Feldzügen erst nach dem Jahre 1900, im übrigen erst nach Ablauf von 15 Jahren nach dem Friedensschluß oder dem im § 17 letzter Absatz Satz 2 angegebenen Zeitpunkt oder wenn die erst nach dem Friedensschluß oder diesem Zeitpunkt eingegangene Ehe innerhalb dreier Monate vor dem Ableben des Ehegatten geschlossen und die Eheschließung zu dem Zwecke erfolgt ist, um der Witwe den Bezug des Kriegswitwengeldes zu verschaffen.

§ 26. Die Vorschriften der §§ 19 bis 25 finden auf die Hinterbliebenen der Teilnehmer an einer solchen militärischen Unternehmung, die gemäß § 17 des Offizierpensionsgesetzes und § 7 des Mannschaftsversorgungsgesetzes als ein Krieg anzusehen ist, entsprechende Anwendung.

Durch die oberste Militärverwaltungsbehörde des Kontingents kann eine den §§ 19 bis 25 entsprechende Kriegsversorgung gewährt werden:

1. den Hinterbliebenen von solchen nicht dem Feldheere zugeteilten Angehörigen des aktiven Heeres, die in der Zeit von der Mobilmachung bis zur Demobilmachung wegen des eingetretenen Krieges außerordentlichen Anstrengungen oder Entbehrungen oder dem Leben und der Gesundheit gefährlichen Einflüssen ausgesetzt waren und infolgedessen vor Ablauf eines Jahres nach dem Friedensschluß oder dem im § 17 letzter Absatz Satz 2 angegebenen Zeitpunkte gestorben sind,
2. den Hinterbliebenen von solchen Angehörigen des Heeres, die auf Befehl dem Kriege eines ausländischen Heeres oder einer ausländischen Marine beigewohnt haben und infolgedessen vor Ablauf eines Jahres nach der Rückkehr vom Kriegsschauplatze gestorben sind.

§ 27. Den nicht nach § 19 versorgungsberechtigten Witwen von solchen Kriegsteilnehmern und von solchen im § 26 Abs. 1 genannten Personen, die infolge einer durch den Krieg erlittenen Dienstbeschädigung pensions- oder rentenberechtigt geworden sind oder geworden sein würden, falls sie am Todestag aus dem aktiven Dienste in den Ruhestand versetzt worden wären, können Witwenbeihilfen in der Art gewährt werden, daß das Jahresgesamteinkommen:

1. für die Witwe eines Generals oder eines Offiziers in Generalsstellung oder für die Witwe eines entsprechenden (§ 24) oberen Heeresbeamten höchstens . . . . 3000 Mark,
2. für die Witwe eines anderen Offiziers mit Ausnahme des Feldwebelleutnants oder für die Witwe eines anderen oberen Heeresbeamten höchstens . . . . 2000 „
3. für die Witwe eines Feldwebelleutnants höchstens . . . . . 1500 „
4. für die Witwe einer der im § 20 b Nr. 4 genannten Personen höchstens . . . . 600 „
5. für die Witwe einer der im § 20 b Nr. 5 genannten Personen höchstens . . . . 500 „
6. für die Witwe einer der im § 20 b Nr. 6 genannten Personen höchstens . . . . 400 „

beträgt.

Die Vorschrift des § 25 findet entsprechende Anwendung.

III. Sonstige Vorschriften.

§ 28. Die Festsetzung des Witwen- und Waisengeldes sowie der Kriegsversorgung und die Bestimmung darüber, an wen die Zahlung zu leisten ist, erfolgt durch die oberste Militärverwaltungsbehörde des Kontingents, dem der Verstorbene zuletzt angehört hat, oder, wenn er einem Kontingente nicht angehört hat, durch die oberste Militärverwaltungsbehörde des Kontingents, in dessen Bezirk er zuletzt gewohnt hat.

Die oberste Militärverwaltungsbehörde kann diese Befugnisse auf andere Behörden übertragen.

§ 29. 1. Die Zahlung des Witwen- und Waisengeldes und der Gebührnisse aus der Kriegsversorgung beginnt mit dem Ablaufe der Zeit, für die Gnadengebührnisse (Gnadenvierteljahr, Gnadenmonat, Gnadenlöhnung) gewährt sind, oder, wenn solche nicht gewährt sind, mit dem auf den Sterbetag folgenden Tage, für die nach dem Tode ihres Vaters geborenen Waisen nicht früher als mit dem Tage ihrer Geburt.

2. Für die ersten zwei Monate des Bezugs von Witwen- und Waisengeld ist den Hinterbliebenen der im aktiven Dienste gestorbenen Personen des Soldatenstandes zu ihren Bezügen ein Zuschuß so weit zu gewähren, daß der Betrag des Gnadenmonats oder der Gnadenlöhnung erreicht wird.

Haben die vorbezeichneten Hinterbliebenen keinen Anspruch auf Witwen- und Waisengeld, so ist ihnen eine einmalige Zuwendung in Höhe des zweifachen Betrags der Gnadengebührnisse zu gewähren.

Wenn der Verstorbene Verwandte der aufsteigenden Linie, Geschwister, Geschwisterkinder oder Pflegekinder, deren Ernährer er ganz oder überwiegend gewesen ist, in Bedürftigkeit hinterläßt, oder wenn und soweit der Nachlaß nicht ausreicht, um die Kosten der letzten Krankheit und der Beerdigung zu decken, kann mit Genehmigung der obersten Militärverwaltungsbehörde des Kontingents eine einmalige Zuwendung gewährt werden, sofern Gnadengebührnisse bewilligt worden sind. Die einmalige Zuwendung darf den zweifachen Betrag der Gnadengebührnisse nicht überschreiten. Die oberste Militärverwaltungsbehörde kann ihre Befugnisse auf andere Behörden übertragen.

3. Das Witwen- und Waisengeld und die Kriegsversorgung werden monatlich im voraus, die in diesem Paragraphen erwähnten Zuschüsse und Zuwendungen in einer Summe im voraus gezahlt.

4. Die Gebührnisse der allgemeinen Versorgung und die der Kriegsversorgung werden nebeneinander gewährt.

5. Bei Veränderung in der Höhe der bewilligten fortdauernden Gebührnisse ist der veränderte Betrag vom ersten Tage des Monats an zu zahlen, der auf das die Veränderung verursachende Ereignis folgt.

§ 30. Das Recht auf den Bezug des Witwen- und Waisengeldes und der Kriegsversorgung erlischt:

1. für jeden Berechtigten mit dem Ablaufe des Monats, in dem er sich verheiratet oder stirbt;
2. für jede Waise außerdem mit dem Ablaufe des Monats, in dem sie das 18. Lebensjahr vollendet.

§ 31. Das Recht auf den Bezug des Witwen- und Waisengeldes und der Kriegsversorgung ruht, solange der Berechtigte nicht Reichsangehöriger ist.

Das Recht auf den Bezug des Witwen- und Waisengeldes ruht:

1. neben einer Versorgung, welche einem Hinterbliebenen aus einer Wiederanstellung oder Beschäftigung des Verstorbenen in einer der im § 24 des Offizierpensionsgesetzes und § 36 des Mannschaftsversorgungsgesetzes bezeichneten Stellen des Zivil- oder Gendarmeriedienstes zusteht, insoweit das Witwen- oder Waisengeld unter Hinzurechnung jener anderweiten Versorgung den Betrag überschreitet, den der Hinterbliebene nach den Vorschriften dieses Gesetzes zu beziehen hätte, und zwar:
   a) sofern es sich um den Hinterbliebenen eines Offiziers handelt, unter Zugrundelegung desjenigen Betrags, welcher dem Verstorbenen gemäß § 26 des Offizierpensionsgesetzes zu zahlen gewesen ist oder zu zahlen gewesen wäre,
   b) sofern es sich um den Hinterbliebenen einer Militärperson der Unterklassen handelt, falls der Verstorbene die im Zivildienste verbrachte Zeit auch im Militärdienste zurückgelegt hätte.

   Bei Feststellung des ruhenden Betrags ist das Einkommen derjenigen Stelle zugrunde zu legen, die der Verstorbene zuletzt im aktiven Heere bekleidet hat;
2. bei Anstellung oder Beschäftigung als Beamter oder in der Eigenschaft eines Beamten im Zivildienste im Sinne des § 24 des Offizierpensionsgesetzes und des § 36 des Mannschaftsversorgungsgesetzes, wenn das Diensteinkommen der Witwe 2000 Mark, das der Waise 1000 Mark übersteigt, und zwar in Höhe des Mehrbetrags.

   Bei Berechnung des Diensteinkommens findet § 24 Nr. 3 Abs. 3 des Offizierpensionsgesetzes und § 36 Nr. 4 Abs. 3 des Mannschaftsversorgungsgesetzes Anwendung.

§ 32. Das Recht auf den Bezug des Witwengeldes ruht neben einer im Zivildienst im Sinne des § 24 des Offizierpensionsgesetzes, § 36 des Mannschaftsversorgungsgesetzes erdienten Pension über 1500 Mark in Höhe des Mehrbetrags.

§ 33. Tritt das Ruhen des Rechtes auf den Bezug von Witwen- und Waisengeld und der Kriegsversorgung gemäß §§ 31, 32 im Laufe eines Monats ein, so wird die Zahlung mit dem Ende des Monats eingestellt; tritt es am ersten Tage eines Monats ein, so hört die Zahlung mit dem Beginne des Monats auf.

Bei vorübergehender Beschäftigung gegen Tagegelder oder eine andere Entschädigung beginnt das Ruhen des Rechtes auf den Bezug von Witwen- und Waisengeld mit dem Ablaufe von sechs Monaten, vom ersten Tage des Monats der Beschäftigung an gerechnet.

Lebt das Recht auf den Bezug von Witwen- und Waisengeld und die Kriegsversorgung wieder auf, so hebt die Zahlung mit dem Beginne des Monats an.

§ 34. Ist eine Person, deren Hinterbliebenen auf Grund dieses Gesetzes Witwen- und Waisengeld oder Kriegsversorgung zustehen würde oder bewilligt werden könnte, verschollen, so kann den Hinterbliebenen von der obersten Militärverwaltungsbehörde des Kontingents das Witwen- und Waisengeld oder die Kriegsversorgung auch schon vor der Todeserklärung gewährt werden, wenn das Ableben des Verschollenen mit hoher Wahrscheinlichkeit anzunehmen ist. Den Tag, mit welchem die Zahlung des Witwen- und Waisengeldes oder der Kriegsversorgung beginnt, bestimmt in diesem Falle die oberste Militärverwaltungsbehörde des Kontingents.

§ 35. Wegen der Ansprüche aus diesem Gesetz ist der Rechtsweg mit folgenden Maßgaben zulässig:

Die Entscheidung der obersten Militärverwaltungsbehörde des Kontingents muß der Klage vorhergehen; das Klagerecht geht verloren, wenn die Klage nicht bis zum Ablaufe von sechs Monaten nach Zustellung dieser Entscheidung erhoben wird.

Hat gemäß § 26 eine andere Behörde Entscheidung getroffen, so tritt der Verlust des Klagerechts auch dann ein, wenn gegen diese Entscheidung von den Beteiligten nicht bis zum Ablaufe von sechs Monaten nach der Zustellung Einspruch bei der obersten Militärverwaltungsbehörde des Kontingents eingelegt ist.

Auf die Frist von sechs Monaten finden die Vorschriften der §§ 203, 206 des Bürgerlichen Gesetzbuchs entsprechende Anwendung.

Die Form der Zustellung bestimmt die oberste Militärverwaltungsbehörde des Kontingents.

Für die Ansprüche aus diesem Gesetze sind die Landgerichte ohne Rücksicht auf den Wert des Streitgegenstandes ausschließlich zuständig.

§ 36. Für die Beurteilung der vor Gericht geltend gemachten Ansprüche sind die Entscheidungen der obersten Militärverwaltungsbehörde des Kontingents darüber maßgebend:

1. ob eine Gesundheitsstörung als eine Dienstbeschädigung anzusehen, ob eine Dienstbeschädigung durch den Krieg herbeigeführt ist;
2. ob der Tod mit den Folgen einer Dienstbeschädigung zusammenhängt;
3. ob der Verstorbene zum Feld- oder Besatzungsheere gehört hat.

Über die in Nr. 1 bis 3 genannten Fragen entscheidet innerhalb der obersten Militärverwaltungsbehörde das gemäß § 40 des Offizierpensionsgesetzes und § 43 des Mannschaftsversorgungsgesetzes gebildete Kollegium des betreffenden Kontingents endgültig.

§ 37. Sind die in diesem Gesetze bezeichneten Personen, deren Hinterbliebenen ein Anspruch auf Versorgung zusteht, auf dienstlichen Seereisen verwendet gewesen, so finden auf die Hinterbliebenen die Vorschriften des zweiten Teiles dieses Gesetzes, sind sie gleich den Kaiserlichen Schutztruppen in den Schutzgebieten verwendet gewesen, so finden auf sie die Vorschriften des dritten Teiles dieses Gesetzes entsprechende Anwendung.

Zweiter Teil.

Kaiserliche Marine.

§ 38. Auf die Hinterbliebenen von Angehörigen der Kaiserlichen Marine finden die §§ 1 bis 37 mit den nachfolgenden Maßgaben entsprechende Anwendung.

§ 39. Die Befugnisse, die im ersten Teile dieses Gesetzes der obersten Militärverwaltungsbehörde des Kontingents übertragen sind, werden für den Bereich der Kaiserlichen Marine von der obersten Marineverwaltungsbehörde ausgeübt.

§ 40. Im Sinne dieses Gesetzes stehen den Offizieren die Deckoffiziere der Kaiserlichen Marine vorbehaltlich der Vorschriften des § 43 gleich.

§ 41. Dem nach § 13,1 berechneten Betrage des Witwengeldes treten für die Witwe einer der im § 54 des Mannschaftsversorgungsgesetzes bezeichneten Personen, falls diese als Rentenempfänger verstorben ist, auch vierzig vom Hundert desjenigen Betrags hinzu, den der Verstorbene infolge der ebenda vorgeschriebenen Erhöhung der Vollrente bezogen hat. Ist der Tod vor dem Ausscheiden aus dem aktiven Dienste eingetreten, so wird das Witwengeld auch um $^{15}/_{100}$ der von dem Verstorbenen zuletzt bezogenen Dienstalters-, Seefahr- und Fachzulagen erhöht und steigt weiter bei Witwen von Kapitulanten mit mehr als achtzehnjähriger Dienstzeit für jedes weitere Dienstjahr auch um $^{1}/_{100}$ bis höchstens $^{30}/_{100}$ der zuletzt bezogenen Dienstalters-, Seefahr- und Fachzulagen.

Die Kürzungsgrenze des § 15 Abs. 2 erhöht sich im Falle des Abs. 1 Satz 1 auch um denjenigen Betrag, welcher von der Dienstalters-, Seefahr- und Fachzulage bei der Berechnung der Erhöhung des Witwengeldes berücksichtigt ist, im Falle des Abs. 1 Satz 2 um $^{15}/_{100}$ der von dem Verstorbenen zuletzt bezogenen Dienstalters-, Seefahr- und Fachzulagen. Die durch Berücksichtigung der Dienstalters- und Seefahrzulage eintretende Erhöhung darf auch nicht $^{1}/_{5}$ der Vollrentenbeträge übersteigen.

§ 42. Der Kaiser bestimmt, welche Angehörige der Kaiserlichen Marine den Angehörigen des Feldheeres gleichstehen.

§ 43. Für die Hinterbliebenen eines Deckoffiziers beträgt

jährlich das Kriegswitwengeld (§ 20 a und b)	1200 Mark,
das Kriegswaisengeld (§ 21 a und b)	
für jedes vaterlose Kind	200 „
für jedes elternlose Kind	300 „

Erreicht das Jahresgesamteinkommen der zu Kriegswitwengeld berechtigten Witwe eines Deckoffiziers nicht 1500 Mark, so kann mit Genehmigung der obersten Marineverwaltungsbehörde das Kriegswitwengeld bis zur Erreichung dieses Satzes erhöht werden.

Den nicht nach § 10 versorgungsberechtigten Witwen von solchen Deckoffizieren, die infolge einer durch den Krieg erlittenen Dienstbeschädigung oder infolge einer der in § 26 Abs. 1, § 44 erwähnten Ursachen pensionsberechtigt geworden sind oder geworden sein würden, falls sie am Todestag in den Ruhestand versetzt worden wären, können Witwenbeihilfen in der Art gewährt werden, daß das Jahresgesamteinkommen (§ 27) 1500 Mark beträgt.

§ 44. Die Vorschriften der §§ 19 bis 25 finden entsprechende Anwendung:

1. auf die Hinterbliebenen der im Dienste durch Schiffbruch getöteten oder an den Folgen einer durch Schiffbruch erlittenen Dienstbeschädigung gestorbenen Angehörigen der Kaiserlichen Marine, sofern der Tod vor Ablauf von 10 Jahren nach der Rückkehr in die Heimat oder nach der im Ausland erfolgten Entlassung eingetreten ist;
2. auf die Hinterbliebenen derjenigen Angehörigen der Kaiserlichen Marine, welche infolge außerordentlicher Einflüsse des Klimas während einer dienstlichen Seereise vor Ablauf von 10 Jahren nach der Rückkehr in die Heimat oder nach der im Ausland erfolgten Entlassung gestorben sind, sofern die Ehe zur Zeit der Seereise bestanden hat.

§ 45. Auf die nicht nach § 44,1 versorgungsberechtigten Witwen von solchen Angehörigen der Kaiserlichen Marine, die infolge einer durch Schiffbruch erlittenen Dienstbeschädigung pensions- oder rentenberechtigt geworden sind oder geworden sein würden, falls sie am Todestag in den Ruhestand versetzt worden wären, finden die Vorschriften des § 27 entsprechende Anwendung.

§ 46. Für die Beurteilung der vor Gericht geltend gemachten Ansprüche sind die Entscheidungen der obersten Marineverwaltungsbehörde darüber maßgebend:

1. ob eine Dienstbeschädigung durch Schiffbruch oder außerordentliche Einflüsse des Klimas herbeigeführt ist;
2. ob der Tod mit den Folgen solcher Dienstbeschädigung zusammenhängt.

Über die in Nr. 1 und 2 genannten Fragen entscheidet innerhalb der obersten Marineverwaltungsbehörde das gemäß §§ 40, 46 des Offizierpensionsgesetzes und §§ 43, 49 des Mannschaftsversorgungsgesetzes gebildete Kollegium endgültig.

Dritter Teil.

Kaiserliche Schutztruppen in den afrikanischen Schutzgebieten.

§ 47. Auf die Hinterbliebenen von Angehörigen der Kaiserlichen Schutztruppen finden die §§ 1 bis 37 mit den nachfolgenden Maßgaben entsprechende Anwendung.

§ 48. Die Befugnisse, die im ersten Teile dieses Gesetzes der obersten Militärverwaltungsbehörde des Kontingents übertragen sind, werden für den Bereich der Kaiserlichen Schutztruppen von der Kolonialzentralverwaltung ausgeübt.

§ 49. Die Vorschriften der §§ 10 bis 25 finden entsprechende Anwendung auf die Hinterbliebenen derjenigen Angehörigen der Kaiserlichen Schutztruppen, welche infolge außerordentlicher Einflüsse des Klimas während eines dienstlichen Aufenthalts in den Schutzgebieten oder infolge der besonderen Fährlichkeiten des Dienstes in den Schutzgebieten vor Ablauf von 10 Jahren nach der Rückkehr in die Heimat oder der im Schutzgebiet erfolgten Entlassung aus der Schutztruppe verstorben sind.

§ 50. Der in einem Schutzgebiete befindliche Nachlaß eines Schutztruppenangehörigen kann den Hinterbliebenen kostenfrei nach ihrem Wohnsitz innerhalb des Deutschen Reichs übersandt werden.

Hinterbliebene, welche mit dem Schutztruppenangehörigen einen Hausstand bildeten, haben innerhalb eines Jahres nach dem Tode Anspruch auf freie Rückbeförderung in die Heimat.

§ 51. Für die Beurteilung der vor Gericht geltend gemachten Ansprüche sind die Entscheidungen der Kolonialzentralverwaltung darüber maßgebend:

1. ob eine Dienstbeschädigung durch außerordentliche Einflüsse des Klimas oder durch die besonderen Fährlichkeiten des Dienstes in den Schutzgebieten herbeigeführt ist, und
2. ob der Tod mit den Folgen solcher Dienstbeschädigung zusammenhängt.

Über die in Nr. 1 und 2 genannten Fragen entscheidet innerhalb der Kolonialzentralverwaltung das gemäß §§ 40, 62 des Offizierpensionsgesetzes und §§ 43, 63 des Mannschaftsversorgungsgesetzes gebildete Kollegium endgültig.

Übergangsvorschriften.

§ 52. Vom Inkrafttreten dieses Gesetzes ab erhalten die Witwen und die Kinder von denjenigen bereits verstorbenen Offizieren, welche an einem der von deutschen Staaten vor 1871 oder von dem Deutschen Reiche geführten Kriege teilgenommen hatten, sofern ihnen nach den früheren Gesetzen Witwen- und Waisengeld zusteht und die Ehe schon zur Zeit des Krieges bestanden hat, Witwen- und Waisengeld in demjenigen Betrage, der ihnen zu bewilligen gewesen sein würde, wenn bei der Berechnung der Pension des Verstorbenen der § 6 des Offizierpensionsgesetzes zur Anwendung gekommen wäre. Unter den gleichen Voraussetzungen wird die Versorgung der Hinterbliebenen von Personen des Soldatenstandes vom Feldwebel abwärts nach Maßgabe dieses Gesetzes festgesetzt. Auf die Witwen und Kinder der bereits verstorbenen gehaltsberechtigten

Unteroffiziere, der Registratoren bei den Generalkommandos und der im Range der Unteroffiziere stehenden Verwalter bei den Kadettenkorps findet die Vorschrift des § 20 des Beamtenhinterbliebenengesetzes sinngemäße Anwendung, wenn die Berechnung des Witwen- und Waisengeldes nach den Bestimmungen des Reichsbeamtengesetzes erfolgt ist.

§ 53. Die Bezüge der Hinterbliebenen von Personen des Soldatenstandes, die vor dem Inkrafttreten dieses Gesetzes verstorben sind, ruhen von diesem Zeitpunkt ab nur nach den Vorschriften der §§ 31 bis 33 dieses Gesetzes.

§ 54. Der den Hinterbliebenen der vor dem Inkrafttreten dieses Gesetzes verstorbenen Personen zu zahlende Betrag an Versorgungsgebührnissen darf nicht hinter demjenigen zurückbleiben, welcher ihnen nach den früheren Gesetzen zusteht.

Schlußvorschriften.

§ 55. Dieses Gesetz tritt mit Wirkung vom 1. April 1907 in Kraft.

Außer Kraft treten alsdann die bisherigen Militärpensionsgesetze mit Einschluß der Bundesgesetze vom 14. Juni 1868 und 3. März 1870 (Bundes-Gesetzbl. für 1868 S. 345, für 1870 S. 20), des Schutztruppengesetzes vom 7./18. Juli 1896 (Reichs-Gesetzbl. S. 653),*) soweit diese Gesetze die Versorgung der Hinterbliebenen betreffen; das Gesetz, betreffend die Fürsorge für die Witwen und Waisen von Angehörigen des Reichsheeres und der Kaiserlichen Marine, vom 17. Juni 1887 (Reichs-Gesetzbl. S. 237), soweit es die Personen des Soldatenstandes und ihre Hinterbliebenen betrifft; das Gesetz, betreffend den Erlaß der Witwen- und Waisengeldbeiträge von Angehörigen der Reichszivilverwaltung, des Reichsheeres und der Kaiserlichen Marine, vom 5. März 1888 (Reichs-Gesetzbl. S. 65), soweit es die Personen des Soldatenstandes betrifft; das Gesetz, betreffend die Fürsorge für die Witwen und Waisen der Personen des Soldatenstandes des Reichsheeres und der Kaiserlichen Marine vom Feldwebel abwärts, vom 13. Juni 1895 (Reichs-Gesetzbl. S. 261); ferner das Gesetz wegen anderweiter Bemessung der Witwen- und Waisengelder vom 17. Mai 1897 (Reichs-Gesetzbl. S. 455), soweit es die Hinterbliebenen der Personen des Soldatenstandes betrifft.

Die unter der Herrschaft der vorstehend aufgeführten Gesetze erklärten und nicht rechtsgültig widerrufenen Verzichte auf Witwen- und Waisengeld behalten auch mit Bezug auf dieses Gesetz ihre Wirksamkeit.

§ 56. Die Versorgungsgebührnisse derjenigen Personen, deren Bezüge nach den bestehenden Vorschriften aus den Mitteln des Reichs-Invalidenfonds zu decken sind, werden aus dem Reichs-Invalidenfonds bestritten.

§ 57. Die Bestimmungen dieses Gesetzes kommen in Bayern nach Maßgabe des Bündnisvertrags vom 23. November 1870 zur Anwendung.

Dem Königreiche Bayern wird zur Bestreitung der Ausgaben hierfür, mit Ausnahme der infolge des Krieges von 1870/71 erwachsenen, alljährlich eine Summe überwiesen, die sich nach der Höhe des tatsächlichen Aufwandes im Verhältnisse der Kopfstärke des Königlich Bayerischen Militärkontingents zu der der übrigen Teile des Reichsheeres bemißt.

Urkundlich unter Unserer Höchsteigenhändigen Unterschrift und beigedrucktem Kaiserlichen Insiegel.

Gegeben Wiesbaden, den 17. Mai 1907.

Wilhelm.
Fürst v. Bülow.

*) D. Kol. Gesetzgeb. II S. 249, 252.

146. Verordnung des Gouverneurs von Togo, betreffend Aufhebung einer Quarantäne. Vom 18. Mai 1907.

(Amtsbl. S. 89.)

Auf Grund des § 5 der Verfügung des Reichskanzlers vom 27. September 1903 in Verbindung mit § 15 des Schutzgebietsgesetzes wird folgendes verordnet:

§ 1. Die Verordnung, betreffend Anordnung einer Quarantäne vom 20. März 1907 (Amtsbl. für das Schutzgebiet Togo S. 65)*), und die Verordnung, betreffend Abänderung dieser Verordnung vom 18. April 1907 (Amtsbl. für das Schutzgebiet Togo S. 82)**), werden aufgehoben.

§ 2. Diese Verordnung tritt heute in Kraft.

Lome, den 18. Mai 1907.

Der Gouverneur.
Graf Zech.

147. Ausführungsbestimmungen des Gouverneurs von Deutsch-Neu-Guinea zu den Vorschriften des Bundesrats für die Beförderung von Leichen auf dem Seewege vom 18. Januar 1900. Vom 20. Mai 1907.

(Kol. Bl. S. 793.)

Unter Aufhebung der Ausführungsbestimmungen vom 28. Juni 1906†) wird auf Grund der Bekanntmachung des Auswärtigen Amts, Kolonial-Abteilung, vom 9. April 1906 (D. Kol. Bl. S. 215)††) zur Ausführung der Vorschriften des Bundesrats für die Beförderung von Leichen auf dem Seewege vom 18. Januar 1900 folgendes bestimmt:

1. Zu § 1, 1. der Vorschriften:

   Der Schiffskapitän hat die Beförderung einer Leiche unter Anfügung des Leichenpasses in jedem Hafenort, in dem eine Umschiffung stattzufinden hat, der Behörde (Bezirksamt, Station) zu melden. Die Behörde des Einschiffungs- oder Umladehafens trifft die für die Aufbewahrung der Leiche erforderlichen Anordnungen.

2. Zu § 1, 2. der Vorschriften:

   Die Ausstellung der Leichenpässe obliegt den Bezirksämtern und Stationen.

3. Zu § 1, 3 b der Vorschriften:

   Die Bescheinigung über die Todesursache wird von der Behörde (Bezirksamt, Station) ausgestellt, in deren Bezirk die Person verstorben ist. Ist der Herkunftsort der Leiche durch Cholera, Fleckfieber, Pest oder Pocken verseucht, so kann die Bescheinigung, daß der Beförderung der Leiche gesundheitliche Bedenken nicht entgegenstehen, nur auf Grund des Gutachtens eines beamteten Arztes ausgestellt werden.

*) Oben Nr. 86.
**) Vgl. Anm. ** zu Nr. 86.
†) Seinerzeit vom Auswärtigen Amt, Kolonial-Abteilung, beanstandet und deshalb nicht abgedruckt.
††) D. Kol. Gesetzgeb. 1906 S. 141.

4. Zu § 2, 1. der Vorschriften:

Zuständig zur Bestimmung der sachverständigen Person sind die Bezirksämter und Stationen.

Herbertshöhe, den 20. Mai 1907.

Der Kaiserliche Gouverneur.
Hahl.

148. Runderlafs des Gouverneurs von Deutsch-Südwestafrika, betreffend Genehmigung von Hotelbauten. Vom 21. Mai 1907.

Im Interesse des reisenden Publikums ersuche ich das Bezirks- (Distrikts-) Amt, die Genehmigung zur Ausführung von Hotelbauten usw. nur dann zu erteilen, wenn die in solchen vorgesehenen Fremdenzimmer mindestens 4×4,5 m groß und 4 m hoch und außerdem so angelegt sind, daß sie genügend durchlüftet und belichtet werden können.

Windhuk, den 21. Mai 1907.

Der Kaiserliche Gouverneur.
I. V.: Hintrager.

149. Bekanntmachung des Gouverneurs von Deutsch-Ostafrika, betreffend die nördliche Grenze des Jagd-Reservates Rufiyi. Vom 23. Mai 1907.

(Amtl. Anz. Nr. 11.)

Die nördliche Grenze des in der Bekanntmachung vom 1. Juni 1903 (Amtl. Anz. 14 v. 13. Juni 1903)*) unter Nr. 2 aufgeführten Jagdreservats im Bezirke Rufiyi (früher Morogoro) wird dahin abgeändert, daß als „Nordgrenze" der Ulambo-Bach und die Bezirksgrenze zu gelten hat.

Daressalam, den 23. Mai 1907.

Der Kaiserliche Gouverneur.
Freiherr v. Rechenberg.

150. Verfügung des Staatssekretärs des Reichs-Kolonialamts, betreffend die Verwertung fiskalischen Farmlandes in Deutsch-Südwestafrika. Vom 28. Mai 1907.

(Kol. Bl. S. 605.)

Hiermit wird bestimmt:

§ 1. Der Gouverneur wird ermächtigt, unter Beobachtung nachstehender Vorschriften fiskalisches Farmland zu verkaufen oder zu verpachten.

§ 2. Fiskalisches Farmland darf nur an solche Personen verkauft oder verpachtet werden, die sich verpflichten, auf dem verkauften oder verpachteten Grundstück ihren Wohnsitz zu nehmen und dasselbe zu bewirtschaften. Die Erfüllung dieser Verpflichtung ist im Vertrage sicherzustellen.

§ 3. Das einzelne zum Verkauf oder zur Verpachtung gelangende Farmgrundstück darf den Flächeninhalt von 20 000 ha nicht übersteigen.

---

*) D. Kol. Gesetzgeb. 1903 S. 127.

§ 4. Das Grundstück soll, sofern nicht durch die örtlichen Verhältnisse oder durch andere wichtige Gründe etwas anderes bedingt wird, die Form eines Rechtecks haben.

Stößt das Grundstück an einen Flußlauf, so soll die an den Flußlauf grenzende Seite nicht mehr als die Hälfte der Längsseite betragen.

§ 5. Niemand soll vom Fiskus mehr als insgesamt 20 000 ha Farmlandes käuflich erwerben.

§ 6. Der Verkauf oder die Verpachtung fiskalischen Farmlandes hat in der Regel aus freier Hand zu erfolgen. Sind für dasselbe Farmgrundstück mehrere Bewerber vorhanden, so kann der Gouverneur eine öffentliche Versteigerung desselben anordnen.

§ 7. Der Gouverneur wird ermächtigt, einem Käufer fiskalischen Farmlandes bei unverschuldeten Unglücksfällen im Wirtschaftsbetrieb einzelne Kaufgeldraten zu stunden.

§ 8. Die nähere Regelung der Vertragsbedingungen bei Verwertung fiskalischen Farmlandes bleibt dem Gouverneur überlassen.

Berlin, den 28. Mai 1907.

Der Staatssekretär des Reichs-Kolonialamts.
Dernburg.

151. Runderlaſs des Staatssekretärs des Reichs-Kolonialamts, betreffend die Verleihung fiskalischer Gegenstände. Vom 30. Mai 1907.

Aus Anlaß eines Sonderfalls, in welchem die Verleihung fiskalischen Eigentums zu einer Schädigung des Fiskus geführt hat, mache ich darauf aufmerksam, daß die Verleihung fiskalischer Gegenstände an Private, soweit solche Gegenstände nicht ihrem Zwecke nach dazu bestimmt sind, nur dann als zulässig erachtet werden kann, wenn ein dienstliches Interesse dafür spricht. Angesichts der noch unentwickelten Verkehrsverhältnisse im Schutzgebiete und seiner dünnen Bevölkerung würde die Verleihung fiskalischer Gegenstände zur Behebung von Notständen, insbesondere auf Reisen und Transportfahrten mit dem dienstlichen Interesse gerechtfertigt werden können. In allen Fällen, in denen eine Verleihung fiskalischer Gegenstände eintritt, wird jedoch die betr. Dienststelle durch Aufnahme protokollarischer Erklärungen oder auf sonst geeignete Weise dafür Vorkehrungen zu treffen haben, daß dem Fiskus aus der Verleihung kein Schaden erwächst.

Das pp. . . . . ersuche ich ergebenst, die nachgeordneten Dienststellen gefl. mit entsprechender Weisung zu versehen.

Berlin, den 30. Mai 1907.

Der Staatssekretär des Reichs-Kolonialamts.
Dernburg.

152. Bekanntmachung des Gouverneurs von Deutsch-Südwestafrika, betreffend Ermächtigung des Bezirksamtmanns in Lüderitzbucht zur Ausstellung von Pässen. Vom 30. Mai 1907.

Auf Grund des § 2 Absatz 2 der Reichskanzler-Verfügung vom 28. August 1902 (Kol. Bl. S. 389)*) und der erteilten Genehmigung des Auswärtigen Amts

*) D. Kol. Gesetzgeb. VI S. 497.

(Kolonial-Abteilung) übertrage ich die mir auf Grund des § 1 genannter Verfügung zustehende Befugnis

an Reichsangehörige und Ausländer Reisepässe mit einer Gültigkeitsdauer von höchstens einem Jahre auszustellen, sowie Reisepässe zu visieren,

widerruflich auf den jeweiligen Bezirksamtmann in Lüderitzbucht.

Windhuk, den 30. Mai 1907.

Der Kaiserliche Gouverneur.
I. V.: Hintrager.

153. Verfügung des Gouverneurs von Togo, betreffend die Besoldungsverhältnisse der Lokalpolizei in den Küstenbezirken Lome und Anecho. Vom 30. Mai 1907.

(Amtsbl. S. 101.)

Bezüglich der Besoldungsverhältnisse der Polizisten in den Küstenbezirken Lome und Anecho sind nachstehende Grundsätze maßgebend:

Die Einstellung erfolgt mit einem Tagelohn von 0,75 Mark, der bei zufriedenstellenden Leistungen nach 1 Jahr auf 1 Mark erhöht werden kann.

Gefreite erhalten 1,25 Mark, Unteroffiziere 1,50 Mark, Sergeanten 1,75 Mark Tagelohn.

Eine Beförderung zum Gefreiten kann erst nach fünfjähriger Dienstzeit erfolgen, während der tüchtigste Gefreite unbeschadet seines Dienstalters bei Freiwerden einer Unteroffizierstelle in diese einrücken kann.

Der Lohn älterer Polizisten, welche sich zur Beförderung eignen, aus Mangel an Stellen jedoch nicht befördert werden können, darf nach fünfjähriger Dienstzeit auf 1,25 Mark erhöht werden.

Für Krankheitstage wird der Lohn bis zu 0,25 Mark, für Arresttage bis zu 0,15 Mark für den Tag gekürzt.

Neben dem Lohn wird noch eine Dienstalterszulage gewährt, welche vierteljährlich ausbezahlt wird.

Sie beträgt 2,50 Mark nach dreijähriger, 5 Mark nach sechsjähriger, 7,50 Mark nach neunjähriger, 10 Mark nach zwölfjähriger Dienstzeit.

Der Bezirksamtmann ist ermächtigt, Lohnerhöhungen und Gewährung von Alterszulagen an Polizisten in dem Rahmen vorstehender Bestimmungen zu gewähren. Die gleiche Ermächtigung gilt für Neueinstellungen von Polizisten. Der Bezirksamtmann bleibt jedoch dafür verantwortlich, daß die im Wirtschaftsplan vorgeschriebene Polizistenzahl und die für die Löhnung zur Verfügung gestellten Mittel nicht überschritten werden.

Die bei der Polizeitruppe und in Stationstruppen zurückgelegte Dienstzeit kann beim Übertritt zum Polizeidienst bei der Bemessung des Lohnes in Anrechnung gebracht werden.

Beförderungen sowie Gewährung von außerordentlichen Remunerationen unterliegen der Entscheidung des Gouverneurs.

Vorstehende Bestimmungen haben Wirksamkeit mit dem 1. April d. J.

Lome, den 30. Mai 1907.

Der Gouverneur.
Graf Zech.

154. Tarif der Ostafrikanischen Eisenbahngesellschaft für die Beförderung von Personen, Reisegepäck, lebenden Tieren und Gütern auf der Eisenbahn Daressalam—Morogoro. Gültig vom 1. Juni 1907 ab.*)

Vorwort.

Für die Beförderung von Personen, Hunden, sonstigen lebenden Tieren, Reisegepäck und Gütern gelten die jeweiligen allgemeinen Bestimmungen von Teil I des Deutschen Eisenbahn-Personen- und Gepäck- sowie des Güter- und Tiertarifs, soweit sie für den Verkehr auf der Eisenbahn Daressalam—Morogoro nicht ausgeschlossen oder abgeändert sind, und die im nachstehenden Tarif enthaltenen besonderen Bestimmungen und Fahrpreise bzw. Frachtsätze.

I. Beförderung von Personen, Hunden und Reisegepäck.

A. Zusatzbestimmungen zur Eisenbahn-Verkehrsordnung.

Zu § 10. (Sonderfahrten.)

Für Sonderzüge sind für das Tarifkilometer zu vergüten:

a) für die Lokomotive nebst Wasserwagen . . . . 2,00 Rp.
b) für jeden auf Verlangen gestellten zweiachsigen Personenwagen . . . . 1,00 „
c) für jeden auf Verlangen oder aus Betriebsrücksichten gestellten anderen Wagen . . . . 0,75 „

mindestens werden jedoch 4 Rp. für das Tarifkilometer und 100 Rp. im ganzen erhoben, auch wenn die Hin- und Rückfahrt während der Dienststunden eines Tages erfolgt.

Fällt die Fahrt eines Sonderzuges außerhalb der regelmäßigen Dienststunden, so ist für diese Zeit ein besonderer Zuschlag von 2 Rp. für das Tarifkilometer zu entrichten.

Zu § 11. (Fahrpreise.)

Die Fahrpreise sind in einer besonderen Preistafel enthalten.

Das Fahrgeld wird auf die nächste, durch 5 teilbare Hellersumme nach oben abgerundet.

Zu § 12. (Inhalt der Fahrkarten.)

Es werden Fahrkarten I., II., III. und IV. Klasse und nur für einfache Fahrt ausgegeben.

In besonders dringenden Fällen kann durch den Stationsvorsteher ausnahmsweise einzelnen Personen die Mitfahrt mit Güterzügen im Packwagen gegen Lösung einer Fahrkarte II. Klasse und Zahlung eines festen Zuschlages von 2 Rp. gestattet werden.

Zu § 13. (Lösen der Fahrkarten.)

Werden auf Verlangen ganze Wagen bzw. Abteile zur Verfügung gestellt, so sind soviele Fahrkarten der betreffenden Klasse zu lösen, als in dem betreffenden Wagen bzw. Abteil Sitzplätze vorhanden sind.

Zu § 17. (Frauenabteile.)

Besondere Wagenabteile für Frauen sind nicht vorhanden.

---

*) Einige seitdem von der Gesellschaft verfügte Berichtigungen sind berücksichtigt.

Zu § 18. (Tabakrauchen in den Wagen.)

Das Tabakrauchen ist in den Wagenabteilen der III. und IV. Klasse allgemein gestattet, in der I. und II. Klasse jedoch nur unter Zustimmung aller in demselben Abteil mitreisenden Personen.

Zu § 21. (Kontrolle der Fahrkarten.)

Ob eine beschädigte Fahrkarte noch als gültig anzusehen ist, hat im Zuge der Zugführer, auf den Stationen der Stationsvorsteher zu entscheiden.

Fahrkarten, deren Inhalt durch unbefugte Korrekturen, Radierungen oder auf andere Weise geändert worden ist, werden als ungültig eingezogen.

Die benutzten Fahrkarten und Fahrscheine werden vor oder auf der Endstation von den Eisenbahn-Bediensteten abgenommen.

Zu § 23. (Beschädigung der Wagen.)

Für eine zertrümmerte Fensterscheibe sowie für Verunreinigung der Wagen ist die von der Betriebsleitung jedesmal festzusetzende Entschädigung zu zahlen.

B. Preistafel für die Beförderung von Personen, Hunden und Reisegepäck.

Tarifentfernung	Von	Einfache Fahrkarten Wagenklasse				Hundekarten	Gepäckfracht für 10 kg
		I.	II.	III.	IV.		
km		Rp.	Rp.	Rp.	Rp.	Rp.	Rp.
	Daressalam nach						
14	Mbaruku	1,70	0,85	0,65	0,15	0,45	0,06
21	Pugu	2,55	1,30	0,95	0,25	0,65	0,09
27	Kisserawe	3,25	1,65	1,25	0,30	0,85	0,11
58	Soga	7,—	3,50	2,65	0,60	1,75	0,23
84	Ruvu	10,10	5,05	3,80	0,85	2,55	0,34
135	Kidugallo	16,60	8,30	6,25	1,40	4,15	0,55
149	Ngerengere	17,90	8,95	6,75	1,50	4,50	0,60
180	Mikesse	21,60	10,80	8,10	1,80	5,40	0,72
209	Morogoro	25,10	12,55	9,45	2,10	6,30	0,84
	Mbaruku nach						
14	Daressalam	1,70	0,85	0,65	0,15	0,45	0,06
7	Pugu	0,85	0,45	0,35	0,10	0,25	0,03
13	Kisserawe	1,60	0,80	0,60	0,15	0,40	0,05
44	Soga	5,30	2,65	2,—	0,45	1,35	0,18
70	Ruvu	8,40	4,20	3,15	0,70	2,10	0,28
121	Kidugallo	14,90	7,45	5,60	1,25	3,75	0,50
135	Ngerengere	16,20	8,10	6,10	1,35	4,05	0,54
166	Mikesse	19,95	10,—	7,50	1,70	5,—	0,66
195	Morogoro	23,40	11,70	8,80	1,95	5,85	0,78
	Pugu nach						
21	Daressalam	2,55	1,30	0,95	0,25	0,65	0,08
7	Mbaruku	0,85	0,45	0,35	0,10	0,25	0,03
6	Kisserawe	0,75	0,40	0,30	0,10	0,20	0,02

Tarif-entfernung km	Von	Einfache Fahrkarten Wagenklasse I. Rp.	II. Rp.	III. Rp.	IV. Rp.	Hunde-karten Rp.	Gepäck-fracht für 10 kg Rp.
37	Soga	4,45	2,25	1,70	0,40	1,15	0,15
63	Ruvu	7,60	3,80	2,85	0,65	1,90	0,25
117	Kidugallo	14,05	7,05	5,30	1,20	3,55	0,47
128	Ngerengere	15,40	7,70	5,80	1,30	3,85	0,51
159	Mikesse	19,10	9,55	7,20	1,60	4,80	0,64
188	Morogoro	22,60	11,30	8,50	1,90	5,65	0,75
	Kiserawe nach						
27	Daressalam	3,25	1,65	1,25	0,30	0,85	0,11
13	Mbaruku	1,60	0,80	0,60	0,15	0,40	0,05
6	Pugu	0,75	0,40	0,30	0,10	0,20	0,02
31	Soga	3,75	1,90	1,40	0,35	0,95	0,12
57	Ruvu	6,85	3,45	2,60	0,60	1,75	0,23
111	Kidugallo	13,35	6,70	5,—	1,15	3,35	0,44
122	Ngerengere	14,65	7,35	5,50	1,25	3,70	0,49
153	Mikesse	18,40	9,20	6,90	1,55	4,60	0,61
182	Morogoro	21,85	10,95	8,20	1,85	5,50	0,73
	Soga nach						
58	Daressalam	7,—	3,50	2,65	0,60	1,75	0,23
44	Mbaruku	5,30	2,65	2,—	0,45	1,35	0,18
37	Pugu	4,45	2,25	1,70	0,40	1,15	0,15
31	Kiserawe	3,75	1,90	1,40	0,35	0,95	0,12
26	Ruvu	3,15	1,60	1,20	0,30	0,80	0,10
80	Kidugallo	9,60	4,80	3,60	0,80	2,40	0,32
91	Ngerengere	10,95	5,50	4,10	0,95	2,75	0,36
122	Mikesse	14,65	7,35	5,50	1,25	3,70	0,49
151	Morogoro	18,15	9,10	6,80	1,55	4,55	0,60
	Ruvu nach						
84	Daressalam	10,10	5,05	3,80	0,85	2,55	0,34
70	Mbaruku	8,40	4,20	3,15	0,70	2,10	0,28
63	Pugu	7,60	3,80	2,85	0,65	1,90	0,25
57	Kiserawe	6,85	3,45	2,60	0,60	1,75	0,23
26	Soga	3,15	1,60	1,20	0,30	0,80	0,10
54	Kidugallo	6,50	3,25	2,45	0,55	1,65	0,22
65	Ngerengere	7,80	3,90	2,95	0,65	1,95	0,26
96	Mikesse	11,55	5,80	4,35	1,—	2,90	0,38
125	Morogoro	15,—	7,50	5,65	1,25	3,75	0,50
	Kidugallo nach						
138	Daressalam	16,60	8,30	6,25	1,40	4,15	0,55
124	Mbaruku	14,90	7,45	5,60	1,25	3,75	0,50
117	Pugu	14,05	7,05	5,30	1,20	3,55	0,47
111	Kiserawe	13,35	6,70	5,—	1,15	3,35	0,44
80	Soga	9,60	4,80	3,60	0,80	2,40	0,32
54	Ruvu	6,50	3,25	2,45	0,55	1,65	0,22
11	Ngerengere	1,35	0,70	0,50	0,15	0,35	0,04
42	Mikesse	5,05	2,55	1,90	0,45	1,30	0,17
71	Morogoro	8,55	4,30	3,20	0,75	2,15	0,28

Tarif-entfernung km	Von	Einfache Fahrkarten Wagenklasse I. Rp.	II. Rp.	III. Rp.	IV. Rp.	Hundekarten Rp.	Gepäckfracht für 10 kg Rp.
	Ngerengere nach						
149	Daressalam	17,90	8,95	6,75	1,50	4,50	0,60
133	Mbaruku	16,20	8,10	6,10	1,35	4,05	0,54
128	Pugu	15,40	7,70	5,80	1,30	3,85	0,51
122	Kisserawe	14,65	7,35	5,50	1,25	3,70	0,49
91	Soga	10,95	5,50	4,10	0,95	2,75	0,36
65	Ruvu	7,80	3,90	2,95	0,65	1,95	0,26
11	Kidugallo	1,35	0,70	0,50	0,15	0,35	0,04
31	Mikesse	3,75	1,90	1,40	0,35	0,95	0,12
60	Morogoro	7,20	3,60	2,70	0,60	1,80	0,24
	Mikesse nach						
180	Daressalam	21,60	10,80	8,10	1,80	5,40	0,72
160	Mbaruku	19,95	10,—	7,50	1,70	5,—	0,66
159	Pugu	19,10	9,55	7,20	1,60	4,80	0,64
153	Kisserawe	18,40	9,20	6,90	1,55	4,60	0,61
122	Soga	14,65	7,35	5,50	1,25	3,70	0,49
98	Ruvu	11,55	5,80	4,35	1,—	2,90	0,39
42	Kidugallo	5,05	2,55	1,90	0,45	1,30	0,17
31	Ngerengere	3,75	1,90	1,40	0,35	0,95	0,12
29	Morogoro	3,50	1,75	1,35	0,30	0,90	0,12
	Morogoro nach						
209	Daressalam	25,10	12,55	9,45	2,10	6,30	0,84
195	Mbaruku	23,40	11,70	8,80	1,95	5,85	0,78
188	Pugu	22,60	11,30	8,50	1,90	5,65	0,75
182	Kisserawe	21,85	10,95	8,20	1,85	5,50	0,73
151	Soga	18,15	9,10	6,80	1,55	4,55	0,60
125	Ruvu	15,—	7,50	5,65	1,25	3,75	0,50
71	Kidugallo	8,55	4,30	3,20	0,75	2,15	0,28
60	Ngerengere	7,20	3,60	2,70	0,60	1,80	0,24
29	Mikesse	3,50	1,75	1,35	0,30	0,90	0,12

Kinder bis zu 4 Jahren in Begleitung Erwachsener haben freie Fahrt. Kinder vom vollendeten vierten bis zum vollendeten zehnten Lebensjahre, falls für sie ein Platz beansprucht wird, werden zu halben Preisen befördert.

Auf die Fahrkarten I. Klasse werden 50 kg, auf die Fahrkarten II. und III. Klasse 25 kg Freigepäck befördert. Reisende mit Fahrkarten IV. Klasse dürfen eine Traglast bis 25 kg in die Wagenabteile mitnehmen.

Für überschießendes Gewicht ist die tarifmäßige Gepäckfracht zu zahlen.

Ein Reisender, welcher es unterlassen hat, für einen mitgenommenen Hund eine Fahrkarte zu lösen, hat außer dem tarifmäßigen Fahrpreis für eine Hundekarte einen Zuschlag von 1 Rp. zu zahlen.

II. Güterverkehr.

Tarif.

Stückgut			Wagenladungen		
Allgemeine Stückgutklasse	Spezialtarif I	Spezialtarif II	Allgemeine Wagenladungsklasse	Spezialtarif I	Spezialtarif II
Alle Güter, die nicht unter den Spezialtarifen I und II aufgeführt sind, tarifieren nach der allgemeinen Stückgutklasse.	Bäume und Sträucher, lebend Baugeräte Baumaterial aller Art Baumwolle, gepreßte, entkernte Roh-Düngemittel, künstliche Eisen, Walz- und Stabeisen Gebrauchsgegenstände für Eingeborene Kohlen Landwirtschaftliche Geräte Getrocknete Rinderhäute Zur Aussaat bestimmte Saatfrüchte	Baumwolle, unentkernte Erzeugnisse des heimischen Feld-, Garten- und Plantagenbaues, sowie der heimischen Vieh- und Forstwirtschaft (Schnittholz) Reis, indischer Steine, rohe Steinschlag	Alle Güter, die nicht unter den Spezialtarifen I und II aufgeführt sind, tarifieren nach der allgemeinen Wagenladungsklasse	Bäume und Sträucher, lebend Baugeräte Baumaterial aller Art Baumwolle, gepreßte, entkernte Roh-Düngemittel, künstliche Eisen, Walz- und Stabeisen Gebrauchsgegenstände für Eingeborene Kohlen Landwirtschaftliche Geräte Getrocknete Rinderhäute Zur Aussaat bestimmte Saatfrüchte	Baumwolle, unentkernte Erzeugnisse des heimischen Feld-, Garten- und Plantagenbaues sowie der heimischen Vieh- und Forstwirtschaft (Schnittholz) Reis, indischer Steine, rohe Steinschlag

Tarifentfernung km	Von	Frachtsätze für 100 kg in Rupien					
		Stückgut			Wagenladung		
		Allgem. Stückgut-Kl.	Spezialtarif I	Spezialtarif II	Allgem. Wagenlad.-Kl.	Spezialtarif I	Spezialtarif II
	Daressalam nach						
14	Mbaruku	0,56	0,28	0,14	0,42	0,21	0,11
21	Pugu	0,84	0,42	0,21	0,63	0,32	0,16
27	Kisserawe	1,08	0,54	0,27	0,81	0,41	0,21
58	Soga	2,32	1,16	0,58	1,74	0,87	0,44
84	Ruvu	3,36	1,68	0,84	2,52	1,26	0,63
138	Kidugallo	5,52	2,76	1,38	4,14	2,07	1,04
149	Ngerengere	5,96	2,98	1,49	4,47	2,24	1,12
180	Mikesse	7,20	3,60	1,80	5,40	2,70	1,35
209	Morogoro	8,36	4,18	2,09	6,27	3,14	1,57

Tarifierung km	Von	Frachtsätze für 100 kg in Rupien: Stückgut: Allgem. Stückgut-Kl.	Stückgut: Spezialtarif I	Stückgut: Spezialtarif II	Wagenladung: Allgem. Wagenlad.-Kl.	Wagenladung: Spezialtarif I	Wagenladung: Spezialtarif II
	Mbaruku*) nach						
14	Daressalam	0,56	0,28	0,14	0,42	0,21	0,11
7	Pugu	0,28	0,14	0,07	0,21	0,11	0,06
13	Kisserawe	0,52	0,26	0,13	0,39	0,20	0,10
44	Soga	1,76	0,88	0,44	1,32	0,66	0,33
70	Ruvu	2,80	1,40	0,70	2,10	1,05	0,53
124	Kidugallo	4,96	2,48	1,24	3,72	1,86	0,93
135	Ngerengere	5,40	2,70	1,35	4,05	2,03	1,02
166	Mikesse	6,64	3,32	1,66	4,98	2,49	1,25
195	Morogoro	7,80	3,90	1,95	5,85	2,93	1,47
	Pugu nach						
21	Daressalam	0,84	0,42	0,21	0,63	0,32	0,16
7	Mbaruku	0,28	0,14	0,07	0,21	0,11	0,06
6	Kisserawe	0,24	0,12	0,06	0,18	0,09	0,05
37	Soga	1,48	0,74	0,37	1,11	0,56	0,28
63	Ruvu	2,52	1,26	0,63	1,89	0,95	0,48
117	Kidugallo	4,68	2,34	1,17	3,51	1,76	0,88
128	Ngerengere	5,12	2,56	1,28	3,84	1,92	0,96
159	Mikesse	6,36	3,18	1,59	4,77	2,39	1,20
188	Morogoro	7,52	3,76	1,88	5,64	2,82	1,41
	Kisserawe*) nach						
27	Daressalam	1,08	0,54	0,27	0,81	0,41	0,21
13	Mbaruku	0,52	0,26	0,13	0,39	0,20	0,10
6	Pugu	0,24	0,12	0,06	0,18	0,09	0,05
31	Soga	1,24	0,62	0,31	0,93	0,47	0,24
57	Ruvu	2,28	1,14	0,57	1,71	0,86	0,43
111	Kidugallo	4,44	2,22	1,11	3,33	1,67	0,84
122	Ngerengere	4,88	2,44	1,22	3,66	1,83	0,92
153	Mikesse	6,12	3,06	1,53	4,59	2,30	1,15
182	Morogoro	7,28	3,64	1,82	5,46	2,73	1,37
	Soga nach						
58	Daressalam	2,32	1,16	0,58	1,74	0,87	0,44
44	Mbaruku	1,76	0,88	0,44	1,32	0,66	0,33
37	Pugu	1,48	0,74	0,37	1,11	0,56	0,28
31	Kisserawe	1,24	0,62	0,31	0,93	0,47	0,24
26	Ruvu	1,04	0,52	0,26	0,78	0,39	0,20
80	Kidugallo	3,20	1,60	0,80	2,40	1,20	0,60
91	Ngerengere	3,64	1,82	0,91	2,73	1,37	0,69
122	Mikesse	4,88	2,44	1,22	3,66	1,83	0,92
151	Morogoro	6,04	3,02	1,51	4,53	2,27	1,14
	Ruvu nach						
84	Daressalam	3,36	1,68	0,84	2,52	1,26	0,63
70	Mbaruku	2,80	1,40	0,70	2,10	1,05	0,53
63	Pugu	2,52	1,26	0,63	1,89	0,95	0,48
57	Kisserawe	2,28	1,14	0,57	1,71	0,86	0,43

*) Das Bereitstellen von Wagen erfolgt nach Ermessen der Betriebsleitung. [Anm. des Tarifs.]

Tarif-entfernung km	Von	Frachtsätze für 100 kg in Rupien: Stückgut: Allgem. Stückgut-Kl.	Stückgut: Spezial-tarif I	Stückgut: Spezial-tarif II	Wagenladung: Allgem. Wagen-lad.-Kl.	Wagenladung: Spezial-tarif I	Wagenladung: Spezial-tarif II
26	Soga	1,04	0,52	0,26	0,78	0,39	0,20
54	Kidugallo	2,16	1,08	0,54	1,62	0,81	0,41
65	Ngerengere	2,60	1,30	0,65	1,95	0,98	0,49
96	Mikese	3,84	1,92	0,96	2,88	1,44	0,72
125	Morogoro	5,—	2,50	1,25	3,75	1,88	0,94
	Kidugallo*) nach						
138	Daressalam	5,52	2,76	1,38	4,14	2,07	1,04
124	Mbaruku	4,96	2,48	1,24	3,72	1,86	0,93
117	Pugu	4,68	2,34	1,17	3,51	1,76	0,88
111	Kisserawe	4,44	2,22	1,11	3,33	1,67	0,84
80	Soga	3,20	1,60	0,80	2,40	1,20	0,60
54	Ruvu	2,16	1,08	0,54	1,62	0,81	0,41
11	Ngerengere	0,44	0,22	0,11	0,33	0,17	0,09
42	Mikese	1,68	0,84	0,42	1,26	0,63	0,32
71	Morogoro	2,84	1,42	0,71	2,13	1,07	0,54
	Ngerengere nach						
149	Daressalam	5,96	2,98	1,49	4,47	2,24	1,12
135	Mbaruku	5,40	2,70	1,35	4,05	2,03	1,02
128	Pugu	5,12	2,56	1,28	3,84	1,92	0,96
122	Kisserawe	4,88	2,44	1,22	3,66	1,83	0,92
91	Soga	3,64	1,82	0,91	2,73	1,37	0,69
65	Ruvu	2,60	1,30	0,65	1,95	0,98	0,49
11	Kidugallo	0,44	0,22	0,11	0,33	0,17	0,09
31	Mikese	1,24	0,62	0,31	0,93	0,47	0,24
60	Morogoro	2,40	1,20	0,60	1,80	0,90	0,45
	Mikese nach						
180	Daressalam	7,20	3,60	1,80	5,40	2,70	1,35
166	Mbaruku	6,64	3,32	1,66	4,98	2,49	1,25
159	Pugu	6,36	3,18	1,59	4,77	2,39	1,20
153	Kisserawe	6,12	3,06	1,53	4,59	2,30	1,15
122	Soga	4,88	2,44	1,22	3,66	1,83	0,92
96	Ruvu	3,84	1,92	0,96	2,88	1,44	0,72
42	Kidugallo	1,68	0,84	0,42	1,26	0,63	0,32
31	Ngerengere	1,24	0,62	0,31	0,93	0,47	0,24
29	Morogoro	1,16	0,58	0,29	0,87	0,44	0,22
	Morogoro nach						
209	Daressalam	8,36	4,18	2,09	6,27	3,14	1,57
195	Mbaruku	7,80	3,90	1,95	5,85	2,93	1,47
188	Pugu	7,52	3,76	1,88	5,64	2,82	1,41
182	Kisserawe	7,28	3,64	1,82	5,46	2,73	1,37
151	Soga	6,04	3,02	1,51	4,53	2,27	1,14
125	Ruvu	5,—	2,50	1,25	3,75	1,88	0,94
71	Kidugallo	2,84	1,42	0,71	2,13	1,07	0,54
60	Ngerengere	2,40	1,20	0,60	1,80	0,90	0,45
29	Mikese	1,16	0,58	0,29	0,87	0,44	0,22

*) Das Bereitstellen von Wagen erfolgt nach Ermessen der Betriebsleitung. [Anm. des Tarifs.]

1. Grundsätze für die Frachtberechnung.

a) Stückgut.

1. Die Fracht wird nach Kilogrammen berechnet. Sendungen unter 20 kg werden für 20 kg, das darüber hinausgehende Gewicht wird mit 10 kg steigend so gerechnet, daß je angefangene 10 kg für voll gelten.

Die Fracht wird auf die nächste durch 5 teilbare Hellersumme nach oben abgerundet.

2. Die Mindesterhebung für jede Frachtbriefsendung beträgt ohne Rücksicht auf die Entfernung und das Gewicht 30 Heller.

3. Werden Güter der Spezialtarife mit solchen der allgemeinen Stückgutklasse in getrennter Verpackung mit einem Frachtbrief aufgegeben, so wird die Fracht nach den Sätzen der allgemeinen Stückgutklasse berechnet, sofern sich bei getrennter Angabe des Gewichts die Einzelberechnung nicht billiger stellt.

4. Werden Güter des Spezialtarifs mit solchen der allgemeinen Stückgutklasse zu einem Frachtstück vereinigt, so wird die Fracht für das ganze Gewicht zu dem Satze der allgemeinen Stückgutklasse berechnet.

5. Für sperrige Güter, d. h. solche Güter, welche im Verhältnis zu ihrem Gewicht einen ungewöhnlich großen Laderaum beanspruchen, wird bei Aufgabe als Stückgut die Fracht für das um 50 vH. erhöhte wirkliche und alsdann vorschriftsmäßig abgerundete Gewicht nach dem Tarifsatz der allgemeinen Stückgutklasse bzw. der Spezialtarife I und II erhoben.

Für teils aus sperrigem, teils aus nicht sperrigem Gut bestehende Stückgutsendungen wird für das sperrige Gut das einundeinhalbfache, für das nichtsperrige Gut das wirkliche Gewicht in Ansatz gebracht. Unter Vorbehalt weiterer bezüglicher Bestimmungen gelten zunächst als sperrig:

a) Bäume, Gesträuche, unverpackt oder nur lose verschnürt, Pflanzen, Blumen, unverpackt und unverhüllt,
b) Hohlgefäße, leere nicht ineinandergesetzt,
c) Fässer, leere,
d) Faßreifen,
e) Kisten, leere, nicht ineinandergesetzt,
f) Korbwaren, leere,
g) Möbel, unzerlegte.

6. Für gebrauchte Verpackungsgegenstände, Fässer, Kübel, Ballons, Kisten, Säcke und dgl., welche leer nach der Abgangsstation zurückgesandt werden, wird bei Aufgabe als Stückgut das halbe wirkliche, vorschriftsmäßig abgerundete Gewicht zur Frachtberechnung herangezogen.

b) Wagenladungen.

7. Zu den Sätzen der Wagenladungsklassen werden diejenigen Güter befördert, welche der Absender mit einem Frachtbrief für einen Wagen als Wagenladung aufgibt.

8. Der Frachtberechnung zu den Sätzen der Wagenladungsklassen wird für den Wagen ein Gewicht von 10 000 kg zugrunde gelegt.

Die Wagenladungssätze finden also nur Anwendung bei Aufgabe von Wagenladungen im Gewichte von 10 000 kg oder bei Bezahlung für dieses Gewicht. Ergibt jedoch die Berechnung bei Zugrundelegung des wirklichen Gewichts und des entsprechenden Stückgutsatzes eine billigere Fracht, so ist diese Frachtberechnung anzuwenden, sofern nicht die Stellung eines besonderen Wagens verlangt ist.

9. Im Falle der Zusammenladung ungleich tarifierender Güter wird die Fracht für die ganze Sendung auf Grund des höchsten für einen Teil der Sendung geltenden Tarifsatzes ermittelt, sofern sich bei getrennter Gewichtsangabe die Einzelberechnung nicht billiger stellt.

2. Nebengebühren.

1. Das Auf- und Abladen der Wagenladungsgüter obliegt dem Absender bzw. Empfänger.

Wagen werden zum Beladen bzw. Entladen 24 Stunden zur Verfügung gestellt. Diese Zeit rechnet von dem Augenblick ab, wo dem Absender bzw. Empfänger die Bereitstellung des Wagens mitgeteilt ist.

Nach Ablauf der Be- bzw. Entladefrist werden für je angefangene 24 Stunden erhoben:

für die ersten 24 Stunden . . . . . 2 Rupien
für die zweiten 24 Stunden . . . . . 3 „
für jede weiteren 24 Stunden . . . . 4 „

Nach Ablauf der Be- bzw. Entladefrist wird auch für Sonn- und Feiertage Standgeld erhoben.

2. Die Gebühren für die Überführung von Wagenladungsgütern zwischen dem Bahnhof und dem Hafen betragen:

3 Rupien für einen beladenen Wagen, oder
50 Heller pro Tonne für nicht volle Wagenladungen.

3. Wägegeld:

a) für Stückgüter werden für je angefangene 100 kg 3 Heller erhoben. Diese Gebühr ist zu zahlen:
   α) für die Ermittlung des Gewichts von Stückfrachtgut, wenn der Frachtbrief eine Gewichtsangabe nicht enthält, oder das angegebene Gewicht unrichtig ist,
   β) wenn der Absender nach bahnamtlicher Verwiegung ihre Wiederholung beantragt hat und eine dabei hervortretende Differenz nicht mehr als 2 vH. beträgt,
   γ) wenn der Empfänger das Verwiegen beantragt hat und das Nachwiegen kein von der Eisenbahn zu vertretendes Mindergewicht ergeben hat,
b) für Wagenladungsgüter
   α) für das Verwiegen einzelner Frachtstücke sind für je angefangene 100 kg 3 Heller zu entrichten,
   β) für das Verwiegen auf der Gleiswage für jeden Wagen 1 Rupie.

4. Lagergeld wird erhoben, wenn das Gut im Freien lagert, für je angefangene Tage und 100 kg 2 Heller; wenn das Gut in bedeckten Räumen lagert, für einen Tag und 100 kg 5 Heller.

5. Die Deckenmiete beträgt ohne Rücksicht auf die Entfernung 2 Rupien für das Stück. Die Decken sind spätestens nach Ablauf der Entladefrist zurückzugeben.

6. An Desinfektionsgebühren werden für einen Wagen 1,50 Rupien berechnet.

7. Der Verkaufspreis für Frachtbriefe beträgt für das Stück 2 Heller, bei Abnahme von mindestens 100 Stück für je 100 Stück 1 Rupie.

Für das Ausstellen von Frachtbriefen durch Eisenbahnbedienstete werden 3 Heller für das Stück erhoben.

8. Für das Signieren der Frachtstücke wird eine Gebühr von 5 Hellern für das Stück erhoben.

9. Wenn der Absender oder Empfänger die Feststellung der Stückzahl bei Wagenladungsgütern beantragt, so ist dafür eine Zählgebühr zu entrichten und zwar

für je angefangene 20 Stück . . . . 5 Heller
mindestens für einen Wagen . . . . 50 Heller
höchstens für einen Wagen . . . . 1 Rupie.

10. Für Hilfeleistung bei Revisionen werden an Gebühren berechnet:

für Öffnen und Verschließen von Frachtstücken . . . . . 5 Heller
für Öffnen, Verschließen, Aus- und Einpacken . . . . . 10 Heller

für das Stück.

11. Bei Zustellung einer Benachrichtigung durch einen Boten der Eisenbahn innerhalb des Stationsortes wird eine Gebühr von 3 Hellern erhoben. Nach außerhalb des Stationsortes wird der Botenlohn jedesmal besonders festgesetzt.

8. Geldbeförderung.

Für Geldbeförderung — immer auf Gefahr des Absenders — wird die Fracht für das Einundeinhalbfache des wirklichen Gewichts nach dem doppelten Satz der allgemeinen Stückgutklasse berechnet.

Die Geldsendungen dürfen nur in versiegelten Paketen oder in versiegelten Säcken und Kisten aufgeliefert werden. Für Beförderung von Kupfergeld werden die Sätze der allgemeinen Stückgutklasse angewendet.

III. Viehverkehr.

Bezeichnung	Gewöhnlicher Tarifsatz für 1 Stück u. 1 km Heller	Wagenladungssatz für 1 Stück u. 1 km Heller	Mindestsatz bei Einzelsendungen Rp.
1. Pferde und europäische Zuchttiere .	12	6	3
2. Rindvieh, Maultiere und Maulesel .	6	3	2
3. Esel, Füllen, Kälber	4	2	1
4. Kleinvieh bis 30 kg	1	½	0,30
5. Kleinvieh bis 90 kg	2	1	0,60
6. Kleinvieh über 90 kg	3	1½	0,90

Bemerkungen: Das Verladen bzw. Entladen des Viehs ist Sache des Versenders bzw. des Empfängers. Die Eisenbahnverwaltung übernimmt keine Gewähr für Unfälle irgend welcher Art, die dem Vieh während der Fahrt oder beim Verladen oder Entladen zustoßen.

Der Tarif für Wagenladung kommt in Anwendung bei Verfrachtung von 12 Stück Vieh und mehr. Der Transport einzelner Tiere kann nur nach Maßgabe des vorhandenen Platzes im Zuge erfolgen.

IV. Depeschenverkehr.

Die Gebühren für Depeschen sind:

für 10 oder weniger Worte . . . . . 50 Heller,
für jedes weitere Wort . . . . 5 Heller.*)

Die Wortlänge ist auf 15 Buchstaben oder 5 Ziffern festgesetzt.

Innerhalb der Ankunftsstation werden Depeschen unentgeltlich ausgetragen. Nach außerhalb wird der Botenlohn jedesmal besonders festgesetzt.

*) Seit 8. Juli 1908 betragen die Gebühren 150 bzw. 15 Heller.

155. Allgemeine Verfügung, betreffend den Geschäftsverkehr zwischen dem Auswärtigen Amt und dem Reichs-Kolonialamt. Vom 4. Juni 1907.

Für den Geschäftsverkehr zwischen dem Auswärtigen Amt und dem Reichs-Kolonialamt treten folgende Bestimmungen in Kraft:

1. Die Berichte der Kaiserlichen Vertretungen im Auslande und die Erlasse an dieselben.

a) Auch in Zukunft werden die Auslandsvertretungen, soweit sie dem Auswärtigen Ressort angehören, die Berichte, welche lediglich koloniale Angelegenheiten betreffen, an den Reichskanzler (Auswärtiges Amt) zu leiten haben. Instruktionen an die gedachten Auslandsbehörden können nur vom Reichskanzler bzw. dem Staatssekretär des Auswärtigen Amtes ausgehen.

Um solche Sachen schnellstens und mit möglichst wenig Schreibwerk zu erledigen, erscheint es zweckmäßig, daß hinsichtlich der Berichte k. H.-Verkehr im Wege des Formulars als Regel eingeführt und das formelle Anschreiben nur in solchen Fällen gewählt wird, wo bereits bei Übersendung der Berichte Bemerkungen seitens des Auswärtigen Amts zu machen sind. Zur Vereinfachung des Geschäftsverkehrs werden die nach Verständigung mit dem Reichs-Kolonialamt in Betracht kommenden Konsularämter seitens des Auswärtigen Amts angewiesen werden, ihre für das Reichs-Kolonialamt Interesse bietenden Berichte stets in 2 Exemplaren einzureichen. Eine entsprechende Anweisung wird seitens des Reichs-Kolonialamts den Gouverneuren hinsichtlich ihrer für das Auswärtige Amt Interesse bietenden politischen Berichterstattung zugeben.

b) Weisungen, Antworten usw. an die Auslandsvertretungen, welche seitens des Reichs-Kolonialamts gewünscht werden, sind, insoweit sie nicht durch brm.-Verkehr im Ausnahmefall (z. B. Übersendung von Druckmaterialien an ein Konsulat) erledigt werden können, tunlichst derart zu erledigen, daß das betreffende, an das Auswärtige Amt gerichtete Schreiben des Reichs-Kolonialamts in Urschrift weiter gegeben wird.

c) Insoweit sonst Berichte der Kaiserlichen Auslandsvertretungen von Interesse für das Reichs-Kolonialamt sind, werden sie diesem gleichfalls im br. m.-Verkehr übersandt und gegebenen Falles auf gleiche Weise an das Auswärtige Amt zurückgeleitet.

2. Noten usw. der fremdländischen Vertretungen.

Hier hat die sub 1 vorgeschriebene Form der Erledigung gleichfalls in Anwendung zu kommen. Auch in Angelegenheiten, für die die bundesstaatlichen diplomatischen Vertretungen in Betracht kommen, ist der formelle Geschäftsverkehr mit dem Auswärtigen Amt zu führen. Bei Eingängen von Schreiben der Bundesregierungen, welche rein koloniale Bedeutung haben, ist grundsätzlich der Weg des direkten Verkehrs des Reichs-Kolonialamts mit dem betreffenden Ministerium der Bundesstaaten zu wählen.

3. Der zwischen den Gouverneuren und einzelnen Konsularämtern zugelassene direkte Geschäftsverkehr wird in der bisherigen Weise weitergeführt.

Berlin, den 4. Juni 1907.

Auswärtiges Amt.	Reichs-Kolonialamt.
v. Mühlberg.	Dernburg.

156. Verfügung des Reichskanzlers, betreffend die Erteilung einer Sonderberechtigung zur ausschliefslichen Aufsuchung und Gewinnung von Salzen in einem den Magadsee einschliessenden Gebiete von Deutsch-Ostafrika. Vom 4. Juni 1907.

(Kol. Bl. S. 663. Amtl. Anz. Nr. 15.)

Auf Grund des § 93 der Kaiserlichen Bergverordnung für die afrikanischen und Südsee-Schutzgebiete mit Ausnahme von Deutsch-Südwestafrika vom 27. Februar 1906 (Reichs-Gesetzbl. S. 363)*) wird dem Fiskus des deutsch-ostafrikanischen Schutzgebietes die Sonderberechtigung zur ausschließlichen Aufsuchung und Gewinnung von Kochsalz, Soda und anderen Salzen, welche mit den ersteren vergesellschaftet in dem Magadsee und in den in diesem See und seiner Umgebung auftretenden Soolquellen vorkommen, innerhalb eines in dem ostafrikanischen Graben belegenen Gebietes vorbehalten, welches begrenzt wird

im Westen und Osten von dem Fuße der den Grabenrand bildenden Steilabhänge,

im Norden von der deutsch-britischen Landesgrenze,

im Süden von einer Linie, welche dem Breitengrad parallel durch einen Punkt gezogen wird, der 10 km südlich des Südendes des Magadsees liegt.

Innerhalb des vorbezeichneten Gebietes finden hinsichtlich der Aufsuchung und Gewinnung der in Absatz 1 bezeichneten Salze die Vorschriften der §§ 10, 22 bis 51, 53 bis 57, 62 bis 75 der Kaiserlichen Bergverordnung vom 27. Februar 1906 keine Anwendung.

Berlin, den 4. Juni 1907.

Der Reichskanzler.
I. V.: Dernburg.

157. Verordnung des Gouverneurs von Togo, betreffend Erhöhung des Einfuhrzolles auf Spirituosen. Vom 4. Juni 1907.

(Kol. Bl. S. 707. Amtsbl. S. 102.)

Auf Grund des § 15 des Schutzgebietsgesetzes in Verbindung mit § 5 der Verfügung des Reichskanzlers vom 27. September 1903 wird, unter Aufhebung der Verordnung vom 4. November 1904**) folgendes verordnet:

§ 1. Spirituosen unterliegen nachstehendem Einfuhrzoll:

I. Spirituosen und alkoholhaltige Flüssigkeiten aller Art, welche weder süß, noch mit einer Substanz versetzt sind, durch welche die Feststellung des Alkoholgehaltes mittels des Alkoholometers verhindert ist,
   a) bei einem Alkoholgehalt von 50 vH. Tralles für 1 Liter 60 Pfennig,
   b) bei einem Alkoholgehalt von mehr als 50 vH. Tralles für jedes Prozent mehr 1,6 Pfennig,
   c) bei einem Alkoholgehalt von weniger als 50 vH. Tralles für jedes Prozent weniger 1,6 Pfennig.

II. Spirituosen und alkoholhaltige Flüssigkeiten aller Art, welche entweder süß oder mit einer Substanz versetzt sind, durch welche die Feststellung

*) D. Kol. Gesetzgeb. 1906 S. 86.
**) D. Kol. Gesetzgeb. 1904 S. 250.

des Alkoholgehalts mittels des Alkoholometers verhindert ist, für 1 Liter 1,20 Mark.

§ 2. Diese Verordnung tritt am 5. dieses Monats in Kraft.

Lome, den 4. Juni 1907.

Der Gouverneur.
Graf Zech.

158. Runderlafs des Gouverneurs von Deutsch-Ostafrika, betreffend Reisebeihilfen für Militärpersonen, Beamte sowie sonstige Angestellte und deren Angehörige. Vom 7. Juni 1907.

(Amtl. Anz. Nr. 12.)

Nach dem Etat der Schutzgebiete für das Rechnungsjahr 1907*) können den Militärpersonen, Beamten und sonstigen Angestellten der Schutzgebiete, gleichviel ob sie etatsmäßig angestellt sind oder nicht, für ihre Familienmitglieder auch außerhalb des Falles eines Umzuges Reisebeihilfen gewährt werden und zwar sowohl bei Beurlaubungen des Familienhaupts, als auch, wenn die Familienangehörigen wegen Erkrankung oder wegen anderer außerordentlicher Verhältnisse allein reisen müssen. Hierbei kommen selbstverständlich nur solche Reisen in Betracht, welche nach dem Inkrafttreten jenes Etats — vom 1. April 1907 ab — begonnen sind. Die Reisebeihilfe beträgt für alle Familienangehörige zusammen die Hälfte der bestimmungsmäßigen Urlaubsbeihilfe des Familienhaupts. Als Familienmitglieder kommen neben der Ehefrau und den Kindern nur solche Verwandte des Familienhaupts in Betracht, welche beim Fehlen einer Ehefrau die Hausfrau zu ersetzen bestimmt sind. Für jedes für eine Reisebeihilfe in Betracht kommende Familienmitglied ist vor Antritt der Ausreise oder Wiederausreise eine amtsärztliche Bescheinigung beizubringen, wonach die betreffende Persönlichkeit den Einflüssen des Tropenklimas gewachsen ist, und wenn die Heimreise vor Ablauf der Dienstperiode des Familienhaupts erfolgen soll, eine weitere derartige Bescheinigung des Inhalts, daß die Heimreise vom ärztlichen Standpunkt als unaufschiebbar erachtet wird.

Im Verlaufe einer Dienstperiode des Familienhaupts darf für Familienangehörige nur je einmal Heimreise- und Wiederausreisebeihilfe gezahlt werden.

Daressalam, den 7. Juni 1907.

Der Kaiserliche Gouverneur.
Freiherr v. Rechenberg.

159. Runderlafs des Gouverneurs von Deutsch-Ostafrika, betreffend Änderung der Verpflegungsvorschriften. Vom 8. Juni 1907.

Auf Anordnung des Reichs-Kolonialamts erhält der erste Absatz des § 15 der Verpflegungs-Vorschriften vom 30. April 1896 (Landesgesetzgeb. S. 140)**) folgende Fassung:

...

*) Oben I Nr 7.
**) D. Kol. Gesetzgeb. II S. 219 u. VI S. 109.

Für Dienstreisen, welche nach Zanzibar oder auf dem Seewege zwischen den Küstenstationen oder auf den Küstenflüssen ausgeführt werden, sowie für vorübergehenden Reiseaufenthalt auf den Küstenstationen oder in Zanzibar erhalten als Vergütung:

1. Die Beamten der Besoldungsklassen 1 bis 9 sowie die Offiziere, Sanitätsoffiziere und oberen Militärbeamten . . . . 5 Rp.
2. Die Beamten der Besoldungsklasse 10, die Förster und Lokomotivführer mit heimischer Vorbildung, sowie die Unterzahlmeister, Unterveterinäre, Oberfeuerwerker und Oberbüchsenmacher . . . 4 „
3. Die Beamten der Besoldungsklassen 11 bis 13 sowie diejenigen Unteroffiziere und unteren Militärbeamten, welche nicht vorstehend unter Nr. 2 aufgeführt sind . . . . 3 „

Diese Neuregelung tritt mit Wirkung vom 1. April 1907 ab in Kraft.

Daressalam, den 8. Juni 1907.

Der Kaiserliche Gouverneur.
Freiherr v. Rechenberg.

160. Verfügung des Gouverneurs von Deutsch-Südwestafrika, betreffend die Haferrationen. Vom 11. Juni 1907.

Für das Rechnungsjahr 1907 sind für jedes Pferd oder Maultier, ausschließlich derjenigen der Küstenplätze, täglich 4 kg Hafer zuständig. Für letztere bleibt der bisherige Satz von 4,5 kg Hafer und 5 kg Heu bestehen.

Die im Etat für 1907 ausgeworfenen Rationen werden zunächst wie folgt festgesetzt:

1. Für jedes Bezirks- oder Distriktsamt für 2 Pferde des Vorstandes und für 6 Maultiere dieser Behörde 8 Rationen,
2. für jeden Tierarzt mit seinem Gehilfen 9 Rationen,
3. für jeden Landmesser mit seinem Gehilfen 8 Rationen.

(Für die an der Küste stationierten Tierärzte und Landmesser sind keine Rationen zuständig. Nötigenfalls werden diese Beamten vorübergehend von den zuständigen Bezirksämtern beritten gemacht.)

4. Für den Richter und für den Vollziehungsbeamten in Keetmanshoop 10 Rationen,
5. für das Gericht in Swakopmund 5 Rationen,
6. Für das Gericht in Lüderitzbucht 3 Rationen.

Da die Verteilung der Polizeisergeantenstellen und ihre Besetzung noch nicht endgültig geregelt ist und es auch vorläufig an den erforderlichen Pferden mangelt, bleibt die Verfügung über die im Etat vorgesehenen 220 Rationen für das Polizeipersonal vorbehalten.

Bis auf weiteres sind die tatsächlich vorhandenen Tiere mit dem zuständigen Satze zu verpflegen. Mehr vorhandene Maultiere kommen für fehlende Pferde zur Anrechnung.

Windhuk, den 11. Juni 1907.

Der Kaiserliche Gouverneur.
I. V.: Hintrager.

161. Schreiben der Seetransportabteilung im Reichs-Marine-Amt, betreffend den Frachtsatz für Dienstgüter von Deutsch-Südwestafrika nach Deutschland. Vom 13. Juni 1907.

Die Woermann-Linie hat sich bereit erklärt, Dienstgüter aller Art, welche von den Dienststellen im Schutzgebiete Südwestafrika nach Deutschland heimgesandt werden, mit der nachstehend erwähnten Ausnahme zu einem ermäßigten Frachtsatze von 10 M. für 1 cbm oder für 1000 kg — nach Wahl der Reederei — zu befördern. Ausgenommen sind jedoch feuergefährliche, explosive und ätzende Güter sowie solche Stücke, deren Raummaß 10 cbm oder deren Gewicht 2000 kg im einzelnen überschreitet. Für solche Stücke muß von Fall zu Fall eine besondere Vereinbarung getroffen werden.

Dieses Abkommen hat Gültigkeit für alle Verschiffungen, welche bis Ende 1907 vom Schutzgebiete aus stattfinden.

Berlin, den 13. Juni 1907.

Seetransportabteilung im Reichs-Marine-Amt.
Henkel.

162. Schreiben der Seetransportabteilung im Reichs-Marine-Amt, betreffend den Frachtsatz für Dienstgüter von Deutsch-Südwestafrika nach Deutschland. Vom 17. Juni 1907.

Der nach dem Schreiben vom 13. Juni 1907 vereinbarte ermäßigte Frachtsatz von 10 M. für die Rücksendung von Gütern aus Deutsch-Südwestafrika nach Deutschland gilt auch für die zum gemeinschaftlichen Dienste mit der Woermann-Linie gehörigen Dampfer der Hamburg-Amerika Linie.

Ferner hat die Hamburg-Bremer Afrika-Linie sich ebenfalls bereit erklärt, die Rücksendung von Dienstgütern aus Südwestafrika unter denselben Bedingungen und zu demselben Frachtsatze auszuführen wie die Woermann-Linie und die Hamburg-Amerika Linie.

Berlin, den 17. Juni 1907.

Seetransportabteilung im Reichs-Marine-Amt.
Henkel.

163. Verordnung des Gouverneurs von Kamerun, betreffend das Verbot der Einfuhr von Maria-Theresien-Talern in das Schutzgebiet Kamerun. Vom 17. Juni 1907.

(Kol. Bl. S. 707.)

Auf Grund des § 15 des Schutzgebietsgesetzes (Reichs-Gesetzbl. 1900 S. 813), des § 5 der Verfügung des Reichskanzlers, betreffend die seemannsamtlichen und konsularischen Befugnisse und das Verordnungsrecht der Behörden in den Schutzgebieten Afrikas und der Südsee, vom 27. September 1903 und des § 8 der Verordnung des Reichskanzlers, betreffend das Geldwesen der Schutzgebiete außer Deutsch-Ostafrika und Kiautschou, vom 1. Februar 1905*) wird hiermit verordnet, was folgt:

*) D. Kol. Gesetzgeb. 1905 S. 43.

§ 1. Maria-Theresien-Taler dürfen in das Schutzgebiet nur mit Genehmigung des Gouverneurs eingeführt werden.

Zuwiderhandlungen werden mit Geldstrafe bis zu 500 M., an deren Stelle im Unvermögensfalle Haft tritt, bestraft. Daneben ist auf Einziehung der eingeführten Maria-Theresien-Taler zu erkennen.

§ 2. Diese Verordnung tritt mit dem 1. September 1907 in Kraft.

Buea, den 17. Juni 1907.

Der stellvertretende Gouverneur.
Gleim.

164. Bekanntmachung des Gouverneurs von Deutsch-Ostafrika, betreffend Freigabe eines Teilgebietes des Jagdreservates im Bezirk Bagamojo für die Ausübung der Jagd. Vom 18. Juni 1907.

(Amtl. Anz. Nr. 14.)

Vom Jagdreservat im Bezirk Bagamojo — Bekanntmachung vom 1. Juni 1903, Amtl. Anz. Jahrgang IV, Nr. 14*) — wird das nachstehend umschriebene Gebiet wiederum für die Ausübung der Jagd freigegeben.

Das Gebiet wird begrenzt:

Im Osten und Norden durch den vom Dorf Kommanga (Wami) über Mafleta nach Diongoja führenden Weg bis zu seinem Schnittpunkt mit dem Mdjongafluß.

Im Süden und Westen durch den vom Dorfe Kommanga (Wami) über Kigobe, Kissara, Mgente nach Turiani führenden Weg bis zu dessen Schnittpunkt mit dem Liwalefluß, von da ab vom Liwalefluß bis zur Einmündung des Mdjongaflusses, von da ab durch den Mdjongafluß bis zu dessen Schnittpunkt mit dem Weg Kommanga — Mafleta — Diongoja.

Daressalam, den 18. Juni 1907.

Der Kaiserliche Gouverneur.
Freiherr v. Rechenberg.

165. Allerhöchste Ordre, betreffend die Vertretung des Staatssekretärs des Reichs-Kolonialamts. Vom 23. Juni 1907.

(Kol. Bl. S. 705. Reichsanzeiger vom 5. August 1907.)

In Verfolg Meiner Ordre vom 17. Mai 1907, betreffend die Errichtung des Reichs-Kolonialamts,**) bestimme Ich: Der Staatssekretär des Reichs-Kolonialamts wird im Zuständigkeitsbereiche dieser Behörde bei Behinderung durch den Unterstaatssekretär vertreten. Für den Fall, daß auch dieser behindert ist, hat der Reichskanzler die Vertretung besonders zu regeln.

Kiel, den 23. Juni 1907.

Wilhelm I. R.
Fürst v. Bülow.

An den Reichskanzler (Reichs-Kolonialamt).

*) D. Kol. Gesetzgeb. 1903 S. 127.
**) Oben Nr. 143.

166. Polizeiverordnung des Gouverneurs von Togo. Vom 23. Juni 1907.

(Kol. Bl. S. 707. Amtsbl. S. 118.)

Auf Grund des § 15 des Schutzgebietsgesetzes (Reichs-Gesetzbl. 1900 S. 813) in Verbindung mit § 5 der Verfügung des Reichskanzlers vom 27. September 1903 (Kol. Bl. S. 905) wird folgendes verordnet:

§ 1. In den vom Gouverneur durch öffentliche Bekanntmachung*) zu bezeichnenden Ortschaften oder Teilen derselben gelten die in den nachstehenden Paragraphen enthaltenen Bestimmungen.

§ 2. Jeder Grundeigentümer ist verpflichtet, seinen Hof sowie in der Länge seines Grundstücks die bereits angelegten oder neu anzulegenden Straßen bis zur Mitte und, wenn kein Gegenüber vorhanden, bis zur vollen Breite dauernd von Gras, Buschwerk und Schmutz nach näherer Anordnung der örtlichen Verwaltungsbehörde freizuhalten. Die Reinigung darf nicht öfter als einmal am Tage gefordert werden. Die gleiche Verpflichtung liegt demjenigen ob, der als Vertreter, Mieter, Nutznießer oder in einem ähnlichen Verhältnis an Stelle des Eigentümers ein Grundstück verwaltet. Ist von einem solchen Verhältnis der örtlichen Verwaltungsbehörde Anzeige erstattet, so ist für die Dauer desselben der Eigentümer von der Erfüllung seiner Verpflichtung befreit.

§ 3. Jeder Handel- und Gewerbetreibende hat an seinem Geschäftsraum an der Straßenseite ein Schild anzubringen, welches in deutscher Sprache den Namen oder die Firma des Geschäftstreibenden und bei Gewerbetreibenden auch die Art des Geschäftsbetriebes angibt.

§ 4. Die Verrichtung der großen Notdurft im Freien ist für die von der öffentlichen Verwaltungsbehörde näher bezeichneten Ortschaftsteile verboten. Die in den Häusern befindlichen Aborte sind zu einer von der örtlichen Verwaltungsbehörde durch öffentliche Bekanntmachung festzusetzenden Zeit und an der von ihr in gleicher Weise zu bezeichnenden Stelle zu entleeren. Das Gleiche gilt für die Ablagerung von Abfallstoffen.

§ 5. Es ist verboten, an anderen als den von der örtlichen Verwaltungsbehörde bezeichneten Plätzen Markt abzuhalten. Die Reinigung der Marktplätze durch die sie benutzenden Händler und Händlerinnen hat nach näherer Anordnung der örtlichen Verwaltungsbehörde zu erfolgen.

§ 6. Es ist verboten, Schweine, Schafe, Ziegen, Rinder, Pferde, Esel und andere Tiere, welche ohne Wartung Schaden anrichten können, frei umherlaufen zu lassen. Die örtliche Verwaltungsbehörde ist berechtigt, solche Tiere zwecks Ermittelung des Eigentümers einfangen zu lassen.

§ 7. Das Baden und das Waschen kann von der örtlichen Verwaltungsbehörde an besonderen Stellen verboten werden, welche diese Behörde durch öffentliche Bekanntmachung bezeichnet.

§ 8. Zuwiderhandlungen gegen die Bestimmungen dieser Verordnung und die gemäß § 7 derselben erlassenen Verbote werden an Nichteingeborenen, soweit nicht Bestimmungen des Reichsstrafgesetzbuches Platz greifen, mit Geldstrafe bis zu 150 M., an deren Stelle im Nichtbeitreibungsfalle entsprechende Haftstrafe tritt, an Eingeborenen unter analoger Anwendung des vorbezeichneten Strafrahmens nach Maßgabe der Verfügung des Reichskanzlers vom 22. April 1896 (Kol. Bl. S. 241)**) bestraft.

*) Siehe die nachstehende Bekanntmachung.
**) D. Kol. Gesetzgeb. II S. 215.

§ 9. Diese Verordnung tritt mit dem heutigen Tage in Kraft. Gleichzeitig tritt die Polizeiverordnung für die Stadtbezirke von Lome und Klein-Popo vom 22. August 1897*) außer Kraft.

Lome, den 23. Juni 1907.

Der Gouverneur.
Graf Zech.

167. Bekanntmachung des Gouverneurs von Togo, betreffend die Durchführung der Polizeiverordnung. Vom 23. Juni 1907.

(Kol. Bl. S. 708. Amtsbl. S. 119.)

Die Polizeiverordnung vom heutigen Tage**) erhält von heute ab für folgende Ortschaftsteile Geltung:

1. Für den inneren Bezirk der Stadt Lome mit Ausnahme des Soldatenlagers.

Dieser Bezirk wird begrenzt im Süden von der See, im Westen, Norden und Osten von dem Umkreis, welcher durch folgende Punkte bezeichnet ist: Treffpunkt des vom Gouverneurhaus nach Süden führenden Weges mit dem Kaiser-Staden, Gouverneurhaus, Isolierbaracke, Schnittpunkt der Südgrenze der Kiesplantage mit der Amutive-Straße, Friedhof, Treffpunkt des vom Friedhof nach Süden führenden Weges mit der Straße.

2. Für folgende Stadtteile von Anecho: Kodji, Aplajiho, Agbodji, Manja, Sosime, Fantekome, Legbanu, Flamani, Bokotikponu, Ela, Djamedji und Kpota.

Lome, den 23. Juni 1907.

Der Gouverneur.
Graf Zech.

168. Bekanntmachung des Reichskanzlers, betreffend die Auszahlung von Zinsen und Tilgungsbeträgen auf Stammanteile der Reihe B der Kamerun-Eisenbahngesellschaft. Vom 25. Juni 1907.

(Kol. Bl. S. 657. Reichsanzeiger vom 27. Juni 1907.)

Die Auszahlung der gemäß § 18 der Bau- und Betriebskonzession für die Kamerun-Eisenbahngesellschaft***) den Inhabern von Stammanteilen der Reihe B zustehenden Zinsen und Tilgungsbeträge wird an folgenden Stellen stattfinden:

In Berlin:
bei der Berliner Handelsgesellschaft,
der Bank für Handel und Industrie,
dem Bankhaus S. Bleichröder,
der Direktion der Diskonto-Gesellschaft,
dem Bankhaus von der Heydt & Co.,
der Nationalbank für Deutschland,
dem A. Schaaffhausen'schen Bankverein;

In Hamburg:
bei der Norddeutschen Bank und dem Bankhaus M. M. Warburg & Co.;

in Stettin:
bei dem Bankhaus Wm. Schlutow;

*) D. Kol. Gesetzgeb. II S. 356.
**) Oben Nr. 166.
***) Vom 15. Juni 1906, oben Nr. 4. (Text D. Kol. Gesetzgeb. 1906 S. 163.)

in Frankfurt a. M.: bei der Direktion der Disconto-Gesellschaft und der Filiale der Bank für Handel und Industrie.

Berlin, den 25. Juni 1907.

Der Reichskanzler.
I. A.: Conze.

169. Bekanntmachung des Gouverneurs von Deutsch-Neu-Guinea, betreffend die Ausübung der Disziplin über die eingeborenen Arbeiter im Inselgebiet der Karolinen, Palau, Marianen und Marshallinseln. Vom 28. Juni 1907.

Im Inselgebiete der Karolinen, Palau, Marianen und Marshallinseln sind bei Ausübung der Disziplin über die eingeborenen Arbeiter sei es der Dienststellen, sei es privater Unternehmer, die Bestimmungen der Verordnung für Deutsch-Neu-Guinea, betreffend die Erhaltung der Disziplin unter den farbigen Arbeitern vom 20. Juni 1900*) und der Nachtragsverordnungen hierzu vom 11. Juli 1900*) und 16. Januar 1903**) in Anwendung zu bringen.

Herbertshöhe, den 28. Juni 1907.

Der Kaiserliche Gouverneur.
Hahl.

170. Bekanntmachung des Kaiserlichen Bezirksamtmanns in Jap, betreffend die Station Saipan. Vom 29. Juni 1907.

(Kol. Bl. S. 981.)

Auf Grund der Verfügung des Reichskanzlers, betreffend die anderweite Regelung der Verwaltung im Inselgebiete der Karolinen, Palau und Marianen, vom 27. Februar 1907***) wird für den Bezirk der Marianen die Führung der Verwaltungsgeschäfte dem Stationsleiter in Saipan und bei seiner Verhinderung seinem allgemeinen Vertreter übertragen. Er ist ermächtigt zur Durchführung der gesetzlichen Bestimmungen, deren Vollzug bisher zur Zuständigkeit des Bezirksamtmanns gehörte. Es obliegt ihm ferner die Ausübung der Gerichtsbarkeit über die Eingeborenen.

Jap, den 29. Juni 1907.

Der Kaiserliche Bezirksamtmann.
Senfft.

171. Verfügung des Gouverneurs von Deutsch-Südwestafrika, betreffend die Verzollung alkoholhaltiger Essenzen usw. Vom 30. Juni 1907.

Bei einer Zollstelle ist ein Fabrikat zur Bereitung einer Gelee-Speise zur Einfuhr gelangt. Das Fabrikat bestand aus 2 Pulvern und einem kleinen fingerhutgroßen Fläschchen mit einer aromatischen Flüssigkeit, welche Gegenstände in einer kleinen Pappschachtel, nicht viel größer als eine Streichholzschachtel, verpackt waren. Die Zollstelle hat die aromatische Flüssigkeit als eine alkoholhaltige Fruchtessenz festgestellt und für zollpflichtig gehalten.

*) D. Kol. Gesetzgeb. VI S. 248.
**) D. Kol. Gesetzgeb. 1903 S. 2.
***) Oben Nr. 68.

Diese Auffassung entspricht nicht den für die Verzollung von alkoholhaltigen Essenzen maßgebend gewesenen Grundsätzen.

Ich bestimme daher, daß alkoholhaltige Essenzen — Tarifnummer A II e*) — nur dann dem Zollsatze von 6 M. für 1 l unterliegen, wenn sie zur Zubereitung von Getränken dienen. Alkoholhaltige Essenzen, die nach ihrer besonderen Beschaffenheit und Art der Verpackung offenbar nicht zur Zubereitung von Getränken, sondern, wie im oben erwähnten Falle, zum Würzen von Speisen dienen, sind zollfrei.

Ferner bemerke ich, daß die bei den Tarifnummern A II a, b und c*) angebrachten Zollsätze sich nur auf alkoholhaltige Biere, stille Weine und Schaumweine beziehen.

Windhuk, den 30. Juni 1907.

Der Kaiserliche Gouverneur.
I. V.: Hintrager.

172. Runderlaß des Gouverneurs von Deutsch-Südwestafrika, betreffend Verbot des Führens von Feuerwaffen durch Eingeborene. Vom 3. Juli 1907.

Die Verwaltungsstellen des Schutzgebiets werden erneut daran erinnert, darauf zu halten, daß Eingeborene, außer aus ganz wichtigen Gründen, keine Feuerwaffen in die Hand bekommen sollen.

Eingeborene Polizisten sollen nur in ganz dringenden Ausnahmefällen Feuerwaffen führen dürfen und insbesondere im Lokaldienst am Platze nicht Gewehre tragen.

Das Seitengewehr genügt hier vollständig. Zu Aufsichtszwecken kann ihnen erforderlichenfalls ein Schambock verabfolgt werden.

Windhuk, den 3. Juli 1907.

Der Kaiserliche Gouverneur.
I. V.: Hintrager.

173. Bekanntmachung des Gouverneurs von Togo, betreffend Gütertarifklassifikation. Vom 4. Juli 1907.

(Amtsbl. S. 160.)

Die Artikel „Branntwein, Spirituosen pp." sind bisher einer besonderen Klasse in dem Tarife der Verkehrsanlage**) nicht zugewiesen. Um Irrtümer hintenanzuhalten, wird hiermit ausdrücklich darauf hingewiesen, daß diese Artikel nicht etwa den Nahrungs- und Genußmitteln zuzurechnen sind, vielmehr nach Klasse I zu tarifieren haben.

Lome, den 4. Juli 1907.

Der Gouverneur.
Graf Zech.

*) Zolltarif vom 13. Februar 1907. Oben Nr. 66.
**) Oben Nr. 46 (Zusatz).

174. Runderlaſs des Staatssekretärs des Reichs-Kolonialamts, betreffend die Behandlung der Ersparnisse am Reichszuschuſs für die Schutzgebiete und die Rechnungsabschlüsse der letzteren. Vom 6. Juli 1907.

Der Haushaltsetat für die Schutzgebiete auf das Rechnungsjahr 1907*) hat auf Beschluß des Reichstages folgende Zusatzbestimmung erhalten:

„Soweit sich aus der Übersicht der Einnahmen und Ausgaben eine Ersparnis am Reichszuschuß ergibt, ist sie spätestens in den Etatsentwurf für dasjenige Rechnungsjahr einzustellen, welches auf das Rechnungsjahr folgt, in dem nach § 2 des Gesetzes über die Einnahmen und Ausgaben der Schutzgebiete vom 30. März 1892 die Übersicht vorzulegen ist."

Fehlbeträge werden folgerichtig entsprechend zu behandeln sein, soweit nicht etwa im Einzelfalle aus besonderen Gründen eine abweichende Regelung erforderlich wird.

Behufs Erfüllung dieser mit Gesetzeskraft erlassenen etatsrechtlichen Vorschrift ist es nötig, daß die Kolonialhauptkasse hier den endgültigen Bücherabschluß für die Schutzgebiete an dem den Kaiserlichen Gouvernements schon durch Runderlaß vom 9. April 1900**) mitgeteilten Termine, d. h. am 30. Mai des auf das Rechnungsjahr folgenden zweiten Jahres, nunmehr regelmäßig bewirkt. Der Abschluß für das Rechnungsjahr 1906 hat also am 30. Mai 1908 stattzufinden. Das Abschlußergebnis — Ersparnis oder Fehlbetrag — muß im Etatsentwurfe für das Rechnungsjahr 1909 entsprechend berücksichtigt und durch die Haushaltsübersicht für das Rechnungsjahr 1906 belegt werden, welche den gesetzgebenden Körperschaften gleichzeitig mit diesem Etatsentwurfe vorzulegen und bestimmungsmäßig diesseits dem Reichsschatzamt bereits bis zum 1. September 1908 zur Verfügung zu stellen ist. Die entsprechenden Termine sind fernerhin einzuhalten.

Ich bemerke hierbei, daß das langsame Fortschreiten der Rechnungslegung in der Schutzgebietsverwaltung im Schoße der gesetzgebenden Körperschaften andauernd und, wie leider zugegeben werden muß, mit vollem Recht den Gegenstand lebhafter Klage bildet, welche auch in der Presse widerhallt. Die zum Teil recht erheblichen Rechnungsrückstände sind nur zu sehr geeignet, dem Ansehen der Kolonialverwaltung zu schaden. . . In dieser Hinsicht muß nun endlich nachhaltig Wandel geschaffen werden. Die Kaiserlichen Herren Gouverneure bzw. deren Stellvertreter ersuche ich ergebenst, sich gefälligst persönlich für die Angelegenheit interessieren und im Rechnungsdienste des Schutzgebiets die geeigneten Vorkehrungen treffen zu wollen, damit jedenfalls und unter allen Umständen der oben bezeichnete Abschlußtermin bei der Kolonialhauptkasse hier eingehalten werden kann.

Durch Erlaß vom 21. Juni 1905**) ist verfügt worden, daß die Abrechnungen der durch diesseitige Vermittlung und die Buchungsnachweisungen der unmittelbar dem Rechnungshofe gegenüber Rechnung legenden Gouvernements spätestens 6 Monate nach Ablauf des Rechnungsjahres, also bis zum 1. Oktober des folgenden Rechnungsjahres, hier regelmäßig vollständig vorliegen. Es soll dadurch nicht nur die Abwicklung des Rechnungswesens beschleunigt, sondern auch eine möglichst vollkommene und zuverlässige Orientierung des Reichs-Kolonialamts gegenüber den neuen Etatsanmeldungen der Gouvernements, soweit sie aus den Rechnungsergebnissen der früheren Zeit über-

*) Oben I Nr. 7. — **) Nicht abgedruckt.

haupt geschöpft werden kann, erreicht werden. Ich lege deshalb großen Wert auf eine genaue Befolgung jener Verfügung. Sollten in dem einen oder anderen Falle aus besonderen Ursachen unüberwindliche Hindernisse eintreten, so würde insoweit eine Verschiebung des vorgedachten Termins bis zum 1. Februar des folgenden neuen Kalenderjahres nachgelassen werden können. An diesem, bereits im Erlasse vom 9. April 1900 als äußerste Grenze bezeichneten, Tage müssen aber die sämtlichen Abrechnungen usw. hier unbedingt vorliegen, für das Rechnungsjahr 1906 also spätestens am 1. Februar 1908. Ich erwarte mit Bestimmtheit, daß eine Überschreitung auch dieses unwiderruflich letzten Termins niemals wieder eintreten wird. Vorkommendenfalls würde ich zu meinem lebhaften Bedauern genötigt sein, gegen den oder die schuldigen Beamten disziplinarisch einzuschreiten.

Bei dieser Gelegenheit will ich nicht unterlassen, nochmals darauf hinzuweisen, daß die Einnahmen und Ausgaben pünktlich, d. h. tunlichst am Tage der Fälligkeit erhoben bzw. geleistet und entsprechend verrechnet werden müssen. Da erfahrungsmäßig gleichwohl unter den besonderen Verhältnissen der Schutzgebiete mit rückständigen Rechnungsergebnissen regelmäßig noch zu rechnen ist, so sind für die Aufnahme dieser in die gemäß der Fälligkeit der Beträge zuständige Jahresrechnung die Bücher nach Ablauf des Rechnungsjahres noch einige Zeit offen zu halten, und zwar hat der Bücherabschluß bei der Gouvernementshauptkasse, welche zuvor noch die Rechnungsergebnisse der nachgeordneten Kassen zu übernehmen hat, später zu erfolgen, als bei den letzteren Kassen. Die Festsetzung des Abschlußtages für die einzelnen Kassen — selbstverständlich unter Wahrung der vorstehend für den Verkehr mit dem Reichs-Kolonialamt festgesetzten Fristen — bzw. die sonst eine richtige Verrechnung der Rechnungsergebnisse früherer Zeit gewährleistenden Maßnahmen überlasse ich dem Ermessen der Kaiserlichen Gouvernements.

In der Zeit vom 1. April des neuen Rechnungsjahres bis zu den betreffenden Abschlußtagen sind bei den neben dem Kassentagebuch noch ein Hauptbuch (Manual) führenden Kassen die Bücher in doppeltem Satze — einerseits für das eben abgelaufene, anderseits für das neue Rechnungsjahr — zu führen. Der jeweilige tatsächliche Kassenbestand muß derjenigen Summe gleichkommen, welche sich nach Zusammenrechnung der Sollbestände der beiden Kassentagebücher für den betreffenden Tag ergibt.

Die nach jenem Abschlußtage für das abgelaufene Rechnungsjahr oder eine frühere Zeit etwa noch vorkommenden Einnahmen oder Ausgaben sind gemäß dem Erlaß vom 21. Juni 1905 zu behandeln.

Berlin, den 6. Juli 1907.

Der Staatssekretär des Reichs-Kolonialamts.
Dernburg.

175. Bekanntmachung des Gouverneurs von Deutsch-Ostafrika, betreffend den Zu- und Abtrieb von Vieh im Gebiet um die Militärstation Iringa. Vom 6. Juli 1907.

(Amtl. Anz. Nr. 15.)

Unter Aufhebung der Anordnung vom 29. Juli 1905 (Amtl. Anz. Nr. 18)*) wird vom Tage der Bekanntmachung an folgendes angeordnet:

*) In der D. Kol. Gesetzgeb. nicht abgedruckt.

In dem Gebiet um die Militärstation Iringa, umfassend diese selbst einschließlich der Höhen in 3 km Umkreis, beide Ufer des kleinen Ruaha je 3 km auf- und abwärts der Brücke bis zu den nächsten Höhenrücken, sowie die Landschaften Gumbiro und Kigonzile, diese einschließlich von Kihedzi, wird der Zu- und Abtrieb von Rindern verboten.

Ausgenommen ist der Zutrieb von Schlachtochsen und der Abtrieb von Rindern, nach Anweisung und unter Aufsicht der Ortsbehörde.

Der Durchtrieb ist nur auf den Karawanenstraßen gestattet, sofern er ohne Aufenthalt erfolgt.

Die Bezirksverwaltung ist befugt, auch andere Gebiete des Bezirks, in denen Küstenfieber nachgewiesen wird, in gleicher Weise zu sperren.

In gesperrten Gebieten bedarf jede Verschiebung von Rindern in andere Ställe oder auf andere Weiden der vorher einzuholenden Genehmigung der Ortsbehörde.

Zuwiderhandlungen gegen die gegenwärtige Anordnung oder gegen die auf Grund derselben zu erlassenden Anordnungen der Bezirksverwaltung unterliegen der Bestrafung nach § 328 R. St. G., Eingeborenen gegenüber nach Maßgabe der Gouvernementsverordnung vom 17. September 1902 (Amtl. Anz. Nr. 31).*)

Nicht betroffen von dieser Anordnung sind die von der Verwaltung zu Versuchszwecken vorgenommenen Rinderverschiebungen.

Daressalam, den 6. Juli 1907.

Der Kaiserliche Gouverneur.
Freiherr v. Rechenberg.

170. Verfügung des Staatssekretärs des Reichs-Kolonialamts, betreffend die Verlegung der Finanzverwaltung für Togo in das Schutzgebiet. Vom 6. Juli 1907.

Die bisher beim Reichs-Kolonialamt geführte Finanzverwaltung des Schutzgebiets Togo wird mit Wirkung vom 1. April 1907 ab in das Schutzgebiet selbst verlegt. Wegen der Durchführung dieser Maßregel bestimme ich im einzelnen, was folgt:

1. In materieller Hinsicht verbleibt es bei den diesbezüglichen allgemeinen Vorschriften. Insbesondere werden die Runderlasse vom 8. April 1901 (D. Kol. Gesetzgeb. Band VI, S. 297), betreffend die Vertretung des Fiskus, und vom 20. Dezember 1901,**) betreffend die Zuständigkeitsverhältnisse bei der Verwal-

*) D. Kol. Gesetzgeb. VI S. 531.

**) Der an die Gouverneure der afrikanischen Schutzgebiete gerichtete (nicht abgedruckte) R. E. v. 20. Dezember 1901 regelt die Zuständigkeit für die Verwaltung folgender Etatsfonds:

1. Besoldungsfonds. Zuständig sind bezüglich der Fonds der Zivilverwaltung und derjenigen der Schutztruppen für Offiziere, Sanitätsoffiziere und Militärbeamte die Zentralverwaltung, bezüglich des Fonds für das übrige Personal der Schutztruppen die Truppenkommandos;
2. Fonds zur Remunerierung von weißen Hilfskräften. Die Bewirtschaftung ist den Gouverneuren übertragen, welche jedoch selbständig nur Remunerationen bis zur Höhe der Anfangssätze der den entsprechenden etatsmäßigen Beamten zustehenden Gehälter bewilligen dürfen.
3. Fonds zur Remunerierung des weißen Personals bei der Flottille. Es gilt das zu 2. bemerkte.
4. Fonds zu Pensionen und Pensionserhöhungen für Beamte und für Pensionäre der Schutztruppen sowie zu Bewilligungen für deren Hinterbliebene.

tung einzelner Fonds, abgesehen von den nachstehend besonders erörterten Punkten durch gegenwärtige Verfügung nicht berührt.

Die nach dem Runderlaß vom 6. April 1901 dem Reichskanzler zustehenden Befugnisse sind auf Grund der Allerhöchsten Ordre vom 17. Mai 1907 (D. Kol. Bl. S. 494) nach Maßgabe des Gesetzes vom 17. März 1878 (Reichs-Gesetzbl. S. 7) auf den unterzeichneten Staatssekretär des Reichs-Kolonialamts übergegangen.*)

Die Festsetzungen des Erlasses vom 20. Dezember 1901 sind hinsichtlich des Besoldungsfonds durch Erlaß vom 17. Dezember 1900,**) hinsichtlich des Fonds zur Remunerierung von weißen Hilfskräften durch Erlaß vom 30. August 1906***) und hinsichtlich der Reste aus abgeschlossenen Rechnungsjahren durch Erlaß vom 21. Juni 1905†) abgeändert worden. Ergänzend bestimme ich ferner, daß die Heimschaffungskosten der Nachlässe verstorbener Schutzgebietsfunktionäre nicht mehr beim Reservefonds, sondern bei dem Fonds zu Frachtkosten zu verrechnen sind und daß der Ausgabefonds Abschnitt I Kapitel 5 des Etats „zur Verzinsung und Tilgung des vom Reiche zum Zwecke des Baues einer Eisenbahn von Lome nach Palime gewährten Darlehns in dreißig Jahresraten" der Verfügung des Reichs-Kolonialamts vorbehalten bleibt.

2. Die sämtlichen Einnahmen und Ausgaben des Schutzgebiets, welche nach dem 31. März 1907 erfolgen und in der Abrechnung der Gouvernementshauptkasse mit der Kolonialhauptkasse in Berlin noch nicht berücksichtigt

5. Fonds zu außerordentlichen Vergütungen für etatsmäßige Beamte und für Militärpersonen sowie zu Unterstützungen.
6. Fonds
   a) zu Entschädigungen für krankheitshalber ausgeschiedene Beamte bis zur Wiederherstellung für den heimischen Dienst,
   b) zur Vorbereitung von Offizieren, Ärzten, Beamten und Technikern auf dem Orientalischen Seminar,
   c) zur Deckung der Ansprüche der mit Pension ausscheidenden Militärpersonen und der Hinterbliebenen verstorbener Militärpersonen auf den zeitweiligen Fortbezug des Gehalts,
   d) zu kartographischen Zwecken.

   Die Bewirtschaftung der Fonds zu 4 bis 6 ist der Zentralverwaltung vorbehalten.
7. Schließlich enthält der E. v. 20. Dez. 1901 noch Bestimmungen hinsichtlich des Reservefonds. Bei diesem dürfen nur unvorhergesehene und unaufschiebbare Ausgaben verrechnet werden.

*) Oben Nr. 144. Der A. E. v. 17. Mai 1907 betrifft lediglich die Stellvertretung des Reichskanzlers! Die Befugnis des Ausw. Amts, Kol.-Abt., und jetzt des Reichs-Kolonialamts zur prozessualen Vertretung des Schutzgebietsfiskus ist im übrigen auf Grund des A. E. v. 12. Dezember 1894 (D. Kol. Gesetzgeb. II S. 133) sowie aus allgemeinrechtlichen Erwägungen (vgl. Laband, Staatsrecht des Deutschen Reichs, 1901, Bd. IV, S. 842) wiederholt gerichtlich anerkannt worden, so z. B. neuerdings vom Kammergericht in einem Urteil v. 11. April 1908, XII U 4296/06.

**) Nicht abgedruckt. Der E. ermächtigt den Gouverneur von Togo zur regelmäßigen Aufbesserung der Bezüge der etatsmäßigen Beamten des Schutzgebiets nach Maßgabe des Besoldungsdienstalters. Die Aufbesserung darf indes nur vorbehaltlich der Zustimmung der Zentralverwaltung ausgesprochen werden.

***) Nicht abgedruckt. Der E. überträgt dem Gouverneur von Togo die Befugnis zur regelmäßigen Aufbesserung der Bezüge der nicht etatsmäßigen Beamten. Die Aufbesserung ist vorbehaltlich der Zustimmung der Zentralverwaltung auszusprechen. Überführungen eines Beamten in eine höhere Besoldungsklasse aus Anlaß von Beförderungen oder anderweiter Beschäftigung bedürfen in jedem Einzelfalle der Zustimmung der Zentralverwaltung.

†) Der R. E. (nicht abgedruckt) bestimmt, daß die Reste aus abgeschlossenen Rechnungsjahren vom Abschluß der Rechnung für 1903 ab nicht mehr beim Reservefonds, sondern bei den entsprechenden ordentlichen Titeln der jeweiligen noch offenen ältesten Rechnung unter einem besonderen Abschnitt nachzuweisen sind.

worden sind, gelangen fortan bei der Gouvernementshauptkasse in der nach Maßgabe des Etats zu führenden Rechnung zum endgültigen Nachweise.

Ausgenommen sind nur die nach ihrer Fälligkeit noch dem Rechnungsjahre 1906 oder einer früheren Zeit angehörenden Beträge, bezüglich welcher bei der Gouvernementshauptkasse eine Nachtragsabrechnung aufzustellen und seitens der Gouvernements dem Reichs-Kolonialamt zur weiteren Veranlassung so zeitig einzureichen ist, daß sie spätestens am 1. Januar 1908 in Berlin vorliegt.

3. Hinsichtlich der beim Reichs-Kolonialamt für das Schutzgebiet bzw. die Gouvernementshauptkasse vorkommenden Einnahmen und Ausgaben führt die Kolonialhauptkasse ein laufendes Konto. Die Einzelbeträge werden seitens des Reichs-Kolonialamts in monatlichen Nachweisungen unter Beifügung der Belege dem Gouvernement zur endgültigen Verrechnung mitgeteilt.

Die Beschaffung der hierzu im Einzelfall etwa erforderlichen weiteren Justifikatorien — Richtigkeitsbescheinigung bei Lieferungen und dergleichen — ist Sache des Gouvernements.

Soweit es sich dabei um Bewilligungen an Beamte oder um eine sonstige endgültige Belastung von Etatsfonds handelt, behält es hierbei und bei der im Einzelfalle angeordneten Verrechnung unter der Verantwortlichkeit des Reichs-Kolonialamts sein Bewenden. Im übrigen bestimmt der Gouverneur oder unter seiner Verantwortlichkeit die von ihm damit betraute Dienststelle die Verrechnung.

4. Das bei der Kolonialhauptkasse über den Verkehr mit der Gouvernementshauptkasse geführte Konto ist nach dem Ablaufe eines jeden Monats durch Vermittelung der Deutsch-Westafrikanischen Bank auszugleichen bzw. mit der Ausgleichssumme auf das Konto der Gouvernementshauptkasse zu übernehmen. In erster Linie hat letzteres bezüglich des Bestandes aus der Abrechnung der Gouvernementshauptkasse für das letzte Viertel des Rechnungsjahres 1906 und aus der Nachtragsabrechnung — siehe Ziff. 2 Abs. 2 — sowie bezüglich der weiteren bei der Kolonialhauptkasse für das Schutzgebiet noch vorhandenen Abrechnungsposten zu geschehen, soweit solche nicht beim Reichs-Kolonialamt unmittelbar abgewickelt werden können.

5. Es ist strenge darauf zu halten, daß die Einnahmen und Ausgaben pünktlich, d. h. tunlichst am Tage der Fälligkeit erhoben bzw. geleistet und entsprechend verrechnet werden. Da gleichwohl erfahrungsmäßig unter den besonderen Verhältnissen der Schutzgebiete mit rückständigen Rechnungsergebnissen regelmäßig noch zu rechnen ist, so sind für die Aufnahme dieser in die zuständige Jahresrechnung bei den neben dem Kassentagebuch noch ein Hauptbuch (Manual) führenden Kassen die Bücher nach Ablauf des Rechnungsjahres noch einige Zeit offen zu halten, und zwar hat der Abschluß regelmäßig bei der Gouvernementshauptkasse am 31. Juli, bei den nachgeordneten Kassen an einem vom Gouverneur zu bestimmenden entsprechend früheren Tage zu erfolgen. In der Zeit vom 1. April des neuen Rechnungsjahres bis zu diesem Abschlußtage sind die Bücher in doppeltem Satze — einerseits für das eben abgelaufene, anderseits für das neue Rechnungsjahr — zu führen. Der jeweilige tatsächliche Kassenbestand muß derjenigen Summe gleichkommen, welche sich nach Zusammenrechnung der Sollbestände der beiden Kassentagebücher für den betreffenden Tag ergibt.

Die nach jenem Abschlußtage für das abgelaufene Rechnungsjahr oder eine frühere Zeit etwa noch vorkommenden Einnahmen und Ausgaben sind gemäß dem Runderlaß vom 21. Juni 1905 — siehe oben bei Ziff. 1 — zu behandeln.

6. Am 31. Juli hat die Gouvernementshauptkasse die sämtlichen Fonds der etatsmäßigen Verwaltung des voraufgegangenen Rechnungsjahres in den Manualen abzuschließen und die Ergebnisse der einzelnen Rechnungsstellen sowohl der Einnahme als auch der Ausgabe, geordnet nach den Kapiteln, Titeln und Positionen des Etats, nach dem anliegenden Vordruck zu einem „Finalabschluß" zusammenzustellen.

Die Übertragung von Resten auf das nächste Rechnungsjahr — unter Ausfüllung der Spalte „Bleiben Rest" im Finalabschluß — ist nur hinsichtlich derjenigen Beträge zulässig, welche bei im Etat ausdrücklich als „übertragbar" erklärten Ausgabemitteln oder bei den Fonds zu einmaligen Ausgaben verfügbar geblieben sind, und zwar letzterenfalls nur insoweit, als die Beträge zur Erfüllung der im Etat angegebenen Zweckbestimmung noch erforderlich sind.

Von der Summe der Isteinnahme ist die Summe der Istausgabe in Abzug zu bringen und dem danach verbleibenden Verwaltungsergebnis die Summe der Ausgabereste gegenüberzustellen. Das alsdann in die Erscheinung tretende Endergebnis — Ersparnis oder Fehlbetrag — geht grundsätzlich auf den Etat des Schutzgebiets für das auf den Abschlußtag (31. Juli) folgende nächste Rechnungsjahr über.

Unter dem Finalabschluß hat der mit den Obliegenheiten des Kassenkurators betraute Beamte die Übereinstimmung des Abschlusses mit den von ihm geprüften und richtig befundenen Kassenbüchern — gegebenenfalls nach Beseitigung etwa vorhandener Unstimmigkeiten — zu bescheinigen. Siehe auch Ziff. 9 und 10.

7. Nach Vorlage des Finalabschlusses beim Gouvernement hat die Gouvernementshauptkasse über die Verwaltung des zuletzt verflossenen Rechnungsjahres förmliche Rechnung zu legen, welche mit den Ergebnissen des Finalabschlusses im ganzen wie in allen Teilen genau übereinstimmen muß. Außerdem aber soll der Text der Rechnung über den Gegenstand der Einnahmen und Ausgaben auch im einzelnen Aufschluß geben, soweit dies ohne unverhältnismäßige Vermehrung des Schreibwerks tunlich ist.

Bei der Einnahme genügt im allgemeinen eine gruppenweise Zusammenstellung nach Anleitung der Etatstitel und Anschlagspositionen in gehörig belegten besonderen Anlagen und Übernahme nur der einzelnen Summen der letzteren in die Rechnung.

Bei der Ausgabe aber ist der Text näher auszuführen. Zunächst gelangen die auf Abschnitt I, Kapitel 1, Titel 1, sodann die auf Titel 2 des Etats entfallenden Beträge und so fort die Ausgaben der folgenden Titel in besonderen und für sich abzuschließenden Abschnitten zum Nachweise und zwar derart, daß bei allen Fonds zu persönlichen Ausgaben die Namen der Empfänger und die Zeiträume, für welche die Zahlung geleistet ist, unter Auswerfung der Beträge hintereinander — zunächst der Empfänger A für das ganze Rechnungsjahr, dann ebenso der Empfänger B und so fort — aufgeführt und daß auch bei allen übrigen Ausgabefonds die Zahlungen, soweit sie an denselben Empfänger geleistet sind, gruppenweise nach den Namen derselben verrechnet werden. Überall ist der Gegenstand der Forderung wenigstens summarisch und das Datum der betreffenden Rechnung zu vermerken, bei den Reisevergütungen Zweck und Dauer der Reise.

Bei der Aufstellung der Rechnung ist zu beachten, daß dieselbe auch für die Prüfung der sich anschließenden weiteren Rechnungen als Unterlage dienen und unter Umständen noch in späterer Zeit die Handhabe bieten soll zu jeweilig erforderlichen tatsächlichen Feststellungen.

8. Spätestens bis zum 1. Januar des auf das Rechnungsjahr folgenden Jahres ist die von dem Vorstande der Gouvernementshauptkasse unterschriftlich vollzogene Reinschrift der Rechnung — Ziff. 7 — nebst den zugehörigen, zu handlichen Bänden zusammenzuheftenden Belegen dem Gouvernement zur Abnahme vorzulegen. Letztere ist durch den seitens des Gouverneurs zu bestimmenden Beamten alsbald zu bewirken. Sie hat sich bis auf weiteres nur auf die Feststellung zu erstrecken, daß die Rechnung formell richtig aufgestellt und vollständig belegt ist. Daß dies der Fall, hat der Abnahmebeamte — unter Umständen nach Behebung etwa vorhandener Anstände — auf dem Titelblatt der Rechnung zu vermerken.

9. Die Bücher der Gouvernementshauptkasse und die Rechnungsbelege unterliegen der ständigen rechnerischen Prüfung durch einen zur selbständigen Bearbeitung von Rechnungssachen befugten Beamten (Kalkulator), der auch bei den regelmäßigen monatlichen und bei den außerordentlichen Kassenprüfungen zuzuziehen ist und in diesen Fällen die rechnerische Richtigkeit der Kassenabschlüsse festzustellen und zu bescheinigen hat.

Finalabschluß (Ziff. 6) und Rechnung (Ziff. 7 und 8) sind gleichfalls durch den Kalkulator hinsichtlich der rechnerischen Richtigkeit zu bescheinigen, und zwar ist die auf das Titelblatt der Rechnung zu setzende Bescheinigung in folgender Form auszustellen:

„Es wird hiermit bescheinigt, daß diese Rechnung und sämtliche dazu gehörige Belege rechnerisch geprüft und richtig befunden worden sind"

oder unter Wegfall der Worte:

„und richtig befunden"

„und daß sich hierbei nur dasjenige zu erinnern gefunden hat, was in der besonderen Niederschrift vom heutigen Tage vermerkt worden ist.

Lome, den . . . .

N. N.,
Gouvernements-Kalkulator."

10. Die Obliegenheiten des Kassenkurators, des Abnahmebeamten (Ziff. 8) oder des Kalkulators dürfen dem Vorstande der Gouvernementshauptkasse oder einem demselben nachgeordneten Beamten nicht übertragen werden.

11. Die abgenommene und auch rechnerisch bescheinigte Rechnung hat das Gouvernement zur Prüfung durch Kommissare des Rechnungshofes bereitzuhalten.

Der Zeitpunkt der Prüfung und die hierbei in Betracht kommenden Einzelheiten werden von Fall zu Fall zwischen Rechnungshof und Reichs-Kolonialamt vereinbart.

Das Gouvernement hat dem Reichs-Kolonialamt die bevorstehende Fertigstellung der Jahresrechnung etwa zwei Monate vor dem betreffenden Zeitpunkte telegraphisch anzuzeigen.

12. Die den gesetzgebenden Körperschaften vorzulegende Haushaltsübersicht und -Rechnung — §§ 2 und 3 des Gesetzes vom 30. März 1892*) — werden nach wie vor beim Reichs-Kolonialamt aufgestellt. Zu diesem Zwecke hat das

*) D. Kol. Gesetzgeb. I S. 7.

Gouvernement eine Ausfertigung des Finalabschlusses (Ziff. 6) nebst einer eingehenden Begründung der darin nachgewiesenen Etatsüberschreitungen — für jede Rechnungsstelle besonders — und außerdem eine genaue Übersicht über die Ausgaben des Reservefonds dem Reichs-Kolonialamt nach Vorlage des ordnungsmäßig bescheinigten Finalabschlusses durch die Hauptkasse unverzüglich einzureichen.

Berlin, den 6. Juli 1907.

Der Staatssekretär des Reichs-Kolonialamts.
Dernburg.

177. Verordnung des Gouverneurs von Togo, betreffend den Gleisverkehr in den Strafsen der Stadt Lome an Sonn- und Feiertagen. Vom 8. Juli 1907.

(Amtsbl. S. 180.)

Auf Grund des § 5 der Verfügung des Reichskanzlers vom 27. September 1903 und des § 15 des Schutzgebietsgesetzes wird folgendes verordnet:

§ 1. Der Gleisverkehr ist in den Straßen der Stadt Lome an Sonntagen sowie am ersten Weihnachtstag, Karfreitag, Himmelfahrtstag, Neujahrstag, und Geburtstag des Deutschen Kaisers für die Zeit von 9 bis 10¼ Uhr vormittags verboten.

§ 2. Zuwiderhandlungen werden mit Geldstrafe bis zu sechzig Mark oder mit Haft bis zu 14 Tagen bestraft.

§ 3. Diese Verordnung tritt mit dem heutigen Tage in Kraft. Gleichzeitig wird die Bekanntmachung des Kaiserlichen Bezirksamts Lome-Stadt vom 25. Januar 1907 (Amtsbl. für das Schutzgebiet Togo 1907 S. 54)*) zurückgenommen.

Lome, den 8. Juli 1907.

Der Gouverneur.
Graf Zech.

178. Bekanntmachung des Gouverneurs von Deutsch-Neu-Guinea, betreffend die Jagd auf Paradiesvögel im Bezirk Eitape. Vom 8. Juli 1907.

(Kol. Bl. S. 891.)

Auf Grund des § 1 der Verordnung, betreffend die Jagd auf Paradiesvögel, vom 27. Dezember 1892 (D. Kol. Bl. 1893, S. 446)**) ermächtige ich den Stationschef in Eitape, die Genehmigung zur Jagd auf Paradiesvögel innerhalb seines Bezirkes zu erteilen.

Herbertshöhe, den 8. Juli 1907.

Der Kaiserliche Gouverneur.
Hahl.

*) In der D. Kol. Gesetzgeb. (weil ungültig) nicht abgedruckt.
**) D. Kol. Gesetzgeb. II S. 1.

179. Runderlaſs des Staatssekretärs des Reichs-Kolonialamts, betreffend das Beschaffungswesen. Vom 9. Juli 1907.*)

Ew. pp. lasse ich in den Anlagen . . . . Exemplare der „Vorschriften der Kolonialverwaltung über Lieferung, Verpackung und Versendung von amtlich bestellten Bedarfsgegenständen für die deutschen Schutzgebiete in Afrika und der Südsee, gültig vom 1. April 1907“**) ergebenst zugehen. Sie bilden zusammen mit den mit Erlaß vom 3. v. Mts. übersandten: „Allgemeinen Bestimmungen, betreffend die Vergebung von Leistungen und Lieferungen im Bereiche der Kolonial-Verwaltung, gültig vom 1. April 1907,“***) die Grundlage für die Gouvernements bei der künftigen Beschaffung von Bedarfsgegenständen.

Die bisher gültigen Lieferungsbestimmungen und Vorschriften†) werden hiermit aufgehoben.

Zu den neuen Bestimmungen und Vorschriften ist folgendes zu bemerken:

Die „Allgemeinen Bestimmungen . . . . . .“ sind lediglich für den inneren Dienstgebrauch bestimmt, während die „Vorschriften . . . . .“ den Ausschreibungen, Lieferungsaufträgen usw. beizufügen sind und den Lieferanten als Anhalt für die auszuführenden Beschaffungen dienen sollen.

Um heimischen Lieferanten und Bewerbern bei Lieferungen für die Schutzgebiete den jederzeitigen Bezug der Lieferungsvorschriften ohne Zeitverlust zu ermöglichen, können sie von dem Reichs-Kolonialamt gegen Erstattung der Selbstkosten bezogen werden.

Die Gouvernements wollen die Bewerber jedesmal bei Ausschreibungen durch einen in sie aufzunehmenden entsprechenden Vermerk darauf aufmerksam machen.

Ich stelle den Gouvernements anheim, den neu erlassenen Bestimmungen und Vorschriften an der Hand der dort bereits bei den unmittelbaren Beschaffungen gemachten Erfahrungen und nach den örtlichen Verhältnissen sowie den in Betracht kommenden Verfrachtungsgelegenheiten, diejenigen Bestimmungen anzugliedern, die für die Durchführung meiner Absicht, die Beschaffungen der Schutzgebiete im weitesten Umfange unmittelbar durch die Gouvernements zu bewirken, zweckmäßig erscheinen.

Ob es sich auch empfiehlt, Beschaffungen ein und desselben Gegenstandes von bedeutender Menge und entsprechend hohem Geldwerte, z. B. umfangreiche Steinkohlen- und Brikettlieferungen ohne Inanspruchnahme des Reichs-Kolonialamts zu bewirken, erscheint mir besonders dann zweifelhaft, wenn es sich um Bedarfsgegenstände handelt, die erfahrungsgemäß innerhalb kürzerer Zeiten nennenswerten Schwankungen in den Marktpreisen unterworfen sind und bei denen die Lieferanten bei der im unmittelbaren Beschaffungsverfahren unvermeidlichen langen Bindung an die Angebote zu ihrer Sicherheit unverhältnismäßig hohen Gewinn in Ansatz bringen müssen.

Zu dieser Frage wolle Ew. Exz. bzw. das — Tit. — Stellung nehmen und nach hier berichten, sobald für ihre Klarstellung hinreichendes Material vorliegt.

In derartigen Fällen bin ich, obschon nunmehr grundsätzlich die Be-

*) Vgl. hierzu auch den R. E. v. 10. Juli 1907 (nachstehend) sowie die Verf. vom 1. Oktober 1907 (unten Nr. 248).

**) Oben Nr. 97.

***) Oben Nr. 96.

†) So namentlich die Lieferungsvorschriften v. 20. September 1903 (D. Kol. Gesetzgeb., 8 198) und die Ergänzungen hierzu v. Juni 1906 (D. Kol. Gesetzgeb. 1906 S. 163) sowie ein vom 1. April 1906 datierter, nicht veröffentlichter Neudruck jener Vorschriften, welcher außer den erwähnten noch einige weitere Ergänzungen enthielt.

schaffungen von den Gouvernements selbst unmittelbar zu bewirken sind, bereit, die Beschaffungen nach wie vor durch das Reichs-Kolonialamt einleiten und ausführen zu lassen, insbesondere, wenn ein Wettbewerb und die Erzielung entsprechender angemessener Preise und günstiger Angebote durch das unmittelbare Beschaffungsverfahren ausgeschlossen erscheint.

Die Notwendigkeit der Inanspruchnahme der Vermittlung des Reichs-Kolonialamts ist in jedem einzelnen Falle kurz zu begründen.

Bis zum Eintreffen der vorstehend näher bezeichneten Berichte und meiner weiteren Entscheidung wird für die Schutzgebiete in Südwestafrika und Kamerun hinsichtlich der regelmäßigen Kohlenlieferungen das bisherige Verfahren beibehalten, d. h. die Ausschreibung und Beschaffung erfolgt durch das Reichs-Kolonialamt. Auch werden den Lieferanten für diese Fälle die Frachtauslagen, wie bisher üblich, bereits gegen Vorzeigung der Verschiffungspapiere hierselbst wegen der andernfalls vom Fiskus zu tragenden, nicht unbeträchtlichen Verzugszinsen und der Erzielung günstigster Angebote, durch die Kolonialhauptkasse auf Rechnung des betreffenden Schutzgebietes erstattet werden.

Bei Beschaffungen durch Vermittlung des Reichs-Kolonialamts ist der genauen und unzweideutigen Beschreibung und Bestimmung der gewünschten Bedarfsgegenstände erhöhte Aufmerksamkeit und Sorgfalt zuzuwenden, so daß hinsichtlich ihrer richtigen Beschaffung Zweifel nicht entstehen können und zeitraubende Rückfragen vermieden werden. Die bisherigen Bestellungen ermangelten entweder noch mehrfach der für eine sachgemäße Beschaffung unbedingt erforderlichen Angaben oder ließen es an Klarheit in der Bestimmung des Materials wie der Größen- und Gewichtsverhältnisse, des Zwecks usw. fehlen.

Bei den unmittelbaren Beschaffungen ist jedesmal auf die den neuen Bestimmungen und Vorschriften angegliederten Sonderbestimmungen des betreffenden Gouvernements ausdrücklich hinzuweisen. Um diese auch heimischen Bewerbern um die Lieferungen ohne Zeitverlust zugehen lassen zu können, ersuche ich Ew. pp. ergebenst um ihre baldige Zusendung, damit sie hier vervielfältigt und den neuen Bestimmungen und Vorschriften beigegeben werden können.

Ew. pp. weise ich des weiteren hiermit an, die Lieferungen für die Schutzgebiete — sowohl die seitens des Reichs-Kolonialamts zu vermittelnden als auch die durch die Gouvernements unmittelbar zu beziehenden — in der Weise zu vergeben, daß Zahlung nur für die im Schutzgebiet abgelieferten und abgenommenen Gegenstände, nach Eintritt dieses Zeitpunktes — unmittelbar bei der Gouvernementshauptkasse oder auf Anweisung des Gouvernements bei der Kolonialhauptkasse — erfolgt, unbeschadet der auch bei diesem Verfahren unter Umständen stattfindenden vorläufigen Abnahme der Lieferung vor ihrer Verschiffung. Die Preisangebote sind einschließlich Fracht und Versicherung — im Einzelpreis — frei Land Schutzgebiet einzufordern, und es ist den Lieferanten die Verpflichtung aufzuerlegen, die Verfrachtung mittels deutschen Dampfers und die Versicherung, wenn sie erfolgt, bei einer deutschen Versicherungsgesellschaft zu bewirken.

Wegen der Versicherungen verweise ich auf die den Gouvernements mitgeteilte Police vom 21. und 23. März 1907. Soweit es sich bei auch fernerhin bei dem Reichs-Kolonialamt gegen Seegefahr zu versichernden Regierungssendungen um solche handelt, die durch das Reichs-Kolonialamt vermittelt werden, veranlaßt dieses für die Kaiserlichen Gouvernements nach Vorlage der Versendungspapiere nach wie vor neben den Fracht- und Versicherungskosten auch die Kosten für die Beschaffung. In gleicher Weise sind die Lieferungen zu behandeln, die sich auf mit Berliner Firmen abgeschlossene Verträge gründen, bis diese ihr Ende erreicht haben. Das ist inzwischen hinsichtlich der Firma v. Tippelskirch & Co. und Heinrich Jordan eingetreten. Beide Verträge sind gelöst. Ein dritter mit der Möbelfabrik O. Prächtel ist mit dem 30. Juni d. Js. abgelaufen. Dagegen hat über die Lösung des Lieferungsvertrages mit der Dr. Kadeschen Oranien-Apotheke eine Einigung bisher nicht erzielt werden können.

Die dem Reichs-Kolonialamt bereits zur Vermittlung eingereichten Beschaffungen werden auf Grund der neuen Bestimmungen und Vorschriften vergeben werden; indes verbleibt die Verantwortung hinsichtlich der zu beschaffenden Bedarfsgegenstände und der Bewirtschaftung der hierfür in den Schutzgebietsetats ausgeworfenen Mittel bei den Gouvernements.

Bei der ausdrücklichen Vereinbarung eines Erfüllungsortes für die Lieferung erscheint es geboten, die Bewerber besonders darauf hinzuweisen, daß wegen aller für sie aus der Abgabe der Angebote entstehenden Rechte und Verbindlichkeiten die Gerichte des Ortes zuständig sind, an dem die ausschreibende Behörde ihren Sitz hat. Bei Inanspruchnahme der Vermittlung des Reichs-Kolonialamts gilt dieses als ausschreibende Behörde (vgl. auch „Allgemeine Bestimmungen", Anlage 1, § 4, 2).

Bei Bedarfsgegenständen, von denen bereits bei der Ausschreibung feststeht, daß sich an ihre Anlieferung am Erfüllungsorte eine Weiterbeförderung ins Innere des Schutzgebiets anschließt, bleibt es den Gouvernements überlassen, die hierfür zweckmäßigste Verpackungsart den Lieferanten gleich vom Versandorte aus vorzuschreiben. Dies hat unbedingt zu erfolgen, wenn dadurch eine Ermäßigung der Gesamtkosten erzielt werden kann. Bedeutet die Vorschrift eine Verteuerung, so sind bei der Rechnungslegung die für sie maßgebend gewesenen Gründe anzugeben.

Die Lieferungen für die Schutz- und Polizeitruppen werden von den vorstehenden Bestimmungen und Vorschriften nicht berührt.*)

Berlin, den 9. Juli 1907.

Der Staatssekretär des Reichs-Kolonialamts.
Dernburg.

180. Runderlaß des Staatssekretärs des Reichs-Kolonialamts, betreffend das Beschaffungswesen und die Führung einer Wirtschaftskontrolle über die Etatsfonds. Vom 10. Juli 1907.**)

Im Verfolge der diesseitigen Runderlasse vom 26. Dezember 1904***), betreffend über- oder außeretatsmäßige Ausgaben, und vom 9. d. Mts., betreffend das Lieferungswesen.†)

I. In dem zuletzt bezeichneten Erlasse sind nähere Anordnungen darüber ergangen, welches neue Verfahren künftig bei dem Bezuge von Lieferungen zur

*) In Geltung bleiben also insbesondere die Bedingungen für die Vergebung der Lieferung von Verpflegungsmitteln und Verbrauchsgegenständen für die südwestafrikanische Schutztruppe v. 30. Juli 1904 (D. Kol. Gesetzgeb. 1904 S. 173). — Übrigens werden bei der Vergebung der Lieferungen von Bekleidungs- und Ausrüstungsstücken seitens des Kommandos der Schutztruppen die Vorschriften vom 1. April 1907 ebenfalls zugrunde gelegt (mit Ausnahme der für Lieferung „frei Land Schutzgebiet" sowie die Verpackung, Versendung, Versicherung und die vorläufige Abnahme erlassenen Bestimmungen, da die Lieferung frei Schutztruppenkammer — Berlin zu erfolgen hat).

**) Vergl. hierzu auch die Verf. v. 1. Oktober 1907 (unten Nr. 248).

***) Nicht abgedruckt.

†) Oben Nr. 179.

Deckung des dienstlichen Bedarfs der Schutzgebiete zu beobachten ist, und unter welchen besonderen Voraussetzungen und Maßgaben dabei die Vermittelung des Reichs-Kolonialamts in beschränktem Umfange noch eintreten soll. Künftig wird letzteres also von Fall zu Fall — abgesehen von der weiter fortzusetzenden Übung der regelmäßigen Mitteilung periodischer Publikationen u. dgl. — lediglich auf Antrag der Kaiserlichen Gouvernements bzw. der unter der Oberleitung des Herrn Gouverneurs in Herbertshöhe zur selbständigen Bewirtschaftung ihrer Etats ermächtigten Bezirksämter im Inselgebiet der Karolinen usw., und zwar in der Weise geschehen, daß diesseits nur noch Agentur-Funktionen wahrgenommen werden.

Die Beschaffungen werden deshalb, soweit die Zahlung dafür überhaupt schon hier nach Vorlage der Versendungspapiere und nicht vielmehr auf Anweisung der Gouvernements usw. erst nach endgültiger Abnahme der Gegenstände im Schutzgebiete zu leisten ist, hier nur vorschußweise zu Lasten der betreffenden Schutzgebietsverwaltung bewirkt werden, welche ihrerseits die verauslagten Beträge der Kolonialhauptkasse in Berlin im Abrechnungswege zu erstatten und im eigenen Betriebe unter vorschriftsmäßiger Belegung der Ausgabe etatsmäßig zu verrechnen hat. Welcher Etatstitel im Einzelfalle je nach dem Zweck der Lieferung die Kosten zu tragen hat, kann ja am besten auch bei der Schutzgebietsverwaltung übersehen werden. Die Belege über die geleisteten Vorschüsse werden den Gouvernements usw. alsbald nach der Zahlung übermittelt werden; inzwischen geben schon die gleichzeitig mit der Lieferung abgehenden Rechnungen über die Höhe der Kosten Aufschluß.

II. Die volle etatsrechtliche Verantwortung trägt — auch bezüglich der diesseits vermittelten Beschaffungen — der die Bestellung vollziehende Kaiserliche Gouverneur usw. Dieser würde also gegebenenfalls Etatsüberschreitungen persönlich zu vertreten haben. Wie solche zu verhüten sind, bleibt in erster Linie dem pflichtmäßigen Ermessen und der entsprechenden Verfügung des Herrn Gouverneurs usw. selbst überlassen. Jedenfalls aber wird es sich empfehlen, für die einzelnen hierbei in Betracht kommenden Titel und Untertitel des Etats jährlich abzuschließende Bestellbücher zu führen, in welche jede Bestellung noch vor ihrer Absendung einzutragen und bis zur Erledigung in der Weise weiter zu kontrollieren ist, daß das Buch über den jeweiligen Stand der einzelnen Bestellung und über die Kosten der Ausführung Aufschluß gibt. Als Kosten sind zunächst die Anschlagspreise, später die Beträge der eingehenden Rechnungen zu vermerken. Sobald ein Fonds erschöpft ist oder in absehbarer Zeit erschöpft sein wird, ist vor Aufgabe weiterer Bestellungen behufs Bereitstellung der erforderlichen Mittel die diesseitige Genehmigung einzuholen, wie durch den Erlaß vom 26. Dezember 1904 vorgeschrieben.

Werden in der bei den Gouvernements über die einzelnen Etatsfonds fortlaufend zu führenden Wirtschaftskontrolle, soweit es sich um die Titel zu sächlichen Bedürfnissen handelt, die Anschreibungen in jenem über die schwebenden Bestellungen zu führenden Hilfsbuch sorgfältig berücksichtigt, so werden die Gouvernements auch bei diesen Titeln niemals darüber im unklaren sein, wann gegebenenfalls der Zeitpunkt zu der vorerwähnten Berichterstattung gekommen ist. Bei den übrigen Etatsfonds kann die Führung einer genauen Wirtschaftskontrolle keine Schwierigkeiten bereiten.

Letztere muß bezüglich der sächlichen Fonds — abgesehen von den im diesseitigen Runderlaß vom 20. Dezember 1901*) unter 6 b und c bezeichneten — nach Lage der Umstände den Kaiserlichen Gouvernements allein überlassen werden, welche also auch die entsprechende Verantwortung tragen. Die Fonds zu persönlichen Ausgaben werden hier nach Möglichkeit mitkontrolliert werden, indessen werden auch in dieser Hinsicht die Kaiserlichen Gouvernements in erster Linie die Innehaltung der Etatsansätze zu überwachen haben. Die Dispositionsfonds zu außerordentlichen Vergütungen, zu Unterstützungen und zu einmaligen Entschädigungen für ausgeschiedene Beamte usw. unterliegen nach wie vor der ausschließlichen Bewirtschaftung durch das Reichs-Kolonialamt.

Hinsichtlich des Austausches monatlicher Übersichten über die für das Schutzgebiet vorgekommenen Einnahmen und Ausgaben zwischen den Kaiserlichen Gouvernements einerseits und dem Reichs-Kolonialamt anderseits erleidet die bisherige Übung keine Änderung.

Zusatz für Deutsch-Ostafrika, Deutsch-Südwestafrika und Kamerun:

Wie der Runderlaß vom 9. d. M. das Lieferungswesen für die Schutztruppen und die in gleicher Weise zu behandelnden Beschaffungen für die Polizeitruppen unberührt läßt, so gilt das gleiche auch von den gegenwärtigen Vorschriften, soweit — unter I — die Lieferungen für die Schutztruppen und die Kosten dafür in Betracht kommen. In dieser Beziehung verbleibt es vielmehr bei der bisherigen Übung.

Ich verweise aber ausdrücklich auf die Bestimmung im § 25 der Schutztruppen-Ordnung, wonach der Kaiserliche Gouverneur im Schutzgebiete die oberste Verwaltungsstelle auch für die Schutztruppe darstellt und demnach auch für diese die etatsrechtliche Verantwortung trägt. Die vorstehenden Kontrollvorschriften — unter II — bitte ich deshalb auch bei der Schutztruppen-Verwaltung gefälligst entsprechend in Anwendung zu bringen.

Berlin, den 10. Juli 1907.

Der Staatssekretär des Reichs-Kolonialamts.
Dernburg.

181. Vertrag zwischen dem Staatssekretär des Reichs-Kolonialamts und der Woermann-Linie, betreffend das Landungswesen in Lüderitzbucht vom 10. Juli/10. August 1907.**)

(Kol. Bl. S. 834.)

Unter Aufhebung aller das Landungswesen in Lüderitzbucht betreffenden bisherigen Abmachungen mit der Woermann-Linie, insbesondere des mit dieser

*) Vgl. Anm.**) zu Nr. 176.

**) Der Vertrag ist (ohne die Betriebs- und Signalordnung sowie den Tarif) vom Gouverneur von Deutsch-Südwestafrika in den „Windhuker Nachrichten“ vom 17. Oktober 1907 mit folgendem Zusatz veröffentlicht worden:

„Vorstehender Vertrag tritt mit dem heutigen Tage in Kraft.

Windhuk, den 15. Oktober 1907.

Der Kaiserliche Gouverneur.
I. A.: v. Eschstruth.“

Wegen der Betriebsordnung usw. ist eine besondere Bekanntmachung vom gleichen Tage ergangen (unten Nr. 260).

Linie für die Dauer des Kriegszustandes getroffenen Abkommens vom 7./10. März 1906*) wird, nachdem Einverständnis darüber besteht, daß der besagte Kriegszustand als beendet zu erachten ist,

zwischen

dem südwestafrikanischen Landesfiskus, vertreten durch den Staatssekretär des Reichs-Kolonialamts, Wirklichen Geheimen Rat Dernburg,

und

der Woermann-Linie, vertreten durch Herrn Richard Peltzer, das Nachstehende vereinbart.

§ 1. Die Woermann-Linie verpflichtet sich, die Personen-, Tier- und Güterbeförderung zwischen Schiff und Land im Roberthafen und, soweit Post und Passagiere in Frage kommen, auf der Reede in Lüderitzbucht in einer dem allgemeinen Verkehrsinteresse entsprechenden Weise zu betreiben, insbesondere auf ihre Kosten dafür zu sorgen, daß das dazu nötige Personal und Inventar stets vollständig und in leistungsfähigem Zustande vorhanden ist.

§ 2. Die Beförderung von dem Schiff nach dem Lande (Löschung) besteht in folgenden Leistungen:

1. Empfangnahme längsseit des Schiffes in den Landungsfahrzeugen;

2. Verbringen der Landungsfahrzeuge vom Schiff an die Brücken oder an sonstige fiskalische Landungsstellen im Roberthafen;

3. Verladung in die Güterwagen der Hafenbahn;

4. Beförderung mittels dieser Wagen in die Zollschuppen oder auf die sonstigen in der Nähe gelegenen, eingefriedeten Lagerplätze sowie Stapelung und Übergabe an die Empfangsberechtigten.

Die Beförderung vom Lande nach dem Schiffe (Verschiffung) besteht aus den gleichen Leistungen in umgekehrter Reihenfolge.

Die Beförderung von Schiff zu Schiff (Umladung) besteht in folgenden Leistungen:

1. Empfangnahme längsseit des Schiffes in den Leichterfahrzeugen;

2. Verbringung der Leichterfahrzeuge vom löschenden Schiffe längsseit des ladenden Schiffes und Befestigung dessen Übernahmevorrichtungen.

§ 3. Die Übergabe der Güter an die Empfangsberechtigten hat nach Bestimmung der vom Gouvernement ermächtigten Behörde im Einvernehmen mit der Woermann-Linie entweder in den Zollschuppen am Roberthafen oder auf den sonstigen in der Nähe gelegenen Lagerplätzen zu erfolgen.

§ 4. Die Woermann-Linie verpflichtet sich, die Personen-, Tier- und Güterbeförderung zwischen Schiff und Land gemäß der angehefteten Betriebsordnung, deren Revision nach sechsmonatiger Handhabung von jeder der beiden Vertragsparteien verlangt werden kann, nach gleichen Grundsätzen für jedermann auszuführen, der dazu ihre Mitwirkung in Anspruch nimmt und zur Zahlung der tarifmäßigen Beförderungsgebühren bereit ist.

Soweit die Woermann-Linie danach bei der Personen-, Tier- und Güterbeförderung zwischen Schiff und Land mitwirkt, ist sie verpflichtet, die Hafengebühren einzuziehen und an zwei vom Zollamt ein für allemal zu bestimmenden Tagen im Monat an die Zollkasse in Lüderitzbucht abzuführen. Die Beförderungsgebühren verbleiben der Woermann-Linie.

§ 5. Zur Benutzung bei der Personen-, Tier- und Güterbeförderung

*) D. Kol. Gesetzgeb. 1906 S. 136.

zwischen Schiff und Land im Hafen von Lüderitzbucht überläßt der Fiskus der Woermann-Linie in Lüderitzbucht folgende Betriebsmittel:

1. zwei hölzerne Landungsbrücken im Roberthafen;
2. einen 2 t-Kran auf der einen sowie einen 5 t-Kran, einen 2 t-Kran und einen 1,5 t-Kran auf der anderen Brücke;
3. die in den Zollrayon und nach den Lagerplätzen führenden Hafengleise;
4. vier Illinge nebst 20 Kastenwagen von je 5 Tons Tragfähigkeit für den Verkehr auf den Hafengleisen.

Die unter 2, 3, 4 angegebenen Betriebsmittel sind in dem Zustande zu übernehmen, in dem sie sich bei Übernahme des Betriebs auf Grund des vorliegenden Vertrages befinden.

Doch bleiben die seitens der Woermann-Linie bei der ersten Übernahme dieser Betriebsmittel etwa gemachten Vorbehalte in Geltung.

Weiterhin überläßt der Fiskus der Woermann-Linie für die Dauer des von ihr nach dem vorliegenden Vertrage wahrzunehmenden Landungsbetriebs das von ihr zur Zeit für die Slipanlage nebst Zubehör belegte Gelände am Roberthafen zur unentgeltlichen Benutzung, soweit der Fiskus die Verfügung über dieses Gelände hat.

Der Woermann-Linie steht das Recht zu, die für den Landungsbetrieb erforderlichen Eingeborenen während der Dauer dieses Vertrages in den bisherigen Unterkunftsräumen zu halten, vorausgesetzt, daß dort ausreichendes weißes Personal für die zuverlässige Überwachung der Eingeborenen dauernd stationiert ist.

§ 6. Für die Hafen- und Beförderungsgebühren ist der angeheftete Tarif maßgebend.

Die Höhe der darin festgesetzten Beförderungsgebühren kann ohne Einverständnis mit der Woermann-Linie nicht geändert werden.

§ 7. Die Frage, ob der Betrieb den Vorschriften des § 1 entsprechend eingerichtet ist, gegebenenfalls, welche Änderungen dazu notwendig sind, entscheidet eine Kommission, die aus dem Bezirksrichter in Lüderitzbucht als Vorsitzendem und zwei Beisitzern zu bilden ist, von denen jede Partei einen zu berufen hat. Wenn eine Partei die Ernennung des Beisitzers ungebührlich verzögert, so ernennt ihn der Oberrichter in Windhuk, welchem auch die Entscheidung darüber zusteht, ob eine ungebührliche Verzögerung vorliegt.

Innerhalb der Kommission entscheidet die Mehrheit der Stimmen.

§ 8. Die Instandhaltung der Landungsbrücken liegt dem Fiskus ob. Die Instandhaltung der übrigen im § 5 bezeichneten oder später vom Fiskus außerdem noch zur Verfügung gestellten Betriebsmittel in gutem Zustande ist Sache der Woermann-Linie. Sie geschieht durch ihr Personal und auf ihre Kosten. Nur solche hierbei sich zeigenden Mängel und Schäden, von denen die Woermann-Linie nachweisen kann, daß sie auf Fehlern der Herstellung oder des Materials beruhen oder durch außergewöhnliche Naturereignisse herbeigeführt sind, hat der Fiskus zu beseitigen.

Machen die Verhältnisse eine Erweiterung der Hafenanlagen oder eine Vermehrung der Betriebsmittel erforderlich, so wird nach dem Grundsatze verfahren, daß Anlagen und Betriebsmittel auf dem Wasser von der Woermann-Linie, solche auf dem Festlande einschließlich Brücken- und Molenanlagen von dem Fiskus bereit zu stellen sind. In ersterem Falle trägt die Kosten die Woermann-Linie, in letzterem der Fiskus. Bestreitet die Woermann-Linie die Notwendigkeit einer solchen Erweiterung oder Vermehrung, so entscheidet endgültig die nach § 7 zu bildende Kommission.

Kann der Fiskus die von ihm zu leistenden Reparaturen nicht rechtzeitig ausführen, so ist die Woermann-Linie von den ihr obliegenden Reparaturen der dadurch außer Tätigkeit gesetzten, dem Fiskus gehörigen Betriebsmittel für die Dauer der Verzögerung entbunden.

§ 9. Für Betriebsstörungen, die infolge von Beschädigungen oder Zerstörungen der im § 8 bezeichneten Betriebsmittel eintreten und während der Instandsetzungsarbeiten andauern, hat die Woermann-Linie gegen den Fiskus keinerlei Ersatzansprüche. Andererseits ist die Woermann-Linie nicht verantwortlich für Betriebsstörungen, welche aus denselben Ursachen eintreten und während der Instandsetzungsarbeiten andauern.

§ 10. Die Woermann-Linie verpflichtet sich, zur Ausführung von Peilungen oder zu sonstigen dienstlichen Zwecken den vom Gouvernement zu bestimmenden Behörden in Lüderitzbucht auf Verlangen von den ihr in Lüderitzbucht zur Verfügung stehenden Fahrzeugen diejenigen mit Bemannung und Ausrüstung zum Gebrauch zu überlassen, die die genannten Behörden als erforderlich bezeichnen.

Der Fiskus hat der Woermann-Linie hierfür eine angemessene Entschädigung zu leisten.

Die Woermann-Linie verpflichtet sich ferner, zur Ausführung von Instandsetzungsarbeiten an den Landungsanlagen den in Absatz 1 genannten Behörden auf Verlangen die ihr überwiesenen und von ihr selbst hergestellten Anlagen und beschafften Betriebsmittel nebst Personal gegen Erstattung der baren Auslagen zum Gebrauch zu überlassen.

Soweit die Überlassung der in diesem Paragraphen erwähnten Anlagen und Betriebsmittel eine erhebliche Störung der Personen-, Tier- und Güterbeförderung zwischen Schiff und Land zur Folge haben würde, kann sie nur verlangt werden, wenn eine Verzögerung der fraglichen Arbeiten mit einer ernsten Gefahr für die Landungsanlagen verbunden sein würde.

Die Entscheidung, ob dies der Fall ist, trifft endgültig die Hafenbehörde.

§ 11. Die Woermann-Linie wird dem Gouvernement auf dessen Wunsch jederzeit einen der in Lüderitzbucht stationierten Dampfer nebst Bemannung und Ausrüstung für Fahrten außerhalb des Lüderitzbuchter Hafenbereiches zur Verfügung stellen, soweit das ohne erhebliche Beeinträchtigung der Personen-, Tier- und Güterbeförderung zwischen Schiff und Land möglich ist.

Für diese Benutzung des Dampfers hat der Fiskus an die Woermann-Linie eine angemessene Vergütung zu zahlen.

§ 12. Sofort nach Ankunft von Schiffen im Hafen von Lüderitzbucht hat die Woermann-Linie den vom Gouvernement zu bestimmenden Behörden, denen Lotsen nicht zuzurechnen sind, zur Fahrt nach und von den Schiffen ein dem Wetter entsprechendes Fahrzeug nebst Bemannung und Ausrüstung unentgeltlich zur Verfügung zu stellen.

Soweit Reichs- und Schutzgebietsbeamte, Angehörige der Schutztruppe oder der Kaiserlichen Marine zur Erledigung von Dienstgeschäften zwischen dem Lande und den vor Lüderitzbucht liegenden Schiffen zu verkehren haben, hat ihnen die Woermann-Linie, auch abgesehen von dem Falle des Absatzes 1, freie Beförderung hin und zurück zu gewähren.

§ 13. Der Fiskus verpflichtet sich, für die Dauer des Vertrages die Beförderung sämtlicher in Lüderitzbucht für seine Rechnung ankommenden und abgehenden Personen, Tiere und Güter zwischen Schiff und Land unter Zahlung der tarifmäßigen Beförderungsgebühren der Woermann-Linie zu übertragen.

§ 14. Die Woermann-Linie hat alle für allgemeine, insbesondere für statistische Zwecke notwendigen Nachweise und Feststellungen gemäß den ihr vom Gouvernement zugehenden Anweisungen ohne Vergütung zu bewirken, soweit die Unterlagen ihr bekannt sind.

§ 15. Das vorliegende Vertragsverhältnis endet mit dem 31. März 1909, doch muß es auf Wunsch der Regierung um sechs Monate verlängert werden, sofern die gleiche Verlängerung auch hinsichtlich des für Swakopmund abgeschlossenen Landungsvertrages eintritt.

Macht die Regierung hiervon Gebrauch, so hat sie der Woermann-Linie in Hamburg spätestens am 1. Februar 1909 entsprechende Mitteilung zu machen.

§ 16. Über alle Ansprüche aus dem gegenwärtigen Vertragsverhältnis, auch wenn sie nach dessen Lösung geltend gemacht werden, entscheidet unter Ausschluß des Rechtsweges ein Schiedsgericht.

§ 17. Die Bildung des Schiedsgerichts erfolgt nach den Vorschriften der Zivilprozeßordnung.

Das dem Fiskus zustehende Ernennungsrecht wird von dem Oberrichter in Windhuk ausgeübt.

Kommen die Schiedsrichter zu keiner Entscheidung, weil sich unter ihnen Stimmengleichheit ergibt, so haben sie einen Obmann zu wählen.

Können sie sich über die Person dieses Obmannes nicht einigen, so haben sie den Oberrichter in Windhuk um dessen Ernennung zu ersuchen.

Der Obmann kann von den Parteien aus denselben Gründen abgelehnt werden, die zur Ablehnung eines Schiedsrichters berechtigen.

Die nach den §§ 1045, 1046 der Zivilprozeßordnung zu treffenden Entscheidungen werden von dem Bezirksrichter in Lüderitzbucht erlassen.

Hamburg, den 10. August 1907.

Berlin, den 10. Juli 1907.

Reichs-Kolonialamt. Woermann-Linie.
Dernburg. Peltzer.

Betriebsordnung für den Verschiffungs- und Landungsbetrieb der Woermann-Linie in Lüderitzbucht.

1. Die Arbeitszeit des Betriebes dauert von morgens 6 Uhr bis mittags 12 Uhr und von nachmittags 2 Uhr bis abends 6 Uhr. An Sonn- und Feiertagen wird, abgesehen von der Beförderung der Post und Passagiere sowie von dringenden Notfällen, nicht gearbeitet.

Ob ein dringender Notfall vorliegt, entscheidet im Streitfalle das Hafenamt.

2. Der Betriebsunternehmer ist berechtigt, den Betrieb auch während der Arbeitszeit einzustellen, wenn infolge Dunkelwerdens, Nebels oder durch den Zustand der See die Durchführung des Betriebes beeinträchtigt wird oder Gefahr für Menschenleben oder Eigentum damit verknüpft ist. Die Einstellung und Wiedereröffnung des Betriebes bei solchen Ereignissen wird der Betriebsunternehmer nach eigenem bestem sachverständigem Ermessen bestimmen, ohne irgendwelche Verantwortlichkeit dafür zu übernehmen, daß dies rechtzeitig geschieht.

3. Für Arbeiten außerhalb der Arbeitszeit oder an Sonn- und Festtagen, welche auf Antrag der Leitung eines Schiffes stattfinden, sind von dem Antragsteller dem Betriebsunternehmer die daraus entstehenden Kosten, als Überstundenlöhne, Kosten der Beleuchtung usw. zu ersetzen. Der Betriebsunternehmer ist, abgesehen von der Beförderung der Post und Passagiere sowie von dringenden Notfällen, nicht verpflichtet, einem solchen Antrage zu entsprechen.

Ob ein dringender Notfall vorliegt, entscheidet im Streitfalle das Hafenamt.

Auftragerteilung.

Der Betriebsunternehmer wird für jeden, welcher seine Mitwirkung in Anspruch nimmt, die Beförderung von Personen, Tieren und Gütern, von, nach und zwischen Schiffen, welche im Roberthafen verankert sind, ausführen.

Die Inanspruchnahme der Mitwirkung des Betriebsunternehmers erfolgt durch Erteilung eines schriftlichen Auftrages in vorgeschriebener aus der Anlage ersichtlicher Form, in welchem der Auftraggeber den Namen des betreffenden Schiffes, die Art der gewünschten Leistung (Landung, Verschiffung, Umladung), sowie die Anzahl von Personen und Gepäckstücken unter Bezeichnung der Menge, Gattung und Art der in Frage kommenden Tiere oder Güter angibt, und sich unter ausdrücklicher Anerkennung der Betriebsordnung verpflichtet, die tarifmäßigen Gebühren zu entrichten. Der Auftrag, durch welchen die Mitwirkung des Betriebsunternehmers in Anspruch genommen wird, kann sowohl von dem betreffenden Schiffsführer oder seinem Vertreter am Lande, als auch von dem Ladungsempfänger ausgehen. Geht er von dem Ladungsempfänger aus, so ist dem Auftrage das oder die Konnossemente über die betreffenden Güter beizufügen.

Sollten die Fahrzeuge des Betriebsunternehmers in Anspruch genommen werden, ohne daß aus irgend einem Grunde der vorgeschriebene schriftliche Auftrag erteilt wäre, so gilt der Benutzer der Fahrzeuge als Auftraggeber und die Verpflichtungen, welche ein solcher Auftrag nach sich zieht, als von ihm dem Betriebsunternehmer gegenüber eingegangen, unbeschadet dessen Rechte, sich an den ihm übergebenen Gepäckstücken, Tieren oder Gütern schadlos zu halten.

Personenverkehr.

Die Beförderung von Personen zwischen Schiffen auf der Reede und zwischen Schiffen und dem Lande geschieht auf deren Gefahr. Sie erfolgt gegen Lösung von Fahrkarten.

Gepäck, welches landende oder sich einschiffende Personen mit sich führen, braucht dem Betriebsunternehmer nicht übergeben zu werden. Der Betriebsunternehmer wird die Landung oder Einschiffung solchen Gepäcks, soweit keine zwingenden Hinderungsgründe vorliegen, zugleich mit den betreffenden Personen ausführen. Die Mitnahme des Gepäcks erfolgt kostenlos. Eine Haftung für beschädigtes oder in Verlust geratenes Gepäck tritt auf seiten des Betriebsunternehmers nicht ein.*)

Personen, welche des öfteren an Bord der Schiffe zu tun haben, können Dauerkarten beim Betriebsunternehmer lösen. Diese Karten berechtigen nicht zum Verlangen der Gestellung einer besonderen Beförderungsgelegenheit.

*) Es wird darauf hingewiesen, daß die Eigentümer der Gepäckstücke sich gegen solche Schäden durch Versicherung in den Einschiffungsplätzen decken können. (Anm. des Vertrages.)

Verkehr mit den Schiffen.

Der Betriebsunternehmer braucht Aufträgen zur Landung, Verschiffung oder Umladung von Personen, Gepäckstücken, Tieren oder Gütern nur dann zu entsprechen, wenn

1. das Schiff die behördliche Verkehrserlaubnis erhalten hat;
2. allen von der Zollbehörde beanspruchten Formalitäten entsprochen ist;
3. der Führer des Schiffes eine von ihm gezeichnete Liste der zu landenden oder umzuschiffenden Passagiere und deren Gepäckstücke mit summarischer Angabe deren Zahl für jeden Passagier bei dem Betriebsunternehmer eingereicht hat;
4. der Führer des Schiffes ein von ihm gezeichnetes vollständiges Manifest über die zu landenden oder umzuschiffenden Tiere oder Güter eingereicht hat.

   Das Manifest muß Angaben enthalten über Marken, Nummern, Anzahl, Art, Inhalt, Empfänger, Maß und Bruttogewicht der Kolli. Sendungen an „Order" sind als solche zu verzeichnen;
5. der Schiffsführer sich durch Unterschrift verpflichtet hat, auch die sonstigen Bedingungen der Betriebsordnung zu erfüllen.

Zur Beschleunigung der Erledigung dieser Formalitäten hat ein Beamter des Betriebsunternehmers, nachdem die behördliche Verkehrserlaubnis erteilt ist und sofern der Zustand der See es ohne Gefahr erlaubt, sich an Bord des Schiffes zu begeben, die Listen und Manifeste in Empfang zu nehmen und dem Schiffsführer ein Exemplar der Betriebsordnung einzuhändigen.

Verteilung und Behandlung der Leichterfahrzeuge.

Die Leichterfahrzeuge werden nach folgenden Grundsätzen verteilt:

Post- und Passagierdampfer erhalten vor Frachtdampfern und Seglern den Vorzug;

Kriegsschiffe erhalten vor allen anderen Schiffen den Vorzug.

Als Post- und Passagierdampfer werden angesehen die Dampfer regelmäßiger Linien, welche nach einem festen veröffentlichten Fahrplane verkehren und Passagiere befördern.

Die Kriegsschiffe, nach ihnen die Post- und Passagierdampfer, nach ihnen die sonstigen Dampfer und die Segler erhalten nach der Reihenfolge ihrer Ankunft und nach Maßgabe des vorhandenen Materials so viele Fahrzeuge, als sie ohne Verzug, nachdem die Fahrzeuge längsseit gebracht sind, beladen oder entlöschen. Bei Meinungsverschiedenheiten über die Reihenfolge entscheidet das Hafenamt.

Die Festmachetrossen für die Leichter sind vom Schiffe zu stellen. Die Schiffe sind verantwortlich für Verlust oder Beschädigungen von Leichtern des Betriebsunternehmers infolge ungenügenden Festmachens, ungenügenden Trossenmaterials, zu kurzen Anbindens, Überladens oder Hinunterfallens von Tieren oder Gütern von Deck aus der Schlinge oder sonstigen Übernahme- oder Entlöschungsvorrichtungen.

Gerät ein Leichter ins Treiben oder sonst in Gefahr, so ist das Schiff verpflichtet, durch Abgabe der vorschriftsmäßigen Signale gemäß der anliegenden Signalordnung auf die Tatsache aufmerksam zu machen und das Signal in kurzen Pausen so lange zu wiederholen, bis Hilfe kommt.

Für Schäden an den Schiffen, welche durch Festmachen längsseit oder Achteraushalten von Fahrzeugen entstehen, kommt der Betriebsunternehmer nicht auf.

Verschiffung.

Zur Verschiffung bestimmte Gepäckstücke, welche nicht zugleich mit einem Passagier befördert werden, und Güter müssen mindestens 24 Stunden vor der Abfahrt des Dampfers, für welchen sie bestimmt sind, dem Betriebsunternehmer im Zollhofe ordnungsmäßig übergeben werden.

Die Empfangnahme von Tieren durch den Betriebsunternehmer erfolgt erst im Augenblicke der Verschiffung, und zwar nicht im Zollhofe, sondern auf der Hochwassergrenze am Strande an der üblichen Landungsstelle. Der Verschiffer oder sein Vertreter muß während der Verschiffung zugegen sein.

Vor der Übergabe müssen die betreffenden Gepäckstücke, Tiere oder Güter von der Zollbehörde freigegeben sein.

Über die empfangenen Gepäckstücke, soweit sie nicht mit einem Passagier befördert werden, Tiere und Güter wird der Betriebsunternehmer dem Einlieferer eine Empfangsbescheinigung erteilen.

Gepäckstücke und kleinere Gütermengen erhalten bei der Verschiffung den Vorzug. Gütermengen von über 100 Tons Gewicht sind möglichst frühzeitig dem Betriebsunternehmer anzumelden, der die Zeit der Anlieferung jeweilig festsetzen wird.

Der Betriebsunternehmer hat alle ihm vorschriftsmäßig übertragenen Verschiffungsaufträge zu erfüllen. Eine Haftung für ihre rechtzeitige Ausführung trifft ihn jedoch nicht, wenn während der Frist für die Übergabe an die Schiffe Verhältnisse eintreten, welche nach dieser Betriebsordnung eine zeitweilige Einstellung des Betriebes notwendig machen, oder, wenn es sich um größere Gütermengen handelt, die später als einen Tag für je 100 Tons vor der erwähnten 24stündigen Frist vor Abfahrt des betreffenden Dampfers ihm übergeben wurden.

Die Übergabe der zur Verschiffung bestimmten Gepäckstücke, Tiere und Güter durch den Betriebsunternehmer an die Schiffe findet durch Einlegen in die Schlinge oder eine sonstige schiffsseitig zu stellende Vorrichtung im Leichterfahrzeuge längsseit der Schiffe statt. Die Schiffsleitung hat dem Beamten des Betriebsunternehmers über dergestalt empfangene Güter eine Bescheinigung in doppelter Ausfertigung auszustellen. Eine Ausfertigung hat der Betriebsunternehmer dem Verschiffer auszuhändigen.

Landung.

Die Empfangnahme der zu landenden Gepäckstücke, Tiere und Güter durch den Betriebsunternehmer geschieht längsseit der Schiffe in seinen Fahrzeugen durch Herausnehmen aus den Schlingen oder den sonstigen vom Schiffe verwandten Vorrichtungen.

Die Feststellung etwa sich herausstellender Beschädigungen der zu landenden Gepäckstücke, Tiere und Güter geschieht auf der Landungsbrücke beim Herausnehmen aus der Schlinge des Kranes, oder, wenn die Landung nach dem Strande stattfindet, nach der Herausnahme aus den Fahrzeugen in flutfreier Höhe.

Die Schiffsführer sind verpflichtet, sich hierbei vertreten zu lassen. Die Beamten des Betriebsunternehmers haben den Vertretern der Schiffsführer eine Empfangsbescheinigung über dergestalt empfangene Gepäckstücke, Tiere oder Güter auszustellen. In diesen Bescheinigungen haben die Beamten des Betriebsunternehmers ihre Wahrnehmungen über nicht ordnungsmäßige äußere Beschaffenheit der empfangenen Gepäckstücke, Tiere und Güter und deren Anzahl zu verzeichnen.

Ablieferung gelandeter Güter.

Als berechtigter Empfänger gelandeter Tiere oder Güter gilt derjenige, der dem Betriebsunternehmer das ordnungsmäßig indossierte Konnossement für die betreffenden Güter und Tiere aushändigt. Orderkonnossemente müssen in blanko indossiert eingeliefert werden. Als Legitimation für den Empfang von Gepäckstücken dient der quittierte Gepäckschein.

Die Ablieferung gelandeter Tiere geschieht am Strande. Der Empfänger oder sein Vertreter muß bei der Landung zugegen sein und die Tiere sofort unter seinen Gewahrsam nehmen. Der Betriebsunternehmer hat den Empfänger, wenn dieser bekannt ist, von der Landung baldmöglichst in Kenntnis zu setzen. Ist der Empfänger oder ein Vertreter desselben nicht zu ermitteln, oder versäumt er, die Tiere rechtzeitig in Empfang zu nehmen, so ist der Betriebsunternehmer berechtigt, die Tiere gegen Empfangsbescheinigung in ihm geeignet scheinende fremde Obhut zu geben, für fremde Rechnung und Gefahr des Empfängers. Etwa dem Betriebsunternehmer entstehende Futterkosten sind ihm vom Empfänger zu ersetzen. Wenn der Empfänger bekannt oder zu ermitteln ist, hat ihm der Betriebsunternehmer eine Mitteilung zugehen zu lassen, in welcher der Ort oder die Orte angegeben werden, wo die Tiere untergebracht sind.

Die Ablieferung der gelandeten Gepäckstücke und Güter durch den Betriebsunternehmer an die Empfangsberechtigten geschieht auf den umfriedigten Zollagerplätzen in dem Zollschuppen oder auf dem Kohlenlagerplatz.

Zum Zwecke der Ablieferung werden die Güter, sofern sie sich dazu eignen, gestapelt. Die Stapelung hat nach Möglichkeit so stattzufinden, daß die Hauptmarken der einzelnen Kolli, wenn sie entsprechend angebracht sind, an der Außenseite des Stapels ersichtlich sind. Kolli, welche eine Beschädigung ohne weiteres erkennen lassen, sind tunlichst gesondert zu halten.

Der Betriebsunternehmer ist nicht verpflichtet, sich mit losen Kohlen, Koks, Getreide, Erzen, Guano oder sonstigen losen Gütern irgendwie zu befassen. Er kann von dem Schiffsführer, dem Empfänger oder dem Verschiffer verlangen, daß solche Güter vor ihrer Entlöschung vom Schiffe oder bei der Einlieferung im Zollhofe zum Zwecke der Verschiffung gesackt oder sonst zur Zufriedenheit seines diensttuenden Beamten verpackt werden.

Die Stapelung loser Güter geschieht, wenn sie nicht in der Verpackung, welche zur Landung gedient hat, erfolgen soll, durch Ausschütten in Haufen, welche nicht über 1 m hoch zu sein brauchen.

Der Betriebsunternehmer ist berechtigt, ungehobeltes Holz an Land zu flößen. Wird diese Absicht kundgegeben, so sind von seiten des entlöschenden Schiffes eine größere Anzahl Planken, Bretter oder Balken durch starke Verschnürung zu einem Floße zu vereinigen. Solche Flöße sind schiffsseitig nicht eher zu Wasser zu lassen oder so lange längsseits vertäut zu halten, als das zum Schleppen des Floßes bestimmte Fahrzeug des Betriebsunternehmers sich in Bereitschaft für diese Arbeit beim Schiffe befindet.

Um den Empfang seiner Gepäckstücke oder Güter hat sich der Empfänger selbst zu bekümmern. Der Betriebsunternehmer ist nicht verpflichtet, dem Empfänger von der Landung und beendeten Stapelung seiner Güter Anzeige zu machen. Er ist jedoch berechtigt, die Ladungsempfänger unter Stellung einer Frist, die nicht kürzer als 48 Stunden sein soll, zur Empfangnahme jeder beliebigen Menge ihrer Güter ohne Rücksicht auf den Inhalt der Konnossemente aufzufordern. Kommt der Empfänger innerhalb der gestellten Frist einer solchen Aufforderung nicht nach, so ist der Betriebsunternehmer berechtigt, unter Hinzuziehung von zwei Zeugen ein Protokoll über Anzahl und äußerliche Beschaffenheit der den Gegenstand der Aufforderung bildenden Gepäckstücke oder Güter aufzunehmen, welches an die Stelle der Ablieferung der Güter tritt.

Ist der Empfänger nicht aufzufinden, oder besitzt er, wenn er nicht am Platze ansässig ist, dort keinen Vertreter, so findet die Aufforderung zur Empfangnahme der Güter durch öffentlichen Anschlag im Zollhofe statt. Nach Ablauf der Empfangnahmefrist wird in gleicher Weise verfahren, wie im Falle säumiger Empfangnahme.

Der Empfänger hat dem Betriebsunternehmer über die empfangenen Güter Bescheinigungen zu erteilen, und zwar für jede einzelne Ablieferung. Diese Bescheinigungen müssen etwaige Ausstände enthalten.

Zur Wahrung von Ansprüchen aus der Ablieferung bedarf es in jedem Falle der Zuziehung eines Beamten des Betriebsunternehmers vor vollendeter Ablieferung.

Haftung des Betriebsunternehmers.

Die gesetzliche Haftung des Betriebsunternehmers richtet sich in Ermangelung besonderer Bestimmungen in dieser Betriebsordnung nach den Bestimmungen des Deutschen Seefrachtrechts.

Der Betriebsunternehmer haftet nur seinem Auftraggeber, d. h. demjenigen, welcher seine Mitwirkung in Anspruch genommen hat.

Die Haftung des Betriebsunternehmers beginnt mit der Empfangnahme und endet mit der Ablieferung.

Die Beibringung der Empfangsbescheinigung des empfangenden Schiffes befreit bei Verschiffungs- oder Umladungsaufträgen den Betriebsunternehmer dem Auftraggeber gegenüber von jeder Haftung für die von dem Schiffe der Anzahl und äußeren Beschaffenheit nach vorbehaltlos übernommenen Gepäckstücke, Tiere und Güter.

Im Falle von Landungsaufträgen haftet der Betriebsunternehmer dem Auftraggeber nur für diejenige Anzahl Gepäckstücke, Tiere und Güter, für welche er dem Schiffe Empfangsbescheinigung erteilt hat. Weist diese Bescheinigung bezüglich der äußeren Beschaffenheit der Gepäckstücke, Tiere oder Güter einen Vorbehalt auf, so erfährt die Haftung des Unternehmers eine entsprechende Einschränkung.

Der Betriebsunternehmer ist nicht verantwortlich für Verluste, Schäden und Kosten, verursacht durch die Gefahren der See, Feinde, Seeräuber, gewaltsame Beraubung (Diebstahl ausgenommen, wenn nicht in den Zollhöfen nach Ablieferung der Güter eingetreten), Arrest und Verfügungen von hoher Hand; desgleichen durch Kollisionen, Strandung, Leckspringen, Sinken, Kentern von Fahrzeugen, Brechen von Schlepptrossen und alle anderen Schiffahrtsunfälle, selbst wenn die dadurch entstehenden Schäden, Verluste oder Kosten auf irgend eine rechtswidrige Handlung, einen Fehler, eine Nachlässigkeit oder einen Irrtum des Schlepper- oder Leichterpersonals zurückzuführen sind; desgleichen nicht für Schäden, Verluste und Kosten durch Platzen von Dampfkesseln oder Rohrleitungen, Brechen von Schäften oder irgend einen verborgenen Fehler an dem Rumpf von Schleppern, Leichtern, Flößen oder sonstiger im Betriebe verwandten Fahrzeuge oder an deren Maschinen (vorausgesetzt, daß nicht Seeuntüchtigkeit oder Mangel an gehöriger Sorgfalt des Unternehmers die Ursache ist); desgleichen durch Krieg, Blockade, Aufstand oder Aufruhr, Streiks oder Aussperrung; oder durch Feuer, Blitzschlag, Explosion, Regen, Spritzwasser, Überschwemmung, Fortwehen oder Einflüsse von Wind und Wetter, Temperatur und Klima, wie auch durch Vertreiben von Holz beim Anlandflößen, Sich-Werfen, Springen oder Splittern von Holz, Lösung von Bündeln, Verletzung, Verenden oder Überbordspringen von Tieren, Befleckung unverpackter Güter oder von Verpackungen, Verderb, Fäulnis, Ratten- oder Wurmfraß, Rost, Schweiß, Zersetzung, Schwinden, Leckage oder irgend einen anderen, aus der natürlichen Beschaffenheit der Güter oder deren äußerlich nicht erkennbaren mangelhaften Packung oder durch deren Berührung mit oder der Ausdünstung oder Leckage von anderen Gütern entstandenen Schaden; ferner nicht für durch ungenaue oder mangelhafte Adressierung oder durch Verwischen der Marken und Adressen oder Bezeichnung der Gepäckstücke oder der Güter verursachte Versehen.

Der Betriebsunternehmer ist nicht verantwortlich für Gold, Silber, Edelmetalle, Geld, Dokumente, Juwelen, Kunstwerke oder andere Gegenstände, deren Wert 2000 M. pro Kollo übersteigt, es sei denn, daß der Wert ihm vorher ausdrücklich bekannt gegeben sei, entweder von dem Kapitän des Schiffes, dem Empfänger oder dem Verschiffer. Mündliche Mitteilungen werden als Erklärungen im Sinne dieser Bestimmungen nicht angesehen.*)

Allgemeine Bestimmungen.

Gewicht, Maß, Qualität, Inhalt und Wert der Kolli oder Güter, selbst wenn in den Manifesten, Konnossementen, Mitwirkungsaufträgen oder sonstigen Dokumenten angegeben, gelten als dem Betriebsunternehmer unbekannt, ausgenommen, wenn das Gegenteil ausdrücklich anerkannt und schriftlich vereinbart ist.

Werden dem Betriebsunternehmer Güter übergeben, deren Beschädigung, schlechte Beschaffenheit oder schlechte Verpackung sichtbar ist, so hat er diese Mängel in der Empfangsbescheinigung zu bemerken, widrigenfalls er dem Empfänger dafür verantwortlich ist.

Der Betriebsunternehmer ist berechtigt, auch entzündliche, explosive, ätzende oder sonst gefährliche Güter zu befördern.

Die Reedereien oder Verschiffer sind haftpflichtig für jeglichen durch solche Güter anderen Gütern, den Fahrzeugen oder den Anlagen am Lande verursachten Schaden, wenn solche gefährlichen Güter ohne genaue Angabe ihrer Natur gelöscht oder zur Verschiffung angeliefert werden, gleichviel ob der betreffende Schiffsführer bzw. Verschiffer sich der gefährlichen Natur der Güter bewußt gewesen ist oder nicht, oder ob derselbe für eigene Rechnung oder im Auftrage Dritter gehandelt hat.

Reklamationen.

Die Empfänger sind verpflichtet, Ansprüche gegen den Betriebsunternehmer wegen Beschädigung oder Verlust von Gütern innerhalb eines Monats nach beendeter Beladung oder Entlöschung bei dem Betriebsunternehmer schriftlich geltend zu machen. Später gestellte Ansprüche ist der Betriebsunternehmer berechtigt zurückzuweisen.

Nach beendeter Entlöschung oder Beladung eines jeden Schiffes hat der Betriebsunternehmer den betreffenden Tag durch Aushang an einer Tafel in dauerhafter Schrift an seinem Geschäftshause bekannt zu geben. Der Aushang muß bis zum Ablaufe der für die Stellung von Ansprüchen gesetzten einmonatigen Frist aufrecht erhalten werden.

*) Es wird darauf hingewiesen, daß sich die Interessenten gegen alle diejenigen Schäden, für die der Betriebsunternehmer nicht haftet, durch Versicherung decken können. [Anm. des Vertrages.]

Der Betriebsunternehmer haftet nicht für ein etwaiges Unterbleiben solcher Bekanntmachung.

Der Betriebsunternehmer ist nicht verpflichtet, die Interessen der Empfänger für vom Schiffe nicht oder beschädigt gelandete Güter wahrzunehmen. Dies haben die Empfänger selbst zu tun.

In den Schadensansprüchen gegen den Betriebsunternehmer sind die Preise der fehlenden oder beschädigten Güter nach dem Grundsatze aufzumachen, daß nur für den Kostenpreis der Güter im Verschiffungshafen zuzüglich etwa bezahlter Fracht- und Versicherungsprämie Ersatz geleistet wird.

Gebühren.

Die Gebührenrechnungen des Betriebsunternehmers sowie dessen Rechnungen für die von ihm einzuziehenden fiskalischen Hafenabgaben sind in allen Fällen vor Ausführung der Leistungen zu begleichen.

Dem Betriebsunternehmer steht an allen beförderten Gepäckstücken, Tieren und Gütern ein Pfandrecht zu für die Bezahlung seiner Gebühren und sonstiger aus dem Betriebe sich ergebenden Forderungen, sowie der Hafengebühren, mit deren Einziehung er betraut ist.

Lüderitzbucht, den ..190

Woermann-Linie,

hier.

Wir / Ich ersuche Sie hierdurch, auf Grund der vom Kaiserlichen Gouvernement für Deutsch-Südwestafrika veröffentlichten Betriebsordnung vom die auf der anliegenden, von uns / mir gezeichneten Liste*) aufgeführten Personen, Gepäckstücke, Tiere und / oder Güter

das nicht Gewünschte ist auszustreichen	aus " " zu landen nach " " zu verschiffen von " auf " umzuladen.
I. Für Empfänger oder Verschiffer	Zur Zahlung der tarifmäßigen Gebühren sind wir / bin ich bereit.
II. Für Schiffsführer oder deren Agenten	Die tarifmäßigen Gebühren sind vom Empfänger / Absender einzuziehen, doch halten wir uns / halte ich mich für deren richtigen Eingang verantwortlich.

Mit Hochachtung

Unterschrift:

Signale für den Landungsbetrieb in Lüderitzbucht.

Am Flaggenmast der Brücke geheißt, bedeutet:

IOJ „Aufhören mit Löschen".

JES „Wieder anfangen".

---

*) Die Liste kann bei Aufträgen zur Landung auch durch Manifest bzw. durch das indossierte Konnossement ersetzt werden. Bei Aufträgen zur Verschiffung sind die von den in Frage kommenden Reedereien vorgeschriebenen „Verladezettel" ausgefüllt einzureichen. [Anm. des Vertrages.]

Am Bord der Dampfer:

D „Leichter oder Floß ist voll, wünsche Schlepper".

R A oder 4 lange Töne mit der Dampfpfeife: „Floß, Leichter oder Boot treibt weg".

F „Reede-Offizier wird gewünscht".

Die Steurer der Schiffs-Barkassen sind von der Schiffsleitung zu instruieren, daß sie sowohl den Anordnungen des Brücken- als auch des Reede-Offiziers Folge zu leisten haben.

Tarif für den Hafen in Lüderitzbucht.

I. Für die auf dem Seewege ankommenden oder abgehenden Personen, Tiere und Güter ist eine Hafengebühr an den Fiskus zu zahlen.

Güter und Tiere, die unter Zahlung der Hafengebühr nach Lüderitzbucht eingeführt worden sind, im späteren Verlaufe aber von dort nach Swakopmund wieder ausgeführt werden sollen, sind von der sonst bei der Ausfuhr zu zahlenden Hafengebühr befreit.

Sie unterliegen jedoch bei der Wiedereinfuhr in Swakopmund der dort bestehenden Hafengebühr.

Die Hafengebühr beträgt:

1. Für Personen . . . . je 1,— M.
2. a) Für Pferde (einschließlich Ponys), Kamele, Maultiere, Esel, Rinder . . . . pro Stück 2,— „
   b) Für Schafe, Ziegen, Schweine . . . . pro Stück 0,50 „
   c) Für Wasser . . . . 1,50 „ für 1000 kg bzw. das Kubikmeter.
   d) Für alle übrigen, nicht benannten Güter . . . . 1,50 M. für 1000 kg bzw. das Kubikmeter.

II. An die Woermann-Linie sind folgende Beförderungsgebühren zu zahlen:

1. Für die Beförderung von Personen zwischen Schiff und Land oder von Schiff zu Schiff im Hafen . . . . je 1,— M.
2. Für das Verladen in die Landungsfahrzeuge, das Verbringen der Landungsfahrzeuge an Land, die Brücken oder an ein Schiff und die Übergabe an die Empfangsberechtigten
   a) bei Pferden (einschließlich Ponys), Kamelen, Maultieren, Eseln, Rindern . . . . pro Stück 15,— „
   b) bei Schafen, Ziegen, Schweinen . . . . pro Stück 5,— „

   Die unter Ziffer a und b aufgeführten Beförderungsgebühren für Tiere ermäßigen sich um

   10 vH. bei einer mit einem Schiffe und für einen Empfänger zur Beförderung gelangenden Stückzahl von über 10 bis 20,
   15 „ desgleichen „ „ „ 20 „ 30,
   20 „ „ „ „ „ 30 „ 40,
   30 „ „ „ „ „ 40 „ 50,
   40 „ „ „ „ „ 50 „ 100,
   50 „ „ „ „ „ 100.

   In jeder der angegebenen Stufen darf jedoch als Gesamtbetrag für einen solchen Transport höchstens der für die Mindestzahl der folgenden Stufe sich ergebende Betrag erhoben werden.

3. Für die Beförderung aller sonstigen im vorstehenden nicht benannten Güter von der Längsseite des Schiffes bis in den Zollschuppen, Zollhof oder sonstigen Lagerplatz sowie für Stapelung und Übergabe oder für die gleiche Leistung in umgekehrter Richtung . . . . 5,50 M.
für 1000 kg bzw. das Kubikmeter.

Vorkommendenfalls verteilt sich die unter Ziffer 3 festgesetzte Gebühr, wie folgt:

a) für das Verladen in die Landungsfahrzeuge, das Verbringen der Landungsfahrzeuge an Land und das Einlegen in die Schlingen zum Aufholen . . . . 3,— M.
Diese Gebühr gilt auch für Umladungen im Hafen von Schiff zu Schiff;

b) für das Aufholen mit dem Kran oder das sonstige Herausnehmen aus den Landungsfahrzeugen, Verladung auf die Bahnwagen, Beförderung in den Zollschuppen, Zollhof oder sonstigen Lagerplatz, Stapelung und Übergabe . . . 2,50 „
für 1000 kg bzw. das Kubikmeter.

III. Zusätzliche Bestimmungen.

1. Die Zahlung der fiskalischen Hafengebühren hat an die Woermann-Linie zu geschehen, welche die Gebühren an die Zollkasse in Lüderitzbucht gemäß den hierüber zu erlassenden Bestimmungen abführt.

2. Postsendungen und die zum dienstlichen Gebrauch der Post- und Telegraphenanstalten des südwestafrikanischen Schutzgebiets bestimmten Gegenstände sind von der Zahlung der fiskalischen Hafengebühr in demselben Maße befreit wie die Amtsbedürfnisse des Gouvernements.

3. Welchen der beiden unter II, 2a, b aufgeführten Kategorien die in diesem Tarife nicht benannten Tiere zuzurechnen sind, bestimmt im Streitfalle das Bezirksamt Lüderitzbucht.

Die Hafen- und Beförderungsgebühr für Geflügel und sonstige kleine Tiere, die in Käfigen versandt werden, wird nach dem Raummaß, das die Behälter einnehmen, berechnet.

4. Die Erhebung der Hafen- und Beförderungsgebühren erfolgt, soweit in diesem Tarife nicht anderes bestimmt ist, nach dem Bruttogewicht.

Als Erhebungseinheit werden dabei für jede Position des [Konnossements] Manifests*) 100 kg angenommen. Bruchteile dieser Erhebungseinheit werden nach dem vollen Betrage der Erhebungseinheit in Ansatz gebracht.

Für sperrige Güter im schiffahrtstechnischen Sinne wird die Beförderungs- und Hafengebühr pro Kubikmeter (Raummaß) berechnet.

Sperrige Güter im schiffahrtstechnischen Sinne sind solche Güter, welche auf 1000 kg Bruttogewicht mehr als 1 Kubikmeter messen.

Sofern der hiernach für die Berechnung der Hafen- und Beförderungsgebühren in Betracht kommende Maßstab zur Berechnung der Seefrachtkosten gedient hat, werden bei der Bemessung der Hafen- und Beförderungsgebühren die Maße und Gewichte der Schiffspapiere zugrunde gelegt, soweit die Maße und Gewichte aus den genannten Papieren ersichtlich sind.

In solchen Fällen kann ein Nachmessen oder Nachwiegen zum Zwecke der Festsetzung der fraglichen Gebühren nicht beansprucht werden.

*) Änderung gemäß Vereinbarung zwischen dem StS. d. Reichs-Kolonialamts und der Woermann-Linie vom 1./12. Mai 1908.

182. Vertrag zwischen dem Staatssekretär des Reichs-Kolonialamts und der Woermann-Linie, betreffend das Landungswesen in Swakopmund am 10. Juli/10. August 1907.*)

(Kol. Bl. S. 844.)

Nachdem unter Ziffer 8 des von der Kolonial-Abteilung des Auswärtigen Amts genehmigten, zwischen dem Bezirksamtmann Dr. Fuchs und der Woermann-Linie abgeschlossenen Abkommens, d. d. Swakopmund, 25. August 1904**) den an dem Landungsvertrage für Swakopmund vom 27./28. Dezember 1903***) beteiligten Parteien nach Beendigung des Kriegszustandes das Recht der Revision des letztgenannten Vertrages vorbehalten worden ist und Einverständnis darüber besteht, daß der besagte Kriegszustand nunmehr als beendet zu erachten ist, wird unter Ausübung des genannten Revisionsrechts und unter Aufhebung aller das Landungswesen in Swakopmund betreffenden bisherigen Abmachungen mit der Woermann-Linie

zwischen

dieser, vertreten durch Herrn Richard Peltzer,

und

dem deutsch-südwestafrikanischen Landesfiskus, vertreten durch den Staatssekretär des Reichs-Kolonialamts, Wirklichen Geheimen Rat Dernburg, das Nachstehende vereinbart:

§ 1. Die Woermann-Linie verpflichtet sich, die Personen-, Tier- und Güterbeförderung zwischen Schiff und Land im Hafen von Swakopmund unter Benutzung der in § 5 bezeichneten Anlagen und Betriebsmittel in einer dem allgemeinen Verkehrsinteresse entsprechenden Weise zu betreiben, insbesondere auf ihre Kosten dafür zu sorgen, daß das dazu nötige Personal und Inventar stets vollständig und in leistungsfähigem Zustande vorhanden ist.

§ 2. Die Beförderung vom Schiff nach dem Lande (Löschung) besteht in folgenden Leistungen:

1. Empfangnahme längsseit des Schiffes in den Landungsfahrzeugen;
2. Verbringen der Landungsfahrzeuge vom Schiff an die Brücke; bei Tierlandungen an diese oder an die alte Landungsstelle;
3. Verladung aus den Landungsfahrzeugen in die Güterwagen der Hafenbahn;
4. Beförderung mittels dieser Wagen nach Bestimmung des Zollamts in den Zollschuppen, die eingefriedeten Zollhöfe oder auf den in der Nähe gelegenen Kohlenlagerplatz sowie Stapelung und Übergabe an die Empfangsberechtigten.

*) Der Vertrag ist (ohne die Betriebs- und Signalordnung sowie den Tarif) vom Gouverneur von Deutsch-Südwestafrika in den „Windhuker Nachrichten" vom 17. Oktober 1907 mit folgendem Zusatz veröffentlicht worden:

„Vorstehender Vertrag tritt mit dem heutigen Tage in Kraft.

Windhuk, den 15. Oktober 1907.

Der Kaiserliche Gouverneur.
I. A.: v. Eschstruth."

Wegen der Betriebsordnung usw. ist eine besondere Bekanntmachung vom gleichen Tage ergangen (unten Nr. 260).

**) Nicht abgedruckt.

***) Vgl. D. Kol. Gesetzgeb. 1904 S. 96.

Die Beförderung vom Lande nach dem Schiffe (Verschiffung) besteht aus den gleichen Leistungen in umgekehrter Reihenfolge.

Die Beförderung von Schiff zu Schiff (Umladung) besteht in folgenden Leistungen:

1. Empfangnahme längsseit des Schiffes in den Leichterfahrzeugen;

2. Verbringen der Leichterfahrzeuge vom löschenden Schiffe längsseit des ladenden Schiffes und Befestigung dessen Übernahmevorrichtungen.

Die Woermann-Linie ist berechtigt, aber nicht verpflichtet, mit vorher eingeholter Erlaubnis der Zollbehörde auch Güter an der sogenannten alten Landungsstelle zu landen.

Lassen Art oder Gewicht einzelner Güter die Landung oder Verschiffung an der Landungsbrücke nicht zu, so ist die Woermann-Linie verpflichtet, diese Güter, soweit dies aus technischen oder nautischen Gründen möglich ist, an der alten Landungsstelle zu landen oder zu verschiffen.

§ 3. Die Übergabe der Güter an die Empfangsberechtigten hat nach Bestimmung der vom Gouvernement ermächtigten Behörden im Einvernehmen mit der Woermann-Linie entweder in dem Zollschuppen oder in den Zollhöfen oder auf dem Kohlenlagerplatz zu erfolgen.

§ 4. Die Woermann-Linie verpflichtet sich, die Personen-, Tier- und Güterbeförderung zwischen Schiff und Land, gemäß der angehefteten Betriebsordnung, deren Revision nach sechsmonatiger Handhabung von jeder der beiden Vertragsparteien verlangt werden kann, nach gleichen Grundsätzen für jedermann auszuführen, der dazu ihre Mitwirkung in Anspruch nimmt und zur Zahlung der tarifmäßigen Hafen- und Beförderungsgebühren bereit ist.

Soweit die Woermann-Linie danach bei der Personen-, Tier- und Güterbeförderung zwischen Schiff und Land mitwirkt, ist sie verpflichtet, die Hafengebühren einzuziehen und an zwei vom Zollamte ein für allemal zu bestimmenden Tagen im Monat an die Zollkasse zu Swakopmund abzuführen. Die Beförderungsgebühren verbleiben der Woermann-Linie.

§ 5. Zur Benutzung bei der Personen-, Tier- und Güterbeförderung zwischen Schiff und Land im Hafen von Swakopmund überläßt der Fiskus der Woermann-Linie folgende in Swakopmund vorhandene Anlagen und Betriebsmittel:

1. die Landungsbrücke;

2. drei 3 t-Kräne, zwei 2 t-Kräne, einen 1½ t-Kran auf der Landungsbrücke;

3. die in den Zollrayon und nach dem Kohlenlagerplatz führenden Hafengleise;

4. eine Lokomotive nebst 10 Eisenbahngüterwagen von je 5 t Tragfähigkeit für den Verkehr auf den Hafengleisen.

Soweit zur Durchführung eines geordneten Lade- und Löschbetriebes nach § 1 dieses Vertrages ein weiterer Bedarf an Lokomotiven und Eisenbahngüterwagen erforderlich ist, wird das Gouvernement dahingehende Anträge der Woermann-Linie berücksichtigen.

Bei Meinungsverschiedenheiten nach dieser Richtung entscheidet die nach § 7 zu bildende Kommission.

Weiterhin überläßt der Fiskus der Woermann-Linie für die Dauer des von ihr nach dem vorliegenden Vertrage wahrzunehmenden Landungsbetriebes das von ihr zur Zeit für die Reparaturwerkstätte nebst Zubehör im neuen Zollhofe gebrauchte Gelände zu unentgeltlicher Benutzung, ebenso das Gelände für die

Zollkontore der Linie in den Zollhöfen, und das für den Landungsbetrieb etwa sonst noch erforderliche Gelände, soweit der Fiskus die Verfügung über diese Gelände hat und deren nicht selbst bedarf. Für den Fall, daß er dieser Gelände bedarf, wird er der Woermann-Linie an anderer geeigneter Stelle entsprechendes Gelände zur unentgeltlichen Nutzung für die Dauer dieses Vertrages überlassen, soweit er über solches Gelände verfügt.

Der Woermann-Linie steht das Recht zu, die für den Landungsbetrieb erforderlichen Eingeborenen während der Dauer dieses Vertrages in den bisherigen Unterkunftsräumen zu halten, vorausgesetzt, daß dort ausreichendes weißes Personal für die zuverlässige Überwachung der Eingeborenen dauernd stationiert ist.

§ 6. Für die Hafen- und Beförderungsgebühren ist der angeheftete Tarif maßgebend.

Die Höhe der darin festgesetzten Beförderungsgebühren kann ohne Einverständnis der Woermann-Linie nicht geändert werden.

§ 7. Die Frage, ob der Betrieb den Vorschriften des § 1 entsprechend eingerichtet ist, gegebenenfalls, welche Änderungen dazu notwendig sind, entscheidet eine Kommission, die aus einem der Bezirksrichter in Swakopmund als Vorsitzenden und zwei Beisitzern zu bilden ist, von denen jede Partei einen zu berufen hat. Wenn eine Partei die Ernennung des Beisitzers ungebührlich verzögert, so ernennt ihn der Oberrichter in Windhuk, welchem auch die Entscheidung darüber zusteht, ob eine ungebührliche Verzögerung vorliegt.

Innerhalb der Kommission entscheidet die Mehrheit der Stimmen.

§ 8. Die Instandhaltung der Landungsbrücke liegt dem Fiskus ob.

Die Instandhaltung der übrigen in § 5 bezeichneten oder später vom Fiskus außerdem noch zur Verfügung gestellten Betriebsmittel in gutem Zustande ist Sache der Woermann-Linie. Sie geschieht durch ihr Personal und auf ihre Kosten. Nur solche hierbei sich zeigenden Mängel und Schäden, von denen die Woermann-Linie nachweisen kann, daß sie auf Fehlern der Herstellung oder des Materials beruhen oder durch außergewöhnliche Naturereignisse herbeigeführt sind, hat der Fiskus zu beseitigen.

Machen die Verhältnisse eine Erweiterung der Hafenanlagen oder eine Vermehrung der Betriebsmittel erforderlich, so wird nach dem Grundsatz verfahren, daß Anlagen und Betriebsmittel auf dem Wasser von der Woermann-Linie, solche auf dem Festlande, einschließlich der Brücken, von dem Fiskus bereitzustellen sind.

Im ersteren Falle trägt die Kosten die Woermann-Linie, im letzteren der Fiskus.

Bestreitet die Woermann-Linie die Notwendigkeit einer solchen Erweiterung oder Vermehrung, so entscheidet endgültig die nach § 7 zu bildende Kommission.

Kann der Fiskus die von ihm zu leistenden Reparaturen nicht rechtzeitig ausführen, so ist die Woermann-Linie von den ihr obliegenden Reparaturen der dadurch außer Tätigkeit gesetzten, dem Fiskus gehörigen Betriebsmittel für die Dauer der Verzögerung entbunden.

§ 9. Für Betriebsstörungen, die infolge von Beschädigungen der in § 8 bezeichneten Anlagen und Betriebsmittel eintreten und während der Instandsetzungsarbeiten andauern, hat die Woermann-Linie gegen den Fiskus keinerlei Ersatzansprüche. Anderseits ist die Woermann-Linie nicht verantwortlich für

Betriebsstörungen, welche aus den gleichen Ursachen eintreten und während der Instandsetzungsarbeiten andauern.

§ 10. Die Woermann-Linie verpflichtet sich, zur Ausführung von Peilungen oder zu sonstigen dienstlichen Zwecken den vom Gouvernement zu bestimmenden Behörden in Swakopmund auf Verlangen von den ihr in Swakopmund zur Verfügung stehenden Fahrzeugen diejenigen mit Bemannung und Ausrüstung zum Gebrauch zu überlassen, die die genannten Behörden als erforderlich bezeichnen.

Der Fiskus hat der Woermann-Linie hierfür eine angemessene Entschädigung zu leisten.

Die Woermann-Linie verpflichtet sich ferner, zur Ausführung von Instandsetzungsarbeiten an den Landungsanlagen den im Absatz 1 genannten Behörden auf Verlangen die ihr überwiesenen und von ihr selbst hergestellten Anlagen und beschafften Betriebsmittel nebst Personal gegen Erstattung der baren Auslagen zum Gebrauche zu überlassen.

Soweit die Überlassung der in diesem Paragraphen erwähnten Anlagen und Betriebsmittel eine erhebliche Störung der Personen-, Tier- und Güterbeförderung zwischen Schiff und Land zur Folge haben würde, kann sie nur verlangt werden, wenn eine Verzögerung der fraglichen Arbeiten mit einer ernsten Gefahr für die Landungsanlagen verbunden sein würde.

Die Entscheidung, ob dies der Fall ist, trifft endgültig die Hafenbehörde.

§ 11. Die Woermann-Linie wird dem Gouvernement auf dessen Wunsch jederzeit einen der in Swakopmund stationierten Schleppdampfer nebst Bemannung und Ausrüstung für Fahrten außerhalb des Swakopmunder Hafenbereichs zur Verfügung stellen, soweit das ohne erhebliche Beeinträchtigung der Personen-, Tier- und Güterbeförderung zwischen Schiff und Land möglich ist.

Für diese Benutzung des Dampfers hat der Fiskus an die Woermann-Linie eine angemessene Vergütung zu zahlen.

§ 12. Sofort nach Ankunft von Schiffen auf der Reede von Swakopmund hat die Woermann-Linie den vom Gouvernement zu bestimmenden Behörden zur Fahrt nach und von den Schiffen ein dem Wetter entsprechendes Fahrzeug nebst Bemannung und Ausrüstung unentgeltlich zur Verfügung zu stellen.

Soweit Reichs- und Schutzgebietsbeamte, Angehörige der Schutztruppe oder der Kaiserlichen Marine zur Erledigung von Dienstgeschäften zwischen dem Lande und den auf der Reede liegenden Schiffen zu verkehren haben, hat ihnen die Woermann-Linie, auch abgesehen von dem Falle des Absatzes 1, freie Beförderung hin und zurück zu gewähren.

§ 13. Der Fiskus verpflichtet sich, für die Dauer des Vertrages die Beförderung sämtlicher in Swakopmund für seine Rechnung ankommenden und abgehenden Personen, Tiere und Güter zwischen Schiff und Land unter Zahlung der tarifmäßigen Beförderungsgebühren der Woermann-Linie zu übertragen.

§ 14. Die Woermann-Linie hat alle für allgemeine, insbesondere für statistische Zwecke notwendigen Nachweise und Feststellungen gemäß den ihr vom Gouvernement zugehenden Anweisungen ohne Vergütung zu bewirken, soweit die Unterlagen ihr bekannt sind.

§ 15. Das vorliegende Vertragsverhältnis endet mit dem 31. März 1909. Doch muß es auf Wunsch der Regierung um sechs Monate verlängert werden, sofern die gleiche Verlängerung auch hinsichtlich des für Lüderitzbucht abgeschlossenen Landungsvertrages eintritt.

Macht die Regierung hiervon Gebrauch, so hat sie der Woermann-Linie in Hamburg spätestens am 1. Februar 1909 entsprechende Mitteilung zu machen.

§ 16. Über alle Ansprüche aus dem gegenwärtigen Vertragsverhältnisse, auch, wenn sie nach dessen Lösung geltend gemacht werden, entscheidet unter Ausschluß des Rechtsweges ein Schiedsgericht.

§ 17. Die Bildung des Schiedsgerichts erfolgt nach den Vorschriften der Zivilprozeßordnung.

Das dem Fiskus zustehende Ernennungsrecht wird von dem Oberrichter in Windhuk ausgeübt.

Kommen die Schiedsrichter zu keiner Entscheidung, weil sich unter ihnen Stimmengleichheit ergibt, so haben sie einen Obmann zu wählen.

Können sie sich über die Person dieses Obmannes nicht einigen, so haben sie den Oberrichter in Windhuk um dessen Ernennung zu ersuchen.

Der Obmann kann von den Parteien aus denselben Gründen abgelehnt werden, die zur Ablehnung eines Schiedsrichters berechtigen.

Die nach den §§ 1045, 1046 der Zivilprozeßordnung zu treffenden Entscheidungen werden von dem Bezirksrichter in Swakopmund erlassen.

Hamburg, den 10. August 1907.

Berlin, den 10. Juli 1907.

Reichs-Kolonialamt.
Dernburg.

Woermann-Linie.
Peltzer.

Betriebsordnung für den Verschiffungs- und Landungsbetrieb der Woermann-Linie in Swakopmund.

1. Die Arbeitszeit des Betriebes dauert von morgens 6 Uhr bis mittags 12 Uhr und von nachmittags 2 Uhr bis abends 6 Uhr. An Sonn- und Feiertagen wird, abgesehen von der Beförderung der Post und Passagiere sowie von dringenden Notfällen, nicht gearbeitet.

Ob ein dringender Notfall vorliegt, entscheidet im Streitfalle das Hafenamt.

2. Der Betriebsunternehmer ist berechtigt, den Betrieb auch während der Arbeitszeit einzustellen, wenn infolge Dunkelwerdens, Nebels oder durch den Zustand der See die Durchführung des Betriebes beeinträchtigt wird oder Gefahr für Menschenleben oder Eigentum damit verknüpft ist. Die Einstellung und Wiedereröffnung des Betriebes bei solchen Ereignissen wird der Betriebsunternehmer nach eigenem bestem sachverständigem Ermessen bestimmen, ohne irgendwelche Verantwortlichkeit dafür zu übernehmen, daß dies rechtzeitig geschieht.

3. Für Arbeiten außerhalb der Arbeitszeit oder an Sonn- und Festtagen, welche auf Antrag der Leitung eines Schiffes stattfinden, sind von dem Antragsteller dem Betriebsunternehmer die daraus entstehenden Kosten, als Überstundenlöhne, Kosten der Beleuchtung usw., zu ersetzen. Der Betriebsunternehmer ist nicht, abgesehen von der Beförderung der Post und Passagiere sowie von dringenden Notfällen, verpflichtet, einem solchen Antrage zu entsprechen.

Ob ein dringender Notfall vorliegt, entscheidet im Streitfalle das Hafenamt.

Auftragerteilung.

Der Betriebsunternehmer wird für jeden, welcher seine Mitwirkung in Anspruch nimmt, die Beförderung von Personen, Tieren und Gütern von, nach und zwischen Schiffen ausführen, welche auf der Reede von Swakopmund verankert sind.

Er ist jedoch nur verpflichtet, dahin gehenden Anträgen bei solchen Schiffen stattzugeben, die innerhalb des Zwei-Seemeilen-Radius vom Brückenkopf zu Anker liegen.

Die Inanspruchnahme der Mitwirkung des Betriebsunternehmers erfolgt durch Erteilung eines schriftlichen Auftrages in vorgeschriebener aus der Anlage ersichtlicher Form, in welchem der Auftraggeber den Namen des betreffenden Schiffes, die Art der gewünschten Leistung (Landung, Verschiffung, Umladung) sowie die Anzahl von Personen und Gepäckstücken unter Bezeichnung der Menge, Gattung und Art der in Frage kommenden Tiere oder Güter angibt und sich unter ausdrücklicher Anerkennung der Betriebsordnung verpflichtet, die tarifmäßigen Gebühren zu entrichten. Der Auftrag, durch welchen die Mitwirkung des Betriebsunternehmers in Anspruch genommen wird, kann sowohl von dem betreffenden Schiffsführer oder seinem Vertreter am Lande als auch von dem Ladungsempfänger ausgehen. Geht er von dem Ladungsempfänger aus, so ist dem Auftrage das oder die Konnossemente über die betreffenden Güter beizufügen.

Sollten die Fahrzeuge des Betriebsunternehmers in Anspruch genommen werden, ohne daß aus irgend einem Grunde der vorgeschriebene schriftliche Auftrag erteilt wäre, so gilt der Benutzer der Fahrzeuge als Auftraggeber und die Verpflichtungen, welche ein solcher Auftrag nach sich zieht, als von ihm dem Betriebsunternehmer gegenüber eingegangen, unbeschadet dessen Rechte, sich an den ihm übergebenen Gepäckstücken, Tieren oder Gütern schadlos zu halten.

Personenverkehr.

Die Beförderung von Personen zwischen Schiffen auf der Reede und zwischen Schiffen und dem Lande geschieht auf deren Gefahr. Sie erfolgt gegen Lösung von Fahrkarten.

Gepäck, welches landende oder sich einschiffende Personen mit sich führen, braucht dem Betriebsunternehmer nicht übergeben zu werden. Der Betriebsunternehmer wird die Landung oder Einschiffung solchen Gepäcks, soweit keine zwingenden Hinderungsgründe vorliegen, zugleich mit den betreffenden Personen ausführen. Die Mitnahme des Gepäcks erfolgt kostenlos. Eine Haftung für beschädigtes oder in Verlust geratenes Gepäck tritt auf seiten des Betriebsunternehmers nicht ein.*)

Personen, welche des öfteren an Bord der Schiffe zu tun haben, können Dauerkarten beim Betriebsunternehmer lösen. Diese Karten berechtigen nicht zum Verlangen der Gestellung einer besonderen Beförderungsgelegenheit.

Verkehr mit den Schiffen.

Der Betriebsunternehmer braucht Aufträgen zur Landung, Verschiffung oder Umladung von Personen, Gepäckstücken, Tieren oder Gütern nur dann zu entsprechen, wenn

*) Es wird darauf hingewiesen, daß die Eigentümer der Gepäckstücke sich gegen solche Schäden durch Versicherung in den Einschiffungsplätzen decken können. (Anm. des Vertrages.)

1. das Schiff die behördliche Verkehrserlaubnis erhalten hat;
2. allen von der Zollbehörde beanspruchten Formalitäten entsprochen ist;
3. der Führer des Schiffes eine von ihm gezeichnete Liste der zu landenden oder umzuschiffenden Passagiere und deren Gepäckstücke mit summarischer Angabe deren Zahl für jeden Passagier bei dem Betriebsunternehmer eingereicht hat;
4. der Führer des Schiffes ein von ihm gezeichnetes vollständiges Manifest über die zu landenden oder umzuschiffenden Tiere oder Güter eingereicht hat.

   Das Manifest muß Angaben enthalten über Marken, Nummern, Anzahl, Art, Inhalt, Empfänger, Maß und Bruttogewicht der Kolli. Sendungen an „Order" sind als solche zu verzeichnen;
5. der Schiffsführer sich durch Unterschrift verpflichtet hat, auch die sonstigen Bedingungen der Betriebsordnung zu erfüllen.

Zur Beschleunigung der Erledigung dieser Formalitäten hat ein Beamter des Betriebsunternehmers, nachdem die behördliche Verkehrserlaubnis erteilt ist und sofern der Zustand der See es ohne Gefahr erlaubt, sich an Bord des Schiffes zu begeben, die Listen und Manifeste in Empfang zu nehmen und dem Schiffsführer ein Exemplar der Betriebsordnung einzuhändigen.

Verteilung und Behandlung der Leichterfahrzeuge.

Die Leichterfahrzeuge werden nach folgenden Grundsätzen verteilt:

Post- und Passagierdampfer erhalten vor Frachtdampfern und Seglern den Vorzug;

Kriegsschiffe erhalten vor allen anderen Schiffen den Vorzug.

Als Post- und Passagierdampfer werden angesehen die Dampfer regelmäßiger Linien, welche nach einem festen veröffentlichten Fahrplane verkehren und Passagiere befördern.

Die Kriegsschiffe, nach ihnen die Post- und Passagierdampfer, nach ihnen die sonstigen Dampfer und die Segler erhalten nach der Reihenfolge ihrer Ankunft und nach Maßgabe des vorhandenen Materials so viele Fahrzeuge, als sie ohne Verzug, nachdem die Fahrzeuge längsseite gebracht sind, beladen oder entlöschen. Bei Meinungsverschiedenheiten über die Reihenfolge entscheidet das Hafenamt.

Die Festmachetrossen für die Leichter sind vom Schiffe zu stellen. Die Schiffe sind verantwortlich für Verlust oder Beschädigungen von Leichtern des Betriebsunternehmers infolge ungenügenden Festmachens, ungenügenden Trossenmaterials, zu kurzen Anbindens, Überladens oder Hinunterfallens von Tieren oder Gütern von Deck, aus der Schlinge oder sonstigen Übernahme- oder Entlöschungsvorrichtungen.

Gerät ein Leichter ins Treiben oder sonst in Gefahr, so ist das Schiff verpflichtet, durch Abgabe der vorschriftsmäßigen Signale gemäß der anliegenden Signalordnung, auf die Tatsache aufmerksam zu machen und das Signal in kurzen Pausen so lange zu wiederholen, bis Hilfe kommt.

Für Schäden an den Schiffen, welche durch Festmachen längsseit oder Achteraushalten von Fahrzeugen entstehen, kommt der Betriebsunternehmer nicht auf.

Die Schiffsführer sind verpflichtet, alle Fahrzeuge des Betriebsunternehmers, von denen dies beansprucht wird, auch solchen, die nicht dem Verkehr mit dem betreffenden Schiffe dienen, am Schiffe festzumachen. Sie haben bei

Tag und Nacht über die Sicherheit ihrer am Schiffe festgemachten Fahrzeuge des Betriebsunternehmers wachen zu lassen. Dies gilt besonders auch dann, wenn eintretende schwere See eine Flucht der Schiffe von ihrem Ankerplatze auf der Reede nach der hohen See erforderlich macht.

Geraten von den der Obhut eines Schiffsführers anvertrauten Fahrzeugen des Betriebsunternehmers Fahrzeuge in Verlust, so werden sie an der der Bedienung des betr. Schiffes dienenden Anzahl Fahrzeuge gekürzt.

Sind durch Aufkommen schlechter See oder aus einem sonstigen Grunde weiße oder eingeborene Angestellte des Betriebsunternehmers daran gehindert, an das Land zurückzukehren, so ist jeder Schiffsführer verpflichtet, ihnen angemessene Unterkunft und Verpflegung für Rechnung des Betriebsunternehmers so lange zu gewähren, bis vom Lande der Betrieb wieder aufgenommen wird. Der Betriebsunternehmer wird den Schiffsführern für diese Leistung ersetzen:

Mark 3,— pro Tag und Person für weiße Angestellte,

Mark 0,75 pro Tag und Person für Eingeborene.

Ein angefangener Tag wird für voll gerechnet.

Bei Verabfolgung von Getränken an weiße Angestellte kommt der Betriebsunternehmer für die tatsächlichen, durch Quittung zu belegenden Aufwendungen bis zum Betrage von Mark 2,— pro Tag und Person auf.

Den Eingeborenen ist genügend Wasser zu verabfolgen und, wenn das Kochen der Speise (Reis) nicht schiffsseitig geschieht, ausreichende Gelegenheit hierzu zu bieten.

Verschiffung.

Zur Verschiffung bestimmte Gepäckstücke, welche nicht zugleich mit einem Passagier befördert werden, und Güter müssen mindestens vierundzwanzig Stunden vor der Abfahrt des Dampfers, für welchen sie bestimmt sind, dem Betriebsunternehmer im Zollhof ordnungsmäßig übergeben werden.

Die Empfangnahme von Tieren durch den Betriebsunternehmer erfolgt erst im Augenblicke der Verschiffung, und zwar nicht im Zollhofe, sondern auf der Hochwassergrenze am Strande an der üblichen Landungsstelle. Der Verschiffer oder sein Vertreter muß während der Verschiffung zugegen sein.

Vor der Übergabe müssen die betreffenden Gepäckstücke, Tiere oder Güter von der Zollbehörde freigegeben sein.

Über die empfangenen Gepäckstücke — soweit sie nicht mit einem Passagier befördert werden —, Tiere und Güter wird der Betriebsunternehmer dem Einlieferer eine Empfangsbescheinigung erteilen.

Gepäckstücke und kleinere Gütermengen erhalten bei der Verschiffung den Vorzug. Gütermengen von über 100 Tons Gewicht sind möglichst frühzeitig dem Betriebsunternehmer anzumelden, der die Zeit der Anlieferung jeweilig festsetzen wird.

Der Betriebsunternehmer hat alle ihm vorschriftsmäßig übertragenen Verschiffungsaufträge zu erfüllen. Eine Haftung für ihre rechtzeitige Ausführung trifft ihn jedoch nicht, wenn während der Frist für die Übergabe an die Schiffe Verhältnisse eintreten, welche nach dieser Betriebsordnung eine zeitweilige Einstellung des Betriebes notwendig machen, oder, wenn es sich um größere Gütermengen handelt, die später als einen Tag für je 100 Tons vor der erwähnten 24stündigen Frist vor Abfahrt des betreffenden Dampfers ihm übergeben wurden.

Die Übergabe der zur Verschiffung bestimmten Gepäckstücke, Tiere und Güter durch den Betriebsunternehmer an die Schiffe findet durch Einlegen in die Schlinge oder eine sonstige schiffsseitig zu stellende Vorrichtung im Leichterfahrzeuge längsseite der Schiffe statt. Die Schiffsleitung hat dem Beamten des Betriebsunternehmers über dergestalt empfangene Güter eine Bescheinigung in doppelter Ausfertigung auszustellen. Eine Ausfertigung hat der Betriebsunternehmer dem Verschiffer auszuhändigen.

Landung.

Die Empfangnahme der zu landenden Gepäckstücke, Tiere und Güter durch den Betriebsunternehmer geschieht längsseit der Schiffe in seinen Fahrzeugen durch Herausnehmen aus den Schlingen oder der sonstigen vom Schiffe verwandten Vorrichtungen.

Die Feststellung etwa sich herausstellender Beschädigungen der zu landenden Gepäckstücke, Tiere und Güter geschieht auf der Landungsbrücke beim Herausnehmen aus der Schlinge des Kranes oder, wenn die Landung nach dem Strande stattfindet, nach der Herausnahme aus den Fahrzeugen in flutfreier Höhe.

Die Schiffsführer sind verpflichtet, sich hierbei vertreten zu lassen. Die Beamten des Betriebsunternehmers haben den Vertretern der Schiffsführer eine Empfangsbescheinigung über dergestalt empfangene Gepäckstücke, Tiere oder Güter auszustellen. In diesen Bescheinigungen haben die Beamten des Betriebsunternehmers ihre Wahrnehmungen über nicht ordnungsmäßige äußere Beschaffenheit der empfangenen Gepäckstücke, Tiere und Güter und deren Anzahl zu verzeichnen.

Ablieferung gelandeter Güter.

Als berechtigter Empfänger gelandeter Tiere oder Güter gilt derjenige, der dem Betriebsunternehmer das ordnungsmäßig indossierte Konnossement für die betreffenden Güter und Tiere aushändigt. Orderkonnossemente müssen in blanko indossiert eingeliefert werden. Als Legitimation für den Empfang von Gepäckstücken dient der quittierte Gepäckschein.

Die Ablieferung gelandeter Tiere geschieht am Strande. Der Empfänger oder sein Vertreter muß bei der Landung zugegen sein und die Tiere sofort unter seinen Gewahrsam nehmen. Der Betriebsunternehmer hat den Empfänger, wenn dieser bekannt ist, von der Landung baldmöglichst in Kenntnis zu setzen. Ist der Empfänger oder ein Vertreter desselben nicht zu ermitteln, oder versäumt er, die Tiere rechtzeitig in Empfang zu nehmen, so ist der Betriebsunternehmer berechtigt, die Tiere gegen Empfangsbescheinigung in ihm geeignet scheinende fremde Obhut zu geben, für Rechnung und Gefahr des Empfängers. Etwa dem Betriebsunternehmer entstehende Futterkosten sind ihm vom Empfänger zu ersetzen. Wenn der Empfänger bekannt oder zu ermitteln ist, hat ihm der Betriebsunternehmer eine Mitteilung zugehen zu lassen, in welcher der Ort oder die Orte angegeben werden, wo die Tiere untergebracht sind.

Die Ablieferung der gelandeten Gepäckstücke und Güter durch den Betriebsunternehmer an die Empfangsberechtigten geschieht auf den umfriedigten Zollagerplätzen in dem Zollschuppen oder auf dem Kohlenlagerplatz.

Zum Zwecke der Ablieferung werden die Güter, sofern sie sich dazu eignen, gestapelt. Die Stapelung hat nach Möglichkeit so stattzufinden, daß die Hauptmarken der einzelnen Kolli, wenn sie entsprechend angebracht sind, an der Außenseite des Stapels ersichtlich sind. Kolli, welche eine Beschädigung ohne weiteres erkennen lassen, sind tunlichst gesondert zu halten.

Der Betriebsunternehmer ist nicht verpflichtet, sich mit losen Kohlen, Koks, Getreide, Erzen, Guano oder sonstigen losen Gütern irgendwie zu befassen. Er kann von dem Schiffsführer, dem Empfänger oder dem Verschiffer verlangen, daß solche Güter vor ihrer Entlöschung vom Schiffe oder bei der Einlieferung im Zollhofe zum Zwecke der Verschiffung gesackt oder sonst zur Zufriedenheit seines dienstuenden Beamten verpackt werden.

Die Stapelung loser Güter geschieht, wenn sie nicht in der Verpackung, welche zur Ladung gedient hat, erfolgen soll, durch Ausschütten in Haufen, welche nicht über 1 m hoch zu sein brauchen.

Die Landung von Kolli über 3 Tons Bruttogewicht bedarf einer vorherigen rechtzeitigen besonderen Vereinbarung mit dem Betriebsunternehmer.

Der Betriebsunternehmer ist berechtigt, ungehobeltes Holz an Land zu flößen. Wird diese Absicht kundgegeben, so ist von seiten des entlöschenden Schiffes eine größere Anzahl Planken, Bretter oder Balken durch starke Verschnürung zu einem Floß zu vereinigen. Solche Flöße sind schiffsseitig nicht eher zu Wasser zu lassen oder so lange längsseite vertäut zu halten, als das zum Schleppen des Floßes bestimmte Fahrzeug des Betriebsunternehmers sich in Bereitschaft für diese Arbeit beim Schiffe befindet.

Um den Empfang seiner Gepäckstücke oder Güter hat sich der Empfänger selbst zu bekümmern. Der Betriebsunternehmer ist nicht verpflichtet, dem Empfänger von der Landung und beendeten Stapelung seiner Güter Anzeige zu machen. Er ist jedoch berechtigt, die Ladungsempfänger unter Stellung einer Frist, die nicht kürzer als 48 Stunden sein soll, zur Empfangnahme jeder beliebigen Menge ihrer Güter ohne Rücksicht auf den Inhalt der Konnossemente aufzufordern. Kommt der Empfänger innerhalb der gestellten Frist einer solchen Aufforderung nicht nach, so ist der Betriebsunternehmer berechtigt, unter Hinzuziehung von zwei Zeugen ein Protokoll über Anzahl und äußerliche Beschaffenheit der den Gegenstand der Aufforderung bildenden Gepäckstücke oder Güter aufzunehmen, welches an die Stelle der Ablieferung der Güter tritt.

Ist der Empfänger nicht aufzufinden oder besitzt er, wenn er nicht am Platze ansässig ist, dort keinen Vertreter, so findet die Aufforderung zur Empfangnahme der Güter durch öffentlichen Anschlag im Zollhofe statt. Nach Ablauf der Empfangnahmefrist wird in gleicher Weise verfahren wie im Falle säumiger Empfangnahme.

Der Empfänger hat dem Betriebsunternehmer über die empfangenen Güter Bescheinigungen zu erteilen, und zwar für jede einzelne Ablieferung. Diese Bescheinigungen müssen etwaige Ausstände enthalten.

Zur Wahrung von Ansprüchen aus der Ablieferung bedarf es in jedem Falle der Zuziehung eines Beamten des Betriebsunternehmers vor vollendeter Ablieferung.

Haftung des Betriebsunternehmers.

Die gesetzliche Haftung des Betriebsunternehmers richtet sich in Ermanglung besonderer Bestimmungen in dieser Betriebsordnung nach den Bestimmungen des Deutschen Seefrachtrechts.

Der Betriebsunternehmer haftet nur seinem Auftraggeber, d. h. demjenigen, welcher seine Mitwirkung in Anspruch genommen hat.

Die Haftung des Betriebsunternehmers beginnt mit der Empfangnahme und endet mit der Ablieferung.

Die Beibringung der Empfangsbescheinigung des empfangenden Schiffes befreit bei Verschiffungs- oder Umladungsaufträgen den Betriebsunternehmer dem Auftraggeber gegenüber von jeder Haftung für die von dem Schiffe der Anzahl und äußeren Beschaffenheit nach vorbehaltlos übernommenen Gepäckstücke, Tiere und Güter.

Im Falle von Landungsaufträgen haftet der Betriebsunternehmer dem Auftraggeber nur für diejenige Anzahl Gepäckstücke, Tiere und Güter, für welche er dem Schiffe Empfangsbescheinigung erteilt hat. Weist diese Bescheinigung bezüglich der äußeren Beschaffenheit der Gepäckstücke, Tiere oder Güter einen Vorbehalt auf, so erfährt die Haftung des Unternehmers eine entsprechende Einschränkung.

Der Betriebsunternehmer ist nicht verantwortlich für Verluste, Schäden und Kosten, verursacht durch die Gefahren der See, Feinde, Seeräuber, gewaltsame Beraubung (Diebstahl ausgenommen, wenn nicht in den Zollhöfen nach Ablieferung der Güter eingetreten), Arrest und Verfügungen von hoher Hand; desgleichen durch Kollisionen, Strandung, Leckspringen, Sinken, Kentern von Fahrzeugen, Brechen von Schlepptrossen und alle anderen Schiffahrtsunfälle, selbst wenn die dadurch entstehenden Schäden, Verluste oder Kosten auf irgend eine rechtswidrige Handlung, einen Fehler, eine Nachlässigkeit oder einen Irrtum des Schlepper- oder Leichterpersonals zurückzuführen ist; desgleichen nicht für Schäden, Verluste und Kosten durch Explosionen, Platzen von Dampfkesseln oder Rohrleitungen, Brechen von Schäften oder irgend einen verborgenen Fehler an dem Rumpf von Schleppern, Leichtern, Flößen oder sonstiger im Betriebe verwandter Fahrzeuge oder an deren Maschinen (vorausgesetzt, daß nicht Seeuntüchtigkeit oder Mangel an gehöriger Sorgfalt des Unternehmers die Ursache ist); desgleichen durch Krieg, Blockade, Aufstand oder Aufruhr, Streik oder Aussperrung; oder durch Feuer, Blitzschlag, Regen, Explosion, Spritzwasser, Überschwemmung, Fortwehen oder Einflüsse von Wind und Wetter, Temperatur und Klima, wie auch durch Vertreiben von Holz beim Anlandflößen, Sichwerfen, Springen oder Splittern von Holz, Lösung von Bündeln, Verletzung, Verenden oder Überbordspringen von Tieren, Befleckung unverpackter Güter oder von Verpackungen, Verderb, Fäulnis, Ratten- oder Wurmfraß, Rost, Schweiß, Zersetzung, Schwinden, Leckage oder irgend einen anderen, aus der natürlichen Beschaffenheit der Güter oder deren äußerlich nicht erkennbaren mangelhaften Packung oder durch deren Berührung mit, oder der Ausdünstung oder Leckage von anderen Gütern entstandenen Schaden; ferner nicht für durch ungenaue oder mangelhafte Adressierung oder durch Verwischen der Marken und Adressen oder Bezeichnung der Gepäckstücke oder der Güter verursachten Versehen.

Der Betriebsunternehmer ist nicht verantwortlich für Gold, Silber, Edelmetalle, Geld, Dokumente, Juwelen, Kunstwerke oder andere Gegenstände, deren Wert 2000 Mark pro Kollo übersteigt, es sei denn, daß der Wert ihm vorher ausdrücklich bekannt gegeben sei, entweder von dem Kapitän des Schiffes, dem Empfänger oder dem Verschiffer. Mündliche Mitteilungen werden als Erklärungen im Sinne dieser Bestimmungen nicht angesehen.*)

Allgemeine Bestimmungen.

Gewicht, Maß, Qualität, Inhalt und Wert der Kolli oder Güter, selbst wenn in den Manifesten, Konnossementen, Mitwirkungsaufträgen oder sonstigen Dokumenten angegeben, gelten als dem Betriebsunternehmer unbekannt, ausgenommen, wenn das Gegenteil ausdrücklich anerkannt und schriftlich vereinbart ist.

*) Es wird darauf hingewiesen, daß sich die Interessenten gegen alle diejenigen Schäden, für die der Betriebsunternehmer nicht haftet, durch Versicherung decken können. [Anm. des Vertrages.]

Werden dem Betriebsunternehmer Güter übergeben, deren Beschädigung, schlechte Beschaffenheit oder schlechte Verpackung sichtbar ist, so hat er diese Mängel in der Empfangsbescheinigung zu bemerken, widrigenfalls er dem Empfänger dafür verantwortlich ist.

Der Betriebsunternehmer ist berechtigt, auch entzündliche, explosive, ätzende oder sonst gefährliche Güter zu befördern.

Die Reedereien oder Verschiffer sind haftpflichtig für jeglichen durch solche Güter anderen Gütern, den Fahrzeugen oder den Anlagen am Lande verursachten Schaden, wenn solche gefährlichen Güter ohne genaue Angabe ihrer Natur gelöscht oder zur Verschiffung angeliefert werden, gleichviel ob der betreffende Schiffsführer bzw. Verschiffer sich der gefährlichen Natur der Güter bewußt gewesen ist oder nicht, oder ob derselbe für eigene Rechnung oder im Auftrage Dritter gehandelt hat.

Reklamationen.

Die Empfänger sind verpflichtet, Ansprüche gegen den Betriebsunternehmer wegen Beschädigung oder Verlust von Gütern innerhalb eines Monats nach beendeter Beladung oder Entlöschung bei dem Betriebsunternehmer schriftlich geltend zu machen. Später gestellte Ansprüche ist der Betriebsunternehmer berechtigt zurückzuweisen.

Nach beendeter Entlöschung oder Beladung eines jeden Schiffes hat der Betriebsunternehmer den betreffenden Tag durch Aushang an einer Tafel in dauerhafter Schrift an seinem Geschäftshause bekannt zu geben. Der Aushang muß bis zum Ablaufe der für die Stellung von Ansprüchen gesetzten einmonatigen Frist aufrecht erhalten werden.

Der Betriebsunternehmer haftet nicht für ein etwaiges Unterbleiben solcher Bekanntmachung.

Der Betriebsunternehmer ist nicht verpflichtet, die Interessen der Empfänger für vom Schiffe nicht oder beschädigt gelandete Güter wahrzunehmen. Dies haben die Empfänger selbst zu tun.

In den Schadensansprüchen gegen den Betriebsunternehmer sind die Preise der fehlenden oder beschädigten Güter nach dem Grundsatze aufzumachen, daß nur für den Kostenpreis der Güter im Verschiffungshafen zuzüglich etwa bezahlter Fracht- und Versicherungsprämie Ersatz geleistet wird.

Gebühren.

Die Gebührenrechnungen des Betriebsunternehmers sowie dessen Rechnungen für die von ihm einzuziehenden fiskalischen Hafenabgaben sind in allen Fällen vor Ausführung der Leistungen zu begleichen.

Dem Betriebsunternehmer steht an allen beförderten Gepäckstücken, Tieren und Gütern ein Pfandrecht zu für die Bezahlung seiner Gebühren und sonstigen aus dem Betriebe sich ergebenden Forderungen sowie der Hafengebühren, mit deren Einziehung er betraut ist.

Signale für den Landungsbetrieb.

Folgende Flaggensignale, am Flaggenmast auf der Brücke geheißt, bedeuten:

X	„Löschen Sie in großen Booten“,
K	„Wir können nur mit kleinen Booten arbeiten“,
IGJ	„Ganz aufhören mit Löschen“,
JES	„Wieder anfangen“ (wenn das Löschen unterbrochen war),

F Q „Einfahrt ist gefährlich, es können nur kleine Boote an der Brücke landen, dürfen aber nicht von Barkassen eingeschleppt werden",

F R „Barre unpassierbar, jeder Verkehr mit Land unterbrochen",

B und zwei Töne mit der Sirene: „Wir brauchen eine Barkasse an der Brücke".

Flaggensignale am Flaggenmaste auf dem Strande:

I G J „Am Strande mit Löschen aufhören".

J E S „Am Strande wieder anfangen" (wenn das Löschen unterbrochen war),

A „Es können Flöße mit Vieh oder Ladung gelandet werden",

N C „Fahrzeuge in der Nähe des Strandes in Gefahr, brauche sofort Schlepperhilfe".

Flaggen- und Pfeifensignale am Bord der Dampfer:

B „Leichter oder Floß ist voll, wünsche Schlepper",

R A oder 4 lange Töne mit der Dampfpfeife: „Floß, Leichter oder Boot treibt weg",

F „Reede-Offizier wird gewünscht".

Sirenensignale bei Nebel von der Brücke:

In kurzen Pausen ein langgezogener Ton, bedeutet:

„Gute See, es wird mit großen Booten an der Brücke gearbeitet".

In kurzen Pausen zwei lange Töne, bedeutet:

„Einfahrt für Barkassen gefährlich; wir können nur mit kleinen Booten arbeiten".

In kurzen Pausen drei lange Töne, bedeutet:

„Schlechte See; es wird nicht gearbeitet".

Die Steurer der Schiffsbarkassen sind von der Schiffsleitung zu instruieren, daß sie sowohl den Anordnungen des Brücken- als auch des Reede-Offiziers Folge zu leisten haben.

Swakopmund, den 190

Woermann-Linie,

hier.

Wir/Ich ersuche Sie hierdurch, auf Grund der vom Kaiserlichen Gouvernement für Deutsch-Südwestafrika veröffentlichten Betriebsordnung vom .. die auf der anliegenden, von uns/mir gezeichneten Liste*) aufgeführten Personen, Gepäckstücke, Tiere und/oder Güter

*) N. B. Die Liste kann bei Aufträgen zur Landung auch durch das Manifest bzw. durch das indossierte Konnossement ersetzt werden. Bei Aufträgen zur Verschiffung sind die von den in Frage kommenden Reedereien vorgeschriebenen „Verladezettel" ausgefüllt einzureichen. (Anm. des Vertrages.)

das nicht Gewünschte ist auszustreichen.	aus " " zu landen nach " " zu verschiffen von " auf " umzuladen.
I. Für Empfänger oder Verschiffer	Zur Zahlung der tarifmäßigen Gebühren sind wir / bin ich bereit.
II. Für Schiffsführer oder deren Agenten	Die tarifmäßigen Gebühren sind vom Empfänger / Absender einzuziehen, doch halten wir uns / halte ich mich für deren richtigen Eingang verantwortlich.

Mit Hochachtung

Unterschrift:

Tarif für den Hafen von Swakopmund.

I. Für die auf dem Seewege ankommenden oder abgehenden Personen, Tiere und Güter ist eine Hafengebühr an den Fiskus zu zahlen.

Güter und Tiere, die unter Zahlung der Hafengebühr nach Swakopmund eingeführt worden sind, im späteren Verlauf aber von dort nach Lüderitzbucht wieder ausgeführt werden sollen, sind von der sonst bei der Ausfuhr zu zahlenden Hafengebühr befreit.

Sie unterliegen jedoch bei der Wiedereinfuhr in Lüderitzbucht der dort bestehenden Hafengebühr.

Die Hafengebühr beträgt:

1. Für Personen . . . . je 1 M.
2. a) Für Pferde (einschließlich Ponys), Kamele, Maultiere, Esel, Rinder, pro Stück . . . . 3 "
   b) Für Schafe, Ziegen, Schweine, pro Stück . . . . 1 "
3. Für Maschinen, Materialien und sonstige technische Hilfsmittel, welche zum Bau, zur Ausrüstung oder zum Betriebe von Bahn-, Hafen-, Bergwerks- und Steinbruchanlagen Verwendung finden sollen, sowie für Maschinen und Gerätschaften zu landwirtschaftlichen oder industriellen Zwecken . . . . 3 "
   für 1000 kg bzw. das Kubikmeter.
4. Für alle übrigen nicht benannten Güter . . . . 4 M.
   für 1000 kg bzw. das Kubikmeter.

II. An die Woermann-Linie sind folgende Beförderungsgebühren zu zahlen:

1. Für die Beförderung von Personen zwischen Schiff und Land oder von Schiff zu Schiff auf der Reede . . . . je 1,50 M.
2. Für das Verladen von Tieren in die Landungsfahrzeuge, das Verbringen der Landungsfahrzeuge an die Brücke, den Strand oder an ein Schiff und die Übergabe an die Empfangsberechtigten
   a) bei Pferden (einschließlich Ponys), Kamelen, Maultieren, Eseln, Rindern, pro Stück . . . . 15 "
   b) bei Schafen, Ziegen, Schweinen, pro Stück . . . . 5 "

   Die unter Ziffer a und b aufgeführten Beförderungsgebühren für Tiere ermäßigen sich um:

10 vH. bei einer mit einem Schiffe und für einen Empfänger zur Beförderung gelangenden Stückzahl von über 10 bis 20,
15 „ desgleichen „ „ „ 20 „ 30,
20 „ „ „ „ „ 30 „ 40,
30 „ „ „ „ „ 40 „ 50,
40 „ „ „ „ „ 50 „ 100,
50 „ „ „ „ „ 100.

In jeder der angegebenen Stufen darf jedoch als Gesamtbetrag für einen solchen Transport höchstens der für die Mindestzahl der folgenden Stufe sich ergebende Betrag erhoben werden.

3. Für die Beförderung aller sonstigen, im vorstehenden nicht benannten Güter von der Längsseite des Schiffes bis in den Zollschuppen, die Zollhöfe oder auf den Kohlenlagerplatz sowie für die Stapelung und Übergabe oder für die gleiche Leistung in umgekehrter Richtung . . . . 5,50 M.
für 1000 kg bzw. das Kubikmeter.

Vorkommendenfalls verteilt sich die unter Ziffer 3 festgesetzte Gebühr, wie folgt:

a) für das Verladen in die Landungsfahrzeuge, das Verbringen der Landungsfahrzeuge an Land und das Einlegen in die Schlingen zum Aufholen . . . . 3,— M.

Die unter II 3a angeführte Gebühr gilt auch für Umladungen auf der Reede von Schiff zu Schiff.

b) Für das Aufholen mit dem Kran oder das sonstige Herausnehmen aus den Landungsfahrzeugen, Verladung auf die Bahnwagen, Beförderung in den Zollschuppen, die Zollhöfe oder auf den Kohlenlagerplatz und Stapelung . . . . 2,50 „
für 1000 kg bzw. das Kubikmeter.

Bei Massengütern einer Art, die in Mengen von nicht weniger als 100 Tons mit einem Schiffe auf einem Konnossemente eingeführt und schiffsseitig in ununterbrochener Folge in Mengen von mindestens 20 Tons stündlich gelöscht werden, ist die Woermann-Linie verpflichtet, zu der unter II 3b aufgeführten Gebühr auf zollamtlich genehmigten Antrag geeignete, in den Zollhöfen oder auf dem Kohlenlagerplatze rechtzeitig bereitgestellte Eisenbahnwagen unter die Brückenkräne zu bringen, die Güter unmittelbar aus den Leichtern in diese Wagen zu verladen und letztere zur Übergabe ohne Entladung in die Zollhöfe oder auf den Kohlenlagerplatz zu befördern.

Die gleiche Leistung liegt ihr sinngemäß in umgekehrter Richtung bei der Ausfuhr von Massengütern ob.

III. Zusätzliche Bestimmungen.

1. Die Zahlung der fiskalischen Hafengebühren hat an die Woermann-Linie zu geschehen, welche die Gebühren an die Zollkasse in Swakopmund gemäß den hierüber zu erlassenden Bestimmungen abführt.

2. Postsendungen und die zum dienstlichen Gebrauch der Post- und Telegraphenanstalten des südwestafrikanischen Schutzgebiets bestimmten Gegenstände sind von der Zahlung der fiskalischen Hafengebühr in demselben Maße befreit wie die Amtsbedürfnisse des Gouvernements.

3. Welchen der beiden unter II 2 a, b aufgeführten Kategorien die in diesem Tarife nicht benannten Tiere zuzurechnen sind, bestimmt im Streitfalle das Bezirksamt in Swakopmund.

Die Hafen- und Beförderungsgebühr für Geflügel und sonstige kleine Tiere, die in Käfigen versandt werden, wird nach dem Raummaß, das die Behälter einnehmen, berechnet.

4. Die Erhebung der Hafen- und Beförderungsgebühren erfolgt, soweit in diesem Tarife nicht anderes bestimmt ist, nach dem Bruttogewicht. Als Erhebungseinheit werden dabei für jede Position des (Konnossements) Manifests*) 100 kg angenommen. Bruchteile dieser Erhebungseinheit werden nach dem vollen Betrage der Erhebungseinheit in Ansatz gebracht.

Für sperrige Güter im schiffahrtstechnischen Sinne wird die Beförderungs- und Hafengebühr pro Kubikmeter (Raummaß) berechnet.

Sperrige Güter im schiffahrtstechnischen Sinne sind solche Güter, welche auf 1000 kg Bruttogewicht mehr als 1 Kubikmeter messen.

Sofern der hiernach für die Berechnung der Hafen- und Beförderungsgebühren in Betracht kommende Maßstab zur Berechnung der Seefrachtkosten gedient hat, werden bei der Bemessung der Hafen- und Beförderungsgebühren die Maße und Gewichte der Schiffspapiere zugrunde gelegt, soweit die Maße und Gewichte aus den genannten Papieren ersichtlich sind.

In solchen Fällen kann ein Nachmessen oder Nachwiegen zum Zwecke der Festsetzung der fraglichen Gebühren nicht beansprucht werden.

183. Verordnung des Gouverneurs von Deutsch-Neu-Guinea, betreffend die Öffnung von Berlinhafen für den Auslandsverkehr. Vom 10. Juli 1907.

(Kol. Bl. S. 917.)

Auf Grund des § 5 der Verfügung des Reichskanzlers, betreffend die seemannsamtlichen und konsularischen Befugnisse und das Verordnungsrecht der Behörden in den Schutzgebieten vom 27. September 1903 (D. Kol. Bl. S. 509) und in Ausführung des § 1 Abs. 2 der Zollverordnung vom 30. Juni 1888**) werden die Reeden von Eitapé und Tumleo (Berlinhafen) in Kaiser Wilhelmsland dem Auslandsverkehr geöffnet.

Herbertshöhe, den 10. Juli 1907.

Der Kaiserliche Gouverneur.
Hahl.

184. Verordnung des Gouverneurs von Deutsch-Neu-Guinea, betreffend Abänderung des Zolltarifs vom 12. September 1904. Vom 11. Juli 1907.

Die Bemerkung zu den Nummern 4, 6, 8, 9 und 13 des Zolltarifs vom 12. September 1904 (D. Kol. Bl. S. 723)***) erhält folgende Fassung:

*) Änderung gemäß Vereinbarung zwischen dem StS. d. Reichs-Kolonialamts und der Woermann-Linie vom 1./13. Mai 1908.
**) D. Kol. Gesetzgeb. I S. 523.
***) D. Kol. Gesetzgeb. 1904 S. 221.

Halbe Flaschen tragen den halben Zollsatz. Als halbe Flaschen sind Flaschen von 0,40 Liter und weniger Inhalt anzusehen. Flaschen von mehr als ¾ Liter Inhalt unterliegen dem für die Einfuhr in Fässern vorgesehenen Zollsatz.*)

Herbertshöhe, den 11. Juli 1907.

Der Kaiserliche Gouverneur.
Hahl.

185. Verfügung des Staatssekretärs des Reichs-Kolonialamts, betreffend die Anwendung körperlicher Züchtigung als Strafmittel gegen Eingeborene der afrikanischen Schutzgebiete. Vom 12. Juli 1907.

(Kol. Bl. S. 790. Reichsanzeiger vom 16. August 1907.)

I. In allen Fällen, in welchen gegen einen Eingeborenen körperliche Züchtigung (Prügel- oder Rutenstrafe) als gerichtliche Strafe verhängt wird, ist über die Verhandlung, auf Grund deren die Strafe festgesetzt wird, unter Benutzung des Formulars A ein Protokoll aufzunehmen, welches von dem mit der Ausübung der Strafgerichtsbarkeit betrauten Beamten zu unterschreiben ist. Das Protokoll hat insbesondere die Bezeichnung der strafbaren Handlung zu enthalten. Auch muß aus ihm hervorgehen, daß der Beschuldigte über die ihm zur Last gelegte Tat gehört worden ist, und daß die von ihm zu seiner Entlastung angebotenen Beweise soweit tunlich erhoben worden sind. Endlich ist in das Protokoll auch die Urteilsformel aufzunehmen.

II. Prügel- und Rutenstrafen dürfen niemals durch den mit der Ausübung der Strafgerichtsbarkeit betrauten Beamten selbst vollstreckt werden. Die Vollstreckung ist indes von ihm oder einem Arzte persönlich zu überwachen.

III. Über die Vollstreckung von Prügel- und Rutenstrafen unter Beobachtung der bestehenden Vorschriften ist ebenfalls ein Protokoll aufzunehmen. (Formular A Rückseite.)

Das Protokoll ist von dem mit der Ausübung der Strafgerichtsbarkeit betrauten Beamten oder dem hinzugezogenen Arzt zu unterschreiben. Besondere Vorkommnisse bei der Vollstreckung und Verletzungen sind zu beurkunden. Protokolle, welche einen derartigen Vermerk enthalten, sind dem Gouverneur in Abschrift einzureichen.

IV. In Fällen, in denen eine Prügelstrafe von mehr als 15 oder eine Rutenstrafe von mehr als 10 Schlägen festgesetzt wird, ist dem Protokolle eine Begründung des Urteils anzuschließen. In der Begründung sind die für erwiesen erachteten Tatsachen anzugeben, in welchen die Merkmale der strafbaren Handlung gefunden werden. Ferner sind die Umstände anzuführen, welche für die Zumessung der Strafe bestimmend gewesen sind. Die Begründung ist von dem

*) Zur Erläuterung dieser Bestimmung hat der Gouverneur die nachstehende Bekanntmachung erlassen:

Herbertshöhe, den 27. November 1907.

Um etwa entstehenden Zweifeln vorzubeugen, bringe ich zur Kenntnis, daß durch die Verordnung vom 11. Juli 1907, betreffend Abänderung des Zolltarifs vom 12. September 1901, lediglich der zweite Satz der Bemerkung zu Nr. 4, 6, 8, 9 und 13 des Tarifs geändert werden sollte, Satz 3 also: „Spiritus für wissenschaftliche Zwecke unterliegt dem Einfuhrzoll nicht", wie bisher in Geltung bleibt.

Der Kaiserliche Gouverneur.
Hahl.

mit der Ausübung der Strafgerichtsbarkeit betrauten Beamten zu unterschreiben. Eine Abschrift des Protokolls ist dem Gouverneur einzureichen.

V. Die gemäß Nr. III und IV dieser Verfügung eingereichten Abschriften sind beim Gouvernement einer Durchsicht zu unterwerfen, bei welcher der Oberrichter, im Schutzgebiet Togo der Bezirksrichter in Lome mitzuwirken hat.

Die Abschriften zu Nr. III sind auch dem Referenten für Medizinalangelegenheiten vorzulegen. Beanstandungen sind vom Gouverneur den beteiligten Dienststellen bekannt zu geben.

VI. Diese Verfügung findet entsprechende Anwendung, wenn Prügel- oder Rutenstrafen von einem mit der Ausübung der Strafgerichtsbarkeit betrauten Beamten auf Grund des § 17 der Verfügung des Reichskanzlers vom 22. April 1896*) als Disziplinarstrafen verfügt werden. In diesem Falle ist das Formular B zu benutzen.

VII. Die über die Führung von Strafbüchern erlassenen Vorschriften werden durch diese Verfügung nicht berührt.

Berlin, den 12. Juli 1907.

Der Staatssekretär des Reichs-Kolonialamts.
Dernburg.

Formular A.

Eingetragen im Strafbuch Nr.

Verhandelt

, den

Vor dem unterzeichneten, mit der Ausübung der Strafgerichtsbarkeit gegen Eingeborene betrauten Beamten erschein — vorgeführt — d

welche beschuldigt w rd ,

D Erschienene , hierüber gehört, bestreite — gesteh — die Beschuldigung — ein. D als Zeug vernommene

bestätig die Beschuldigung . Auf Antrag d Beschuldigten w rd ferner als Zeug vernommen:

welche

— Weitere Entlastungsbeweise hat der Beschuldigte nicht angeboten. — Die Erhebung der weiter angebotenen Entlastungsbeweise erscheint nicht tunlich, weil

Es wird folgendes Urteil verkündet: D
w rd wegen

zu einer Prügel/Ruten strafe von Schlägen verurteilt, welche — auf einmal — zweimal mit je Schlägen zu vollziehen ist.

v. w. o.

Unterschrift:
Amtscharakter:

*) D. Kol. Gesetzgeb. II S. 215.

(Rückseite.)

Urteilsgründe.

(Nur anzugeben bei Verhängung von mehr als $\frac{15 \text{ Prügel}}{10 \text{ Ruten}}$schlägen.)

Strafvollstreckung.

Die — erstmalige — körperliche Züchtigung ist heute den Vorschriften gemäfs in meiner Gegenwart vollzogen worden.

, den

Unterschrift:
Amtscharakter:

Der zweite Vollzug der $\frac{\text{Prügel}}{\text{Ruten}}$strafe ist heute in meiner Gegenwart erfolgt.

, den

Unterschrift:
Amtscharakter:

Formular B.

Eingetragen im Strafbuch Nr.

Verhandelt

, den

D als $\frac{\text{Dienst}}{\text{Arbeits}}$geber

ha den Antrag auf disziplinarische Bestrafung d

wegen

bei dem unterzeichneten, mit der Ausübung der Strafgerichtsbarkeit gegen Eingeborene betrauten Beamten gestellt. Es erschein . — vorgeführt — d Genannte , welche , mit der Beschuldigung bekannt gemacht, diese eingesteh — bestreite . Als Zeugen w rd gehört:

welche

Es wird eine Disziplinarstrafe dahin verhängt, dafs

wegen

mit $\frac{\text{Prügel}}{\text{Ruten}}$schlägen, welche auf einmal — zweimalig mit je Schlägen — zu vollziehen sind, zu bestrafen .

v. w. o.

Unterschrift:
Amtscharakter:

(Rückseite.)

Gründe.

(Nur anzugeben bei Verhängung von mehr als 15 Prügel / 10 Ruten schlägen.)

Strafvollstreckung.

Die — erstmalige — körperliche Züchtigung ist heute den Vorschriften gemäfs in meiner Gegenwart vollzogen worden.

, den

Unterschrift:
Amtscharakter:

Der zweite Vollzug der Prügel / Ruten strafe ist heute in meiner Gegenwart erfolgt.

, den

Unterschrift:
Amtscharakter:

186. Erlafs des Staatssekretärs des Reichs-Kolonialamts an die Gouverneure der afrikanischen Schutzgebiete zur Verfügung, betreffend die Anwendung körperlicher Züchtigung als Strafmittel. Vom 12 Juli 1907.

In letzter Zeit hat sich die Öffentlichkeit wieder mehrfach mit der Handhabung der Prügelstrafe in den Schutzgebieten beschäftigt. Ich weise namentlich auch auf die Reichstagsverhandlungen des letzten Winters hin. Der Kritik, welche dabei geübt worden ist, wird die Berechtigung zum Teil nicht abgesprochen werden können. Die hierher eingereichten Auszüge aus den Strafbüchern lassen erkennen, daß die Strafe der körperlichen Züchtigung noch immer auffallend häufig und vielfach in einem augenscheinlich zu hohem Maße verhängt wird. Bei einer Reihe von Dienststellen scheint die Zahl von 25 Schlägen — die höchste, welche auf einmal vollstreckt werden darf — die Regel zu bilden. Auch sind, wenn schon nur in vereinzelten Fällen Ausschreitungen vorgekommen, welche hauptsächlich darauf zurückzuführen sind, daß die betreffenden Beamten übereilt und unter der Wirkung einer augenblicklichen Erregung gehandelt haben.

Ich habe mich deshalb entschlossen, im Aufsichtswege die in einer Anzahl von Druckexemplaren beifolgende Verfügung*) zu erlassen. Sie verfolgt den Zweck, die mit der Strafgewalt betrauten Dienststellen, ohne sie in ihrem richterlichen Ermessen und in der Wahl der Mittel zur Wahrung ihrer Autorität gegenüber der eingeborenen Bevölkerung zu beschränken, zu veranlassen, daß sie die Prügelstrafe erst nach gründlicher Untersuchung des Falles, insbesondere auch unter hinreichender Würdigung der Schwere der Straftat, verhängen und daß sie sich bei der Vollstreckung solcher Strafen von der genauen Beobachtung der hierüber bestehenden Vorschriften Rechenschaft ablegen. Daneben soll durch die zu

*) Oben Nr. 185.

Nr. III und IV angeordnete Vorlage von Abschriften der Protokolle den Gouvernements eine bessere Überwachung der Handhabung der Züchtigungsstrafe ermöglicht werden, als sie sich bisher durchführen ließ. Die Abschriften sollen endlich dazu dienen, Material für eine künftige Neuregelung der Eingeborenen-Strafrechtspflege zu gewinnen, über welche hier bereits seit längerem Erwägungen schweben. Sie sind deshalb mit den gemäß § 18 der Verfügung des Reichskanzlers vom 22. April 1896*) vorzulegenden Berichten hier einzureichen.

Euere Exzellenz ersuche ich ergebenst, die Verfügung umgehend den beteiligten Dienststellen behufs Nachachtung bekannt zu geben und das Weitere zur Ausführung der No. V derselben zu veranlassen. Ich gebe mich dabei der Erwartung hin, daß die Verfügung mittelbar auch eine Einschränkung der Anwendung der Prügelstrafe zur Folge haben wird, wie sie entsprechend der fortschreitenden kulturellen und sittlichen Hebung der eingeborenen Bevölkerung als Ziel wird im Auge behalten werden müssen. Ich ersuche, die in Frage kommenden Dienststellen in diesem Sinne zu verständigen und sie namentlich auch auf die Möglichkeit hinzuweisen, geringfügige Vergehen und Übertretungen durch Geldstrafen zu ahnden. Nach der maßgebenden Vorschrift des § 2 der Verfügung des Reichskanzlers wegen Ausübung der Strafgerichtsbarkeit vom 22. April 1896 (Kol. Bl. S. 241)*) steht nichts im Wege, entsprechend den Lohn- und Einkommensverhältnissen der Eingeborenen bei Abmessung einer Geldstrafe auch unter den heimischen Mindestsatz von einer Mark herunterzugehen und den zu zahlenden Betrag nötigenfalls in Naturalien beizutreiben.

Über die mit der Verfügung gemachten Erfahrungen bitte ich bis zum 1. Januar 1909 Bericht zu erstatten. In den Bericht bitte ich auch eine Äußerung darüber aufzunehmen, welche Maßnahmen etwa noch weiter behufs Einschränkung der Prügelstrafe in Betracht kommen könnten. Insbesondere bitte ich die Frage zu erörtern, ob es angängig sein würde, eine Vorschrift zu erlassen, wonach die Strafe der körperlichen Züchtigung lediglich beim Vorhandensein gewisser erschwerender Umstände, wie z. B. bei bewiesener Roheit, Hang zum Verbrechen, Neigung zum Ungehorsam oder zu Widersetzlichkeit u. dgl. ausgesprochen werden darf.

Berlin, den 12. Juli 1907.

Der Staatssekretär des Reichs-Kolonialamts.
Dernburg.

187. Bekanntmachung des Gouverneurs von Deutsch-Ostafrika, betreffend Schaffung des Bezirksamtes Udjidji mit einer Bezirksnebenstelle in Bismarckburg. Vom 13. Juli 1907.

(Amtl. Anz. Nr. 16.)

Nach erfolgter Feststellung des Etats für das Schutzgebiet auf das Rechnungsjahr 1907 ist für die Verwaltung des bisherigen Militärbezirks Udjidji das Bezirksamt zu Udjidji mit einer Bezirksnebenstelle in Bismarckburg, für die Verwaltung des bisherigen Militärbezirks Bismarckburg die Bezirksnebenstelle zu Bismarckburg geschaffen worden. Die Sitze des neugeschaffenen Bezirksamts bzw. der Bezirksnebenstelle befinden sich an den Stellen der bisherigen Militärstationen.

Daressalam, den 13. Juli 1907.

Der Kaiserliche Gouverneur.
Frhr. v. Rechenberg.

*) D. Kol. Gesetzgeb. II S. 215.

188. Runderlaß des Gouverneurs von Deutsch-Südwestafrika, betreffend Ausstellung von Rückkehrbescheinigungen. Vom 13. Juli 1907.

Es ist in weitestem Maße zur Kenntnis der Bevölkerung zu bringen, daß solchen im Schutzgebiete ansässigen Personen, die sich vorübergehend nach Deutschland begeben wollen, angeraten wird, sich vor ihrer Abreise von dem zuständigen Bezirks- oder selbständigen Distriktsamt eine Bescheinigung dahin ausstellen zu lassen, daß ihrer Rückkehr in das Schutzgebiet auf Grund der Einwanderungsverordnung*) keine Bedenken entgegenstehen.

Durch diese Maßregel soll die Woermann-Linie in den Stand gesetzt werden, von dem Verlangen einer Sicherheit für die Rückreisekosten bei der Wiederausreise nach dem Schutzgebiet abzusehen.

Die Bezirks- und selbständigen Distriktsämter werden beauftragt, geeignetenfalls auf Antrag derartige Bescheinigungen auszustellen.

Die Bezirksämter in Lüderitzbucht und Swakopmund werden angewiesen, diese Bescheinigungen bei Erteilung der Landungserlaubnis ohne weiteres zu berücksichtigen.

Windhuk, den 13. Juli 1907.

Der Kaiserliche Gouverneur.
I. V.: Brubns.

189. Polizeiverordnung des Bezirksamtmanns zu Windhuk, betreffend die Straßenbeleuchtung in Windhuk. Vom 13. Juli 1907.

Auf Grund des § 15 des Schutzgebietsgesetzes vom 25. Juli 1900, der §§ 5 und 6 der Reichskanzlerverfügung vom 27. September 1903, die seemannsamtlichen usw. Befugnisse usw. betreffend, und der Verfügung des Gouverneurs von Deutsch-Südwestafrika vom 23. November 1903, betreffend Übertragung des Verordnungsrechts, ergeht folgende Verordnung:

§ 1. Jeder Grundstückseigentümer ist verpflichtet, die Straße vor seinem Grundstück von Sonnenuntergang bis mindestens 12 Uhr abends ausreichend zu beleuchten. Bei Abwesenheit des Eigentümers geht diese Verpflichtung auf den Stellvertreter, Verwalter, Pächter oder Mieter über.

§ 2. Die Plätze, an welchen die Laternen anzubringen sind, und die Art derselben bestimmt das Bezirksamt.

§ 3. Zuwiderhandlungen werden, sofern nicht eine andere Strafbestimmung verletzt ist, mit Geldstrafe bis zu 30 M. oder mit Haft bis zu 10 Tagen bestraft.

§ 4. Diese Verordnung tritt am 1. Oktober 1907**) in Kraft.

Windhuk, den 13. Juli 1907.

Der Kaiserliche Bezirksamtmann.
Narciss.

*) Vom 15. Dezember 1906. D. Kol. Gesetzgeb. 1906 S. 276.
**) Nach Bekanntmachung vom 27. September 1907 erst am 1. Januar 1908.

190. Verordnung des Gouverneurs von Deutsch-Ostafrika, betreffend Ausdehnung der Marktverordnung für Muansa und des mit ihr verbundenen Marktgebührentarifs auf die Ortschaften Ikoma, Usagara und Sungwe. Vom 17. Juli 1907.

(Amtl. Anz. Nr. 16.)

Die Marktverordnung für die Ortschaft Muansa vom 26. April 1904 und der mit ihr verbundene Marktgebührentarif (Amtl. Anz. Nr. 11, vom 30. April 1904)*) werden auf die Ortschaften: 1. Ikoma, 2. Usagara (Sultanat Bukumbi) und 3. Sungwe (Sultanat Urima), sämtlich im Bezirk Muansa gelegen, ausgedehnt.

Die Umrechnung der Pesa- in Heller-Gebühren erfolgt in der Weise, daß statt 16 Pesa 25 Heller, statt 8 Pesa $12\frac{1}{2}$ Heller und statt je 1 Pesa je $1\frac{1}{2}$ Heller erhoben werden.

Außerdem erhält der Marktgebührentarif für die Ortschaft Muansa und die 3 obengenannten Ortschaften folgenden Zusatz:

6. Gelegenheitsverkäufer zahlen 1 Heller pro ½ Rupie des Wertes der zum Verkauf gebrachten Ware.

Diese Verordnung tritt mit dem Tage ihrer Verkündigung in Kraft.

Daressalam, den 17. Juli 1907.

Der Kaiserliche Gouverneur.
Frhr. v. Rechenberg.

191. Verordnung des Bezirksamtmanns zu Windhuk, betreffend Schonzeiten für Strauße, Antilopen und Gazellen im Bezirke Windhuk. Vom 17. Juli 1907.

Auf Grund des § 9 der Verordnung des Kaiserlichen Gouvernements vom 1. September 1902, betreffend Ausübung der Jagd im südwestafrikanischen Schutzgebiet,**) und auf Grund des § 15 des Schutzgebietsgesetzes vom 25. Juli 1900, der §§ 5 und 6 der Reichskanzlerverfügung vom 27. September 1903, die seemannsamtlichen usw. Befugnisse usw. betreffend, und auf Grund der Verfügung des Gouverneurs von Deutsch-Südwestafrika vom 23. November 1903, betreffend Übertragung des Verordnungsrechts, wird hierdurch folgendes verordnet:

§ 1. Für den Umfang des Bezirks Windhuk werden folgende Schonzeiten festgesetzt:

Für Straußenhähne vom 1. September bis 30. Juni.

Für die der Jagdverordnung vom 1. September 1902 unterliegenden Antilopen und Gazellen, soweit nicht die Jagd auf sie nach § 3 Ziffer 1 c schlechthin verboten ist, vom 1. August bis 1. Februar.

§ 2. Die Verordnung tritt mit ihrer Veröffentlichung in Kraft. Die Verordnung vom 7. Februar 1903***) wird durch die gegenwärtige aufgehoben.†)

Windhuk, den 17. Juli 1907.

Der Kaiserliche Bezirksamtmann.
Narciss.

*) D. Kol. Gesetzgeb. 1904 S. 101, 102.

) D. Kol. Gesetzgeb. VI S. 626. — *) Nicht abgedruckt.

†) Da die vorliegende Verordnung den gleichen Gegenstand betrifft wie die von demselben Bezirksamtmann erlassene Verordnung vom 29. April 1907 (oben Nr. 128), wird auch die letztere — welche anscheinend übersehen worden ist — als aufgehoben zu erachten sein.

192. Verordnung des Reichskanzlers zur Ergänzung der Vorschriften vom 31. Mai 1901, betreffend den Urlaub, die Stellvertretung, die Tagegelder, Fuhr- und Umzugskosten der Landesbeamten in den Schutzgebieten mit Ausnahme von Kiautschou. Vom 18. Juli 1907.

(Kol. Bl. S. 706.)

Auf Grund des Artikels 5 der Allerhöchsten Verordnung vom 9. August 1896, betreffend die Rechtsverhältnisse der Landesbeamten in den deutschen Schutzgebieten (Reichs-Gesetzbl. S. 691)*) wird in Ergänzung der Vorschriften vom 31. Mai 1901, betreffend den Urlaub, die Stellvertretung, die Tagegelder, Fuhr- und Umzugskosten der Landesbeamten in den Schutzgebieten mit Ausnahme von Kiautschou,**) verordnet, wie folgt:

Artikel 1. Den Landesbeamten des Schutzgebiets Deutsch-Neuguinea, welchen gemäß § 7 der Vorschriften vom 31. Mai 1901 ein Urlaub zu Zwecken der Erholung nach Australien, Polynesien, Java oder Japan erteilt worden ist, wird die Zeit der Seefahrt nach und von den Erholungsstationen auf die Dauer des Urlaubs nicht in Anrechnung gebracht, sofern sie sich mit einer dieser Zeit entsprechenden Verlängerung der Dienstperiode von 3 Jahren (§ 2 der Vorschriften vom 31. Mai 1901) einverstanden erklären. Unter der gleichen Voraussetzung kann jenen Beamten im Falle eines Urlaubs der erwähnten Art für die Reise von und nach dem Erholungsort eine Beihilfe gewährt werden, welche unter entsprechender Anwendung der Grundsätze des § 9 der Vorschriften vom 31. Mai 1901 im ungefähren Betrage der wirklichen Beförderungskosten zu bemessen ist.

Artikel 2. Diese Verordnung tritt mit Wirkung vom 1. April 1907 in Kraft. Mit demselben Zeitpunkt tritt die Verfügung vom 7. März 1904***) wegen Ergänzung der Vorschriften vom 31. Mai 1901 außer Geltung.

Berlin, den 18. Juli 1907.

Der Reichskanzler.
I. A.: Conze.

193. Verfügung des Reichskanzlers zur Ergänzung der Verfügung vom 7. März 1904, betreffend Reisen der Beamten des Schutzgebiets Deutsch-Neuguinea. Vom 18. Juli 1907.

(Kol. Bl. S. 706.)

In Ergänzung der oben bezeichneten Verfügung vom 7. März 1904†) bestimme ich für die Zeit vom 1. April 1907 ab, daß die Vorschriften der Absätze 1 bis 4 auch dann entsprechende Anwendung finden, wenn einem kranken Beamten des Schutzgebiets Deutsch-Neuguinea unter den im letzten Absatz jener Verfügung vorgesehenen Maßgaben zur Wiederherstellung der Gesundheit die Ausführung einer Reise nach Japan gestattet ist.

Berlin, den 18. Juli 1907.

Der Reichskanzler.
I. A.: Conze.

*) D. Kol. Gesetzgeb. II S. 265.
**) D. Kol. Gesetzgeb. VI S. 331.
***) D. Kol. Gesetzgeb. 1904 S. 67.
†) D. Kol. Gesetzgeb. 1904 S. 67.

194. Verfügung des Staatssekretärs des Reichs-Kolonialamts, betreffend Erteilung einer Sonderberechtigung zum Schürfen und Bergbau für Edelmineralien an den Landesfiskus von Togo.

(Kol. Bl. S. 789. Amtsbl. S. 162.)

Auf Grund des § 93 der Kaiserlichen Bergverordnung vom 27. Februar 1906 (Reichs-Gesetzbl. S. 363)*) wird dem Landesfiskus des Schutzgebietes Togo vorbehaltlich wohlerworbener Rechte Dritter die Sonderberechtigung zum ausschließlichen Schürfen und Bergbau für Edelmineralien in den Bezirken Misahöhe, Atakpame und Sokode erteilt.

Berlin, den 19. Juli 1907.

Der Staatssekretär des Reichs-Kolonialamts.
I. V.: Conze.

195. Bekanntmachung des Gouverneurs von Deutsch-Ostafrika, betreffend die Befugnis zur Ausstellung von Pässen in Moschi, Muansa und Bukoba. Vom 23. Juli 1907.

(Amtl. Anz. Nr. 17.)

Nachdem die Bekanntmachung, betr. die Befugnis der jeweiligen Chefs der Militärstationen in Moschi, Muansa und Bukoba zur Ausstellung usw. von Pässen, vom 16. Juni 1903 (Amtl. Anz. Nr. 15)**) durch Errichtung der Bezirksämter Moschi und Muansa und der Residentur Bukoba gegenstandslos geworden ist, wird auf Grund des § 2 der Verfügung des Reichskanzlers, betr. das Paßwesen in den deutschen Schutzgebieten Afrikas und der Südsee, vom 28. August 1902 (Amtl. Anz. Nr. 34)***) dem Residenten von Bukoba die Befugnis zur Ausstellung von Pässen an deutsche Reichsangehörige erteilt. Den Bezirksamtmännern von Moschi und Muansa steht die gleiche Befugnis bereits auf Grund des § 2 der erwähnten Verfügung des Reichskanzlers vom 28. August 1902 zu.

Daressalam, den 23. Juli 1907.

Der Kaiserliche Gouverneur.
Frhr. v. Rechenberg.

196. Erlaſs des Staatssekretärs des Reichs-Kolonialamts an die Gouverneure von Deutsch-Südwestafrika, Kamerun, Togo, Deutsch-Neuguinea und Samoa†), betreffend Fortsetzung der Invalidenversicherung seitens der nach dem Schutzgebiet entsandten Funktionäre. Vom 25. Juli 1907.

Aus Anlaß eines Spezialfalles, nach welchem der Antrag eines früher in Ostafrika tätig gewesenen Funktionärs auf Gewährung einer Invalidenrente um deswillen zurückgewiesen wurde, weil nach Entscheidung des Reichsversicherungsamts infolge Nichtverwendung von Beitragsmarken während seiner Tätigkeit im Schutzgebiet die Anwartschaft auf eine Rente gemäß § 46 Invalidenversich-

*) D. Kol. Gesetzgeb. 1906 S. 36.
**) D. Kol. Gesetzgeb. 1903 S. 134.
***) D. Kol. Gesetzgeb. VI S. 497.
†) Für Deutsch-Ostafrika war ein entsprechender Erlaſs bereits am 26. Juli 1906 ergangen. Siehe D. Kol. Gesetzgeb. 1906 S. 288.

rungsgesetzes erloschen war, beabsichtige ich, den neu zu entsendenden Funktionären, welche bereits in der Heimat dem gesetzlichen Versicherungszwange unterlegen haben, die Verpflichtung aufzuerlegen, die Versicherung gemäß §§ 14 Abs. 2, 145 Abs. 1 des Invalidenversicherungsgesetzes fortzusetzen. Zur Wahrung des Rentenanspruchs ist eine Verwendung von jährlich 20 Marken beliebiger Lohnklasse erforderlich. Billigerweise wird der halbe Betrag dieser 20 Beitragsmarken vom Fiskus zu tragen sein. Die Aufwendungen stellen sich für jeden Versicherungsnehmer auf jährlich nur 1,40 bis 3,60 M. je nach Wahl der Lohnklasse.

Euere Exzellenz ersuche ich, auch dem im Schutzgebiet befindlichen in Betracht kommenden Personal die Verpflichtung aufzuerlegen, eine bereits begonnene Versicherung unter gleichen Bedingungen fortzusetzen bzw. wieder aufzunehmen. Um etwa bereits erloschene Ansprüche wieder aufleben zu lassen usw., erscheint es wünschenswert, daß, soweit dies gesetzlich zulässig ist, noch für die zurückliegende Zeit Marken verwendet werden. Nach § 146 des Invalidenversicherungsgesetzes können Marken für ein volles Jahr zurück vom Tage der Markenverwendung noch beigebracht werden. Auch hiervon würde der halbe Betrag aus amtlichen Fonds zu erstatten sein.

Sollte einer oder der andere es ablehnen, die Versicherung freiwillig fortzusetzen, so ersuche ich, ihn darauf hinzuweisen, daß er damit einen Billigkeitsanspruch auf spätere Schadloshaltung verwirkt.

In welcher Weise die Kontrolle über die Markenverwendung auszuführen sein wird, stelle ich dortiger Erwägung ergebenst anheim. Da von jedem Versicherten Marken derjenigen Versicherungsanstalt zu verwenden sind, in deren Bezirk er zuletzt beschäftigt war, so scheint es am zweckmäßigsten, wenn dem Betreffenden aufgegeben wird, sich etwa halbjährlich die erforderlichen Versicherungsmarken zu beschaffen und nach Bedarf in die Quittungskarten einzukleben. Etwa halb- oder vierteljährlich, bzw. im Falle vorzeitiger Entlassung bei der letzten Lohn- usw. Zahlung, wird seitens der betreffenden Dienststelle usw. eine Kontrolle der verwendeten Marken vorzunehmen und der zu leistende Beitrag zu erstatten sein. Die Wahl der Lohnklasse kann den Leuten überlassen werden. Zur Erstattung kommt jedoch nur die Hälfte der tatsächlich geleisteten Beiträge.

Sollten in dringenden Fällen, z. B. bei Entlassungen, Marken der betreffenden Versicherungsanstalt nicht zur Stelle sein, so werden nach einer Auskunft des Reichsversicherungsamts durch die Verwendung von Marken anderer Versicherungsanstalten die Rechte der Versicherten in gleicher Weise gewahrt werden. Indessen würde alsdann bei Stellung eines Antrages auf Rentengewährung, oder bei der Rückkehr des Versicherten nach Deutschland ein vollständig kostenloser Umtausch der fälschlich verwendeten Marken stattfinden müssen, was aber ohne zeitliche Beschränkung erfolgen kann.

Die geleisteten Zuschüsse sind bei den betreffenden Besoldungsfonds zu verrechnen, da sie als ein Teil des Lohnes anzusehen sind. Ich ersuche aber, diese Beträge in der Abrechnung besonders hervortreten zu lassen, damit hieraus Unterlagen für eine event. spätere Ausdehnung dieser Invaliditätsversicherung gewonnen werden können.

Ich bemerke hierbei, daß nach Auskunft des Reichsversicherungsamts auch eine durch tropische Einflüsse bewirkte Invalidität einen Anspruch auf Invalidenrente zu begründen geeignet ist. Die Einführung der Versicherung in die Schutzgebiete würde also geeignet sein, sowohl die Pensionsfonds als auch die Fonds für Beihilfen zur Wiederherstellung der Gesundheit zu entlasten.

Im Interesse der Sache ersuche ich, die Angelegenheit nach Möglichkeit zu beschleunigen und über das Veranlaßte zu berichten. Sollten sich bei Auslegung des Invalidenversicherungsgesetzes Zweifel bzw. Unklarheiten ergeben, so bin ich gern bereit, mit dem Reichsversicherungsamt dieserhalb in Verbindung zu treten.

Berlin, den 25. Juli 1907.

Der Staatssekretär des Reichs-Kolonialamts.
I. V.: Conze.

197. Zusatzvertrag zum Vertrage von 20. Februar/12. März 1907 über den Bau der Eisenbahn von Aus nach Feldschuhhorn usw., abgeschlossen zwischen dem Fiskus des Schutzgebiets Deutsch-Südwestafrika und der Deutschen Kolonial-Eisenbahnbau- und Betriebsgesellschaft. Vom 25./27. Juli 1907.

Zum Vertrage vom 20. Februar/12. März 1907 (in folgendem Hauptvertrag genannt)*) über den Bau der Eisenbahn von Aus nach Feldschuhhorn (in folgendem Hauptstrecke genannt), mit Einschluß der etwa 7 km langen Umgehungslinie bei Aus und über die allgemeinen Vorarbeiten für die Eisenbahn von Feldschuhhorn nach Keetmanshoop,
abgeschlossen zwischen dem Fiskus des Schutzgebietes Südwestafrika, vertreten durch den Reichskanzler, dieser vertreten durch die Kolonial-Abteilung des Auswärtigen Amts

einerseits

und der Deutschen Kolonial-Eisenbahnbau- und Betriebsgesellschaft

andererseits,

wird zwischen denselben Parteien folgender Zusatzvertrag abgeschlossen:

Vorbemerkung: Der Reichskanzler wird nunmehr durch den Staatssekretär des Reichs-Kolonialamts vertreten. Die vertraglichen Obliegenheiten der Kolonial-Abteilung gehen auf das Reichs-Kolonialamt über.

§ 1. Gegenstand und Unterlage des Zusatzvertrages.

1. Die Firma hat außer den im Hauptvertrage übernommenen Pflichten nach Maßgabe der diesem beigefügten Baubeschreibung sämtliche Leistungen und Lieferungen zu erfüllen, die in dem diesem Zusatzvertrage mit Lageplan und Längenprofil beigegebenen Kostenanschlage**) (in folgendem Zusatzanschlag genannt) aufgeführt sind, mit Ausschluß der Leistungen und Lieferungen des Titels I, der Position 12 des Titels IX, der Position 2 des Titels XIII und der Position 7 des Titels XIV und mit Ausnahme der Staatsaufsicht in der Position 3 des Titels XIII. Die Firma hat auf Grund dieser neuen Verpflichtungen die Einzelentwürfe aufzustellen, die zum Bau der Bahn von Feldschuhhorn nach Keetmanshoop (in folgendem Zusatzstrecke genannt) nötig sind, auf Grund dieser Unterlagen die genannte Bahn betriebsfertig herzustellen, mit Fahrzeugen, Ausrüstungsgegenständen und Inventarienstücken gehörig auszustatten und die Bahn Lüderitzbucht—Keetmanshoop in dem weiter unten festgesetzten

*) Oben Nr. 62.
**) Hier nicht mit abgedruckt. Siehe die Anlagen der Beilage III zur zweiten Ergänzung zum Etat für das Südwestafrikanische Schutzgebiet auf das Rechnungsjahr 1907.

Umfange bis zur Hauptabnahme der Bahn Aus—Keetmanshoop zu betreiben und zu unterhalten. Es herrscht Einverständnis, daß die Positionen 7 der Titel XIV des Haupt- und des Zusatzanschlages nicht für unvorhergesehene Ausgaben der Firma bestimmt sind, daß diese vielmehr wie die vorhergesehenen Ausgaben der Firma bei den Titeln und Positionen verrechnet werden müssen, deren Erfüllung die Firma übernommen hat.

2. Der Grunderwerb sowie die Vermessung und Einsteinung der erworbenen Flächen ist nicht Sache der Firma. Den für die Zusatzstrecke dauernd nötigen Grund und Boden sowie die nur während des Baues nötigen Flächen hat das Gouvernement der Firma rechtzeitig und kostenlos zu überweisen.

3. Dem Gouvernement steht die Wahl frei, ob, wann und wo es die im Titel IX Pos. 12 des Zusatzanschlages genannten Versuche zur Erschließung weiteren Wassers anstellen wird. Diese Versuche beziehen sich nicht auf die Stationen Seeheim, Gobas und Keetmanshoop. Der Bau dieser Wasserstationen mit allen baulichen und maschinellen Anlagen liegt der Firma ob.

Haben die am Eingang dieser Ziffer genannten Versuche des Gouvernements Erfolg, so erhält die Firma auf Wunsch das erschlossene Wasser für die Erfüllung dieses Vertrages zur Verfügung. Sie hat diese Wasserstellen alsdann wie die von ihr selbst hergestellten Anlagen zu unterhalten. Wenn das Gouvernement diese Wasserstellen mit Einrichtungen für den endgültigen Betrieb der Bahn versehen lassen will, so wird die Firma die Einrichtungen auf Verlangen zu den nachweisbaren Selbstkosten — außerhalb der im § 16 vorgesehenen Vergütung — ohne Hinzurechnung von Verwaltungskosten nach den Anweisungen des Gouvernements ausführen und auf Wunsch für die Erfüllung dieses Vertrages zur Verfügung erhalten. In diesem Falle hat die Firma die Einrichtungen in gleicher Weise wie die von ihr selbst hergestellten Anlagen zu unterhalten.

§ 2. Bauentwurf.

Die Ziffern 1 bis 4 des § 2 des Hauptvertrages gelten auch für die Zusatzstrecke.

§ 3. Militärischer Schutz und Mobilmachung.

Der § 3 des Hauptvertrages gilt auch für die Zusatzstrecke.

§ 4. Fristen und Dispositionen.

3. An die Stelle der Ziffer 3 des § 4 des Hauptvertrages tritt die Bestimmung:

Die Firma hat unter Fortsetzung der schon begonnenen Bauarbeiten die Bahn Aus—Keetmanshoop zunächst mit jeder nur möglichen Beschleunigung im Vorbau so vorzutreiben, daß sie spätestens am 23. November 1908 in ihrer ganzen Länge für den öffentlichen Verkehr benutzbar ist. Im Anschluß hieran hat die Firma den Ausbau der Bahn zu bewirken. Dieser Ausbau soll spätestens am 30. September 1909 beendet sein. Während der Bauzeit hat die Firma die Arbeiten fortgesetzt im Verhältnis zu dieser Vollendungsfrist angemessen zu fördern. Unter Vor- und Ausbau ist im Haupt- und Zusatzvertrage nunmehr stets der Vor- und Ausbau der ganzen Strecke Aus—Keetmanshoop zu verstehen.

4. In der Ziffer 4 des § 4 des Hauptvertrages ist unter „Bau" der Bau der ganzen Strecke Aus—Keetmanshoop zu verstehen.

5. Die Ziffer 5 des § 4 des Hauptvertrages bleibt bestehen. Als höhere Gewalt im Sinne dieser Ziffer gilt namentlich auch das Abkommen der Riviere außerhalb der vier Monate Februar bis Mai.

6. Die Ziffer 6 des § 4 des Hauptvertrages bleibt bestehen.

§ 5. Aufsicht.

Der § 5 des Hauptvertrages gilt auch für die Zusatzstrecke.

§ 6. Vergebung von Lieferungen.

Der § 6 des Hauptvertrages gilt auch für die Zusatzstrecke. Es herrscht Einverständnis, daß der Schlußsatz der Ziffer 1 für die Haupt- und Zusatzstrecke die Firma der Verpflichtung zur Wahl der für den Fiskus günstigsten Lösungen nicht enthebt.

§ 7. Personal der Firma.
§ 8. Ordnungsvorschriften.
§ 9. Zoll- und Hafengebühr.

Die §§ 7 bis 9 des Hauptvertrages gelten auch für die Zusatzstrecke.

§ 10. Gebrauch der Lieferungsgegenstände und Anlagen.

1. An die Stelle der Ziffer 1 des § 10 des Hauptvertrages tritt die Bestimmung:

Die Firma ist befugt, sämtliche Gegenstände und Anlagen, die sie in Ausführung des Haupt- und Zusatzvertrages liefert oder herstellt, zur weiteren Erfüllung des Haupt- und Zusatzvertrages zu gebrauchen, desgleichen sämtliche für die Bahn Lüderitzbucht—Aus von der Firma oder von dem Gouvernement hergestellten oder gelieferten oder noch zu liefernden Anlagen mit Ausnahme der Dünenbauten des Gouvernements.

2. und 3. Die Ziffern 2 und 3 des § 10 des Hauptvertrages gelten auch für die Zusatzstrecke. Als „Kostenanschlag" in Ziffer 3 gelten Haupt- und Zusatzanschlag zusammen.

4. Zur Zeit schweben Erwägungen, ob statt der im Hauptanschlage vorgesehenen großen (vierachsigen) Tender ganz oder teilweise kleinere (zweiachsige) Tender beschafft werden sollen. Es herrscht Einverständnis, daß im Fall der Beschaffung kleinerer Tender die im Titel XII Pos. 2 des Hauptanschlages genannte Anzahl dem kleineren Einheitspreise entsprechend ohne Änderung des § 16 dieses Zusatzvertrages erhöht wird und dann diese erhöhte Anzahl auch im Sinne der vorstehenden Ziffer 3 als vorgesehen gilt.

§ 11. Telegramme.

Der § 11 des Hauptvertrages gilt auch für die Zusatzstrecke.

§ 12. Betrieb während der Bauzeit.

2. Die Ziffer 2 des § 12 des Hauptvertrages gilt auch für die Zusatzstrecke.

3. 4. und 5. An die Stelle der Ziffern 3 bis 5 des § 12 des Hauptvertrages treten die Bestimmungen:

3. Auf den eröffneten Teilstrecken hat die Firma auf Verlangen durchschnittlich an jedem Werktage:

a) während des Vorbaues der Bahn Aus—Keetmanshoop 5 Wagenladungen mit Anschluß des eigenen Bedarfs in jeder Richtung zu befördern,

b) nach dem Vorbau der Bahn Aus—Keetmanshoop 12 Wagenladungen mit Ausschluß des eigenen Bedarfs in jeder Richtung zu befördern. Jeder auf Verlangen des Eisenbahnkommissars eingestellte zur Personenbeförderung eingerichtete Wagen rechnet dabei für einen beladenen Güterwagen.

4. In den festgesetzten Leistungsgrenzen hat die Firma vorerst die angemeldeten Militärtransporte, sodann die Postgüter (nach den Bestimmungen vom 28. Mai 1879, betreffend die Verpflichtungen der Eisenbahnen untergeordneter Bedeutung zu Leistungen für die Zwecke des Postdienstes) und in dritter Linie die Güter der Zivilverwaltung und der Privaten zu befördern, doch soll der Post- und der Zivilverwaltung sowie den Privaten auf Verlangen jedenfalls wöchentlich je eine Wagenladung in jeder Richtung zugestanden werden.

5. Die Firma hat zu erheben:

a) für sämtliche Personen- und Gütertransporte mit Ausnahme der Militärtransporte die Sätze nach dem jeweiligen Tarife der Windhukbahn;

b) für Militärtransporte:

I. während des Vorbaues nichts,

II. nach Beendigung des Vorbaues die Selbstkosten ohne Verwaltungskosten.

Bis auf weiteres werden zu b II die tatsächlichen Selbstkosten nachträglich erhoben. Sobald genügende Erfahrungen für die Veranschlagung dieser Selbstkosten vorliegen, kann das Gouvernement auf Antrag der Firma für die nach b II gehörigen Transporte die jener Veranschlagung entsprechenden Tarifsätze vorschreiben.

6. bis 11. Die Ziffern 6 bis 8, 10 und 11 des § 12 des Hauptvertrages gelten auch für die Zusatzstrecke. Die Ziffer 9 des § 12 des Hauptvertrages wird gestrichen.

§ 13. Bestimmungen zur Sicherung des Betriebes nach der Hauptabnahme.

An die Stelle des § 13 des Hauptvertrages treten die Bestimmungen:

1. Soweit die Firma ihrer Angestellten nach der Hauptabnahme der Bahn Aus—Keetmanshoop nicht mehr zur Abwicklung des Haupt- und Zusatzvertrages bedarf, hat sie diese mit deren Einverständnis auf Antrag des Gouvernements zum Tage nach der Hauptabnahme aus ihren Diensten zu entlassen und ihnen den Übertritt in die Dienste des Gouvernements zu gestatten.

2. Die Firma wird darauf Bedacht nehmen, bis zur Hauptabnahme der Bahn Aus—Keetmanshoop genügendes Personal für den Betrieb der Bahn Lüderitzbucht—Keetmanshoop nach den preußischen Betriebsvorschriften für Kleinbahnen mit Maschinenbetrieb vom 13. August 1898 auszubilden. Sie ist hierzu verpflichtet, wenn das Gouvernement die Bezüge des auszubildenden Personals außerhalb dieses Vertrages zahlt.

3. Die Firma übernimmt den Betrieb und die Unterhaltung der Linie Lüderitzbucht—Aus (mit Ausnahme der Dünenbauten des Gouvernements) von deren Hauptabnahme an bis zur Hauptabnahme der Bahn Aus—Keetmanshoop. Für diesen Betrieb nebst Unterhaltung gelten die Ziffern 3b, 4, 5a, 5b II, 6, 7, 8, 10 und 11 des vorstehenden § 12.

§ 14. Abnahme.

An die Stelle des § 14 des Hauptvertrages treten die Bestimmungen:

1. Der Firma gegenüber werden die haupt- und zusatzvertraglichen Leistungen und Lieferungen der Firma durch den Eisenbahnkommissar abgenommen.

2. Die Abnahme solcher Leistungen und Lieferungen, deren Prüfung später nicht mehr oder nur mit besonderen Unkosten möglich ist, z. B. die Abnahme der Bausohlen der einzuschüttenden Bauwerke usw., erfolgt schon während der Bauzeit. Die Firma hat diese Abnahme rechtzeitig zu beantragen. Die Gefahr und, soweit rechtlich möglich, das Eigentum an den so abgenommenen Gegenständen und Anlagen bleibt bis zur Hauptabnahme der Bahn Aus—Keetmanshoop bei der Firma.

3. Auf Verlangen des Reichs-Kolonialamts hat die Firma zu Lasten ihrer Verwaltungskosten die aus der Heimat zur Lieferung kommenden Gegenstände durch einen von den Unterlieferanten vollständig unabhängigen Sachverständigen vor der Verschiffung vorläufig und unbeschadet der Rechte des Reichs-Kolonialamts bzw. des Eisenbahnkommissars nach § 5 Nr. 5 prüfen zu lassen. Die Wahl des Sachverständigen unterliegt der Genehmigung des Reichs-Kolonialamts. Dem letzteren steht es frei, sich bei den Prüfungen vertreten zu lassen. Zu dem Zwecke hat die Firma es rechtzeitig von den Prüfungsterminen zu benachrichtigen und ihm ferner von dem Ergebnis der Prüfung Kenntnis zu geben.

4. Die Hauptabnahme der Umgehungslinie soll, wenn die letztere bis dahin vollendet ist, gleichzeitig mit der Hauptabnahme der übrigen Anlagen der Linie Lüderitzbucht—Aus und nach den dafür gültigen Vorschriften und sonst nach denselben Vorschriften vor ihrer Einbeziehung in den Betrieb der Linie Lüderitzbucht—Aus geschehen.

Die Hauptabnahme der Strecke Aus—Keetmanshoop soll am 30. September 1909 stattfinden.

Die sonstigen Bestimmungen dieses Vertrages über die Hauptabnahme gelten sowohl für die erste als auch für die zweite der beiden vorstehend genannten Hauptabnahmen, und zwar für jede in bezug auf die zugehörige Strecke.

5. Über die Hauptabnahme ist eine Verhandlung nach den für die Linie Lüderitzbucht—Aus erlassenen Bestimmungen aufzunehmen.

6. Spätestens mit der Hauptabnahme gehen das Eigentum und die Gefahr an der genannten Bahnanlage, soweit sie dann abgenommen sein wird, an den Schutzgebietsfiskus über.

7. Für die Abstellung der bei den Teilabnahmen oder der Hauptabnahme ermittelten Mängel gelten die Bestimmungen des § 6.

§ 15. Gewähr.

An die Stelle des § 15 des Hauptvertrages treten die Bestimmungen:

1. Für alle Leistungen, auf die sich die Hauptabnahme erstreckt hat, leistet die Firma noch ein Jahr lang nach dieser Hauptabnahme Gewähr. Für die Leistungen und Lieferungen, die erst nach der Hauptabnahme abgenommen sind und sich nicht als Ersatz nach Ziffer 2 dieses Paragraphen darstellen, leistet die Firma noch ein Jahr nach den betreffenden Teilabnahmen Gewähr. Für die Lieferung von eisernem Gleismaterial der Strecke Aus-Feldschuhhorn rechnet die Gewährzeit bis zum 31. März 1912, für diejenige der Strecke Feldschuhhorn—Keetmanshoop bis zum 31. Dezember 1912. In Schadensfällen wird dabei bis zum

Gegenbeweise ausgenommen, daß alles auf der Linie Aus—Feldschuhhorn eingebaute Gleismaterial bis zum 31. März 1912 und alles auf der Linie Feldschuhhorn—Keetmanshoop eingebaute Gleismaterial bis zum 31. Dezember 1912 unter die Gewährpflicht der Firma fällt.

2. Auf Grund dieser Gewährpflicht hat die Firma alle Anlagen und Gegenstände, die sich während der Gewährzeit als nicht bedingungsgemäß erweisen oder die infolge schlechten Materials oder mangelhafter Arbeit bei gewöhnlicher Betriebsbenutzung, d. h. ohne nachweisbare Unfälle betriebsunbrauchbar werden, unverzüglich zu ihren Lasten bzw. zu Lasten des nach § 18 zu hinterlegenden Pfandes durch neue, bedingungsgemäße zu ersetzen.

Für alle solche Ersatzleistungen und Ersatzlieferungen leistet die Firma Gewähr bis zum Ablauf der Gewährfrist für die betreffenden ursprünglichen Leistungen und Lieferungen.

3. Erweisen sich die Inventarien- und Ausrüstungsstücke bei der Hauptabnahme der Menge nach als unzulänglich, so hat die Firma weitere Inventarien und Ausrüstungsstücke mit Ausnahme von Fahrzeugen nachzuliefern. Die Gewährfrist hierfür läuft bis zum Schlusse des mit der Hauptabnahme beginnenden Jahres.

§ 16. Vergütung.

An die Stelle des § 16 des Hauptvertrages treten die Bestimmungen:

1. An Vergütung für die auf Grund des Haupt- und Zusatzvertrages ausgeführten Leistungen und Lieferungen erhält die Firma:

a) als Ersatz ihrer Verwaltungskosten 850 000 M., in Worten: Achthundertundfünfzigtausend Mark;

b) den Ersatz der übrigen zur Erfüllung des Haupt- und Zusatzvertrages aufgewendeten Selbstkosten bis zur Höhe von 17 860 000 M., in Worten: Siebenzehn Millionen Achthundertsechzigtausend Mark; den über 17 860 000 M. aufkommenden Teil dieser Selbstkosten trägt die Firma, soweit diese Mehrkosten nicht für die Beseitigung von Schäden erwachsen, die unmittelbar durch die Aufständischen oder durch Erdbeben herbeigeführt sind;

c) als Gewinn 1 540 000 M., in Worten: Eine Million Fünfhundertundvierzigtausend Mark, vermehrt um ein Zehntel des Betrages, um den die vorstehend unter b erwähnten Selbstkosten (ohne die Ausgaben zur Beseitigung der unmittelbar durch die Aufständischen oder durch Erdbeben herbeigeführten Schäden) unter 17 860 000 M. in Worten: Siebenzehn Millionen Achthundertsechzigtausend Mark, bleiben, insgesamt jedoch nicht über 2 000 000 M., in Worten: Zwei Millionen Mark.

2. Für jeden Tag, um den die Firma den Vorbau vor dem in § 4 Z. 3 des Zusatzvertrages bezeichneten Termin fertigstellt, erhält sie eine besondere Vergütung von 3000 M. bis zur Höhe von 75 000 M. und, soweit die Vergütung gemäß der vorstehenden Ziffer 1 a bis c unter 20 250 000 M. bleibt auch über 75 000 M. hinaus; für jeden Tag, um den die Firma diesen Termin überschreitet, hat sie eine Vertragsstrafe von 3000 M. zu zahlen, sofern sie nicht gemäß § 4 Z. 5 das Fehlen von Vorsatz und Fahrlässigkeit nachzuweisen vermag.

Als fertig gilt der Vorbau mit dem Zeitpunkte, zu dem der Eisenbahnkommissar die letzte Teilstrecke als benutzbar für Militärtransporte erklärt hat.

3. Wie bisher Ziffer 3 des § 16 des Hauptvertrages.

4. Wie bisher Ziffer 4 des § 16 des Hauptvertrages; im ersten Satz ist unter Vertrag der Haupt- und Zusatzvertrag zu verstehen.

§ 17. Rechnungslegung.

Wie bisher § 17 des Hauptvertrages.

§ 18. Zahlungen.

An die Stelle des § 18 des Hauptvertrages treten die Bestimmungen:

1. Unter der Voraussetzung der rechtzeitigen Bereitstellung der Mittel durch den Etat erhält die Firma am Tage nach Abschluß des Hauptvertrages und dann bis zum 30. November 1907 am letzten Zahltage eines jeden Monats eine Abschlagszahlung von 1 000 000 M., sodann 12 Monate lang an jedem letzten Zahltage eines Monats eine Abschlagszahlung von 500 000 M. und danach 9 Monate lang an jedem letzten Zahltage eines Monats eine Abschlagszahlung von 250 000 M. Den Rest der ihr nach § 16 zustehenden Vergütung erhält die Firma tunlichst binnen 3 Monaten, nachdem sie die Schlußrechnung eingereicht hat. Sollte sich in dieser Frist die Prüfung der Schlußrechnung nicht in allen Teilen durchführen lassen, so erhält die Firma zu diesem Termin jedenfalls den nicht strittigen Teil ihres Guthabens, den Rest aber alsbald nach Abschluß der Prüfung. Diese hat das Reichs-Kolonialamt möglichst zu beschleunigen.

Die Firma erkennt an, die fünf nach vorstehender Bestimmung bis zum Ablaufe des Monats Juni 1907 fällig gewordenen Abschlagszahlungen von je 1 000 000 M. schon auf Grund des Hauptvertrages erhalten zu haben.

2. bis 4. Wie bisher § 18, 2 bis 4 des Hauptvertrages.

§ 19. Pfand.

An die Stelle des § 19 des Hauptvertrages treten die Bestimmungen:

1. Als Pfand für die Erfüllung ihrer Haupt- und Zusatzvertragspflichten hinterlegt die Firma vor der Auszahlung der ersten nach dem Abschlusse dieses Zusatzvertrages fälligen Abschlagszahlung bei der Kolonial-Hauptkasse 1 000 000 M. in Papieren, die in solcher Höhe bei der Reichsbank beleihungsfähig sind, oder in Sichtwechseln, die die Firma ausstellt und die von einer ersten deutschen Bank akzeptiert sind. Das auf Grund des Hauptvertrages schon hinterlegte Pfand von 600 000 M. wird nach Wahl der Firma entweder auf das obige Pfand von 1 000 000 Mark in Anrechnung gebracht oder bei Hinterlegung des letzteren Pfandes zurückgegeben.

2. bis 5. Wie bisher § 19, 2 bis 5 des Hauptvertrages.

§ 20. Schiedsgericht.

Der § 20 des Hauptvertrages gilt auch im Zusatzvertrage.

§ 21. Übertragbarkeit und Abschluß des Vertrages.

Der § 21 des Hauptvertrages gilt auch im Zusatzvertrage.

Berlin, den 27. Juli 1907.

Der Staatssekretär des Reichs-Kolonialamts.
I. V.: Conze.

Berlin, den 25. Juli 1907.

Deutsche Kolonial-Eisenbahnbau- und Betriebsgesellschaft.
Reh. Mittelstaedt.

198. Zusatzverordnung des Gouverneurs von Deutsch-Ostafrika zur Verordnung, betreffend die Führung und den Besitz von Feuerwaffen und Schiefsbedarf und den Verkehr mit denselben. Vom 26. Juli 1907.

(Amtl. Anz. Nr. 18.)

a) Der § 6 der Verordnung, betr. die Führung und den Besitz von Feuerwaffen und Schießbedarf und den Verkehr mit denselben, vom 9. März 1906 — Amtl. Anz. vom 17. März 1906 Nr. 9*) — erhält folgenden Zusatz:

Für die Erteilung und gegebenenfalls für die Zurückziehung der Erlaubnis zur Führung und zum Besitz von Feuerwaffen ist auch die Bezirksnebenstelle Aruscha zuständig.

b) Die Bekanntmachung, betr. Feuerwaffen und Schießbedarf, vom 9. März 1906 — Amtl. Anz. vom 17. März 1906 Nr. 9**) — wird dahin ergänzt, daß als Einfuhrplatz für Feuerwaffen und Schießbedarf gemäß § 3 der Verordnung vom 9. März 1906, betr. die Ein- und Durchfuhr von Feuerwaffen und Schießbedarf,***) an der Binnengrenze auch Aruscha erklärt wird. Der öffentliche Lagerraum für Feuerwaffen und Schießbedarf ist bei der Bezirksnebenstelle eingerichtet.

Daressalam, den 26. Juli 1907.

Der Kaiserliche Gouverneur.
Freiherr v. Rechenberg.

199. Bekanntmachung des Gouverneurs von Deutsch-Ostafrika, betreffend die Bildung einer Intendantur für die Schutztruppe. Vom 30. Juli 1907.

(Amtl. Anz. Nr. 18.)

Auf Grund des Etats auf das Rechnungsjahr 1907 wird mit dem 1. August d. Js. eine Intendantur der Schutztruppe gebildet.

Daressalam, den 30. Juli 1907.

Der Kaiserliche Gouverneur.
Freiherr v. Rechenberg.

200. Bekanntmachung des Gouverneurs von Deutsch-Ostafrika, betreffend Aufhebung der Sperrung des nordwestlichen Teils des Bezirks Ssongea. Vom 31. Juli 1907.

(Amtl. Anz. Nr. 18.)

Die durch Bekanntmachung vom 11. April d. Js. — Amtl. Anz. Nr. 8†) — bis auf weiteres aufrecht erhaltene Sperrung des nordwestlichen Teils des Bezirks Ssongea wird hiermit zurückgezogen.

Daressalam, den 31. Juli 1907.

Der Kaiserliche Gouverneur.
Freiherr v. Rechenberg.

---

*) D. Kol. Gesetzgeb. 1906 S. 130.
**) D. Kol. Gesetzgeb. 1906 S. 134.
***) D. Kol. Gesetzgeb. 1906 S. 129.
†) Oben Nr. 110.

201. Tarif des Gouverneurs von Kamerun für das Beschlagen von Privatpferden. Vom 31. Juli 1907.

		Für gewöhnliche Eisen M.	Für Stückeisen M.
1.	Für einen kompletten Hufbeschlag einschl. 4 neue Eisen, 4 Hufe ausschneiden usw.	12,00	16,00
2.	Für Umschlagen, Nachsehen der Hufe usw. ohne Lieferung neuer Eisen	6,00	6,00
3	Für Umschlagen, Nachsehen der Hufe usw. mit Lieferung neuer Eisen a)	6,00	6,00
	" zuzüglich pro Eisen b)	0,60	1,00
	Herrichten der Hufe ohne Lieferung neuer Eisen	4,50	4,50
	Herrichten der Hufe mit Lieferung neuer Eisen a)	4,50	4,50
	zuzüglich pro Eisen b)	0,60	1,00
	Als Entschädigung erhält der weiße Hufschmied zu lfd. Nr. 1 eine Vergütung von 4,00 M. " " Nr. 2/3 " " " 2,00 " " " Nr. 4 5 " " " 1,50 "		

Buea, den 31. Juli 1907.

Der Gouverneur.
Seitz.

202. Zusatzverordnung des Gouverneurs von Samoa zu der Verordnung, betreffend die Bekämpfung der Rindenkrankheit vom 21. April 1907. Vom 31. Juli 1907.

(Kol. Bl. S. 1035. Gouv. Bl. III Nr. 67.)

Nachdem sich herausgestellt hat, daß der Erreger der Rindenkrankheit in Abfällen, namentlich in Schoten (Pods), auch von gesunden Kakaobäumen sich vorfindet, bestimme ich zusätzlich zu § 4 der Verordnung,*) daß die Kommission zur Bekämpfung der Rindenkrankheit befugt ist, anzuordnen, daß Abfälle, in Sonderheit Schoten (Pods) auch von gesunden Kakaobäumen zu verbrennen oder einzugraben und mit Kalk zu übergießen sind.

Vailima, den 31. Juli 1907.

Der Kaiserliche Gouverneur.
Solf.

203. Verfügung des Gouverneurs von Deutsch-Südwestafrika, betreffend Begräbnisgebühren. Vom 1. August 1907.

Für Gräber, welche amtlicherseits für Privatpersonen hergestellt werden, kommen fortab die folgenden allgemeinen Gebühren zur Erhebung:

Es kostet: a) ein Grab für Weiße 10 M.,
b) ein Grab für Eingeborene 5 M.

*) Oben Nr. 129.

Mittellos Verstorbene sowie Eingeborene, die z. Zt. ihres Todes keinen Arbeitgeber hatten, werden kostenlos beerdigt.

Die Verrechnung dieser Einnahmen hat bei dem Einnahme-Titel I, 3, 16 des Etats, und zwar auf Grund ordnungsmäßig zu erstattender Belege zu erfolgen.

Windhuk, den 1. August 1907.

Der Kaiserliche Gouverneur.
I. V.: Bruhns.

204. Bekanntmachung des Gouverneurs von Togo, betreffend die Verlegung der Finanzverwaltung in das Schutzgebiet. Vom 1. August 1907.

(Amtsbl. S. 159.)

Durch Verfügung des Reichs-Kolonialamts vom 6. Juli d. Js.*) ist die bisher beim Reichs-Kolonialamt geführte Finanzverwaltung des Schutzgebiets Togo mit Wirkung vom 1. April 1907 ab in das Schutzgebiet selbst verlegt worden.

Gemäß Ziffer 9 dieser Verfügung wird neben der Gouvernements-Hauptkasse eine Gouvernements-Kalkulatur eingerichtet, welcher die ständige rechnerische Prüfung der Bücher der Gouvernements-Hauptkasse und der Rechnungsbelege unterliegt.

Lome, den 1. August 1907.

Der Gouverneur.
Graf Zech.

205. Bekanntmachung des Gouverneurs von Deutsch-Neuguinea, betreffend die Zollabfertigung der für die deutschen Salomonsinseln bestimmten Güter. Vom 1. August 1907.

(Kol. Bl. S. 991.)

Alle Güter, welche vom Auslande kommen und für die deutschen Salomonsinseln bestimmt sind, haben ihre Zollabfertigung in Kieta zu erfahren. Güter, welche nicht unter Durchfrachtkonnossement gehen, dürfen erst dann von dem Einfuhrhafen nach Kieta verschifft werden, nachdem die Konnossemente von der Zollbehörde daselbst abgestempelt sind.

Herbertshöhe, den 1. August 1907.

Der Kaiserliche Gouverneur.
Hahl.

206. Bekanntmachung des Gouverneurs von Togo, betreffend die von der Kaufmannschaft einzureichenden Listen über eingeführte und verkaufte Feuersteingewehre sowie über die noch vorhandenen Bestände. Vom 2. August 1907.

(Amtsbl. S. 174.)

Auf Anordnung des Reichs-Kolonialamts zu Berlin sind alljährlich von der Kaufmannschaft genaue Listen über die im abgelaufenen Kalenderjahre eingeführten und verkauften Feuersteingewehre sowie über die noch vorhandenen Bestände einzureichen.

* Oben Nr. 176.

Die Einreichung der Listen hat bis zum 1. August jeden Jahres bei den Zollämtern stattzufinden, in deren Bezirken die betreffenden Firmen ansässig sind, erstmalig für das Kalenderjahr 1906 am 15. dieses Monats.

Lome, den 2. August 1907.

Der Gouverneur.
Graf Zech.

207. Verfügung des Gouverneurs von Deutsch-Ostafrika, betreffend die Einstellung und Entlassung von Askari bei den Polizei-Abteilungen. Vom 3. August 1907.

Es ist in letzter Zeit verschiedentlich der Fall vorgekommen, daß Polizei-Abteilungen, ohne dazu ermächtigt zu sein, Askari entlassen und eingestellt haben.

In Ergänzung des Erlasses vom 12. Oktober 1906*) wird daher angeordnet:

Entlassungen, Einstellungen, Versetzungen und Beförderungen von Askari bedürfen in jedem Falle der Genehmigung des Gouvernements. Diesbezügliche Anträge sind schriftlich mit genauer Begründung einzureichen.

Ersatz für entlassene Askari wird von dem Polizei-Rekruten-Depot gestellt werden.

Die Polizei-Abteilungen Muansa, Neu-Langenburg, Moschi und Ssongea, welche besonderer Verhältnisse wegen die Genehmigung erhalten haben, selbständig für Ersatz zu sorgen, werden bis auf weiteres von dieser Verfügung nicht berührt.

Daressalam, den 3. August 1907.

Der Kaiserliche Gouverneur.
Freiherr v. Rechenberg.

208. Bekanntmachung des Bezirksamts Lome (Stadt), betreffend Ausführung der Polizeiverordnung vom 23. Juni 1907. Vom 3. August 1907.

(Amtsbl. S. 176.)

Auf Grund und in Ausführung der Polizeiverordnung vom 23. Juni 1907**) wird folgendes bestimmt:

Zu § 2: Die Reinigung der Straßen hat täglich zu erfolgen und muß spätestens 8 Uhr morgens beendet sein.

Zu § 4: Die Verrichtung der großen Notdurft im Freien ist in demjenigen Stadtbezirk verboten, der im Süden von der See, im Westen, Norden und Osten von einem Umkreis begrenzt ist, der folgende Punkte berührt:

Treffpunkt des vom Gouverneurhaus nach Süden führenden Weges mit dem Kaiserstaden, Gouverneurhaus, Isolierbaracke, Bahnhof, Schnittpunkt einer vom Bahnhof ausgehenden Parallele zur Adjallestraße mit der Amutivestraße, Friedhof, Treffpunkt des vom Friedhof nach Süden führenden Weges mit Strandweg.

Die in den Häusern befindlichen Aborte sind in der Zeit zwischen 12 Uhr nachts und 6 Uhr morgens in die See an besonders gekennzeichneter Stelle in der Nähe des Friedhofs zu entleeren.

*) Nicht abgedruckt.
**) Oben Nr. 168.

Abfallstoffe können jederzeit außer an dieser Stelle auch in hierzu bestimmten Gruben abgelagert werden.

Zu § 5: Die Reinigung der Marktplätze hat täglich zu erfolgen und muß spätestens 5 Uhr mittags beendet sein.

Lome, den 3. August 1907.

Kaiserliches Bezirksamt (Stadt).

209. Vertrag zwischen dem Reichs-Kolonialamt und der Siedelungsgesellschaft für Deutsch-Südwestafrika, betreffend Aufserkraftsetzung der Konzession der letzteren. Vom 6. August 1907.

Verhandelt Berlin, den 6. August 1907.

Vor dem unterzeichneten Notar im Bezirke des Königlichen Kammergerichts zu Berlin, Geheimen Justizrat Dr. Paul Krause erschienen heute von Person bekannt die Herren:

1. Direktor im Reichs-Kolonialamt Dr. Peter Conze,
2. Konsul Ernst Vohsen,
3. Konsul Adolf Schwabe,

zu eins in Lankwitz, zu zwei in Berlin, zu drei in Groß-Lichterfelde wohnhaft.

Der Erschienene zu eins gibt seine Erklärungen Namens des Staatssekretärs des Reichs-Kolonialamts, auf Grund der Ermächtigung des Reichskanzlers vom 15. Juli 1907 ab.

Die Erschienenen zu zwei und drei geben ihre Erklärungen Namens der Siedelungsgesellschaft für Deutsch-Südwestafrika ab.

Die Erschienenen erklärten hierauf:

Zwischen der Kaiserlichen Regierung und der Siedelungsgesellschaft für Deutsch-Südwestafrika wird folgendes vereinbart:

I. Die der Siedelungsgesellschaft für Deutsch-Südwestafrika erteilte Konzession vom 2. März 1896*) sowie die dazu getroffene Vereinbarung vom 19. April 1895*) werden ihrem gesamten Inhalte nach außer Kraft gesetzt.

II. An ihre Stelle treten folgende Abmachungen:

1. Die Siedelungsgesellschaft verbleibt behufs Fortsetzung ihres landwirtschaftlichen Betriebes im Eigentum nachstehender, von ihr bisher schon in Nutzung genommener Farmen:
   a) Unverzagt und Hoffnung mit zusammen 5000 ha,
   b) Bellerode mit 10 000 ha,
   c) Ompenbanowa mit 10 000 ha,
   d) Kaukurus mit 30 000 ha.
2. Im Hinblick auf ihren nach den Feststellungen der Hilfeleistungskommission ungedeckten Schaden von Mark 145 371,50 aus Verlusten infolge des Hereroaufstandes erhält die Siedelungsgesellschaft außer den sub II 1. a—d genannten Farmen aus Billigkeitsgründen innerhalb des bisherigen Konzessionsgebietes das unentgeltliche Eigentum an 100 000 ha Landes, welche sie zur Einrichtung und Entwicklung von Viehzuchtunternehmen und anderen wirtschaftlichen Unternehmungen im Anschluß an die oben unter II. 1. a—d genannten, von ihr weiter zu betreibenden Farmen verwenden will.

* Nicht veröffentlicht.

Diese 100 000 ha Land sind von der Gesellschaft binnen Jahresfrist in vier Blöcken von je 25 000 ha auszuwählen. Erfolgt die Wahl nicht binnen der genannten Frist, so werden ihr diese Blöcke vom Gouvernement nach freier Wahl zugeteilt.

Die vorgenannten Grundstücke, wie auch die unter II. 1. a—d aufgeführten Farmen sind — soweit es nicht schon geschehen ist — binnen einer vom Gouvernement zu bestimmenden Frist auf Kosten der Gesellschaft durch einen Regierungslandmesser zum Gouvernementstarif zu vermessen.

Unverzüglich nach erfolgter Vermessung der einzelnen Grundstücke hat die Gesellschaft die Eintragung in das Grundbuch zu beantragen.

3. Als Gegenleistung für die Aufgabe der Konzession und behufs Verwendung bei der Fortsetzung ihrer landwirtschaftlichen Betriebe im Schutzgebiete erhält die Siedelungsgesellschaft die aus Grundstücksverkäufen innerhalb ihres früheren Konzessionsgebietes durch das Gouvernement vereinnahmten Kauferlöse so lange überwiesen, bis dadurch die Gesamtsumme von Mark 200 000 (Zweihundert tausend Mark) erreicht ist.

4. Zur Übertragung des der Siedelungsgesellschaft unter II. 1., 2. gewährten Eigentums an Ausländer bedarf es der Zustimmung des Gouvernements. Dieses Zustimmungsrecht ist durch Vermerk im Grundbuche sicherzustellen.

5. Das Reichs-Kolonialamt genehmigt, daß die Siedelungsgesellschaft ihr Vermögen, wie es sich nach dem vorstehenden Vertrage gestaltet, in eine Gesellschaft mit beschränkter Haftung nach deutschem Recht einbringt und sich sodann auflöst.

Das Protokoll wurde in Gegenwart des Notars vorgelesen, von den Beteiligten genehmigt und von ihnen eigenhändig, wie folgt, unterschrieben.

Peter Conze. Ernst Vohsen. Adolf Schwabe.
Dr. Paul Krause, Notar.

210. Bekanntmachung des Bezirksamts Lome (Stadt), betreffend Einrichtung von Palmkernprüfungsstellen. Vom 14. August 1907.

(Amtsbl. S. 177.)

Auf Antrag der Vereinigung der Lome-Kaufleute werden gemäß § 5 der Verordnung des Gouverneurs vom 2. November 1904*) betreffend den Handel mit Palmkernen die im September vorigen Jahres aufgehobenen Palmkernprüfungsstellen auf dem Haussamarkt und an der Atakpamestraße vom 19. August 1907 ab wieder errichtet.

Sämtliche in Lome angebrachten Kerne unterliegen fortan wieder ohne Einschränkung der Prüfung; die Bestimmungen, insbesondere auch die Strafbestimmungen der vorbezeichneten Verordnung finden Anwendung.

Zur Ausführung der Prüfung sind die Eingeborenen Joseph Almeida aus Anecho und Mosis Comla aus Kpandu amtlich bestellt.

Lome, den 14. August 1907.

Kaiserliches Bezirksamt (Stadt).

*) D. Kol. Gesetzgeb. 1904 S. 218.

211. Verordnung des Gouverneurs von Deutsch-Südwestafrika, betreffend die Einfuhr und den Vertrieb geistiger Getränke in dem südwestafrikanischen Schutzgebiete. Vom 16. August 1907.

(Kol. Bl. S. 1038.)

Auf Grund des § 15 des Schutzgebietsgesetzes (Reichs-Gesetzbl. 1900 S. 813) und des § 5 der Verfügung des Reichskanzlers vom 27. September 1903, betreffend die seemannsamtlichen und konsularischen Befugnisse und das Verordnungsrecht der Behörden in den Schutzgebieten Afrikas und der Südsee, wird verordnet was folgt:

§ 1. Der Handel mit geistigen Getränken aller Art, die Vermittlung dieses Handels wie auch der Betrieb der Schankwirtschaft sind nur auf Grund vorher eingeholter schriftlicher Erlaubnis der zuständigen Behörde gestattet.

§ 2. Der Erlaubnisschein kann lauten:

1. Auf Vermittlung oder Handel mit geistigen Getränken aller Art im Großen.
2. Auf Handel mit geistigen Getränken aller Art in Flaschen.
3. Auf Ausschank und Handel von geistigen Getränken aller Art.
4. Auf Ausschank und Handel von im Schutzgebiet hergestellten Bieren und Weinen.

Der Inhaber eines Erlaubnisscheines zu 3 ist berechtigt, auch Großhandel und Handel in Flaschen, der Inhaber eines Erlaubnisscheines zu 2 ist berechtigt, auch Großhandel zu betreiben.

Handel im Großen ist der Handel in einer Menge von nicht weniger als 6 Liter im einzelnen Verkaufsfall. Sind die Getränke in das Schutzgebiet eingeführt, so dürfen sie im Großhandel nur in den Verpackungen verkauft werden, in denen sie eingeführt worden sind.

§ 3. Der Erlaubnisschein hat nur für die darin genannte Person Gültigkeit. Er erstreckt sich beim Großhandel auf die in dem Erlaubnisschein bezeichnete Geschäftsniederlassung, beim Ausschank und beim Handel in Flaschen auf die im Erlaubnisschein bezeichneten Räumlichkeiten. Der Erlaubnisschein läuft immer nur bis zum Ende des betreffenden Rechnungsjahres (1. April bis 31. März).

Tritt im Laufe des Rechnungsjahres ein Wechsel in der Person des Vertreters einer Firma ein, so kann auf Antrag eine gebührenfreie Umschreibung des Erlaubnisscheines auf den neuen Vertreter stattfinden, sofern nicht gegen dessen Person Bedenken bestehen. Bei besonderen Gelegenheiten kann der Ausschank für kurze Zeit auch außerhalb des in dem Erlaubnisschein bezeichneten Schanklokales gestattet werden.

Der Ausschank in Kaufläden oder sonstigen Räumen, in denen Handelsartikel feilgehalten werden, ist verboten. Der Gouverneur kann Ausnahmen hiervon zulassen.

§ 4. Für die Erteilung des Erlaubnisscheines ist eine Gebühr zu entrichten.

Diese beträgt für das Rechnungsjahr im Falle:

1. des § 2 No. 1 200 M., sofern der Berechtigte nachweist, daß er während des Rechnungsjahres mindestens 5000 M. Zoll für geistige Getränke entrichtet hat. Andernfalls ist die Gebühr zu § 2 No. 2 zu entrichten.
2. des § 2 No. 2 800 M.

3. des § 2 No. 3 bei einem jährlichen Umsatz bis zu 4000 Litern in Orten mit einer weißen Bevölkerung von mehr als 100 Seelen 1000 M., in den übrigen Orten bei einem jährlichen Umsatz bis zu 2500 Litern 600 M. Sie steigt in beiden Fällen für jede weiteren angefangenen 1000 Liter um 100 M.
4. des § 2 No. 4 300 M.

§ 5. Die Gebühr für die Erteilung zum Ausschank sowie diejenige für den Umsatz der ersten 4000 bzw. 2500 Liter ist bei der Aushändigung des Erlaubnisscheines zu entrichten.

Die Gebühr für den 4000 bzw. 2500 Liter übersteigenden Umsatz ist nach Ablauf des Rechnungsjahres, für welches der Erlaubnisschein erteilt ist, zu entrichten, bei Aufgabe des Geschäftsbetriebes während des Rechnungsjahres jedoch schon zu diesem Zeitpunkte.

Für Erlaubnisscheine, die in der ersten Hälfte des Rechnungsjahres erteilt werden, ist die volle Jahresgebühr, für solche, die nach dem 1. Oktober erteilt werden, die Hälfte der Jahresgebühr zu entrichten.

§ 6. Jeder Inhaber eines Erlaubnisscheines zu § 2 No. 3 ist verpflichtet, ein genaues Verzeichnis der in seinen Geschäftsbetrieb gelangten geistigen Getränke jedesmal bis zum 1., 10. und 20. eines Monats nach deren Eintreffen dem zuständigen Bezirks- oder Distriktsamt schriftlich einzureichen.

§ 7. Für die Erteilung der Erlaubnisscheine sowie für die Festsetzung der Gebühren sind die Bezirks- und selbständigen Distriktsämter zuständig.

§ 8. Der Erlaubnisschein ist nur zu erteilen, wenn ein Bedürfnis vorhanden ist.

Er kann versagt werden:

1. Wenn der Antragsteller keine Gewähr für die Zuverlässigkeit in bezug auf den beabsichtigten Gewerbebetrieb bietet oder dem Trunke, der Völlerei, der Unsittlichkeit oder dem Glücksspiele Vorschub leistet.
2. Wenn die Möglichkeit einer genauen Überwachung des Betriebes, insbesondere einer genügenden Kontrolle über Abgabe von Getränken an Eingeborene fehlt.
3. Wenn der Antragsteller wegen Zuwiderhandlung gegen diese Verordnung innerhalb der letzten drei Jahre bestraft ist.

§ 9. Aus den in § 8 angegebenen Gründen sowie beim Verstoß gegen die Bestimmungen des § 10 kann die Erlaubnis auf Zeit oder ganz entzogen werden. Ein gleiches kann bei wiederholtem Verstoß gegen die Bestimmungen des § 6 angeordnet werden.

Nur im Falle des § 6 No. 2 ist dem Lizenzinhaber ein entsprechender Teil der entrichteten Gebühr zurückzuzahlen.

§ 10. Keinem Eingeborenen dürfen geistige Getränke oder Alkohol enthaltende Essenzen irgend welcher Art verabfolgt werden.

Dienstherrschaften können indes den in ihren Diensten stehenden Eingeborenen geistige Getränke in kleinen Mengen verabfolgen, jedoch dürfen die Getränke nicht die Stelle des Lohnes oder eines Teiles des Lohnes vertreten.

§ 11. Mit Geldstrafe bis zu 150 M., im Unvermögensfalle mit Haft wird bestraft:

1. Wer die im § 6 vorgesehene Anzeige unterläßt.
2. Wer als Dienstherrschaft seine eingeborenen Bediensteten durch Verabreichung geistiger Getränke in den Zustand der Trunkenheit versetzt.

§ 12. Mit Geldstrafe bis zu 5000 M. oder mit Gefängnis bis zu 3 Monaten (cf. § 5 der R. K. Verf. vom 27. September 1903, Kol. Gesetzgeb. S. 214) wird bestraft:

1. Wer der Bestimmung des § 10 Absatz 1 zuwider an Eingeborene geistige Getränke oder Alkohol enthaltende Essenzen irgend welcher Art verabfolgt.
2. Wer als Dienstherrschaft, nachdem er zweimal zu einer Strafe gem. § 11 Ziffer 2 rechtskräftig verurteilt war, seine eingeborenen Bediensteten durch Verabreichung geistiger Getränke in den Zustand der Trunkenheit versetzt.
3. Wer ohne behördlichen Erlaubnisschein mit geistigen Getränken handelt, solchen Handel vermittelt oder den Ausschank geistiger Getränke betreibt. Neben der Strafe ist der doppelte Betrag der Jahresgebühr zu entrichten.
4. Wer nach Entziehung des Erlaubnisscheines den Handel mit geistigen Getränken oder dessen Vermittlung oder den Ausschank geistiger Getränke fortsetzt.
5. Wer von den im Erlaubnisschein festgesetzten Bedingungen abweicht.
6. Wer dem § 3 Absatz 3 zuwider den Ausschank in Kaufläden oder sonstigen Räumen, in denen Handelsartikel feilgehalten werden, betreibt.
7. Wer die im § 6 vorgeschriebene Anzeige wissentlich falsch erstattet.

§ 13. Diese Verordnung tritt am 1. Oktober 1907 mit der Maßgabe in Kraft, daß die bis jetzt erteilten Lizenzen von dieser Verordnung unberührt bleiben.

Mit demselben Tage treten außer Kraft:

1. Die Verordnung des Gouverneurs von Deutsch-Südwestafrika, betreffend die Einfuhr und den Vertrieb von geistigen Getränken in dem südwestafrikanischen Schutzgebiet vom 18. Dezember 1900.*)

2. Die Ergänzungsverordnung des Gouverneurs von Deutsch-Südwestafrika vom 20. Februar 1903**) und vom 24. Mai 1905***) betreffend Abänderung der Verordnung vom 18. Dezember 1900.

Windhuk, den 16. August 1907.

v. Lindequist.
Unterstaatssekretär, beauftragt mit Wahrnehmung der Gouverneursgeschäfte.

212. Verordnung des Gouverneurs von Deutsch-Südwestafrika, betreffend Maßregeln zur Kontrolle der Eingeborenen. Vom 18. August 1907.†)

(Kol. Bl. S. 1181.)

Auf Grund des § 15 des Schutzgebietsgesetzes (Reichs-Gesetzbl. 1900 S. 813) sowie des § 5 der Verfügung des Reichskanzlers vom 27. September 1903, betr. die seemannsamtlichen und konsularischen Befugnisse und das Verordnungsrecht der Behörden in den Schutzgebieten Afrikas und der Südsee, wird

*) D. Kol. Gesetzgeb. V S. 170.
**) D. Kol. Gesetzgeb. 1903 S. 51.
***) D. Kol Gesetzgeb. 1905 S. 158.
†) Vgl. hierzu den R. E. von demselben Tage, unten Nr. 215.

hiermit für den Bereich des südwestafrikanischen Schutzgebiets verordnet, was folgt:

§ 1. Eingeborene können nur mit Genehmigung des Gouverneurs Rechte oder Berechtigungen an Grundstücken erwerben.

§ 2. Den Eingeborenen ist das Halten von Reittieren oder Großvieh nur mit Genehmigung des Gouverneurs gestattet.

Diese Vorschrift findet keine Anwendung auf die Bastards von Rehoboth, insoweit sie im Distrikt Rehoboth wohnen und ihr Vieh haben.

§ 3. Die Eingeborenen werden in ein von der Aufsichtsbehörde für Eingeborene (vgl. § 5) geführtes Eingeborenenregister eingetragen.

Sie haben den zu diesem Zweck ergehenden Anordnungen der Aufsichtsbehörde Folge zu leisten.

§ 4. Eingeborene, die herumstreichen, können, wenn sie ohne nachweisbaren Unterhalt sind, als Landstreicher bestraft werden.

§ 5. Namens des Gouverneurs wird bis zur Ernennung besonderer Eingeborenen-Kommissare die Oberaufsicht über die Werften und die Lebensverhältnisse der Eingeborenen von dem zuständigen Bezirksamtmann geführt, der sich dabei unter seiner eigenen Verantwortung der Mitwirkung der ihm unterstehenden Distriktschefs und Stationsleiter bedient. In selbständigen Distrikten tritt an die Stelle des Bezirksamtmanns der Distriktschef.

§ 6. Von der Errichtung einer Werft auf einem Grundstück, das vom Eigentümer oder sonst Berechtigten bewohnt oder unter Bewirtschaftung genommen ist, hat dieser unter Angabe der Zahl der in der Werft wohnenden eingeborenen Familien oder Einzelpersonen der zuständigen Aufsichtsbehörde Anzeige zu machen.

§ 7. Mehr als zehn eingeborenen Familien oder einzelnen eingeborenen Arbeitern darf das Wohnen auf einem solchen Grundstück nicht gestattet werden.

Eine Überschreitung dieser Zahl ist nur mit Zustimmung der Aufsichtsbehörde zulässig. Die Zustimmung kann an Bedingungen oder Auflagen geknüpft werden.

§ 8. Bezüglich der außerhalb bewohnter und bewirtschafteter Grundstücke lebenden Eingeborenen bestimmt die Aufsichtsbehörde den Ort der Niederlassung und die Zahl der Familien, die dort zusammenwohnen dürfen.

Hierunter fallen insbesondere die in der Nähe von größeren Ortschaften errichteten Werften.

Es bleibt der Aufsichtsbehörde überlassen, für größere Ortschaften ihres Bezirks oder Distrikts Bestimmungen zu treffen, wonach sich die dort wohnhaften Eingeborenen in der Zeit zwischen 9 Uhr abends und 4 Uhr morgens auf ihrer Werft zu befinden haben.

§ 9. Die Aufsichtsbehörde hat die Verwaltungstätigkeit der mit der örtlichen Aufsicht über die Werften betrauten Personen (§ 10 ff.) zu überwachen, und insbesondere die im allgemeinen Interesse liegenden Anordnungen zur Regelung der Arbeitsverhältnisse, zur Herbeiführung eines guten Gesundheitszustandes und zur Aufrechterhaltung der Ordnung unter den Eingeborenen zu erlassen.

§ 10. Die örtliche Aufsicht über Eingeborenen-Werften, die sich auf Regierungsland und solchem Land befinden, das noch nicht vom Eigentümer oder sonst Berechtigten bewohnt oder unter Bewirtschaftung genommen ist, wird von den Organen der Aufsichtsbehörde ausgeübt.

§ 11. Die örtliche Aufsicht über andere Werften (Privatwerften) ist Sache des auf dem Grundstücke ansässigen Dienstherrn der Eingeborenen oder dessen Stellvertreters.

§ 12. Derjenige, dem die örtliche Aufsicht über eine Privatwerft obliegt, hat für den Gesundheitszustand und für die Aufrechterhaltung der Ordnung auf der Werft sowie für die Beobachtung der Vorschriften dieser Verordnung durch die Eingeborenen Sorge zu tragen.

Er hat ein genaues Verzeichnis der seiner Aufsicht unterstellten Eingeborenen-Behausungen zu führen und darin die Namen und Beschäftigungen der Bewohner und die Nummern ihrer Paßmarken anzugeben.

§ 13. Die mit der Werftaufsicht betraute Person soll sich im Verkehre mit den Bewohnern der ihm unterstellten Werft in der Regel der Vermittlung eines Vormannes bedienen, den er aus der Zahl der Eingeborenen ernennt und der für das Verhalten der Werft verantwortlich zu machen ist.

Bei der Bestellung des eingeborenen Vormanns sollen tunlichst die Wünsche der ihm zu unterstellenden Eingeborenen berücksichtigt werden.

§ 14. Die Aufsichtsbehörde ist berechtigt und verpflichtet, die Verhältnisse der Eingeborenen einer Privatwerft in gewissen Zeitabständen einer genauen Prüfung zu unterziehen und etwaige Mißstände abzustellen.

Sie hat ferner die Richtigkeit der durch § 12 angeordneten Verzeichnisse mindestens einmal jährlich zu kontrollieren und, daß dies geschehen, unter Angabe des Orts und Datums auf dem Verzeichnis zu vermerken.

§ 15. Eingeborene, die den ihnen durch Vorschriften dieser Verordnung auferlegten Verpflichtungen nicht nachkommen, werden nach Maßgabe der für sie geltenden Bestimmungen bestraft.

§ 16. Zuwiderhandlungen Weißer gegen §§ 6, 7 Absatz 1 und § 12 Absatz 2 werden mit Geldstrafe bis zu 300 M. bestraft.

§ 17. Diese Verordnung tritt am 1. Oktober 1907 in Kraft.

Windhuk, den 18. August 1907.

Der Kaiserliche Unterstaatssekretär
beauftragt mit Wahrnehmung der Gouvernementsgeschäfte:
v. Lindequist.

213. Verordnung des Gouverneurs von Deutsch-Südwestafrika, betreffend die Paßpflicht der Eingeborenen. Vom 18. August 1907.*)

(Kol. Bl. S. 1182.)

Auf Grund des § 15 des Schutzgebietsgesetzes (Reichs-Gesetzbl. 1900 S. 813) sowie des § 5 der Verfügung des Reichskanzlers vom 27. September 1903, betr. die seemannsamtlichen und konsularischen Befugnisse und das Verordnungsrecht der Behörden in den Schutzgebieten Afrikas und der Südsee, wird hiermit für den Bereich des südwestafrikanischen Schutzgebietes verordnet, was folgt:

§ 1. Alle Eingeborenen im Schutzgebiet sind paßpflichtig. Ausgenommen sind:

1. Kinder unter 7 Jahren,

*) Vgl. hierzu den R. E. von demselben Tage, unten Nr. 215.

2. die Bastards von Rehoboth, solange sie innerhalb dieses Distrikts ihren Wohnsitz haben,
3. solche Bastards, die eine fremde Staatsangehörigkeit besitzen und nach dem Rechte ihres Staates nicht als Eingeborene gelten.

§ 2. Die Paßpflichtigen haben sich unverzüglich nach dem Inkrafttreten dieser Verordnung zur Entgegennahme einer Paßmarke bei der für ihren Wohnort zuständigen Polizeistation zu melden. Sie haben die Paßmarke stets bei sich zu tragen und sie den Polizeiorganen sowie jedem Weißen auf Verlangen vorzuzeigen.

§ 3. Will der Paßpflichtige den Distrikt oder, falls der Bezirk, in dem er wohnt, nicht in Distrikte eingeteilt ist, den Bezirk verlassen, so hat er sich von der zuständigen Polizeistation einen Reisepaß ausstellen zu lassen und falls er nicht wieder zurückzukehren beabsichtigt, seine Paßkarte dort abzugeben. Nach der Rückkehr in den bisherigen Distrikt oder Bezirk hat er den Reisepaß baldmöglichst an die nächste Polizeistation zurückgelangen zu lassen. Will er sich in einem anderen Bezirk oder Distrikt dauernd niederlassen, so hat er den Reisepaß gegen eine neue Paßmarke umzutauschen.

Paßmarke sowohl wie Reisepaß dürfen nur auf den Namen e i n e r Person lauten.

§ 4. Eines Reisepasses bedürfen nicht die Bediensteten einer weißen Dienstherrschaft, wenn sie in deren Auftrage oder Begleitung reisen und in ersterem Falle im Besitze einer von der Dienstherrschaft ausgestellten Bescheinigung sind, die nach Form und Inhalt dem für Reisepässe vorgeschriebenen Muster entspricht.

§ 5. Dem Eingeborenen kann aus wichtigen Gründen das Verlassen seines Distrikts oder Bezirks untersagt und die Ausstellung eines Reisepasses verweigert werden.

§ 6. Die Polizeistation soll vor Ausstellung eines Reisepasses sich Gewißheit darüber verschaffen, ob der betreffende Eingeborene noch in einem Dienst- oder Arbeitsverhältnis steht oder nicht.

§ 7. Einem Eingeborenen, dessen Dienst- oder Arbeitsvertrag noch nicht abgelaufen ist, darf ein Reisepaß nicht ausgestellt werden, es sei denn, daß der Dienstherr sein schriftliches Einverständnis hierzu erklärt.

§ 8. Verlorene und unkenntlich gewordene Paßmarken und Reisepässe sind unverzüglich bei der zuständigen Polizeistation durch neue zu ersetzen, und zwar verlorene gegen Entrichtung einer Gebühr von 1 M.

§ 9. Zur Ablieferung der Paßmarke oder des Reisepasses eines Verstorbenen an die nächste Polizeistation sind folgende Personen der Reihenfolge nach verpflichtet:

1. der bisherige Dienstherr,
2. der Stammesälteste,
3. der Vormann oder der Werftälteste,
4. die erwachsenen Kinder, die Eltern, die Geschwister des Verstorbenen der Reihenfolge nach,
5. diejenigen Personen, die seine Behausung geteilt oder, falls der Tod auf der Reise eintrat, ihn begleitet haben.

§ 10. Die Paßmarke besteht in einem sichtbar zu tragenden Metallstück, welches außer seiner Bezeichnung als Paßmarke die Reichskrone, den Namen des Distrikts oder Bezirks und die laufende Nummer aufweist.

Die Nummer der Paßkarte stimmt mit der Nummer überein, unter welcher ihr Inhaber in dem Eingeborenen-Register der Aufsichtsbehörde (vgl. § 3 der Verordnung, betr. Maßregeln zur Kontrolle der Eingeborenen, vom 18. August 1907)*) eingetragen ist.

§ 11. Der Reisepaß wird nach folgendem Muster ausgestellt:

Eingeborenen-Reisepaß.

Deutsch-Südwestafrika.

Ordnungsnummer:

1. **Name des Inhabers (einschl. Beiname)**
2. **Stammeszugehörigkeit**
3. **Wohnort**
4. **Nummer der Paßmarke (nur falls Rückkehr beabsichtigt)**
5. **Dienstverhältnis (eventl. zu streichen)**
6. **Reiseziel (nebst Vermerk, ob Rückkehr beabsichtigt)**
7. **Reiseroute**
8. **Reisezweck**
9. **Reisezeit und Tag der Abreise .**
10. **Führt mit sich: (Zahl und Bezeichnung des Viehs usw.)**

Ausgefertigt , den . 190 .

Unterschrift des Beamten. (Dienststempel.)

§ 12. Eine Paßmarke ist nur gültig für den Distrikt oder Bezirk, der auf ihr vermerkt ist; ein Reisepaß nur für die darin angegebene Zeit und Route.

§ 13. Der Inhaber eines Reisepasses oder einer Bescheinigung gemäß § 4 dieser Verordnung, der in den Distrikt oder Bezirk, in welchem er bisher wohnhaft war, zurückzukehren beabsichtigt, muß das Eintreffen am Ziel der Reise durch die Person, zu der er sich begeben wollte, falls diese ein Weißer ist, in allen übrigen Fällen durch einen dort befindlichen Beamten oder, wenn ein solcher nicht vorhanden, durch einen sonstigen Weißen auf der Rückseite des Reisepasses oder der Bescheinigung vermerken lassen.

Diese Personen sind zur Erteilung eines bezüglichen Vermerks verpflichtet.

§ 14. Es ist verboten, einen paßpflichtigen Eingeborenen, der nicht im Besitze einer gültigen Paßmarke oder eines gültigen Reisepasses ist, Dienst, Unterkunft, Unterhalt oder solche Unterstützung zu gewähren, die der Verletzung der Paßvorschriften durch den Eingeborenen Vorschub leisten könnte.

§ 15. Das Verabfolgen von Eisenbahn- oder Schiffsfahrkarten an Eingeborene ohne gültigen Paß ist verboten.

§ 16. Jeder paßpflichtige Eingeborene kann von jedem Weißen angehalten und, wenn er ohne gültigen Paß betroffen wird, dem nächsten Polizeibeamten übergeben werden. Ist ein Polizeibeamter nicht in der Nähe und wird der Festgenommene infolgedessen wieder losgelassen, so ist der nächsten Polizeistation oder Polizeipatrouille bei erster Gelegenheit Anzeige zu erstatten.

Wird der Eingeborene der Zuwiderhandlung gegen die Vorschriften der §§ 2, 3, 13 schuldig befunden, so wird er nach den für die Bestrafung Eingeborener geltenden Bestimmungen bestraft. Für die Beobachtung dieser Vorschriften durch Kinder zwischen 7 und 14 Jahren sind die Eltern oder sonstigen Aufsichtspersonen verantwortlich.

*) Oben Nr. 212.

Eine weitere Bestrafung auf Grund des § 4 der Verordnung, betr. Maßregeln zur Kontrolle der Eingeborenen, vom 18. August 1907 wird hierdurch nicht ausgeschlossen.

Daneben hat der schuldige Eingeborene die durch seine Ergreifung und Ablieferung entstandenen Kosten zu tragen.

§ 17. Zuwiderhandlungen gegen die Vorschriften der §§ 9, 13 Abs. 2, 14, 15, auch wenn sie auf Fahrlässigkeit beruhen, werden mit Geldstrafe bis zu 300 M. bestraft, an deren Stelle, wofern der Zuwiderhandelnde ein Eingeborener ist, Bestrafung nach den für diese geltenden Bestimmungen treten kann.

§ 18. Diese Verordnung tritt am 1. Oktober 1907 in Kraft.

Mit dem Tage des Inkrafttretens sind die in den einzelnen Bezirken erlassenen Vorschriften, welche eine Paßpflicht der Eingeborenen zum Gegenstand haben, aufgehoben.

Windhuk, den 18. August 1907.

Der Kaiserliche Unterstaatssekretär
beauftragt mit Wahrnehmung der Gouvernementsgeschäfte:
v. Lindequist.

214. Verordnung des Gouverneurs von Deutsch-Südwestafrika, betreffend Dienst- und Arbeitsverträge mit Eingeborenen des südwestafrikanischen Schutzgebiets. Vom 18. August 1907.*)

(Kol. Bl. S. 1179.)

Auf Grund des § 15 des Schutzgebietsgesetzes (Reichs-Gesetzbl. 1900 S. 813) sowie des § 5 der Verfügung des Reichskanzlers vom 27. September 1903, betr. die seemannsamtlichen und konsularischen Befugnisse und das Verordnungsrecht der Behörden in den Schutzgebieten Afrikas und der Südsee, wird hiermit für den Bereich des südwestafrikanischen Schutzgebietes verordnet, was folgt:

§ 1. Verträge mit Eingeborenen, die das vierzehnte Lebensjahr überschritten haben, über Dienst- oder Arbeitsleistungen (Dienstverträge), erlangen, sofern sie auf längere als einmonatige Dauer abgeschlossen werden, ihre Gültigkeit erst durch Aushändigung eines von der zuständigen Polizeibehörde ausgefertigten Dienstbuches an den Dienstherrn. Die Polizeibehörde hat sich vor Aushändigung des Dienstbuches zu vergewissern, daß der Eingeborene nicht noch durch einen früheren Dienstvertrag gebunden ist und daß der Inhalt des Vertrages dem Dienstverpflichteten genügend verständlich geworden ist und seine Zustimmung gefunden hat. Über die Aushändigung des Dienstbuches ist seitens der Polizeibehörde ein Vermerk in das Dienstbuch zu machen.

Der Abschluß eines Dienstvertrages ist in dem Eingeborenen-Register (§ 3 der Verordnung betr. Maßregeln zur Kontrolle der Eingeborenen vom 18. August 1907)**) bei dem Namen des verpflichteten Eingeborenen zu vermerken.

§ 2. Das Dienstbuch, dessen Titel neben dem Namen des Eingeborenen auch dessen Stammeszugehörigkeit und die Nummer seiner Paßmarke anzugeben hat, muß enthalten:

1. den Namen des Dienstherrn;

*) Vgl. hierzu den nachstehenden R. E.
**) Oben Nr. 212.

2. den Tag des Dienstantritts;
3. die Dauer des Dienstverhältnisses und die Kündigungsfrist, wo eine solche vereinbart ist;
4. die Höhe und Art der dem Eingeborenen zu gewährenden Vergütung.

§ 3. In Bezirken, in denen wegen weiter Entfernung der Polizeistationen die Durchführung der Vorschrift des § 1 erheblichen Schwierigkeiten begegnen würde, kann durch Verfügung des Gouverneurs an Stelle des Dienstbuchs ein vom Dienstherrn und Dienstverpflichteten unterzeichneter schriftlicher Vertrag treten, von dem der Dienstverpflichtete eine Abschrift zu erhalten hat.

Ist der Dienstverpflichtete nicht imstande, die Sprache des Dienstherrn zu verstehen, so ist ihm der Inhalt des Vertrages durch einen Dolmetscher zu erklären und daß dies geschehen, vom Dienstherrn unter der Vertragsurkunde zu vermerken.

Abschrift der Vertragsurkunde ist dem zuständigen Bezirks- oder Distriktsamt zur Genehmigung einzureichen.

§ 4. Kein Eingeborener, der das 14. Lebensjahr überschritten hat, darf ein neues Dienst- oder Arbeitsverhältnis eingehen oder seinen bisherigen Beschäftigungsort ohne schriftliche Erlaubnis seines Dienstherrn verlassen, bevor die zuständige Polizeibehörde in seinem Dienstbuche die Beendigung des bisherigen Dienstverhältnisses vermerkt und ihm das Dienstbuch ausgehändigt hat. Der Dienstherr ist verpflichtet, das Dienstbuch vor Ablauf des Dienstvertrages der zuständigen Polizeibehörde unter Angabe des Beendigungsgrundes des Dienstverhältnisses einzureichen.

Ist an Stelle des Dienstbuches ein schriftlicher Vertrag getreten, so darf der Eingeborene ein neues Dienst- oder Arbeitsverhältnis nicht eingehen, bevor ihm von dem Dienstherrn die Vertragsurkunde mit einem Vermerk über Beendigung des Dienstverhältnisses ausgehändigt worden ist. Daß dies geschehen ist, hat der Dienstherr nach Ablauf des Dienstvertrages der zuständigen Polizeibehörde unter Angabe des Grundes der Lösung des Dienstverhältnisses alsbald mitzuteilen.

§ 5. Dienst- und Arbeitsverträge mit Eingeborenen dürfen auf längere als einjährige Dauer nicht geschlossen werden.

Wird ein über einen Monat hinausgehendes Dienst- oder Arbeitsverhältnis nach Ablauf der vereinbarten Zeit fortgesetzt, so gilt der Vertrag, wenn nicht eine andere Vereinbarung getroffen worden ist, als für die gleiche Zeit erneuert, für die er bisher geschlossen war. In einem solchen Falle ist ein Vermerk über die Verlängerung des Dienstverhältnisses von dem Dienstherrn in das Dienstbuch einzutragen. Dieser Vermerk ist von dem Dienstherrn und dem Eingeborenen zu unterzeichnen.

§ 6. Der Dienstherr ist zur Entlassung des eingeborenen Bediensteten vor Ablauf der vertragsmäßigen Dienstzeit wie auch ohne Einhaltung der etwa vereinbarten Kündigungsfrist berechtigt, wenn ein wichtiger Grund dafür vorliegt. Als solcher ist insbesondere anzusehen:

1. wiederholter Ungehorsam;
2. Aufreizung zum Ungehorsam;
3. Diebstahl;
4. Weglaufen;
5. eine durch eigenes Verschulden herbeigeführte längere Arbeitsunfähigkeit;
6. eine länger als vier Wochen anhaltende Erkrankung.

§ 7. Der Eingeborene kann den Dienstvertrag vor Ablauf der vereinbarten Dienstzeit wie auch ohne Einhaltung einer etwa vereinbarten Kündigungsfrist auflösen:

1. wegen grober Mißhandlung;
2. wegen grober Verletzung der dem Dienstherrn nach dieser Verordnung oder nach dem Dienstvertrag obliegenden Verpflichtungen.

§ 8. Der Dienstherr ist berechtigt, die Lohnvergütung eines in seinem Dienste erkrankten Eingeborenen der geringeren Arbeitsleistung entsprechend zu kürzen. Ihm liegt jedoch die Pflicht ob, einen solchen Eingeborenen bis zur Beendigung des Dienstverhältnisses kostenlos mit den erforderlichen Arzneien, Verbandmitteln und der üblichen Verpflegung zu versehen.

§ 9. Der eingeborene Bedienstete, der vor Ablauf der Dienstzeit ohne gesetzmäßige Ursache den Dienst verläßt, kann auf Antrag des Dienstherrn behördlicherseits durch Zwangsmittel zur Fortsetzung der Arbeit angehalten werden. Hieran ändert der Umstand nichts, daß er inzwischen ein neues Arbeits- oder Dienstverhältnis eingegangen ist.

§ 10. Der Dienstherr, welcher seinen eingeborenen Bediensteten vor Ablauf der Dienstzeit ohne gesetzmäßige Ursache gegen dessen Willen entläßt, ist verpflichtet, ihn angemessen zu entschädigen.

§ 11. Wer einen Eingeborenen, von dem er weiß, daß er noch durch einen Dienstvertrag gebunden ist, in seine Dienste nimmt, wird mit Geldstrafe bis zu 600 M. bestraft.

§ 12. Zuwiderhandlungen Weißer gegen die Vorschriften der §§ 3 Absatz 2 und 3, 4 Absatz 1 letzter Satz und Absatz 2 letzter Satz werden mit Geldstrafe bis zu 150 M. bestraft.

Gegen Eingeborene tritt in den genannten Fällen Bestrafung nach Maßgabe der für die Eingeborenen geltenden Bestimmungen ein.

§ 13. Diese Verordnung tritt am 1. Oktober 1907 in Kraft.

Windhuk, den 18. August 1907.

Der Kaiserliche Unterstaatssekretär
beauftragt mit Wahrnehmung der Gouvernementsgeschäfte:
v. Lindequist.

215. Runderlaß des Gouverneurs von Deutsch-Südwestafrika zu den Verordnungen, betreffend die Kontrolle und Paßpflicht der Eingeborenen sowie die Dienst- und Arbeitsverträge mit diesen. Vom 18. August 1907.

Die mit Verfügung vom 13. Mai dieses Jahres dorthin mitgeteilten Verordnungen, betreffend:

1. Maßregeln zur Kontrolle der Eingeborenen,
2. die Paßpflicht der Eingeborenen,
3. Dienst- und Arbeitsverträge mit Eingeborenen,

treten mit den aus den Anlagen ersichtlichen Abänderungen am 1. Oktober dieses Jahres in Kraft.*) Sie sind in der ortsüblichen Weise zu veröffentlichen, namentlich aber ist für ihr Bekanntwerden unter den Eingeborenen in jeder möglichen Weise Sorge zu tragen.

*) Die Verordnungen sind in der maßgebenden Fassung vorstehend abgedruckt.

Zu diesem Behufe sind die im dortigen Bezirk tätigen Missionare zu bitten, ihrer eingeborenen Gemeinde den Inhalt der Verordnungen zu übersetzen und zu erklären. Weiter werden die Vormänner der Werften und andere bewährte gut deutsch sprechende Eingeborene damit zu beauftragen sein, ihre Stammesgenossen über die Vorschriften der Verordnungen zu belehren. Endlich erscheint es angebracht, der öffentlichen Bekanntmachung der Verordnungen Übersetzungen in den dort gebräuchlichen Eingeborenensprachen beizufügen.

Je eine Übersetzung in Otjiherero und Namaqua wird noch gesandt werden.

Die Durchführung der drei Verordnungen wird sich im großen und ganzen nach dem in der eingangs erwähnten Verfügung angegebenen, in Windhuk zur Anwendung gebrachten System bewerkstelligen lassen. Außerhalb der Ortschaften wird sie in der Weise erfolgen müssen, daß Polizeibeamte, begleitet von einem Dolmetscher, herumreiten und an Ort und Stelle die Verzeichnisse der Eingeborenen aufstellen, die Paßmarken verteilen und die Dienstbücher ausfertigen und aushändigen.

Eine Definition der Bezeichnung „Eingeborener" ist unterblieben, da sie erschöpfend nicht gegeben werden könnte. Im Sinne dieser Verordnungen werden zu den Eingeborenen außer reinrassigen Angehörigen einer afrikanischen Völkerfamilie südlich des Äquators auch afrikanische Bastards der ersten Generation und solche entfernteren Abkömmlinge von Bastards zu zählen sein, bei denen das farbige Blut offenbar überwiegt und die nach ihren Lebensgewohnheiten und ihrem Bildungsgrade nicht auf gleicher Stufe mit Europäern stehen, also z. B. Kapjungen. Im übrigen muß der Aufsichtsbehörde, also dem Bezirksamt oder selbständigen Distriktsamt, überlassen bleiben, im einzelnen Falle das Richtige zu treffen. Nordafrikaner und Eingeborene anderer Erdteile sollen aus dem Grunde bis auf weiteres diesen Vorschriften noch nicht unterworfen werden, weil bei dem sehr verschiedenartigen Bildungsgrad dieser Eingeborenen die Frage, wo die Grenze der Anwendbarkeit der Verordnungen zu ziehen ist, nur unnötig verwickelt würde, während diese Ausländer meistens leicht als solche erkennbar sind und daher unschwer im Auge behalten werden können.

Auf Buschleute sind die Vorschriften dieser Verordnungen insoweit zur Anwendung zu bringen, als sie für die Aufsichtsbehörde dauernd erreichbar sind. Völkerschaften, die ihren Aufenthalt außerhalb des tatsächlichen Bereichs unserer Verwaltung haben, wie die Owambos, Owatjimbas und die im Caprivizipfel seßhaften Stämme, bleiben vorläufig außer Betracht.

Im übrigen ist bei Handhabung der Eingeborenen-Verordnungen folgendes zu beachten.

1. Kontroll-Verordnung.

Zu § 1: Unter „Berechtigungen" sind in erster Linie auch obligatorische Ansprüche zu verstehen. Eine von einem Eingeborenen beabsichtigte Pachtung unterliegt mithin auch der Genehmigung. Dagegen ist es ohne weiteres zulässig und im Interesse der Seßhaftmachung der Eingeborenen sogar erwünscht, wenn ihnen Grundstücke, zwecks Inkulturnahme, zur Nutznießung überlassen werden, sofern dem Eingeborenen ein Anspruch auf die Überlassung nicht eingeräumt wird.

Zu § 2: Es sind alsbald nach Inkrafttreten dieser Verordnung Vorschläge darüber einzureichen, welchen Eingeborenen ausnahmsweise das Halten von Reittieren oder Großvieh zu gestatten ist unter gleichzeitiger Angabe der in Betracht kommenden Anzahl von Tieren. Die Vorschläge sind eingehend zu begründen.

Zu § 3: Außer dem Gesamtregister der Aufsichtsbehörde haben die unterstellten Distriktsämter sowie die Polizeistationen Register über die Eingeborenen zu führen.

In das Register sind auch die Bastards von Rehoboth einzutragen. Nur diejenigen sind als „Bastards von Rehoboth“ anzusehen, die wirklich einer der aus Pella eingewanderten alten Bastardfamilien angehören, nicht jeder Herero- oder Hottentottenbastard. In Zweifelsfällen ist darüber der Rat der Ältesten zu hören.

Eingeborene, die dem Absatz 2 von § 3 zuwiderhandeln, z. B. die befohlene Mitteilung an den Dienstherrn über Geburten und Sterbefälle in ihrer Familie unterlassen oder trotz ausdrücklicher polizeilicher Anordnung über den Wechsel ihres Aufenthalts keine Meldung erstatten, oder Stammesabzeichen tragen, was gegebenenfalls durch besondere Anordnung zu verbieten ist, sind auf Grund der Reichskanzlerverfügung vom 22. April 1896 (Kol. Gesetzgeb. II S. 215) zu bestrafen. Die Eingeborenen sind hierauf besonders hinzuweisen. Es darf vorausgesetzt werden, daß alle polizeilichen Anordnungen, welche Eingeborene angehen, in geeigneter Weise diesen verständlich gemacht werden.

Zu § 4: Als Landstreicher sind alle anzusehen, die im Feld oder bei Müßiggang betroffen werden und nicht glaubhaft zu machen vermögen, daß sie einen nach europäischen Begriffen auskömmlichen und selbständigen Wirtschaftsbetrieb führen oder in einem Arbeitsverhältnis stehen. Ebenso diejenigen, deren Angaben sich in dieser Beziehung als falsch erweisen.

Zu § 5: Alle Anträge und Anfragen von Eingeborenen sind zunächst an die örtliche Aufsichtsstelle (§§ 10 und 11 der Verordnung) zu richten und von dieser der Aufsichtsbehörde einzureichen. Schriftliche Beschwerden Eingeborener sind im Instanzenweg mit Bericht dem Gouverneur vorzulegen.

Alle Eingaben, welche Eingeborene betreffen, sind zunächst an das Bezirksamt, nicht an das Gouvernement zu richten. Die Bevölkerung ist hierauf besonders aufmerksam zu machen.

Zu § 6: „Sonst Berechtigter“ ist derjenige, der an Stelle des Eigentümers auf dem Grundstück sitzt, also beispielsweise der Verwalter oder Pächter.

Zu §§ 7 und 8: Der Zweck dieser beiden Paragraphen ist ein doppelter. Einmal soll im Interesse einer möglichst gleichmäßigen Verteilung der Arbeitskräfte über das Land die Anhäufung unnötig vieler Eingeborener an einem Ort verhindert werden, zum anderen wird durch möglichste Verteilung der Eingeborenen politischen Umtrieben am besten vorgebeugt.

Nur wenn die Aufrechterhaltung eines Wirtschaftsbetriebs die Ansiedlung von mehr als 10 Eingeborenenfamilien auf einem Grundstück unbedingt erforderlich macht, darf von der Vergünstigung des § 3 Absatz 2 Gebrauch gemacht werden. In jedem Falle aber, wo mehr als 20 Eingeborenen die Niederlassung auf einem Grundstück gestattet wird oder eine Niederlassung von mehr als 10 Eingeborenen anderen als lediglich wirtschaftlichen Zwecken dienen soll, ist vor Erteilung der Erlaubnis die Entscheidung des Gouvernements einzuholen. Bei Missionen wird bei etwaiger Zuteilung von mehr als 10 Eingeborenenfamilien stets die Bedingung daran zu knüpfen sein, daß, wenn in irgend einem Teil des Schutzgebiets Mangel an Arbeitskräften eintreten sollte, die betreffende Mission gemäß einer von den Vertretern der Missionen im vorjährigen Gouvernementsrat abgegebenen Versicherung ihre überflüssigen Eingeborenen zur Annahme von Arbeit außerhalb des Missionsgebiets veranlaßt. Unter Umständen wird auch gegen Missionseingeborene auf Grund des § 4 der Kontrollverordnung vorgegangen werden können.

Zu § 9: Jede Einmischung in rein interne Angelegenheiten und Streitigkeiten der Eingeborenen, in ihre häuslichen Familien- und Privatrechtsverhältnisse ist zu vermeiden, es sei denn, daß die Eingeborenen selbst um Entscheidung bitten. Es ist nachdrücklich darauf zu halten, daß diese Anordnung auch von den Farmern und anderen Personen, denen die Aufsicht über Privatwerften obliegt, genau befolgt wird. Vielleicht wird es sich empfehlen, die weißen Bewohner des Bezirks durch eine Bekanntmachung oder sonst in geeigneter Weise hierauf sowie auf die ihnen durch die §§ 6, 7, 11, 12 auferlegten Pflichten und die Strafbestimmungen des § 10 aufmerksam zu machen. Bei § 12 wäre hervorzuheben, daß die Arbeitgeber für die jederzeitige Vollständigkeit ihres Eingeborenenverzeichnisses verantwortlich sind und daher ihre Eingeborenen zur unverzüglichen Anmeldung der Geburten und Sterbefälle anhalten sollen.

Zu § 14: Besichtigungen und Durchsuchungen der Privatwerften, die so oft, als es nach Lage der Verhältnisse im Bezirk möglich ist, vorzunehmen sind, sollen im allgemeinen gemeinsam mit dem Dienstherrn der betreffenden Werft in schonender, die Eingeborenen nicht aufregender oder verängstigender Weise ausgeführt werden. Von dieser Regel werden außer in Fällen, wo es gerade um Geheimhaltung der Durchsuchung vor dem Dienstherrn aus gerichtlichen, politischen oder ähnlichen Gründen ankommt, nur dann Ausnahmen zu machen sein, wenn nach der Überzeugung des die Besichtigung vornehmenden Beamten von der Gegenwart des Arbeitgebers eine Beeinflussung der Eingeborenen oder eine sonstige Verschleierung der Verhältnisse zu befürchten ist.

2. Paß-Verordnung.

Zu § 1: Den Bastards von Rehoboth ist zu empfehlen, sich beim Verlassen des Rehobother Gebiets, selbst wenn sie ihren Wohnsitz daselbst nicht aufgeben, einen Reisepaß ausstellen zu lassen. Sie werden sich dazu um so leichter bequemen, als sie auch bisher schon beim Verlassen ihres Distrikts mit einem schriftlichen Ausweis versehen worden sind. Sie könnten dabei darauf hingewiesen werden, daß Weiße, wenn sie in andere Länder gehen, sich ebenfalls Pässe ausstellen lassen, um Weitläufigkeiten zu vermeiden.

Zu § 3: Die Zurückgabe der Paßmarke durch einen Eingeborenen, der dauernd den Bezirk verläßt, ist, falls er im Besitze eines Dienstbuches ist, in diesem zu vermerken. Ob der Eingeborene im Besitze eines Dienstbuches ist, ergibt das Register (§ 1 Absatz 2 der Gesindeverordnung).

Der von einem von der Reise zurückgekehrten Eingeborenen abgelieferte Reisepaß, ist ebenso wie der Paß eines Verstorbenen (§ 9) von der Polizeistation, bei der er abgegeben wurde, an die Ausgabestelle zurückzusenden, falls diese nicht ein und dieselbe Polizeistation ist.

Zu §§ 6 und 7: Unter den in diesen Paragraphen erwähnten Dienst- und Arbeitsverträgen sind nur solche zu verstehen, die polizeilich verlautbart sind. Da diese nach § 1 Absatz 2 der Gesindeverordnung in das Register eingetragen werden müssen, so ist die Polizeistation stets in der Lage, sich über ihr Vorhandensein Gewißheit zu verschaffen.

3. Gesinde-Verordnung.

Zu § 1: Diese Bestimmung hat die Bedeutung, daß, wenn ein für länger als einen Monat geschlossener Dienstvertrag nicht polizeilich verlautbart worden ist, auf seine Erfüllung nicht geklagt werden kann, und die Vorschriften der §§ 9 und 12 Absatz 2 keine Anwendung finden. Es ergibt sich daraus, daß Verträge für eine kürzere Zeit als einen Monat, selbst wenn nur mündlich abgeschlossen, Rechtswirksamkeit haben.

Für die Ausfertigung eines Dienstbuchs ist seitens der Dienstverpflichteten eine Gebühr von 50 Pfennig zu entrichten.

Zu § 2 Ziffer 4: Das Dienstbuch ist vor der Aushändigung besonders darauf zu prüfen, daß die dem Dienstverpflichteten zugesagte Vergütung durch einen bestimmten Geldbetrag bzw. eine nach deutschem Maß und Gewicht genau bestimmte Verpflegungsmenge ausgedrückt und der Eingeborene sich über deren Höhe im klaren ist. Noch mehr als daheim zum Schutze des weißen Arbeiters wird hier zum Schutze des durch seine geringe Intelligenz und mangelhafte Kenntnis der deutschen Sprache in ungünstigerer Lage befindlichen Eingeborenen dem Trucksystem mit allen Mitteln entgegengearbeitet werden müssen. Die Aufsichtsbehörde wird daher insbesondere bei den Revisionen der Privatwerften ihr Augenmerk darauf zu richten haben, daß dem eingeborenen Arbeiter unter keinen Umständen eine ihm in barem Gelde zustehende Vergütung in Waren ausgezahlt wird. Es würde dies den Eingeborenen zu einer sofortigen Auflösung des Vertrages gemäß § 7 der Verordnung berechtigen. Dasselbe würde der Fall sein, wenn der Dienstherr auf den Eingeborenen einen Zwang dahin ausüben würde, nur in seinem Kaufladen zu kaufen.

Zu § 4: Die Beendigung des Dienstverhältnisses eines Eingeborenen ist unter Angabe des Beendigungsgrundes im Register zu vermerken.

Der Beendigungsgrund ist auch im Dienstbuch dem Beendigungsvermerk hinzuzufügen.

Zu § 5: Wenn ein Dienst- oder Arbeitsvertrag mit einem Eingeborenen für eine längere Zeit als ein Jahr geschlossen worden ist, so kann jeder Teil nach Ablauf des Jahres das Dienstverhältnis ohne weiteres auflösen.

Zu § 7: Die häufigsten Fälle grober Verletzung der dem Dienstherrn obliegenden Verpflichtungen werden folgende sein:

Verabfolgung von zu weniger oder schlechter Kost,

Versagung der dem Eingeborenen zu gewährenden Unterkunft oder der zur Errichtung einer Behausung erforderlichen Materialien, wenn der Eingeborene sich diese nicht selbst zu beschaffen vermag,

Auszahlung des in Bargeld vereinbarten Lohnes in Waren,

Nichtgewährung ausreichender Kleidung, falls dem Eingeborenen solche nach dem Vertrage zusteht,

Vernachlässigung des Eingeborenen im Falle seiner Erkrankung.

Zu § 8: Die Beendigung des Dienstverhältnisses kann gemäß § 6 Ziffer 6 bei einer länger als 4 Wochen anhaltenden Erkrankung des Eingeborenen durch sofortige Entlassung herbeigeführt werden.

Zu § 10: Dieser Paragraph hat den Fall im Auge, daß der Dienstherr infolge außerhalb seines Einflusses liegender Gründe gezwungen ist, den Bediensteten vor der Zeit zu entlassen, z. B. der Beamte infolge von Versetzung, der Kaufmann infolge einer unaufschiebbaren Geschäftsreise.

Welche Entschädigung als „angemessen“ zu erachten ist, läßt sich nur unter Berücksichtigung der Umstände des einzelnen Falles entscheiden. Eine Regel kann dafür nicht aufgestellt werden. Dem Bediensteten unter allen Umständen die volle Entschädigung zuzubilligen, würde zuweilen eine große Härte für den Dienstherrn bedeuten, dann z. B., wenn er den auf ein Jahr verpflichteten Eingeborenen in der ersten Woche zu entlassen genötigt ist. Anderseits würde es in manchen Fällen wieder eine Benachteiligung des Bediensteten sein, wenn er trotz der vertragswidrigen Entlassung nur den der abgedienten Zeit entsprechenden Teil der Vergütung erhielte. Die Frage der Angemessenheit einer Entschädigung muß demnach der Einigung der Parteien oder dem Billigkeitsgefühl des Richters überlassen bleiben.

Über das Funktionieren der drei Verordnungen und ihre Wirkung auf die Eingeborenen sehe ich nach ihrer Durchführung einem ausführlichen Bericht entgegen und ersuche in Zukunft alle halbe Jahre derartige Berichte einzureichen unter abschriftlicher Beifügung der bezüglichen Äußerungen unterstellter Distriktsämter, die ihren Bezirksämtern vierteljährlich zu berichten haben. In dem Bericht wird regelmäßig anzugeben sein:

1. Wieviele Eingeborene (Männer, Weiber, Kinder), nach Nationen und Stämmen getrennt, sich im Bezirk befinden und wie groß die Zu- oder Abnahme gegenüber dem vorhergehenden Halbjahr ist,

2. welches die Stimmung und politische Haltung der verschiedenen Nationen und Stämme ist,

3. wie der Gesundheitszustand unter den Eingeborenen ist,

4. für welche Beschäftigungen die verschiedenen Nationen die meiste Neigung und Befähigung zeigen, wie es mit ihrer Arbeitslust und körperlichen Leistungsfähigkeit bestellt ist,

5. ein wie großer Zu- und Abfluß von Eingeborenen stattgefunden hat, wofür die ausgefertigten Reisepässe und neu ausgegebenen Paßmarken als Anhalt dienen werden.

Endlich werden diesen Berichten Listen beizufügen sein, in denen die Zahl der auf jeder Farm des Bezirks sitzenden Eingeborenen, die Größe der Farm und die Stückzahl des Viehbestandes angegeben ist, ebenso die Zahl derjenigen, die im Regierungsdienst, im Dienst der Truppe und in sonstigen, näher anzugebenden wirtschaftlichen Betrieben beschäftigt sind. Auch wird darüber Mitteilung zu machen sein, in welchen Fällen und aus welchen Gründen von der Befugnis des § 7 der Kontroll-Verordnung Gebrauch gemacht worden ist.

Windhuk, den 18. August 1907.

Der Kaiserliche Unterstaatssekretär
beauftragt mit Wahrnehmung der Gouvernementsgeschäfte:
v. Lindequist.

210. Verfügung des Gouverneurs von Deutsch-Südwestafrika, betreffend Verkauf von Waffen und Munition aus den amtlichen Verkaufsstellen. Vom 21. August 1907.

Zwecks Herbeiführung einer zuverlässigeren Kontrolle über den Verkauf von Waffen und Munition ersuche ich das usw., in Zukunft genaue namentliche Listen über die erteilten Erlaubnisscheine zum Ankauf aus den amtlichen Verkaufsstellen zu führen und insbesondere darüber zu wachen, daß an solche Personen, die nicht im zuständigen Bezirke wohnen, nur ausnahmsweise und dann nur in kleinen Mengen Munition verabfolgt wird.

In allen Fällen der zuletzt bezeichneten Art ist dem zuständigen Bezirks- oder Distriktsamte über die Art und Menge der verkauften Munition unverzüglich Mitteilung zu machen.

Windhuk, den 21. August 1907.

Der Unterstaatssekretär
beauftragt mit Wahrnehmung der Gouvernementsgeschäfte:
v. Lindequist.

217. Verfügung des Gouverneurs von Kamerun, betreffend die Bergbehörde. Vom 22. August 1907.

(Kol. Bl. 1908 S. 457.)

Auf Grund des § 2 der Verfügung des Auswärtigen Amts, Kolonial-Abteilung, zur Ausführung der Kaiserlichen Bergverordnung vom 27. Februar 1906 für die afrikanischen und Südsee-Schutzgebiete mit Ausnahme von Deutsch-Südwestafrika vom 20. Juli 1906*) wird hierdurch mit Zustimmung des Auswärtigen Amts, Kolonial-Abteilung, bestimmt:

Die Bergbehörde für Kamerun hat ihren Amtssitz in Buea. Der Schriftverkehr mit der Bergbehörde findet ohne Inanspruchnahme des Gouvernements statt. Der Name des Vorstehers der Bergbehörde und in Fällen seiner Verhinderung der Name seines Vertreters wird öffentlich bekannt gegeben.

Buea, den 22. August 1907.

Der Kaiserliche Gouverneur.
I. A.: Kalkmann.

218. Verfügung des Gouverneurs von Kamerun, betreffend die Einrichtung des Berggrundbuchs. Vom 22. August 1907.

(Kol. Bl. 1908 S. 458.)

Auf Grund der Verfügung des Reichskanzlers vom 30. November 1902**) zur Ausführung der Kaiserlichen Verordnung, betr. die Rechte an Grundstücken in den deutschen Schutzgebieten, vom 21. November 1902 in Verbindung mit der Verfügung des Auswärtigen Amts, Kolonial-Abteilung, vom 26. Juni 1906*) zur Ausführung der Kaiserlichen Bergverordnung für die afrikanischen und Südsee-Schutzgebiete mit Ausnahme Deutsch-Südwestafrikas vom 27. Februar 1906 wird hiermit folgendes bestimmt:

§ 1. Das Berggrundbuch ist bei den Bezirksgerichten für den Umfang der Gerichtsbezirke einzurichten.

§ 2. Die Einrichtung des Berggrundbuchs hat in sinngemäßer Anwendung der Vorschriften in der eingangs bezeichneten Verfügung des Reichskanzlers vom 30. November 1902 über die Einrichtung des Grundbuchs mit folgenden Maßgaben zu erfolgen:

1. In dem Formular, Anlage II zu § 3, wird das Wort „Grundbuch" durch das Wort „Berggrundbuch" und das Wort „Grundstücks" durch das Wort „Bergwerks" ersetzt.

2. Der Titel enthält in der ersten Hauptspalte eine Beschreibung des

*) D. Kol. Gesetzgeb. 1906 S. 284.
**) D. Kol. Gesetzgeb. VI S. 10.

Bergwerks, welche den wesentlichen Inhalt der das Bergwerkseigentum begründenden Urkunde (§ 48 der Kaiserlichen Bergverordnung vom 27. Februar 1906)*) wiedergibt.

3. Ist das Bergwerkseigentum durch Konsolidation, Teilung von Bergbaufeldern oder Austausch von Feldesteilen erworben, so enthält der Titel in der ersten Hauptspalte den wesentlichen Inhalt der das Bergwerkseigentum an jedem Bergbaufeld begründenden Urkunde und des von der Bergbehörde bestätigten (§ 50 der Kaiserlichen Bergverordnung vom 27. Februar 1906) Konsolidations-, Teilungs- oder Austauschakts.

§ 3. Die in den Artikeln 23 bis 25 des Preußischen Ausführungsgesetzes zur Grundbuchordnung vom 26. September 1899 bezeichneten Obliegenheiten des Oberbergamts sind von der Bergbehörde für Kamerun wahrzunehmen.

§ 4. Diese Verfügung tritt sofort in Kraft.

Buea, den 22. August 1907.

Der Kaiserliche Gouverneur.
I. A.: Kalkmann.

219. Tarif für Kanufahrten, festgesetzt vom Gouverneur von Kamerun. Vom 22. August 1907.

a) Tarif der für gewöhnliche Kanufahrten zu zahlenden Vergütungen.

Hin- und Rückfahrt von	nach (oder umgekehrt)	Dauer der Fahrt Tage	Zu zahlen für: 1 gr. Kanu M.	1 kl. Kanu M.	1 Ruderer M.	Bemerkungen
Duala	Victoria	6	24,00	12,00	9,00	Weil über See zu fahren, ein Tag mehr gerechnet.
„	Bimbia	4	20,00	10,00	6,00	
„	Tiko	3	12,00	6,00	4,50	
„	Mundame	8	32,00	16,00	12,00	
„	Dibombari	4	5,00	2,50	1,50	
„	Abo	4	16,00	8,00	6,00	
„	Njanga	6	24,00	12,00	9,00	
„	Jabassi	4	16,00	8,00	6,00	
„	Dibamba	4	16,00	8,00	6,00	
„	Ndonga	4	16,00	8,00	6,00	
„	Ndokotunda	4	16,00	8,00	6,00	
„	Edea	6	24,00	12,00	9,00	
„	Malimba	5	20,00	10,00	7,50	
„	Buellaba	5	12,00	6,00	4,50	

Bemerkungen (Fortsetzung):

Länge des Kanus m	Anzahl der Ruderer	
20 u. darüber	9	Als große Kanus gelten Kanus von 17 m Länge und darüber, als kleine solche von 8—16 m Länge.
18	8	
17	7	
16	6	
14	5	
12	4	
8—10	3	

*) D. Kol. Gesetzgeb. 1906 S. 86.

Jeder Kanuführer erhält für Fahrten bis zu 3 Tagen Dauer 1 M., für längere Fahrten 2 M. mehr als der Ruderer. Naturalverpflegung neben dem Lohn wird nicht gewährt. Für Fahrten, welche in diesem Verzeichnis nicht aufgeführt sind, ist ein Tagelohn von 1,80 M. bei Berechnung der Vergütungen in Anrechnung zu bringen.

b) Tarif der für Eilkanufahrten von Duala aus zu zahlenden Vergütungen.

Hin- und Rückfahrt von	nach (oder umgekehrt)	Dauer der Fahrt	Zu zahlen für: 1 gr. Kanu	1 kl. Kanu	1 Ruderer	Bemerkungen
		Tage	M.	M.	M.	
Duala	Victoria	5	20,00	—	9,00	Weil über See zu fahren, ein Tag mehr gerechnet. Als große Kanus gelten Kanus von 17 m Länge und darüber, als kleine solche von 8—16 m Länge.
„	Bimbia	3	15,00	7,50	5,50	
„	Tiko	2	10,00	5,00	3,50	
„	Mundame	6	24,00	12,00	11,00	
„	Dibombari	1	5,00	2,50	1,50	
„	Abo	3	12,00	6,00	5,50	
„	Njanga	5	20,00	10,00	9,00	
„	Jabassi	3	12,00	6,00	5,50	
„	Dibamba	3	12,00	6,00	5,50	
„	Ndonga	3	12,00	6,00	5,50	
„	Ndokotunda	3	12,00	6,00	5,50	
„	Edea	5	20,00	10,00	9,00	
„	Malimba	4	20,00	10,00	7,50	
„	Sualaba	2	10,00	5,00	3,50	

Länge des Kanus m	Anzahl der Ruderer
20	12
18	11
17	10
16	9
14	8
12	7
10	6
8	5

Jeder Kanuführer erhält für Fahrten bis zu 3 Tagen Dauer 1 M., für längere Fahrten 2 M. mehr als der Ruderer. Naturalverpflegung neben dem Lohn wird nicht gewährt. Für Fahrten, welche in diesem Verzeichnis nicht aufgeführt sind, ist ein Tagelohn von 1,80 M. bei Berechnung der Vergütung zugrunde zu legen.

Buea, den 22. August 1907.

Der Gouverneur.
I. A.: Kalkmann.

220. Runderlaß des Gouverneurs von Deutsch-Südwestafrika, betreffend Entschädigung für Nichtbenutzung von Dienstwohnungen und Erstattung von Übernachtungskosten auf Dienstantrittsreisen. Vom 23. August 1907.

Ich mache darauf aufmerksam, daß, wenn wegen Mangel an Wohnungen in Dienstgebäuden oder in dienstlich gemieteten Gebäuden eine Dienstwohnung nicht gewährt werden kann, oder wenn auf Antrag aus besonderen Gründen die Benutzung der Dienstwohnung erlassen worden ist, ausschließlich nur die zuständige Mietsentschädigung gewährt wird. Wegen der Höhe der den einzelnen Beamten und Angestellten zu gewährenden Mietsentschädigung vgl. Seite 133 ff. der zweiten Auflage des „Tesch".*)

Ferner weise ich besonders darauf hin, daß auf Dienstantrittsreisen, für welche bekanntlich Tagegelder nicht zuständig sind, nur die tatsächlich verauslagten Kosten für die Übernachtung an demjenigen Orte erstattet werden, welcher nicht als der dienstliche Wohnort des Beamten in Frage kommt. Voraussetzung hierfür ist jedoch, daß amtliche Übernachtungsräume nicht zur Verfügung standen. Die betreffenden Rechnungen haben daher stets einen ausdrücklichen diesbezüglichen Vermerk zu enthalten. Sobald der dienstliche Wohnort erreicht, eine amtliche Wohnung aber nicht vorhanden ist, wird nur die zuständige Mietsentschädigung gewährt.

Windhuk, den 23. August 1907.

Der Kaiserliche Gouverneur.
I. A.: Hintrager.

221. Runderlafs des Gouverneurs von Kamerun, betreffend Abtrennung des Bertua-Bezirkes von der Station Lomie. Vom 24. August 1907.

Der bisher zum Bezirk der Station Lomie gehörige Bimba—Beri—Bertua-Bezirk ist aus der Verwaltung dieser Station ausgeschieden und bildet nunmehr den Bezirk einer selbständigen Station unter dem Namen Bertua-Bezirk. Der Bezirk umfaßt im allgemeinen das Gebiet der Beja- und Makastämme zwischen dem 4. und 6. Breitengrade einerseits und zwischen der östlichen Grenze des Bezirksamts Jaunde bzw. der Station Joko und der französischen Grenze andererseits. Sobald die Grenzen zwischen den in Frage kommenden Dienststellen im einzelnen festgesetzt und hier genehmigt sind, werden dieselben allgemein bekannt gegeben.

Die im Erlasse vom 27. Februar 1905**) für den Bezirk der Station Lomie vorgeschriebene Bezeichnung: „Verwaltung am Ngoko" fällt in Zukunft fort.

Duca, den 24. August 1907.

Der Gouverneur.
I. A.: Kalkmann.

222. Verordnung des Gouverneurs von Togo, betreffend die Anfertigung von Schriftstücken für schreibensunkundige Eingeborene. Vom 26. August 1907.

(Kol. Bl. S. 979. Amtsbl. S. 178.)

Auf Grund des § 5 der Verfügung des Reichskanzlers vom 27. September 1903 (D. Kol. Bl. S. 509) in Verbindung mit § 15 des Schutzgebietsgesetzes (Reichs-Gesetzbl. 1900 S. 813) wird folgendes verordnet:

§ 1. Wer für einen schreibensunkundigen Eingeborenen eine schriftliche Eingabe an Behörden des Schutzgebiets anfertigt, hat

1. den Inhalt des Schriftstücks dem Eingeborenen in eine ihm geläufige Sprache zu übertragen oder übertragen zu lassen und, daß dies geschehen ist, auf dem Schriftstück zu vermerken,

---

*) Siehe Anm. ***) zu II Nr. 15. Vgl. auch die Verf. v. 1. November 1907, unten Nr. 275. — **) Nicht abgedruckt.

2. auf dem Schriftstück zu vermerken, ob der Inhalt desselben von dem Eingeborenen genehmigt ist,
3. das Schriftstück mit seinem eigenen Namen unter Angabe seines Wohnortes zu unterzeichnen und, falls ein Dolmetscher verwendet ist, Namen und Wohnort desselben auf dem Schriftstück anzugeben.

§ 2. Wer für einen schreibensunkundigen Eingeborenen ein an eine Privatperson gerichtetes Schriftstück anfertigt, hat das Schriftstück mit seinem eigenen Namen unter Angabe seines Wohnortes zu unterzeichnen.

§ 3. Übertretungen dieser Vorschriften werden an Nichteingeborenen mit Geldstrafe bis zu 100 M., an deren Stelle im Nichtbeitreibungsfalle Haft bis zu zwei Wochen tritt, an Eingeborenen unter analoger Anwendung des vorbezeichneten Strafrahmens nach Maßgabe der Verfügung des Reichskanzlers vom 22. April 1896*) bestraft.

§ 4. Diese Verordnung tritt am 1. November 1907 in Kraft.

Lome, den 26. August 1907.

Der Gouverneur.
Graf Zech.

223. Verordnung des Gouverneurs von Togo, betreffend Heimbeförderung von Privatangestellten und unterhaltlosen Weißen. Vom 26. August 1907.

(Kol. Bl. S. 980. Amtsbl. S. 179.)

Auf Grund des § 15 des Schutzgebietsgesetzes (Reichs-Gesetzbl. 1900 S. 813) in Verbindung mit § 5 der Verfügung des Reichskanzlers vom 27. September 1903 (Kol. Bl. S. 509) wird folgendes verordnet:

§ 1. Arbeitgeber sind verpflichtet, ihre außerhalb des Schutzgebiets beheimateten weißen Angestellten, welche nicht in der Lage sind, die Kosten der Heimreise zu tragen, auf eigene Kosten nach Europa zu befördern, wenn das Vertragsverhältnis durch Zeitablauf oder durch Entlassung bzw. Kündigung seitens des Arbeitgebers beendet ist oder wenn der Angestellte durch Krankheit gezwungen ist, das Schutzgebiet zu verlassen.

Diese Verpflichtung erlischt mit Ablauf von einem Monat nach Beendigung des Vertragsverhältnisses oder mit dem Eintritt der Angestellten in den Dienst eines anderen Arbeitgebers.

§ 2. Der Führer eines Schiffes hat die von ihm mitgebrachten Weißen, welche beim Betreten des Schutzgebiets nicht im Besitze von 700 M. sind oder nicht nachweisen können, daß sie im Schutzgebiet eine Anstellung erworben haben, auf Aufforderung des Gouvernements unverzüglich wieder an Bord zu nehmen.

§ 3. Zuwiderhandlungen gegen § 2 dieser Verordnung werden mit Geldstrafe bis zu 600 M., an deren Stelle im Nichtbeitreibungsfalle Gefängnisstrafe bis zu drei Monaten tritt, bestraft.

Das Gouvernement ist berechtigt, bei Nichterfüllung der in den §§ 1 und 2 bestimmten Verpflichtungen die Heimbeförderung der Angestellten oder Mittellosen auf Kosten der Verpflichteten zu bewirken.

§ 4. Diese Verordnung tritt mit dem heutigen Tage in Kraft.

Lome, den 26. August 1907.

Der Gouverneur.
Graf Zech.

*) D. Kol. Gesetzgeb. II S. 215.

224. Bekanntmachung des Gouverneurs von Deutsch-Ostafrika, betreffend Ausgabe von Hundertrupie-Banknoten durch die Deutsch-Ostafrikanische Bank. Vom 29. August 1907.

(Amtl. Anz. Nr. 20.)

Im Anschluß an die Bekanntmachungen vom 1. Dezember 1905, Amtl. Anz. Nr. 31, vom 15. Februar 1906, Amtl. Anz. Nr. 5, und vom 15. Mai 1906, Amtl. Anz. Nr. 16.*)

Die Deutsch-Ostafrikanische Bank hat zufolge des ihr in § 7 der Konzession des Reichskanzlers vom 15. Januar 1905 verliehenen Rechts nunmehr auch mit der Ausgabe von Noten begonnen, die auf den Betrag von einhundert Rupien lauten und im Schutzgebiete ausgestellt sind.

Die öffentlichen Kassen des Schutzgebiets werden ermächtigt, diese Wertzeichen bis auf weiteres bei allen den Nennwert der Noten erreichenden oder übersteigenden Zahlungen zu ihrem Nennwerte in Zahlung zu nehmen.

Hinsichtlich der Verpflichtung der Bank zur Einlösung der ausgegebenen und zum Ersatz beschädigter Noten gegen Münzen, die im Schutzgebiet als gesetzliches Zahlungsmittel anerkannt sind, wird auf die in der Bekanntmachung vom 1. Dezember 1905 abgedruckten §§ 10 und 11 der Konzession Bezug genommen.

Bezüglich der Verpflichtung der amtlichen Kassen zur Annahme der denselben bei Zahlungen angebotenen beschädigten oder unbrauchbar gewordenen Noten der Deutsch-Ostafrikanischen Bank wird auf den § 6 der unterm 3. September 1906, Amtl. Anz. Nr. 29, bekannt gegebenen Bestimmungen des Auswärtigen Amts, Kolonial-Abteilung, vom 29. Juni 1906**) verwiesen.

Daressalam, den 29. August 1907.

Der Kaiserliche Gouverneur.
I. V.: v. Winterfeld.

225. Bekanntmachung des Gouverneurs von Deutsch-Ostafrika, betreffend das Marktwesen im Bezirk Kilwa. Vom 4. September 1907.

(Amtl. Anz. Nr. 21.)

Die Verordnung, betreffend das Marktwesen im Bezirk Kilwa, vom 30. Januar 1903 (Amtl. Anz. Nr. 5, 1903)***) wird mit Wirkung vom 1. Oktober d. Js. an auf die Ortschaften Ukuli und Mikumbi ausgedehnt.

Daressalam, den 4. September 1907.

Der Kaiserliche Gouverneur.
I. V.: v. Winterfeld.

226. Dienstanweisung des Gouverneurs von Togo für die Gesundheitsaufseher. Vom 5. September 1907.

(Amtsbl. S. 192.)

1. Die zur Durchführung der Verordnung, betreffend Bekämpfung der Mückengefahr†) angestellten Gesundheitsaufseher haben bei Ausübung ihres

*) D. Kol. Gesetzgeb. 1905 S. 274; 1906 S. 33, 192.
**) D. Kol. Gesetzgeb. 1906 S. 272.
***) D. Kol. Gesetzgeb. 1903 S. 8.
†) Vom 11. Mai 1905 (D. Kol. Gesetzgeb. S. 168).

Dienstes am linken Oberarm eine weiße Binde mit rotem Kreuz (Genfer Kreuz) zu tragen.

2. Jedem Gesundheitsaufseher wird vom zuständigen Regierungsarzt ein Kontrollbezirk zugeteilt.

3. Die Kontrolle des Bezirks ist nach näherer Anordnung des Regierungsarztes durchzuführen.

4. Zu seinem Ausweis erhält der Gesundheitsaufseher eine vom Regierungsarzt auszustellende Karte, auf welcher die Kontrolltage angegeben sind.

5. Der Gesundheitsaufseher hat den Bewohnern seines Bezirks die Tage und die ungefähre Tageszeit, zu welcher er die Kontrolle vornehmen wird, mindestens einen Tag vorher anzuzeigen und sie dabei ausdrücklich darauf hinzuweisen, daß zur Kontrollzeit sämtliche Räume zum Zwecke der Besichtigung zu öffnen sind und daß der Besitzer oder ein Vertreter desselben zu dieser Zeit auf dem Grundstück anwesend zu sein hat.

6. Beim Betreten eines Grundstücks hat sich der Gesundheitsaufseher an den Besitzer oder den Vertreter zu wenden und ihn aufzufordern, ihn bei der Besichtigung zu begleiten, oder zu diesem Zwecke einen Beauftragten zu stellen.

7. Wird der Besitzer oder ein Vertreter nicht angetroffen, so hat sich der Gesundheitsaufseher an dessen Frau oder einen anderen Familienangehörigen mit derselben Aufforderung zu wenden.

8. Die Kontrolle selbst hat sich vor allem darauf zu erstrecken, daß die Bestimmungen der Verordnung, betreffend die Bekämpfung der Mückengefahr, innegehalten werden.

Insbesondere hat er darauf zu achten, daß Gefäße, in denen bestimmungsgemäß Wasser aufbewahrt wird, mit mückensicherem Verschluß versehen oder mindestens jeden vierten Tag vollständig entleert werden oder, daß das darin angesammelte Wasser mit Petroleum oder dergleichen versetzt ist. Werden in solchen Behältern Mückenlarven gefunden, so ist dies ein sicheres Zeichen, daß den vorstehenden Bestimmungen nicht entsprochen ist.

Der Gesundheitsaufseher hat ferner darauf zu achten, daß Konservenbüchsen, Flaschen, nicht gebrauchte Töpfe, Näpfe, Schalen u. dgl. so aufbewahrt werden, daß sich in ihnen kein Wasser ansammeln kann, und daß Abfallstoffe, Scherben u. dgl. nur an den dafür bestimmten Stellen abgelagert werden und nicht, wie es häufig geschieht, in den Busch oder auf das Nachbargrundstück geworfen werden. Besondere Aufmerksamkeit hat er auf Wassertöpfe, Trinkflaschen unter den Betten, Wasserbehälter für Geflügel, unter Holzhaufen verborgene Töpfe, aufgestapelte Kistenblecheinsätze zu richten. Er hat ferner darauf zu achten, daß die Höfe und deren Umgebung sauber und von Buschwerk freigehalten werden, damit sie übersichtlich sind. Dabei ist jedoch zu bemerken, daß ein Grundbesitzer die Umgebung seines Hofes nur insoweit zu reinigen hat, als sie zu seinem Grundstück gehört.

Die Badeplätze in den Gehöften sind stets zu kontrollieren. Werden sie gerade benutzt, so hat der Gesundheitsaufseher vor dem Betreten des Badeplatzes den Badenden von der vorzunehmenden Kontrolle in Kenntnis zu setzen, damit er sich bekleiden kann.

9. Bemerkt der Gesundheitsaufseher Ordnungswidrigkeiten, so hat er die Bewohner zu ihrer sofortigen Beseitigung aufzufordern. Er hat hierbei die Bewohner immer wieder durch Rat und Tat zu belehren und die Ausführung der Arbeiten zu überwachen oder, wenn sie größeren Umfangs sind, sich möglichst noch an demselben Tage von der erfolgten Ausführung zu überzeugen.

10. Auf den Grundstücken der Europäer hat der Gesundheitsaufseher zu bitten, ihm einen Diener oder sonstigen Beauftragten zur Begleitung bei der Besichtigung mitzugeben. Falls etwaige Ordnungswidrigkeiten nicht sofort beseitigt werden können, hat er den betreffenden Europäer von denselben in Kenntnis zu setzen.

11. Der Gesundheitsaufseher hat jede von ihm bemerkte Ordnungswidrigkeit dem Regierungsarzt anzuzeigen. Er hat außerdem über alle den Gesundheitszustand der Einwohner betreffenden Beobachtungen an den Regierungsarzt zu berichten, insbesondere über das Auftreten von Krankheiten, wie Pocken, Aussatz, Gelbfieber (auch Gelbsucht).

12. Der Gesundheitsaufseher muß höflich aber doch entschieden auftreten.

Es ist ihm streng untersagt, irgendwelche Gebrauchsgegenstände (Kalabassen, Töpfe u. dgl.) zu beschädigen.

Zur Anwendung irgendwelchen Zwanges ist er nicht befugt. Wird ihm Widerstand geleistet oder werden seine Aufforderungen nicht befolgt, so hat er sich lediglich darauf zu beschränken, dem Regierungsarzt unverzüglich Anzeige zu erstatten.

13. Wo die Gesundheitsaufseher durch einen farbigen Kontrolleur beaufsichtigt werden, stehen diesem dieselben Befugnisse zu wie jenen. Er ist jedoch befugt, die Höfe an jedem Tage und zu jeder Tageszeit zu betreten.

Zu seinem Ausweis erhält er eine vom Regierungsarzt auszustellende Karte.

Lome, den 5. September 1907.

Der Gouverneur.
Graf Zech.

227. Bekanntmachung des Gouverneurs von Deutsch-Ostafrika, betreffend das Lienhardt-Sanatorium in Wugiri. Vom 6. September 1907.

(Amtl. Anz. Nr. 21.)

Das Lienhardt-Sanatorium in Wugiri wird am 1. Oktober 1907 wieder eröffnet.*)

Die vorbehaltlich der Genehmigung des Reichs-Kolonialamts in Kraft tretende Betriebsordnung hat gegen früher**) einige Änderungen erfahren***) und wird hiermit nachstehender Auszug aus derselben zur öffentlichen Kenntnis gebracht.

Betriebsordnung
für das Lienhardt-Sanatorium in Wugiri.

Allgemeines.

1. Das unter Leitung eines Gouvernementsarztes stehende Lienhardt-Sanatorium in Wugiri (Bezirk Wilhelmstal) dient Erholungsbedürftigen als Höhenkurort.

*) War durch Verf. des Gouverneurs vom 20. Februar 1907 (Amtl. Anz. Nr. 4) vom 1. April 1907 ab geschlossen worden.

**) Vgl. D. Kol. Gesetzgeb. 1904 S. 204, 1905 S. 41, 1906 S. 13, 25.

***) Durch Erlaß des Reichs-Kolonialamts vom 12. Oktober 1907 ist genehmigt worden, daß die Betriebsordnung mit einigen — in dem nachstehenden Auszug hinzugefügten und durch gesperrten Druck kenntlich gemachten — Ergänzungen einstweilen und vorbehaltlich der Änderung nach Maßgabe der noch zu sammelnden Erfahrungen in Kraft trete. Der Gouverneur ist ermächtigt worden, diese, soweit sie nicht von grundsätzlicher Bedeutung oder finanzieller Tragweite sind, selbständig anzuordnen.

2. Es gewährt Unterkunft und Verpflegung:
   a) Angehörigen des Gouvernements einschließlich der Schutztruppe, ferner Angehörigen der Reichspostverwaltung, der Kaiserlichen Marine und der deutschen Konsulate;
   b) Privatpersonen.
3. Bei Erteilung der Zusage wird im Falle gleichzeitiger Anmeldung die vorstehende Reihenfolge, und unter beiden Klassen werden die Personen mit einem ärztlichen Attest zunächst berücksichtigt.
4. Nicht aufgenommen werden:
   a) Farbige und Mischlinge;
   b) Kranke, deren Leiden übertragbar ist, und Personen, die durch ein offensichtliches Leiden oder auf andere Weise zur Belästigung der übrigen Kurgäste Veranlassung geben können.
5. Unterkunft allein oder Verpflegung allein werden nicht gewährt, sondern nur volle Pension.
6. Jeder Kurgast ist gehalten, die Bestimmungen der Hausordnung zu beachten, andernfalls ihm der weitere Aufenthalt im Sanatorium versagt werden kann.

Äußerer Verwaltungsdienst. Vollpreis.

20. Der Pensionspreis (Vollpreis) für ein Zimmer im Einzelhause oder im südlichen Flügel des Kurhauses beträgt 7 Rp., für ein Zimmer im nördlichen Flügel des Kurhauses 5 Rp.

Bei Benutzung eines ganzen Einzelhauses oder zweier Zimmer im Kurhause durch eine Person ist der doppelte Preis zu zahlen.

Kinder unter 10 Jahren zahlen die Hälfte, wenn kein besonderes Zimmer für sie beansprucht wird. Für zwei zahlende Kinder ist ein besonderes Zimmer zuständig. Kinder unter 3 Jahren, für die weder ein besonderes Zimmer noch Beköstigung vom Sanatorium geliefert wird, sind frei. Werden für sie Lebensmittel vom Sanatorium erbeten, so ist die Festsetzung des Preises dem Ermessen des leitenden Arztes überlassen.

21. Der Tag der Aufnahme wird nicht, der des Abgangs voll in Anrechnung gebracht.

Vorzugspreise.

22. Angehörigen des Kaiserlichen Gouvernements einschließlich der Schutztruppe sowie denjenigen der Reichspost, der Marine und der Kaiserlichen Konsulatsverwaltung können Vorzugspreise von 5 Rp. für ein Zimmer im Einzelhause oder im südlichen Flügel des Kurhauses und von $3\frac{1}{2}$ Rp. im nördlichen Flügel des Kurhauses gewährt werden, sofern das Gouvernement eine solche Vergünstigung im Einzelfalle bewilligt.

Die Vorzugspreise können auch für Angehörige des Kaiserlichen Gouvernements, die ihre Dienstperiode um mindestens ein Jahr verlängern, sowie für deren Ehefrauen und Kinder, selbst wenn diese allein das Sanatorium aufsuchen, sowie für die in ihrer Begleitung befindlichen weißen Dienstboten auf begründeten Antrag vom Gouvernement gewährt werden.

Art der Unterkunft.

27. Unteroffiziere des Gouvernements und der Schutztruppe sowie Deckoffiziere, Unteroffiziere und Mannschaften der Marine haben nur Anspruch auf Aufnahme im nördlichen Flügel des Kurhauses.

Antrag auf Aufnahme.

28. Wer im Sanatorium Aufnahme als Kurgast zu finden wünscht, hat möglichst einen telegraphischen oder schriftlichen Antrag beim Sanatorium zu stellen unter Angabe seiner Adresse, des Tages der Aufnahme, der gewünschten Unterkunft (Einzelhaus oder Kurhaus) und der voraussichtlichen Dauer des Aufenthalts.

Ist Platz vorhanden, so erhält der Antragsteller einen Aufnahmeschein, der bei der Ankunft dem Verwalter auszuhändigen ist.

Wegen etwa gewünschter Abholung von der Bahnstation, Stellung von Reittieren oder Tragstühlen hat sich der Kurgast mit dem Sanatorium unmittelbar in Verbindung zu setzen.

Bei Verspätung in der Ankunft ohne Mitteilung an das Sanatorium wird der Platz nur auf die Dauer von zwei Tagen freigehalten.

Verpflegung.

29. Die Verpflegung ist für sämtliche Kurgäste gleich und findet für die Bewohner der Einzelhäuser und des südlichen Kurhausflügels im südlichen Flügel des Kasinos statt; den Bewohnern des nördlichen Flügels ist die nördliche Hälfte des Kasinos vorbehalten. Besondere Verpflegung ist mit Genehmigung des leitenden Arztes gestattet, jedoch ist dieselbe besonders zu bezahlen; die Preise sind dem Ermessen des Arztes überlassen.

In den Wohnzimmern werden die Hauptmahlzeiten nur auf ärztliche Anordnung verabreicht. Wünscht ein Kurgast das erste Frühstück in seinem Zimmer einzunehmen, so tritt ein Aufschlag von $\frac{1}{2}$ Rp. pro Frühstück ein.

30. Eigene Getränke mitzubringen, ist nicht gestattet. Die Getränke werden durch das Sanatorium beschafft und gegen Forderungszettel abgegeben. Preisliste liegt im Speisezimmer aus.

30a. Jedem erkrankten Kurgast steht freie ärztliche Behandlung und freie Medizin zu. Er ist gehalten, den Anordnungen des Arztes nachzukommen.

Beleuchtung und Heizung.

31. Das Sanatorium sorgt unentgeltlich für Beleuchtung und Heizung.

Bedienung und Wäsche.

32. Jeder Gast, außer Unteroffizieren des Gouvernements und der Schutztruppe sowie Deckoffizieren, Unteroffizieren und Mannschaften der Marine, ist verpflichtet, einen farbigen Diener mitzubringen, der auf Anordnung des leitenden Arztes auch zur Bedienung bei Tisch herangezogen werden kann.

Die Gäste sind gehalten, durch ihre Diener ihre Wohnung und Nebenräume säubern und in Ordnung halten zu lassen.

33. Das Sanatorium liefert Tisch- und Bettwäsche sowie Handtücher unentgeltlich. Die Gäste haben Gelegenheit, ihre Privatwäsche bei dem Wäscher des Sanatoriums waschen zu lassen. Das Sanatorium übernimmt für die Privatwäsche keine Verantwortung. Badewäsche wird im allgemeinen nicht geliefert. Beschwerden über den Wäscher sind beim leitenden Arzt oder dem Verwalter anzubringen. Die Waschpreise unterliegen der Festsetzung des leitenden Arztes.

Spiel- und Lesezimmer.

34. Über die Abgabe der Bücher der Bibliothek trifft der Leiter des Sanatoriums die notwendigen Anordnungen. Beim Entleihen von Büchern ist eine Kaution von 3 Rp. zu hinterlegen, die bei der Rückgabe der Bücher zurückerstattet wird.

35. Sämtliche Spieleinrichtungen, die Büchersammlung und die ausliegenden Zeitungen stehen den Gästen unentgeltlich zur Verfügung.

Ausflüge.

36. Zu Ausflügen können vollständige Reiseausrüstungen für täglich 3 Rp. sowie Reittiere für täglich 4 Rp. ermietet werden. Bei Ausflügen von mehr als eintägiger Dauer ist der Kurgast verpflichtet, für die Verpflegung des Tieres und des Wärters zu sorgen, für letzteren bis zu einer Höhe von 15 Heller täglich.

Zu Spazierritten werden Reittiere gestellt zu folgenden Preisen: Bis zu zwei Stunden 1 Rp., für einen halben Tag 2 Rp., für einen ganzen Tag 4 Rp.

Daressalam, den 6. September 1907.

Der Kaiserliche Gouverneur.
I. V.: v. Winterfeld.

228. Runderlaſs des Staatssekretärs des Reichs-Kolonialamts, betreffend Etatsüberschreitungen bei den Betriebsverwaltungen. Vom 9. September 1907.

Im Verfolge des Runderlasses vom 20. Dezember 1904.*)

Von der allgemeinen Regel, wonach zu Etatsüberschreitungen wie zu außeretatsmäßigen Ausgaben vor Einleitung der Ausgabe die Zustimmung des Reichs-Kolonialamtes nachzusuchen ist, kann abgesehen werden, wenn bei den Betriebsverwaltungen (Eisenbahnen, Hafenanlagen, Forstverwaltung, Flottille, Sanatorien usw.) solche Mehraufwendungen lediglich durch eine nicht vorherzusehende Verkehrssteigerung bedingt werden. Auch in diesem Fall scheidet jedoch die Ergreifung neuer Maßnahmen (wie Erhöhung von Remunerations- und Lohnsätzen u. dgl.) grundsätzlich aus; es würde also hierzu gegebenenfalls vorher die diesseitige Zustimmung einzuholen sein. Naturgemäß bedingt aber die Verkehrssteigerung neben der Erhöhung der Ausgaben auch eine entsprechende Vermehrung der Einnahmen.

Um in solchen Fällen baldmöglichst unterrichtet und in der Lage zu sein, je nach den Umständen Stellung zu nehmen, ersuche ich ergebenst, mir halb-

*) Nicht abgedruckt.

jährlich — und zwar für den Zeitraum vom 1. April bis 30. September zum 1. Januar, für den Zeitraum vom 1. Oktober bis 31. März zum 1. Juli in Form anliegender Nachweisung*) — ohne Begleitbericht — Mitteilung zu machen.

Berlin, den 9. September 1907.

Der Staatssekretär des Reichs-Kolonialamts.
Dernburg.

229. Verfügung des Gouverneurs von Deutsch-Südwestafrika, betreffend die Verzollung von Essenzen usw. mit geringem Alkoholgehalt. Vom 9. September 1907.

Es sind in letzter Zeit häufig in das Schutzgebiet alkoholhaltige Essenzen und Extrakte eingeführt worden, deren Alkoholgehalt nur ein ganz geringer war. Die Essenzen und Extrakte dienten zur Herstellung sogenannter alkoholfreier Limonaden und erhielten im Auslande nur deshalb eine geringe Beimischung von Alkohol, um dadurch die Haltbarkeit der Ware während des Transports zu sichern. Derartige alkoholhaltige Essenzen und Extrakte dem Zollsatze der Tarifnummer A II e des neuen Zolltarifs**) zu unterwerfen, würde nicht im Sinne des Tarifs liegen.

Ich bestimme daher, daß alkoholhaltige Essenzen und Extrakte bis zu einem Alkoholgehalt von höchstens 3% nach Tralles zollfrei abzulassen sind.

Ferner sind vereinzelt ursprünglich alkoholfrei hergestellte Biere und Weine mit einem ganz geringen Alkoholgehalt eingegangen, der sich durch Nachgärung der alkoholfreien Biere und Weine in den Flaschen entwickelte. Ich bestimme, daß derartige Biere und Weine bis zu einem Alkoholgehalt von höchstens 1% nach Tralles ebenfalls zollfrei bleiben.

Windhuk, den 9. September 1907.

Der Kaiserliche Gouverneur.
v. Schuckmann.

230. Verfügung des Gouverneurs von Togo, betreffend die Schreibweise und Anwendung geographischer Namen und die Wahl geographischer Bezeichnungen. Vom 9. September 1907.

(Amtsbl. S. 200.)

Das Reichs-Kolonialamt hat genehmigt, daß künftig neben den im Kolonialblatt vom 1. September 1903 (S. 453 und 454) veröffentlichten Grundsätzen für die Namengebung, Namenübersetzung, Schreib- und Sprechweise der geographischen Namen in den deutschen Schutzgebieten***) folgende Regeln zu befolgen sind:

1. Die Anwendung von diakritischen Zeichen, insbesondere auch der bisher vielfach gebräuchlichen Zeichen n und vh, hat zu unterbleiben.

Dagegen ist bei aufeinander folgenden Vokalen, die nicht als Diphthong ausgesprochen werden sollen (ei, eu) das Trema anzuwenden, z. B. Gëi. In Fällen,

*) Nicht mit abgedruckt.
**) Vom 13. Februar 1907. Oben Nr. 55.
***) D. Kol. Gesetzgeb. 1903 S. 191.

in denen durch Anwendung des Tremas die Aussprache zweifelhaft wird, z. B. bei au, ist ausnahmsweise ein Trennungsstrich statthaft, z. B. A-uele, Kwa-u.

2. Historisch bzw. allgemein gebräuchlich gewordene Namen sind, auch wenn sie nicht den an Ort und Stelle von den Einheimischen angewendeten entsprechen, auf den Karten als amtliche, von dem Weißen in erster Linie zu gebrauchende durch stärkere Schrift hervorzuheben, die anderen in feinerer Schrift und in Klammern darunter zu setzen, z. B. Dagomba (Dagbon), Adéle (Bederé), Ntribú (Delo, Lōlo), Basari (Bassar).

3. Für geographische Bezeichnungen sollen, wenn irgend möglich, nur deutsche Ausdrücke angewendet werden.

Für das Wort „Savanne“ soll „Steppe“ gebraucht werden, und zwar „Baumsteppe“, „Grassteppe“.

Im Süden des Schutzgebiets wird für die dort charakteristische Vegetationsform öfters das Wort „Buschland“ anzuwenden sein.

Bei Wäldern sind die Unterscheidungen „Buschwald“ und „Hochwald“ zu wählen. Statt Galleriewald ist „Uferwald“ zu schreiben.

Eine von der Regierung für einheimische, durchreisende Händler eingerichtete Unterkunftsstelle, wie sie sich vielfach in oder in der Nähe von Ortschaften befinden, ist als „Herberge“ zu bezeichnen.

Von farbigen Händlern in der Nähe von Ortschaften und in der Wildnis gebaute Grashütten, die zum Übernachten von Karawanen benutzt werden, sind als „Hüttenlager“ zu benennen. Die entsprechende Haussa-Bezeichnung „Songo“ soll vermieden werden.

Amtliche, für durchreisende Weiße bestimmte Häuser und auch die gewöhnlich unbesetzten Regierungsnebenstellen, die nach Bedarf als Verwaltungsstützpunkte gebraucht werden, heißen „Rasthöfe“.

Abgesehen von den Zollämtern sind Stellen, an denen Zoll erhoben wird, als „Zollhebestellen“ zu bezeichnen. Posten, auf denen eine von Polizisten besetzte Wache steht, wo aber nicht verzollt wird, sind als „Grenzposten“ zu kennzeichnen, anstatt wie bisher Polizeistationen.

Statt der Bezeichnung Farmen ist „Felder“ zu wählen, statt Farmhütten „Feldhütten“, statt „Farmweg“ „Feldweg“.

Ein Ackerdorf (Farmdorf), dessen Name zufällig noch nicht festgestellt werden konnte, ist als „Weiler“ zu bezeichnen.

Der Ausdruck „Lagune“ wird beibehalten.

Dagegen ist für „Plateau“ das Wort „Hochfläche“, für „Massiv“ „Gebirgsstock“ anzuwenden.

Lome, den 9. September 1907.

Der Gouverneur.
Graf Zech.

231. Bekanntmachung des Gouverneurs von Deutsch-Südwestafrika, betreffend die Einziehung des Stammesvermögens der Witbooi- usw. Hottentotten sowie der Roten Nation und der Bondelzwarts einschl. der Swartmodder-Hottentotten. Vom 11. September 1907.

(Kol. Bl. S. 991.)

Die am 8. Mai 1907 verfügte Einziehung des gesamten beweglichen und unbeweglichen Stammesvermögens der Witbooi-, Bethanier-, Franzmann- und Feldschuhträger-Hottentotten sowie der Roten Nation von Hoakhanas und der

Bondelswarts- einschließlich der Swartmodder-Hottentotten*) ist mit Ablauf des 8. September d. Js. unanfechtbar geworden.

Dies wird gemäß § 5 der Kaiserlichen Verordnung, betreffend die Einziehung von Vermögen Eingeborener im südwestafrikanischen Schutzgebiete, vom 26. Dezember 1905**) hiermit öffentlich bekannt gemacht.

Windhuk, den 11. September 1907.

Der Kaiserliche Gouverneur.
v. Schuckmann.

232. Runderlaß des Staatssekretärs des Reichs-Kolonialamts, betreffend die Vertretung des Fiskus durch die den Gouvernements der Schutzgebiete nachgeordneten Behörden. Vom 13. September 1907.

Eine Prüfungsbemerkung des Rechnungshofes gibt mir Veranlassung, im Anschluß an den Runderlaß vom 8. April 1901 (D. Kol. Gesetzgeb. Bd. 6 S. 207) darauf hinzuweisen, daß die nachgeordneten Behörden in den Schutzgebieten zur Vertretung des Fiskus bei Vornahme von Rechtsgeschäften nur insoweit berechtigt sind, als der Gouverneur innerhalb seiner Vertretungsbefugnisse sie dazu ermächtigt hat. Diese Ermächtigung muß ausdrücklich erfolgt sein; aus der bloßen Zuweisung eines bestimmten Geschäftskreises oder der Zuweisung von Etatsmitteln an eine Behörde ist eine stillschweigende Ermächtigung, in den Grenzen jenes Geschäftskreises oder jener Mittel den Fiskus rechtsgeschäftlich zu vertreten, noch nicht herzuleiten. Sollten in dringenden Fällen Behörden sich genötigt sehen, ohne die Ermächtigung einen Vertrag abzuschließen, so darf dies nur unter Vorbehalt der Genehmigung des Gouverneurs geschehen.

Euere Exzellenz ersuche ich ergebenst, die Ihnen untergeordneten Dienststellen mit entsprechender Weisung zu versehen.

Berlin, den 13. September 1907.

Der Staatssekretär des Reichs-Kolonialamts.
I. V.: Conze.

233. Erlaß des Staatssekretärs des Reichs-Kolonialamts an den Gouverneur von Deutsch-Ostafrika, betreffend § 7 der Verpflegungsvorschriften. Vom 13. September 1907.***)

Die in dem vorbezeichneten Berichte behandelte Frage wegen der Handhabung des § 7 der Verpflegungsvorschriften vom 30. April 1901†) gegenüber solchen erkrankten Funktionären, die zwar in ihrer eigenen Wohnung verblieben sind oder bei der Schwere ihrer Krankheit nach Bescheinigung der zuständigen Sanitätsperson oder in deren Ermangelung des Stationschefs in ein Lazarett oder eine Krankenstube hätten aufgenommen werden müssen, wenn diese Einrichtungen bzw. der erforderliche Platz darin vorhanden gewesen wäre, ist diesseits in dem abschriftlich beifolgenden, an den Rechnungshof gerichteten Schreiben vom 28. Mai d. Js.††) weiter erörtert worden. Nachdem der Rechnungshof

*) Oben Nr. 198.
**) D. Kol. Gesetzgeb. 1905 S. 284.
***) Auch den Gouverneuren von Kamerun und Togo zur Nachachtung mitgeteilt.
†) D. Kol. Gesetzgeb. VI S. 109.
††) Nicht mit abgedruckt.

diesen Ausführungen mit dem Bemerken zugestimmt hat, daß ihnen beim Prüfungsgeschäfte werde Rechnung getragen werden, treffe ich nunmehr in der Sache folgende Entscheidung:

1. Die in Fällen der vorbezeichneten Art bei einer von seiten der Behörde erfolgenden Entnahme der Krankenverpflegung aus einer Messe, einem Gasthause oder einem sonstigen Privatbetriebe entstehenden notwendigen Kosten sind — für erkrankte Familienmitglieder in den bestimmungsmäßigen Grenzen — auf den Lazarettfonds zu übernehmen. Insoweit erleidet der Erlaß vom 5. Juni 1905 — D. Kol. Gesetzgeb. Bd. 9 S. 160 — eine Einschränkung.

2. Hinsichtlich der von Funktionären aus eigenen Beständen entnommenen oder selbst angekauften Verpflegungsgegenstände und Getränke behält es, gleichgültig, ob ein Einzelnachweis geführt oder ein Pauschalsatz angefordert wird, bei den die Erstattung aus den Lazarettfonds ausschließenden Festsetzungen des Erlasses vom 5. Juni 1905 sein Bewenden. Geeignetenfalls kann aber eine Entschädigung aus dem Unterstützungsfonds — in Grenzen der Mittel — in Aussicht genommen werden.

3. Der Runderlaß des Kaiserlichen Gouvernements vom 11. August 1897*) ist dahin abzuändern, daß im Eingang die Worte: „ist auch dann zuständig" ersetzt werden durch die Worte: „kann auch dann gewährt werden".**)

Bei der tatsächlichen Handhabung der ihm hiernach zustehenden Ermächtigung ist seitens des Gouvernements gemäß den vorstehenden Anweisungen unter 1 und 2 zu verfahren.

Euerer Exzellenz stelle ich hiernach das weitere ergebenst anheim.

Berlin, den 13. September 1907.

Der Staatssekretär des Reichs-Kolonialamts.
I. V.: Conze.

234. Verfügung des Gouverneurs von Deutsch-Südwestafrika, betreffend den allgemeinen Frachtsatz. Vom 14. September 1907.

In Übereinstimmung mit der Militärverwaltung wird der allgemeine Frachtsatz***) von 12 auf 10 Pfennige für 100 kg und 1 km†) herabgesetzt. Dieser Satz tritt mit dem 1. Oktober dieses Jahres in Kraft.

Windhuk, den 14. September 1907.

Der Kaiserliche Gouverneur.
I. A.: Bruhns.

235. Verfügung des Gouverneurs von Deutsch-Südwestafrika, betreffend die Kosten der Tierimpfungen. Vom 16. September 1907.

Für Tierimpfungen, die im Interesse der Seuchenbekämpfung von den Regierungstierärzten ausgeführt werden (Lungenseuche-, Milzbrand-, Rinderpestimpfungen), ist vorläufig eine Gebühr von den Besitzern nicht zu erheben.

Es sind jedoch die Kosten der Tagegelderliquidationen sowie die ent-

*) D. Kol. Gesetzgeb. VI S. 116.

**) Geschehen durch Verfügung des Gouverneurs vom 12. November 1907, unten Nr. 279.

***) D. h. der von der Regierung für Transporte über Land (mit Wagen usw.) gezahlte Frachtsatz.

†) Gemäß Berichtigung vom 21. September 1907.

stehenden baren Nebenkosten usw., die von den Regierungstierärzten für die Vornahme von Impfungen eingereicht werden, durch die zuständigen Behörden von dem Besitzer der geimpften Tiere einzuziehen, ausgenommen den Fall, daß die Impfung von der Behörde angeordnet wird (Rinderpestimpfung, vgl. Nr. 18 der Ausführungsbestimmungen zur Viehseuchenverordnung).*)

Die betreffenden Tagegelderberechnungen sind daher stets in jedem einzelnen Falle mit entsprechenden Erläuterungen zu versehen.

Windhuk, den 16. September 1907.

Der Kaiserliche Gouverneur.
v. Schuckmann.

236. Verfügung des Gouverneurs von Togo, betreffend Bescheinigungen bei Lohnzahlungen an Farbige. Vom 17. September 1907.

(Amtsbl. S. 207.)

Für die Folge sind alle Belege, welche Lohnzahlungen an farbige Angestellte (Kanzlisten, Dolmetscher, Setzer, Unterlehrer, Heilgehilfen, Gesundheitsaufseher, Zollaufseher, Grenzwächter, Soldaten, Polizisten, Handwerker und Arbeiter usw.) enthalten, von dem Vorstand der Dienststelle (Bezirksamtmann, Bezirksleiter, Vorstand des Bauamts, Zollamtsvorsteher, Vorstand des Vermessungsamts, Bureauvorstand, Regierungsarzt, Truppenführer usw.) mit dem Vermerk „die Richtigkeit der Ansätze bescheinigt“ nebst Datum und Unterschrift zu versehen.

Diese Bescheinigung soll dartun, daß die bei den einzelnen Berechnungen gemachten Angaben (Anzahl der Arbeits- und Krankentage, Lohnsatz, Strafgelder) richtig sind. Auf die Belege über Zahlung von Dienstalterszulagen findet diese Verfügung gleichfalls Anwendung.

Die vom Rechnungsführer bzw. dem die Auszahlung der Löhne bewirkenden Beamten bei Zahlungen an des Schreibens unkundige Farbige abzugebende Bescheinigung, daß die Beträge an die Empfangsberechtigten gezahlt sind, bleibt hierdurch unberührt.

Lome, den 17. September 1907.

Der Gouverneur.
Graf Zech.

237. Gebührentarif für Benutzung des Desinfektionsapparates, System Clayton, des Gouvernements von Deutsch-Ostafrika im Hafen von Daressalam. Vom 18. September 1907.

(Amtl. Anz. Nr. 22.)

a) Die Desinfektion eines Schiffes mit dem Clayton-Apparat erfolgt auf Grund der Anordnung der Medizinalbehörde bzw. des Hafenarztes, kann jedoch auch auf Antrag vorgenommen werden.

b) Die Mindestkosten betragen 30 Rp. bei Benutzung des Apparates, wofür bis zu 3 Dhaus mittlerer Größe zusammen desinfiziert werden können, jede weitere Dhau zahlt bei gleichzeitiger Desinfizierung 10 Rp. mehr.

---

*) D. Kol. Gesetzgeb. VI S. 441.

c) Bei Desinfektionen von größeren Schiffen betragen die Kosten:
Bis zu 1500 netto Reg.-Tonnen Raumgehalt . . 100 Rp.
über 1500 bis 3000 Reg.-Tonnen Raumgehalt . . 175 „
über 3000 bis 4500 Reg.-Tonnen Raumgehalt . . 225 „

Bei Desinfektion auch der übrigen Räumlichkeiten in Verbindung mit den Laderäumen wird eine Zuschlagsgebühr von 50 Rp. erhoben.

d) Anträge auf Vornahme von Desinfektionen sind an die Hafenbehörde zu richten, welche alle benötigten Anweisungen wegen der zu treffenden Maßnahmen erteilt. Die zu entrichtenden Gebühren sind auch an diese Behörde abzuführen.

e) Vorstehende Bestimmungen treten mit dem Tage der Veröffentlichung im Amtlichen Anzeiger*) in Kraft.

Daressalam, den 18. September 1907.

Der Kaiserliche Gouverneur.
I. V.: v. Winterfeld.

238. Runderlaß des Gouverneurs von Deutsch-Südwestafrika, betreffend die Abwehr von Viehseuchen. Vom 18. September 1907.

Ich habe Veranlassung, den Dienststellen die strengste Befolgung der Viehseuchenverordnung**) zur Pflicht zu machen . . . .

Besondere Aufmerksamkeit ist den aus der Kapkolonie kommenden Rindertransporten zuzuwenden, nachdem sich gezeigt hat, daß diese in mehreren Fällen die Lungenseuche eingeschleppt haben. Eine strenge Grenzkontrolle, Sperre verdächtiger Bestände und die Schutzimpfung sind die Mittel, um einer Verschleppung der Seuche vorzubeugen. Dem Farmer soll gesundes Vieh gegeben werden — lieber kein Vieh als krankes Vieh!

Ich ersuche ferner, die Farmer bei jeder Gelegenheit auf die große Ansteckungsgefahr hinzuweisen, die lungenseuchekranke Rinder, auch nach ihrer Genesung, für die übrigen Tiere der Herde bedingen. Erfahrungsgemäß ist die Heilung der lungenseuchekranken Rinder in der Mehrzahl der Fälle nur eine scheinbare, insofern als Krankheitsherde, die sich abkapseln, in den Lungen zurückbleiben. Von diesen anscheinend gesunden Tieren geht dann die Ansteckung der neu eingestellten ungeimpften Tiere, vor allem aber des Jungviehs aus. Es liegt daher im eigensten Interesse des Farmers, die erkrankten Tiere streng zu isolieren und zum Schlachten zu verwerten. Die Bezirks- und Distriktsämter werden angewiesen, erkrankte oder scheinbar genesene Rinder anzukaufen, soweit es sich ermöglichen läßt. Das Fleisch dieser Tiere ist für Menschen unschädlich.

Schließlich ersuche ich, den Farmern, besonders den neuankommenden, mitzuteilen, daß der Schutz der Lungenseucheimpfung nur ungefähr 1½ Jahre dauert, nach dieser Zeit also eine Nachimpfung erforderlich ist, und daß bei dieser Nachimpfung Verluste in der Regel nicht auftreten.

Windhuk, den 18. September 1907.

Der Kaiserliche Gouverneur.
v. Schuckmann.

---

*) 21 September 1907.
**) Vom 24. Dezember 1901/25 Februar 1902. D. Kol. Gesetzgeb. VI S. 436.

239. Verordnung des Gouverneurs von Togo, betreffend die Einführung eines Zolles auf getrocknete Fische und die zollfreie Zulassung französischen Geldes bis zum Einzelbetrage von 20 M. Vom 20. September 1907.

(Kol. Bl. S. 1134. Amtsbl. S. 191.)

Auf Grund des § 15 des Schutzgebietsgesetzes (Reichs-Gesetzbl. 1900 S. 813) in Verbindung mit § 5 der Verfügung des Reichskanzlers vom 27. September 1903 (D. Kol. Bl. S. 509) wird hiermit in Abänderung der Verordnung vom 20. Juli 1904,*) betreffend die Erhebung von Einfuhrzöllen, verordnet, was folgt:

§ 1. Ziffer 8 des Zolltarifes mit Gültigkeit vom 1. August 1904 erhält folgende Fassung: Fische afrikanischen Ursprungs, getrocknet, gesalzen, geräuchert, geröstet, gekocht oder gebraten 5 M. pro 100 kg.

Die bisherige Ziffer 8 erhält die Ziffer 9.

§ 2. Bei Ziffer 12 der Zollfreiliste sind die Worte „und getrocknete" zu streichen und bei Ziffer 31 ist nach den Worten „zugelassen sind", hinzuzusetzen: „sowie Münzen und Geldzeichen französischer Währung bis zum Einzelbetrage von 20 M."

§ 3. Diese Verordnung tritt mit dem 1. November 1907 in Kraft.

Lome, den 20. September 1907.

Der Gouverneur.
Graf Zech.

240. Verordnung des Gouverneurs von Togo, betreffend die Heranziehung der Eingeborenen zu Steuerleistungen. Vom 20. September 1907.

(Kol. Bl. S. 1185. Amtsbl. S. 191.)

Auf Grund des § 15 des Schutzgebietsgesetzes (Reichs-Gesetzbl. 1900 S. 813) in Verbindung mit § 5 der Verfügung des Reichskanzlers vom 27. September 1903 (Kol. Bl. S. 509) wird folgendes verordnet:

§ 1. Die Eingeborenen dürfen durch die Verwaltungsbehörden nach Maßgabe der folgenden Bestimmungen zu Steuerleistungen herangezogen werden.

§ 2. Die Steuerleistungen bestehen in Steuerarbeiten, Lieferung von Erzeugnissen und Geldabgaben.

Das Reinigen der Wege ist Sache der anliegenden Gemeinden und nicht als Steuerleistung anzusehen.

§ 3. Die zu leistenden Steuerarbeiten werden von den Verwaltungsbehörden festgesetzt und möglichst gleichmäßig auf die einzelnen Land- und Ortschaften verteilt.

Zu den Steuerarbeiten dürfen in der Regel nur erwachsene männliche Eingeborene, welche völlig arbeitsfähig sind, herangezogen werden.

Während der Hauptfarmzeit sind Steuerarbeiten auf das unbedingt notwendige Maß zu beschränken.

§ 4. Die Zahl der von einem Eingeborenen zu leistenden Arbeitstage darf zwölf in jedem Jahre nicht übersteigen. Nur in Notfällen ist eine stärkere Heranziehung zu Steuerarbeiten zulässig. Jeder Eingeborene ist berechtigt, die Steuerarbeit durch eine Geldabgabe abzulösen. Die Höhe der Geldabgabe ist nach den örtlichen Arbeitslöhnen zu berechnen.

*) D. Kol. Gesetzgeb. 1904 S. 170.

§ 5. Für die Steuerarbeiten wird im allgemeinen ein Entgelt nicht gewährt. Jedoch sind Belohnungen an die Häuptlinge und Steuerarbeiter durch Geld- oder sonstige Geschenke zulässig.

§ 6. Ist die Entfernung der Arbeitsstelle von den Wohnplätzen der Steuerarbeiter so erheblich, daß die Verpflegung durch die Angehörigen mit Schwierigkeiten verbunden ist, so ist ein zur Beschaffung der Nahrung ausreichendes Verpflegungsgeld zu zahlen. An Stelle des Verpflegungsgeldes kann Naturalverpflegung treten, welche nach Maßgabe der Vorschriften des § 8 beschafft werden darf.

§ 7. Die Verwaltungsbehörden haben über die innerhalb ihres Bezirks geleisteten Steuerarbeiten Listen zu führen, in welche einzutragen sind:

a) die zu den Steuerarbeiten herangezogenen Ortschaften,
b) die Zahl der in denselben vorhandenen arbeitsfähigen Männer,
c) die von den einzelnen Ortschaften geleisteten Arbeitstage,
d) die ausgeführten Arbeiten,
e) die gewährten Geschenke und Verpflegungsgelder.

§ 8. Auf die Lieferung von Erzeugnissen finden die Bestimmungen der §§ 3, 4, 5 und 7 über Steuerarbeiten entsprechende Anwendung.

Die gelieferten Erzeugnisse sind in den gemäß § 7 geführten Listen nach einem von der Verwaltungsbehörde zu bestimmenden Wertverhältnis an Stelle der Arbeitstage anzurechnen.

§ 9. Die Einwohner der Orte Lome und Anecho sowie etwa später vom Gouvernement zu bestimmender Ortschaften sollen an Stelle von Steuerarbeiten und Lieferungen zu Geldabgaben nach näherer Bestimmung des Gouvernements herangezogen werden.

§ 10. Der Gouverneur kann Befreiungen von den Steuerleistungen eintreten lassen.

§ 11. Die Verordnung tritt am 1. April 1908 in Kraft.

Lome, den 20. September 1907.

Der Gouverneur.
Graf Zech.

241. Verordnung des Gouverneurs von Togo, betreffend den öffentlichen Verkehr in den Bezirken Sokode-Basari und Mangu-Jendi. Vom 20. September 1907.

(Kol. Bl. 1908 S. 54. Amtsbl. S. 192.)

Auf Grund des § 5 der Verfügung des Reichskanzlers vom 27. September 1903 (D. Kol. Bl. S. 500) in Verbindung mit § 15 des Schutzgebietsgesetzes (Reichs-Gesetzbl. 1900 S. 813) wird folgendes verordnet:

§ 1. Der Gouverneur kann durch öffentliche Bekanntmachung die Bezirke Sokode-Basari und Mangu-Jendi oder die in der Bekanntmachung näher zu bezeichnenden Teile derselben als „gesperrtes Gebiet“ erklären.*)

§ 2. Fremden, d. h. Nichteingeborenen und solchen Farbigen, welche nicht zu den in dem gesperrten Gebiet gelegenen Landschaften gehören, ist der Aufenthalt in dem gesperrten Gebiet verboten.

§ 3. Der Bezirksleiter, welchem das gesperrte Gebiet untersteht, ist ermächtigt, den landesüblichen Verkehr der eingeborenen Bevölkerung zwischen dem

*) Vgl. die Bekanntmachung des Gouverneurs vom 5. Oktober 1907, unter Nr. 251.

gesperrten Gebiet und anderen Landschaften und den Durchzug farbiger Händler durch das gesperrte Gebiet zu gestatten.

Abgesehen hiervon kann der Gouverneur in besonderen Fällen auf Antrag [Weißen und dem sie begleitenden farbigen Personal] Fremden*) den Aufenthalt in dem gesperrten Gebiet erlauben.

§ 4. Die Erteilung der Erlaubnis kann an Bedingungen, insbesondere die Einhaltung gewisser Verkehrswege, die Vermeidung bestimmter Örtlichkeiten, die Erfüllung besonderer Auflagen hinsichtlich des Verkehrs mit den eingeborenen Stämmen und deren Häuptlingen, geknüpft werden.

Für die Erfüllung der Bedingungen kann die Bestellung einer Sicherheit in Geld oder sicheren Wertpapieren mit der Maßgabe verlangt werden, daß die gestellte Sicherheit, wenn die Nichterfüllung einer Bedingung amtlich festgestellt wird, ohne weiteres an den Schutzgebietsfiskus verfällt, und daß die Rückzahlung der nicht in Anspruch genommenen Sicherheit frühestens nach drei Monaten seit dem Verlassen des gesperrten Gebiets verlangt werden kann.

§ 5. Die Erlaubnis darf nur erteilt werden, wenn derjenige, welcher sie nachsucht, sich dem Schutzgebietsfiskus gegenüber vertragsmäßig zur Tragung jedes von seinem eingeborenen Personal in dem gesperrten Gebiet vorsätzlich oder fahrlässig verursachten Schadens verpflichtet.

Für die Erfüllung dieser Verpflichtung kann die Bestellung einer dem § 4 Abs. 2 entsprechenden Sicherheit verlangt werden.

§ 6. Die Erlaubnis kann auf eine bestimmte Zeit erteilt werden. Sie ist widerruflich.

§ 7. Durch die Erlaubnis wird eine obrigkeitliche Gewährleistung für die Sicherheit der in dem gesperrten Gebiet sich aufhaltenden Personen und ihres Eigentums nicht begründet.

§ 8. Die Vorschriften der §§ 2 bis 7 finden keine Anwendung auf in amtlicher Eigenschaft reisende Beamte des Schutzgebiets und das sie begleitende eingeborene Personal.

§ 9. Zuwiderhandlungen werden an Nichteingeborenen mit Geldstrafe bis zu 3000 M. oder Gefängnisstrafe bis zu drei Monaten, an Eingeborenen unter analoger Anwendung des vorbezeichneten Strafrahmens nach Maßgabe der Verfügung des Reichskanzlers vom 22. April 1896**) bestraft.

§ 10. Diese Verordnung tritt heute in Kraft.

Lome, den 20. September 1907.

Der Gouverneur.
Graf Zech.

242. Ergänzungsblatt III zum Tarif der Usambarabahn,***) herausgegeben von der Deutschen Kolonial-Eisenbahnbau- und Betriebsgesellschaft, vom Gouverneur von Deutsch-Ostafrika bekannt gemacht am 21. September 1907†).

(Amtl. Anz. Nr. 22.)

Mit dem 1. Oktober 1907 treten folgende Tarifänderungen in Kraft:

1. Die Personenbeförderung findet fortan in drei Wagenklassen statt.

---

*) V. vom 22. November 1907, unten Nr. 287.
**) D. Kol. Gesetzgeb. II S. 215.
***) D. Kol. Gesetzgeb. 1903 S. 61.
†) Ohne Unterschrift.

Die bisherige II. Wagenklasse erhält die Bezeichnung I. Klasse, die bisherige III. Wagenklasse behält diese Bezeichnung.

Dazwischen wird eine besondere II. Wagenklasse eingeführt.

Die bisherigen Fahrpreise der II. Klasse gelten für die nunmehrige I. Wagenklasse. Für die II. Wagenklasse sind die Fahrpreise in einer besonders herausgegebenen Stations-Tariftabelle zum Einheitssatze von 2,5 Heller für das Kilometer enthalten.

II. Der Artikel Sisalhanf wird unter die nach dem Spezialtarif I zu berechnenden Güter aufgenommen.

III. Für Gummi (Kautschuk) ist die Fracht nach der allgemeinen Stückgut- bzw. Wagenladungsklasse zu berechnen.

IV. Die Wagenladungsfrachtsätze für Vieh kommen bei Verfrachtung von 10 Stück Vieh und mehr in Anwendung.

V. Zu jeder Sendung Vieh, für die die Fracht nach dem Wagenladungsfrachtsatze bezahlt wird, wird ein Begleiter unentgeltlich befördert. Dem Begleiter liegt die Beaufsichtigung des Viehes während des Transportes ob.

243. Verfügung des Gouverneurs von Deutsch-Südwestafrika, betreffend Gewährung von Prämien für Vertilgung von Raubzeug usw. Vom 23. September 1907.

Unter Aufhebung der Verfügung vom 18. Mai 1903*) bestimme ich, daß die durch das Gouvernement und die Bezirksämter ausgesetzten Prämien für die Vertilgung von Raubzeug, Heuschrecken usw. nicht nur an Privatleute, sondern auch an Angehörige des Gouvernements und der Schutztruppe zu zahlen sind. Falls die überwiesenen Mittel nicht genügen, ist wegen Überweisung weiterer Mittel rechtzeitig Antrag beim Gouvernement zu stellen.

Zur einheitlichen Regelung bestimme ich die Höhe der Prämien wie folgt:

für einen Leoparden „ „ Geparden	15 M.
„ eine Hyäne „ einen Luchs (gew. Rotkatze, Serval) „ „ wilden Hund	6 „
„ eine wilde Katze (Graukatze oder Ginsterkatze)	2 „
„ „ eine Giftschlange	3 „

Zur Erlangung der Prämie ist der Schädel oder ganze Kopf des Tieres bei den zuständigen Bezirks- bzw. Distriktsämtern einzuliefern. Die Schädel sind nach Auszahlung der Prämie sofort zu verbrennen oder vor eventueller Rückgabe an den Einlieferer derartig (etwa durch Einschlagen eines dreieckigen Loches) zu zeichnen, daß eine Doppelzahlung von Prämien unbedingt ausgeschlossen ist.

Windhuk, den 23. September 1907.

Der Kaiserliche Gouverneur.
I. A.: v. Eschstruth.

*) In der D. Kol. Gesetzgeb. nicht abgedruckt.

241. Bekanntmachung des Gouverneurs von Kamerun, betreffend Abgrenzung der Verwaltungsbezirke im Süden des Schutzgebiets. Vom 25. September 1907.

Die Verwaltungsbezirke im Süden des Schutzgebiets werden in folgender Weise abgegrenzt:

I. Bezirksamt Kribi.

Westgrenze: See.

Nordgrenze: Talweg Njong (nördlicher Arm) bis Dehane-Fälle einschließlich.

Ostgrenze: eine Linie von den Dehane-Fällen bis Bipindi einschließlich, von Bipindi den Tjange entlang bis zu seiner südlichen Ausbiegung, von da auf der Straße Ebolowa—Nkomakak—Kribi in ostsüdöstlicher Richtung bis zum Dorf Aluma, von Aluma den Biwume entlang bis zu seiner Einmündung in den Campo, dann den Campo aufwärts bis nach Akuassen, dieses einschließlich, und von da südlich zur deutsch-spanischen Grenze.

Südgrenze: die deutsch-spanische Grenze bis in die Höhe von Akuassen.

II. Station Lolodorf.

Westgrenze: eine Linie von den Dehane-Fällen, diese ausschließend, bis nach Bipindi, dieses ausschließend.

Nordgrenze: Talweg des Njong von den Dehane-Fällen bis Widimenge.

Ostgrenze: von Widimenge am Njong südwestlich unter Einschluß des Gebietes der Woge-Sambo, Bane, Genoa, Mpfong und Ngoe zum Schnittpunkt des Pfála mit dem Mámu.

Südgrenze: vom Schnittpunkt des Pfála mit dem Mámu westlich der Grenze des Bane-Landes entlang zum Melánge, dann dem Lauf des Melánge folgend bis zu dessen Einmündung in den Lokundje, dann dem Lauf des Lokundje folgend bis Bipindi.

III. Station Ebolowa.

Westgrenze: wird gebildet durch die Ostgrenze des Bezirks Kribi von Bipindi ab südlich bis zur deutsch-spanischen Grenze.

Nordgrenze: wird gebildet durch die Südgrenze des Bezirks Lolodorf von Bipindi bis zum Schnittpunkt des Mámu mit dem Pfála, folgt von da an der Südgrenze des Gebietes der Woge-Sambo, Mpfong, Woge-Jenge und Jelinda bis zur Westgrenze des Gebietes der Scho.

Ostgrenze: die Grenze verläuft von dem Schnittpunkt des Gebietes der Jelinde und Scho südlich über Asobok bis zum Dscha, folgt dem Laufe des Dscha bis zur Einmündung des Ntan in den Dscha und geht von da in gerader Linie nach Süden bis zur deutsch-französischen Grenze.

Südgrenze: deutsch-französische Grenze.

IV. Station Lomie.

Westgrenze: folgt von Süden nach Norden der Ostgrenze des Bezirks Ebolowa, vom südlichen Schnittpunkt der Gebiete der Jelinda und Scho der Westgrenze des Schogebiets entlang bis zum Einfluß des Mopfuk (Mapfong) in den Njong.

Nordgrenze: geht den Lauf des Njong aufwärts unter Einschluß des Postens Abongbang mit einem Gebiet von 10 km Umkreis bis zum oberen Njong-

Depot und folgt von da dem vierten Breitengrad östlich bis zur deutsch-französischen Grenze.

Ostgrenze und Südgrenze decken sich mit der deutsch-französischen Grenze.

V. Station Dume.

Westgrenze: von Atok am Njong nördlich den Omwang-Sumpf entlang, so daß die Omwange sämtlich zum Bezirk Dume gehören, dann der Wute-Grenze folgend bis zum Sanaga unter Einschluß der Landschaft von Deng-Deng.

Nordgrenze: den Sanaga aufwärts östlich bis zur deutsch-französischen Grenze.

Ostgrenze: deutsch-französische Grenze südlich bis zum 4. Breitengrad.

Südgrenze: läuft entlang der Nordgrenze des Bezirks Lomie. Die Strompolizei auf dem Njong ist dem Bezirk Lomie übertragen.

VI. Bezirk Jaúnde.

Strompolizei auf dem Njong vom Einfluß des Mopfuk in den Njong bis Onanabessa erhält Jaúnde.

Westgrenze: vom Einfluß des Lumbe-Flusses in den Sanaga in südlicher Richtung bis zum Dorfe Gangkok, von da südlich die Engelhardtsche Route vom Jahre 1903 entlang südlich bis zum Njong bei Bigüe.

Nordgrenze: vom Einfluß des Lumbe in den Sanaga dem Lauf des Sanagas aufwärts bis zur Wute-Grenze, jedoch so, daß die nördlich des Sanaga wohnenden Batis zum Bezirk Jaúnde gehören; dann in östlicher Richtung der südlichen Wute-Grenze folgend bis zur Westgrenze des Bezirks Dume.

Ostgrenze: von Norden nach Süden der Westgrenze des Bezirks Dume folgend bis zum Njong bei Atok, dann Njong abwärts bis zur Einmündung des Mopfuk in den Njong, von da südlich der Ostgrenze der Jelinda entlang bis zum Schnittpunkt der Bezirke Lomie und Ebolowa.

Südgrenze: von Osten nach Westen folgend der südlichen Grenze der Gebiete der Jelinda, Woge-Jenge bis zum Gebiet der Woge-Sambo, dann der Ostgrenze der Woge-Sambo folgend bis Widimenge am Njong, sodann Njong abwärts bis Bigüe.

VII. Station Joko.

Ihr unterstehen lediglich die Wutes und Tikars.

Buea, den 25. September 1907.

Der Kaiserliche Gouverneur.
I. A.: Kalkmann.

245. Bekleidungsvorschrift für die berittene Landespolizei in Deutsch-Südwestafrika. Vom 28. September 1907.

(Kol. Bl. 1908 S. 11.)

Unter Hinweis auf den § 13 der Bestimmungen betreffend die Organisation der Landespolizei für das südwestafrikanische Schutzgebiet vom 1. März 1905*) bestimme ich, daß beifolgende Bekleidungsvorschrift für die berittene Landespolizei in Südwestafrika mit dem 1. Oktober 1907 in Kraft tritt.

Windhuk, den 28. September 1907.

Der Kaiserliche Gouverneur.
v. Schuckmann.

*) D. Kol. Gesetzgeb. 1905 S. 61.

Anlage zu Nr. 245.

Bekleidungsvorschrift für die berittene Landespolizei in Südwestafrika.

Lfd. Nr.	Bezeichnung des Stückes	Nähere Bezeichnung
		I. Beschreibung der Bekleidung und Ausrüstung.
		A. Dienstuniform.
1.	Hut.	Aus braunem, weichem Haarfilz mit ovalem, 15 cm hohem Kopf und 10 cm breiter Krempe. Um den unteren Rand des Kopfteiles ein in Falten gelegtes, 6 cm breites Band von braunem Baumwollstoff in der Farbe des Hutes. Zu beiden Seiten des Kopfteiles sind Druckknöpfe angebracht zum Hochschlagen der Krempe, die zu beiden Seiten entsprechend mit Drucklöchern versehen ist. Auf der hochgeschlagenen rechten Seite befindet sich eine 5 cm hohe und 5 cm breite Kaiserkrone aus vergoldetem Metall. Vorn ist auf der Mitte des Hutbandes die deutsche Kokarde angebracht, wie die Offiziere sie an der Mütze tragen. Am Hut wird ein verstellbarer, braunlederner Sturmriemen befestigt.
2.	Mütze.	Der Form nach wie für die ostasiatischen Besatzungstruppen, jedoch von braunem Sergestoff. Mützenbund von grünem Tuch und einem ebensolchen Vorstoß rings um den Deckel. Vorn auf dem Mützenbunde die deutsche Kokarde. Mützenschirm vorn 5 cm breit vorstehend aus schwarzem Lackleder. Zu beiden Seiten am Bunde sind zwei vergoldete Knöpfe angebracht, an denen ein $1\frac{1}{2}$ cm breiter, verstellbarer Sturmriemen aus schwarzem Lackleder befestigt ist.
3.	Dienstrock.	Aus einer braunen Serge-Litewka im Schnitt des Feldrocks der Kaiserlichen Schutztruppen. Der Kragen aus grünem Tuch, leicht gesteift und mit zwei Paar Haken und Ösen zum Schließen versehen (Umlegekragen). 7 cm vom unteren Ärmelrand eine graugrüne, schleifenartig aufgesetzte Abzeichenschnur. Die Knöpfe vergoldet, mit Kaiserkrone. Auf den Schultern 4 cm breite Achselklappen aus graugrünem Tuch. Am Kragen tragen die Sergeanten zu beiden Seiten des Kragenschlusses je einen goldenen Stern, die Wachtmeister zwei Sterne schräg übereinander. Die Ärmelabzeichen der Wachtmeister bestehen aus der Abzeichenschnur und einer zweiten, nicht gewundenen, grün-goldenen Schnur 2 cm unter der Abzeichenschnur. Die Ärmelabzeichen der Stationsältesten aus zwei graugrünen Abzeichenschnüren mit 2 cm Abstand, die äußere Schnur schleifenartig gewunden. Glatter, jakettartiger Schnitt, mit dem Gesäß abschneidend, mit ausgearbeiteter Taille, hinten an den Seitennähten mit zwei 12 cm langen Schlitzen. Auf jeder Brustseite und jeder vorderen Schoßseite eine aufgenähte Tasche

Lfd. Nr.	Bezeichnung des Stückes	Nähere Bezeichnung
		mit einem als Falte aufgenähten Streifen. Alle Taschen sind mit einer spitzgeschnittenen Klappe und einem kleinen, vergoldeten Kaiserkronknopf versehen. Vorn sechs vergoldete Kaiserkronknöpfe.
4.	Hemdkragen.	Weißer Marine-Stehkragen.
5.	Beinkleid.	Im Schnitt wie für die Mannschaften der preußischen Infanterie vorgeschrieben, jedoch von brauner Serge. Vorstoß von graugrünem Tuch.
6.	Reitbeinkleid.	Stiefelhose wie für die Mannschaften der preußischen Kavallerie vorgeschrieben, jedoch von braunem Köper mit Besatzleder am Knie.
7.	Säbelkoppel.	Überschnallkoppel aus braunem Naturleder mit Schulterriemen über die rechte Schulter. Vorn eine Messingschnalle. Zum kleinen Dienstanzuge darf ein Unterschnallkoppel getragen werden.
8.	Portepee.	Nur für ehemalige Portepee-Unteroffiziere.
9.	Säbeltroddel.	Dunkelgrün mit Silber durchwirkt, wie für Oberjäger der preußischen Armee, jedoch mit ledernem Riemen.
10.	Handschuhe.	Braunlederne Handschuhe, wie für die Offiziere der Armee eingeführt.
11.	Fußbekleidung.	Schnürstiefel aus braunem Naturleder.
12.	Gamaschen.	Aus braunem Naturleder, von unterhalb des Knies bis oberhalb des Knöchels reichend und den Unterschenkel eng umschließend.
13.	Anschnallsporen.	Nach Muster, mit schmalem Sporenleder von naturfarbenem Leder. Der Sporn wird über dem Hakenleder des Stiefels getragen.
14.	Mantel.	Wie für Mannschaften der preußischen Kavallerie vorgeschrieben. Achselklappen von graugrünem Tuch, für Wachtmeister mit einer goldenen Schnur eingefaßt. Sechs vergoldete Kaiserkronknöpfe.
		B. Bewaffnung und Ausrüstung.
1.	Bewaffnung.	Säbel nach Probe. Karabiner M. 98. Mehrlade-Pistole (vorläufig Revolver).
2.	Ausrüstung.	Patronentaschen aus naturfarbenem Leder auf das Säbelkoppel aufzuschieben: a) für Gewehrpatronen: zur Aufnahme von je drei Rahmen; b) für Revolver: zur Aufnahme von je 15 Patronen. Gewehrträger, am Sattel zu befestigen, bestehend: a) aus Gewehrträger, b) „ Trageriemen.

Lfd. Nr.	Bezeichnung des Stückes	Nähere Bezeichnung
		C. Pferde-Ausrüstung.
1.	Zaumzeug.	Halfterzaum, bestehend aus Paradehalfter von naturfarbenem Leder mit Schnallstößel in den Seitenringen zum Einschnallen des Gebisses, Pelhamgebiß mit Scharnierbrechung nebst Kinnkette (nicht Trensenbrechung), Kandaren und Trensenzügel, Anbinderiemen aus geflochtenem Leder, auf der einen Seite mit einem Ring, auf der anderen mit einem Karabinerhaken versehen.
2.	Sattel.	Armeesattel neuester Probe, Gestell mit Sitzriemen aus einem Stück gearbeitet. Schnürgurt aus Hanf.
3.	Packtaschen.	Zwei vordere, eine hintere (bis zur Einführung des neuen Gewehrträgers eine vordere, zwei hintere, wie bei der Kaiserlichen Schutztruppe).
4.	Woilach.	Wie bei der Kaiserlichen Schutztruppe (Unterlegdecke aus braungrünem Tuch mit Kartentasche und Säbelwulst aus naturfarbenem Leder).
5.	Spannfessel.	Wie bei der Kaiserlichen Schutztruppe.
		II. Anzugbestimmungen.
		A. Bezeichnung der Anzüge.
1.	Dienstanzug.	Hut, Dienstrock, lange Hose oder Stiefelhose mit Gamaschen, Überschnallkoppel, Mehrladepistole oder Säbel.
2.	Kleiner Dienstanzug.	Hut oder Mütze, Dienstrock, lange Hose oder Stiefelhose mit Gamaschen, Unterschnallkoppel, Säbel.
3.	Patrouillenanzug.	Hut, Dienstrock, Stiefelhose mit Gamaschen, Überschnallkoppel mit Patrontaschen, Karabiner.
		B. Bestimmungen über das Tragen der unter A erwähnten Anzüge.
1.	Dienstanzug.	Beim Sicherheitsdienst innerhalb des Standortes, bei Meldungen, Appells und vor Gericht; für Polizeiwachtmeister beim Revisionsdienst außerhalb des Standortes.
2.	Patrouillenanzug.	Beim Dienst außerhalb des Standortes, bei den durch die Inspektion angeordneten militärischen Übungen und Besichtigungen.
3.	Kleiner Dienstanzug.	Bei Zustellungen und Botengängen innerhalb des Standortes sowie als Ausgehanzug, mit Hut beim Kirchenbesuch; für Wachtmeister beim Revisionsdienst innerhalb des Standortes.

C. Sonstiges.

1. Die Polizeiwachtmeister, Polizeisergeanten und Anwärter haben in und außer Dienst Uniform zu tragen.
2. Das Tragen von Zivilkleidern ist gestattet:
   a) den dauernd zur Geheimpolizei kommandierten Beamten;

b) den übrigen Beamten, wenn es behufs Ausführung eines dienstlichen Auftrages besonders befohlen wird, wenn sie beurlaubt oder krank gemeldet sind.

3. Zivilkleider müssen angelegt werden bei Reisen auf nichtdeutschen Schiffen, auf Heimatsurlaub sowie beim Aufenthalt im Auslande.

4. Erscheint es einer Behörde zweckmäßig, daß unterstellte Beamte, die nicht der Geheimpolizei angehören, im Interesse des Dienstes dauernd Zivilkleider tragen, so ist hierzu die Genehmigung des Gouverneurs einzuholen.

D. Schlußbestimmung.

Die durch die Bekleidungsbestimmung vom 1. März 1905 vorgeschriebenen Bekleidungs- und Ausrüstungsstücke können bis zum 1. April 1908 aufgetragen werden. Bis auf weiteres können getragen werden:

a) zum Patrouillenanzuge: Kordlitewken und Kordreithosen von dem für die Kaiserlichen Schutztruppen vorgeschriebenen Schnitt und Stoff sowie hohe Stiefel;

b) zum Ausgehanzuge: Khakeydrell und weiße Köperanzüge von dem für die Kaiserlichen Schutztruppen vorgeschriebenen Schnitt und Stoff; jedoch sind bei a und b die Abzeichen, die nicht für die Landespolizei vorgeschrieben sind, zu entfernen und dafür die vorgeschriebenen Achselklappen, Abzeichen und Knöpfe anzulegen.

240. Runderlaß des Gouverneurs von Kamerun, betreffend Neuordnung der Brüsseler Waffen- usw. und Spirituosenstatistik. Vom 28. September 1907.

Im Interesse einer ausgiebigen und regelmäßigen Versorgung des in Brüssel errichteten internationalen Bureaus mit dem nach Art. 81 der Brüsseler Generalakte*) auszutauschenden Material ersuche ich das Bezirksamt — die Station — ergebenst, in Zukunft die nachstehenden Grundsätze zu beobachten:

Die gesamte für das internationale Bureau bestimmte Statistik über den Waffen- und Munitionsverkehr ist in einem Formular nach Muster der Anlage 1 zu vereinigen. Ebenso ist die gesamte Statistik über den Spirituosenverkehr in einem Formular nach Muster der Anlage 2 zu vereinigen. Sollte eine der in den Formularen enthaltenen Spalten für das Bezirksamt — die Station — mangels bestehender Vorschriften ohne praktische Bedeutung sein, so ist die betreffende Spalte unausgefüllt zu lassen. Im Gegensatz hierzu sind die Spalten, für welche kein Material vorgelegen hat (etwa weil keine Bestrafungen erfolgt sind), durch einen Strich auszufüllen. Zu den Bestrafungen ist in jedem einzelnen Falle der Name des Bestraften und die strafbare Handlung anzugeben.

Diese Nachweisungen sind von sämtlichen Verwaltungsstellen, Zollstellen und Bezirksgerichten für jedes Kalendervierteljahr aufzustellen und unmittelbar nach Schluß hier einzureichen oder es ist Fehlanzeige zu erstatten. Die Nachweisungen der bereits abgelaufenen Vierteljahre des laufenden Kalenderjahres sind sofort vorzulegen. Außerdem ersuche ich um umgehende Mitteilung sämtlicher im Kalenderjahre 1906 erfolgten Bestrafungen in der oben bezeichneten ausführlichen Weise. Hierzu ist eine Trennung nach den einzelnen Vierteljahren nicht erforderlich.

Sämtliche die Aufstellung der Brüsseler Waffen- usw. und Spirituosen-Statistik betreffenden früheren Verfügungen werden hiermit aufgehoben.

*) D. Kol. Gesetzgeb. I S. 127.

Für die Zollstellen bemerke ich noch folgendes:

1. Die Angaben der ersten Spalte der Nachweisung Formular Anl. 1 und der drei ersten Spalten der Nachweisung Formular Anl. 2 müssen sich mit den entsprechenden Positionen der vierteljährlichen Einfuhrstatistiken decken.
2. In der Nachweisung Formular Anl. 2 wird vom Kolonialamt in der zweiten Spalte für Spirituosen über 50° nach Tralles die Anschreibung nach Litern reinen Alkohols gefordert. Trotzdem ist von hier aus in dem Formular die Anschreibung nach Raumlitern vorgesehen. Die erforderliche Umrechnung wird hier vorgenommen werden. Hierzu ist indessen nicht nur die Kenntnis der wahren Stärke, sondern auch der Temperatur des zu messenden Spiritusquantums erforderlich. Letztere ist nicht die gleiche wie die Temperatur der in das Meßglas gefüllten Probe, da diese sich mit der Temperatur der sie umgebenden Luft schnell ausgleicht (s. hierzu auch Seite 5 der Tafel zur Ermittlung des Alkoholgehaltes von Spiritusmischungen, dritte Zeile von oben). Mit einer Stärke von über 50° nach Tralles eingehende Spirituosen sind daher in der oben angegebenen Weise stets nachzuprüfen. Die jeweils hierbei ermittelte wahre Stärke und die Temperatur des zu messenden Spiritusquantums sind in der fraglichen Spalte mitzuvermerken.
3. Die Menge des im Laufe eines Vierteljahres eingeführten Brennspiritus ist nach Raumlitern in der Bemerkungsspalte anzugeben.
4. Die im Formular Anl. 1 unter II b vorzunehmende Anschreibung hat die gesamte für Nichteingeborene in Frage kommende Munition zu umfassen. Es kommen also außer Patronen auch Patronenhülsen, Jagd- und Scheibenpulver, Schrot, Kugeln, Geschosse, Zündhütchen, Pfropfen und Schlußdeckel in Betracht. Nach diesen Munitionsarten ist die Anschreibung unter Angabe der jeweiligen Menge in der Bemerkungsspalte zu zergliedern.

Buea, den 28. September 1907.

Der Kaiserliche Gouverneur.
I. A.: Kalkmann.

Anlage 1.

Nachweisung

der in den . . . . Bezirk eingeführten und daselbst in den Verkehr gelassenen sowie der ausgeführten und vernichteten Feuerwaffen und Munition und der Bestrafungen wegen Zuwiderhandlung gegen die Vorschriften über den Verkehr mit Feuerwaffen und Munition für das . . te Kalendervierteljahr 19 . .

Gegenstand	Einfuhr im Berichtsjahr	In den Verkehr gelangt	Ausgeführt und vernichtet	Bestrafungen wegen Zuwiderhandlung gegen die Vorschriften über den Verkehr mit Feuerwaffen und Munition	Bemerkungen
Für Eingeborene bestimmte a. Feuerwaffen. Stückzahl. (Steinschloßgewehre) b. Handelspulver. kg Für Nichteingeborene bestimmte a. Feuerwaffen. Stückzahl. b. Munition. kg					

Anlage 2.

Nachweisung

der in den . . . . Bezirk eingeführten und daselbst erzeugten Spirituosen, der zur Anwendung gekommenen Zoll- und Steuersätze, der erteilten Schankkonzessionen und der Bestrafung wegen Zuwiderhandlung gegen die Vorschriften über den Verkehr mit Spirituosen für das . . te Kalendervierteljahr 19 . .

Menge der eingeführten nicht versetzten Spirituosen		Menge der eingeführten versetzten Spirituosen in Raumlitern	Zur Anwendung gekommene Tarifsätze für ein Raumliter	Herstellung im Schutzgebiet (Anzahl der Brennereien und Gesamtproduktion)	Sätze der Inlandsteuer für ein Raumliter	Zahl der im Berichtsjahr neu erteilten Schankkonzessionen	Bestrafungen	Be- kung
bis einschl. 50° nach Tralles in Raumlitern	über 50° nach Tralles in Raumlitern unter Angabe der wahren Stärke und der Temperatur des zu messenden Spiritusquantums							

247. Bestimmungen des Reichs-Kolonialamts für die Landesbeamten und sonstigen Angestellten in den Schutzgebieten, in der Fassung vom 1. Oktober 1907.*)

I.

1. Die Rechtsverhältnisse der Kolonialbeamten sind geregelt durch die Kaiserliche Verordnung vom $\frac{\text{9. August 1896}}{\text{23. Mai 1901}}$ (Reichs-Gesetzbl. 1896, S. 691 und 1901, S. 189)**) und durch die in Gemäßheit derselben erlassenen Vorschriften des Reichskanzlers (einschließlich derjenigen des Auswärtigen Amts, Kolonial-Abteilung) bzw. des Reichs-Kolonialamts, soweit nicht insbesondere die nachfolgenden Bestimmungen maßgebend sind. Neben diesen haben etwaige mündliche Vorbesprechungen sowie vorläufige Mitteilungen jeglicher Art keine Bedeutung.

2. Die Dienstperiode beträgt im allgemeinen für die Beamten in Kamerun und Togo $1\frac{1}{2}$ Jahre, in Deutsch-Ostafrika 2 Jahre, in Deutsch-Südwestafrika und der Südsee 3 Jahre.

3. Die Beamten sind verpflichtet, die entsprechende Zeit in den Schutzgebieten zu verbleiben, und zwar mit der Maßgabe, daß in besonderen Fällen, namentlich bei dem Mangel an geeignetem Ersatz oder wenn die Dampferverbindungen es bedingen, das Kaiserliche Gouvernement eine Verschiebung der Rückreise anordnen kann.

4. Dem Reichs-Kolonialamt und dem Kaiserlichen Gouvernement steht kraft des ihm auch ohne besonderen Vorbehalt zustehenden Widerrufsrechts die Befugnis zu, schon vor Ablauf der Dienstperiode sowie ohne Rücksicht auf die Dauer der Beurlaubung des betreffenden Beamten für den Kolonialdienst das Dienstverhältnis zu lösen.

*) Die Bestimmungen, welche ohne Unterschrift ergangen sind, werden den Annahmeerlassen der Kolonialbeamten als Anlage beigefügt.
**) D. Kol. Gesetzgeb. II S. 266 und VI S. 8.

5. Dem Reichs-Kolonialamt steht ferner das Recht zu, die Beamten während der Dienstperiode in ein anderes Schutzgebiet zu versetzen, wobei die Dienstperiode, sofern sie nicht von vornherein auf diesen Zeitraum bemessen ist, bis auf 3 Jahre verlängert werden kann.

Nach ihrer Ankunft im Schutzgebiete haben sich die Beamten bei dem Herrn Gouverneur oder dessen Stellvertreter zum Dienstantritte zu melden. Die nach Ostafrika aus- bzw. wieder ausreisenden Beamten haben sich bei ihrem Eintreffen in Tanga bei dem dortigen Bezirksamt nach etwaigen Weisungen des Kaiserlichen Gouverneurs zu erkundigen. Das gleiche gilt für die nach Südwestafrika aus- bzw. wieder ausreisenden Beamten bei dem Eintreffen in Swakopmund oder Lüderitzbucht und für die nach Kamerun aus- bzw. wieder ausreisenden Beamten in Victoria, Duala oder Kribi.

6. Die Beamten erhalten in den Schutzgebieten freie Wohnung, an deren Stelle eine angemessene Mietsentschädigung gewährt werden kann. Ein gleiches gilt für die Angehörigen der Flottille während des Landaufenthalts in den Schutzgebieten.

7. Sämtliche im Kolonialdienst stehende Personen haben sich selbst zu verpflegen, sofern nicht ausdrücklich freie Verpflegung neben dem Diensteinkommen zugesichert worden ist; sie sind verpflichtet, auf Ersuchen an den Messeeinrichtungen nach Maßgabe der festgesetzten oder der noch zu treffenden allgemeinen Bestimmungen teilzunehmen; für etwa gewährte freie Verpflegung wird, sofern nicht ausdrücklich etwas anderes bestimmt ist, ein entsprechender Abzug von ihren Barbezügen gemacht.

8. Die Beamten sind verpflichtet, den nach dem allgemeinen Urteile der Ärzte des Schutzgebietes als notwendig anerkannten ärztlichen Anordnungen nachzukommen, welche die Heilung von Malariafiebern, die Vermeidung von Rückfällen in diese Krankheit und damit zusammenhängend eine systematische Bekämpfung der Malariakrankheit überhaupt bezwecken.

Im Falle einer Erkrankung erhalten die Beamten im Schutzgebiete freie ärztliche Behandlung und Medikamente und bei Aufnahme in ein Lazarett freie Verpflegung nach Maßgabe der bestehenden oder noch zu erlassenden Bestimmungen.

9. Wird durch ärztliche Bescheinigung die Tropendienstuntauglichkeit eines Beamten festgestellt, so bestimmt über den Zeitpunkt des Ausscheidens desselben aus dem Kolonialdienst und die bis dahin zu gewährenden Gebührnisse das Reichs-Kolonialamt nach freiem Ermessen. Das gleiche gilt für die Festsetzung der Vergütung der Heimreise, sofern die letztere wegen Tropendienstuntauglichkeit oder aus einem anderen Grunde vor Ablauf der ersten Dienstperiode notwendig geworden ist oder aber im Beurlaubtenverhältnis unter Fortgewährung der Tropenbezüge erfolgt.

10. Verläßt der Beamte den Dienst vor Ablauf der festgesetzten Dienstzeit eigenmächtig und ohne Genehmigung des Reichs-Kolonialamts oder ohne entsprechende ärztliche Anweisung, so geht er vom Tage des Verlassens des Dienstes ab aller seiner Ansprüche auf Gehalt, Heimreisekosten usw. verlustig und haftet für den Schaden, der dem Fiskus aus seiner Handlungsweise entsteht, soweit nicht das Reichs-Kolonialamt aus Billigkeitsgründen die Schadenersatzansprüche geringer bemißt. Insbesondere hat er auf Erfordern auch die für die Ausreise erhaltenen Reisekosten und die Ausrüstungsgelder nach Verhältnis der Zeit, welche von der festgesetzten Dienstzeit noch rückständig ist, zu ersetzen. Das gleiche gilt bei vorzeitiger Heimsendung des Beamten infolge

schuldhaften Verhaltens. Bei der zweiten und jeder ferneren Dienstperiode findet diese Bestimmung mit der Maßgabe Anwendung, daß die Kosten der Wiederausreise nach Verhältnis der im Schutzgebiete zugebrachten Zeit der in Betracht kommenden Dienstperiode zu ersetzen sind.

11. Der Urlaub der Landesbeamten in den deutschen Schutzgebieten regelt sich nach den darauf bezüglichen Vorschriften des Reichskanzlers vom 31. Mai 1901 (D. Kol. Bl. S. 426).*)

12. Die besonderen Dienstbezüge, welche den Beamten während des Aufenthalts im Schutzgebiete zustehen (freie Unterkunft bzw. die an deren Stelle gewährte Mietsentschädigung sowie freie ärztliche Behandlung und Medikamente im Falle einer Erkrankung und bei Aufnahme in ein Lazarett freie Verpflegung nach Maßgabe bestehender oder noch zu erlassender Bestimmungen) sowie die anläßlich eines Heimatsurlaubs gewährten Reisebeihilfen gelten als zur Bestreitung eines Dienstaufwandes (§ 850 Abs. 5 Z. P. O.) bestimmt. Das gleiche gilt hinsichtlich der im Gesamtdiensteinkommen enthaltenen Kolonialdienstzulage.

13. Die etwaigen Vergünstigungen der Gewährung von Frachtfreiheiten für Gegenstände des Privatbedarfs im Schutzgebiet und der Entnahme solcher Gegenstände aus amtlichen Beständen gegen Bezahlung bestimmen sich nach den jeweilig geltenden allgemeinen Vorschriften und sind stets widerruflich.

14. Vorstehende Bestimmungen finden auf diejenigen Angestellten, welche außerhalb des Beamtenverhältnisses stehen, soweit nicht in den Annahmeerlassen oder Verträgen ein anderes festgesetzt ist, sinngemäße Anwendung.

II.

Im übrigen gilt für die Landesbeamten und sonstigen Angestellten in den Schutzgebieten folgendes:

1. Die Beamten sollen die wirtschaftliche und kulturelle Entwicklung der Schutzgebiete zu fördern bestrebt sein. Sie haben den Deutschen und sonstigen Europäern in der Ausübung ihres Berufes und Gewerbes entgegenzukommen und ihnen sowie den christlichen Missionsgesellschaften weitgehendste Unterstützung zu gewähren. Sie müssen mit den vorerwähnten Kreisen sowie mit den anderen Beamten und den Schutztruppenangehörigen usw. ein gutes Einvernehmen aufrechterhalten und sich stets vergegenwärtigen, daß bei Meinungsverschiedenheiten meist derjenige dem Wohle des Ganzen und auch sich selbst am besten dient, welcher durch rechtzeitiges Entgegenkommen einer dauernden Spannung vorbeugt. Im persönlichen Verkehr müssen sie stets der Pflichten eingedenk sein, welche ihnen ihre Stellung auferlegt. Sie dürfen niemals die erforderliche Ruhe und Besonnenheit verlieren oder sich gar hinreißen lassen, Angriffe und Beleidigungen in gleicher Weise zu erwidern. Sie haben, sofern es sich um Angriffe oder Beleidigungen mit Bezug auf ihre amtliche Tätigkeit oder ihren Beruf handelt, ihrer vorgesetzten Behörde zu berichten und, wenn irgend möglich, deren Entscheidung abzuwarten, ob und in welcher Weise gegen den Angreifer oder Beleidiger vorzugehen ist.

2. Pflicht eines jeden Beamten und Angestellten ist es, in sittlicher Beziehung ein gutes Beispiel zu geben und alles zu vermeiden, was in dieser Hinsicht Ärgernis erregen könnte. Es wird mit besonderem Nachdruck darauf hingewiesen, daß das Ansehen des Beamten in den Augen der Eingeborenen durch den geschlechtlichen Verkehr mit eingeborenen Weibern ernsten Schaden leidet.

*) D. Kol. Gesetzgeb. VI S. 331.

Die Bestimmungen der §§ 174, 176, 177 des Deutschen Strafgesetzbuchs gelten in vollem Umfange auch in den Schutzgebieten.

Die Aufnahme unerwachsener weiblicher Eingeborener, sei es als Dienerinnen, sei es in irgendwelcher anderen Eigenschaft in den Hausstand unverheirateter europäischer Beamter oder sonstiger Gouvernementsangestellter, ist unzulässig.

3. Körperliche Züchtigungen gegenüber Eingeborenen dürfen nur von den dazu ermächtigten Personen und in den verordnungsmäßig festgesetzten Grenzen verhängt werden. Zuwiderhandlungen werden disziplinarisch, gegebenenfalls auch gerichtlich, bestraft. Die Aufrechterhaltung eines guten Verhältnisses zu den Eingeborenen und deren Heranziehung zur Arbeit ist eine der wichtigsten Aufgaben der Verwaltung. Sie hat zur Voraussetzung, daß die Eingeborenen mit Wohlwollen und Selbstbeherrschung behandelt und daß Übergriffe und unberechtigte Härten, welche häufig nur auf Unkenntnis der Sprache und Sitten der Eingeborenen zurückzuführen sind, unter allen Umständen vermieden werden. Gute Kenntnis der Eingeborenensprache wird daher den Beamten als besonderes Verdienst angerechnet. Die Überlegenheit des Europäers und das Verständnis für die kolonialen Bedürfnisse wird nicht durch selbstbewußtes Herabsehen auf die farbige Bevölkerung dargetan, sondern durch die Erkenntnis ihrer Wichtigkeit für die Entwicklung der natürlichen Hilfskräfte des Landes und durch entsprechende Behandlung.

4. Über die ihnen vermöge ihres Amts oder ihrer Stellung bekannt gewordenen Angelegenheiten, deren Geheimhaltung ihrer Natur nach erforderlich oder von ihren Vorgesetzten vorgeschrieben ist, haben die Beamten Verschwiegenheit zu beobachten, auch nachdem das Dienstverhältnis aufgelöst ist. Zu Vorträgen über die Verhältnisse in den Schutzgebieten und zu außeramtlichen Veröffentlichungen, welche nicht lediglich privater Natur sind, ist die vorgängige Genehmigung des Reichs-Kolonialamts einzuholen. Auch bei Mitteilungen an Angehörige und Bekannte sowie bei Gesprächen in öffentlichen Lokalen über die Verhältnisse in den Schutzgebieten ist Zurückhaltung geboten, da nicht übersehen werden kann, inwieweit mit solchen Mitteilungen Mißbrauch getrieben wird.

5. Zur Übernahme eines Nebenamts oder einer mit einer fortlaufenden Remuneration verbundenen Nebenbeschäftigung sowie zum Betriebe eines Gewerbes bedarf es der vorgängigen Genehmigung des Reichs-Kolonialamts. Dieselbe Genehmigung ist zum Eintritt eines Beamten in den Vorstand, Verwaltungs- oder Aufsichtsrat einer auf Erwerb gerichteten Gesellschaft sowie zum Erwerb von Grundbesitz in den Schutzgebieten erforderlich. Die Genehmigung kann von dem Gouverneur ausgesprochen werden, wenn es sich um den Erwerb eines einzelnen, nicht über einen Hektar großen Grundstücks zum Zwecke der Errichtung eines der eigenen Benutzung dienenden Wohngebäudes handelt. Der Herr Reichskanzler hat es ferner als erwünscht bezeichnet, daß eine Beteiligung der Beamten mit Kapital an auf Erwerb gerichteten Unternehmungen innerhalb der Schutzgebiete unterbleibe. Den Erwerb von Landesprodukten (Elfenbein usw.) von den Eingeborenen usw. behufs späteren Verkaufs für eigene Rechnung haben die Beamten zu unterlassen.

6. Ethnographische und naturwissenschaftliche Sammlungen dürfen nur nach vorher eingeholter Genehmigung des Reichs-Kolonialamts verwertet oder veräußert werden. Einer gleichen Genehmigung bedarf es zur außeramtlichen Verwertung kartographischer Aufnahmen.

7. Die von den technischen und wissenschaftlichen Beamten und Angestellten in ihrer dienstlichen Eigenschaft oder im Rahmen ihres Wirkungskreises gemachten Entdeckungen und Erfindungen sind grundsätzlich als Eigentum der Kolonialverwaltung bzw. des betreffenden Gouvernements zu betrachten. Sie haben die Ergebnisse ihrer Forschungen vollständig und umgehend dem Gouvernement zur Verfügung zu stellen und dürfen ihr in den Schutzgebieten gesammeltes Material erst nach Genehmigung des betreffenden Gouvernements verwerten und veröffentlichen.

8. Geschenke von Angehörigen der eingeborenen Bevölkerung dürfen nicht angenommen werden, es sei denn, daß deren Zurückweisung nach der Landessitte eine Verletzung in sich schließen würde. In diesem Falle sind Geldwert besitzende Gegenstände dem Gouvernement abzuliefern, sofern nicht nach Lage des Falles eine andere Verwertung im fiskalischen Interesse angebracht oder geboten erscheint. Ausnahmen von dieser Bestimmung sind nur mit ausdrücklicher Genehmigung des Reichs-Kolonialamts zulässig.

9. Anträge auf Erhöhung des Diensteinkommens, Verbesserung der Stellung, Gewährung einer außerordentlichen Vergütung oder Beihilfe usw. dürfen auch während des Heimatsurlaubs nicht unmittelbar an das Reichs-Kolonialamt gerichtet werden. Es ist vielmehr stets die Vermittlung des Gouvernements auf dem Instanzenwege, d. h. durch den nächsten Vorgesetzten, in Anspruch zu nehmen. Das gleiche gilt für alle Fälle, in denen ein Beamter usw. Anlaß zu Beschwerden über Angelegenheiten zu haben glaubt, die sich auf sein Dienstverhältnis im Schutzgebiet beziehen.

10. An die vorgesetzte Behörde gerichtete Eingaben persönlicher Natur, insbesondere solche, welche Urlaub, Wohnungsveränderung, Gebührnisse usw. betreffen, sind nicht als reine Reichsdienstangelegenheiten im Sinne des § 2 des Gesetzes vom 5. Juni 1869 (Bundes-Gesetzbl. S. 141) und des Art. 2 des Regulativs über die Portofreiheiten vom 15. Dezember 1869 (Amtsbl. der Nordd. Postverwaltung Nr. 70) zu betrachten und daher stets frankiert zur Absendung zu bringen. Auf Stadtpostsendungen erstreckt sich gemäß § 3 des Gesetzes vom 5. Juni 1869 die Portofreiheit überhaupt nicht.

11. Für den schriftlichen Verkehr mit den heimischen Dienstbehörden (Bundesregierungen usw.) haben die Beamten stets die Vermittlung des Reichs-Kolonialamts auf dem üblichen Instanzenwege, d. h. durch den nächsten Vorgesetzten, in Anspruch zu nehmen.

12. Vor ihrer Abreise aus dem Schutzgebiete haben sie ihre Heimatsadresse dem dortigen Postamte behufs Nachsendung etwaiger Postsachen anzugeben. Das Reichs-Kolonialamt ist zur Vermittlung von Nachsendungen nicht in Anspruch zu nehmen. Sofort nach ihrem Eintreffen in Europa haben die Beamten, auch wenn eine persönliche Meldung beabsichtigt wird, dem Reichs-Kolonialamt alsbald schriftlich anzuzeigen, wann sie in Deutschland ankommen werden und wo sie sich während des Urlaubs aufzuhalten gedenken, sowie eine Adresse anzugeben, unter welcher ihnen Mitteilungen übersandt werden können. Bei der schriftlichen Meldung haben die Beurlaubten die Festsetzung des Rückreisetermins zu beantragen, soweit solche nicht schon von dem Gouvernement ausgesprochen ist. Eine persönliche Meldung im Reichs-Kolonialamt ist im allgemeinen nicht erforderlich.

Anträge auf Zahlung von Reisebeihilfen usw. durch die Kolonialhauptkasse (Berlin, Wilhelmstr. 75) sind seitens der Beurlaubten mindestens 14 Tage vor ihrer Wiederausreise nach dem Schutzgebiete schriftlich an das Reichs-

Kolonialamt zu richten; andernfalls müssen die Betreffenden gewärtig sein, daß ihrem Antrage nicht mehr entsprochen wird. Vorschüsse auf Bezüge, welche nicht etwa während der Dauer der Ausreise fällig werden, dürfen nach den allgemein geltenden Verwaltungsgrundsätzen nicht gewährt werden.

13. Eine Uniform darf auf nichtdeutschem Gebiete nicht angelegt werden.

14. Diejenigen Beamten, welche sich im Militärverhältnisse befinden, haben ihrem Bezirkskommando rechtzeitig von dem Antritt eines Heimatsurlaubs Meldung zu machen und darauf hinzuweisen, daß sie etwaige militärische Übungen während der Dauer des Urlaubs würden ableisten können, da Übungen bei den Schutztruppen nur in ganz besonderen Ausnahmefällen genehmigt werden können.

15. Die dem Beurlaubtenstande des Heeres oder der Marine angehörenden Beamten in den Schutzgebieten werden für den Fall einer Mobilmachung als unabkömmlich erklärt; sie sind zur Nachsuchung eines besonderen Auslandsurlaubs nicht verpflichtet, sie haben aber bei dem Bezirkskommando, dem sie unterstellt sind, für die Zeit ihres dienstlichen Aufenthalts in den Schutzgebieten die Befreiung von den gewöhnlichen Friedensobliegenheiten (Kontrollversammlungen usw.) ausschließlich der Übungen zu beantragen. Bei Einberufung zur Ableistung einer Übung haben die Betreffenden von dem Gestellungsbefehl ihrer vorgesetzten Dienstbehörde alsbald Anzeige zu machen, welche erforderlichenfalls wegen ihrer Befreiung von derselben mit der Militärbehörde in Verbindung treten wird.

16. Die im Militärverhältnisse stehenden Beamten haben, sobald sie einem anderen Bezirkskommando unterstellt werden, hiervon dem Reichs-Kolonialamt unverzüglich Mitteilung zu machen. Während der Dauer des Aufenthalts im Schutzgebiete haben sich die Beamten hierzu der Vermittlung ihrer unmittelbaren Vorgesetzten zu bedienen.

17. Die Beamten haben für die Begleichung etwa noch schwebender Verbindlichkeiten, insbesondere auch etwaiger Steuerverpflichtungen, vor ihrer Abreise Sorge zu tragen. Vor der Abreise haben die Beamten eine schriftliche Erklärung darüber abzugeben, daß sie wegen Begleichung etwa rückständiger Steuerforderungen das Nötige veranlassen werden.

18. Diejenigen Funktionäre, die vor der Entsendung in der Heimat dem Versicherungszwange unterlagen, sind verpflichtet, die Invalidenversicherung gemäß § 14 Abs. 2, 145 Abs. 1 des Invalidenversicherungsgesetzes während der Dauer ihrer Verwendung im Schutzgebiet fortzusetzen. Es empfiehlt sich für sie, zur späteren Verwendung eine Anzahl Versicherungsmarken mitzunehmen.

19. Fahrscheine für Ostafrika und Südwestafrika werden von der Deutschen Ostafrika-Linie in Hamburg, Gr. Reichenstr. 27, für Kamerun und Togo von der Woermann- bzw. Hamburg-Amerika Linie daselbst ausgegeben; für diese Linien ist die Firma Max Adler in Berlin NW 7, Neustädtische Kirchstr. 15, Agentur.

Die Fahrscheine für die Reisen nach den Schutzgebieten der Südsee werden bei Ausführung der Reise mit einem deutschen Dampfer beim Norddeutschen Lloyd in Bremen, bei der Ausreise mit einem englischen Dampfer bei der Peninsular and Oriental Steam Navigation Company in London, Agentur Hermann Binder, Hamburg, Brandstwiete 22, und bei der Ausreise mit einem französischen Schiffe bei der Compagnie des Messageries Maritimes in Paris, Rue Vignon 1, Agentur Eug. Cellier in Hamburg, Dovenfleet 21, zu bestellen sein.

Für die Benutzung des Postdampfers „Germania“ bei Reisen von Sydney oder Hongkong nach dem Inselgebiet der Karolinen, Palau-, Marianen- und Marshallinseln besorgt die Jaluit-Gesellschaft in Hamburg — Artushof — die Fahrscheine.

20. Im Interesse der Beamten liegt es, bei den Reisen von und nach den Schutzgebieten sich möglichst frühzeitig einen Platz auf den Dampfern zu sichern und ihr Privatgepäck gegen Seegefahr zu versichern, da im Falle des Verlustes ein Ersatz aus amtlichen Mitteln nicht gewährt werden kann.

21. Etwa eintretenden Änderungen dieser Vorschriften haben sich die Beamten zu unterwerfen.

Reichs-Kolonialamt.

248. Verfügung des Staatssekretärs des Reichs-Kolonialamts, betreffend das Beschaffungswesen (Lieferungskonto der Kolonial-Hauptkasse, Inventarisation der beschafften Gegenstände). Vom 1. Oktober 1907.

1. Durch die ab 1. April 1907 gültigen Lieferungsvorschriften*) wie die Runderlasse vom 9. Juli 1907**) und vom 10. Juli 1907***) ist das Beschaffungswesen — abgesehen von den Beschaffungen für die Schutz- und Polizeitruppen — im weiten Umfange in die Schutzgebiete verlegt worden, so daß die Zentralverwaltung zum größten Teile nur noch Agenturfunktionen wahrzunehmen hat.

Zur Durchführung dieser Maßnahme in rechnungstechnischer Beziehung wird folgendes bestimmt:

a) Seitens der Kolonialhauptkasse wird für die zufolge oben genannter Erlasse für Rechnung der Schutzgebiete hier zu leistenden Zahlungen, getrennt nach Schutzgebieten bzw. den Bezirksämtern im Inselgebiet, ein besonderes „Konto I.“ (Lieferungskonto) eingerichtet.

   (Für das Schutzgebiet Togo, dessen sämtliche Ausgaben aufs Konto zu übernehmen sind, bleiben die durch Verfügung vom 31. Juli 1907†) getroffenen Bestimmungen in Kraft.)

b) Die anweisenden Stellen haben die auf dieses Konto I. gehörigen Ausgaben usw. ausdrücklich als solche zu bezeichnen.

   Z. B. Verrechnungsstelle: Konto I. Ostafrika.

   Bei den in diese Kategorie entfallenden und inzwischen ohne nähere Bezeichnung auf das Konto bereits angewiesenen Ausgaben hat die Ergänzung der Anweisung in diesem Sinne seitens der betreffenden Herren Expedienten nachträglich kurzerhand zu erfolgen.

c) Die Inventarisation der Gegenstände hat in Zukunft nicht mehr hier, sondern allein im Schutzgebiet zu erfolgen.

   Die über die Form der Anweisungen, die Vollständigkeit der Belege und die Bescheinigung der rechnerischen Richtigkeit geltenden Bestimmungen erleiden selbstverständlich auch bei dieser Art der Anweisung keinerlei Änderung.

*) Oben Nr. 96, 97.
**) Oben Nr. 179.
***) Oben Nr. 180.
†) Durch diese Verfügung ist unter Bezugnahme auf Ziffer 3 und 4 der Verf. vom 6 Juli 1907 (oben Nr. 176) die Anlegung eines „Konto Togo“ bei der Kolonial-Hauptkasse angeordnet worden.

Auf ihre genaue Befolgung ist vielmehr um so peinlicher zu halten, als bei der Natur des Verfahrens etwa später erforderlich werdende Ergänzungen oder Berichtigungen der Belege mit größeren Umständen verknüpft sein werden als bisher.

Alle übrigen Bescheinigungen (Preisangemessenheit, Richtigkeit der Lieferung usw.) sind insoweit hier abzugeben, als dies nach Lage der Fälle hier möglich ist.

d) Die Kolonialhauptkasse hat allmonatlich über die beim Konto L verausgabten Beträge eine Zusammenstellung zu fertigen und diese mit dem zugehörigen geordneten und mit Bleistift numerierten Belegmaterial der Geheimen Kalkulatur vorzulegen, welche wegen der Nachprüfung und Übersendung in das Schutzgebiet das Weitere veranlaßt.

Berlin, den 1. Oktober 1907.

Der Staatssekretär des Reichs-Kolonialamts.
I. V.: Conze.

249. Verordnung des Gouverneurs von Samoa, betreffend Erhebung einer Hundesteuer. Vom 1. Oktober 1907.

(Kol. Bl. 1908 S. 46. Gouv. Bl. III Nr. 58.)

Auf Grund des § 15 des Schutzgebietsgesetzes (Reichs-Gesetzbl. 1900 S. 813) in Verbindung mit § 5 der Verfügung des Reichskanzlers vom 27. September 1903, betreffend die seemannsamtlichen und konsularischen Befugnisse und das Verordnungsrecht der Behörden in den Schutzgebieten Afrikas und der Südsee (Kol. Bl. S. 509), wird hiermit verordnet, was folgt:

§ 1. Für jeden nicht mehr saugenden Hund im Schutzgebiet von Samoa hat der Eigentümer oder Besitzer eine Steuer von jährlich 4 M. zu zahlen.

§ 2. Gegen Entrichtung der Steuer wird je ein Halsband mit Nummer ohne weitere Gegenleistung verabfolgt.

§ 3. Die Steuer ist für das ganze Rechnungsjahr im voraus zu entrichten, und zwar spätestens bis zum 1. Mai. Für die im Laufe des Rechnungsjahres steuerpflichtig werdenden Hunde ist die Steuer spätestens vier Wochen nach Eintritt der Steuerpflicht zu zahlen. Tritt die Steuerpflicht erst nach dem 1. Oktober ein, so ist nur die Hälfte der Steuer zu zahlen.

Hunde von vorübergehend anwesenden Personen bleiben steuerfrei, wenn die Aufenthaltsdauer der Hunde im Schutzgebiet vier Wochen nicht übersteigt.

§ 4. Wer die Hundesteuer bis zu den festgesetzten Terminen nicht entrichtet hat oder seinen Hund ohne das vorgeschriebene Halsband herumlaufen läßt, wird mit Geldstrafe bis zu 60 M. bestraft, an deren Stelle im Nichtbeitreibungsfalle Haft bis zu 14 Tagen tritt.

Die fällige Steuer ist außerdem zu zahlen.

§ 5. Ohne das vorgeschriebene Halsband frei herumlaufende Hunde werden von der Polizei eingefangen und können innerhalb einer Woche gegen ein Pflegegeld von 0,50 M. für den Tag von dem Besitzer abgeholt werden. Nach Ablauf der Frist verfallen die eingefangenen Hunde dem Verfügungsrecht der Polizei.

§ 6. Wegen der Besteuerung der Hunde der Eingeborenen bewendet es bei dem Tulafono vom 1. Oktober 1901 (Sam. Gouv. Bl. Bd. III S. 42 [1]).*)

§ 7. Die „Police Ordinance for the control of dogs and the limitation of their number" der ehemaligen Munizipalität von Apia (Samoa Royal Gazette Vol. II Nr. 2) in Verbindung mit der Gouvernementsverordnung vom 1. Juli 1901 Abschn. F. (Sam. Gouv. Bl. Bd. III S. 35)*) tritt mit dem Tage des Inkrafttretens dieser Verordnung außer Kraft.

§ 8. Diese Verordnung tritt am 1. April 1908 in Kraft.**)

Vailima, den 1. Oktober 1907.

Der Kaiserliche Gouverneur.
Solf.

Zusatz zu Nr. 248.

Ausführungsbestimmungen zur Hundesteuerverordnung vom 1. Oktober 1907. Vom 1. Januar 1908.

(Gouv. Bl. III Nr. 64.)

§ 1. Jeder Eigentümer oder Besitzer eines Hundes hat ohne besondere Aufforderung seinen Hund auf Upolu, Manono und Apolima dem Zollamt in Apia, auf Savaii dem Amtmann in Matautu bis zum 1. Mai eines jeden Jahres anzumelden und die Steuer zu entrichten.

§ 2. Die Kontrolle über die Ausführung der Bestimmungen der §§ 4 und 5 der Verordnung wird für Upolu, Manono und Apolima von der Polizeibehörde in Apia, für Savaii von dem Amtmann in Matautu ausgeübt.

§ 3. Für Hunde, die in das Schutzgebiet eingeführt werden, hat der an Bord diensttuende Zollbeamte die fällige Steuer vor der Landung einzuziehen. Verläßt der Eigentümer oder Besitzer das Schutzgebiet innerhalb vier Wochen, so wird ihm vom Zollamt die Steuer zurückgegeben.

§ 4. Das Zollamt in Apia und der Amtmann in Matautu haben die vereinnahmten Steuerbeträge in einer Hebeliste nach Muster A zusammenzustellen. Die Liste ist am Schlusse des Rechnungsjahres abzuschließen und von den in § 1 genannten Beamten dahin zu bescheinigen, daß an Einnahmen aus der Erhebung der Hundesteuer nicht mehr und nicht weniger als . . . M. zu vereinnahmen waren.

§ 5. Die Steuerbeträge sind an die Gouvernementshauptkasse in Apia abzuliefern. Der letzten Ablieferung ist die vorschriftsmäßig abgeschlossene und bescheinigte Hebeliste beizugeben.

Apia, den 1. Januar 1908.

Der Kaiserliche Gouverneur.
Solf.

Muster A.

Nachweisung
über die Einnahmen aus der Erhebung von Hundesteuer auf Upolu, Manono, Apolima (Savaii) im Rechnungsjahr 19 . . .

Lfd. Nr.	Des Steuerpflichtigen		Anzahl der Hunde	Steuerbetrag	Bemerkungen
	Name	Wohnort			

*) In der D. Kol. Gesetzgeb. nicht abgedruckt.
**) Vgl. die als Zusatz abgedruckten Ausführungsbestimmungen vom 1. Januar 1908.

250. Kaiserliche Verordnung, betreffend die Rechtsverhältnisse der Landespolizei in Deutsch-Südwestafrika. Vom 4. Oktober 1907.

(Reichs-Gesetzbl. S. 738. Kol. Bl. S. 1081.)

Wir Wilhelm, von Gottes Gnaden Deutscher Kaiser, König von Preußen usw., verordnen auf Grund des § 1 des Schutzgebietsgesetzes (Reichs-Gesetzbl. 1900 S. 813) im Namen des Reichs, was folgt:

§ 1. Der Reichskanzler regelt die Einrichtung der Landespolizei in Deutsch-Südwestafrika. Die Angehörigen der Landespolizei haben, soweit sie nicht Eingeborene sind, die Rechte und Pflichten der Landesbeamten des Schutzgebiets und sind den für die letzteren geltenden Vorschriften unterworfen, jedoch mit den aus dem Nachstehenden sich ergebenden Abweichungen.

§ 2. Der Reichskanzler bestimmt die Bewaffnung und Uniformierung der Landespolizei sowie die Form und Art der Anstellung ihrer Angehörigen und deren Titel und Rang.

§ 3. Im Falle des Ausscheidens aus dem Dienste steht den Angehörigen der Unterklassen der Landespolizei und im Falle des Todes ihren Hinterbliebenen ein Anspruch auf Versorgung gegen den Landesfiskus unter denselben Voraussetzungen und in dem gleichen Umfange zu wie den aus dem Reichsheer übernommenen Personen der Unterklassen der Kaiserlichen Schutztruppen desselben Dienstgrads und deren Hinterbliebenen. Die über die Versorgung dieser ergangenen Vorschriften finden entsprechende Anwendung, wobei als Dienstzeit sowohl diejenige in der Landespolizei als auch die Dienstzeit im Reichsheer, in der Kaiserlichen Marine und bei den Kaiserlichen Schutztruppen sowie außerdem eine sonst im Polizeidienste zugebrachte Zeit anzusehen ist. Jedoch ist ein Anspruch auf Rente ohne den Nachweis verminderter Erwerbsfähigkeit (§ 1 Abs. 3 des Mannschaftsversorgungsgesetzes)*) frühestens nach einer wirklichen Dienstzeit von drei Jahren in der Landespolizei begründet.

Die Angehörigen der Landespolizei sind bei Anwendung der im Abs. 1 Satz 2 erwähnten Vorschriften als Gehaltsempfänger zu behandeln. Den Betrag des pensionsfähigen Diensteinkommens (§ 10 Abs. 2 des Mannschaftsversorgungsgesetzes) bestimmt der Reichskanzler.

Steht einem ausgeschiedenen Angehörigen der Unterklassen der Landespolizei ein Anspruch auf Versorgung aus Abs. 1 mangels entsprechender Voraussetzungen nicht zu und ist sein Ausscheiden wegen eingetretener Tropendienstunfähigkeit erfolgt, so können ihm Gebührnisse bis zu der Höhe bewilligt werden, wie sie einem Landesbeamten gewährt werden könnten.

§ 4. Die im § 3 Abs. 1 Satz 2 erwähnten Bestimmungen bleiben außer Anwendung, soweit sie einen Anspruch auf Zivilversorgung gewähren. Doch kann einem ausscheidenden Angehörigen der Unterklassen der Landespolizei, welcher nach den für die letztere geltenden Grundsätzen den Zivilversorgungsschein erhalten könnte, indes für den Beamtendienst in der Heimat nicht mehr brauchbar ist, eine Zivilversorgungsentschädigung oder einmalige Abfindung nach Maßgabe jener — gegebenenfalls auch hinsichtlich der Verpflichtung zur Rückzahlung der Abfindung und des Ruhens der Entschädigung entsprechend anzuwendenden — Bestimmungen gewährt werden.

§ 5. Der Reichskanzler bestimmt, welche Angehörigen der Landespolizei zu den Unterklassen gehören, und erläßt die weiteren zur Ausführung der §§ 3 und 4 erforderlichen Anordnungen.

*) D. Kol. Gesetzgeb. 1906 S. 218.

§ 6. Was in den im § 1 und im § 3 Abs. 1 Satz 2 erwähnten Vorschriften hinsichtlich der militärischen Unternehmungen bestimmt ist, gilt auch hinsichtlich der entsprechenden Unternehmungen der Landespolizei.

§ 7. Sofern für einen ausscheidenden Angehörigen der Landespolizei ein Anspruch auf Offizierspension (§ 75 des Offizierspensionsgesetzes)**) begründet ist, fallen die Versorgungsansprüche aus dieser Verordnung fort.

§ 8. Gegen die Angehörigen der Unterklassen der Landespolizei kann als Ordnungsstrafe auch Arreststrafe auf die Dauer von höchstens acht Tagen verhängt werden, welche jedoch nur in solchen Räumen zu vollstrecken ist, die den Verhältnissen der zu bestrafenden Beamten angemessen sind.

Zur Verhängung von Arreststrafen sind das Reichs-Kolonialamt und der Gouverneur berechtigt. Der Gouverneur kann seine Befugnis mit Ermächtigung des Reichs-Kolonialamts an andere Behörden oder Beamte weiter übertragen.

§ 9. Personen, welche auf Probe in die Landespolizei eingestellt sind, haben Beamteneigenschaft und sind durch Handschlag an Eidesstatt auf gewissenhafte Amtsführung zu verpflichten. Sie unterliegen den Vorschriften der §§ 1 bis 7 dieser Verordnung nur hinsichtlich der Verpflichtung zur Amtsverschwiegenheit, der Disziplin, der Bestrafung der Dienstvergehen sowie der Verfolgung ihrer vermögensrechtlichen Ansprüche. Jedoch können ihnen und ihren Hinterbliebenen diejenigen Versorgungsgebührnisse bewilligt werden, welche im Falle der Anstellung gewährt werden könnten. Die gleichen Bestimmungen gelten für Personen, welche zu vorübergehenden Dienstleistungen in der Landespolizei verwendet werden.

§ 10. Die Befugnisse, welche nach dieser Verordnung dem Reichskanzler zustehen, können durch das Reichs-Kolonialamt oder mit dessen Ermächtigung durch den Gouverneur wahrgenommen werden.

§ 11. Diese Verordnung tritt mit Wirkung vom 1. April 1907 ab in Kraft.

Urkundlich unter Unserer Höchsteigenen Unterschrift und beigedrucktem Kaiserlichen Insiegel.

Gegeben Jagdhaus Rominten, den 4. Oktober 1907.

Wilhelm.
Fürst v. Bülow.

251. Bekanntmachung des Gouverneurs von Togo, betreffend den öffentlichen Verkehr in den Bezirken Sokode-Basari und Mangu-Jendi. Vom 5. Oktober 1907.

(Kol. Bl. 1908 S. 66. Amtsbl. S. 208.)

Gemäß § 1 der Verordnung vom 20. September d. Js., betreffend den öffentlichen Verkehr in den Bezirken Sokode-Basari und Mangu-Jendi,*) werden die Bezirke Sokode-Basari und Mangu-Jendi als „gesperrtes Gebiet" erklärt.

Lome, den 5. Oktober 1907.

Der Gouverneur.
Graf Zech.

*) D. Kol Gesetzgeb. 1906 S. 197.
**) Oben Nr. 211.

252. Kaiserliche Verordnung, betreffend Abänderung der Verordnung über die Führung der Reichsdienstflagge, vom 8. November 1892 (Reichs-Gesetzbl. S. 1050).*) Vom 9. Oktober 1907.

(Reichs-Gesetzbl. S. 753. Kol. Bl. S. 1133.)

Wir Wilhelm, von Gottes Gnaden Deutscher Kaiser, König von Preußen usw., verordnen auf Grund des Artikels 35 der Reichsverfassung im Namen des Reichs, was folgt:

§ 3 Ziffer 1 der Verordnung vom 8. November 1892 erhält folgende Fassung:

„1. im Bereiche des Auswärtigen Amts und des Reichs-Kolonialamts, einschließlich der Kaiserlichen Behörden und Fahrzeuge in den deutschen Schutzgebieten, der Reichsadler mit der Kaiserlichen Krone."

Urkundlich unter Unserer Höchsteigenhändigen Unterschrift und beigedrucktem Kaiserlichen Insiegel.

Gegeben Cadinen, den 9. Oktober 1907.

Wilhelm.
Fürst v. Bülow.

253. Änderungen der Satzung der Moliwe-Pflanzungsgesellschaft in Berlin,**) welche in der Generalversammlung vom 9. Oktober 1907 beschlossen und von der Aufsichtsbehörde genehmigt worden sind.

(Kol. Bl. 1908 S. 56. Reichsanzeiger vom 19. Januar 1908.)

Art. 4: Das Grundkapital der Gesellschaft beträgt 2 000 000 M. (zwei Millionen Mark), eingeteilt à 5500 (Fünftausendfünfhundert) Anteile zu je 200 M. (zweihundert Mark) und in 900 (neunhundert) Anteile zu je 1000 M. (Eintausend Mark).

Art. 20 Abs. 3: In der Generalversammlung hat jeder Anteil für jede voll eingezahlten 50 M. (fünfzig Mark) eine Stimme.

Art. 21: Das Wort „Hamburg" im 1. Satz wird durch „Berlin" ersetzt.

254. Verordnung des Gouverneurs von Deutsch-Ostafrika, betreffend Befreiung des Stacheldrahts vom Einfuhrzoll. Vom 11. Oktober 1907.

(Kol. Bl. S. 1134. Amtl. Anz. Nr. 24.)

Auf Grund des § 6 der Zollverordnung vom 13. Juni 1903***) wird hierdurch verordnet, was folgt:

In die Liste der vom Einfuhrzoll befreiten Gegenstände Zolltarif B ist unter Nr. 23 aufzunehmen:

---

*) D. Kol. Gesetzgeb. I S. 684.

**) D. Kol. Gesetzgeb. 1906 S. 332. Die Änderungen sind durch gesperrten Druck kenntlich gemacht.

***) D. Kol. Gesetzgeb. 1903 S. 241.

Stacheldraht.

Diese Verordnung tritt mit dem Tage ihres Bekanntwerdens auf den einzelnen Zollstellen in Kraft.

Daressalam, den 11. Oktober 1907.

Der Kaiserliche Gouverneur.
I. V.: v. Winterfeld.

Obige Verordnung wird hierdurch von mir genehmigt.

Daressalam, den 12. Oktober 1907.

Der Staatssekretär des Reichs-Kolonialamts.
Dernburg.

255. Verfügung des Gouverneurs von Deutsch-Neu-Guinea zur Ausführung der Allerhöchsten Ordre vom 4. Februar 1905, betreffend die gnadenweise Aussetzung oder Teilung der Strafvollstreckung. Vom 11. Oktober 1907.

In Ausführung der Allerhöchsten Ordre, betreffend die gnadenweise Aussetzung oder Teilung der Strafvollstreckung vom 4. Februar 1905*) übertrage ich dem Kaiserlichen Bezirksrichter in Jap für die Westkarolinen, Palau und Marianen, dem Kaiserlichen Bezirksrichter in Ponape für die Ostkarolinen, dem Kaiserlichen Bezirksrichter in Jaluit für die Marshallinseln die Befugnis über die im § 12 der Verordnung vom 9. November 1900 (Reichs-Gesetzbl. S. 1005) vorgesehene sechsmonatige Frist hinaus im Gnadenwege die Aussetzung oder Teilung der Strafvollstreckung zu bewilligen.

Herbertshöhe, den 11. Oktober 1907.

Der Kaiserliche Gouverneur.
Hahl.

256. Verfügung des Gouverneurs von Deutsch-Südwestafrika, betreffend die Auslegung des § 25 der Zollverordnung. Vom 12. Oktober 1907.

Zur Vermeidung von Zweifeln, die bei der Auslegung des § 25 letzter Absatz Satz 2 der Zollverordnung**) hervorgetreten sind, bemerke ich folgendes:

Nach der genannten Bestimmung sollen bei nicht flüssigen Gegenständen die zur unmittelbaren Sicherung nötigen Umschließungen zum Nettogewicht gerechnet und mit verzollt werden. Der Begriff der „unmittelbaren Sicherung" findet seine Erläuterung in dem Satze „welche mit in die Hand des Käufers überzugehen pflegen". Hiernach sind also nur solche Umschließungen als zur unmittelbaren Sicherung nicht flüssiger Waren dienend anzusehen, bei welchen die Voraussetzung zutrifft, daß sie mit in die Hand des Käufers überzugehen pflegen, und zwar beim Klein- oder Einzelverkaufe, wie noch erläuternd hinzugefügt werden muß.

Nach dieser Begriffsbestimmung dienen die kleinen Holzkisten, in denen Zigarren eingehen, zur unmittelbaren Sicherung der Zigarren, weil sie — wenn auch nicht in der Regel, so doch sehr oft — beim Klein- oder Einzelverkauf mit in

*) D. Kol. Gesetzgeb. 1905 S. 1.
**) Vom 31. Januar 1903. D. Kol. Gesetzgeb. 1903 S. 12.

die Hand des Käufers übergehen. Sie rechnen demnach zum Nettogewicht der Zigarren. Die Blechumhüllungen, mit denen die einzelnen kleinen Holzkisten vielfach umgeben sind, können dagegen deshalb nicht als zur unmittelbaren Sicherung nötig in dem hier vorliegenden Sinne angesehen werden, weil sie in der überwiegenden Mehrzahl der Fälle nicht mit in die Hand des Käufers überzugehen pflegen. Dergleichen Blechumhüllungen rechnen also nicht zum Nettogewicht der Zigarren und bleiben daher außer Verzollung.

Dagegen werden Blechumhüllungen, in denen vorzugsweise Zigaretten eingehen, auch dann zum Nettogewicht gerechnet, wenn die Zigaretten noch in kleine Kästchen aus Kartonpapier verpackt sind. Um dem Begriff „beim Klein- oder Einzelverkauf" hier eine bestimmte Grenze zu geben, bestimme ich, daß nur solche Blechumhüllungen im allgemeinen als zur unmittelbaren Sicherung der Zigaretten dienend anzusehen und daher zum Nettogewicht zu rechnen sind, die bis zu 100 Stück Zigaretten enthalten.

Hiernach ersuche ich für die Folge zu verfahren.

Windhuk, den 12. Oktober 1907.

Der Kaiserliche Gouverneur.
I. A.: v. Eschstruth.

257. Bekanntmachung des Gouverneurs von Kamerun, betreffend Sperrung eines Teils des Bezirks Dschang. Vom 12. Oktober 1907.

(Kol. Bl. 1908 S. 51.)

Das Betreten des bisher noch nicht unterworfenen, östlich des Nkam-Flusses gelegenen Teiles des Bezirks Dschang ist für Europäer und nicht angesessene Farbige mit Gefahr für Leib und Leben verbunden. Das Gebiet kann daher als reif für die unbeschränkte Aufnahme des Verkehrs noch nicht bezeichnet werden und wird bis auf weiteres auf Grund des § 1 der Verordnung vom 13. April 1907, betreffend die Sperrung unruhiger oder noch nicht verkehrsreifer Gebiete (Kol. Bl. 1907 S. 600),*) einem Antrage der Station Dschang entsprechend, als gesperrtes Gebiet erklärt.

Das gesperrte Gebiet wird begrenzt:

im Westen: durch den Nkam-Fluß;

im Süden: durch das etwa südwest-nordöstlich streichende Randgebirge zwischen dem Nkam-Fluß und dem sich etwa 20 km westlich Ba Ngangte erhebenden Batscha-Gebirge;

im Osten: durch eine vom Batscha-Gebirge nach dem Orte Batie verlaufende Linie, welche die Dörfer Batscha, Banu, Banka, Bandumja und Batie in das gesperrte Gebiet verweist, dagegen die im Bezirk Bamenda gelegenen Ortschaften Batschingu, Bangu, Bandenkop und Bapa dem Verkehr offen läßt;

im Norden: durch eine vom Ort Batie südlich der Dörfer Fotum, Fomopéo, Fombeb verlaufende Linie, welche den Nkam-Fluß nordöstlich der Ngokü- (Ngenke-Kikem-) Dörfer trifft.

Nach § 2 der Verordnung vom 13. April 1907 ist das Betreten des gesperrten Gebietes sowie der Aufenthalt daselbst Nichteingeborenen und Angehörigen anderer als der dort angesessenen farbigen Stämme nur mit schriftlicher Erlaubnis der Station Dschang gestattet.

Buea, den 12. Oktober 1907.

Der Gouverneur.
Seitz.

---

*) Oben Nr. 116.

258. Geschäftsordnung für das Aussätzigenheim bei Bagida, erlassen vom Gouverneur von Togo am 12. Oktober 1907.

(Amtsbl. S. 226.)

§ 1. Das Aussätzigenheim bei Bagida ist dem Regierungsarzt in Lome unterstellt.

§ 2. Die Aufnahme erfolgt nach vorheriger ärztlicher Untersuchung

a) in die Abteilung für Verdächtige, wenn der Aussatz noch nicht festgestellt ist.

Jeder Verdächtige erhält ein Zimmer. Nur bei ganz gleichen Krankheitserscheinungen ist das Zusammenlegen von mehreren Kranken in einem Zimmer ausnahmsweise zulässig. Vor seinem Abgang hat der Verdächtige das Zimmer mit Wasser und Seife zu reinigen. Darauf sind Fußboden, Tür und Fenster mit einer desinfizierenden Lösung abzureiben, die Wände in 2 m Höhe mit Kalk anzustreichen.

b) in die Krankenabteilung, wenn der Aussatz sicher nachgewiesen ist:

1. durch Auffinden der Lepra-Bazillen in den Sekreten oder der Haut,
2. durch typischen Befund der Knoten- oder Nervenlepra (Mutilationen, Flecke).

c) Gesunde dürfen nur in zwei Fällen auf ihren ausdrücklichen Wunsch in das Aussätzigenheim aufgenommen werden, und zwar:

1. die gesunde Mutter zur Pflege ihres kleinen Kindes,
2. der gesunde Eheteil zur Begleitung des Kranken.

Nach dem Tode bzw. der Heilung des Kranken hat sich dann der Gesunde einer einjährigen Beobachtung in der Abteilung für Verdächtige zu unterwerfen und sich in den daran anschließenden vier Jahren monatlich einmal beim Regierungsarzt zur Untersuchung zu stellen.

§ 3. Wenn bei einem Kranken alle Erscheinungen des Aussatzes geschwunden sind und wenn sich im Anschluß hieran im Laufe eines Jahres keine neuen Erscheinungen mehr gezeigt haben, darf die Entlassung als geheilt erfolgen. Solche als geheilt Entlassene haben sich jedoch im Laufe der auf die Entlassung folgenden vier Jahre monatlich einmal zur Untersuchung beim Regierungsarzt vorzustellen.

§ 4. Das Betreten der Kranken- und Verdächtigenabteilung ist außer dem Regierungsarzt nur dem Heilgehilfen und Wächter gestattet.

Diese haben eine Berührung der Kranken tunlichst zu vermeiden. Hat diese stattgefunden, so muß eine gründliche Desinfektion der Hände erfolgen. Die Wohnungen des Heilgehilfen und des Wächters sind mindestens zweimal wöchentlich mit einer desinfizierenden Lösung aufzuwischen.

Der Regierungsarzt kann von Fall zu Fall in seiner Gegenwart auch anderen Personen das Betreten dieser Abteilungen gestatten.

§ 5. Die Kranken und Verdächtigen dürfen ihre Abteilungen nicht verlassen.

§ 6. Den Besuchern ist der Zutritt zu dem für sie eingerichteten Platz während des Tages immer gestattet. Berührungen der Kranken und ihrer Gebrauchsgegenstände sind verboten.

§ 7. Die Kranken und Verdächtigen erhalten ein tägliches Verpflegungsgeld von 20 Pf., und zwar:

a) die Verdächtigen während ihres Aufenthalts,

b) die Arbeitsunfähigen während ihres Aufenthalts,

c) die Arbeitsfähigen, bis sie die selbst angelegten Farmen abernten können. Sie sollen angehalten werden, selbst auf dem Lande den zum Leben für ein Jahr notwendigen Unterhalt anzubauen. Der Überschuß wird ihnen zur Beköstigung der unter a und b Genannten abgekauft. Sonst liefert die Ortschaft Bagida die nötigen Lebensmittel gegen Bezahlung.

Die unter 2 c genannten aufgenommenen Gesunden haben sich selbst zu verpflegen und zu kleiden.

§ 8. Jeder Kranke und Verdächtige erhält die notwendigen Ausrüstungsstücke: 1 Matte, 1 Tuch, 1 Decke, 1 Moskitonetz aus dünnem Baumwollstoff, 1 Kochtopf, 1 Schüssel.

Diese Gegenstände werden nach Bedarf ergänzt.

Außerdem können die Kranken kleine Geschenke (Tabak, Zucker u. dgl.) erhalten. Alkoholeinfuhr ist verboten.

§ 9. Befinden sich unter den Aussätzigen Strafgefangene, so hat im Bedarfsfalle das Bezirksamt Lome-Stadt für Bewachung der kranken Gefangenen Sorge zu tragen.

§ 10. Eine Bestrafung der arbeitsfähigen Insassen kann erfolgen durch Anweisung von Farmarbeit u. dgl. zum allgemeinen Nutzen des Aussätzigenheims.

§ 11. Die Kranken und Verdächtigen werden in das Hauptkrankenbuch des Aussätzigenheims eingetragen. Über jeden Kranken wird ein Krankenblatt angelegt, in das ein genauer Befund möglichst bald nach der Aufnahme eingetragen wird.

§ 12. Der Heilgehilfe führt

a) das Arzneibuch, in das er jeden Tag die an die einzelnen Kranken verabreichten Arzneien einträgt;

b) das Verpflegungsbuch, in das er täglich die Anzahl der Kranken und das täglich gezahlte Verpflegungsgeld einträgt.

Lome, den 12. Oktober 1907.

Der Gouverneur.
Graf Zech.

259. Verordnung des Gouverneurs von Deutsch-Neuguinea, betreffend die Einwanderung mittelloser nichteingeborener Personen in das Inselgebiet. Vom 14. Oktober 1907.

(Kol. Bl. 1908 S. 65.)

Auf Grund des § 15 des Schutzgebietsgesetzes vom 10. September 1900 (D. Kol. Bl. 1900 S. 690) und des § 5 der Verfügung des Reichskanzlers vom 27. September 1903 (D. Kol. Bl. 1903 S. 500) wird für das Inselgebiet der Karolinen, Palau, Marianen und Marshallinseln folgendes bestimmt:

Einziger Paragraph.

Die Verordnung des Gouverneurs von Deutsch-Neuguinea, betreffend die Einwanderung mittelloser nichteingeborener Personen, vom 12. August 1905 (D. Kol. Bl. S. 603)*) tritt mit dem 1. Januar 1908 auch im Inselgebiete der Karolinen, Palau, Marianen und Marshallinseln in Kraft.

*) D. Kol. Gesetzgeb. 1905 S. 242.

Mit diesem Zeitpunkte treten außer Kraft:

1. Die Verordnung, betreffend unterhaltlose Fremde (Kol. Gesetzgeb. Bd. I S. 608), vom 5. Juni 1889 für das Schutzgebiet der Marshallinseln;
2. die Verordnung vom 28. Juni 1900, betreffend unterhaltlose Fremde, für den Bezirk der Westkarolinen und Palau;*)
3. die Ausführungsbestimmungen zu der zu 2 genannten Verordnung vom 30. Dezember 1906.**)

Herbertshöhe, den 14. Oktober 1907.

Der Kaiserliche Gouverneur.
Hahl.

260. Bekanntmachung des Gouverneurs von Deutsch-Südwestafrika, betreffend die mit den Landungsverträgen für Swakopmund und Lüderitzbucht vom 10. Juli/10. August 1907 in Kraft getretenen Betriebs- und Signalordnungen sowie Tarife. Vom 15. Oktober 1907.

(Windhuker Nachrichten vom 17. Oktober 1907.)

Die gleichzeitig mit den neuen Landungsverträgen für Swakopmund und Lüderitzbucht***) heute in Kraft getretenen Betriebs- und Signalordnungen sowie die Tarife werden von den zuständigen Bezirksämtern durch Aushang veröffentlicht und liegen auf diesen sowie auf dem Bezirksamt in Windhuk zur Einsicht aus.

Windhuk, den 15. Oktober 1907.

Der Kaiserliche Gouverneur.
I. A.: v. Eschstruth.

261. Verfügung des Staatssekretärs des Reichs-Kolonialamts, betreffend die Errichtung eines Bezirksgerichts in Kribi (Kamerun). Vom 16. Oktober 1907.

(Kol. Bl. S. 1068.)

Auf Grund des § 15 des Schutzgebietsgesetzes (Reichs-Gesetzbl. 1900 S. 813) und des § 1 Nr. 7 der Verfügung des Reichskanzlers, betreffend die Ausübung der Gerichtsbarkeit in den Schutzgebieten Afrikas und der Südsee, vom 25. Dezember 1900 (Kol. Bl. 1901 S. 1) wird bestimmt:

1. Im Schutzgebiet Kamerun wird von dem Bezirke des Bezirksgerichts Duala ein südlicher Gerichtsbezirk abgetrennt, dessen Grenzen folgende sind:

Im Westen: der Atlantische Ozean von der Mündung des Campoflusses bis zur südlichen Mündung des Njong;

im Norden: der Njongfluß bis zur Einmündung des Kele (Nkéle), der Keleflluß bis zu seinem nördlichsten Punkte beim Dorfe Job-Kage, von da eine direkte Linie bis zur Sanagainsel Pondomin in der Nähe des elften Längengrades, von da der Sanaga (Lom) bis zur Quelle, von da eine Linie, die in genau östlicher Richtung auf die Landesgrenze stößt;

im Osten und Süden: die Landesgrenze.

*) D. Kol. Gesetzgeb. VI S. 249. — **) Nicht abgedruckt.
***) Oben Nr. 181 und 182. Vgl. auch die Anmerkungen hierzu.

Der zur Ausübung der Gerichtsbarkeit in diesem Bezirk ermächtigte Beamte hat seinen Amtssitz in Kribi.

2. Diese Verfügung tritt am 1. Januar 1908 in Kraft.

Berlin, den 16. Oktober 1907.

Der Staatssekretär des Reichs-Kolonialamts.
I. V.: Conze.

262. Runderlaſs des Gouverneurs von Deutsch-Südwestafrika, betreffend die Gewährung freier Überfahrt von Hamburg nach dem Schutzgebiete für Frauen, Familienangehörige, Bräute und Mädchen durch die Deutsche Kolonialgesellschaft in Berlin. Vom 17. Oktober 1907.

Um der Unklarheit zu steuern, die bei manchen Ämtern über die Bedingungen zu herrschen scheint, unter denen die Deutsche Kolonialgesellschaft die oben bezeichneten Vergünstigungen gewährt, bringe ich die wesentlichen derselben im nachstehenden zur Kenntnis:

a) Infolge eines Übereinkommens zwischen der Kolonialgesellschaft und der Woermann-Linie wird freie Überfahrt von Hamburg nach Swakopmund oder Lüderitzbucht für Frauen, Familienangehörige (Kinder), Bräute und Mädchen nur mit der Maßgabe bewilligt, daß die in Frage kommenden Personen die dritte Schiffsklasse benutzen und daß es nicht gestattet ist, daß diejenigen, die freie Fahrt in der dritten Klasse erhalten, durch Zuzahlung des Preisunterschiedes zwischen zweiter oder erster und dritter Klasse nunmehr in der zweiten oder ersten Klasse fahren.

b) Die Gesuche auf Gewährung freier Überfahrt sind durch das Gouvernement zu leiten. Sie haben nur Aussicht auf Erfolg, wenn sie von dem zuständigen Bezirks- oder Distriktsamt befürwortet werden und wenn amtlich bescheinigt wird, daß

1. bei Frauen, Familienangehörigen und Bräuten:

der Antragsteller in der Lage ist, seiner Familie — Frau — in angemessener Weise Unterkunft und Unterhalt zu gewähren und daß ferner begründete Aussicht vorhanden ist, daß er dauernd im Schutzgebiete bleibt;

2. bei weiblichem Dienstpersonal:

der Antragsteller verheiratet — wenn es der Fall — und gut beleumundet sowie ferner in der Lage ist, ein Mädchen bei sich aufzunehmen und ihren berechtigten Ansprüchen gerecht zu werden.

Die Bescheinigung ist auf einen besonderen (Kopf-)Bogen zu setzen und mit dem Dienststempel zu versehen.

Der Begleitbericht, der sich auch über die persönlichen Verhältnisse des Antragstellers zu verbreiten hat, ist ebenfalls auf besonderem Bogen zu erstatten, damit Antrag und Bescheinigung im Original weitergegeben werden können.

Bei Gesuchen um Überweisung von weiblichen Dienstboten wird es sich ferner empfehlen, den Antragsteller eine schriftliche Erklärung abgeben zu lassen, worin er sich zur Aufnahme des von der Kolonialgesellschaft zu sendenden Mädchens ausdrücklich verpflichtet.

Diese Erklärung ist bei den Akten aufzubewahren.

c) Anträgen auf nachträgliche Bewilligung der Überfahrtskosten oder von Beihilfen zu denselben wird grundsätzlich nicht mehr stattgegeben.

Windhuk, den 17. Oktober 1907.

Der Kaiserliche Gouverneur.
I. A.: Dr. Koramajer.

203. Runderlaſs des Gouverneurs von Deutsch-Südwestafrika, betreffend die Verleihung von Zuchttieren und die Wollschafzucht. Vom 17. Oktober 1907.

Eine Verleihung von Zuchttieren, ausgenommen Hengste, soll künftig grundsätzlich nicht mehr stattfinden. Die mit den Farmern abgeschlossenen Leihverträge bleiben bis zu ihrem Ablaufen bestehen. Alsdann kann dem Entleiher das Vorkaufsrecht unter Festsetzung eines angemessenen Verkaufspreises eingeräumt werden. Verzichtet der Entleiher auf den Erwerb der Tiere, so findet ein freihändiger Verkauf oder eine Versteigerung statt. Zuchtuntauglich gewordene Tiere sind unter Übernahme auf den Verpflegungsfonds als Schlachtvieh zu verwerten . . . . .

Das Gouvernement wird indessen die Einfuhr von Zuchttieren auf jede Art fördern und insbesondere reinrassige Merinoschafe und Angoraziegen einführen und zu billigen Preisen an Farmer verkaufen.

Ich will bei dieser Gelegenheit auf einige Punkte hinweisen, die bei der Haltung frisch importierter Merinoschafe zu beachten sind. Diese Schafe müssen wenigstens im Anfang getrennt von den Fettschwanzschafen von einem besonderen zuverlässigen Hirten gehütet werden, wobei die Ufer der Flußbette zu vermeiden sind; das Weidefeld soll in der Nähe des Kraales und der Wasserstelle liegen, damit den noch nicht akklimatisierten Tieren fortgesetzte körperliche Überanstrengungen erspart bleiben und das Durchlaufen der Klauen vermieden wird. Sehr vorteilhaft für die Akklimatisation der Schafe ist im Anfang ein Beifutter von Luzerne. Jeder Farmer, der sich einen Stamm edler Merinoschafe kauft, sollte nicht versäumen, sich vorher ein Luzernefeld anzulegen.

Die Kreuzung von Merinoböcken mit den afrikanischen Fettschwanzschafen ist nicht zu empfehlen, da sich auf diesem Wege nur eine minderwertige Wolle erzielen läßt. Die Kreuzungswollen, die z. B. das sogenannte Kapsche Wollschaf liefert, finden zwar in der Industrie eine ausgedehnte Verwendung, sie werden jedoch im Verhältnis zu den guten Merinowollen nur gering bezahlt. Während man den jährlichen Wollertrag eines Merinoschafes mit 8 bis 9 M. berechnen kann, beträgt der Erlös eines Kreuzungsschafes besserer Qualität etwa die Hälfte.

Es wird sich daher für unsere Kolonie empfehlen, die Wollschafzucht mit der Haltung reiner Merinos zu beginnen und Kreuzungszucht von vornherein nach Möglichkeit auszuschließen. Wenn auch, wie oben ausgeführt, die importierten Tiere einer sorgsamen Pflege bedürfen, so wird diese erste Mühe durch die im Lande geborene Nachzucht und den hohen Gewinn aus der Wolle reichlich gelohnt werden.

Das Gouvernement wird Mitte nächsten Jahres aus Deutschland zunächst etwa 500 Merinoschafe beziehen und an solche Farmer verkaufen, die Reinzucht zu treiben beabsichtigen.

Bei der Kreuzung von reinrassigen Angorabücken mit den afrikanischen Ziegen sind die Aussichten erheblich günstiger als bei der Wollschafzucht. Wenn weiße und möglichst kurzhaarige Ziegen zur Kreuzungszucht verwandt werden, kann schon in der vierten oder fünften Generation ein hochwertiges Mohair erzielt werden. Da jedoch bei der Kreuzungszucht der volle wirtschaftliche Ertrag erst nach einer Reihe von Jahren eintreten kann, ist es naturgemäß vorzuziehen, auch die Angorazucht mit einer reinrassigen Herde zu beginnen. In nächster Zeit wird das Gouvernement in der Lage sein, größere Herden Angoras nach Deutsch-Südwestafrika einzuführen.

Ich ersuche, den Farmern des dortigen Bezirks von dem Inhalt dieser Verfügung in geeigneter Weise Kenntnis zu geben.

Windhuk, den 17. Oktober 1907.

Der Kaiserliche Gouverneur.
I. A.: Dr. Kornmajer.

264. Runderlafs des Gouverneurs von Kamerun, betreffend Auflösung des Postens Tinto. Vom 18. Oktober 1907.

Der bisher*) der Station Dschang unterstellte Posten Tinto wird aufgehoben. Das Gebiet des bisherigen Postens wird der Station Ossidinge zugeteilt.

Buea, den 18. Oktober 1907.

Der Gouverneur.
Seitz.

265. Bekanntmachung des Gouverneurs von Kamerun, betreffend Sperrung eines Teils des Bezirks Bamenda. Vom 19. Oktober 1907.

(Kol. Bl. 1908 S. 1.)

Die im Nordwesten des Bezirks Bamenda gelegenen Landschaften Muntschi, Bafum und Widekum können wegen der andauernd feindlichen Haltung der dort angesessenen Stämme von Europäern und nicht angesessenen Eingeborenen ohne Gefahr für Leib und Leben nicht betreten werden.

Da diese Landschaften sonach als nicht reif für die unbeschränkte Aufnahme des öffentlichen Verkehrs im Sinne der Verordnung vom 13. April 1907**) bezeichnet werden müssen, wird hiermit verfügt:

Auf Grund des § 1 der Verordnung vom 13. April 1907, betreffend die Sperrung unruhiger oder noch nicht verkehrsreifer Gebiete im Schutzgebiete Kamerun (D. Kol. Bl. 1907 Nr. 13 S. 600)**) wird der in anliegender Kartenskizze***) bezeichnete nordwestliche Teil des Bezirks Bamenda als „gesperrtes Gebiet" im Sinne der angezogenen Verordnung erklärt.

Das gesperrte Gebiet ist begrenzt:

im Nordwesten durch die deutsch-englische Grenze von dem Schnittpunkt der Bezirke Ossidinge und Bamenda bei Aligeti nördlich bis zum Katsenafluß, im Norden durch den Katsenafluß bis in die Höhe des Dorfes Lu,

im Osten durch eine Linie, welche vom Katsenafluß nach Süden läuft und zunächst die Landschaft Bum so schneidet, daß die Dörfer Lu, Banku und Isso

*) Durch R. E. v. 10. Mai 1907, oben Nr. 138.
**) Oben Nr. 115.
***) Kol. Bl. 1908 S. 3.

in das gesperrte Gebiet fallen, dann aber der Ostgrenze der Landschaften Bekom, Bafut und Bameta folgt, im Süden durch den Steilabhang des Plateaus von Foreongmun bis zur deutsch-englischen Grenze, d. h. durch die Grenze zwischen den Bezirken Bamenda und Ossidinge unter Einschluß der Orte Widekum, Bamunbé und Befang.

Die von Bamenda über Bum nach Kentu führende Straße liegt außerhalb des gesperrten Gebietes.

Unter Hinweis auf die Bestimmungen der Verordnung vom 13. April 1907 wird besonders darauf aufmerksam gemacht, daß Nichteingeborenen und Angehörigen anderer als der in dem gesperrten Gebiet ansässigen farbigen Stämme der Aufenthalt in dem gesperrten Gebiet nur nach Einholung einer schriftlichen Erlaubnis der Station Bamenda gestattet ist.

Buea, den 10. Oktober 1907.

Der Gouverneur.
Seitz.

266. Verfügung des Reichskanzlers, betreffend die Übertragung seemannsamtlicher und konsularischer Befugnisse an den Bezirksrichter in Kribi.*) Vom 20. Oktober 1907.

(Kol. Bl. S. 1083.)

Auf Grund des § 5 der Seemannsordnung vom 2. Juni 1902 (Reichs-Gesetzbl. S. 175) und der §§ 8 und 15 des Schutzgebietsgesetzes (Reichs-Gesetzbl. 1900 S. 813) wird hiermit für das Schutzgebiet Kamerun verfügt, was folgt:

§ 1. Der Bezirksrichter in Kribi wird zum Seemannsamt bestellt.

§ 2. Die Bestimmungen des § 1 Abs. 2 und der §§ 2 bis 4 der Verfügung, betreffend die seemannsamtlichen und konsularischen Befugnisse und das Verordnungsrecht der Behörden in den Schutzgebieten Afrikas und der Südsee, vom 27. September 1903 gelten auch für das Seemannsamt und den Bezirksrichter in Kribi.

§ 3. Diese Verfügung tritt am 1. Januar 1908 in Kraft.

Kl. Flottbeck, den 20. Oktober 1907.

Der Reichskanzler.
Fürst v. Bülow.

267. Verordnung des Gouverneurs von Samoa wegen Änderung der Verordnung vom 25. Mai 1903, betreffend den Ladenschluſs. Vom 21. Oktober 1907.

(Gouv. Bl. III Nr. 59.)

Auf Grund des § 15 des Schutzgebietsgesetzes (Reichs-Gesetzbl. 1900 S. 813) in Verbindung mit § 5 der Verfügung des Reichskanzlers vom 27. September 1903, betreffend die seemannsamtlichen und konsularischen Befugnisse und das Verordnungsrecht der Behörden in den Schutzgebieten Afrikas und der Südsee (Kol. Bl. S. 509), wird verordnet, was folgt:

*) Vgl. oben Nr. 261.

Einziger Paragraph.

An die Stelle des § 1 Abs. 1 der Gouvernementsverordnung vom 25. Mai 1903 (Gouv. Bl. Bd. III Nr. 24)*) tritt folgende Vorschrift:

„Ladenbesitzer müssen ihre Läden an Wochentagen von 6 Uhr abends, Sonnabends von 7 Uhr abends, bis 7 Uhr morgens sowie eine Stunde mittags geschlossen halten."

Vailima, den 21. Oktober 1907.

Der Kaiserliche Gouverneur.
Solf.

268. Allgemeine Verfügung des Preufsischen Justizministers vom 24. Oktober 1907, wegen des bei der Pfändung der Gehälter oder der Pensionen von Beamten der Schutzgebiete zu beobachtenden Verfahrens.**)

(Preuß. Just. Minist. Bl. S. 347.)

Allgemeine Verfügung vom 16. Februar 1904 (Just. Minist. Bl. S. 47).***)

Nachdem durch den Allerhöchsten Erlaß vom 17. Mai d. J. (Reichs-Gesetzbl. S. 239)†) bestimmt worden ist, daß die mit dem Auswärtigen Amte verbundene Kolonial-Abteilung nebst dem Oberkommando der Schutztruppen fortan eine besondere, dem Reichskanzler unmittelbar unterstellte Zentralbehörde unter der Benennung „Reichs-Kolonialamt" zu bilden hat, ist für die Entgegennahme von Zustellungen an den Reichskanzler als Vertreter eines Schutzgebietsfiskus an die Stelle des Auswärtigen Amts das Reichs-Kolonialamt getreten, dessen Geschäftslokal sich hierselbst W. 8 Wilhelmstraße Nr. 62 befindet.

Berlin, den 24. Oktober 1907.

Der Justizminister.
Dr. Beseler.

269. Verordnung des Gouverneurs von Deutsch-Südwestafrika, betreffend die Ausfuhr von Angoraziegen. Vom 24. Oktober 1907.

(Kol. Bl. 1908 S. 4.)

Auf Grund des § 6 der Zollverordnung für das deutsch-südwestafrikanische Schutzgebiet vom 31. Januar 1903††) wird hiermit verordnet, was folgt:

Hinter Tarifnummer B 2 des Zolltarifs†††) ist folgende Tarifnummer einzuschalten:

B 2a. Angoraziegen, männliche und weibliche, 1 Stück 2000 M.

Dieser Ausfuhrzoll wird nicht erhoben bei der Ausfuhr nach solchen südafrikanischen Staaten, welche die Ausfuhr von Angoraziegen mit dem gleichen Zoll belasten.

Windhuk, den 24. Oktober 1907.

Der Gouverneur.
v. Schuckmann.

*) D. Kol. Gesetzgeb. 1903 S. 116.

**) Entsprechende Verfügungen sind demnächst auch von den Justizverwaltungen der übrigen Bundesstaaten erlassen worden. Zum Teil ist in diesen der Reichskanzler (Reichs-Kolonialamt) als die zur Vertretung der Schutzgebietsfisci zuständige Behörde bezeichnet.

***) D. Kol. Gesetzgeb. 1904 S. 45.

†) Oben Nr. 148. — ††) D. Kol. Gesetzgeb. 1903 S. 12. — †††) Oben Nr. 55.

270. Verfügung des Gouverneurs von Deutsch-Südwestafrika, betreffend Ermittlung des Gewichts zu verzollender Waren. Vom 24. Oktober 1907.

Bei der Gewichtsermittlung der der Gewichtsverzollung unterliegenden Waren*) ersuche ich, wie folgt, zu verfahren:

1. Das Brutto- bzw. Nettogewicht zollpflichtiger Waren ist bis auf 50 g oder das Vielfache dieses Gewichts festzustellen. Gewichtsteile, welche bei einem Schalengange, d. h. dem einzelnen Wiegeakte, die angegebene Grenze nicht erreichen, bleiben außer Betracht. In die Abfertigungspapiere sind nur die abgerundeten Gewichte einzutragen.

2. Bei der Ermittlung des Nettogewichts durch Abzug der tarifmäßigen Tara vom Bruttogewicht ist das Nettogewicht auf 50 g oder das Vielfache dieses Gewichts nach unten abzurunden.

Zur Vermeidung von Zweifeln bemerke ich, daß unter Kisten und Fässern im Sinne der tarifmäßigen Tarasätze nur solche aus Holz zu verstehen sind. Auf Blechkisten, eiserne Fässer usw. finden mithin die Tarasätze des Tarifs keine Anwendung.

3. Vom Gewichtszolle befreit bleiben alle Waren in Mengen unter 50 g.

Windhuk, den 24. Oktober 1907.

Der Kaiserliche Gouverneur.
I. A.: v. Heydebreck.

271. Runderlaß des Gouverneurs von Kamerun, betreffend Beschränkung der Erlaubnis zum Kleinhandel mit geistigen Getränken. Vom 28. Oktober 1907.

(Kol. Bl. 1908 S. 2.)

Um ein weiteres Umsichgreifen des Alkoholmißbrauches im Schutzgebiet zu verhindern, bestimme ich auf Grund der Verordnungen vom 20. Dezember 1900 (Kol. Bl. 1901 S. 145)**) und vom 4. November 1904 (Kol. Bl. 1905 S. 39),***) daß in solchen Bezirken, in denen der Genuß importierter alkoholischer Getränke bis jetzt noch unbekannt ist, die Erlaubnis zum Kleinhandel mit geistigen Getränken jeder Art und deren Ausschank nicht gegeben werden darf.

In denjenigen Bezirken, in welchen der Kleinhandel mit geistigen Getränken und deren Ausschank zur Zeit bereits betrieben wird, dürfen die Lokalverwaltungsbehörden von der ihnen durch die Verordnung vom 4. November 1904 gegebenen Befugnis zur Erteilung der Erlaubnis zum Kleinhandel und der Errichtung neuer Schankstellen nur in ganz besonderen Ausnahmefällen und nur nach Einholung meiner Genehmigung Gebrauch machen.

Buea, den 28. Oktober 1907.

Der Gouverneur.
Seitz.

*) Vgl. den Zolltarif vom 13. Februar 1907, oben Nr. 55.
**) D. Kol. Gesetzgeb. VI S. 265.
***) D. Kol. Gesetzgeb. 1904 S. 249.

272. Runderlafs des Gouverneurs von Deutsch-Südwestafrika, betreffend Forderung eines Kapitalnachweises bei Farmverkäufen. Vom 29. Oktober 1907.

Bisher ist davon abgesehen worden, bei neuen Ansiedlern einen bestimmten Kapitalsnachweis zu verlangen. Im allgemeinen sind Farmen auch an solche Leute verkauft worden, denen nur sehr geringe Geldmittel zur Verfügung standen.

Ein solches Verfahren ist auf die Dauer nicht unbedenklich. Es liegt die Gefahr nahe, daß solche Ansiedler niemals wirtschaftlich erstarken werden, weil die Inbetriebnahme einer Farm zu teuer ist und Nebenverdienst wohl früher möglich war, jetzt aber nur selten gefunden werden kann. Die Folge davon ist, daß ein Farmerproletariat aufkommen kann, die zwar ihr Leben auf der Farm fristen werden, aber nichts zur Entwicklung des Landes tun können.

Eine bestimmte Kapitalsumme unbedingt zu fordern, ist mißlich, weil es nicht zwei Fälle gibt, die gleich beurteilt werden können. Im allgemeinen wird man aber fordern müssen, daß 10 000 M. das mindeste ist, was zum Beginn eines Farmbetriebes erforderlich ist.

Hiervon kann nur dann abgesehen werden, wenn der Bewerber das Schutzgebiet schon lange Jahre genau kennt, wenn er die Gewähr bietet, daß er versteht, mit den Eingeborenen umzugehen, und wenn er anspruchslos ist, kurz im Pontok zu leben auf der Farm beginnen will. Das Gouvernement ist nur ganz vereinzelt in der Lage, beurteilen zu können, ob diese Voraussetzungen vorliegen. Dies ist Sache der Lokalbehörden, und ich erwarte, daß in solchen Fällen es geprüft und erwogen wird, ob der Bewerber geeignet ist oder nicht.

Eine kurze, klare Berichterstattung ist über das Ergebnis erwünscht.

Besitzt jemand Vermögen und will er sich damit auf einen Farmbetrieb einlassen, wird er selbst prüfen, ob er in der Tat damit weiterkommt. Da ist es nicht erforderlich, von seiten der Behörde alles zu prüfen und erwägen, das kann dem Bewerber überlassen werden.

Kann jemand also den Besitz von 10 000 M. in Geld oder Werten für die Farm sicher nachweisen und liegen sonst keine besonderen Bedenken gegen ihn vor, so verkaufen wir ruhig. Die Ansiedlungsbeihilfe kann dann sogleich gewährt werden, sobald er die Farm ordentlich in Betrieb genommen hat.

Besitzt jemand nicht 10 000 M. Vermögen, so ist die gedachte Prüfung im eigenen Interesse der Bewerber notwendig. Bietet ein solcher Mann genügende Sicherheit, so wird auch er die Beihilfe erhalten. Es handelt sich hierbei aber immer um Ausnahmen, geben wir jedoch solchem Manne die Farm, so muß er auch die Beihilfe erhalten, damit er weiterkommt.

Am richtigsten würde ich es halten, die Farmen teurer zu verkaufen, ein Drittel anzahlen, den Rest eintragen zu lassen, dann keine Bedingungen zu stellen und uns um weiteres nicht zu kümmern. Allein das geht nach den Bestimmungen nicht, denen ich mich zu fügen habe.

Was die Kleinsiedlungen betrifft, so bitte ich dieselben nicht zu forcieren. Eine Ansiedlungsbeihilfe kann in diesen Fällen auch nur gewährt werden, wenn der Siedler schon Werte auf der Siedlung geschaffen hat. Es scheint mir bedenklich, mit den Kleinsiedlungen z. Zt. noch weiter vorzugehen; nur wo sichere Absatzmöglichkeit und leichte Bewässerung vorhanden ist, können sie gegenwärtig Erfolg versprechen. Es ist aber nicht Sache der Behörde, jemand davon abzuhalten, es ist Sache des einzelnen, zu erwägen, ob er es tun will oder nicht. Hat er sein Geld hineingesteckt und etwas geschaffen, so soll er auch gern Beihilfe erhalten. Indessen wollen wir ihn nicht durch die Beihilfe verleiten, Kleinsiedler zu werden, wenn er nachher nicht existieren kann.

Mit den Anträgen auf Beihilfe ist daher besonders sorgsam zu verfahren. Auch hier ist zu prüfen, ob die Beihilfe wirklich dem Empfänger dauernd nützt und für den Staat nicht verloren ist. Das Reich hat das Geld nicht dazu gegeben, daß die Ansiedler alte Schulden damit bezahlen und es sorglos wegwerfen, sondern daß es die Grundlage für eine dauernde Existenz in dem Schutzgebiete ist.

Windhuk, den 29. Oktober 1907.

Der Kaiserliche Gouverneur.
v. Schuckmann.

273. Polizeiverordnung des Bezirksamtmanns zu Windhuk, betreffend die Fäkalien- und Müllabfuhr. Vom 30. Oktober 1907.

Auf Grund des § 15 des Schutzgebietsgesetzes vom 25. Juli 1900, der §§ 5 und 6 der Reichskanzlerverfügung vom 27. September 1903, die seemannsamtlichen usw. Befugnisse usw. betreffend, und der Verfügung des Gouverneurs von Deutsch-Südwestafrika vom 23. November 1903, betreffend Übertragung des Verordnungsrechts, ergeht für die Stadt Windhuk folgende Verordnung.

§ 1. Die Abortgefäße sind zu entleeren, sobald sie zu drei Vierteln gefüllt sind, jedenfalls aber zweimal wöchentlich.

Die Müllgruben bzw. Müllgefäße sind zu entleeren, sobald sie gefüllt sind, jedenfalls aber zweimal monatlich.

§ 2. Unter jedem Abortsitz muß sich ein metallenes, wasserdichtes, die Brille mindestens 3 cm nach jeder Seite überragendes Gefäß befinden.

§ 3. Die Abfuhr der Fäkalien muß mittels wasserdichten verschlossenen Kastenwagens, die des Mülles mittels verdeckten Abfuhrwagens bewerkstelligt werden.

§ 4. Die Entleerung der Abortgefäße und der Müllwagen darf nur an den vom Bezirksamt bestimmten Stellen erfolgen.

§ 5. Die zur Abfuhr benutzten Wagen sowohl wie auch die Abortgefäße sind an den Abladestellen nach der Entleerung sorgfältig zu reinigen.

§ 6. Für die Einhaltung der Bestimmungen unter §§ 1 bis 5 ist der Grundstückseigentümer verantwortlich. Zuwiderhandlungen werden, sofern nicht eine andere Strafbestimmung verletzt ist, mit Geldstrafe bis zu 150 M. oder mit Haft bestraft.

§ 7. Gegenwärtige Verordnung tritt am 15. Dezember 1907 in Kraft.

Windhuk, den 30. Oktober 1907.

Der Kaiserliche Bezirksamtmann.
Narciss.

274. Verordnung des Gouverneurs von Deutsch-Ostafrika, betreffend Abänderung und Ergänzung der Verordnung vom 23. Januar 1904, betreffend die Besorgung des Geldverkehrs für Privatleute durch die Kassen des Kaiserlichen Gouvernements von Deutsch-Ostafrika. Vom 31. Oktober 1907.

(Amtl. Anz. Nr. 26.)

Auf Grund des § 15 Abs. 3 des Schutzgebietsgesetzes (Reichs-Gesetzbl. 1900 S. 813) in Verbindung mit der Verfügung des Reichskanzlers vom 27. September 1903 (Kol. Bl. S. 509) wird zur Abänderung und Ergänzung der Verordnung vom 23. Januar 1904, betreffend die Besorgung des Geldverkehrs für Privatleute durch die Kassen des Kaiserlichen Gouvernements von Deutsch-Ostafrika,*) verordnet, was folgt:

Artikel 1.

In § 6 Ziffer 3 der genannten Verordnung treten für die nachstehend aufgeführten Kassen an die Stelle der bisherigen Sätze folgende:

nach	Tabora	35	vom	Tsd.
„	Udjidji	38	„	„
„	Muansa	31½	„	„
„	Bukoba	34	„	„
„	Schirati	26	„	„
„	Bismarckburg	38	„	„
„	Usumbura	39	„	„
„	Amani	2	„	„

Artikel 2.

In § 6 Ziffer 3 ist hinter „nach Amani 2 vom Tsd." einzufügen: nach Ruanda 36½ vom Tsd.

Artikel 3.

Diese Verordnung tritt für jede Kasse mit dem Tage ihres Bekanntwerdens in Kraft.

Daressalam, den 31. Oktober 1907.

Der Kaiserliche Gouverneur.
I. V.: v. Winterfeld.

275. Verfügung des Gouverneurs von Deutsch-Südwestafrika, betreffend Mietsentschädigungen. Vom 1. November 1907.**)

Mit Rücksicht auf den in allen Orten des Schutzgebietes herrschenden Mangel an amtlichen Wohnungen und auf die teuren Preise der Mietswohnungen will ich genehmigen, daß vom 1. Oktober 1907 ab bis auf weiteres Beamten und Angestellten des Gouvernements, die Anspruch auf freie Wohnung haben, als Mietsentschädigung die nachweisbar baren Mietsauslagen, jedoch im Höchstfalle nur bis zur doppelten Höhe der in §§ 3 und 4 der Wohnungsordnung***) vorgesehenen Sätze gezahlt werden.

*) D. Kol. Gesetzgeb. 1904 S. 83.
**) Vgl. auch den R. E. vom 23. August 1907, oben Nr. 220.
***) D. Kol. Gesetzgeb. V S. 88.

Die Höchstsätze der bis auf weiteres zu zahlenden Mietsentschädigungen sind also folgende:

Für die in § 3 der Wohnungsordnung bezeichneten Beamten	In Windhuk und Lüderitzbucht		An den übrigen Orten des Schutzgebiets	
	ledig M	verheiratet M	ledig M	verheiratet M
Absatz a	160	240	106	159
" b	120	180	80	120
" c	80	120	53	79,50
" d	60	90	50	75

Wegen der besonders teuren Lebensverhältnisse in Lüderitzbucht sind dort dieselben Sätze zuständig wie in Windhuk.

Vor der Zahlung einer erhöhten Mietsentschädigung ist von der zuständigen Verwaltungsstelle zu bescheinigen, daß die in Rechnung gestellte Summe von dem betreffenden Beamten tatsächlich gezahlt und nach den örtlichen Verhältnissen angemessen ist. Soweit als möglich, ist die Quittung über gezahlte Miete beizubringen. Ein Mieten von Wohnräumen usw. findet nach der Verfügung vom 8. Dezember 1906*) amtlicherseits nicht statt.

Auch ist es selbstredend, daß die Größe und Ausstattung der von den Beamten gemieteten Wohnungen das Maß der nach der Wohnungsordnung zuständigen Räume nicht überschreiten darf.

Außerdem ist auch nur dann die Zahlung einer Mietsentschädigung zulässig, wenn die vorhandenen Dienstwohnungen nach den Bestimmungen der Wohnungsordnung voll belegt sind.

Im übrigen wird darauf hingewiesen, daß die erhöhten Zubilligungen stets widerruflich sind und ein Rechtsanspruch darauf nicht besteht.

Sobald die örtlichen Verhältnisse es gestatten, sind die in der Wohnungsordnung vorgesehenen Sätze allgemein wieder einzuführen.

Windhuk, den 1. November 1907.

Der Kaiserliche Gouverneur.
I. A.: v. Heydebreck.

276. Bekanntmachung des Chinesen-Kommissars in Samoa, betreffend den Besitz und die Abgabe von Opium. Vom 1. November 1907.

(Gouv. Bl. III Nr. 69.)

Zur Behebung von Zweifeln darüber, ob auch der unrechtmäßige Besitz von Opium strafbar ist, wird auf Anordnung Seiner Exzellenz des Herrn Gouverneurs hiermit bekannt gegeben, daß nur derjenige Opium zu Recht besitzt, der es auf Grund eines Erlaubnisscheines von der Verkaufsstelle des Gouvernements erhalten hat. Wer Opium, das er auf diese Weise erhalten hat, an andere abgibt, sei es durch Verkauf oder Schenkung, macht sich strafbar, denn er handelt der Bestimmung der Verordnung**) zuwider, daß nur die Verkaufsstelle des Gouvernements Opium abgeben kann. Ebenso macht sich derjenige strafbar, der solches Opium kauft oder sich schenken läßt, denn er handelt der Bestimmung der Ver-

*) Nicht abgedruckt.
**) Vom 20. April 1905, D. Kol. Gesetzgeb. 1905 S. 134.

ordnung zuwider, daß Opium nur an solche Personen verabfolgt werden darf, die im Besitze eines Erlaubnisscheines sind. Der Erlaubnisschein, den er etwa im Besitz hat, bezieht sich lediglich auf die Portion Opium, die er selbst befugt ist, von der Verkaufsstelle zu erhalten.

Apia, den 1. November 1907.

Der Chinesen-Kommissar.
Fries.

277. Runderlafs des Gouverneurs von Kamerun, betreffend neue Abgrenzung der Bezirke Jabassi, Duala und Dschang. Vom 2. November 1907.

Von dem Bezirk der Station Jabassi*) wird der westliche Teil abgetrennt. Derselbe wird begrenzt:

im Osten: durch eine Linie, welche vom Einfluß des Bome in den Dibombe an der Ostseite der Landschaften Nkum, Ndokupenda, Ntabakko und Babong nach Norden läuft, bei Babong den Tingefluß trifft und sodann der bisherigen Grenze mit dem Posten Bare folgt.,

im Norden: durch den Bezirk des Postens Bare,

im Westen: durch den Bezirk Johann-Albrechtshöhe vom Kupeberg bis zum Diadiasee,

im Süden: durch den Bomefluß bis zu dessen Einmündung in den Dibombefluß (Grenze mit dem Bezirk Duala).

Der südliche Teil des abgetrennten Gebietes wird dem Bezirksamt Duala, der nördliche dem Posten Bare zugeteilt. Die neue Grenzlinie zwischen diesen beiden schneidet, von der Grenze des Bezirks Johann-Albrechtshöhe ausgehend, die Bahntrace zwischen Mameto und Lum und trifft südlich Tinga (Singa) den Tingefluß. Dem Posten Bare fallen demnach neu zu die Landschaften Manengoteng, Manbers und Lum, dem Bezirksamt Duala die Landschaften Babong, Ntabakko, Mfan, Ndokupenda, Ngombe und Nkum.

Buea, den 2. November 1907.

Der Gouverneur.
Seitz.

278. Bekanntmachung des Gouverneurs von Togo, betreffend Gewährung einer Zollrückvergütung für Petroleum, welches zum Antrieb der in den Baumwollentkernungsanlagen verwendeten Explosionsmotoren gedient hat. Vom 4. November 1907.

(Amtsbl. S. 317.)

Auf Grund des § 3 der Verordnung vom 10. Januar 1907,**) betreffend Zollfreiheit von Benzin, Spiritus und Petroleum bei ihrer Verwendung zu motorischen Zwecken, bestimme ich hiermit, daß der gezahlte Zoll auf Petroleum, welches zum Antrieb der in den Baumwollentkernungsanlagen verwendeten Explosionsmotoren gedient hat, zurückvergütet wird, und zwar dergestalt, daß die Zollrückvergütung nach dem Gewicht der ausgeführten Rohbaumwolle berechnet wird.

*) Vgl. D. Kol. Gesetzgeb. 1906 S. 316.
**) Oben Nr. 26.

Die angestellten Ermittlungen haben ergeben, daß die z. Z. im Schutzgebiet aufgestellten Motoren zum Entkernen eines versandfertigen Ballens Rohbaumwolle im Gewicht von durchschnittlich 250 kg brutto je 5,5 l Petroleum verbrauchen.

Es wird daher für je 250 kg seewärts, in handelsüblicher Verpackung ausgeführter Rohbaumwolle, welche in einer der unten näher bezeichneten Anlagen entkernt worden ist, eine Zollrückvergütung von 0,30 M. gewährt.

Für die zur Ausfuhr bestimmten Ballen Baumwolle, für welche eine Zollrückvergütung in Anspruch genommen wird, ist auf dem betr. Zollamt eine besondere Ausfuhranmeldung abzugeben und darin außer dem Rohgewicht des Ballens auch ersichtlich zu machen, in welcher Anlage die Baumwolle entkernt ist; auf Erfordern ist ein Nachweis hierüber zu erbringen. Diese Ausfuhranmeldungen sind spätestens 24 Stunden vor der beabsichtigten Ausfuhr dem Zollamt zu übergeben.

Der gezahlte Zoll wird nach erfolgter Ausfuhr der Baumwolle zurückvergütet, und zwar erstmalig für die im Rechnungsjahr 1907 verschiffte Rohbaumwolle.

Eine Rückvergütung des gezahlten Petroleumzolles kann nach stattgefundener Ausfuhr z. Z. nur für diejenige Baumwolle gewährt werden, welche in folgenden Anlagen entkernt worden ist:

a) Entkernungsanlagen der Deutschen Togogesellschaft in Ilo und Palime, des Kolonial-Wirtschaftlichen Komitees in Sagada.

b) Entkernungsanlagen der Togobaumwollgesellschaft in Palime und Atakpame.

Lome, den 4. November 1907.

Der Gouverneur.
Graf Zech.

279. Verfügung des Gouverneurs von Deutsch-Ostafrika, betreffend die Verpflegungsvorschriften. Vom 12. November 1907.

(Amtl. Anz. Nr. 26.)

Auf Anordnung des Reichs-Kolonialamts*) wird der durch Runderlaß vom 11. August 1897, L. G. S. 140,**) dem § 7 der Vorschriften über die Verpflegung des europäischen Zivil- und Militärpersonals angehängte Zusatz dahin abgeändert, daß im Eingang die Worte

„ist auch dann zuständig"

ersetzt werden durch die Worte

„kann auch dann gewährt werden".

Daressalam, den 12. November 1907.

Der Kaiserliche Gouverneur.
I. V.: v. Winterfeld.

280. Runderlaß des Gouverneurs von Kamerun, betreffend den Verkehr der Behörden des Schutzgebiets mit dem Publikum. Vom 14. November 1907.

Während meiner erst kurzen Tätigkeit im Schutzgebiet habe ich mit Bedauern bemerkt, daß im Schriftverkehr zwischen Behörden und Privaten mit-

*) Oben Nr. 233. — **) D. Kol. Gesetzgeb. VI S. 115.

unter diejenige Ruhe und Sachlichkeit zu vermissen ist, welche zu einer ersprießlichen Erledigung der Geschäfte im beiderseitigen Interesse notwendig ist. Ich habe bei den Besprechungen, welche ich in letzter Zeit an verschiedenen Orten des Schutzgebiets mit Vertretern aller Berufsstände gehabt habe, immer wieder darauf hingewiesen, wie wenig es zu einer glatten Erledigung der Geschäfte beiträgt, wenn in Eingaben an die Behörden des Schutzgebiets das Gewicht der vorgebrachten Gründe durch Beleidigungen gegen einzelne Beamte und Offiziere verstärkt werden soll. Ich habe überall die Interessenten ersucht, in ihren Eingaben alle persönlichen Ausfälle zu vermeiden, muß aber auf der anderen Seite erwarten, daß sich auch die Behörden des Schutzgebiets im Verkehr mit Privaten, und zwar sowohl im mündlichen wie im schriftlichen, der strengsten Sachlichkeit befleißigen. Ich mache besonders auf folgende Punkte aufmerksam:

1. Bei jedem amtlichen Bescheide und jeder amtlichen Auflage sind stets in kurzer Fassung die Gründe und diejenigen gesetzlichen und Verordnungsbestimmungen anzugeben, auf welchen die Verfügung beruht;

2. es ist anzugeben, ob und an wen und binnen welcher Frist die Beschwerde zulässig ist;

3. handelt es sich um amtliche Auflagen, bei welchen von dem Betroffenen die Durchführung einer Anordnung durch eine Handlung, wie z. B. Niederreißen von Baulichkeiten usw. verlangt wird, so ist für die Durchführung der Anordnung stets eine den Verhältnissen angemessene Frist zu setzen;

4. In den Gründen zu einer amtlichen Entscheidung sind Momente persönlicher Art wegzulassen, sofern nicht auf Grund gesetzlicher oder Verordnungsvorschriften, wie z. B. bei der Erlaubnis zur Waffenführung, die persönliche Zuverlässigkeit des Gesuchstellers für den Ausfall der Entscheidung maßgebend ist. Aber auch in diesen Fällen sind lediglich Tatsachen anzuführen und alle Bemerkungen, welche formell verletzend wirken, zu vermeiden;

5. es ist nicht zulässig, in der Begründung amtlicher Entscheidungen einem Gesuchsteller Motive unterzuschieben, welche er nicht selbst zum Ausdruck gebracht hat oder welche nicht durch Tatsachen zu erweisen sind.

Ich ersuche die Behörden des Schutzgebiets im Verkehr mit Privaten in Zukunft die oben bezeichneten Gesichtspunkte genau zu beachten.

Buea, den 14. November 1907.

Der Gouverneur.
Seitz.

281. Runderlaß des Gouverneurs von Kamerun, betreffend die Verpflegungsvorschriften (Trägergestellung). Vom 15. November 1907.

Auf Befehl des Reichs-Kolonialamts bestimme ich, daß die durch den Runderlaß vom 9. Oktober 1906*) bekannt gegebene Änderung der §§ 10 und 17 der Verpflegungsvorschriften nicht erst vom 1. Oktober 1906, sondern bereits vom 30. September 1904 ab in Kraft tritt.

Buea, den 15. November 1907.

Der Gouverneur.
Seitz.

*) D. Kol. Gesetzgeb. 1906 S. 319.

282. Verfügung des Gouverneurs von Togo, betreffend Abschlufs von Dienstverträgen mit farbigen Angestellten des Gouvernements. Vom 15. November 1907.

(Amtsbl. S. 246.)

Zum Abschluß von Dienstverträgen mit den in der Verfügung des Gouverneurs vom 19. Januar 1907, betreffend die Regelung der Bezüge der farbigen Angestellten für die Dienststellen in Lome und bei den Bezirksämtern (Amtsbl. S. 51),*) näher bezeichneten farbigen Angestellten ist das nachstehende Muster anzuwenden. Entgegenstehende Anordnungen werden hiermit aufgehoben.

Lome, den 15. November 1907.

Der Gouverneur.
Graf Zech.

Vertrag.

Zwischen dem Kaiserlichen Gouvernement von Togo, vertreten durch den . . . . zu . . . .

einerseits

und dem Eingeborenen . . . . aus . . . .

andererseits

wird folgender Vertrag abgeschlossen:

§ 1.

. . . . wird mit Wirkung vom . . . . . . für den festen Zeitraum von fünf Jahren als . . . . angenommen. Seine Vergütung wird festgesetzt auf monatlich . . . . Mark (. . . . . Mark) und ist am Monatsende zahlbar. Die Vergütung kann bei guten Leistungen nach den bestehenden Bestimmungen erhöht werden. Er erhält ferner, sofern ihm nicht freie Wohnung gewährt wird, eine monatliche Mietsentschädigung von 5 Mark (fünf Mark) . . . ., die ebenfalls am Monatsende zahlbar ist.

Im Erkrankungsfalle wird freie ärztliche Behandlung und unentgeltliche Abgabe von Arzneien gewährt. Für die Dauer der Erkrankung erhält er an Stelle seines Lohnes ein Krankengeld nach den bestehenden Bestimmungen.

§ 2.

. . . . ist verpflichtet, seine Zeit und Tätigkeit dem Dienste vollständig zu widmen. Er darf bei Strafe sofortiger Entlassung ohne Erlaubnis des Kaiserlichen Gouvernements weder auf eigene Rechnung noch auf Rechnung anderer Handel treiben, Geschäfte abschließen oder sich in Spekulationen irgendwelcher Art einlassen.

§ 3.

. . . . ist verpflichtet, das Dienstgeheimnis streng zu wahren und über alle dienstlichen Angelegenheiten Stillschweigen zu beobachten, auch nachdem das Dienstverhältnis gelöst ist.

§ 4.

. . . . ist den Beamten des Gouvernements und den anderen europäischen Beamten, denen er zur Beschäftigung überwiesen ist, zu Gehorsam verpflichtet. Er hat allen europäischen Beamten Achtung zu erweisen und ihnen gegenüber in jeder Beziehung ein geziemendes Verhalten zu beachten.

*) Oben Nr. 91.

§ 5.

. . . . haftet für jeden Schaden und Nachteil, welcher dem Fiskus durch seine Fahrlässigkeit und Schuld verursacht wird. Das Gouvernement ist berechtigt, diesen Schaden aus seinen Bezügen ohne weiteres Verfahren zu decken.

§ 6.

Im Falle des Ungehorsams oder mangelhafter Dienstführung ist das Gouvernement zur Verhängung von Strafen berechtigt. Die Verfügung des Reichskanzlers vom 22. April 1896, betreffend Strafgerichtsbarkeit und Disziplinargewalt gegenüber den Eingeborenen in den deutschen Schutzgebieten von Ostafrika, Kamerun und Togo, findet ebenfalls Anwendung.

§ 7.

. . . . ist verpflichtet, auch bei jeder anderen Dienststelle des Schutzgebietes Dienst zu tun sowie Expeditionen zu begleiten. Seine Beschäftigung kann in jeder seinen Fähigkeiten entsprechenden Weise erfolgen.

§ 8.

. . . . hat erst nach Ablauf von fünf Jahren das Recht, aus dem Dienste des Gouvernements auszuscheiden, und zwar nach vorausgegangener sechsmonatlicher Kündigung.

Dem Gouvernement steht dagegen das Recht zu, den Vertrag jederzeit ohne Kündigung zu lösen.

§ 9.

Dieser Vertrag tritt mit Wirkung vom . . . . in Kraft.

263. Zusatz-Verordnung des Gouverneurs von Kamerun zur Verordnung vom 13. April 1907, betreffend die Sperrung unruhiger oder noch nicht verkehrsreifer Gebiete. Vom 19. November 1907.

(Kol. Bl. 1908 S. 102.)

Auf Grund des § 15 des Schutzgebietsgesetzes (Reichs-Gesetzbl. 1900 S. 813) in Verbindung mit § 5 der Verfügung des Reichskanzlers vom 27. September 1903 (Kol. Bl. S. 509) und mit §§ 20 und 34 der Kaiserlichen Verordnung, betreffend Zwangs- und Strafbefugnisse der Verwaltungsbehörden in den Schutzgebieten Afrikas und der Südsee, vom 14. Juli 1905 (Reichs-Gesetzbl. S. 717) wird hierdurch verordnet, was folgt:

An Stelle der nach § 8 der Verordnung vom 13. April 1907, betreffend die Sperrung unruhiger oder noch nicht verkehrsreifer Gebiete im Schutzgebiete,*) zu bestellenden Sicherheit kann für Angestellte von Firmen, welche im Schutzgebiete ansässig sind, mit Genehmigung des Gouverneurs oder der von ihm ermächtigten Behörden eine vom Chef oder dem gehörig bevollmächtigten Hauptagenten der Firma schriftlich abzugebende Erklärung treten, daß die Firma in Höhe der nach § 8 dieser Verordnung zu erstellenden Sicherheit Gewähr leistet.

Buea, den 19. November 1907.

Der Kaiserliche Gouverneur.
Seitz.

*) Oben Nr. 115.

284. Zusatz-Verordnung des Gouverneurs von Kamerun zur Verordnung vom 20. Oktober 1906, betreffend die Beschränkung des Handels im Bezirk Ebolova. Vom 10. November 1907.

(Kol. Bl 1908 S. 102.)

Auf Grund des § 15 des Schutzgebietsgesetzes (Reichs-Gesetzbl. 1900 S. 813) in Verbindung mit § 5 der Verfügung des Reichskanzlers vom 27. September 1903 (Kol. Bl. S. 509) und mit §§ 20 und 34 der Kaiserlichen Verordnung, betreffend Zwangs- und Strafbefugnisse der Verwaltungsbehörden in den Schutzgebieten Afrikas und der Südsee, vom 14. Juli 1905 (Reichs-Gesetzbl. S. 717) wird hierdurch verordnet, was folgt:

An Stelle der nach § 5 zweiter Absatz der Verordnung vom 20. Oktober 1906, betreffend Beschränkung des Handels im Bezirk Ebolova*) zu bestellenden Sicherheit in Geld oder sicheren Wertpapieren kann für Angestellte von Firmen, welche im Schutzgebiete ansässig sind, mit Genehmigung des Gouverneurs oder der von ihm ermächtigten Behörden**) eine vom Chef oder dem gehörig bevollmächtigten Hauptagenten der Firma schriftlich abzugebende Erklärung treten, daß die Firma in Höhe der nach § 5 Absatz 2 dieser Verordnung festzusetzenden Sicherheit Gewähr leistet.

Buea, den 10. November 1907.

Der Kaiserliche Gouverneur.
Seitz.

285. Verordnung des Reichskanzlers, betreffend die Haftung Dritter für Zollgefälle usw. in Neu-Guinea. Vom 10. November 1907.

(Kol. Bl. 1908 S. 896.)

Auf Grund der Kaiserlichen Verordnung, betreffend das Zollwesen der Schutzgebiete Afrikas und der Südsee, vom 7. November 1902 (Kol. Bl. S. 908)***) wird für das Schutzgebiet Neu-Guinea verordnet, was folgt:

Einziger Paragraph.

Für die Zollgefälle, Geldstrafen, Ersatz des Wertes konterbandierter oder geschmuggelter Gegenstände sowie für die Kosten des hierauf bezüglichen Verfahrens, zu welchen Personen verurteilt werden, die unter der Gewalt, der Aufsicht oder im Dienste einer anderen Person oder einer Gesellschaft stehen, sind diese letzteren im Falle des Unvermögens der Schuldigen haftbar, und zwar unabhängig von der Strafe, zu welcher sie selbst auf Grund der bestehenden Zollverordnungen etwa verurteilt werden. Dabei kann die Zollbehörde nach ihrer Wahl die verhängte Geldstrafe von den Mitverhafteten einziehen oder unter Verzicht hierauf an dem Schuldigen selbst die für den Unvermögensfall vorgesehene Freiheitsstrafe zur Vollstreckung durch die Gerichte bringen.

Doch bleibt es den vorbezeichneten Personen und Gesellschaften vor-

*) D. Kol. Gesetzgeb. 1906 S. 327. (Die dort in Anm. *) erwähnte Abänderungs-Verordnung datiert übrigens nicht vom 8. Januar 1907, sondern vom 29. Dezember 1906. Der Fehler beruht auf einem Versehen bei der Veröffentlichung im Kol. Bl.)

**) Durch E. vom 19. November 1907 ist dem Stationschef des Bezirks eine entsprechende Ermächtigung erteilt worden.

***) D. Kol. Gesetzgeb. VI S. 546.

behalten, ihre Haftung durch den Nachweis auszuschließen, daß die Zuwiderhandlung nicht bei Ausführung der Verrichtung verübt ist, die sie dem Täter übertragen oder ein für allemal überlassen haben.

Berlin, den 19. November 1907.

Der Reichskanzler.
I. V.: Dernburg.

286. Verordnung des Gouverneurs von Kamerun, betreffend Verbot der Ausfuhr von und des Handels mit Elefantenzähnen unter zwei Kilogramm. Vom 21. November 1907.*)

(Kol. Bl. 1908 S. 103.)

Auf Grund des § 15 des Schutzgebietsgesetzes (Reichs-Gesetzbl. 1900 S. 813) in Verbindung mit § 5 der Verfügung des Reichskanzlers vom 27. September 1903 (D. Kol. Bl. S. 509) wird unter Aufhebung der Verordnung vom 20. Oktober 1906, betreffend Verbot der Ausfuhr von und des Handels mit Elefantenzähnen unter fünf Kilogramm (D. Kol. Bl. 1907 S. 144),*) folgendes verordnet:

§ 1. Kauf und Tausch, jede Veräußerung sowie das Feilhalten von Elefantenzähnen, die weniger als zwei Kilogramm wiegen, ist verboten.

Die Ausfuhr von solchen Elefantenzähnen ist nur mit besonderer Genehmigung des Gouvernements gestattet.

§ 2. Nach dem 1. Januar 1908 kann sämtliches mindergewichtige Elfenbein (§ 1) eingezogen werden, sofern der Besitzer nicht glaubhaft nachweist, daß sich dasselbe bereits vor diesem Zeitpunkt in seinem Besitz befunden hat.**)

§ 3. Im Schutzgebiet lagernde Bestände an mindergewichtigem Elfenbein (§ 1) dürfen bis zum 1. April 1908 ausgeführt werden, sofern die Bestände der Verwaltungsstelle, in deren Bezirk sie lagern, bis zum 15. Februar unter genauer Angabe der Stückzahl und des Einzelgewichts schriftlich angemeldet werden. Zu diesem Zwecke sind die einzelnen Zähne durch Aufschrift oder Etikettierung mit dem Namen des Besitzers und fortlaufenden Nummern zu versehen, und es ist über den Bestand ein Verzeichnis aufzustellen und der Verwaltungsstelle einzureichen, in das die Zähne der Nummernfolge nach mit ihrem genauen Gewicht einzutragen sind.**)

§ 4. Zuwiderhandlungen werden an Nichteingeborenen mit Geldstrafe bis zu einhundertfünfzig Mark, im Wiederholungsfalle bis zu zehntausend Mark, im Nichtbeitreibungsfalle mit Haft oder Gefängnis nach Maßgabe des Strafgesetzbuchs bestraft.

*) D. Kol. Gesetzgeb. 1906 S. 331.

**) Zu der V. ist ein R. E. des Gouverneurs von demselben Tage ergangen, in welchem zu §§ 2 und 3 der V. bemerkt wird:

Die im § 3 vorgesehene Bestimmung hat den Zweck, die Ausfuhr von im Schutzgebiete lagernden Beständen an mindergewichtigem Elfenbein, das rechtmäßig erworben worden ist, noch zu ermöglichen.

Hieraus ergeht an die in Betracht kommenden Verwaltungsstellen die Aufforderung, soweit angängig, die Übereinstimmung der angemeldeten Bestände mit den abgegebenen Anmeldungen zu prüfen, letztere mit einem Visum zu versehen und dem Anmeldenden zum Ausweis des Transports bis zur Ausfuhr-Zollstelle zurückzugeben. Letztere hat bei Ankunft des Transports nochmals eine Prüfung vorzunehmen und im Falle der Übereinstimmung nach Entgegennahme der Zoll-Ausfuhrerklärung die Ausfuhr zu gestatten. Zu der Zollausfuhrerklärung wird die als Transportausweis benutzte Anmeldung Beleg.

Was die im § 2 gegebene Ermächtigung anlangt, so ersuche ich, nur mit großer Vorsicht von ihr Gebrauch zu machen, vor allem gegenüber Farbigen, und zwar nur dann, wenn ein Verstoß gegen die Verordnung von vornherein klar zu Tage liegt.

Die Bestrafung von Eingeborenen im Sinne des § 2 der Kaiserlichen Verordnung, betreffend die Rechtsverhältnisse in den deutschen Schutzgebieten, vom 9. November 1900 (D. Kol. Bl. S. 859) erfolgt nach den Vorschriften der Verfügung des Reichskanzlers vom 22. April 1896 (D. Kol. Bl. S. 241).*)

§ 5. Mindergewichtige Elefantenzähne, welche bereits zu Ziergegenständen verarbeitet sind oder noch vor dem 1. Januar 1908 zu solchen verarbeitet werden, unterliegen den Vorschriften der Verordnung nicht.

§ 6. Vorstehende Verordnung tritt mit dem heutigen Tage in Kraft.

Buea, den 21. November 1907.

Der Gouverneur.
Seitz.

287. Verordnung des Gouverneurs von Togo, betreffend Abänderung der Verordnung vom 20. September 1907, betreffend den öffentlichen Verkehr in den Bezirken Sokode—Basari und Mangu—Jendi. Vom 22. November 1907.

(Kol. Bl. 1908 S. 55. Amtsbl. S. 250.)

Auf Grund des § 5 der Verfügung des Reichskanzlers vom 27. September 1903 (D. Kol. Bl. S. 509) in Verbindung mit § 15 des Schutzgebietsgesetzes (Reichs-Gesetzbl. 1900 S. 813) wird folgendes verordnet:

§ 1. Der Absatz 2 des § 3 der Verordnung vom 20. September d. J. (Amtsbl. für das Schutzgebiet Togo S. 102)**) erhält folgende Fassung:

Abgesehen hiervon, kann der Gouverneur in besonderen Fällen auf Antrag Fremden den Aufenthalt in dem gesperrten Gebiet erlauben.

§ 2. Diese Verordnung tritt mit dem heutigen Tage in Kraft.

Lome, den 22. November 1907.

Der Gouverneur.
Graf Zech.

288. Verordnung des Gouverneurs von Deutsch-Ostafrika, betreffend Erhebung eines Ausfuhrzolls auf Sisalpflanzgut. Vom 23. November 1907.

(Kol. Bl. 1908 S. 162. Amtl. Anz. Nr. 27.)

Auf Grund des § 6 der Zollverordnung vom 13. Juni 1903***) wird, nach erfolgter Genehmigung durch das Reichs-Kolonialamt in Vertretung des Reichskanzlers, hierdurch verordnet, was folgt:

In die Liste der ausfuhrzollpflichtigen Gegenstände Zolltarif C ist aufzunehmen:

Nr. 22: Sisalpflanzgut:

Bulbillen . . . . 1 Stück 10 Heller,
Pflänzlinge . . . . . . 1 Stück 25 Heller.

Diese Verordnung tritt mit dem heutigen Tage in Kraft.

Daressalam, den 23. November 1907.

Der Kaiserliche Gouverneur.
I. V.: v. Winterfeld.

*) D. Kol. Gesetzgeb. II S. 215.
**) Oben Nr. 241.
***) D. Kol. Gesetzgeb. 1903 S. 244.

289. Bekanntmachung des Gouverneurs von Togo, betreffend Aufhebung des Zollamts Anecho. Vom 23. November 1907.

(Amtsbl. S. 248.)

Am 1. April k. Js. wird das Zollamt Anecho aufgehoben werden.

Von dem genannten Zeitpunkt ab ist der gesamte über See erfolgende Waren-Ein- und -Ausgang des hiesigen Schutzgebietes beim Zollamt Lome anzumelden. In den Eingangsmanifesten ist nur noch Lome als Eingangsstelle zu bezeichnen.

Etwaige Anträge auf Weiterbewilligung der z. Z. in Anecho gestatteten Zolläger sind baldigst unter Begründung der Notwendigkeit bei der hiesigen Zollverwaltung zu stellen.

Lome, den 23. November 1907.

Der Gouverneur.
Graf Zech.

290. Bekanntmachung des Bezirksamtmanns zu Swakopmund, betreffend Kontrolle der Eingeborenen. Vom 30. November 1907.

Auf Grund der Verordnung, betreffend Maßregeln zur Kontrolle der Eingeborenen vom 18. August 1907*) wird für die Ortschaft Swakopmund bestimmt, daß die Eingeborenen in der Zeit zwischen 9 Uhr abends und 4 Uhr morgens sich auf ihrer Werft zu befinden haben.

Eingeborene, die in dieser Zeit außerhalb ihrer Werft betroffen werden, müssen mit einem Ausweise des Dienstherrn versehen sein, der über den Grund des Verweilens außerhalb der Werft Aufschluß gibt.

Swakopmund, den 30. November 1907.

Der Kaiserliche Bezirksamtmann.
I. V.: Blumhagen.

291. Verordnung des Gouverneurs von Deutsch-Ostafrika, betreffend die Erhebung von Abgaben für den Gewerbebetrieb. Vom 7. Dezember 1907.**)

(Kol. Bl. 1908 S. 373. Amtl. Anz. 1908 Nr. 3.)

§ 1. Der Betrieb eines Gewerbes ist jedermann gestattet, soweit nicht die Gesetze oder Verordnungen Ausnahmen oder Beschränkungen enthalten.

Die Polizeibehörde kann die Ausübung von Betrieben, welche das Leben oder die Gesundheit des Publikums gefährden, untersagen, beschränken oder von der Vornahme von Sicherheitsmaßregeln abhängig machen.

§ 2. Der Gouverneur kann für das ganze Geltungsgebiet dieser Verordnung oder für Teile desselben bestimmen, daß jeder, der ein Gewerbe selbständig zu betreiben beabsichtigt, vor Beginn des Betriebes der lokalen Verwaltungsbehörde, in deren Bezirk das Gewerbe betrieben werden soll, hiervon Anzeige zu machen hat.

*) Oben Nr. 212.
**) Vgl. hierzu die als Zusatz abgedruckten Ausführungsbestimmungen v. 3. Januar 1908.

§ 3. Die in Deutsch-Ostafrika betriebenen selbständigen Gewerbe unterliegen der Besteuerung, soweit sie nicht ausdrücklich von derselben ausgenommen sind.

§ 4. Von der Gewerbesteuer sind befreit:

1. der deutsch-ostafrikanische Landesfiskus,
2. die Kommunalverbände.

§ 5. Der Gewerbesteuer unterliegen nicht:

1. die Viehzucht, die Land- und Forstwirtschaft, der Fischfang, die Jagd, der Gartenbau einschließlich des Absatzes der selbst gewonnenen Erzeugnisse. Dagegen sind steuerpflichtig Plantagenunternehmungen, die nichteuropäische Gewächse im Großbetriebe behufs Weiterveräußerung oder Verarbeitung der Erzeugnisse ziehen,
2. der Betrieb von Eisenbahnen,
3. die gewerbsmäßige Beförderung von Personen oder Waren mit Ausnahme der Speditionsgeschäfte,
4. die Ausübung eines amtlichen Berufs oder einer wissenschaftlichen Tätigkeit, insbesondere der Beruf als Arzt, Rechtsanwalt, Land- und Feldmesser, Hebamme usw.,
5. die von den Eingeborenen betriebene Hausindustrie,
6. der gewerbsmäßige Betrieb eines Handwerks, wenn mit demselben nicht der gewerbsmäßige Verkauf der verarbeiteten Gegenstände verbunden ist,
7. der Betrieb eines Bergwerks oder eines Steinbruchs,
8. der einer anderweitigen Besteuerung unterliegende Ausschank von alkoholischen Getränken eingeborener Art,
9. die Gewerbe, für deren Ausübung die Lösung eines Gewerbescheins erforderlich wird (§ 11).

§ 6. Die zu entrichtende Steuer beträgt 4 Prozent des jährlichen Reinertrags des Gewerbes oder, falls die Höhe des Reinertrages nicht zu ermitteln ist, 1½ Prozent des Umsatzes. Ist kein Reinertrag oder ein solcher von weniger als 1500 Rp. erzielt worden, so ist bei Betrieben, deren Anlage und Betriebskapital 40 000 Rp. und mehr beträgt, ein Jahressteuerbetrag von 1 pro Tausend des Anlage- und Betriebskapitals zu erheben, jedoch nicht mehr als 400 Rp.

§ 7. Das Steuerjahr läuft vom 1. April bis 31. März. Die Steuerpflicht beginnt mit dem Anfange des auf die Eröffnung des Betriebes folgenden Kalendervierteljahres und dauert bis zum Ende desjenigen Kalendervierteljahres, in dem der Gewerbebetrieb gänzlich eingestellt wird.

§ 8. Die Gewerbesteuer ist vierteljährlich im voraus bis zum Ablauf des ersten Monats des Vierteljahres an die Kasse der lokalen Verwaltungsbehörde zu entrichten.

Der Anspruch des Fiskus auf Zahlung nicht beigetriebener oder gestundeter Steuer verjährt in vier Jahren vom Ablauf des Rechnungsjahres, in dem die Zahlung fällig geworden ist.

§ 9. Die Einschätzung der Steuerpflichtigen erfolgt alljährlich durch die bei der lokalen Verwaltungsbehörde gebildete Einschätzungskommission.

Die von dieser aufgestellten Steuerlisten werden sechs Wochen lang öffentlich ausgelegt und die Auslegung öffentlich bekannt gemacht. Innerhalb des Steuerjahres erforderlich werdende Einschätzungen erfolgen durch den Vorsitzenden der Einschätzungskommission.

Gegen die Steuerfestsetzung der Einschätzungskommission ist bis zum Ende der Frist, während der die Steuerlisten ausliegen, gegen die Steuerfestsetzung des Vorsitzenden der Einschätzungskommission binnen sechs Wochen Berufung an die bei dem Gouvernement gebildete Obereinschätzungskommission zu Händen des Vorsitzenden der Einschätzungskommission zulässig.

Der Einschätzungskommission steht das Recht zu, auf die Berufung die Steuer ihrerseits zu ermäßigen.

Die Berufung steht sowohl dem Steuerpflichtigen wie dem Vorsteher der lokalen Verwaltungsbehörde zu.

Die Berufung hat keine aufschiebende Wirkung.

Die von der Obereinschätzungskommission getroffenen Entscheidungen sind endgültig.

§ 10. Die Zusammensetzung und der Geschäftsbetrieb der Einschätzungskommissionen sowie der Obereinschätzungskommission wird vom Gouverneur bestimmt.

§ 11. Einen Gewerbeschein (§ 5 Ziffer 9) haben vor Beginn des Gewerbebetriebes zu lösen:

1. Schankwirte, Gastwirte und Speisewirte,
2. Viehhändler,
3. gewerbsmäßige Pfandleiher,
4. gewerbsmäßige Auktionatoren und Geschäftsvermittler,
5. Personen, die, ohne einen offenen Laden oder eine feste Handelsstelle zu besitzen, gewerbsmäßig Waren verkaufen oder ankaufen.

§ 12. Die Gebühr für die Erteilung eines Gewerbescheines beträgt 6, 12, 24, 30, 60, 100, 150, 240, 300, 500, 750, 1000, 1500 und 2000 Rp. mit der Maßgabe, daß für Wirte, welche alkoholische Getränke europäischer Art ausschenken, ein niedrigerer Satz als 100 Rp. für das Steuerjahr nicht zur Anwendung gelangen darf.

§ 13. Die Ausstellung der Gewerbescheine sowie die Festsetzung der Gebühr erfolgt durch die lokale Verwaltungsbehörde, in deren Bezirk das Gewerbe ausgeübt wird, an die unter § 11 Ziffer 5 genannten Gewerbetreibenden durch die lokale Verwaltungsbehörde desjenigen Bezirks, in welchem der Gewerbetreibende seinen Wohnsitz hat.

Über Beschwerden entscheidet der Gouverneur. Die Frist für die bei der örtlichen Behörde einzulegende Beschwerde beginnt mit dem Tag nach erfolgter Bekanntgabe des Bescheides und beträgt vier Wochen.

§ 14. Der Gewerbeschein wird für das Steuerjahr ausgestellt. Wird das betreffende Gewerbe erst im Laufe des Steuerjahres eröffnet, so kann der Gewerbeschein auch für den Rest des Jahres, jedoch immer nur für volle Vierteljahre einschließlich des Vierteljahres, in dem der Gewerbebetrieb begonnen hat, ausgestellt werden. Es findet alsdann eine entsprechende Ermäßigung der Gebührensätze (§ 12) statt.

Im Falle der Entziehung des Gewerbescheines oder der Aufgabe des Gewerbes wird die für denselben gezahlte Gebühr nicht rückerstattet.

§ 15. Von Gewerbetreibenden, die Viehhandel zu treiben beabsichtigen, kann außerdem zur Sicherung der Eingeborenen gegen Gewalttätigkeiten die Hinterlegung einer Kaution verlangt werden.

Die Hinterlegung ist auf dem Gewerbeschein zu vermerken.

§ 16. Gewerbsmäßige Pfandleiher haben alle Pfandgeschäfte nach der Zeitfolge in ein besonderes Buch (Pfandbuch) einzutragen. Die Eintragung muß enthalten:

1. eine laufende Nummer,
2. Ort und Tag der Verpfändung,
3. den Namen des Verpfänders,
4. die Bezeichnung des Pfandes,
5. die Bezeichnung der Forderung, welche durch das Pfand gesichert werden soll,
6. Bezeichnung des Verfalltermins,
7. die Art und Höhe der etwa ausbedungenen Vergütung.

§ 17. Der Gewerbeschein kann verweigert werden, wenn der Nachsuchende in den letzten zwei Jahren wegen strafbarer Handlungen gegen das Eigentum, die Sittlichkeit oder die Bestimmungen dieser Verordnung oder wegen tätlichen Angriffs auf Leib und Leben bestraft worden ist oder sonst erhebliche Gründe öffentlichen Interesses entgegenstehen.

Schankwirten, welche alkoholische Getränke europäischer Art ausschenken, kann der Gewerbeschein außerdem verweigert werden, wenn

a) das Lokal ungeeignet ist,
b) kein Bedürfnis vorliegt.

Viehhändlern kann der Gewerbeschein außerdem versagt werden, wenn sie wegen Zuwiderhandlung gegen die zur Verhütung der Viehseuchen erlassenen Bestimmungen in den letzten zwei Jahren bestraft sind.

Die Entziehung des Gewerbescheins kann unter denselben Voraussetzungen wie die Verweigerung desselben erfolgen.

§ 18. An Mohammedaner oder an Angehörige einheimischer Negerstämme dürfen Branntwein und branntweinähnliche Getränke nur mit behördlicher oder ärztlicher Genehmigung, an Askari der Kaiserlichen Schutztruppe sowie der Polizeitruppe nur mit Genehmigung eines Arztes, eines Offiziers bzw. eines in Offiziersrang stehenden Beamten verabfolgt werden.

§ 19. Kaufleute und Händler, die einen neuen Laden zu eröffnen oder einen geschlossenen Laden wieder zu eröffnen beabsichtigen, haben vor der Eröffnung oder Wiedereröffnung der lokalen Verwaltungsbehörde hiervon Anzeige zu erstatten und eine einmalige Gebühr von 24, 60, 120 und 240 Rp., je nach dem Umfange des Ladens, zu entrichten.

Wird ein geschlossener Laden vor Ablauf von sechs Monaten von demselben Inhaber wieder eröffnet, so ist nur die Hälfte der Gebühr zu entrichten.

§ 20. Steuer- und Gebührenpflichtige, welche bei der Veranlagung oder Erhebung übergangen worden sind, sind zur Nachentrichtung der Steuer oder Gebühr verpflichtet. Diese Verpflichtung erstreckt sich auch auf die drei Steuerjahre zurück, welche dem Steuerjahr, in dem die Verkürzung festgestellt worden ist, vorausgegangen sind. Die Verpflichtung zur Nachzahlung der Steuer geht auf die Erben über, jedoch nur bis zur Höhe ihres Erbteiles.

§ 21. Wer die nach § 2 der Verordnung etwa vorgeschriebene Anmeldung eines Gewerbes unterläßt und infolgedessen in die Steuerliste nicht aufgenommen ist, wird nachträglich eingeschätzt und hat die Steuer von dem Kalendervierteljahr nach Beginn des Betriebes nachzuzahlen sowie außerdem deren doppelten Betrag als Strafe zu entrichten. Die aus diesem Grund angedrohten Strafen verfügt der Vorsteher der lokalen Verwaltungsbehörde durch Strafbescheid.

§ 22. Mit Geldstrafe bis zu 100 Rp., im Unvermögensfalle mit Haft bis zu zwei Wochen wird bestraft:

1. wer ein Gewerbe, zu dessen Betriebe er eines Gewerbescheins bedarf (§ 11), vor Lösung eines solchen betreibt oder nach Entziehung des Gewerbescheins fortsetzt,
2. wer die in § 10 vorgeschriebene Anmeldung unterläßt.

Beruht die vorzeitige Eröffnung des Gewerbebetriebes oder des Ladens auf einem entschuldbaren Versehen, so ist eine Ordnungsstrafe von 1 bis 50 Rp. zu verhängen.

§ 23. Zuwiderhandlungen gegen § 16 dieser Verordnung werden mit Geldstrafe bis zu 200 Rp., im Unvermögensfalle mit Haft bis zu vier Wochen bestraft.

§ 24. Wer ohne die vorgeschriebene Genehmigung Branntwein oder branntweinähnliche Getränke an eine der im § 18 bezeichneten Personen verkauft, wird mit Geldstrafe bis zu 100 Rp., im Unvermögensfalle mit Haft bis zu zwei Wochen, und ist dieser Verkauf gewerbsmäßig betrieben worden, mit Geldstrafe bis zu 400 Rp., im Unvermögensfalle mit Haft bis zu sechs Wochen bestraft.

§ 25. Wird ein Ausschank mit alkoholischen Getränken europäischer Art ohne vorherige Lösung eines Gewerbescheins eröffnet oder nach Entziehung des Gewerbescheins fortgesetzt, oder hat ohne die vorgeschriebene Genehmigung ein Verkauf von Branntwein oder branntweinähnlichen Getränken an eine der in § 18 bezeichneten Personen stattgefunden, so kann neben der Strafe (§§ 22, 24) die Einziehung sämtlicher bei dem Täter vorgefundenen alkoholischen Getränke ausgesprochen werden.

§ 26. Diese Verordnung tritt am 1. April 1908 in den Bezirken Tanga, Pangani, Bagamajo, Daressalam, Rufiyi, Kilwa, Lindi, Wilhelmstal, Moschi, Muansa, Bukoba, Tabora, Morogoro und Iringa in Kraft. In genannten Bezirken werden zugleich außer Kraft gesetzt:

1. der Runderlaß vom 5. Januar 1897, L. G. Nr. 167,
2. der Runderlaß vom 26. Juni 1899, L. G. Nr. 168,
3. die Randverfügung vom 12. Oktober 1899,
4. die Verordnung des Gouvernements, betreffend den Ausschank und den Verkauf von geistigen Getränken, vom 17. Februar 1894, L. G. 370,
5. die Verordnung des Gouverneurs, betreffend die Erhebung einer Gewerbesteuer, vom 22. Februar 1899, L. G. Nr. 377 nebst Ausführungsbestimmungen, L. G. 378,
6. der Runderlaß vom 18. April 1899, L. G. Nr. 379,
7. der Runderlaß vom 16. März 1900, L. G. Nr. 381,
8. der Runderlaß vom 28. Juni 1901, L. G. 383,
9. die Verordnung des Gouverneurs, betreffend den Ausschank und Verkauf geistiger Getränke an Farbige, vom 17. Juli 1902, L. G. Nachtrag I Nr. 43.*)

Daressalam, den 7. Dezember 1907.

Der Kaiserliche Gouverneur.
I. V.: v. Winterfeld.

*) Von den aufgehobenen Vorschriften sind in der D. Kol. Gesetzgeb. abgedruckt: Nr. 1) Bd. II S. 322, 2) Bd. VI S. 213, 4) Bd. II S. 73, 5) Bd. VI S. 197 bzw. 200, 7) Bd. VI S. 237, 8) Bd. VI S. 356, 9) Bd. VI S. 485.

Zusatz zu Nr. 291.

Ausführungsbestimmungen des Gouverneurs von Deutsch-Ostafrika zur Verordnung, betreffend die Erhebung von Abgaben für den Gewerbebetrieb. Vom 3. Januar 1908.

(Kol. Bl. S. 877. Amtl. Anz. 1908 Nr. 2.)

Zu § 6. Die Berechnung des Ertrages erfolgt in der Weise, daß

1. sämtliche Betriebsunkosten und Abschreibungen, die einer angemessenen Berücksichtigung der Wertverminderung entsprechen, in Abzug gebracht,
2. die aus Betriebseinnahmen bestrittenen Ausgaben für Verbesserungen und Geschäftserweiterungen hinzugerechnet werden.

Für den Unterhalt des Gewerbetreibenden und seiner in seinem Haushalt befindlichen Angehörigen kann ein mäßiger Abzug gemacht werden. Die Einschätzungskommission wird gut tun, sich für verschiedene Klassen der Bevölkerung je nach deren Lebensbedürfnissen und den örtlichen Preisgestaltungen der Lebensmittel in der Regel in Abzug zu bringende Sätze aufzustellen.

Unter Umsatz ist nicht nur der Wert der für eigene Rechnung abgesetzten, sondern auch der Wert derjenigen Güter und Besitzobjekte zu verstehen, welche auf Grund eines Vermittlungs- oder Agenturgeschäfts von Hand zu Hand gehen: z. B. bei einem kaufmännischen Agenturgeschäft der Wert der zum Verkauf vermittelten Waren, bei einem Versicherungsgeschäft der Wert der gezahlten Prämien usw.

Das Anlage- und Betriebskapital umfaßt die sämtlichen, dem betreffenden Gewerbebetriebe gewidmeten Werte. Hierzu gehören die Maschinen und Werkzeuge, Arbeits- und Lasttiere, Vorräte an Waren, Geld, Wertpapieren usw., Gebäude, Grundstücke, Einrichtungen zur Gewinnung von Naturprodukten usw., soweit sie für gewerbliche Zwecke benutzt werden, bzw. diejenigen Mittel, welche aufgewendet sind, um diese Dinge zu beschaffen oder herzustellen, nach Abzug angemessener Abschreibungen.

Unter Zugrundelegung des nach vorstehendem ermittelten Ertrages bzw. Umsatzes bzw. Anlage- und Betriebskapitals haben die Einschätzungskommissionen die zu erhebenden Steuersätze unter Mitteilung des Merkmals, nach welchem die Einschätzung erfolgt ist, festzusetzen und in die Steuerlisten einzutragen.

Ob der Ertrag eines Gewerbebetriebes ermittelt und der Steuersatz nach diesem festgestellt werden kann, unterliegt dem pflichtgemäßen Ermessen der Einschätzungskommissionen. Grundsätzlich kann die Besteuerung nach dem Umsatze nicht zur Anwendung gebracht werden, wenn der Reinertrag durch ordnungsmäßige und einwandfreie Buchführung dem Vorsitzenden nachgewiesen worden ist.

Ist die Besteuerung nach dem Umsatze erfolgt, so prüft im Berufungsfalle die Obereinschätzungskommission die Steuer auch lediglich nach diesem Merkmale nach, es sei denn, daß zugleich wegen der Nichtbesteuerung nach dem Merkmal des Ertrages Beschwerde erhoben ist.

Mehrere in demselben Verwaltungsbezirk belegene steuerpflichtige Betriebe derselben Person werden als ein steuerpflichtiges Gewerbe zur Steuer veranlagt. Dasselbe kann der Gouverneur bezüglich mehrerer im Schutzgebiet belegenen steuerpflichtigen Gewerbebetriebe derselben Person anordnen, falls andernfalls eine offenbare Unbilligkeit hervorgerufen würde. Der Gouverneur bestimmt alsdann auch den Bezirk, in welchem die Einziehung zu erfolgen hat.

Zu § 7. Wird ein Betrieb durch Tod oder Krankheit des Inhabers, Brandunglück, Überschwemmung oder sonstige außergewöhnliche Ereignisse derartig geschädigt, daß das Weiterbestehen desselben in Frage gestellt ist, so kann die Steuer auch im Laufe des Steuerjahres, auf Grund einer Neueinschätzung, für den Rest des Steuerjahres ermäßigt oder ganz in Abgang gestellt werden.

Zu § 9. Während der öffentlichen Auslegung der Steuerlisten ist jeder Steuerpflichtige nur zur Einsicht der ihn selbst betreffenden Einschätzung berechtigt.

Zu § 10. Die Einschätzungskommissionen treten mindestens alljährlich, womöglich vor dem 15. Februar zusammen.

Jeder Bezirksamtmann (Resident, Stationschef) beruft für denjenigen Bezirk, in welchem ihm die Verwaltung zusteht, eine Einschätzungskommission. Diese Kommission besteht aus dem Bezirksamtmann (Resident, Stationschef) bzw. dessen Stellvertreter als Vorsitzenden, einem weiteren Beamten (wo ein Zollamt vorhanden ist, dem Vorsteher desselben) sowie zwei europäischen und zwei farbigen Gewerbetreibenden.

Falls geeignete europäische Gewerbetreibende nicht vorhanden sind, kann anstatt eines derselben ein weiterer Farbiger berufen oder aber die Kommission beschränkt werden, mit der Maßgabe, daß die Anzahl der farbigen Kommissionsmitglieder die der europäischen nie überschreiten darf. Die Stimme des Vorsitzenden gibt bei Stimmengleichheit den Ausschlag.

Die Kommission ist beschlußfähig, wenn mindestens drei Mitglieder einschließlich des Vorsitzenden zugegen sind. Eine nach Beschlußunfähigkeit der ersten einberufene zweite Kommissionssitzung ist ohne Rücksicht auf die erschienene Mitgliederzahl stets beschlußfähig.

Vor dem Eintritt in die Verhandlung hat der Vorsitzende die Mitglieder in entsprechender Weise auf die Bedeutung ihrer Tätigkeit hinzuweisen und sie zu gewissenhafter und unparteiischer Pflichterfüllung sowie zur Amtsverschwiegenheit zu ermahnen.

Die Obereinschätzungskommission, der die Entscheidung der Rechtsmittel über die Steuerfestsetzungen der Einschätzungskommission obliegt, wird von dem Kaiserlichen Gouverneur ernannt.

Sie setzt sich außer dem Vorsitzenden zusammen aus zwei Beamten, zwei europäischen und zwei farbigen Gewerbetreibenden.

Auf die Beschlußfähigkeit der Obereinschätzungskommission finden dieselben Bestimmungen wie für die Einschätzungskommissionen, bezüglich der Geschäftsordnung die Bestimmungen des Runderlasses vom 17. Mai 1899 (L. G. Nr. 380)*) Anwendung.

Zu § 11. Die Gewerbescheine haben zu enthalten:

1. den vollen Namen des Gewerbetreibenden,
2. die Art des Gewerbes, für welches der Gewerbeschein ausgestellt ist,
3. die Zeit der Gültigkeit des Gewerbescheines,
4. die für den Gewerbeschein bezahlte Gebühr.

Die an die unter Nr. 1 in § 11 genannten Gewerbetreibenden erteilten Gewerbescheine haben außerdem das Lokal zu bezeichnen, in welchem das Gewerbe ausgeübt wird. Das Lokal darf nur mit Genehmigung der örtlichen Verwaltungs-

*) D. Kol. Gesetzgeb. VI S. 208.

behörde geändert werden, widrigenfalls der Gewerbeschein seine Geltung verliert und der Gewerbetreibende als solcher gilt, der einen Gewerbeschein nicht gelöst hat.

Zu den in § 11 unter 5 genannten Personen gehören auch solche, welche den Verkauf oder Ankauf für fremde Rechnung betreiben.

Zu § 12. Die Höhe der festgesetzten Gebühr soll durchschnittlich für Schankwirte, welche alkoholische Getränke europäischer Art ausschenken, Viehhändler und Pfandleiher das anderthalbfache, bei den übrigen genannten Gewerbetreibenden die gleiche Summe betragen, die bei einer Veranlagung zur Gewerbesteuer voraussichtlich festgesetzt worden wäre.

Betreibt eine Person mehrere der im § 11 genannten Gewerbe, so hat sie für jedes derselben einen besonderen Gewerbeschein zu lösen.

Betreibt einer der in § 11 genannten Gewerbetreibenden außerdem ein anderes steuerpflichtiges Gewerbe, so unterliegt er bezüglich dieses der Gewerbesteuerpflicht.

Zu § 19. Die Gebühr ist für jeden weiteren offenen Laden, auch falls derselbe nur als Filiale eines bereits bestehenden Ladens eingerichtet wird, in voller Höhe zu entrichten.

Wird ein Laden verlegt, so ist derselbe so lange als ein neueröffneter zu betrachten, bis der Verwaltungsbehörde die Verlegung unter der ausdrücklichen Erklärung mitgeteilt ist, daß der frühere Laden geschlossen sei.

Die Betriebsstätten der im § 11 unter 1 bezeichneten Gewerbetreibenden gelten als Laden nur dann, wenn ein Verkauf über die Straße gewerbsmäßig stattfindet.

Daressalam, den 3. Januar 1908.

Der Kaiserliche Gouverneur.
I. V.: v. Winterfeld.

292. Runderlafs des Gouverneurs von Deutsch-Südwestafrika, betreffend Vornahme von Beglaubigungen durch die Verwaltungsbehörden und die Stellung der sog. Ortspolizei. Vom 10. Dezember 1907.

In der Anlage erhält das pp. Auszug aus einem Erlaß des Reichs-Kolonialamts.

Ich nehme gleichzeitig Veranlassung, darauf hinzuweisen, daß die sogenannten Ortspolizeibehörden oder die sogenannte Ortspolizei den Charakter einer Behörde nicht besitzen. Sie sind lediglich Organe, die im Auftrage des Bezirks-(Distrikts-)amts tätig zu werden haben. Ich ersuche ergebenst, hiernach das Weitere zu veranlassen.

Windhuk, den 10. Dezember 1907.

Der Kaiserliche Gouverneur.
I. A.: v. Heydebreck.

Anlage zu Nr. 292.

Ich nehme gleichzeitig Veranlassung, erneut darauf hinzuweisen, daß Beglaubigungen durch die dortigen Verwaltungsbehörden, insbesondere durch die des selbständigen Behördencharakters entbehrenden sogenannten Ortspolizeibehörden, für heimische Zwecke nur in den seltensten Fällen als ausreichend befunden werden. Zur Vermeidung zeitraubender Weiterungen empfiehlt es sich daher, diese Behörden anzuweisen, Beglaubigungen nur dann vorzunehmen, wenn außer Zweifel steht, daß ihre Beglaubigung genügt oder wenn eine solche dem ausdrücklichen Wunsche des Antragstellers entspricht, sonst jedoch die Antragsteller an den Bezirksrichter oder die in Gemäßheit des § 1 Nr. 4 der Verfügung des Reichskanzlers vom 25. Dezember 1900*) ermächtigten Personen zu verweisen. Auf den oben hervorgehobenen Umstand wird auch bei den Entschließungen der Bezirksrichter in betreff der Übertragung richterlicher Befugnisse im Interesse der Bevölkerung besonders Rücksicht zu nehmen sein.

Berlin, den 29. Oktober 1907.

Der Staatssekretär des Reichs-Kolonialamts.
I. V.: Conze.

293. Bekanntmachung des Gouverneurs von Togo, betreffend Einführung einer Normalzeit. Vom 15. Dezember 1907.

(Amtsbl. S. 263.)

Vom 1. Januar 1908 ab wird für das Schutzgebiet eine Normalzeit eingeführt.

Die Normalzeit ist diejenige Zeit, welche die im Kaiserlichen Zollamt Lome befindliche Pegeluhr zeigt.

Der Gang dieser Normaluhr wird dauernd kontrolliert. Die Kontrolle erfolgt entweder mit Hilfe der auf der Reede liegenden Kriegsschiffe und Handelsschiffe oder durch astronomische Zeitbestimmungen, welche das Vermessungsamt ausführt.

Um die Zeit der Normaluhr abzulesen, ist jedermann in den Zolldienststunden der Eintritt in den Raum, in welchem die Uhr steht, gestattet.

Telephonischen Anfragen nach der Normalzeit wird das Kaiserliche Zollamt entsprechen.

Für das Kaiserliche Gouvernement und die ihm unterstellten Behörden ist die von der Normaluhr gezeigte Zeit die maßgebende.

Die beiden Missionen haben sich bereit erklärt, ihre Kirchturmuhren mit der Normaluhr in Übereinstimmung zu halten.

Das Kaiserliche Postamt und die Betriebsleitung der Verkehrsanlage haben sich bereit erklärt, die Normalzeit für ihren Betrieb einzuführen.

Lome, den 15. Dezember 1907.

Der Gouverneur.
I. V.: Dr. Meyer.

294. Polizeiverordnung, betreffend den Schutz der Flamingos für den Bezirk Swakopmund, erlassen vom Bezirksamtmann daselbst. Vom 16. Dezember 1907.

Auf Grund des § 6 Abs. 1 der Verfügung des Reichskanzlers vom 27. September 1903, betreffend das Verordnungsrecht der Behörden in den Schutzgebieten Afrikas und der Südsee, und der Gouvernementsverfügungen, betreffend

*) D. Kol. Gesetzgeb. V S. 173.

den Erlaß polizeilicher und sonstiger die Verwaltung betreffender Vorschriften in Deutsch-Südwestafrika, vom 26. Februar 1901 und vom 23. November 1903 wird für die Ortschaft Swakopmund hiermit folgendes verordnet:

§ 1. Die Ausübung der Jagd auf Flamingos wird untersagt.

§ 2. Übertretungen werden mit Geldstrafe bis zu 150 M. oder mit Haft bis zu sechs Wochen und Einziehung des Gewehrs bestraft.

§ 3. Diese Verordnung tritt mit dem Tage ihrer Verkündigung in Kraft.

Swakopmund, den 10. Dezember 1907.

Der Kaiserliche Bezirksamtmann.
I. V.: Blumhagen.

295. Verordnung des Gouverneurs von Kamerun wegen Abänderung der Verordnung vom 20. Juni 1906, betreffend die Erhebung eines Gummiausfuhrzolles. Vom 23. Dezember 1907.*)

(Kol. Bl. 1908 S. 321. Amtsbl. 1908 S. 2.)

Auf Grund des § 15 des Schutzgebietsgesetzes (Reichs-Gesetzbl. 1900 S. 813) in Verbindung mit § 5 der Verfügung des Reichskanzlers, betreffend das Verordnungsrecht der Behörden in den Schutzgebieten Afrikas und der Südsee, vom 27. September 1903 wird hiermit verordnet, was folgt:

Artikel 1. Der § 1 der Verordnung vom 20. Juni 1906**) erhält folgenden Zusatz:

Auf Plantagen gezogener Gummi ist zollfrei, wenn für ihn die durch den Kaiserlichen Gouverneur zu erlassenden besonderen Vorschriften in bezug auf Form, Aufbewahrung, Verpackung und Versendung befolgt werden.

Artikel 2. Diese Verordnung tritt mit Wirkung vom 1. Juli 1906 in Kraft.

Buea, den 23. Dezember 1907.

Der Kaiserliche Gouverneur.
Seitz.

296. Bekanntmachung des Gouverneurs von Kamerun zur Verordnung vom 23. Dezember 1907, betreffend den Gummiausfuhrzoll. Vom 23. Dezember 1907.

(Kol. Bl. 1908 S. 322. Amtsbl. 1908 S. 2.)

In Ausführung des Artikels 1 der Verordnung vom heutigen Tage***) wegen Abänderung der Verordnung vom 20. Juni 1906, betreffend die Erhebung eines Gummiausfuhrzolles, bestimme ich, daß bezüglich der Form, Verpackung und Versendung von zollfrei auszuführendem Gummi folgende Formalitäten zu beobachten sind:

1. Dem aus dem aufgefangenen Milchsaft gewonnenen Produkt ist die Form von runden oder viereckigen Kuchen zu geben, und diese sind mit dem Stempel oder der Handelsmarke derjenigen Firma zu versehen, auf deren Pflanzungsgebiet der Gummi gewonnen wurde.

*) Vgl. hierzu die Bekanntmachung und den R. E. von demselben Tage (nachstehend).

**) D. Kol. Gesetzgeb. 1906 S. 268.

***) Vorstehend.

2. Die Kisten bzw. die Fässer, in denen auf Pflanzungen gewonnener Gummi aufbewahrt bzw. ausgeführt wird, sind mit einer deutlich erkennbaren Marke in roter Farbe: „Pfl. G." (Pflanzungsgummi) zu kennzeichnen.

3. Wer auf Pflanzungen gewonnenen Gummi aus dem Schutzgebiete zollfrei auszuführen beabsichtigt, hat dies der zuständigen Zollbehörde spätestens acht Tage vor dem Termine der Verschiffung schriftlich anzumelden.

Die Anmeldung ist in doppelter Ausfertigung einzureichen und hat zu enthalten:

a) Zahl und Bezeichnungsort der Frachtstücke,
b) Gewicht des Gummis,
c) Bestimmungsland, Bestimmungsort, Name und Wohnung (bei Gesellschaften den Sitz) des Versenders, das zur Verschiffung bestimmte Fahrzeug, dessen Nationalität sowie Namen und Wohnort des Schiffseigentümers,
d) Name der Pflanzung, in welcher der Gummi gewonnen wurde,
e) die eidesstattliche Versicherung, daß der auszuführende Gummi lediglich in der betreffenden Pflanzung gewonnen worden ist,
f) die Unterschrift des Ausstellers der Anmeldung.

Die eine Ausfertigung der Anmeldung erhält der Versender, mit dem Visum der Zollbehörde versehen, zurück.

Durch diese Anmeldung wird die im § 5 der Verordnung vom 20. Juni 1906 verlangte Anmeldung ersetzt.

4. Schiffsführer dürfen die Verschiffung von Pflanzungsgummi nur gegen Vorzeigung einer mit dem Visum der Zollbehörde versehenen Anmeldung vornehmen.

Buea, den 23. Dezember 1907.

Der Kaiserliche Gouverneur.
Seitz.

297. Runderlafs des Gouverneurs von Kamerun, betreffend Zollfreiheit von auf Plantagen gewonnenem Gummi. Vom 23. Dezember 1907.

In der Anlage*) übersende ich a) eine Verordnung vom heutigen Tage wegen Abänderung der Verordnung vom 20. Juni 1906, betreffend die Erhebung eines Gummiausfuhrzolls, b) eine auf Grund des Artikels 1 dieser Verordnung erlassene Bekanntmachung vom heutigen Tage mit dem Ersuchen, dieselbe alsbald im Bezirk in üblicher Weise bekannt zu machen.

Die Bestimmungen in der Bekanntmachung bezüglich der Form des Gummis gründen sich auf die von dem Gouvernementsgärtner Deistel gelegentlich seiner nach Britisch-Indien unternommenen Informationsreise gemachten Beobachtungen. Derselbe schildert die dortige Gummibereitung wie folgt:

„Zur Anzapfung der Bäume übergehend, beginne mit dem Einsammeln des Milchsaftes, der an jedem Vormittag aus den kleinen Zapfgefäßen in einen größeren Behälter — Milchkrüge — gegossen und dann nach dem Aufbereitungshause gebracht wird.

Hier gießt man die Milch in emaillierte Suppenteller, die dann auf Stellagen in dem Raum aufgestellt werden. Man gibt ein wenig Zusatz von Essigsäure, das Gerinnen (der technische Ausdruck heißt „Koagulieren") der Milch

*) Anlagen vorstehend abgedruckt.

zu beschleunigen. Diese ist am anderen Morgen zu einem dicken weißen Kuchen geronnen und schwimmt in dem rückständigen trüben Wasser.

Diese Kuchen — sie kommen unter dem Namen „Bisquits“ in den Handel — kommen nun durch eine Wringmaschine, deren Walzen beim mehrmaligen Durchziehen den einzelnen Kuchen die Feuchtigkeit auspressen und sie verdünnen, ausdehnen.

Die Wringmaschine hat starke Holzwalzen statt der üblichen Gummiwalzen bei der Wäsche-Wringmaschine und ruht auf einem Gestell. Zur Seite dreht ein Mann die Kurbel, während ein anderer die Kuchen durchzieht. Die Walzen sind verstellbar, um den Druck zu verstärken.

Nach dieser Prozedur befestigt man eine Öse an die nun ausgedehnten flachen Bisquits und hängt sie an aufgespannten Schnüren in einem Raum zum Trocknen auf, wobei man künstliche Wärme benutzt. In Singapore hatte man einen Petroleumofen, dessen Wärme in langen Röhren durch den Raum geleitet wurde. Das Trocknen geschieht sorgfältig, und die Bisquits kommen erst dann auf den Markt, wenn sie vollständig getrocknet, zähe und elastisch sind.

Jede Plantage hat nun ihre eigene Marke, die man durch einen Stempel, den jeder Bisquit erhält, kenntlich macht. Man kann so ohne weiteres bei den Auktionen und auch sonst feststellen, von welcher Plantage die betreffenden Bisquits kommen.

Die Verpackung geschieht in Kisten mit Zinkeinsatz, die verlötet werden; man legt in den Kisten die Bisquits sauber übereinander. Bei dem vorzüglichen, erstklassigen Parakautschuk, den die Pflanzungen Strait Settlements bereiten, wird bei all diesen Arbeiten eine peinliche Sauberkeit befolgt; ich muß noch beifügen, daß einige Pflanzungen ihren Bisquits auch eine rechteckige Form geben, indem sie die Milch, anstatt in runden Tellern, in rechteckigen Pfannen gerinnen lassen; indessen ist dies nur eine Formensache, die ja auf die Güte ohne Einfluß ist.

Diese eben beschriebene Methode gilt für die I. Qualität. Es bleibt nun noch eine II. Qualität, die man gewinnt aus den Rückständen. Beim Zapfen fließt nicht alle Milch ab, es bleibt in den Zapfrinnen Milch haften, die später an der Luft gerinnt. Die Rückstände zieht man in langen, nicht reinen Fäden aus den Wunden heraus und spinnt sie auf, wie man einen Garnknäuel aufspinnt, zu gesponnenen (nicht gekochten, wie es die Eingeborenen tun) Bällen von der Größe einer Pfirsichfrucht. Die Bälle werden getrocknet und kommen auch in Kisten, als II. Qualität bezeichnet, auf den Markt. Diesem Kautschuk haften natürlich noch allerlei Rindenstückchen aus den Zapfwunden an, weshalb er nicht so wertvoll ist wie die I. Qualität.“

Ich ersuche, diese Schilderung dortigen Interessenten in geeigneter Weise zugänglich zu machen.

Zu Ziffer 3 der Bekanntmachung bemerke ich, daß der in ihr vorgeschriebene Termin der Anmeldung den Zollstellen ermöglichen soll, sich vor der Ausfuhr durch eine spezielle Revision des zur Ausfuhr angemeldeten Gummis davon zu überzeugen, daß es sich tatsächlich um Plantagengummi handelt. Falls eine spezielle Revision stattfindet, ist das Visum erst nach dieser auf das Exemplar der Anmeldung, das dem Versender zurückgegeben wird, zu setzen.

Buea, den 23. Dezember 1907.

Der Gouverneur.
Seitz.

298. Verordnung des Gouverneurs von Samoa, betreffend die Anzeigepflicht beim Vorkommen des Aussatzes (Lepra). Vom 24. Dezember 1907.

(Gouv. Bl. III Nr. 62.)

Auf Grund des § 15 des Schutzgebietsgesetzes (Reichs-Gesetzbl. 1900 S. 813) in Verbindung mit § 5 der Verfügung des Reichskanzlers vom 27. September 1903, betreffend die seemannsamtlichen und konsularischen Befugnisse und das Verordnungsrecht der Behörden in den Schutzgebieten Afrikas und der Südsee (Kol. Bl. S. 509), wird hiermit verordnet, was folgt:

§ 1. Jede Erkrankung und jeder Todesfall an Lepra sowie jeder Fall, der den Verdacht dieser Krankheit erweckt, ist unverzüglich der zuständigen Polizeibehörde (für Upolu, Manono und Apolima dem Polizeivorsteher zu Apia, für Savaii dem Amtmann zu Matautu) anzuzeigen.

§ 2. Zur Anzeige sind verpflichtet:

1. der hinzugezogene Arzt,
2. jede sonst mit der Behandlung oder Pflege des Erkrankten beschäftigte Person,
3. der Haushaltungsvorstand,
4. derjenige, in dessen Wohnung oder Behausung der Kranken- bzw. Sterbefall sich ereignet hat,
5. in samoanischen Gemeinden der Ortsvorsteher (Pulenuu),
6. in öffentlichen Kranken-, Gefangenen- und ähnlichen Anstalten der Vorsteher der Anstalt oder die von der zuständigen Stelle zur Anzeige verpflichtete Person,
7. auf Schiffen der Schiffer, sein Stellvertreter oder der Lotse.

Die Verpflichtung der unter Nr. 2 bis 7 genannten Personen tritt nur dann ein, wenn ein früher genannter Verpflichteter nicht vorhanden ist.

Die Anzeige kann schriftlich oder mündlich, im letzteren Falle auch durch eine dritte nicht anzeigepflichtige Person geschehen.

§ 3. Die Polizeibehörde muß, sobald sie von einer Erkrankung oder von einem Todesfall an Lepra, oder von einem Fall, der den Verdacht dieser Krankheit erweckt, Kenntnis erhält, den zuständigen Regierungsarzt benachrichtigen.

§ 4. Dem zuständigen Regierungsarzt ist der Zutritt zu dem Kranken oder zur Leiche und die Vornahme der zur Feststellung der Krankheit erforderlichen Untersuchungen zu gestatten. Die in § 2 aufgeführten Personen sind verpflichtet, über alle für die Entstehung und den Verlauf der Krankheit wichtigen Umstände dem Regierungsarzt und der zuständigen Behörde auf Befragen Auskunft zu erteilen und den Anweisungen zur Verhütung der Weiterverbreitung der Krankheit Folge zu leisten.

§ 5. Leprakranke oder lepraverdächtige Personen können abgesondert, Wohnungen und Häuser, in denen solche Kranken oder krankheitsverdächtige Personen sich befinden, kenntlich gemacht, das Pflegepersonal unter polizeiliche Aufsicht gestellt und für die Behandlung der Gebrauchsgegenstände von leprakranken oder lepraverdächtigen Personen, sowie für die Einsargung und Bestattung von Lepraleichen besondere Vorsichtsmaßregeln getroffen werden.

§ 6. Gegen die Anordnungen des zuständigen Regierungsarztes und der zuständigen Polizeibehörde ist die Beschwerde bei dem Gouverneur zulässig. Die Beschwerde hat keine aufschiebende Wirkung.

§ 7. 1. Mit Gefängnis bis zu einem Jahr,*) bei mildernden Umständen mit Geldstrafe bis 500 M., wird bestraft, wer den Bestimmungen des § 5 dieser Verordnung zuwiderhandelt, insonderheit, wer Kleidungsstücke, Wäsche, Bettzeug und andere bewegliche Gegenstände, die von Leprakranken oder bei ihrer Pflege oder zur Beförderung von solchen Kranken bzw. Leichen benutzt worden sind, ohne die vorgeschriebenen Vorsichtsmaßregeln in Gebrauch nimmt, an andere überläßt oder sonst in Verkehr bringt.

2. Mit Geldstrafe von 20 bis 150 M. oder mit Haft nicht unter einer Woche wird bestraft, wer die in § 1 dieser Verordnung vorgeschriebene Anzeige länger als drei Tage unterläßt, nachdem er von der anzuzeigenden Tatsache Kenntnis erhalten hat,

wer dem zuständigen Regierungsarzt den Zutritt und die Vornahme der Untersuchungen verweigert,

wer dem zuständigen Regierungsarzt oder der zuständigen Behörde die Auskunft verweigert oder wissentlich unrichtige Angaben macht.

§ 8. Diese Verordnung tritt mit dem Tage ihrer Verkündung**) in Kraft.

Vailima, den 24. Dezember 1907.

Der Kaiserliche Gouverneur.
Solf.

299. Bekanntmachung des Gouverneurs von Togo, betreffend die Zollaufsicht an der Westgrenze des Schutzgebiets innerhalb des Bezirks Lome-Land. Vom 29. Dezember 1907.

(Amtsbl. 1908 S. 1.)

Die Zoll- und Grenzposten an der Westgrenze des Schutzgebietes innerhalb des Bezirks Lome-Land unterstehen der Aufsicht der Zollverwaltung in Lome.

Als Eingangsstellen für den Zoll- und Grenzverkehr dienen außer dem Zollamt in Lome das Zollamt in Noepe und die Zollhebestellen in Solo und Sokpe.

Lome, den 29. Dezember 1907.

Der Gouverneur.
I. V.: Dr. Meyer.

300. Verordnung des Gouverneurs von Samoa, betreffend das Mietsfuhrwesen für den Personenverkehr. Vom 31. Dezember 1907.

(Kol. Bl. 1908 S. 278. Gouv. Bl. III Nr. 63.)

Auf Grund des § 15 des Schutzgebietsgesetzes (Reichs-Gesetzbl. 1900 S. 813) in Verbindung mit § 5 der Verfügung des Reichskanzlers vom 27. September 1903, betreffend die seemannsamtlichen und konsularischen Befugnisse und das Verordnungsrecht der Behörden in den Schutzgebieten Afrikas und der Südsee (Kol. Bl. S. 509), wird hiermit verordnet, was folgt:

§ 1. Jeder Mietswagen für den Personenverkehr muß bei der Polizei angemeldet werden.

*) Vgl. hierzu § 16 Abs. 2, 3 des Schutzgebietsgesetzes (D. Kol. Gesetzgeb. Bd. V S. 143)!

**) 28. Dezember 1907.

§ 2. Der Vermieter bzw. der Kutscher ist verpflichtet, Wagen, Pferde und Geschirr in gutem, gebrauchsfähigem Zustand zu halten.

§ 3. Die Pferde dürfen auf der Straße nicht ohne Aufsicht gelassen werden.

§ 4. Der Polizeivorsteher bestimmt die Anzahl der Personen, die jeder Wagen aufnehmen darf.

§ 5. Der Fahrpreis beträgt:

a) für zweirädrige Wagen für die erste Stunde oder einen Teil 6 M., für jede weitere Stunde 3 M.,

b) für vierrädrige Wagen mit Raum bis zu vier Personen einschließlich des Kutschers:

12 M. für die erste Stunde,
6 M. für jede weitere Stunde;

c) für vierrädrige Wagen mit Raum für mehr als vier Personen einschließlich des Kutschers:

14 M. für die erste Stunde,
7 M. für jede weitere Stunde.

Bruchteile einer Stunde werden bis zu ½ Stunde mit dem halben, über ½ Stunde mit dem vollen Fahrpreis bezahlt.

Die Preise verstehen sich für den Wagen ohne Rücksicht auf die Anzahl der Fahrgäste.

§ 6. Jede Fahrt gilt als eine Rundfahrt, gleichviel, ob der Wagen zum Abfahrtspunkt zurückkehrt oder nicht.

§ 7. Für die in § 5 festgesetzten Preise muß der Vermieter bzw. der Kutscher die Fahrt übernehmen.

Vereinbarungen zu billigeren Preisen sind zulässig.

§ 8. Bei Streitigkeiten entscheidet der Polizeivorsteher oder sein Vertreter.

§ 9. Die Stände für Mietswagen für den Personenverkehr sind:

a) an der Bismarck-Brücke,
b) am Postgebäude.

§ 10. Jeder Mietswagen muß ein gedrucktes Exemplar dieser Bestimmungen in deutscher, englischer und samoanischer Sprache enthalten, das auf Verlangen den Fahrgästen vorzuzeigen ist.

§ 11. Zuwiderhandlungen gegen diese Verordnung werden als Übertretung bestraft.

Im Wiederholungsfalle kann die Konzession entzogen werden.

§ 12. Diese Verordnung tritt am 1. Februar 1908 in Kraft.

Vailima, den 31. Dezember 1907.

Der Kaiserliche Gouverneur.
Solf.

Dritter Teil.

Bestimmungen für das Schutzgebiet Kiautschou.

Nachtrag für das Jahr 1898.

1. Vorläufige baupolizeiliche Vorschriften für die Stadtanlage im Gouvernement Kiautschou, erlassen vom Gouverneur. Vom 11. Oktober 1898.

(Amtsblatt 1907, S. 85.)*)

A. Allgemeine Bestimmungen.

§ 1. Alle Baulichkeiten müssen den Anforderungen der Gesundheit, des Verkehrs, der Festigkeit und der Feuersicherheit entsprechen. Mit bezug auf die äußere Gesamterscheinung muß sich das Gebäude dem Charakter des betreffenden Stadtteils anpassen.

§ 2. Alle neuen baulichen Anlagen sowie alle Umbauten bestehender baulicher Anlagen bedürfen der baupolizeilichen Genehmigung.

§ 3. Die Anträge auf Erteilung der baupolizeilichen Genehmigung sind schriftlich bei der Kaiserlichen Bauverwaltung einzureichen.

Dem Antrage ist in doppelter Ausfertigung beizufügen:

1. ein Bauplan im Meter-Maßstabe 1 : 100 m, aus welchem unter Darstellung sämtlicher Grundrisse sowie der notwendigen Querschnitte und Ansichten die Bauart sowie die Benutzungsart der einzelnen Räume, ferner die Höhenlage des Gebäudes zu den angrenzenden Straßen klar ersichtlich ist. Soweit erforderlich, ist die Tragfähigkeit der Konstruktion rechnungsmäßig nachzuweisen;

2. ein Lageplan im Maßstabe 1 : 500, aus welchem die Lage des Grundstücks zu den angrenzenden Straßen und zu den Nachbargrundstücken hervorgeht.

Bauschein und Bauvorlagen sind stets auf der Baustelle bereitzuhalten.

Für die folgenden polizeilichen Prüfungen sind Anträge schriftlich einzureichen:

1. für die Abnahme des Sockels zur Prüfung der Fluchtlinie und der Höhenlage;
2. für die Abnahme des Rohbaues;
3. für die Abnahme des fertigen Baues behufs Erklärung der Benutzungsfähigkeit.

*) Früher im Amtsblatt nicht veröffentlicht.

B. Bestimmungen für die der offenen bzw. geschlossenen Behauung vorbehaltenen Teile des Behauungsgebiets.

§ 4. Die Straßenfronten des Gebäudes müssen in der Baufluchtlinie oder parallel mit dieser errichtet werden.

§ 5. Von jedem Grundstück sind in der Regel nur $^{6}/_{10}$ der Fläche behaubar. Bei Berechnung dieser Fläche werden die Flächen der eventuellen Vorgärten von der Gesamtfläche vorweg abgezogen.

§ 6. Die Fronthöhe des Gebäudes (von Oberkante Bürgersteig bis Oberkante Hauptgesims bzw. Attika gerechnet) soll in der Regel die Breite der vorliegenden Straße (bis zur gegenüberliegenden Bauflucht gerechnet) nicht übersteigen. Die größte zulässige Höhe beträgt 18 m. Innerhalb dieser Höhe dürfen nicht mehr als drei zum dauernden Aufenthalt von Menschen bestimmte Geschosse angelegt werden. Bei Giebeln und Aufbauten wird eine mittlere Höhe berechnet.

Zur Gebäudehöhe werden mitgerechnet: steile Dachflächen und Dachaufbauten mit dem Teile ihrer Höhe, welcher die Höhe eines Daches von 45 Grad Steigung übertrifft. Bei Eckhäusern ist ein einheitliches mittleres Höhenmaß, bei Gebäuden, welche hinter die Baufluchtlinie zurücktreten, ein gesteigertes Höhenmaß zulässig. Zwischen Gebäuden, welche nicht unmittelbar bei einander stehen, muß ein Raum von 6 m Breite freibleiben. Dieser Abstand ist in der Regel zu halbieren.

Bei Anlage von Fenstern für bewohnte Räume in den Giebelwänden ist ein Abstand von 4 m von der Nachbargrenze erforderlich.

Für bewohnte Hintergebäude gilt die Regel, daß die Höhe die Breite des vorliegenden Hofes nicht übersteigen darf; Seitenflügel dürfen in einer Länge von höchstens 5,5 m die Höhe des Vordergebäudes erhalten, wofern in diesem Teile des Seitenflügels eine bis in das oberste Geschoß führende Treppe angelegt wird. Vorspringende Bauteile dürfen über der Höhe von 3 m angelegt werden. Geschlossene Vorbauten dürfen zusammen nicht mehr als ⅓ der Frontlänge eines Gebäudes einnehmen.

§ 7. Umfassungswände und deckentragende Wände der Gebäude sind in der Regel massiv herzustellen. Die Verwendung von Eisenfachwerk und Eisenwellblech ist gestattet.

Bei kleineren Anbauten, Gartenhäusern, Ställen, Remisen dürfen die Umfassungswände aus gemauertem Holzfachwerk bestehen.

Nachbargebäude, welche an gemeinsamer Grenze errichtet werden, sind je durch eine selbständige 0,25 m starke und 0,20 über Dach führende Brandmauer abzuschließen.

Die Dächer aller Baulichkeiten müssen mit einem gegen die Übertragung von Feuer hinreichenden Schutz bietenden Stoffe gedeckt werden.

Schornsteine sind aus unverbrennlichem Baustoff herzustellen und von Grund aus zu fundamentieren oder unverbrennlich und sicher zu unterstützen.

C. Bestimmungen für die der landhausmäßigen Behauung vorbehaltenen Teile des Behauungsgebietes.

§ 8. Es dürfen höchstens $^{3}/_{10}$, bei Eckgrundstücken $^{4}/_{10}$ der Gesamtbaufläche behaut werden.

Es dürfen nicht mehr als zwei zum dauernden Aufenthalte von Menschen bestimmte Geschosse übereinander angelegt werden.

Zu dem gleichen Zwecke kann jedoch das Dachgeschoß bis zur Hälfte, das Kellergeschoß bis zu drei Viertel eingerichtet werden. Der Fußboden des letzteren darf jedoch in diesem Falle höchstens 0,50 m unter Terrain liegen.

Vorbauten dürfen aus Holz hergestellt werden. Ausgemauertes Holzfachwerk ist bei Einhaltung der notwendigen Abstände von anderen Baulichkeiten zulässig.

Die Baulichkeiten müssen in allen Teilen von der Straßenfluchtlinie und den Nachbargrenzen mindestens 4 m entfernt bleiben.

Nebenanlagen bis zu 7,5 m Höhe dürfen auf dem hinteren Teil des Grundstücks unmittelbar an der Grenze errichtet werden.

Für Gebäude, welche Bildungs-, Erholungs- oder Vergnügungszwecken dienen, können für die Dauer dieser Zwecke Ausnahmebestimmungen zugelassen werden.

D. Bestimmungen für die Chinesenstadt.

a) Die Straßenfronten sind parallel zur Baufluchtlinie aufzuführen.

b) Die bebaubare Fläche eines Grundstücks beträgt $\frac{3}{4}$ desselben.

c) Zwischen Gebäuden, welche nicht unmittelbar beieinander stehen, muß ein Raum von 3 m Breite freibleiben.

d) Die Umfassungswände der Hauptgebäude sowie alle in der Straßenfront liegende Bauwände müssen massiv hergestellt werden; die Verwendung von Lehmmörtel ist nicht gestattet.

e) Unmittelbar aneinander grenzende Hauptgebäude sind durch je eine 0,20 m über Dach führende massive Brandmauer abzuschließen. Gebäude mit einer Straßenfront von mehr als 15 m müssen, soweit sie vornehmlich Ladenzwecken oder als Werkstatt dienen, im Innern in Zwischenräumen von 5 bis 10 m massive Scheidewände erhalten.

f) Alle Räume, welche zum dauernden Aufenthalt von Menschen bestimmt sind, müssen eine Bodenfläche von mindestens 5 qm und eine lichte Höhe von mindestens 2,7 m haben.

g) Dachdeckungen von Stroh, Rohr oder sonstigen gegen die Übertragung von Feuer ungenügenden Schutz bietenden Materialien sind verboten.

h) Die Zahl der Stockwerke in Wohngebäuden ist auf zwei beschränkt.

Tsintau, den 11. Oktober 1898.

Der Gouverneur des Kiautschou-Gebietes.
gez. Rosendahl.

Vorstehende Verordnung wird in Erinnerung gebracht.

Tsingtau, den 14. März 1907.

Der Kaiserliche Gouverneur.
Truppel.

1907.

2. Bekanntmachung des Baudirektors, betreffend Änderung der Technichen Vorschriften für Entwässerungsanlagen und Kanalisationsanschlüsse. Vom 22. Januar 1907.*)

(Amtsbl. 1907 S. 16.)

3. Bekanntmachung des Gouvernements, betreffend Ableistung der Wehrpflicht bei der Besatzung des Kiautschou-Gebiets und Meldung Militärpflichtiger. Vom 28. Januar 1907.

(Amtsbl. 1907 S. 19.)**)

4. Bekanntmachung des Zivilkommissars, betreffend Schutzpockenimpfung. Vom 30. Januar 1907.

(Amtsbl. 1907 S. 23.)

Nach der Verordnung, betreffend Schutzpockenimpfung, vom 17. Juni 1902 (Amtsblatt 1902 Seite 101)***) ist

a) jedes Kind vor dem Ablaufe des auf sein Geburtsjahr folgenden Kalenderjahres,

b) jeder Zögling einer öffentlichen Lehranstalt oder einer Privatschule innerhalb des Jahres, in dem er das 12. Lebensjahr zurücklegt, sofern er nicht nach ärztlichem Zeugnis in den letzten 5 Jahren die natürlichen Blattern überstanden hat oder mit Erfolg geimpft ist,

der Impfung mit Schutzpocken zu unterziehen.

Im Anschluß daran wird hiermit bekannt gemacht, daß die Impfung der Europäer Marine-Stabsarzt Dr. Trembur an jedem Donnerstag des Monats Februar, vormittags 10 bis 11 Uhr, im Untersuchungszimmer der Abteilung IV des Gouvernementslazaretts vornimmt.

Die unentgeltlichen Impfungen für Chinesen finden werktäglich von 11 bis 12 Uhr vormittags im Faber-Hospital in Tapautau statt. In Litsun werden die Impfungen im Monat Februar an den Markttagen vormittags in der Poliklinik vorgenommen.

Tsingtau, den 30. Januar 1907.

Der Kaiserliche Zivilkommissar.

5. Bekanntmachung des deutschen Postamts in Tsingtau, betreffend Zuschlag für Zahlung in Scheidemünzen. Vom 16. Februar 1907.

(Amtsbl. 1907 S. 88.)

Infolge weiterer erheblicher Wertverminderung der Scheidemünzen des mexikanischen Dollars wird der in der Bekanntmachung vom 30. April 1903 (Amts-

*) Vgl. D. Kol. Gesetzgeb. Bd. X S. 260.
**) Vgl. D. Kol. Gesetzgeb. Bd. VIII S. 278.
***) Vgl. D. Kol. Gesetzgeb. Bd. VI S. 647.

blatt für das deutsche Kiautschougebiet Nr. 16 für 1903)*) vorgesehene Aufschlag von 10 % bei in Scheidemünze geleisteten Zahlungen von jetzt ab auf 20 % erhöht.

Tsingtau, den 16. Februar 1907.

Kaiserlich Deutsches Postamt.

6. Bekanntmachung des Kommissars für chinesische Angelegenheiten, betreffend Eröffnung von chinesischen Schulen. Vom 11. März 1907.

(Amtsbl. 1908, S. 56.)

Im März dieses Jahres wird in Foshanhou, Sunkotschuang und Litsun eine chinesische Schule eröffnet werden.

Der Kursus ist auf vorläufig fünf Jahre berechnet und entspricht dem einer Volksschule. Der Unterricht umfaßt Chinesisch (Schreiben und Lesen), Rechnen, Geographie und in den oberen Klassen Deutsch. Er fängt mit der V. Klasse an; jährlich wird eine weitere Klasse bis zum Ausbau der Schule herbeigeführt werden. Beim Abgang aus der Schule wird ein Zeugnis erteilt, welches zur Aufnahme in die höheren Schulen berechtigt.

Der Unterricht in der Volksschule ist frei. Lehrmittel werden bis auf weiteres unentgeltlich geliefert.

Anmeldungen von Schülern, welche das 7. Lebensjahr vollendet haben müssen, werden beim Bezirksamt Litsun seitens der Väter oder älteren Brüder entgegengenommen. Innerhalb des Schuljahres werden neue Schüler nicht aufgenommen.

Tsingtau, den 11. März 1907.

Der Kommissar für chinesische Angelegenheiten.

7. Verordnung des Gouverneurs, betreffend Gouvernementsrat. Vom 14. März 1907.

(V. Bl. für das Kiautschougebiet 1907 S. 16. — Amtsbl. 1907 S. 63.)

Auf Grund des § 15 des Schutzgebietsgesetzes in Verbindung mit § 1 der Verfügung des Reichskanzlers vom 27. April 1898 wird folgendes verordnet:

§ 1. Der Gouvernementsrat besteht unter dem Gouverneur als Vorsitzendem aus folgenden Gouvernementsmitgliedern: Chef des Admiralstabes, Zivilkommissar, Kommissar für chinesische Angelegenheiten, Gouvernementsintendant, Gouvernementsarzt, Baudirektor und aus vier Bürgerschaftsvertretern.

Außerdem kann der Gouverneur, soweit es nach dem Gegenstande der Beratung notwendig oder zweckmäßig erscheint, auch andere Personen, insbesondere auch Mitglieder des Chinesenkomitees zu den Sitzungen des Gouvernementsrats hinzuziehen.

Im Behinderungsfalle treten für die Gouvernementsmitglieder ihre dienstlichen Vertreter ein. Die Stellvertretung der Bürgerschaftsvertreter regelt sich nach § 5.

Der älteste aktive Offizier des Kiautschougebiets, dem nach der Allerhöchsten Ordre vom 21. Dezember 1901 die Stellvertretung des Gouverneurs zufällt, kann den Sitzungen beiwohnen.

*) Nicht veröffentlicht

§ 2. Die Berufung der Bürgerschaftsvertreter erfolgt auf die Dauer von zwei Jahren und geschieht in folgender Weise:

a) Ein Bürgerschaftsvertreter wird gewählt von den Inhabern oder Vertretern der im Handelsregister eingetragenen Firmen aus ihrer Mitte. Wahlberechtigt und wählbar sind die nach dem Handelsregister oder auf Grund gerichtlicher oder notarieller Vollmacht zur Vertretung der Firma berechtigten Personen. Für jede Firma darf nur eine Stimme abgegeben werden.

b) Ein Bürgerschaftsvertreter wird gewählt von den im Grundbuche eingetragenen Grundeigentümern, die jährlich mindestens 50 Dollar Grundsteuer zu entrichten haben, aus ihrer Mitte. Ist eine Firma Grundeigentümer, so bestimmt sich Wahlrecht und Wählbarkeit nach Absatz a. Sind mehrere Personen eines mit mindestens 50 Dollar jährlich steuerpflichtigen Grundstücks eingetragen, so sind alle wählbar, dagegen wahlberechtigt nur einer der Miteigentümer. Ein außerhalb des Schutzgebiets weilender Grundeigentümer kann sein Wahlrecht auf einen mit gerichtlicher oder notarieller Vollmacht versehenen Bevollmächtigten übertragen.

c) Ein Bürgerschaftsvertreter wird vom Vorstand der Handelskammer aus seiner Mitte gewählt.

d) Ein Bürgerschaftsvertreter wird vom Gouverneur ernannt.

§ 3. Die Wahl der Mitglieder zu § 2 a und b erfolgt am 15. März vormittags 9 bis 12 Uhr im Gouvernementsgebäude. Die Wählerlisten liegen daselbst vom 1. bis 5. März aus. Einwendungen gegen die Richtigkeit der Listen müssen spätestens bis zum 10. März beim Zivilkommissar schriftlich angebracht sein. Ist der 15. März ein Sonntag oder Feiertag, so tritt der nächste Werktag an seine Stelle.

Die Wahlhandlung und die Ermittelung des Wahlergebnisses sind öffentlich. Wahlleiter ist der Zivilkommissar oder der zu seiner Vertretung hierfür besonders bestimmte Beamte.

Das Wahlrecht wird in Person ausgeübt durch verdeckte, in eine Wahlurne niederzulegende Stimmzettel ohne Unterschrift.

Die Stimmzettel müssen von weißem Papier und dürfen mit keinem Kennzeichen versehen sein.

Sie sind von dem Wähler in einem mit amtlichem Stempel versehenen Umschlage, der sonst kein Kennzeichen haben darf, abzugeben. Die Umschläge werden am Eingang zum Wahlraum in der erforderlichen Zahl bereitgehalten, und zwar solche von blauer Farbe für die Wahl des von den Firmen zu wählenden Vertreters und solche von weißer Farbe für die Wahl des von den Grundbesitzern zu wählenden Vertreters.

Ungültig sind:

1. Stimmzettel, die nicht in einem amtlich abgestempelten Umschlag oder die in einem mit einem Kennzeichen versehenen Umschlag übergeben worden sind;
2. Stimmzettel, die nicht von weißem Papier sind;
3. Stimmzettel, die mit einem Kennzeichen versehen sind;
4. Stimmzettel, die keinen oder keinen lesbaren Namen enthalten;
5. Stimmzettel, aus denen die Person des Gewählten nicht unzweifelhaft zu erkennen ist;
6. Stimmzettel, die auf eine nicht wählbare Person lauten;
7. Stimmzettel, die eine Verwahrung oder einen Vorbehalt gegenüber dem Gewählten enthalten.

Mehrere in einem Umschlage enthaltene gleichlautende Stimmzettel gelten als eine Stimme; in einem Umschlage enthaltene auf verschiedene Personen lautende Stimmzettel sind ungültig.

Der Kandidat, der die meisten Stimmen erhalten hat, ist gewählt. Bei Stimmengleichheit entscheidet das Los.

Nimmt der Gewählte auf Anfrage des Gouvernements nicht binnen drei Tagen die Wahl an, so erfolgt eine Neuwahl auf Grund der für die erste Wahl festgestellten Wählerliste.

Der Name des zu § 2 c gewählten Bürgerschaftsvertreters ist dem Gouvernement spätestens am 25. März vom Vorsitzenden der Handelskammer schriftlich mitzuteilen.

Die Ernennung des Bürgerschaftsvertreters zu § 2 d erfolgt spätestens am 1. April.

§ 4. Die Amtszeit der Bürgerschaftsvertreter beginnt am 1. April.

Durch die dem Gouvernement gegenüber abzugebende Erklärung der Annahme des Amtes verpflichten sich die Bürgerschaftsvertreter, den Sitzungen des Gouvernementsrates beizuwohnen, sofern sie nicht durch wichtige Gründe behindert sind. Ferner verpflichten sie sich dadurch, dem Gouverneur mitzuteilen, wenn sie länger als acht Tage vom Schutzgebiet abwesend sind.

§ 5. Die Bürgerschaftsvertreter müssen deutsche Reichsangehörige sein und ihren Wohnsitz im Schutzgebiet haben.

Der Verlust des Amtes tritt in demselben Falle ein, in welchem gemäß § 32 des deutschen Gerichtsverfassungsgesetzes ein Schöffe zu diesem Amt unfähig ist, ferner bei Verlust der Reichsangehörigkeit und in dem Falle, daß während der Amtszeit die nach § 2 a, b, c für die Wählbarkeit erforderliche Voraussetzung wegfällt, schließlich auch dann, wenn ein Bürgerschaftsvertreter für mehr als sechs Monate wegen Verlassens des Schutzgebiets oder aus sonstigen Gründen an der Wahrnehmung seines Amtes verhindert ist.

Scheidet ein Bürgerschaftsvertreter nach den Bestimmungen des vorhergehenden Absatzes oder aus sonstigen Gründen aus, so wird für den Rest seiner Amtszeit ein Ersatzmitglied berufen. Handelt es sich dabei um einen Bürgerschaftsvertreter zu § 2 a oder b, so wird die Neuwahl unter Beobachtung der sich aus § 3 Absatz 1 ergebenden Fristen ausgeschrieben.

Bei Abwesenheit eines Bürgerschaftsvertreters aus dem Schutzgebiete oder Verhinderung für weniger als sechs Monate kann der Gouverneur dem betreffenden Bürgerschaftsvertreter auf dessen Vorschlag einen Vertreter bestellen. Dieser muß den Bedingungen für die Berufung des Vertretenen entsprechen.

§ 6. Dem Gouvernementsrat sind zur Beratung vorzulegen:

a) Die Vorschläge für den jährlichen Haushaltsetat in ihrer Gesamtheit; inwieweit Ausnahmen aus politischen oder militärischen Gründen zu machen sind, unterliegt dem Ermessen des Gouverneurs.

b) Die Entwürfe der vom Gouverneur zu erlassenden oder von ihm in Vorschlag zu bringenden Verordnungen.

Wenn in dringenden Fällen der Gouverneur eine Verordnung ohne Anhörung des Gouvernementsrates erlassen mußte, geschieht die Vorlage nachträglich. Bei Verordnungen von geringfügiger Bedeutung genügt die schriftliche Einverständniserklärung durch die Mitglieder des Gouvernementsrates, sofern nicht von einem derselben die Beratung verlangt wird.

Dem Gouverneur steht es frei, auch andere als die vorbezeichneten Angelegenheiten dem Gouvernementsrat zu unterbreiten.

Anträge von Bürgerschaftsvertretern, die einen selbständigen Gegenstand der Tagesordnung bilden sollen, sind schriftlich zu stellen und von mindestens zwei Bürgerschaftsvertretern zu unterzeichnen. Der Gouverneur kann aus politischen oder militärischen Gründen die Aufnahme in die Tagesordnung und die Beratung versagen.

§ 7. Der Gouverneur beraumt die Sitzung an und leitet sie und erläßt erforderlichenfalls eine Geschäftsordnung nach Anhörung des Gouvernementsrats.

Den Mitgliedern ist rechtzeitig, in der Regel wenigstens drei Tage vor der Sitzung von der Tagesordnung Kenntnis zu geben.

Nach Ermessen des Gouverneurs oder auf Verlangen eines Bürgerschaftsvertreters ist eine Abstimmung herbeizuführen.

Der Gouverneur ist an das Ergebnis der Beratung auch im Falle der Abstimmung nicht gebunden.

§ 8. Die Mitglieder des Gouvernementsrates sind zur Geheimhaltung verpflichtet, soweit der Gouverneur die zur Beratung kommenden Gegenstände als geheim bezeichnet.

§ 9. Über die Sitzungen des Gouvernementsrats wird ein Protokoll geführt, das den Hergang der Sitzung und soweit als möglich auch die Besprechungen wiederzugeben hat.

Das Protokoll wird nach Anerkennung durch Unterschrift der beteiligten Sprecher veröffentlicht, soweit die Beratungsgegenstände nicht als geheim bezeichnet sind.

§ 10. Diese Verordnung tritt am Tage der Veröffentlichung in Kraft. Mit dem gleichen Tage wird die Verordnung, betreffend die Wahl von Vertretern der Zivilgemeinde, vom 13. März 1899*) aufgehoben.

Die Zeit für die erste Wahl von Bürgerschaftsvertretern wird durch besondere Bekanntmachung festgesetzt werden.

Tsingtau, den 14. März 1907.

Der Kaiserliche Gouverneur.
Truppel.

8. Anweisung des Staatssekretärs des Reichs-Marine-Amts, betreffend Annahme der Banknoten der Deutsch-Asiatischen Bank bei Zahlungen. Vom 16. März 1907.

(Amtsbl. 1907 S. 117.)

Ich ermächtige die Kasse des Kaiserlichen Gouvernements Kiautschou, bis auf weiteres die von der Deutsch-Asiatischen Bank auf Grund der Konzession des Reichskanzlers vom 8. Juni 1906**) ausgegebenen, auf Tsingtau-Währung lautenden Noten bei allen den Nennwert der Noten erreichenden oder übersteigenden Zahlungen anzunehmen. Die Kasse hat die Noten demnächst bei ihren Zahlungen wieder zu benutzen.

Berlin, den 16. März 1907.

Der Staatssekretär des Reichs-Marine-Amts.
v. Tirpitz.

*) Vgl. D. Kol. Gesetzgeb. Bd. IV S. 168.
**) Vgl. D. Kol. Gesetzgeb. Bd. X S. 256.

9. Verordnung des Gouverneurs, betreffend Entwässerung von Grundstücken. Vom 30. März 1907.

(Amtsbl. 1907 S. 110.)

§ 1. Soweit die Straßen und öffentlichen Plätze im Stadtgebiet von Tsingtau mit Kanalisation versehen sind oder versehen werden, müssen alle an diesen Straßen und Plätzen liegenden Grundstücke, sobald es die Bauverwaltung verlangt, gemäß den hierüber von der Bauverwaltung erlassenen technischen Vorschriften mit Entwässerungsanlagen versehen und an die Kanalisation angeschlossen werden.

Schon bestehende, den Vorschriften nicht entsprechende Entwässerungsanlagen müssen auf Verlangen der Bauverwaltung umgeändert werden. Die Auflage einer besonderen Kanalisationsabgabe wird vorbehalten.

§ 2. Die Herstellung neuer und die Veränderung oder Ergänzung bestehender Entwässerungsanlagen und ihr Anschluß an die Kanalisation bedarf der Genehmigung der Bauverwaltung.

§ 3. Für die Abführung von Schmutzwasser erfolgt die Herstellung und Unterhaltung der Anlagen vom Straßenkanal bis zum Spundkasten einschließlich, für die Abführung von Regenwasser vom Straßenkanal bis zur Grundstücksgrenze auf Kosten des Eigentümers des anzuschließenden Grundstückes durch die Bauverwaltung.

Auf Antrag des Eigentümers übernimmt die Bauverwaltung auf seine Kosten auch die Herstellung des auf dem Grundstück außerhalb der Häuser liegenden Teiles der Entwässerungsanlage. Läßt der Eigentümer diesen Teil der Entwässerungsanlage anderweitig ausführen so wird für die amtliche Prüfung der ordnungsmäßigen Ausführung eine Gebühr erhoben.

§ 4. Zur Prüfung der in Betrieb genommenen Entwässerungsanlagen ist dem mit einem Ausweis versehenen Beamten Zutritt zu den Entwässerungsanlagen zu gestatten.

Der Eigentümer des Grundstückes hat die regelmäßigen Reinigungen und notwendige Ausbesserungen auf schriftliche Aufforderung innerhalb der von der Bauverwaltung bestimmten Frist zu bewirken.

Wenn die Herstellung, Umänderung, Reinigung oder Ausbesserung von Entwässerungsanlagen nach Aufforderung nicht innerhalb der bestimmten Frist bewirkt ist, so ist die Bauverwaltung berechtigt, die erforderlichen Arbeiten auf Kosten des Eigentümers des Grundstückes vornehmen zu lassen.

Unterhaltungsarbeiten, welche an den von der Bauverwaltung ausgeführten Leitungsstrecken und Anlagen nötig werden und auf Mängel in der Arbeit oder im Material zurückzuführen sind, werden innerhalb eines Zeitraumes von zwei Jahren vom Tage der Fertigstellung der betreffenden Anlage ab von der Bauverwaltung auf ihre Kosten ausgeführt.

§ 5. Das Gouvernement kann aus wichtigen Gründen auf Antrag Aufschub für die Erfüllung der im § 1 festgesetzten Anschlußpflicht gewähren.

§ 6. Bei Ausführung von Entwässerungsanlagen ohne die vorgeschriebene Genehmigung oder mit Abweichung von dem genehmigten Bauplane tritt Strafverfolgung nach § 367 Ziffer 15 des Strafgesetzbuches ein.

Ferner wird auf Antrag der Bauverwaltung mit Geldstrafe bis zu 75 Dollar, im Unvermögensfalle mit Haft bis zu 14 Tagen bestraft:

a) wer durch die Entwässerungsanlage Stoffe abführt, deren Abführung verboten ist, soweit nicht nach sonstigen Strafbestimmungen eine höhere Strafe verwirkt ist;

b) wer nach Aufforderung durch die Bauverwaltung nicht innerhalb der von dieser bestimmten Frist die vorgeschriebenen Entwässerungspläne zur Genehmigung einreicht;

c) wer nach Genehmigung der eingereichten Entwässerungspläne nicht innerhalb der von der Bauverwaltung bestimmten Frist die Entwässerungsanlage fertigstellt.

Die Verordnung tritt mit ihrer Veröffentlichung in Kraft.

Gleichzeitig wird die Verordnung vom 23. Januar 1902, betreffend Hausanschlüsse an die Regenwasserkanalisation (Amtsblatt 1902 S. 10)*), und die Verordnung, betreffend Entwässerung und Anschluß an die Kanalisation (Amtsblatt 1906 S. 20)**) aufgehoben.

Tsingtau, den 30. März 1907.

Der Kaiserliche Gouverneur.
Truppel.

10. Bekanntmachung des Baudirektors, betreffend Anschlüsse an die Kanalisation und Wasserleitung. Vom 5. April 1907.

(Amtsbl. 1907 S. 114.)

Die bisher über die Kosten der Herstellung von Anschlüssen an die Kanalisation und Wasserleitung erlassenen Bekanntmachungen werden hiermit aufgehoben. Es treten damit außer Kraft:

die Bekanntmachung vom 21. Oktober 1905 (Amtsblatt 1905 S. 230),***)
die Bekanntmachungen vom 6. September 1904 (Amtsblatt 1904 S. 217),†) vom 4. Januar 1905 (Amtsblatt 1905 S. 11),††) vom 14. Mai 1906 (Amtsblatt 1906 S. 133).†††)

Für die von der Bauverwaltung hergestellten Anschlüsse an die Kanalisation und an die Wasserleitung werden, soweit die Beträge von den Anschlußnehmern noch nicht bezahlt sind, von jetzt ab die Kosten, wie folgt, berechnet:

Die Akkordarbeiten (hauptsächlich Rohrgrabenaushub und Heranschaffen von Baustoffen) werden mit den Selbstkosten in Ansatz gebracht. Die Materialien werden mit 30% Zuschlag zu den von Zeit zu Zeit neu festzusetzenden mittleren Selbstkosten der Bauverwaltung in Rechnung gestellt. Soweit Materialien für die Bauverwaltung fracht- oder zollfrei waren, werden den Selbstkosten der Materialien entsprechende Beträge für Fracht und Zoll hinzugerechnet. Zu den Selbstkosten der chinesischen Tagelöhner werden 100% Zuschlag erhoben.

Soweit die Entwässerungsanlage auf den Grundstücken außerhalb der Gebäude nicht durch die Bauverwaltung ausgeführt wird, ist für die amtliche Prüfung der ordnungsmäßigen Ausführung eine Gebühr von 8 Dollar für ein Rohrnetz bis zu 30 m Rohrlänge und eine Gebühr von 12 Dollar für ein Rohrnetz von

*) Vgl. D. Kol. Gesetzgeb. Bd. VI S. 600.
**) Vgl. D. Kol. Gesetzgeb. Bd. X S. 250.
***) Vgl. D. Kol. Gesetzgeb. Bd. IX S. 302.
†) Vgl. D. Kol. Gesetzgeb. Bd. VIII S. 300.
††) Vgl. D. Kol. Gesetzgeb. Bd. IX S. 288.
†††) Vgl. D. Kol. Gesetzgeb. Bd. X S. 354.

30 bis 60 m Rohrlänge zu zahlen. Die Gebühr steigt um je 3 Dollar für je weitere 30 m Rohrlänge.

Tsingtau, den 5. April 1907.

Der Kaiserliche Baudirektor.
Rollmann.

11. Bekanntmachung des Baudirektors, betreffend Wasserabgaben. Vom 5. April 1907.

(Amtsbl. 1907 S. 114.)

Die am 28. Mai 1904 (Amtsblatt 1904 S. 106)*) bekanntgegebenen „Bestimmungen über den Bezug von Wasser aus dem fiskalischen Wasserwerk" erfahren folgende Veränderung:

An Stelle der beiden ersten Absätze von „2. Zuleitung", welche außer Kraft treten, treten folgende Bestimmungen:

2. Zuleitung.

Die Zuleitungen vom Hauptrohr bis zum Wassermesser einschließlich sowie die Verbindung des letzteren mit der Privatleitung werden in allen ihren Teilen ausschließlich von der Verwaltung hergestellt und unterhalten. Grundstücke von größerem Umfange können nach Ermessen der Verwaltung mehr als eine Zuleitung erhalten.

Die Kosten für die Herstellung und Unterhaltung der Zuleitung mit Ausnahme der auf der Straße anzubringenden Verschlußvorrichtung und des Wassermessers trägt der Eigentümer des anzuschließenden Grundstückes. Unterhaltungsarbeiten, welche an diesen von der Verwaltung hergestellten Leitungen und Anlagen innerhalb eines Zeitraumes von zwei Jahren vom Tage der Fertigstellung der betreffenden Anlagen ab nötig werden und auf Mängel in der Arbeit oder im Material zurückzuführen sind, werden von der Verwaltung auf ihre Kosten ausgeführt.

Tsingtau, den 5. April 1907.

Der Baudirektor.
Rollmann.

12. Allerhöchste Ordre, betreffend Artilleriedepot und Minendepot Tsingtau. Vom 6. April 1907.

Ich bestimme in Abänderung Meiner Ordre vom 17. August 1898:

1. Für die Befestigungen im Schutzgebiet Kiautschou sind aus der bisherigen Artillerieverwaltung mit dem 1. April 1907 ein Artilleriedepot und ein Minendepot zu bilden.
2. Als Vorstand beider Depots fungiert der jeweilige Artillerieoffizier vom Platz für die Befestigungen daselbst.

Sie haben hiernach das Weitere zu veranlassen.

Berlin Schloß, den 6. April 1907.

Wilhelm.

In Vertretung des Reichskanzlers.
v. Tirpitz.

An den Reichskanzler (Reichs-Marine-Amt).

*) Vgl. D. Kol. Gesetzgeb. Bd. VIII S. 284.

Vorstehende Allerhöchste Ordre bringe ich zur Kenntnis.

Die Ausführungsbestimmungen zur Allerhöchsten Ordre vom 17. August 1898 (Marineverordnungsblatt Seite 304) werden aufgehoben.*)

Die Offiziere und Unteroffiziere des Artilleriedepots und des Minendepots in Tsingtau gehören zum sonstigen militärischen Personal des Schutzgebiets Kiautschou — § 1, 3 der Organisatorischen Bestimmungen für die Besatzung des Schutzgebiets Kiautschou und deren Stammarineteile.

Der Geschäftsbetrieb dieser Depots ist unter Berücksichtigung der durch örtliche Verhältnisse und durch die Unterstellung unter den Gouverneur des Kiautschougebiets gebotenen Abweichungen im Sinne der Dienstvorschrift für die Marine-Artilleriedepots zu handhaben.

Die Gebührnisse usw. werden nach den für die Verwaltung des Schutzgebiets Kiautschou erlassenen besonderen Bestimmungen gewährt.

Der Schriftverkehr zwischen der Marinedepotinspektion und den Depots in Tsingtau und umgekehrt geht unter der äußeren Adresse des Gouvernements. Der Gouverneur hat auf den Schriftwechsel nötigenfalls bestimmend einzuwirken; Anweisungen für den Dienstbetrieb der Depots sind durch die Marinedepotinspektion bei mir zu beantragen.

Bei allen dem Reichs-Marine-Amt nicht vorbehaltenen artilleristischen Beschaffungen usw. in der Heimat haben sich die Depots der Vermittelung des Artilleriedepots und des Minendepots in Wilhelmshaven zu bedienen. Diese prüfen vor Ausführung der Bestellungen, ob die Beschaffungen usw. nach den neuesten Vorschriften und Erfahrungen zulässig und zweckmäßig sind. Zu den hiernach etwa erforderlich scheinenden Änderungen ist die Zustimmung der Marinedepotinspektion — nötigenfalls meine Entscheidung einzuholen.

Die Geschäfte des Rechnungsamtes sind bei den Depots in Tsingtau unter der Bezeichnung

„Rechnungsstelle des Artilleriedepots" bzw. „des Minendepots"

von dem Verwaltungsmitgliede zu führen.

Berlin, den 3. Mai 1908.

Der Staatssekretär des Reichs-Marine-Amts.
v. Tirpitz.

13. Verordnung des Gouverneurs, betreffend Verzollung von Fabrikaten. Vom 27. April 1907.

(Amtsbl. 1907 S. 137.)

§ 14 der Verordnung, betreffend das Verzollungsverfahren im Schutzgebiete von Kiautschou vom 2. Dezember 1905**) wird hierdurch aufgehoben und der folgende Paragraph tritt an seine Stelle:

Im Schutzgebiete hergestellte Fabrikate.

A. Allgemeine Bestimmungen.

1. Zahlung von Einfuhrzoll auf Waren aller Art erfolgt den Verhältnissen entsprechend entweder beim Austritt aus dem Freibezirk oder vor der Landung ohne Berührung des Freibezirks. Mit der Verzollung gehen die Waren in den

*) Vgl. D. Kol. Gesetzgeb. Bd. IV S. 172.
**) Vgl. D. Kol. Gesetzgeb. Bd. IX S. 311.

freien Verkehr über und aus der Zollkontrolle heraus. Ausfuhrzoll wird auf Waren gezahlt bei der Verschiffung von Tsingtau nach anderen Orten. Der Warenverkehr zwischen dem Schutzgebiete außerhalb des Freibezirks und dem Hinterlande vollzieht sich ohne Kontrolle des Seezollamtes und ohne Verzollung.

Produkte, die innerhalb des deutschen Kiautschougebietes erzeugt worden sind, oder Waren, die aus solchen im deutschen Gebiete erzeugten Produkten oder aus zur See in das deutsche Gebiet eingeführten Produkten hergestellt worden sind, zahlen keinen Ausfuhrzoll. Aus Rohwaren hergestellte Fabrikate werden behandelt wie gewöhnliche Waren, es sei denn, daß die Rohprodukte dem Zollamte angemeldet werden; in letzterem Falle genießen sie eine besondere Behandlung. In bezug auf den zu zahlenden Zoll werden Fabrikate innerhalb und außerhalb des Freibezirks gleich behandelt.

2. Im Schutzgebiete hergestellte Fabrikate können bei Versendung in das Innere auf Wunsch des Fabrikanten unter Transitpaß geschickt werden und Transitzoll auf das fertige Fabrikat zahlen (s. Erläuterungen).

3. Chinesische Rohwaren, welche aus dem Hinterlande oder Nichtvertragshäfen in das Schutzgebiet eingeführt werden und zur fabrikmäßigen Verarbeitung bestimmt sind, können dem Zollamte unter Hinterlegung eines Gutscheines für einen etwa darauf fälligen Zoll gemeldet werden.

Bei der Ausfuhr der aus diesen gemeldeten Rohwaren hergestellten Fabrikate wird der Ausfuhrzoll auf die Rohwaren erhoben und von dem in dem Gutscheine garantierten Betrage abgeschrieben.

Der in dem Gutscheine garantierte Zoll muß binnen drei Jahren nach seiner Ausstellung bezahlt oder sonstwie verrechnet werden.

Auf Wunsch des Verschiffers kann auch der volle Tarifzoll auf das Fabrikat statt auf die Rohwaren bezahlt werden.

Fabrikate aus Rohwaren, welche dem Zollamte nicht gemeldet sind und für die kein Gutschein ausgestellt worden ist, zahlen vollen Ausfuhrzoll bei der Ausfuhr, wenn sie die Zollstation passieren.

4. Einfuhr- und Küstenzoll auf ausländische oder aus chinesischen Vertragshäfen stammende Rohwaren wird bei der Ausfuhr der daraus hergestellten Fabrikate nach See zurückvergütet, falls diese Rohwaren bei der Einfuhr dem Zollamte als zur fabrikmäßigen Verarbeitung bestimmt angemeldet worden sind.

5. Im deutschen Schutzgebiete hergestellte Fabrikate unterliegen, wenn sie zur See nach China gebracht werden, dem vollen Tarifzoll bei der Einfuhr und können durch Zahlung der Transitgebühren die Transitvorrechte bei der weiteren Versendung nach dem Innern erlangen.

6. Sobald die Ausfuhr der verschiedenartigen Fabrikate beginnt, wird in gemeinschaftlicher Vereinbarung des Gouvernements und des Zollamtes das Verhältnis des Rohmaterials zu dem Fabrikat bestimmt und der Ausfuhrzoll dementsprechend herabgesetzt werden.

7. Über die Fabriken, die zu dieser Zollbehandlung berechtigt sind, wird eine Liste aufgestellt und mit den notwendigen Nachträgen und, falls überhaupt verlangt, dem Zollamte zugesandt werden.

B. Erläuterungen.

Die folgenden Erläuterungen beziehen sich ausschließlich auf solche Rohwaren, welche bei ihrer Ankunft im Schutzgebiete als zur fabrikmäßigen Verarbeitung dem Zollamte angemeldet und für welche, wenn nötig, Gutscheine für darauf fälligen Zoll hinterlegt sind.

1. **Ausländische Rohwaren, die aus dem Auslande direkt oder über Vertragshäfen bezogen sind:**

a) wenn das daraus hergestellte Fabrikat nach dem Auslande zurückgeht, so wird der darauf gezahlte Zoll zurückvergütet,

b) wenn das Fabrikat nach einem chinesischen Vertragshafen verschifft wird, so wird der bei der Einfuhr gezahlte Zoll zurückvergütet und das Fabrikat zahlt:

im Ankunftshafen den tarifmäßigen Zoll, der für Waren derselben Gattung bei ihrer Ankunft direkt aus dem Auslande vorgeschrieben ist, und ist

durch weitere Zahlung einer Transitgebühr zu den Transitvergünstigungen bei der Versendung ins Innere berechtigt;

c) wenn das Fabrikat unter den Bestimmungen für die Binnenschiffahrt verschickt wird, so ist es

allen Zöllen, Auflagen und Abgaben unterworfen, welche Waren gleicher Gattung unter gleichen Transportverhältnissen beim Abgange, unterwegs und im Innern zu zahlen haben. Indes kann es

dieser Binnenlandsverpflichtung sich entziehen und stattdessen Transitpaßvergünstigungen erwerben durch Zahlung einer Transitgebühr von 2½ % auf das Fabrikat und Entnahme von Transitpapieren;

d) wenn das Fabrikat nach dem Hinterlande auf dem Landwege verschickt wird, so wird es behandelt

wie Waren derselben Gattung, welche unter den Bestimmungen für die Binnenschiffahrt versandt werden.

2. **Chinesische Rohwaren, welche von chinesischen Vertragshäfen eintreffen:**

e) wenn das Fabrikat nach dem Auslande verschickt wird, so wird

der Küstenzoll wieder vergütet;

f) wenn das Fabrikat nach einem chinesischen Vertragshafen verschickt wird, so wird

eine Bescheinigung über Zahlung des Küstenzolls auf das darin enthaltene Rohmaterial ausgestellt, um das Fabrikat von der Zahlung eines Zolls im Vertragshafen bei der Ankunft zu befreien; später wird es behandelt wie chinesische Ware und hat keinen Anspruch auf Transitvergünstigungen, oder es wird auf Wunsch des Verschiffers

der Küstenzoll zurückvergütet und das Fabrikat zahlt vollen Einfuhrzoll bei der Landung im Vertragshafen und kann sich bei der Weitersendung ins Innere Transitvergünstigungen sichern

durch Zahlung einer Transitgebühr von 2½ % und Entnahme von Transitpapieren;

g) wenn das Fabrikat Tsingtau unter den Bestimmungen für die Binnenschiffahrt verläßt, so ist es

allen Zöllen, Auflagen und Abgaben unterworfen, welche Waren gleicher Gattung unter gleichen Transportverhältnissen beim Abgange, unterwegs und im Innern zu zahlen haben. Indes kann es

sich dieser Binnenlandsverpflichtung entziehen und stattdessen Transitvergünstigungen erwerben durch Zahlung einer Transitgebühr von 2½ % in Tsingtau auf das Fabrikat;

h) wenn das Fabrikat Tsingtau auf dem Landwege verläßt und nach dem Hinterlande geht, so wird es

ebenso behandelt, wie wenn es unter den Bestimmungen für die Binnenschiffahrt versandt würde.

3. Chinesische Rohwaren, welche unter den Bestimmungen für die Binnenschiffahrt eintreffen:

i) wenn das Fabrikat ins Ausland geht, so zahlt es in Tsingtau vollen Ausfuhrzoll entweder auf

die darin verarbeiteten Rohwaren oder nach Wunsch des Verschiffers auf

das Fabrikat selbst und der Betrag wird von dem Gutscheine abgeschrieben;

j) wenn das Fabrikat nach einem chinesischen Vertragshafen geht, so zahlt es in Tsingtau vollen Tarifzoll auf

das darin verarbeitete Material, Küstenzoll im Ankunftshafen und wird nachher als chinesische Ware behandelt, oder auf Wunsch des Verschiffers auf

das Fabrikat. In letzterem Falle wird ein Zollfreischein ausgestellt, der das Fabrikat zur zollfreien Einfuhr als ausländische Ware im Ankunftshafen berechtigt und nach weiterer Zahlung

von 2½ % Transitgebühr zu Transitvergünstigungen bei der Versendung nach dem Innern;

k) wenn das Fabrikat unter den Bestimmungen für die Binnenschiffahrt weggeht, so zahlt es Küstenzoll auf

das darin verarbeitete Material oder, nach Wunsch des Fabrikanten, auf

das Fabrikat und ist

allen Zöllen, Auflagen und Abgaben unterworfen, welche Waren gleicher Gattung unter gleichen Transportverhältnissen unterwegs und im Binnenlande zu zahlen haben. Indes kann es nach dieser Zahlung von Zoll auf Rohwaren oder auf Fabrikat

sich dieser Binnenlandsverpflichtung entziehen und Transitvergünstigungen erwerben durch Zahlung von 2½ % Transitgebühr in Tsingtau auf das Fabrikat;

l) wenn das Fabrikat Tsingtau verläßt nach dem Hinterlande auf dem Landwege, so wird es

ebenso behandelt, als ginge es fort unter den Bestimmungen für die Binnenschiffahrt.

4. Chinesische Rohwaren, welche aus dem Hinterlande auf dem Landwege eintreffen:

m) wenn das Fabrikat nach dem Auslande geht, so wird die Rohware von dem Gutscheine abgeschrieben, und der Verschiffer zahlt in Tsingtau den vollen Ausfuhrzoll entweder

auf das darin verarbeitete Material oder, auf Wunsch des Verschiffers, auf

das Fabrikat;

n) wenn das Fabrikat nach einem chinesischen Vertragshafen geht, so zahlt es in Tsingtau vollen Tarifzoll auf

das darin verarbeitete Material, Küstenzoll im Ankunftshafen und wird nachher wie chinesische Ware behandelt, oder

auf das Fabrikat. In diesem Falle erhält es einen Zollfreischein, der es zur zollfreien Einfuhr als ausländische Ware im Landungshafen berechtigt und nach weiterer Zahlung von 2½ % Transitgebühr zu Transitvergünstigungen bei der Versendung ins Innere;

o) wenn das Fabrikat unter den Bestimmungen für Binnenschiffahrt weggeht, so zahlt es in Tsingtau Küstenzoll nach Wunsch des Verschiffers entweder auf

die darin verarbeitete Rohware oder auf

das Fabrikat und ist nachher genau wie Waren gleicher Gattung unter gleichen Transportverhältnissen Binnenlandzöllen, Auflagen und Abgaben unterworfen, es sei denn, daß es durch Transitpapiere gedeckt wird, die das Fabrikat zu Transitvergünstigungen berechtigen und in Tsingtau vom Kiautschou-Zollamt entnommen werden können

gegen weitere Zahlung von 2½ % Transitzoll auf das Fabrikat;

p) wenn derartig angemeldete Rohwaren das deutsche Schutzgebiet auf dem Landwege nach dem Hinterlande entweder in ihrem ursprünglichen Zustande oder als Fabrikat verlassen, so kehren sie nach chinesischem Boden als chinesische Ware zurück und unterliegen denselben Zöllen, Auflagen und Abgaben wie Waren gleicher Gattung unter gleichen Transportverhältnissen.

Tsingtau, den 27. April 1907.

Der Kaiserliche Gouverneur.
Truppel.

14. Bekanntmachung des Gouverneurs, betreffend „Landamt". Vom 12. Juni 1907.

(Amtsbl. 1907 S. 163.)

Die bisherigen Behörden „Kaiserliches Landamt" und „Kaiserliches Katasteramt" sind zu einer Behörde unter der Bezeichnung „Kaiserliches Landamt" vereinigt worden.

Tsingtau, den 12. Juni 1907.

Der Kaiserliche Gouverneur.
Truppel.

15. Verordnung des Gouverneurs, betreffend Landamtsgebühren. Vom 12. Juni 1907.

(Amtsbl. 1907 S. 169.)

Auf Grund des § 15 des Schutzgebietsgesetzes in Verbindung mit § 1 der Verfügung des Reichskanzlers vom 27. April 1898*) wird folgendes verordnet.

§ 1. Für Vermarkung, Vermessung und Flächeninhaltsberechnung sind

a) für jedes vom Schutzgebietsfiskus zum Verkauf gestellte Besitzstück und

*) Vgl. D. Kol. Gesetzgeb. Bd. IV S. 167.

b) bei Veränderungen an Besitzstücken, die einen Eigentumswechsel zum Gegenstande haben (Teilung, Abzweigung usw.), für jedes neu entstandene oder veränderte Besitzstück

an Gebühren eins vom Hundert des Grundsteuerwertes, mindestens aber 5 Dollar, zu entrichten.

Ist der Grundsteuerwert höher als 1500 Dollar, so wird für den diesen Betrag überschreitenden Teil nur ein Halbes vom Hundert berechnet.

Wird von einem Besitzstück ein Teil abgezweigt, der an Flächeninhalt den zehnten Teil des ganzen Besitzstückes nicht übersteigt, so sind die Gebühren für das Restbesitzstück nur mit einem Viertel vom Hundert des Grundsteuerwertes anzusetzen.

Der berechnete Gebührenbetrag ist auf ein Vielfaches von 10 Cents abzurunden.

§ 2. Für Vermarkung, Vermessung und Flächeninhaltsberechnung von Pachtparzellen sind zu entrichten bei einer Größe der Pachtparzelle

	bis 10 a einschl.	5,00 Dollar,
von mehr als 10 a	„ 20 a „	7,50 „
„ „ „ 20 a	„ 50 a „	10,00 „
„ „ „ 50 a	„ 100 a „	12,50 „
„ „ „ 1 ha	„ 2 ha „	15,00 „

Für jedes weitere Hektar steigt die Gebühr um 2,50 Dollar.

§ 3. Für die Wiederherstellung von Eigentumsgrenzen, die auf Antrag erfolgt, wenn alle dabei beteiligten Eigentümer ihr Einverständnis erklärt haben, sind an Gebühren zu zahlen:

a) für jedes von der Grenzwiederherstellung berührte Besitzstück 5 Dollar,

b) für jeden wiederhergestellten Grenzpunkt 1 Dollar.

§ 4. 1. Für die Anfertigung von Lageplänen mit Höhenkurven, Längen- und Flächennivellements und anderen Landmesserarbeiten haben die Antragsteller zu entrichten:

a) für jede Stunde Feldarbeit und Reisezeit . . . . . . 3 Dollar,

b) für jede Stunde häuslicher Arbeit . . . . 2 „

c) die baren Auslagen und Arbeitslöhne.

2. Handzeichnungen und Skizzen auf Pausleinwand, Pauspapier oder Lichtpauspapier ohne Einschreiben der Messungszahlen für die Grundstücksgrenzen kosten für Aktenformat 1,50 Dollar und für Doppelaktenformat 3 Dollar.

Für größeres Format setzt das Landamt die Gebühren besonders fest.

3. Lagepläne auf Zeichenpapier mit Einschreiben der Messungszahlen für die Grenzen kosten für jedes Besitzstück 3 Dollar.

4. Auszüge aus der Mutterrolle oder aus den Fortschreibungsverhandlungen kosten für jede vollen oder angefangenen 10 Parzellen 1 Dollar.

5. Lichtpausen bis zur Größe von 30/66 cm kosten 1,50 Dollar und größere bis 66/100 cm 3 Dollar.

6. Die in der Kartendruckerei vervielfältigten amtlichen Karten kosten für jedes Druckblatt 1 Dollar.

7. Ausfertigungen von Landamtsverhandlungen und Bescheinigungen über Verzichtleistung des Fiskus aus Ausübung des Vorkaufsrechts kosten 2 Dollar.

8. Für besondere vorstehend nicht erwähnte häusliche Arbeiten wird eine Gebühr von 2 Dollar für jede volle oder angefangene Arbeitsstunde erhoben.

§ 5. Die Gebühren für die unter §§ 1 bis 4 genannten Arbeiten kann das Landamt in Ausnahmefällen erhöhen oder herabsetzen, wenn besondere Umstände die Arbeit wesentlich erschwert oder erleichtert haben.

§ 6. Die vom Landamte berechneten Gebühren sind innerhalb von 14 Tagen nach Zustellung der Einnahmeüberweisung bei der Gouvernementskasse einzuzahlen.

§ 7. Diese Verordnung tritt am 1. Juli 1907 in Kraft.

Von diesem Zeitpunkte an werden aufgehoben:

a) Absatz 4 und Kostentarif der Bekanntmachung, betreffend den Schutz der Vermessungszeichen bei Vornahme von Erdarbeiten, sowie die Vermarkung von Besitzstücken, nebst Kostentarif, vom 17. Oktober 1898 (Amtsblatt 1900, Seite 45);*)

b) die Verordnung, betreffend Teilung von Besitzstücken, nebst Kostentarif, vom 18. November 1898 (Amtsblatt 1900, Seite 32);**)

c) die Verordnung, betreffend Ausfertigung amtlicher Grundstückshandzeichnungen, vom 24. Januar 1899 (Amtsblatt 1900, Seite 37);***)

d) die Bekanntmachung, betreffend die Ausfertigung von Katasterauszügen, vom 24. Oktober 1900 (Amtsblatt 1900, Seite 123);†)

e) die Bekanntmachung, betreffend Anfertigung von amtlichen Lageplänen, vom 10. März 1901 (Amtsblatt 1901, Seite 99);††)

f) die Bekanntmachung, betreffend Anträge auf Wiederherstellung von Eigentumsgrenzen, vom 19. Oktober 1901 (Amtsblatt 1901, S. 281);†††)

g) die Bekanntmachung, betreffend Kosten für die Vermarkung von Grundstücken, vom 25. Juni 1904 (Amtsblatt 1904, Seite 130);*†)

h) die Verordnung, betreffend Ausführung von Landmesserarbeiten, vom 28. Januar 1905 (Amtsblatt 1905, Seite 20);*††)

i) die Bekanntmachung, betreffend Katastergebühren, vom 21. März 1905 (Amtsblatt 1905, Seite 59).*†††)

Tsingtau, den 12. Juni 1907.

Der Kaiserliche Gouverneur.
Truppel.

16. Bekanntmachung des deutschen Postamts in Tsingtau, betreffend Postanweisungsverkehr zwischen Kiautschou und Hongkong. Vom 25. Juni 1907.

(Amtsbl. 1907 S. 187.)

Vom 1. Juli ab sind Postanweisungen zwischen Kiautschou und Hongkong einschließlich der von Hongkong abhängigen britischen Postanstalten Hoihow (Kiung Schow) und Liu Kung Island (Wei hai wei), im direkten Verkehr zu-

*) Vgl. D. Kol. Gesetzgeb. Bd. V S. 200.
**) Vgl. D. Kol. Gesetzgeb. Bd. V S. 201.
***) Nicht veröffentlicht.
†) Vgl. D. Kol. Gesetzgeb. Bd. V S. 217.
††) Vgl. D. Kol. Gesetzgeb. Bd. VI S. 574.
†††) Vgl. D. Kol. Gesetzgeb. Bd. VI S. 580.
*†) Vgl. D. Kol. Gesetzgeb. Bd. VIII S. 294.
*††) Vgl. D. Kol. Gesetzgeb. Bd. IX S. 200.
*†††) Vgl. D. Kol. Gesetzgeb. Bd. IX S. 291.

lässig. Auch können durch Vermittlung von Hongkong Postanweisungen zwischen Kiautschou und Britisch Nord-Borneo, Ceylon, Straits Settlements, Mauritius, Seychellen, Britisch-Indien, einschließlich Aden, Birma und den britisch-indischen Postanstalten im Auslande, Kapkolonie, Natal, Macao, Portugiesisch-Indien sowie Transvaal ausgetauscht werden.

Die Postanweisungen sind bis zum Höchstbetrage von 400 Hongkong-Dollar zulässig.

Die Umrechnung in mexikanische Dollar bei der Einzahlung bzw. Auszahlung erfolgt nach dem Tageskurse unter Hinzurechnung bzw. Abzug von 1%. Die Gebühr für Postanweisungen nach Hongkong und den britischen Postanstalten in Hoihow und Wei hai wei beträgt 10 Cents für je 10 mexikanische Dollar, für Postanweisungen nach den übrigen Gebieten 15 Cents für je 10 mexikanische Dollar.

Tsingtau, den 25. Juni 1907.

Kaiserliches Postamt.

17. Vertretung des Reichsmarinefiskus und des Fiskus des Schutzgebiets Kiautschou bei der Pfändung von Diensteinkommen usw., erlassen vom Staatssekretär des Reichs-Marine-Amts. Vom 9. Juli 1907.

(V. Bl. für das Kiautschougebiet 1907 S. 19.)

Die in Gemäßheit des § 829 der Zivilprozeßordnung ergangenen Beschlüsse der Gerichte wegen Pfändung einer Geldforderung gegen Offiziere, Deckoffiziere, Beamte und Mannschaften sind zuzustellen:

a. dem Staatssekretär des Reichs-Marine-Amts:

1. bei Pfändung des Diensteinkommens der Admirale, der zum Reichs-Marine-Amte, zum Marinekabinett und zum Admiralstab der Marine versetzten oder kommandierten Offiziere und Deckoffiziere und der bei diesen Behörden befindlichen Beamten sowie der zu auswärtigen Botschaften und Gesandtschaften kommandierten Seeoffiziere und der Marine-Intendanten;

2. bei Pfändung des aus Marinefonds und aus Fonds des Schutzgebiets Kiautschou fließenden Einkommens (Witwengeld, Waisengeld, Unfallrenten und gesetzlichen Beihilfen) der Hinterbliebenen von Personen des Soldatenstandes und von Beamten der Marineverwaltung und des Schutzgebiets Kiautschou.

Bemerkung zu a.

Werden neben den unter a 2 aufgeführten Bezügen auch solche der unter f bezeichneten Art gepfändet, so muß sich, wenn die Pfändung wirksam sein soll, der Pfändungs- und Überweisungsbeschluß auf sämtliche gepfändete Bezüge erstrecken und sowohl gegen den Reichs-(Marine-)Fiskus, vertreten durch den Staatssekretär des Reichs-Marine-Amts, als gegen die Generaldirektion der Königlich Preußischen Militärwitwen-Pensionsanstalt gerichtet und diesen Behörden zugestellt werden.

b. dem Kaiserlichen Gouvernement von Kiautschou:

bei Pfändung des Diensteinkommens der aus dem Kiautschouetat besoldeten Personen ausschließlich der auf Heimatsurlaub befindlichen — vergleiche zu d —;

c. derjenigen Kaiserlichen Werft, welcher der Betreffende angehört (Kiel, Wilhelmshaven, Danzig):

bei Pfändung des Diensteinkommens der zu den Werften gehörigen Offiziere, Deckoffiziere und Beamten;

d. der Kaiserlichen Intendantur derjenigen Station, welcher der Betreffende angehört oder zur Besoldungsabfindung überwiesen ist (Kiel, Wilhelmshaven):

bei Pfändung des Diensteinkommens aller übrigen (unter a, b und c nicht aufgeführten) im aktiven Dienst befindlichen Offiziere, Deckoffiziere und Beamten;

e. derjenigen Behörde, auf deren Anweisung die nachstehend aufgeführten Offiziere, Deckoffiziere, Beamten und Mannschaften ihre Pensions- oder Versorgungsgebührnisse empfangen:

bei Pfändung der Pension und des sonstigen aus Marinefonds fließenden Einkommens:

1. der sämtlichen mit Pension zur Disposition gestellten Offiziere und Marinebeamten,
2. der sämtlichen auf Wartegeld gesetzten Beamten der Marineverwaltung,
3. der sämtlichen mit Pension gänzlich verabschiedeten Offiziere, Deckoffiziere und Beamten der Marineverwaltung, sowie bei Pfändung der Versorgungsgebührnisse von Mannschaften.

Bemerkungen zu e.

I. Die anweisenden Behörden sind:
   1. für Preußen: die Regierungen;
   2. für die in Berlin ihre Pensionsgebührnisse empfangenden Personen: das Polizeipräsidium in Berlin;
   3. für das Großherzogtum Baden: die Intendantur des XIV. Armeekorps in Karlsruhe;
   4. für Elsaß-Lothringen: das Ministerium für Elsaß-Lothringen in Straßburg i. E.

Gewöhnlich empfangen die Betreffenden ihre Pensionsgebührnisse auf Anweisung derjenigen Behörde, in deren Bezirk sie wohnen.

Es erstreckt sich der Geschäftskreis der nachstehend benannten Regierungen auf die Marinepensionäre, welche in den neben dem Regierungssitze vermerkten Staaten wohnen:

Cassel: Königreich Bayern, Großherzogtum Hessen, Fürstentum Waldeck-Pyrmont,

Liegnitz: Königreich Sachsen,

Wiesbaden: Königreich Württemberg,

Erfurt: Großherzogtum Sachsen-Weimar-Eisenach, Herzogtümer Sachsen-Coburg-Gotha, Sachsen-Altenburg, Sachsen-Meiningen, Fürstentümer Schwarzburg-Rudolstadt und Sondershausen,

Schleswig: Großherzogtümer Mecklenburg-Schwerin und Strelitz, Freie Städte Hamburg, Lübeck und Bremen,

Aurich: Großherzogtum Oldenburg,

Magdeburg: Herzogtümer Braunschweig und Anhalt,

Minden: Fürstentümer Lippe-Detmold und Schaumburg-Lippe.
Merseburg: Fürstentümer Reuß ältere und jüngere Linie.

II. Die Versorgungsgebührnisse von Mannschaften sind nur in gewissen Fällen der Pfändung unterworfen (vergleiche § 40 des Gesetzes über die Versorgung der Personen der Unterklassen vom 31. Mai 1906).

f. der Generaldirektion der Königlich Preußischen Militärwitwen-Pensions-Anstalt in Berlin:

bei Pfändung der an Hinterbliebene von Personen des Soldatenstandes und Beamten durch die Militärwitwenkasse in Berlin zu zahlenden Pensionen.

Die vorgedachten Stellen sind zur Vertretung des Reichsmarinefiskus bzw. des Fiskus des Schutzgebiets Kiautschou als Drittschuldner im Sinne der eingangs angezogenen §§ 829 ff. der Zivilprozeßordnung berufen.

Zu den Offizieren im Sinne dieser Verfügung gehören alle Dienstgrade der Seeoffiziere, der Offiziere der Marineinfanterie, der Feuerwerks-, Zeug- und Torpederoffiziere, der Marine- und Torpedo-Ingenieure und der Sanitätsoffiziere.

Die Verfügung vom 4. Dezember 1898 — J. 1093 — (Marineverordnungsblatt, Seite 394/395) tritt hierdurch außer Kraft.

Berlin, den 9. Juli 1907.

Der Staatssekretär des Reichs-Marine-Amts.
I. V.: Dr. Felisch.

18. Bekanntmachung des Kommissars für chinesische Angelegenheiten, betreffend die Verwaltung von Tai tung tschen und Tai hsi tschen. Vom 12. Juli 1907.

(Amtsbl. 1907 S. 199.)

Mit Rücksicht auf die eingetretene Wertminderung des kleinen Silbergeldes wird bestimmt, daß vom 15. Juli d. Js. an die Zahlung der gemäß Bekanntmachung, betreffend die Verwaltung von Tai tung tschen, vom 15. August 1904, § 2 (Amtsblatt 1904, Seite 187)*) zu erhebenden Grundstückspacht, sowie der gemäß Bekanntmachung, betreffend die Verwaltung von Tai hsi tschen vom 25. Mai 1906, § 2 (Amtsblatt 1906, Seite 137)**) zu erhebenden Grundstückspacht und Wasserabgabe in mexikanischen Dollars oder Banknoten der Deutsch-Asiatischen Bank zu Tsingtau zu erfolgen hat. Nur bei Beträgen unter 0,50 Dollar werden bis auf weiteres auch die in China und Hongkong geprägten Bruchstücke der mexikanischen Dollar nach Abzug ihrer Kursdifferenz gegenüber dem mexikanischen Dollarstück in Zahlung genommen.

Tsingtau, den 12. Juli 1907.

Der Kommissar für chinesische Angelegenheiten.

19. Jagdverordnung, erlassen vom Gouverneur. Vom 17. Juli 1907.

(Amtsbl. 1907 S. 207.)

Auf Grund des § 15 des Schutzgebietsgesetzes in Verbindung mit § 1 der Verfügung des Reichskanzlers vom 27. April 1898***) wird folgendes verordnet.

*) Vgl. D. Kol. Gesetzgeb. Bd. VIII S. 208.
**) Vgl. D. Kol. Gesetzgeb. Bd. X S. 355.
***) Vgl. D. Kol. Gesetzgeb. Bd. IV S. 167.

§ 1. Die Ausübung der Jagd im Schutzgebiete ist frei, soweit nicht Einschränkungen durch Verordnungen bestimmt werden.

§ 2. Nach Bedarf kann das Gouvernement Jagdbezirke abgrenzen und die Jagd darauf öffentlich meistbietend verpachten. Die Verpachtung erfolgt auf die Dauer von mindestens drei und höchstens zwölf Jahren und an nicht mehr als drei Personen. Die einzelnen Pachtbedingungen werden in jedem einzelnen Falle besonders festgesetzt und vor der Verpachtung bekannt gemacht.

Auf Grundstücken, die innerhalb eines Jagdbezirks liegen und von der Jagdverpachtung ausdrücklich ausgenommen werden, ruht die Jagd.

Die Jagdpächter und die von ihnen zur Ausübung der Jagd hinzugezogenen Personen sind zum Betreten auch des bestellten Geländes vor beendeter Ernte befugt, die Jagdpächter haften aber für allen Flurschaden, den die bei Ausübung der Jagd beteiligten Personen verursachen.

§ 3. Das Gelände des Fiskus, das in dem Gebiete zwischen Ju nui san und der Linie Tschan schan—Tung wu tschia tsun—Hu tau tsy liegt, bildet einen eigenen fiskalischen Jagdbezirk, auf dem das Forstamt die Jagd für den Fiskus nach Anweisung des Gouverneurs verwaltet. Außerhalb dieses Gebietes liegendes, fiskalisches Gelände kann durch Bekanntmachung des Gouvernements jederzeit als Teil des fiskalischen Jagdbezirks erklärt werden, soweit die Jagd darauf nicht verpachtet ist.

§ 4. Für den Bereich ihres Jagdbezirks sind die Jagdpächter und für den Bereich des fiskalischen Jagdbezirks die Beamten des Forstamts berechtigt, Hunde, die im Jagdbezirke in einer Entfernung von mehr als hundert Metern von ihrem Begleiter oder von den bewohnten Gehöften frei umherlaufen, zu erschießen.

§ 5. Wer die Jagd ausübt, muß einen auf seinen Namen lautenden gültigen Jagdschein bei sich führen. Zuständig für die Erteilung des Jagdscheins ist das Polizeiamt in Tsingtau. Der Jagdschein gilt für das ganze Schutzgebiet.

§ 6. Die Gebühr für einen Jahresjagdschein, der auf die Dauer des Kalenderjahres ausgestellt wird, beträgt 20 Dollar, bei Lösung nach dem 30. Juni 12 Dollar, und für einen auf sechs hintereinander folgende Tage gültigen Tagesjagdschein 3 Dollar. Für die Angehörigen der deutschen Kriegsschiffe und Handelsschiffe kostet ein Jahresjagdschein 12 Dollar, bei Lösung nach dem 30. Juni 8 Dollar, und ein Tagesjagdschein 2 Dollar.

Gegen eine Gebühr von 1 Dollar kann eine Doppelausfertigung des Jagdscheins erteilt werden.

§ 7. Die Beamten des Forstamts erhalten einen Jagdschein unentgeltlich; ebenso kann Persönlichkeiten, die sich nur vorübergehend im Schutzgebiete aufhalten und auf Grund einer persönlichen Einladung des Gouverneurs an einer Jagd teilnehmen, ein Jagdschein unentgeltlich ausgestellt werden.

§ 8. Der Jagdschein kann versagt werden:

1. Personen, von denen eine unvorsichtige Führung des Schießgewehres oder eine Gefährdung der öffentlichen Sicherheit zu besorgen ist;
2. Personen, die wegen Jagdvergehens oder wegen Zuwiderhandlung gegen die Bestimmungen über die Schonzeiten bestraft sind.

Wenn Tatsachen, die die Versagung des Jagdscheins rechtfertigen, erst nach Erteilung des Jagdscheins eintreten oder zur Kenntnis der Behörde gelangen, so kann der Jagdschein für ungültig erklärt und dem Empfänger wieder abgenommen werden. Eine Rückzahlung der Jagdscheingebühr oder eines Teilbetrages findet in diesem Falle nicht statt.

§ 9. Mit Geldstrafe bis zu 10 Dollar wird bestraft, wer bei Ausübung der Jagd seinen Jagdschein nicht bei sich führt.

§ 10. Mit Geldstrafe von 30 bis 75 Dollar wird bestraft, wer, ohne den vorgeschriebenen Jagdschein zu besitzen, die Jagd ausübt oder wer von einem nach § 8 ungültig erklärten Jagdschein Gebrauch macht.

Neben der Geldstrafe kann auf Einziehung der bei Ausübung der Jagd verwendeten Geräte und Hunde erkannt werden, ohne Unterschied, ob der Verurteilte Eigentümer ist oder nicht.

§ 11. Wer auf einem Jagdpachtbezirke die Jagd ausübt, muß sich in Begleitung des Jagdpächters befinden oder dessen schriftlich erteilte Erlaubnis bei sich führen. Wer außer dem Gouverneur auf dem fiskalischen Jagdbezirke die Jagd ausübt, muß sich in Begleitung eines Beamten des Forstamts befinden. Zuwiderhandlungen werden mit Geldstrafe von 10 bis 50 Dollar bestraft, sofern nicht nach den §§ 292 bis 295 des Strafgesetzbuches eine höhere Strafe verwirkt ist.

§ 12. Kann die Geldstrafe nicht beigetrieben werden, so tritt an ihre Stelle im Falle des § 9 Haft bis zu zwei Tagen, im Falle des § 10 Haft bis zu sechs Wochen und im Falle des § 11 Haft bis zu zwei Wochen.

§ 13. Diese Verordnung tritt am 15. August 1907 in Kraft.

Am gleichen Tage werden die Verordnung, betreffend Ausübung der Jagd, vom 1. November 1904*) und die Bekanntmachung vom 15. November 1904, betreffend Ausführungsbestimmungen zu dieser Verordnung (Amtsblatt 1904, Seite 200 bis 201)**) aufgehoben.

Die auf Grund der Verordnung vom 1. November 1904 erteilten Jagdscheine behalten Gültigkeit bis zu ihrem Ablauftermin. Jahresjagdscheine, die in der Zeit vom 1. Oktober bis 15. November 1907 ablaufen, können gegen Nachzahlung von 6 Dollar bis zum Jahresschlusse verlängert werden; die vom 15. November bis Dezember 1907 ablaufenden desgleichen gegen eine Nachzahlung von 4 Dollar.

Tsingtau, den 17. Juli 1907.

Der Kaiserliche Gouverneur.
Truppel.

20. Bekanntmachung des Gouverneurs, betreffend Schonzeit der Hasen. Vom 14. September 1907.

(Amtsbl. 1907 S. 253.)***)

21. Bekanntmachung des Gouverneurs, betreffend Freigabe eines Teils des fiskalischen Jagdgebiets. Vom 21. September 1907.

(Amtsbl. 1907 S. 259.)

22. Allerhöchste Verordnung, betreffend Gericht zweiter Instanz für das Schutzgebiet Kiautschou. Vom 28. September 1907.

(Reichs-Gesetzbl. 1907 S. 735. V. Bl. für das Kiautschougebiet 1907 S. 16. Amtsbl. 1907 S. 305.)

Wir Wilhelm, von Gottes Gnaden Deutscher Kaiser, König von Preußen usw., verordnen auf Grund des § 6 Nummer 0 des Schutzgebietsgesetzes

*) Vgl. D. Kol. Gesetzgeb. Bd. VIII S. 312.
**) Vgl. D. Kol. Gesetzgeb. Bd. VIII S. 316.
***) Vgl. D. Kol. Gesetzgeb. Bd. IX S. 305.

(Reichsgesetzblatt 1900, Seite 813) in Abänderung des § 8 Absatz 1 Unserer Verordnung, betreffend die Rechtsverhältnisse in den deutschen Schutzgebieten, vom 9. November 1900 (Reichsgesetzblatt 1900, Seite 1005) im Namen des Reichs, wie folgt:

Im Schutzgebiete von Kiautschou wird ein Gericht errichtet, welches aus dem zur Ausübung der Gerichtsbarkeit zweiter Instanz ermächtigten Beamten als Vorsitzenden und vier Beisitzern besteht. Diesem Gerichte wird die nach dem Gesetz über die Konsulargerichtsbarkeit vom 7. April 1900 begründete Zuständigkeit des Reichsgerichts für das genannte Schutzgebiet übertragen. Auf die Beisitzer und den Gerichtsschreiber, sowie auf das Verfahren finden die Vorschriften des § 8 Absatz 2 bis 5 Unserer Verordnung, betreffend die Rechtsverhältnisse in den deutschen Schutzgebieten, vom 9. November 1900, Anwendung.

Diese Verordnung tritt am 1. Januar 1908 in Kraft. Die zu diesem Zeitpunkte bei dem Kaiserlichen Konsulargerichte in Schanghai als dem bisherigen Gerichte zweiter Instanz für das Schutzgebiet von Kiautschou anhängigen Sachen gehen in der prozessualen Lage, in welcher sie sich befinden, auf die neu errichtete Gerichtsbehörde über.

Gegeben Rominten, den 28. September 1907.

Wilhelm I. R.

In Vertretung des Reichskanzlers.
v. Tirpitz.

An den Reichskanzler.

23. Bekanntmachung für Seefahrer, erlassen vom Hafenamt. Vom 7. Oktober 1907.

(Amtsbl. 1907 S. 275.)

Betrifft: Peilungsbaken zum Schutze des Reichskabels.

24. Dienstanweisung für die Ausübung der Gerichtsbarkeit im Kiautschougebiete, erlassen vom Reichskanzler. Vom 23. Oktober 1907.

(Amtsbl. 1907 S. 325.)

Zur Ausführung der Vorschriften des Schutzgebietsgesetzes in der Fassung vom 10. September 1900 und des Gesetzes über die Konsulargerichtsbarkeit vom 7. April 1900 sowie der Kaiserlichen Verordnung, betreffend die Rechtsverhältnisse in den deutschen Schutzgebieten, vom 9. November 1900 und der Kaiserlichen Verordnung, betreffend das Gericht zweiter Instanz für das Schutzgebiet Kiautschou, vom 28. September 1907 wird folgendes über die Gerichtsbarkeit im Kiautschougebiete bestimmt:

§ 1. Gerichtsbehörden.

(Zu §§ 2, 6 Nr. 6 des Schutzgebietsgesetzes in Verbindung mit § 5 des Gesetzes über die Konsulargerichtsbarkeit und der Kaiserlichen Verordnung, betreffend das Gericht zweiter Instanz für das Schutzgebiet Kiautschou.)

1. Die Gerichte des Schutzgebietes haben ihren Sitz in Tsingtau. Die Gerichtsbehörde erster Instanz führt die Bezeichnung „Kaiserliches Gericht von Kiautschou“, die Gerichtsbehörde zweiter Instanz die Bezeichnung „Kaiserliches Obergericht von Kiautschou“; die zur Ausübung der Gerichtsbarkeit erster Instanz ermächtigten Beamten führen die Bezeichnung „Kaiserlicher Richter“, der

zur Ausübung der Gerichtsbarkeit zweiter Instanz ermächtigte Beamte führt die Bezeichnung „Kaiserlicher Oberrichter".

2. Die Justizverwaltung wird von dem Oberrichter, dem Gouverneur und dem Reichskanzler (Reichs-Marine-Amt) ausgeübt.

Die Verwaltung der Etatsmittel der Gerichte, einschließlich der des Gerichtsgefängnisses sowie die Führung der damit zusammenhängenden Verwaltungsgeschäfte erfolgt durch den Oberrichter unter Aufsicht des Gouverneurs. Dem Reichskanzler (Reichs-Marine-Amt) liegt die Sorge für eine geordnete und schnelle Rechtspflege ob. Zu deren Sicherung beaufsichtigt er die Geschäftsführung der richterlichen Beamten; er prüft Beschwerden gegen die Geschäftsführung und entscheidet über sie. Der Oberrichter hat ihm am Schlusse des Geschäftsjahres (Kalenderjahres) einen zusammenfassenden Geschäftsbericht über die gesamte Ausübung der Gerichtsbarkeit im Schutzgebiete zu erstatten. Die erforderlichen Unterlagen sind dem Oberrichter von den Richtern zu liefern. Über die disziplinaren Verhältnisse der richterlichen Beamten trifft Artikel 8 Nr. 3 der Kaiserlichen Verordnung, betreffend die Rechtsverhältnisse der Landesbeamten in den Schutzgebieten, vom 9. August 1896/23. Mai 1901 Bestimmung.

Der Oberrichter führt die Dienstaufsicht über die bei den Gerichten beschäftigten nichtrichterlichen Beamten und regelt die Verteilung der Geschäfte unter ihnen. Der Gouverneur kann Anordnungen hierüber erlassen.

3. Den Gerichten steht für die von ihnen ausgehenden Schriftstücke der unmittelbare Verkehr mit allen deutschen Behörden und Beamten zu. Ausgenommen ist der Verkehr mit dem Reichskanzler, dem Reichs-Marine-Amt und anderen Zentralbehörden des Reichs und der deutschen Bundesstaaten; dieser erfolgt durch Vermittelung des Gouvernements.

4. Das Gericht hat dem Gouvernement von jeder Einleitung eines Strafverfahrens wegen Verbrechens oder Vergehens gegen einen Beamten oder Angestellten des Schutzgebietes unter Beifügung einer beglaubigten Abschrift des Eröffnungsbeschlusses sowie von dem Ausgange des Verfahrens Mitteilung zu machen und von jeder gegen einen Beamten oder Angestellten eingehenden Klageschrift in einem Zivilprozesse Abschrift zu übersenden.

§ 2. Obergericht und Oberrichter.

1. Der Oberrichter wird in Fällen der tatsächlichen oder rechtlichen Behinderung vertreten durch die Richter nach der Reihenfolge ihres richterlichen Schutzgebietsdienstalters und, falls auch diese verhindert sind, durch die zur Vertretung der Richter berufenen Personen (siehe § 3 Nr. 2 und 3).

2. Der Oberrichter kann geeigneten bei dem Obergericht oder dem Gericht angestellten oder sonst beschäftigten nichtrichterlichen Beamten die Erledigung bestimmter Arten von Geschäften, die zur Zuständigkeit des Oberrichters oder der Richter gehören, durch schriftliche Verfügung allgemein übertragen, die zur Zuständigkeit eines Richters gehörigen Geschäfte jedoch nur mit dessen Zustimmung. Diese Befugnis erstreckt sich nicht auf die Urteilsfällung, die Beurkundung von Verfügungen von Todes wegen, die Entscheidung über Durchsuchungen, Beschlagnahme von Gegenständen und Verhaftungen sowie auf die Ernennung der Beisitzer und die Zulassung zur Rechtsanwaltschaft. Die Übertragung hindert weder den Oberrichter noch den Richter, Geschäfte der betreffenden Art selbst wahrzunehmen; sie ist jederzeit widerruflich. Die Übertragung und der Widerruf bedürfen der Zustimmung des Gouverneurs.

3. Der Oberrichter ist befugt, für das Obergericht und das Gericht die Abhaltung von Gerichtstagen außerhalb Tsingtaus anzuordnen.

§ 3. Gericht.

1. Bei dem Gericht werden so viele selbständige Abteilungen gebildet, als etatsmäßige Richter vorhanden sind.

2. Über die Verteilung der richterlichen Geschäfte und die gegenseitige Vertretung der Richter während des nächsten Geschäftsjahres beschließen alljährlich im Monat Dezember die Richter unter Vorsitz des Oberrichters nach Stimmenmehrheit; bei Stimmengleichheit gibt die Stimme des Oberrichters den Ausschlag. In der Geschäftsverteilung ist vorzusehen, daß, falls dem Gouverneur ein Marinejustizbeamter beigeordnet ist, dieser zur Vertretung eines behinderten Richters berufen ist.

Die Geschäftsverteilung ist vom Oberrichter bekannt zu machen; sie darf im Laufe des Geschäftsjahres nur geändert werden, wenn diese infolge einer Organisationsänderung, einer Personalveränderung oder einer nicht nur vorübergehenden Behinderung eines Richters erforderlich wird.

3. Ist die Vertretung eines verhinderten Richters durch einen der nach der Geschäftsverteilung berufenen richterlichen Beamten aus rechtlichen oder tatsächlichen Gründen nicht möglich, so wird ein Vertreter vom Reichskanzler (Reichs-Marine-Amt) bestellt. In dringlichen Fällen kann der Oberrichter mit Zustimmung des Gouverneurs vorläufige Anordnungen über die Vertretung treffen.

4. Jeder Richter kann den in seiner Abteilung beschäftigten Beamten die Erledigung einzelner zu seiner Zuständigkeit gehöriger Geschäfte, mit Ausnahme der in § 2 Nr. 2 bezeichneten, durch schriftliche Anordnung übertragen.

§ 4. Beisitzer.

(Zu § 2 des Schutzgebietsgesetzes in Verbindung mit §§ 8 bis 13 des Gesetzes über die Konsulargerichtsbarkeit und der Kaiserlichen Verordnung, betreffend das Gericht zweiter Instanz für das Schutzgebiet Kiautschou.)

1. Die Beisitzer und Hilfsbeisitzer des Obergerichts und des Gerichts werden vom Oberrichter ernannt. Es sind nur deutsche Reichsangehörige zu ernennen. Die Ernennungen bedürfen der Zustimmung des Gouverneurs. Der Oberrichter hat Namen und Stand der Beisitzer und Hilfsbeisitzer dem Reichskanzler (Reichs-Marine-Amt) anzuzeigen.

2. Die Worte, welche der Vorsitzende bei der Beeidigung an die Beisitzer zu richten hat, lauten:

> „Sie schwören bei Gott, dem Allmächtigen und Allwissenden, die Pflichten eines Beisitzers des Kaiserlichen Obergerichts (Gerichts) von Kiautschou getreulich zu erfüllen und Ihre Stimme nach bestem Wissen und Gewissen abzugeben.“

§ 5. Rechtsanwälte und Notare.

(Zu §§ 2 und 6 Nr. 8 des Schutzgebietsgesetzes in Verbindung mit § 17 des Konsulargerichtsbarkeitsgesetzes und § 11 der Kaiserlichen Verordnung, betreffend die Rechtsverhältnisse in den deutschen Schutzgebieten.)

1. Die Zulassung zur Rechtsanwaltschaft und die Zurücknahme der Zulassung erfolgen durch den Oberrichter und bedürfen der Zustimmung des Gouverneurs.

In der Regel sollen nur deutsche Reichsangehörige zugelassen werden, die die Befähigung zum Richteramte in einem deutschen Bundesstaate erworben haben. Im übrigen setzt der Oberrichter die Voraussetzungen der Zulassung sowie der Zurücknahme derselben fest.

Gegen eine Verfügung, durch die ein Antrag auf Zulassung zur Ausübung der Rechtsanwaltschaft abgelehnt oder die Zulassung zurückgenommen wird, findet Beschwerde an den Reichskanzler (Reichs-Marine-Amt) statt.

2. Für die Dienstverhältnisse der Notare bleibt die Verordnung vom 18. Februar 1903 (Beilage zum Marineverordnungsblatt 1903 Seite IX) bestehen.

§ 6. Gerichtsschreiber.

1. Die Gerichtsschreiber werden vom Reichskanzler (Reichs-Marine-Amt) angestellt. Sie führen die Bezeichnung „Sekretär des Kaiserlichen Obergerichts bzw. Gerichts“, sofern ihnen nicht ein Titel besonders verliehen ist.

2. Der Oberrichter kann die Geschäfte des Gerichtsschreibers einer anderen geeigneten, bei den Gerichten angestellten oder sonst beschäftigten Person übertragen.

3. Die mit den Geschäften eines Gerichtsschreibers beauftragten Personen, die nicht bereits entsprechend beeidigt sind, haben vor Ausübung ihrer Verrichtungen einen Eid dahin zu leisten:

> „Ich schwöre bei Gott, dem Allmächtigen und Allwissenden, die Pflichten eines Gerichtsschreibers getreulich zu erfüllen, so wahr mir Gott helfe.“

§ 7. Gerichtsvollzieher.

Die Gerichtsvollzieher werden vom Reichskanzler ernannt. Solange besondere Beamte nicht ernannt sind, beauftragt der Oberrichter einen der Beamten des Obergerichts oder des Gerichts mit der Wahrnehmung der Geschäfte.

§ 8. Privatklagesachen.

(Zu § 3 des Schutzgebietsgesetzes in Verbindung mit § 10 Nr. 2 des Gesetzes über die Konsulargerichtsbarkeit.)

1. Zur Vornahme des Sühneversuchs vor Erhebung einer Privatklage wegen Beleidigung (§ 420 der Reichs-Strafprozeßordnung) ist der Oberrichter zuständig; er kann mit der Vornahme im Einzelfalle einen nichtrichterlichen Beamten beauftragen.

2. Dem Beschuldigten ist beglaubigte Abschrift des Antrages auf Vornahme des Sühneversuchs nebst Terminbestimmung nach den Vorschriften über Zustellungen in Strafsachen zuzustellen. Erscheint er im Sühnetermin nicht, so wird angenommen, daß er sich auf die Sühneverhandlung nicht einlassen will.

3. Eine Bescheinigung über die Erfolglosigkeit des Sühneversuchs kann nur erteilt werden, wenn der Antragsteller im Termin erschienen ist.

4. Die Vertretung der Parteien durch Bevollmächtigte ist unzulässig. Gebrechliche Personen, Personen, die weder lesen noch schreiben können, und Minderjährige können mit einem erwachsenen Angehörigen, Ehefrauen mit ihrem Ehemanne erscheinen; im übrigen ist die Zuziehung eines Beistandes unzulässig, sofern nicht der Oberrichter sie ausnahmsweise aus besonderen Gründen gestattet.

5. Kommt im Termin ein Vergleich zustande, so ist er zu Protokoll festzustellen. Jeder Partei ist auf Antrag eine Ausfertigung gegen Erlegung der Schreibgebühren zu erteilen.

6. Das Verfahren ist gebührenfrei; bare Auslagen sind nach den für das Gericht geltenden Vorschriften zu erstatten.

§ 9. Schlußbestimmung.

Diese Dienstanweisung tritt am 1. Januar 1908 in Kraft.

Mit dem gleichen Zeitpunkt wird die

Dienstanweisung, betreffend Ausübung der Gerichtsbarkeit im Kiautschougebiete, vom 1. Juni 1901

(Beilage zum Marineverordnungsblatt 1901, Seite XVI)*) aufgehoben.

Berlin, den 20. Oktober 1907.

In Vertretung des Reichskanzlers.
v. Tirpitz.

25. Bekanntmachung des Gouverneurs, betreffend Verleihung von Bergbaurechten. Vom 26. Oktober 1907.

(Amtsbl. 1907 S. 285.)

Der offenen Handelsgesellschaft in Firma Sietas, Plambeck & Co. hierselbst ist auf den Inseln Schui ling schan, Tschu tscha tau, Pin liu tau und Li en tau das ausschließliche Recht zum Aufsuchen und Gewinnen von Kohlen und sonstigen Mineralien bis zum 31. Dezember 1937 erteilt worden.

Tsingtau, den 26. Oktober 1907.

Der Kaiserliche Gouverneur.
Truppel.

26. Bekanntmachung für Seefahrer, erlassen vom Hafenamt. Vom 12. November 1907.

(Amtsbl. 1907, S. 298.)

Betrifft: Winterseezeichen.

27. Bekanntmachung des Gouverneurs, betreffend Neueinschätzung der Grundstücke. Vom 21. Dezember 1907.

(Amtsbl. 1907 S. 337.)

Am 31. Dezember d. Js. läuft die Frist ab, bis zu welcher laut Bekanntmachung vom 27. November 1906 (Amtsblatt 1906, Seite 287)**) von einer Neueinschätzung der Grundstücke abgesehen werden sollte.

Diese Frist wird hiermit weiter bis zum 31. März 1909 verlängert.

Für alle nach dem 1. Januar 1905 veräußerten Grundstücke gilt als Grundsteuerwert der an den Fiskus gezahlte Kaufpreis.

Tsingtau, den 21. Dezember 1907.

Der Kaiserliche Gouverneur.
Truppel.

*) Vgl. D. Kol. Gesetzgeb. Bd. VI S. 576.
**) Vgl. D. Kol. Gesetzgeb. Bd. X S. 871.

28. Bekanntmachung des Kommissars für chinesische Angelegenheiten, betreffend Anschluſs der Gemeinde Tai tung tschen an die fiskalische Wasserleitung. Vom 23. Dezember 1907.

(Amtsbl. 1907 S. 338.)

29. Hafenordnung, erlassen vom Gouverneur. Vom 24. Dezember 1907.

(Amtsbl. 1907 S. 353.)

Auf Grund des § 15 des Schutzgebietsgesetzes in Verbindung mit § 1 der Verfügung des Reichskanzlers vom 27. April 1898*) wird folgendes verordnet:

§ 1. Einleitung.

Der Ausdruck „Fahrzeug" im Sinne dieser Verordnung umfaßt Dampfschiffe, Segelschiffe, Dschunken, Sampans, Boote einschließlich Dampf- und Kraftboote bis zu 60 Tonnen Ladefähigkeit, Flöße, Prähme usw. Der Ausdruck „Schiff" umfaßt Dampf- und Segelschiffe nichtchinesischer Bauart einschließlich Kriegsschiffe.

Das Hafengebiet zerfällt in eine Außen- und Innenreede, einen großen und kleinen Hafen und den Bauhafen. Die Außenreede wird begrenzt nach See zu durch eine Linie von Kap Jäschke nach Ittishuk, nach der Innenreede zu durch eine Linie von Kap Jäschke nach Ju nui san. Der große Hafen wird begrenzt von den Hafeneinfahrtsbojen, der kleine Hafen durch eine Verbindungslinie zwischen den Molenköpfen, der Bauhafen durch eine Linie in Verlängerung des Steindammes bis an die Mole I.

Das Werftgebiet ist ein Teil des großen Hafens vor der Werftanlage.

Für dieses und den Bauhafen, desgleichen für anderweite Einteilungen und Abgrenzungen im Hafengebiete bleiben besondere Bestimmungen durch Bekanntmachung seitens der zuständigen Behörde vorbehalten.

§ 2. Lotsen.

Schiffe erhalten bei der Einfahrt und beim Verlassen des Hafengebietes auf das Setzen der Lotsenflagge hin oder durch sonstige Bestellung einen Hafenlotsen. Die Einfahrt in den Großen und Kleinen Hafen, das Ankern bei oder das Festmachen an der Kaje, das Verholen und die Ausfahrt sind Schiffen über 100 Netto-Registertonnen nicht ohne Lotsen gestattet. Die Führung des Schiffes steht, auch wenn der Lotse an Bord ist, unter der Verantwortung des Schiffers.

Der Lotse ist bei der Einfahrt auf der Außenreede und beim Weggang des Schiffes am Liegeplatze einzunehmen. Für die beiden Reeden besteht kein Lotsenzwang. Indessen sind die vorhandenen Lotsen verpflichtet, auf Verlangen Schiffe auch auf die Reede zu lotsen, wobei solche Schiffe, die in den großen oder kleinen Hafen wollen, vor den andern Anspruch auf die Lotsen haben.

Als Lotsengeld werden erhoben:

1. bis zu 12 engl. Fuß (3,6 m) Tiefgang 25 Dollar,
2. für jeden angefangenen englischen Fuß (0,3 m) mehr 3 Dollar.

Die Lotsengebühr wird für Ein- und Ausfahrt nur einmal entrichtet. Ist der Tiefgang bei Ein- und Ausfahrt verschieden, so wird der größte der Berechnung zugrunde gelegt.

Das Lotsengeld ist zugleich mit der Hafenabgabe zu entrichten.

*) Vgl. D. Kol. Gesetzgeb. Bd. IV S. 167.

§ 3. Liegeplätze.

Der Führer eines Fahrzeuges hat den Anordnungen des Hafenamts bei Wahl des Liegeplatzes Folge zu leisten und im großen oder kleinen Hafen die Erlaubnis zur Platzveränderung bei dieser Behörde vorher einzuholen.

Über Laden und Löschen gelten besondere Bestimmungen.

§ 4. Straßenrecht.

Im Hafengebiete gelten für alle Fahrzeuge die Bestimmungen der Kaiserlichen Verordnungen:

1. zur Verhütung des Zusammenstoßes der Schiffe auf See vom 9. Mai 1897,
2. über das Verhalten der Schiffer nach einem Zusammenstoß von Schiffen auf See vom 15. August 1876,

mit der Ausnahme, daß Boote und Sampans von den inneren Hafeneinfahrtsbojen $\frac{\text{H E}}{3}$ und $\frac{\text{H E}}{4}$ an bis zum großen Hafen und in demselben sowie im kleinen Hafen und Bauhafen allen ein- und auslaufenden und manövrierenden Schiffen auszuweichen haben.

§ 5. Setzen der Nationalflagge, Lichterführung.

Beim Ein- und Auslaufen des Schiffes ist am Tage die Nationalflagge zu setzen. An Kajen festgemachte Fahrzeuge haben nachts wenigstens ein weißes Licht an sichtbarer Stelle zu führen, soweit nicht das Hafenamt in einzelnen Fällen davon entbindet, jedoch ohne damit Verantwortung für Schäden zu übernehmen, die durch die fehlende Beleuchtung des Fahrzeuges verursacht werden.

§ 6. Meldepflicht.

Die Anmeldung hat innerhalb von spätestens 24 Stunden nach der Ankunft des Schiffes im Hafengebiete beim Hafenamte zu erfolgen. Bei der Meldung ist eine Schiffsurkunde vorzulegen, durch welche der Name der Reederei und des Schiffsführers sowie Name, Unterscheidungssignal, Heimatshafen und Netto-Raumgehalt oder Tragfähigkeit des Schiffes ausgewiesen werden. Die Urkunde wird bei der Abmeldung zurückgegeben nach Entrichtung oder Sicherstellung der Hafengebühren, Empfang der Zollklarierung und Erledigung sonstiger aus dieser Verordnung entspringenden Verpflichtungen des Schiffsführers.

Kriegsschiffe sind von der Meldepflicht befreit.

Auf Verlangen hat der Schiffer dem Hafenamte Einsicht in die Manifeste zu geben.

§ 7. Hafenabgabe.

Für die Benutzung des Hafengebietes wird eine Hafenabgabe erhoben.

1. Diese beträgt:
   a) für Schiffe allgemein für die Netto-Registertonne $6\frac{1}{2}$ Cent,
   b) für Schiffe ohne Ladung oder mit Aufenthalt unter 6 Stunden 3 Cent.

Als Schiffe ohne Ladung werden solche angesehen, bei denen die Anzahl der im Hafen geladenen oder gelöschten Waren unter 100 Tonnen bleibt.

2. Schiffe, welche eine der Reeden nur für Orders oder zum Schutze gegen schlechtes Wetter anlaufen, sind frei von der Hafenabgabe.

3. Schiffe, welche über 4 Tage an der Mole liegen, haben einen Zuschlag von 1 Cent für die Tonne für jeden angefangenen Tag zu rechnen. Sonntage

und die in der Verordnung vom 6. Oktober 1902 (Amtsblatt 1902 S. 133) genannten allgemeinen Feiertage werden nicht mitgezählt. Der Tag des Anlegens vor 12 Uhr mittags und der Tag der Abfahrt nach 12 Uhr mittags rechnet dabei als voller Tag.

4. Kriegsschiffe, Schiffe, welche die Reichsdienstflagge führen, und Schiffe, welche im Werftgebiet ausschließlich zu Reparaturzwecken anlegen, sind frei von der Hafenabgabe.

§ 8. Zollbestimmungen.

Die Fahrzeuge haben die bestehenden Zollvorschriften zu beachten und den Anforderungen der Zollbeamten in dieser Hinsicht Folge zu leisten.

§ 9. Postbeförderung.

Der Schiffsführer ist verpflichtet, die an Bord befindlichen und für Tsingtau bestimmten Postsachen an die deutsche Postbehörde auszuliefern und bei Weggang des Schiffes Postsachen, die ihm von der deutschen Postbehörde mitgegeben werden, zu übernehmen und für die richtige Ablieferung im Bestimmungshafen zu sorgen.

Ist Post an Bord, so ist dies durch Heißen der Flagge T bei der Einfahrt kenntlich zu machen.

Andere Postsachen als solche, die von der deutschen Postbehörde aufgegeben werden, anzunehmen oder Postsachen an andere als die deutsche Postbehörde auszuhändigen, ist untersagt.

Für Schiffsführer, welche unter den besonderen Bestimmungen über die Dampfschiffahrt auf Binnengewässern fahren, gelten besondere Vorschriften über die Postbeförderung.

§ 10. Ansteckende Krankheiten und Quarantäne.

Unter „ansteckenden Krankheiten" sind Pocken, Cholera, Flecktyphus und Pest zu verstehen; die Ausdehnung auf andere Krankheiten bleibt jedesmaliger Bekanntmachung des Gouverneurs vorbehalten.

Fahrzeuge mit einer ansteckenden Krankheit an Bord haben eine gelbe Flagge am Fockmast zu führen oder sie auf Anordnung des Quarantänearztes oder des Hafenamtes zu setzen. Der Quarantänearzt ist befugt, alle Isolierungen, Ausschiffungen, Desinfektionen, Impfungen und sonstige Maßregeln, welche im Interesse der öffentlichen Gesundheitspflege erforderlich erscheinen, an Bord anzuordnen und nötigenfalls mit Hilfe der Polizei ausführen zu lassen. Dasselbe gilt von Anordnungen in bezug auf die Instandhaltung, Sauberkeit und Einrichtung der Räume.

Vor Einholung der Erlaubnis des Hafenamtes oder der Polizeibehörde ist es niemandem gestattet, das Fahrzeug zu verlassen oder Verkehr mit dem Lande oder einem anderen Fahrzeuge zu unterhalten. Im übrigen wird auf die Verordnung, betreffend die gesundheitspolizeiliche Kontrolle der den Hafen von Tsingtau anlaufenden Schiffe, vom 13. Juli 1904 (Amtsblatt 1904 S. 153) verwiesen.

§ 11. Musterungen.

Die An- und Abmusterung eines Schiffsmannes geschieht auf dem Hafenamte (Seemannsamte) oder dem die Heimat des Schiffes vertretenden Konsulate. Jeder auf einem Konsulate abgemusterte Schiffsmann hat sich auf dem Hafenamt binnen 24 Stunden nach der Abmusterung unter Vorweisung des Abmusterungsscheins zu melden.

Für die Abmusterung eines fremden Schiffsmannes vor dem Hafenamte finden die Vorschriften der deutschen Seemannsordnung sinngemäß Anwendung.

Der Schiffer darf den Schiffsmann nicht ohne Genehmigung des Hafenamtes oder des die Heimat des Schiffes vertretenden Konsulates zurücklassen.

Wenn für den Fall der Zurücklassung eine Hilfsbedürftigkeit des Seemannes zu besorgen ist, so kann die Erteilung der Genehmigung davon abhängig gemacht werden, daß der Schiffer gegen den Eintritt der Hilfsbedürftigkeit für einen Zeitraum bis zu drei Monaten Sicherstellung leistet.

Kein Schiffsmann darf eigenmächtig im Hafen zurückbleiben.

§ 12. Entweichungen von Schiffsleuten.

Entwichene Schiffsleute sind vom Schiffsführer dem Hafenamte zu melden; sie können durch dessen Vermittlung aufgegriffen, an Bord zurückgebracht und nötigenfalls bis zur Abfahrt des Schiffes in Verwahrung bis zu 10 Tagen genommen werden.

§ 13. Sterbefälle an Bord.

Der Schiffsführer ist gehalten, den Tod jedes Passagiers oder Schiffsmannes, der in den Gewässern des Schutzgebietes erfolgt, dem Hafenamte sowie im Anschluß daran dem Standesamte zu melden.

Die Anmeldung beim Standesamte unterbleibt, wenn der Verstorbene ein Chinese ist.

§ 14. Streitigkeiten zwischen Schiffer und Mannschaft.

Bei Streitigkeiten zwischen Schiffer und Besatzung eines nichtdeutschen Schiffes, dessen Heimat nicht durch ein Konsulat im Schutzgebiet vertreten ist, steht auf Antrag dem Hafenkapitän die sonst dem Konsul obliegende Entscheidung zu. Für das Verfahren finden die Vorschriften der deutschen Seemannsordnung sinngemäß Anwendung.

§ 15. Sicherheitsvorschriften.

Feuergefährliche Gegenstände.

Feuerwerkskörper, Pulver, Zündungen und Sprengstoffe dürfen nicht an der Kaje gelöscht werden, sondern sind auf Reede in Leichter zu laden.

Petroleum und Munition dürfen ohne besondere Erlaubnis des Hafenamtes nicht auf den Kajen lagern, sondern sind so schnell wie möglich weiterzubefördern. Entstehen durch die Ausführung von Sicherheitsmaßregeln außergewöhnliche Kosten, so sind diese vom Schiffe oder Empfänger zu tragen.

Auf Leichterfahrzeugen, Sampans, Booten u. dgl., welche feuergefährliche oder leicht entzündliche Gegenstände geladen haben, darf, abgesehen von den Positionslaternen, weder Feuer noch Licht gebrannt werden. Auch das Tabakrauchen ist auf solchen Fahrzeugen verboten.

Schießen.

Das Schießen mit Schußwaffen aller Art und Sprengungen sind im großen und kleinen Hafen verboten.

Auf den Reeden darf mit Gewehren geschossen werden, jedoch sind beim Schießen Vorsichtsmaßregeln anzuwenden, welche Verletzungen, Sachbeschädigungen und Verkehrsbelästigungen ausschließen.

Scharfschießen mit Geschützen und Sprengungen bedürfen auch auf der Reede besonderer Genehmigung des Hafenamtes.

Weitere beim Betrieb sich als nötig herausstellende Sicherheitsvorschriften werden durch Bekanntmachung erlassen.

§ 16. Schonung und Reinhaltung der Hafenanlagen.

Bei den Schiffsmanövern ist darauf zu achten, daß die Kajemauern, Steindämme und Pontons vor Stößen und Beschädigungen sorgfältig geschützt werden und daß die Reibepfähle nach Möglichkeit von stärkeren Stößen verschont bleiben.

Dampfer über 2000 Netto-Registertonnen dürfen ihre Schrauben innerhalb einer Entfernung von 10 m von der Kajemauer nur im Notfalle gebrauchen. Durchaus verboten ist für alle an der Kaje liegenden Fahrzeuge die Vornahme von Maschinenproben, mit der Ausnahme, daß zum Anwärmen der Maschinen 5 Minuten langsamster Schraubenbewegung gestattet sind.

An den Reibepfählen, Schwimmfendern und Leitern dürfen keine Fahrzeuge festgemacht werden. Die Ringe sind nur zum Verholen kleinerer Fahrzeuge zu benutzen. Die Benutzung der eisernen Dalben der Schwimmpontonanlegestelle zum Verholen von größeren Schiffen ist nicht gestattet.

Das Festmachen von Dschunken, Leichtern u. dgl. an Schiffen, bevor sie fest vertaut sind, ohne Erlaubnis des Schiffers oder seines Stellvertreters ist im Hafengebiet untersagt.

Es ist verboten, Ballast, Asche oder Abfall im großen und kleinen Hafen sowie in ihren Einfahrten über Bord zu werfen. Gegenstände, welche der Schiffahrt Hindernisse bereiten können, dürfen im Hafengebiete nicht zu Wasser gehen.

Weitere beim Betrieb sich als nötig herausstellende Schonungs- und Reinhaltungsvorschriften werden durch Bekanntmachung erlassen.

§ 17. Rechte der Hafenbeamten.

Den dienstlichen Anweisungen der Beamten des Hafenamtes und der Hafenpolizei ist im Hafengebiete ungesäumt Folge zu leisten.

Das Hafenamt und die Hafenpolizei sind befugt, alle zur Ordnung und Sicherheit des Hafenbetriebes notwendigen Maßnahmen, erforderlichenfalls auf Kosten und Gefahr der Betreffenden, ausführen zu lassen.

§ 18. Strafbestimmungen.

Zuwiderhandlungen gegen diese Verordnung werden, sofern nicht nach sonstigen gesetzlichen Bestimmungen höhere Strafen vorgesehen sind, auf Antrag des Hafenamtes mit Geldstrafe bis zu 150 Dollar oder mit Haft bis zu 6 Wochen geahndet.

§ 19. Schlußbestimmung.

Diese Verordnung tritt am 1. Januar 1908 in Kraft.

Vom gleichen Zeitpunkte an werden aufgehoben:

a) die Verordnung, betreffend Hafenordnung für Tsingtau, vom 23. Mai 1899,

b) die Bekanntmachung vom 20. Oktober 1901 (Amtsblatt 1901 S. 285),

c) Abschnitt A (Lotsenwesen) der Verordnung, betreffend Laden und Löschen von Kauffahrteischiffen im Hafen von Tsingtau, vom 19. Februar 1904 (Amtsblatt 1904 S. 27) sowie Teile A und D der Anlage zu dieser Verordnung,

d) Bekanntmachung vom 8. Juni 1904 (Amtsblatt 1904 S. 110),

e) die Bekanntmachung vom 16. Juli 1904 (Amtsblatt 1904 S. 157),

f) die Bekanntmachung vom 1. Februar 1905 (Amtsblatt 1905 S. 29).

Tsingtau, den 24. Dezember 1907.

Der Kaiserliche Gouverneur.
Truppel.

Anhang.

Allgemeine Bestimmungen von Bedeutung für die Schutzgebiete.

1. Beamtenhinterbliebenengesetz. Vom 17. Mai 1907.

(Reichs-Gesetzbl. S. 208.)

Wir Wilhelm, von Gottes Gnaden Deutscher Kaiser, König von Preußen usw., verordnen im Namen des Reichs, nach erfolgter Zustimmung des Bundesrats und des Reichstags, was folgt:

§ 1. Die Witwen und die ehelichen oder legitimierten Kinder von Beamten, welchen zur Zeit ihres Todes ein Anspruch auf Pension aus der Reichskasse im Falle der Versetzung in den Ruhestand zugestanden hätte, sowie die Witwen und die ehelichen oder legitimierten Kinder von ausgeschiedenen Beamten, welche kraft gesetzlichen Anspruchs oder auf Grund des § 39 des Reichsbeamtengesetzes lebenslängliche Pension aus der Reichskasse zu beziehen hatten, erhalten Witwen- und Waisengeld.

Keinen Anspruch auf Witwen- und Waisengeld haben die Hinterbliebenen derjenigen Beamten und ausgeschiedenen Beamten, welche nur nebenamtlich im Reichsdienst angestellt gewesen sind.

§ 2. Das Witwengeld besteht in vierzig vom Hundert derjenigen Pension, zu welcher der Verstorbene berechtigt gewesen ist oder berechtigt gewesen sein würde, wenn er am Todestag in den Ruhestand versetzt worden wäre.

Das Witwengeld soll jedoch, vorbehaltlich der im § 4 verordneten Beschränkung, mindestens 300 M. und höchstens 5000 M. betragen.

Bei Berechnung des Witwengeldes bleibt die Verstümmelungszulage und die Alterszulage (§§ 11, 13, 32 des Offizierpensionsgesetzes vom 31. Mai 1906) stets, die Kriegszulage, Pensionserhöhung und Tropenzulage (§§ 12, 32; §§ 49, 59; §§ 66, 67, § 72 Nr. 8 ebenda) in dem Falle außer Betracht, daß die Witwe zu einer Kriegsversorgung berechtigt ist.

War der Verstorbene als Pensionär wieder in den Reichsdienst eingetreten, so wird der Berechnung des Witwengeldes derjenige Betrag zu Grunde gelegt, den der Verstorbene an neuer und alter Pension bezogen hat oder hätte beziehen können.

War der Verstorbene als Pensionär außerhalb des Reichsdienstes in eine der im § 57 Nr. 2 des Reichsbeamtengesetzes bezeichneten Stellen eingetreten, so wird der Berechnung des Witwengeldes die festgesetzte Reichspension im vollen Betrage zu Grunde gelegt.

Der Jahresbetrag des Witwengeldes ist nach oben so abzurunden, daß bei der Teilung durch drei sich volle Markbeträge ergeben.

§ 3. Das Waisengeld beträgt jährlich:

1. für jedes Kind, dessen Mutter noch lebt und zur Zeit des Todes des Verstorbenen zum Bezuge von Witwengeld berechtigt war, ein Fünftel des Witwengeldes;
2. für jedes Kind, dessen Mutter nicht mehr lebt oder zur Zeit des Todes des Verstorbenen zum Bezuge von Witwengeld nicht berechtigt war, ein Drittel des Witwengeldes.

Der Jahresbetrag des Waisengeldes ist nach oben so abzurunden, daß bei Teilung durch drei sich volle Markbeträge ergeben.

§ 4. Witwen- und Waisengeld dürfen weder einzeln noch zusammen den Betrag der Pension übersteigen, zu welcher der Verstorbene berechtigt gewesen ist oder berechtigt gewesen sein würde, wenn er am Todestag in den Ruhestand versetzt worden wäre.

Ergibt sich an Witwen- und Waisengeld zusammen ein höherer Betrag, so werden die einzelnen Sätze in gleichem Verhältnisse gekürzt.

§ 5. Nach dem Ausscheiden eines Witwen- oder Waisengeldberechtigten erhöht sich das Witwen- oder Waisengeld der verbleibenden Berechtigten von dem Beginne des folgenden Monats an insoweit, als sie sich noch nicht in vollem Genusse der ihnen nach §§ 2 bis 4 gebührenden Beträge befinden.

§ 6. War die Witwe mehr als 15 Jahre jünger als der Verstorbene, so wird das nach Maßgabe der §§ 2, 4 berechnete Witwengeld für jedes angefangene Jahr des Altersunterschieds über 15 bis einschließlich 25 Jahre um $1/_{20}$ gekürzt. Nach fünfjähriger Dauer der Ehe wird für jedes angefangene Jahr ihrer weiteren Dauer dem gekürzten Betrag $1/_{20}$ des berechneten Witwengeldes so lange hinzugesetzt, bis der volle Betrag wieder erreicht ist.

Auf den nach § 3 zu berechnenden Betrag des Waisengeldes ist diese Kürzung des Witwengeldes ohne Einfluß.

§ 7. Liegen die Voraussetzungen einer Kürzung sowohl nach § 4 als auch nach § 6 vor, so ist zunächst das Witwen- und Waisengeld nach § 4 und erst dann das Witwengeld nach § 6 zu kürzen, demnächst aber der gemäß § 6 gekürzte Betrag des Witwengeldes dem nach § 4 gekürzten Waisengelde bis zur Erreichung des vollen Betrages zuzusetzen.

§ 8. Keinen Anspruch auf Witwengeld hat die Witwe, wenn die Ehe mit dem verstorbenen Beamten innerhalb dreier Monate vor seinem Ableben geschlossen worden und die Eheschließung zu dem Zwecke erfolgt ist, um der Witwe den Bezug des Witwengeldes zu verschaffen.

Keinen Anspruch auf Witwen- und Waisengeld haben die Witwe und die hinterbliebenen Kinder eines ausgeschiedenen Beamten aus solcher Ehe, welche erst nach der Versetzung des Beamten in den Ruhestand geschlossen worden ist.

§ 9. Der Witwe und den ehelichen oder legitimierten Kindern eines Beamten, welchem, wenn er am Todestag in den Ruhestand versetzt worden wäre, auf Grund des § 39 des Reichsbeamtengesetzes eine lebenslängliche Pension hätte bewilligt werden dürfen, kann Witwen- und Waisengeld bis zu der in den §§ 2 bis 7 angegebenen Höhe durch den Reichskanzler bewilligt werden.

§ 10. Der Witwe und den ehelichen oder legitimierten Kindern eines Beamten, welcher unter dem Vorbehalte des Widerrufs oder der Kündigung angestellt gewesen ist, ohne eine in den Besoldungs-Etats aufgeführte Stelle bekleidet zu haben, kann Witwen- und Waisengeld durch den Reichskanzler in Grenzen derjenigen Beträge bewilligt werden, welche ihnen zustehen würden.

wenn der Verstorbene eine in den Besoldungs-Etats aufgeführte Stelle bekleidet gehabt hätte.

Das Gleiche gilt für die Witwe und die ehelichen oder legitimierten Kinder eines ausgeschiedenen Beamten, welchem auf Grund des § 37 des Reichsbeamtengesetzes eine lebenslängliche Pension bewilligt worden war, ohne daß er eine in den Besoldungs-Etats aufgeführte Stelle bekleidet hatte.

§ 11. Stirbt ein Beamter, welchem im Falle seiner Versetzung in den Ruhestand bei Berechnung seiner Pension die Anrechnung gewisser Zeiten auf die in Betracht kommende Dienstzeit nach §§ 50, 52 des Reichsbeamtengesetzes hätte bewilligt werden dürfen, so kann eine solche Anrechnung auch bei Festsetzung des Witwen- und Waisengeldes durch den Reichskanzler zugelassen werden.

§ 12. Die Zahlung des Witwen- und Waisengeldes beginnt mit dem Ablaufe der Zeit, für welche Gnadengebührnisse gewährt sind, oder, wenn solche nicht gewährt sind, mit dem auf den Sterbetag folgenden Tage, für Waisen jedoch, die nach dem Tode ihres Vaters geboren sind, nicht früher als mit dem Tage ihrer Geburt.

§ 13. Das Witwen- und Waisengeld wird monatlich im voraus gezahlt.

Die Festsetzung des Witwen- und Waisengeldes und die Bestimmung darüber, an wen die Zahlung zu leisten ist, erfolgt durch die oberste Reichsbehörde, welche diese Befugnisse auf andere Behörden übertragen kann.

§ 14. Das Recht auf den Bezug des Witwen- und Waisengeldes erlischt:

1. für jeden Berechtigten mit dem Ablaufe des Monats, in welchem er sich verheiratet oder stirbt;
2. für jede Waise außerdem mit dem Ablaufe des Monats, in welchem sie das 18. Lebensjahr vollendet.

§ 15. Das Recht auf den Bezug des Witwen- und Waisengeldes ruht:

1. solange der Berechtigte nicht Reichsangehöriger ist;
2. neben einer Versorgung, welche einem Hinterbliebenen aus einer außerhalb des Reichsdienstes erfolgten Wiederanstellung oder Beschäftigung des Verstorbenen in einer der im § 57 Nr. 2 des Reichsbeamtengesetzes bezeichneten Stellen zusteht, insoweit das Witwen- oder Waisengeld unter Hinzurechnung jener anderweiten Versorgung den Betrag überschreitet, den der Hinterbliebene nach den Vorschriften dieses Gesetzes unter Zugrundelegung desjenigen Betrags zu beziehen hätte, welcher dem Verstorbenen gemäß § 59 des Reichsbeamtengesetzes zu zahlen gewesen ist oder zu zahlen gewesen wäre;
3. bei Anstellung oder Beschäftigung als Beamter oder in der Eigenschaft eines Beamten im Reichs- oder Staatsdienst im Sinne des § 57 Nr. 2 des Reichsbeamtengesetzes, wenn das Diensteinkommen einer Witwe 2000 M., das einer Waise 1000 M. übersteigt, und zwar in Höhe des Mehrbetrags. Bei Berechnung des Diensteinkommens findet § 57 Nr. 2 Abs. 2 des Reichsbeamtengesetzes Anwendung.

§ 16. Das Recht auf den Bezug des Witwengeldes ruht neben einer im Reichs- oder Staatsdienst im Sinne des § 57 Nr. 2 des Reichsbeamtengesetzes erdienten Pension über 1500 M. in Höhe des Mehrbetrags.

§ 17. Tritt das Ruhen des Rechtes auf den Bezug von Witwen- und Waisengeld gemäß §§ 15, 16 im Laufe eines Monats ein, so wird die Zahlung mit dem Ende des Monats eingestellt; tritt es am ersten Tage eines Monats ein, so hört die Zahlung mit dem Beginne des Monats auf.

Bei vorübergehender Beschäftigung gegen Tagegelder oder eine andere Entschädigung beginnt das Ruhen des Rechtes auf den Bezug von Witwen- und Waisengeld mit dem Ablaufe von sechs Monaten, vom ersten Tage des Monats der Beschäftigung an gerechnet.

Lebt das Recht auf den Bezug von Witwen- und Waisengeld wieder auf, so hebt die Zahlung mit dem Beginne des Monats an.

§ 18. Ist ein Beamter oder ein ausgeschiedener Beamter, dessen Hinterbliebenen im Falle seines Todes auf Grund dieses Gesetzes Witwen- oder Waisengeld zustehen würde oder bewilligt werden könnte, verschollen, so kann den Hinterbliebenen von der obersten Reichsbehörde das Witwen- und Waisengeld auch schon vor der Todeserklärung gewährt werden, wenn das Ableben des Verschollenen mit hoher Wahrscheinlichkeit anzunehmen ist. Den Tag, mit welchem die Zahlung des Witwen- und Waisengeldes beginnt, bestimmt in diesem Falle die oberste Reichsbehörde.

§ 19. Für die Entscheidung über Ansprüche aus diesem Gesetze sind die Landgerichte ohne Rücksicht auf den Wert des Streitgegenstandes ausschließlich zuständig.

§ 20. Vom Inkrafttreten dieses Gesetzes ab erhalten die Witwen und die Kinder von denjenigen bereits verstorbenen Beamten, welche an einem der von deutschen Staaten vor 1871 oder von dem Deutschen Reiche geführten Kriege teilgenommen hatten, sofern ihnen nach den früheren Gesetzen Witwen- und Waisengeld zusteht und die Ehe schon zur Zeit des Krieges bestanden hat, Witwen- und Waisengeld in demjenigen Betrage, der ihnen zu bewilligen gewesen sein würde, wenn bei der Berechnung der Pension des Verstorbenen Artikel 1 Nr. X des Gesetzes, betreffend Änderung des Reichsbeamtengesetzes vom 31. März 1873, zur Anwendung gekommen wäre.

§ 21. Die Bezüge der Hinterbliebenen von Beamten, die vor dem Inkrafttreten dieses Gesetzes verstorben sind, ruhen von diesem Zeitpunkt ab nur nach den Vorschriften der §§ 15 bis 17 dieses Gesetzes.

§ 22. Der den Hinterbliebenen der vor dem Inkrafttreten dieses Gesetzes verstorbenen Beamten zu zahlende Betrag an Versorgungsgebührnissen darf nicht hinter demjenigen zurückbleiben, welcher ihnen nach den früheren Gesetzen zusteht.

§ 23. Dieses Gesetz tritt mit Wirkung vom 1. April 1907 in Kraft.

Außer Kraft treten alsdann:

1. das Gesetz, betreffend die Fürsorge für die Witwen und Waisen der Reichsbeamten der Zivilverwaltung, vom 20. April 1881,
2. das Gesetz, betreffend die Fürsorge für die Witwen und Waisen von Angehörigen des Reichsheeres und der Kaiserlichen Marine, vom 17. Juni 1887, soweit es die Beamten des Reichsheeres und der Kaiserlichen Marine sowie deren Hinterbliebene betrifft,
3. das Gesetz, betreffend den Erlaß der Witwen- und Waisengeldbeiträge von Angehörigen der Reichszivilverwaltung, des Reichsheeres und der Kaiserlichen Marine, vom 5. März 1888, soweit es die Beamten betrifft,
4. das Gesetz wegen anderweiter Bemessung der Witwen- und Waisengelder vom 17. Mai 1897, soweit es die Hinterbliebenen von Beamten betrifft.

Die unter der Herrschaft der vorstehend aufgeführten Gesetze erklärten und nicht rechtsgültig widerrufenen Verzichte auf Witwen- und Waisengeld behalten auch mit Bezug auf dieses Gesetz ihre Wirksamkeit.

§ 24. Vorstehende Bestimmungen kommen in Bayern nach Maßgabe des Bündnisvertrags vom 23. November 1870 für die Hinterbliebenen von Heeresbeamten oder ehemaligen Heeresbeamten, welche die im § 1 angegebenen Ansprüche gegen bayerische Militärfonds besessen haben, zur Anwendung.

Dem Königreiche Bayern wird zur Bestreitung der Ausgaben hierfür alljährlich eine Summe überwiesen, die sich nach der Höhe des entsprechenden tatsächlichen Aufwandes des Reichs im Verhältnisse der Kopfstärke des Königlich Bayerischen Kontingents zu der der übrigen Teile des Reichsheeres bemißt.

Urkundlich unter Unserer Höchsteigenhändigen Unterschrift und beigedrucktem Kaiserlichen Insiegel.

Gegeben Wiesbaden, den 17. Mai 1907.

Wilhelm.
Fürst v. Bülow.

2. Bekanntmachung des Reichskanzlers, betreffend die Fassung des Reichsbeamtengesetzes. Vom 18. Mai 1907.

(Reichs-Gesetzbl. S. 245.)

Auf Grund des Artikel 3 des Gesetzes vom 17. Mai 1907, betreffend Änderungen des Reichsbeamtengesetzes vom 31. März 1873,*) wird die Fassung des Reichsbeamtengesetzes nachstehend bekannt gemacht.

Berlin, den 18. Mai 1907.

Der Reichskanzler.
Fürst v. Bülow.

Reichsbeamtengesetz.

Allgemeine Bestimmungen.

§ 1. Reichsbeamter im Sinne dieses Gesetzes ist jeder Beamte, welcher entweder vom Kaiser angestellt oder nach Vorschrift der Reichsverfassung den Anordnungen des Kaisers Folge zu leisten verpflichtet ist.

§ 2. Soweit die Anstellung der Reichsbeamten nicht unter dem ausdrücklichen Vorbehalte des Widerrufs oder der Kündigung erfolgt, gelten dieselben als auf Lebenszeit angestellt.

§ 3. Vor dem Dienstantritt ist jeder Reichsbeamte auf die Erfüllung aller Obliegenheiten des ihm übertragenen Amtes eidlich zu verpflichten.

§ 4. Jeder Reichsbeamte erhält bei seiner Anstellung eine Anstellungsurkunde.

Der Anspruch des Beamten auf Gewährung des mit dem Amte verbundenen Diensteinkommens beginnt in Ermangelung besonderer Festsetzungen mit dem Tage des Amtsantritts, in betreff später bewilligter Zulagen mit dem Tage der Bewilligung.

§ 5. Die Zahlung des Gehalts erfolgt monatlich im voraus. Dem Bundesrate bleibt vorbehalten, diejenigen Beamten zu bestimmen, an welche die Gehaltszahlung vierteljährlich stattfinden soll.

Beamte, welche bis zum Erlasse dieses Gesetzes ihr Gehalt vierteljährlich bezogen haben, sollen dasselbe jedenfalls bis zu ihrer Beförderung in ein höheres Amt in gleicher Weise fortbeziehen.

*) Reichs-Gesetzbl. 1907 S. 201.

§ 6. Die Reichsbeamten können den auf die Zahlung von Diensteinkünften, Wartegeldern oder Pensionen ihnen zustehenden Anspruch mit rechtlicher Wirkung nur insoweit zedieren, verpfänden oder sonst übertragen, als sie der Beschlagnahme unterliegen (§ 19).

§ 7. Hinterläßt ein Beamter, welcher mit der Wahrnehmung einer in den Besoldungs-Etats aufgeführten Stelle betraut ist, eine Witwe oder eheliche oder legitimierte Abkömmlinge, so gebührt den Hinterbliebenen für das auf den Sterbemonat folgende Vierteljahr noch die volle Besoldung des Verstorbenen (Gnadenvierteljahr), unbeschadet jedoch weitergehender Ansprüche, welche ihm etwa vor Erlaß dieses Gesetzes und vor Eintritt in den Reichsdienst zugestanden worden sind. Zur Besoldung im Sinne der vorstehenden Bestimmung gehören außer dem Gehalt auch die sonstigen, dem Verstorbenen aus Reichsfonds gewährten Diensteinkünfte. Nur die zur Bestreitung von Dienstaufwandskosten bestimmten Einkünfte scheiden aus und von den zur Repräsentation bestimmten werden zwanzig vom Hundert in Abzug gebracht.

Den Hinterbliebenen eines Beamten, welcher nicht mit der Wahrnehmung einer in den Besoldungs-Etats aufgeführten Stelle betraut gewesen ist, kann das Gnadenvierteljahr von der vorgesetzten Dienstbehörde bewilligt werden.

Das Gnadenvierteljahr wird im voraus in einer Summe gezahlt. An wen die Zahlung zu leisten ist, bestimmt die vorgesetzte Dienstbehörde.

Das Gnadenvierteljahr ist der Pfändung nicht unterworfen.

§ 8. Die Gewährung des Gnadenvierteljahrs kann in Ermangelung der im § 7 bezeichneten Hinterbliebenen mit Genehmigung der obersten Reichsbehörde auch dann stattfinden, wenn der Verstorbene Verwandte der aufsteigenden Linie, Geschwister, Geschwisterkinder oder Pflegekinder, deren Ernährer er ganz oder überwiegend gewesen ist, in Bedürftigkeit hinterläßt, oder wenn und soweit der Nachlaß nicht ausreicht, um die Kosten der letzten Krankheit und der Beerdigung zu decken. Die oberste Reichsbehörde kann die Befugnis zur Genehmigung auf andere Behörden übertragen.

§ 9. In dem Genusse der von dem verstorbenen Beamten bewohnten Dienstwohnung ist die hinterbliebene Familie nach Ablauf des Sterbemonats noch drei fernere Monate zu belassen.

Hinterläßt der Beamte keine Familie, so ist denjenigen, auf welche sein Nachlaß übergeht, eine vom Todestag an zu rechnende dreißigtägige Frist zur Räumung der Dienstwohnung zu gewähren.

In jedem Falle müssen Arbeits- und Sessionszimmer sowie sonstige für den amtlichen Gebrauch bestimmte Lokalitäten sofort geräumt werden.

§ 10. Jeder Reichsbeamte hat die Verpflichtung, das ihm übertragene Amt der Verfassung und den Gesetzen entsprechend gewissenhaft wahrzunehmen und durch sein Verhalten in und außer dem Amte der Achtung, die sein Beruf erfordert, sich würdig zu zeigen.

§ 11. Über die vermöge seines Amtes ihm bekannt gewordenen Angelegenheiten, deren Geheimhaltung ihrer Natur nach erforderlich oder von seinem Vorgesetzten vorgeschrieben ist, hat der Beamte Verschwiegenheit zu beobachten, auch nachdem das Dienstverhältnis aufgelöst ist.

§ 12. Bevor ein Reichsbeamter als Sachverständiger ein außergerichtliches Gutachten abgibt, hat derselbe dazu die Genehmigung seiner vorgesetzten Behörde einzuholen.

Ebenso haben Reichsbeamte, auch wenn sie nicht mehr im Dienste sind, ihr Zeugnis in betreff derjenigen Tatsachen, auf welche die Verpflichtung zur

Amtsverschwiegenheit sich bezieht, insoweit zu verweigern, als sie nicht dieser Verpflichtung in dem einzelnen Falle durch die ihnen vorgesetzte oder zuletzt vorgesetzt gewesene Dienstbehörde entbunden sind.

§ 13. Jeder Reichsbeamte ist für die Gesetzmäßigkeit seiner amtlichen Handlungen verantwortlich.

§ 14. Die Vorschriften über den Urlaub der Reichsbeamten und deren Stellvertretung werden vom Kaiser erlassen.

In Krankheitsfällen sowie in solchen Abwesenheitsfällen, zu denen die Beamten eines Urlaubs nicht bedürfen (Reichsverfassung Artikel 21), findet ein Abzug vom Gehalte nicht statt. Die Stellvertretungskosten fallen der Reichskasse zur Last.

Ein Beamter, welcher sich ohne den vorschriftsmäßigen Urlaub von seinem Amte entfernt hält oder den erteilten Urlaub überschreitet, ist, wenn ihm nicht besondere Entschuldigungsgründe zur Seite stehen, für die Zeit der unerlaubten Entfernung seines Diensteinkommens verlustig.

§ 15. Die vom Kaiser angestellten Beamten dürfen Titel, Ehrenzeichen, Geschenke, Gehaltsbezüge oder Remunerationen von anderen Regenten oder Regierungen nur mit Genehmigung des Kaisers annehmen.

Zur Annahme von Geschenken oder Belohnungen in bezug auf sein Amt bedarf jeder Reichsbeamte der Genehmigung der obersten Reichsbehörde.

§ 16. Kein Reichsbeamter darf ohne vorgängige Genehmigung der obersten Reichsbehörde ein Nebenamt oder eine Nebenbeschäftigung, mit welcher eine fortlaufende Remuneration verbunden ist, übernehmen oder ein Gewerbe betreiben. Dieselbe Genehmigung ist zu dem Eintritt eines Reichsbeamten in den Vorstand, Verwaltungs- oder Aufsichtsrat einer jeden auf Erwerb gerichteten Gesellschaft erforderlich. Sie darf jedoch nicht erteilt werden, sofern die Stelle mittelbar oder unmittelbar mit einer Remuneration verbunden ist.

Die erteilte Genehmigung ist jederzeit widerruflich.

Auf Wahlkonsuln und einstweilen in den Ruhestand versetzte Beamte finden diese Bestimmungen keine Anwendung.

§ 17. Titel, Rang und Uniform der Reichsbeamten werden durch Kaiserliche Verordnung bestimmt.

§ 18. Die Höhe der den Reichsbeamten bei dienstlicher Beschäftigung außerhalb ihres Wohnorts zustehenden Tagegelder und Fuhrkosten, imgleichen der Betrag der bei Versetzungen derselben zu vergütenden Umzugskosten wird durch eine im Einvernehmen mit dem Bundesrate zu erlassende Verordnung des Kaisers geregelt.

§ 19. Auf die Rechtsverhältnisse der aktiven und der aus dem Dienste geschiedenen Reichsbeamten, über welche nicht durch Reichsgesetz Bestimmung getroffen ist, finden diejenigen gesetzlichen Vorschriften Anwendung, welche an ihren Wohnorten für die aktiven beziehungsweise für die aus dem Dienste geschiedenen Staatsbeamten gelten. Für diejenigen Reichsbeamten, deren Wohnort außerhalb der Bundesstaaten sich befindet, kommen hinsichtlich dieser Rechtsverhältnisse vor deutschen Behörden die gesetzlichen Bestimmungen ihres Heimatsstaats (§ 21) und in Ermangelung eines solchen die Vorschriften des preußischen Rechtes zur Anwendung.

Diejenigen Begünstigungen, welche nach der Gesetzgebung der einzelnen Bundesstaaten den Hinterbliebenen der Staatsbeamten hinsichtlich der Besteuerung der aus Staatsfonds oder aus öffentlichen Versorgungskassen denselben gewährten Pensionen, Unterstützungen oder sonstigen Zuwendungen zustehen, finden auch zugunsten der Hinterbliebenen von Reichsbeamten hinsichtlich der denselben aus Reichs- oder Staatsfonds oder aus öffentlichen Versorgungskassen zufließenden gleichartigen Bezüge Anwendung.

§ 20. Imgleichen stehen bezüglich

1. der Mitwirkung bei der Siegelung des Nachlasses eines Reichsbeamten,
2. des Vorzugsrechts im Konkurse oder außerhalb desselben wegen der einem Reichsbeamten zur Last fallenden Defekte aus einer von demselben geführten Kassen- oder sonstigen Vermögensverwaltung

dem Reiche beziehungsweise dessen Behörden im Verhältnisse zu den Reichsbeamten dieselben Rechte zu, welche die am dienstlichen Wohnsitze des Reichsbeamten geltende Gesetzgebung des einzelnen Bundesstaats dem Staate beziehungsweise dessen Behörden den Staatsbeamten gegenüber gewährt.

§ 21. Reichsbeamte, deren dienstlicher Wohnsitz sich im Auslande befindet, behalten den ordentlichen persönlichen Gerichtsstand, welchen sie in ihrem Heimatsstaate hatten. In Ermangelung eines solchen Gerichtsstandes ist ihr ordentlicher persönlicher Gerichtsstand in der Hauptstadt des Heimatsstaats und in Ermangelung eines Heimatsstaats vor dem Amtsgerichte Berlin-Mitte beziehungsweise dem Landgericht I zu Berlin begründet. Ist die Hauptstadt in mehrere Gerichtsbezirke geteilt, so wird das zuständige Gericht im Wege der Justizverwaltung durch allgemeine Anordnung bestimmt.

Auf Wahlkonsuln finden diese Bestimmungen keine Anwendung.

§ 22. Befindet sich der dienstliche Wohnsitz des Beamten (§ 21) in einem Lande, in welchem Reichs-Konsulargerichtsbarkeit besteht, so wird durch die vorstehende Bestimmung nicht ausgeschlossen, daß der Beamte zugleich der Reichs-Konsulargerichtsbarkeit nach Maßgabe des Gesetzes vom 7. April 1900 (Reichs-Gesetzbl. S. 213) unterliegt.

Versetzung in ein anderes Amt.

§ 23. Jeder Reichsbeamte muß die Versetzung in ein anderes Amt von nicht geringerem Range und etatsmäßigem Diensteinkommen mit Vergütung der vorschriftsmäßigen Umzugskosten sich gefallen lassen, wenn es das dienstliche Bedürfnis erfordert.

Als eine Verkürzung im Einkommen ist es nicht anzusehen, wenn die Gelegenheit zur Verwaltung von Nebenämtern entzogen wird oder die Ortszulage oder endlich die Beziehung der für Dienstunkosten besonders ausgesetzten Einnahmen mit diesen Unkosten fortfällt.

Einstweilige Versetzung in den Ruhestand.

§ 24. Jeder Reichsbeamte kann unter Bewilligung des gesetzlichen Wartegeldes einstweilig in den Ruhestand versetzt werden, wenn das von ihm verwaltete Amt infolge einer Umbildung der Reichsbehörden aufhört.

§ 25. Außer dem im § 24 bezeichneten Falle können durch Kaiserliche Verfügung die nachbenannten Beamten jederzeit mit Gewährung des gesetzlichen Wartegeldes einstweilig in den Ruhestand versetzt werden: der Reichskanzler, die Staatssekretäre, die Unterstaatssekretäre, Direktoren und Abteilungschefs in den dem Reichskanzler unmittelbar unterstellten obersten Reichsbehörden, in der Reichskanzlei und in den Ministerien, die vortragenden Räte und etatsmäßigen Hilfsarbeiter in der Reichskanzlei und im Auswärtigen Amte, die Militär- und Marine-Intendanten, die Ressortdirektoren für Schiffbau und die Ressortdirektoren für Maschinenbau in der Kaiserlichen Marine, die Vorsteher der diplomatischen Missionen und der Konsulate sowie die Legationssekretäre.

§ 26. Das Wartegeld beträgt drei Vierteile des bei Berechnung der Pension zugrunde zu legenden Diensteinkommens.

Der Jahresbetrag ist nach oben so abzurunden, daß bei Teilung durch drei sich volle Markbeträge ergeben.

Das Wartegeld beträgt höchstens 12 000 M. Hat der Beamte indessen zur Zeit seiner einstweiligen Versetzung in den Ruhestand bereits eine höhere Pension erdient, so erhält er ein Wartegeld in Höhe der zu diesem Zeitpunkt erdienten Pension.

§ 27. Die Zahlung des Wartegeldes erfolgt im voraus in derselben Weise, in welcher bis dahin die Zahlung des Gehalts stattgefunden hat. Die Gehaltszahlung hört auf und die Zahlung des Wartegeldes beginnt mit dem Ablaufe des Vierteljahrs, welches auf den Monat folgt, in welchem dem Beamten die Entscheidung über seine einstweilige Versetzung in den Ruhestand, der Zeitpunkt derselben und die Höhe des Wartegeldes bekannt gemacht worden ist. Vom Zeitpunkte der einstweiligen Versetzung in den Ruhestand bis zum Beginne der Zahlung des Wartegeldes stehen dem Beamten die zur Bestreitung von Dienstaufwandskosten gewährten Einkünfte nicht zu und von den zur Bestreitung von Repräsentationskosten gewährten kommen zwanzig vom Hundert in Abzug.

§ 28. Die einstweilig in den Ruhestand versetzten Beamten sind bei Verlust des Wartegeldes zur Annahme eines ihnen übertragenen Reichsamts, welches ihrer Berufsbildung entspricht, unter denselben Voraussetzungen verpflichtet, unter denen nach § 23 ein Reichsbeamter die Versetzung in ein anderes Amt sich gefallen lassen muß.

§ 29. Das Recht auf den Bezug des Wartegeldes hört auf:

1. wenn der Beamte im Reichsdienste mit einem dem früher von ihm bezogenen Diensteinkommen mindestens gleichen Diensteinkommen wieder angestellt wird,
2. wenn der Beamte das deutsche Indigenat verliert,
3. wenn der Beamte ohne Genehmigung des Reichskanzlers seinen Wohnsitz außerhalb der Bundesstaaten nimmt,
4. wenn der Beamte des Dienstes entlassen wird.

§ 30. Das Recht auf den Bezug des Wartegeldes ruht, wenn und solange der einstweilig in den Ruhestand versetzte Beamte infolge einer Wiederanstellung oder Beschäftigung in einer der im § 57 Nr. 2 bezeichneten Stellen ein Diensteinkommen bezieht, insoweit als der Betrag dieses neuen Diensteinkommens unter Hinzurechnung des Wartegeldes den Betrag des von dem Beamten vor der einstweiligen Versetzung in den Ruhestand bezogenen Diensteinkommens übersteigt. Hinsichtlich des Zeitpunkts der Einziehung, Kürzung und Wiedergewährung des Wartegeldes finden die Vorschriften des § 60 entsprechende Anwendung.

§ 31. Nach dem Tode eines einstweilig in den Ruhestand versetzten Beamten erfolgt die Gewährung des Gnadenvierteljahrs vom Wartegeld an die Hinterbliebenen nach den in den §§ 7 und 8 enthaltenen Grundsätzen.

Entlassung der auf Probe, Kündigung oder auf Widerruf angestellten Beamten.

§ 32. Die Entlassung der auf Probe, auf Kündigung oder sonst auf Widerruf angestellten Beamten erfolgt durch diejenige Behörde, welche die Anstellung verfügt hat.

Wiederanstellung ausgeschiedener Beamten.

§ 33. Zur Wiederanstellung von Beamten, welche aus dem Reichsdienste freiwillig oder unfreiwillig ausgeschieden sind, bedarf es der Genehmigung der obersten Reichsbehörde.

Pensionierung der Beamten. Anspruch auf Pension.

§ 34. Jeder Beamte, welcher sein Diensteinkommen aus der Reichskasse bezieht, erhält aus der letzteren eine lebenslängliche Pension, wenn er nach einer Dienstzeit von wenigstens zehn Jahren infolge eines körperlichen Gebrechens oder wegen Schwäche seiner körperlichen oder geistigen Kräfte zu der Erfüllung seiner Amtspflichten dauernd unfähig ist und deshalb in den Ruhestand versetzt wird.

§ 34a. Bei denjenigen aus dem Dienste scheidenden Beamten, welche das fünfundsechzigste Lebensjahr vollendet haben, ist eingetretene Dienstunfähigkeit nicht Vorbedingung des Anspruchs auf Pension.

§ 35. Der Reichskanzler und die Staatssekretäre können jederzeit ihre Entlassung erhalten und fordern. Auch ohne eingetretene Dienstunfähigkeit erhalten sie Pension, wenn sie entweder ihr Amt mindestens zwei Jahre bekleidet oder sich mindestens zehn Jahre im Dienste befunden haben.

§ 36. Ist die Dienstunfähigkeit (§ 34) die Folge einer Krankheit, Verwundung oder sonstigen Beschädigung, welche der Beamte bei Ausübung des Dienstes oder aus Veranlassung desselben ohne eigene Verschuldung sich zugezogen hat, so tritt die Pensionsberechtigung auch bei kürzerer als zehnjähriger Dienstzeit ein.

§ 37. Die unter dem Vorbehalte des Widerrufs oder der Kündigung angestellten Beamten haben einen Anspruch auf Pension nach Maßgabe dieses Gesetzes nur dann, wenn sie eine in den Besoldungs-Etats aufgeführte Stelle bekleiden; es kann ihnen jedoch, wenn sie eine solche Stelle nicht bekleiden, bei ihrer Versetzung in den Ruhestand eine Pension bis auf Höhe der durch dieses Gesetz bestimmten Sätze bewilligt werden.

§ 38. Reichsbeamte, deren Zeit und Kräfte durch die ihnen übertragenen Geschäfte nur nebenbei in Anspruch genommen, oder welche ausdrücklich nur auf eine bestimmte Zeit oder für ein seiner Natur nach vorübergehendes Geschäft angenommen werden, erwerben keinen Anspruch auf eine Pension nach den Bestimmungen dieses Gesetzes.

Darüber, ob eine Dienststellung eine solche ist, daß sie die Zeit und die Kräfte eines Beamten nur nebenbei in Anspruch nimmt, entscheidet bei der Dienstübertragung die dem Beamten vorgesetzte Dienstbehörde.

§ 39. Wird außer dem im § 36 bezeichneten Falle ein Beamter vor Vollendung des zehnten Dienstjahres dienstunfähig und deshalb in den Ruhestand versetzt, so kann demselben bei vorhandener Bedürftigkeit durch Beschluß des Bundesrats eine Pension entweder auf bestimmte Zeit oder lebenslänglich bewilligt werden.

Anspruch auf Umzugskosten.

§ 40. Hat der in den Ruhestand oder in den einstweiligen Ruhestand versetzte Beamte seinen dienstlichen Wohnsitz im Auslande, so sind demselben die Kosten des Umzugs nach dem innerhalb des Reichs von ihm gewählten Wohnorte zu gewähren.

Betrag der Pension.

§ 41. Die Pension beträgt bei vollendeter zehnjähriger oder kürzerer Dienstzeit $^{20}/_{60}$ und steigt nach vollendetem zehnten Dienstjahre mit jedem weiter zurückgelegten Dienstjahre bis zum vollendeten dreißigsten Dienstjahr um $^{1}/_{60}$ und von da ab um $^{1}/_{120}$ des in den §§ 42 bis 44 bestimmten Diensteinkommens.

Über den Betrag von $^{45}/_{60}$ dieses Einkommens hinaus findet eine Steigerung nicht statt.

In dem im § 39 erwähnten Falle beträgt die Pension höchstens $^{20}/_{60}$ des vorbezeichneten Diensteinkommens.

Der Jahresbetrag der Pension ist nach oben so abzurunden, daß bei Teilung durch drei sich volle Markbeträge ergeben.

§ 42. Der Berechnung der Pension wird das von dem Beamten zuletzt bezogene gesamte Diensteinkommen nach Maßgabe der folgenden näheren Bestimmungen zugrunde gelegt:

1. Der Wohnungsgeldzuschuß kommt nach den hierfür geltenden gesetzlichen Bestimmungen zur Anrechnung; ist im Reichshaushalts-Etat für eine freie Dienstwohnung ein Wert ausdrücklich als anrechnungsfähig bezeichnet, so kommt dieser zur Anrechnung.
2. Funktions-, Stellen-, Teuerungs- und andere Zulagen kommen, sofern im Haushalts-Etat nicht etwas anderes bestimmt ist, dann zur Anrechnung, wenn sie unter den Besoldungstiteln ausgebracht sind.
3. Weitere feststehende Bezüge, namentlich Feuerungs- und Erleuchtungsmaterial, Naturalbezüge an Getreide, Winterfutter und dergleichen, sowie der Ertrag von Dienstgrundstücken, kommen nur insoweit zur Anrechnung, als ihr Wert im Reichshaushalts-Etat unter den Besoldungstiteln auf die Geldbesoldung in Rechnung gestellt oder zu einem bestimmten Geldbetrag als anrechnungsfähig bezeichnet ist.
4. Bezüge, die ihrer Natur nach steigend und fallend sind, werden nur, sofern sie als pensionsfähig gewährt oder im Reichshaushalts-Etat bezeichnet sind, zur Anrechnung gebracht, und zwar nach den im Reichshaushalts-Etat unter den Besoldungstiteln oder sonst bei Verleihung des Rechtes auf sie deshalb getroffenen Festsetzungen oder in Ermangelung solcher Festsetzungen nach ihrem durchschnittlichen Betrage während der drei letzten Rechnungsjahre vor dem Rechnungsjahr, in welchem die Pension festgesetzt wird.
5. Die zur Bestreitung von Dienstaufwands- und Repräsentationskosten bestimmten Einkünfte sowie die Ortszulage der Auslandsbeamten kommen nicht zur Anrechnung.
6. Bloß zufällige Diensteinkünfte, wie widerrufliche Gewinnanteile, Auftragsgebühren außerordentliche Remunerationen und dergleichen, kommen nicht zur Anrechnung.

Die Pension für die einstweilen in den Ruhestand versetzten Beamten wird von dem zur Zeit ihrer Versetzung in den Ruhestand bezogenen gesamten Diensteinkommen berechnet.

§ 43. Ein Beamter, welcher früher ein mit einem höheren Diensteinkommen verbundenes Amt bekleidet und dieses Einkommen wenigstens ein Jahr bezogen hat, erhält, sofern der Eintritt oder die Versetzung in ein Amt von geringerem Diensteinkommen nicht lediglich auf seinen im eigenen Interesse gestellten Antrag erfolgt oder aber als Strafe auf Grund des § 75 gegen ihn verhängt ist, bei seiner Versetzung in den Ruhestand eine nach Maßgabe des früheren höheren Diensteinkommens unter Berücksichtigung der gesamten Dienstzeit berechnete Pension. Jedoch soll die gesamte Pension das letzte pensionsberechtigte Diensteinkommen nicht übersteigen.

§ 44. Das mit Nebenämtern oder Nebengeschäften verbundene Einkommen begründet nur dann einen Anspruch auf Pension, wenn eine etatsmäßige Stelle als Nebenamt bleibend verliehen ist.

Berechnung der Dienstzeit.

§ 45. Die Dienstzeit wird vom Tage der ersten eidlichen Verpflichtung für den Reichsdienst an gerechnet.

Kann jedoch ein Beamter nachweisen, daß seine Vereidigung erst nach seinem Eintritt in den Reichsdienst stattgefunden hat, so wird die Dienstzeit von dem letzteren Zeitpunkt an gerechnet.

Unberücksichtigt bleibt diejenige Zeit, in welcher der Beamte ohne bleibende Verleihung einer etatsmäßigen Stelle nur in der im § 38 angegebenen Weise beschäftigt gewesen ist. Die Zeit unentgeltlicher Beschäftigung wird nur insoweit berücksichtigt, als die Beschäftigung zur Erreichung eines mit einem Diensteinkommen aus der Reichskasse verbundenen Amtes bestimmt war.

§ 46. Bei Berechnung der Dienstzeit kommt auch die Zeit in Anrechnung, während welcher ein Beamter

1. unter Bezug von Wartegeld im einstweiligen Ruhestand, oder
2. im Dienste eines Bundesstaats oder der Regierung eines zu einem Bundesstaate gehörenden Gebiets sich befunden hat, oder
3. als anstellungsberechtigte ehemalige Militärperson nur vorläufig oder auf Probe im Zivildienste des Reichs, eines Bundesstaats, oder der Regierung eines zu einem Bundesstaate gehörenden Gebiets beschäftigt worden ist, oder
4. eine praktische Beschäftigung außerhalb des Dienstes des Reichs oder eines Bundesstaats ausübte, insofern und insoweit diese Beschäftigung vor Erlangung der Anstellung in einem Reichs- oder unmittelbaren Staatsamte behufs der technischen Ausbildung in den Prüfungsvorschriften ausdrücklich angeordnet ist.

Im Falle der Nr. 2 wird die Dienstzeit nach den für die Berechnung der Dienstzeit im Reichsdienste gegebenen Bestimmungen berechnet.

§ 47. Der Zivildienstzeit wird die Zeit des aktiven Militärdienstes hinzugerechnet.

§ 48. Die Dienstzeit, welche vor den Beginn des achtzehnten Lebensjahres fällt, bleibt außer Berechnung.

Nur im Kriegsfalle wird die Militärdienstzeit vom Beginne des Krieges, beim Eintritt in den Militärdienst während des Krieges vom Tage des Eintritts ab gerechnet.

Als Kriegszeit gilt in dieser Beziehung die Zeit vom Tage einer angeordneten Mobilmachung, auf welche ein Krieg folgt, bis zum Tage der Demobilmachung.

§ 49. Für jeden Krieg, an welchem ein Beamter im Reichsheer, in der Kaiserlichen Marine oder bei den Kaiserlichen Schutztruppen oder in der bewaffneten Macht eines Bundesstaats teilgenommen hat, wird zu der wirklichen Dauer der Dienstzeit ein Jahr (Kriegsjahr) hinzugerechnet; jedoch ist für mehrere in ein Kalenderjahr fallende Kriege die Anrechnung nur eines Kriegsjahres zulässig.

Wer als Teilnehmer an einem Kriege anzusehen ist, unter welchen Voraussetzungen bei Kriegen von längerer Dauer mehrere Kriegsjahre anzurechnen sind, welche militärische Unternehmung als ein Krieg im Sinne dieses Gesetzes anzusehen und welche Zeit als Kriegszeit zu rechnen ist, wenn keine Mobilmachung oder Demobilmachung stattgefunden hat, dafür ist die nach § 17 des Offizierpensionsgesetzes vom 31. Mai 1906 in jedem Falle ergehende Bestimmung des Kaisers maßgebend. Für die Vergangenheit bewendet es bei den hierüber in den einzelnen Bundesstaaten getroffenen Bestimmungen.

§ 50. Inwieweit die Zeit eines Festungsarrestes oder einer Kriegsgefangenschaft angerechnet werden könne, ist nach den für die Pensionierung der Militärpersonen des Reichsheeres und der Kaiserlichen Marine geltenden gesetzlichen Bestimmungen zu bemessen.

§ 51. Den Beamten, welche in außereuropäischen Ländern eine längere als einjährige Verwendung gefunden haben, wird die daselbst zugebrachte Dienstzeit bei Verwendung in Ost- und Mittelasien, Mittel- und Südamerika bei der Pensionierung doppelt in Anrechnung gebracht.

Bei Verwendung von Beamten in anderen außereuropäischen Ländern als den vorbezeichneten ist es dem Beschlusse des Bundesrats vorbehalten, dem Vorstehenden entsprechende Bestimmungen zu treffen.

§ 52. Mit Genehmigung des Bundesrats kann nach Maßgabe der Bestimmungen in den §§ 45 bis 49 die Zeit angerechnet werden, während welcher ein Beamter

1. sei es im In- oder Ausland als Sachverwalter oder Notar fungiert, im Gemeinde-, Kirchen- oder Schuldienst oder im Dienste einer landesherrlichen Haus- oder Hofverwaltung sich befunden, oder
2. im Dienste eines dem Reiche nicht angehörigen Staates gestanden hat, oder
3. außerhalb des Dienstes des Reichs oder eines Bundesstaats praktisch beschäftigt gewesen ist, insofern und insoweit diese Beschäftigung vor Erlangung der Anstellung in einem Reichs- oder unmittelbaren Staatsamte herkömmlich war,
4. vor seiner Anstellung ununterbrochen im privatrechtlichen Vertragsverhältnis eines Dienstverpflichteten dem Reiche oder einem Bundesstaate gegen unmittelbare Bezahlung aus der Reichs- oder einer Staatskasse Dienste geleistet hat, insofern er mit Aussicht auf dauernde Verwendung ständig und hauptsächlich mit den Dienstverrichtungen eines Beamten betraut gewesen ist und diese Beschäftigung zu seiner Anstellung geführt hat.

Nachweis der Dienstunfähigkeit.

§ 53. Zum Erweise der Dienstunfähigkeit eines seine Versetzung in den Ruhestand nachsuchenden Reichsbeamten ist die Erklärung der demselben unmittelbar vorgesetzten Dienstbehörde erforderlich, daß sie nach pflichtmäßigem Ermessen den Beamten für unfähig halte, seine Amtspflichten ferner zu erfüllen.

Inwieweit andere Beweismittel zu erfordern oder der Erklärung der unmittelbar vorgesetzten Behörde entgegen für ausreichend zu erachten sind, hängt von dem Ermessen der über die Versetzung in den Ruhestand entscheidenden Behörde ab.

§ 54. Die Bestimmung darüber, ob und zu welchem Zeitpunkte dem Antrag eines Beamten auf Versetzung in den Ruhestand stattzugeben ist, sowie ob und welche Pension demselben zusteht, erfolgt durch die oberste Reichsbehörde, welche die Befugnis zu solcher Bestimmung auf die höhere Reichsbehörde übertragen kann. Bei denjenigen Beamten, welche eine Kaiserliche Bestallung erhalten haben, ist die Genehmigung des Kaisers zur Versetzung in den Ruhestand erforderlich.

Zahlbarkeit der Pensionen.

§ 55. Die Versetzung in den Ruhestand tritt, sofern nicht auf den Antrag oder mit ausdrücklicher Zustimmung des Reichsbeamten ein früherer Zeitpunkt festgesetzt wird, mit dem Ablaufe des Vierteljahrs ein, welches auf den Monat folgt, in welchem dem Beamten die Entscheidung über seine Versetzung in den Ruhestand und die Höhe der ihm etwa zustehenden Pension (§ 54) bekannt gemacht worden ist.

§ 56. Die Pensionen werden vierteljährlich im voraus gezahlt.

Kürzung, Einziehung und Wiedergewährung der Pensionen.

§ 57. Das Recht auf den Bezug der Pension ruht:

1. wenn ein Pensionär das deutsche Indigenat verliert, bis zu etwaiger Wiedererlangung desselben;
2. wenn und solange ein Pensionär im Reichs- oder im Staatsdienst ein Diensteinkommen bezieht, insoweit, als der Betrag dieses neuen Diensteinkommens unter Hinzurechnung der Pension den Betrag des von dem Beamten vor der Pensionierung bezogenen Diensteinkommens übersteigt.

   Als Reichs- oder Staatsdienst im Sinne dieser Vorschrift gilt neben dem Militärdienste jede Anstellung oder Beschäftigung als Beamter oder in der Eigenschaft eines Beamten im Reichs-, Staats- oder Kommunaldienste, bei den Versicherungsanstalten für die Invalidenversicherung, bei ständischen oder solchen Instituten, welche ganz oder zum Teil aus Mitteln des Reichs, eines Bundesstaats oder einer Gemeinde unterhalten werden.

   Bei Berechnung des früheren und des neuen Diensteinkommens sind diejenigen Beträge, welche für die Bestreitung von Dienstaufwands- oder Repräsentationskosten sowie zur Entschädigung für außergewöhnliche Teuerungsverhältnisse gewährt werden, und die Ortszulagen der Auslandsbeamten nicht in Ansatz zu bringen; die Dienstwohnung ist mit dem pensionsfähigen oder sonst hierfür festgesetzten Werte, der Wohnungsgeldzuschuß oder eine dementsprechende Zulage mit dem pensionsfähigen Betrag oder, sofern er nicht pensionsfähig ist, mit dem Durchschnittssatz anzurechnen. Ist jedoch bei dem neuen Diensteinkommen der wirkliche Betrag des Wohnungsgeldzuschusses oder der Zulage geringer, so ist nur dieser anzurechnen.

§ 58. Ein Pensionär, welcher in eine an sich zur Pension berechtigende Stellung des Reichsdienstes wieder eingetreten ist (§ 57 Nr. 2), erwirbt für den Fall des Zurücktretens in den Ruhestand den Anspruch auf Gewährung einer nach Maßgabe seiner nunmehrigen verlängerten Dienstzeit und des in der neuen Stellung bezogenen Diensteinkommens berechneten Pension nur dann, wenn die neu hinzutretende Dienstzeit wenigstens ein Jahr betragen hat.

Neben einer hiernach neu berechneten Pension ist die alte Pension nur bis zur Erreichung desjenigen Pensionsbetrags zu zahlen, welcher sich für die Gesamtdienstzeit aus dem der Festsetzung der alten Pension zugrunde gelegten Diensteinkommen ergibt.

§ 59. Erdient ein Pensionär außerhalb des Reichsdienstes in einer der im § 57 Nr. 2 bezeichneten Stellen eine Pension, so ist neben ihr die Reichspension nur bis zur Erreichung des im § 58 Abs. 2 angegebenen Betrags zu zahlen.

§ 60. Die Einziehung oder Kürzung der Pension auf Grund der Bestimmungen in den §§ 57 bis 59 tritt mit dem Ende des Monats ein, in welchem das eine solche Veränderung bedingende Ereignis sich zugetragen hat; tritt dieses Ereignis am ersten Tage eines Monats ein, so hört die Zahlung mit dem Beginne dieses Monats auf.

Bei vorübergehender Wiederbeschäftigung gegen Tagegelder oder eine andere Entschädigung beginnt die Einziehung oder Kürzung mit dem Ablaufe von sechs Monaten vom ersten Tage des Monats der Beschäftigung ab gerechnet.

Die Wiedergewährung der Pension hebt mit dem Beginne des Monats an, in welchem das eine solche Veränderung bedingende Ereignis sich zugetragen hat.

§ 60a. Sucht ein Beamter, welcher das 65. Lebensjahr vollendet hat, seine Versetzung in den Ruhestand nicht nach, so kann diese nach Anhörung des Beamten unter Beobachtung der Vorschriften der §§ 53 ff. in der nämlichen Weise verfügt werden, wie wenn der Beamte seine Pensionierung selbst beantragt hätte.

Zwangsweise Versetzung in den Ruhestand.

§ 61. Ein Reichsbeamter, welcher durch Blindheit, Taubheit oder ein sonstiges körperliches Gebrechen oder wegen Schwäche seiner körperlichen oder geistigen Kräfte zu der Erfüllung seiner Amtspflichten dauernd unfähig ist, soll in den Ruhestand versetzt werden.

§ 62. Sucht der Beamte in einem solchen Falle seine Versetzung in den Ruhestand nicht nach, so wird ihm oder seinem nötigenfalls hierzu besonders zu bestellenden Kurator von der vorgesetzten Dienstbehörde unter Angabe der Gründe der Pensionierung und des zu gewährenden Pensionsbetrags eröffnet, daß der Fall seiner Versetzung in den Ruhestand vorliege.

§ 63. Wenn der Beamte gegen die ihm gemachte Eröffnung (§ 62) innerhalb sechs Wochen keine Einwendung erhoben hat, so wird in derselben Weise verfügt, als wenn er seine Pensionierung selbst nachgesucht hätte.

Die Zahlung des vollen Gehalts dauert bis zum Ablaufe desjenigen Vierteljahrs, welches auf den Monat folgt, in dem ihm die Verfügung über die erfolgte Versetzung in den Ruhestand mitgeteilt ist.

§ 64. Werden von dem Beamten gegen die Versetzung in den Ruhestand Einwendungen erhoben, so beschließt die oberste Reichsbehörde, ob dem Verfahren Fortgang zu geben sei.

In diesem Falle hat der damit von der obersten Reichsbehörde zu beauftragende Beamte die streitigen Tatsachen zu erörtern, die erforderlichen Zeugen und Sachverständigen eidlich zu vernehmen und dem zu pensionierenden Beamten oder dessen Kurator zu gestatten, den Vernehmungen beizuwohnen.

Zum Schlusse ist der zu pensionierende Beamte oder dessen Kurator über das Ergebnis der Ermittelungen mit seiner Erklärung und seinem Antrage zu hören.

Zu den Verhandlungen ist ein vereideter Protokollführer zuzuziehen.

§ 65. Die geschlossenen Akten werden der obersten Reichsbehörde eingereicht, welche geeignetenfalls eine Vervollständigung der Ermittelungen anordnet.

Die baren Auslagen für die durch die Schuld des zu pensionierenden Beamten veranlaßten erfolglosen Ermittelungen fallen demselben zur Last.

§ 66. Hat der Beamte eine Kaiserliche Bestallung erhalten, so erfolgt die Entscheidung über die Versetzung in den Ruhestand vom Kaiser im Einvernehmen mit dem Bundesrate.

In betreff der übrigen Beamten steht die Entscheidung der obersten Reichsbehörde zu. Gegen diese Entscheidung hat der Beamte binnen einer Frist von vier Wochen nach deren Empfange den Rekurs an den Bundesrat. Des Rekursrechts ungeachtet kann der Beamte von der obersten Reichsbehörde sofort der weiteren Amtsverwaltung vorläufig enthoben werden.

§ 67. Die Zahlung des vollen Gehalts dauert bis zum Ablaufe des Vierteljahrs, das auf den Monat folgt, in welchem dem in Ruhestand versetzten Beamten die Entscheidung des Kaisers oder der obersten Reichsbehörde zugestellt worden ist.

§ 68. Ist ein Beamter vor dem Zeitpunkte, mit welchem die Pensionsberechtigung für ihn eingetreten sein würde, dienstunfähig geworden, so kann er gegen seinen Willen nur unter Beobachtung derjenigen Formen, welche für das förmliche Disziplinarverfahren vorgeschrieben sind, in den Ruhestand versetzt werden.

Wird es jedoch von der obersten Reichsbehörde mit Zustimmung des Bundesrats angemessen befunden, dem Beamten eine Pension zu dem Betrage zu bewilligen, welcher ihm bei Erreichung des vorgedachten Zeitpunkts zustehen würde, so kann die Pensionierung desselben nach den Vorschriften der §§ 61 bis 67 erfolgen.

Bewilligung für Hinterbliebene.

§ 69. Hinterläßt ein Pensionär eine Witwe oder eheliche oder legitimierte Abkömmlinge, so wird die Pension einschließlich einer etwaigen auf Grund des Offizierpensionsgesetzes vom 31. Mai 1906 gewährten Verstümmelungszulage, Kriegszulage und Alterszulage, Pensionserhöhung und Tropenzulage noch für das auf den Sterbemonat folgende Vierteljahr unter Anrechnung des vor dem Tode des Pensionärs fällig gewordenen Betrags gezahlt. Die Zahlung erfolgt im voraus in einer Summe. An wen die Zahlung erfolgt, bestimmt die oberste Reichsbehörde.

Die Zahlung kann mit Genehmigung der obersten Reichbehörde auch dann stattfinden, wenn der Verstorbene Verwandte der aufsteigenden Linie, Geschwister, Geschwisterkinder oder Pflegekinder, deren Ernährer er ganz oder überwiegend gewesen ist, in Bedürftigkeit hinterläßt oder wenn und soweit der Nachlaß nicht ausreicht, um die Kosten der letzten Krankheit und der Beerdigung zu decken.

Die oberste Reichsbehörde kann die ihr zustehenden Befugnisse auf andere Behörden übertragen.

Der über den Sterbemonat hinaus gewährte Betrag ist der Pfändung nicht unterworfen.

Transitorische Bestimmungen.

§ 70. Ist die nach Maßgabe dieses Gesetzes bemessene Pension geringer als die Pension, welche dem Beamten hätte gewährt werden müssen, wenn er vor dem Erlasse dieses Gesetzes nach den damals für ihn geltenden Bestimmungen pensioniert worden wäre, so wird die letztere Pension an Stelle der ersteren bewilligt.

§ 71. Insofern vor der Übernahme eines Beamten in den Reichsdienst hinsichtlich der aus den früheren Dienstverhältnissen demselben erwachsenden Pensionsansprüche mittels eines vor dem Erlasse dieses Gesetzes abgeschlossenen Staatsvertrags besondere Festsetzungen getroffen sind, sollen diese Festsetzungen auch für die Berechnung der jenem Beamten demnächst aus der Reichskasse zu gewährenden Pension maßgebend sein. Indes sollen statt der gedachten besonderen Bestimmungen die im gegenwärtigen Gesetz enthaltenen Vorschriften insoweit Anwendung finden, als sie für den Beamten günstiger sind.

Allgemeine Bestimmungen über Dienstvergehen und deren Bestrafung.

§ 72. Ein Reichsbeamter, welcher die ihm obliegenden Pflichten (§ 10) verletzt, begeht ein Dienstvergehen und hat die Disziplinarbestrafung verwirkt.

§ 73. Die Disziplinarstrafen bestehen in:

1. Ordnungsstrafen,
2. Entfernung aus dem Amte.

§ 74. Ordnungsstrafen sind:

1. Warnung,
2. Verweis,
3. Geldstrafe,
   bei besoldeten Beamten bis zum Betrage des einmonatigen Diensteinkommens, bei unbesoldeten bis zu 90 M.

Geldstrafe kann mit Verweis verbunden werden.

§ 75. Die Entfernung aus dem Amte kann bestehen:

1. In Strafversetzung.

Dieselbe erfolgt durch Versetzung in ein anderes Amt von gleichem Range, jedoch mit Verminderung des Diensteinkommens um höchstens ein Fünftel. Statt der Verminderung des Diensteinkommens kann eine Geldstrafe verhängt werden, welche ein Drittel des Diensteinkommens eines Jahres nicht übersteigt.

Die Strafversetzung wird durch die oberste Reichsbehörde in Ausführung gebracht.

2. In Dienstentlassung.

Dieselbe hat den Verlust des Titels und Pensionsanspruchs von Rechts wegen zur Folge. Hat vor Beendigung des Disziplinarverfahrens das Amtsverhältnis bereits aufgehört, so wird, falls nicht der Angeschuldigte unter Übernahme der Kosten freiwillig auf Titel und Pensionsanspruch verzichtet, auf deren Verlust an Stelle der Dienstentlassung erkannt.

Gehört der Angeschuldigte zu den Beamten, welche einen Anspruch auf Pension haben, und lassen besondere Umstände eine mildere Beurteilung zu, so ist die Disziplinarbehörde ermächtigt, in ihrer Entscheidung zugleich festzusetzen, daß dem Angeschuldigten ein Teil des gesetzlichen Pensionsbetrags auf Lebenszeit oder auf gewisse Jahre zu belassen sei.

§ 76. Welche der in den §§ 73 bis 75 bestimmten Strafen anzuwenden sei, ist nach der größeren oder geringeren Erheblichkeit des Dienstvergehens mit besonderer Rücksicht auf die gesamte Führung des Angeschuldigten zu ermessen.

§ 77. Im Laufe einer gerichtlichen Untersuchung darf gegen den Angeschuldigten ein Disziplinarverfahren wegen der nämlichen Tatsachen nicht eingeleitet werden.

Wenn im Laufe eines Disziplinarverfahrens wegen der nämlichen Tatsachen eine gerichtliche Untersuchung gegen den Angeschuldigten eröffnet wird, so muß das Disziplinarverfahren bis zur Beendigung des gerichtlichen Verfahrens ausgesetzt werden.

§ 78. Wenn von den gewöhnlichen Strafgerichten auf Freisprechung erkannt ist, so findet wegen derjenigen Tatsachen, welche in der gerichtlichen Untersuchung zur Erörterung gekommen sind, ein Disziplinarverfahren nur noch insofern statt, als dieselben an sich und ohne ihre Beziehung zu dem gesetzlichen Tatbestande der strafbaren Handlung, welche den Gegenstand der Untersuchung bildete, ein Dienstvergehen enthalten.

Ist in einer gerichtlichen Untersuchung eine Verurteilung ergangen, welche den Verlust des Amtes nicht zur Folge gehabt hat, so bleibt derjenigen Behörde, welche über die Einleitung des Disziplinarverfahrens zu verfügen hat (§ 84 Abs. 1), die Entscheidung darüber vorbehalten, ob außerdem ein Disziplinarverfahren einzuleiten oder fortzusetzen sei.

§ 79. Spricht das Gesetz bei Dienstvergehen, welche Gegenstand eines Disziplinarverfahrens werden, die Verpflichtung zur Wiedererstattung oder zum Schadenersatz oder eine sonstige zivilrechtliche Verpflichtung aus, so gehört die Klage der Beteiligten vor das Zivilgericht. Die Befugnis der vorgesetzten Behörde, einen Beamten zur Erstattung eines widerrechtlich erhobenen oder vorenthaltenen Wertbetrags anzuhalten, wird hierdurch nicht ausgeschlossen.

Von dem Disziplinarverfahren.

§ 80. Jeder Dienstvorgesetzte ist zu Warnungen und Verweisen gegen die ihm untergeordneten Reichsbeamten befugt.

§ 81. Geldstrafen können

1. von der obersten Reichsbehörde gegen alle Reichsbeamte, und zwar bis zum höchsten zulässigen Betrage (§ 74 Nr. 3),
2. von den derselben unmittelbar untergeordneten Behörden und Vorstehern von Behörden bis zum Betrage von 30 M.,
3. von den den letzteren untergeordneten Behörden und Vorstehern von Behörden bis zum Betrage von 9 M.

verhängt werden.

§ 82. Vor der Verhängung einer Ordnungsstrafe ist dem Beamten Gelegenheit zu geben, sich über die ihm zur Last gelegte Verletzung seiner amtlichen Pflichten zu verantworten.

Die Verhängung der Ordnungsstrafen erfolgt unter Angabe der Gründe durch schriftliche Verfügung oder zu Protokoll.

Ist eine Geldstrafe für den Fall der Nichterledigung einer speziellen dienstlichen Verfügung binnen einer bestimmten Frist angedroht, so kann nach Ablauf der Frist die Geldstrafe ohne weiteres festgesetzt werden.

§ 83. Gegen die Verhängung von Ordnungsstrafen findet nur Beschwerde im Instanzenzuge statt.

§ 84. Der Entfernung aus dem Amte muß ein förmliches Disziplinarverfahren vorhergehen. Die Einleitung desselben wird von der obersten Reichsbehörde verfügt.

Das Disziplinarverfahren besteht in einer schriftlichen Voruntersuchung und einer mündlichen Verhandlung.

§ 85. Die oberste Reichsbehörde ernennt den untersuchungsführenden Beamten und diejenigen Beamten, welche im Laufe des Disziplinarverfahrens die Verrichtungen der Staatsanwaltschaft wahrzunehmen haben.

Ist Gefahr im Verzuge, so kann die Verfügung der Einleitung des Disziplinarverfahrens und die Ernennung des untersuchungsführenden Beamten vorläufig von einer der im § 81 unter Nr. 2 bezeichneten Behörden oder einem der dort bezeichneten Beamten ausgehen. Es ist alsdann die Genehmigung der obersten Reichsbehörde einzuholen und, sofern diese versagt wird, das Verfahren einzustellen.

§ 86. Die entscheidenden Disziplinarbehörden, welche je nach Bedürfnis zusammentreten, sind

1. in erster Instanz die Disziplinarkammern,
2. in zweiter Instanz der Disziplinarhof.

§ 87. An folgenden Orten:

Potsdam, Frankfurt a. O., Königsberg, Danzig, Stettin, Köslin, Bromberg, Posen, Magdeburg, Erfurt, Breslau, Liegnitz, Oppeln, Münster, Arnsberg, Düsseldorf, Cöln, Trier, Darmstadt, Frankfurt a. M., Cassel, Hannover, Schleswig, Leipzig, Karlsruhe, Schwerin, Lübeck und Bremen

wird je eine Disziplinarkammer errichtet.

Durch Anordnung des Kaisers können im Einvernehmen mit dem Bundesrat einzelne Disziplinarkammern auch an anderen Orten errichtet werden.

Der Disziplinarhof tritt am Sitze des Reichsgerichts zusammen.

§ 88. Die Bezirke der Disziplinarkammern werden vom Kaiser im Einvernehmen mit dem Bundesrat abgegrenzt.

Zuständig im einzelnen Falle ist die Disziplinarkammer, in deren Bezirke der Angeschuldigte zur Zeit der Einleitung des förmlichen Disziplinarverfahrens seinen dienstlichen Wohnsitz hat, und wenn dieser Wohnsitz im Auslande sich befindet, die Disziplinarkammer in Potsdam.

Streitigkeiten über die Zuständigkeit verschiedener Disziplinarkammern werden vom Disziplinarhof entschieden.

§ 89. Jede Disziplinarkammer besteht aus sieben Mitgliedern. Der Präsident und wenigstens drei andere Mitglieder müssen in richterlicher Stellung in einem Bundesstaate sein.

Die mündliche Verhandlung und Entscheidung in den einzelnen Disziplinarsachen erfolgt durch fünf Mitglieder. Der Vorsitzende und wenigstens zwei Beisitzer müssen zu den richterlichen Mitgliedern gehören.

§ 90. Wenn auf den Antrag des Beamten der Staatsanwaltschaft oder des Angeschuldigten der Disziplinarhof das Vorhandensein von Gründen anerkennt, welche die Unbefangenheit der zuständigen Disziplinarkammer zweifelhaft machen, so tritt eine andere durch den Disziplinarhof ernannte Disziplinarkammer an deren Stelle.

§ 91. Der Disziplinarhof besteht aus elf Mitgliedern, von denen wenigstens vier zu den Bevollmächtigten zum Bundesrate, der Präsident und wenigstens fünf zu den Mitgliedern des Reichsgerichts gehören müssen.

Die mündliche Verhandlung und Entscheidung in den einzelnen Disziplinarsachen erfolgt durch sieben Mitglieder. Der Vorsitzende und wenigstens drei Beisitzer müssen zu den richterlichen Mitgliedern gehören.

§ 92. Die Geschäftsordnung bei den Disziplinarbehörden, insbesondere die Befugnisse des Präsidenten und die Reihenfolge, in welcher die richterlichen Mitglieder an den einzelnen Sitzungen teilzunehmen haben, wird durch ein Regulativ geordnet, welches der Disziplinarhof zu entwerfen und dem Bundesrate zur Bestätigung einzureichen hat.

§ 93. Die Mitglieder der Disziplinarkammern und des Disziplinarhofs werden für die Dauer der zur Zeit ihrer Ernennung von ihnen bekleideten Reichs- oder Staatsämter vom Bundesrate gewählt, vom Kaiser ernannt und für die Erfüllung der Obliegenheiten ihres Amtes verpflichtet.

§ 94. In der Voruntersuchung wird der Angeschuldigte unter Mitteilung der Anschuldigungspunkte vorgeladen und der Beamte der Staatsanwaltschaft zugezogen. Dieselben werden, wenn sie erscheinen, mit ihren Erklärungen und Anträgen gehört. Die Zeugen werden, nach Befinden eidlich, vernommen und die sonstigen Beweise erhoben. Den Vernehmungen der Zeugen darf weder der Beamte der Staatsanwaltschaft noch der Angeschuldigte beiwohnen.

Die Verhaftung, vorläufige Festnahme oder Vorführung des Angeschuldigten ist unzulässig.

§ 95. Über jede Untersuchungshandlung ist durch einen vereideten Protokollführer ein Protokoll aufzunehmen. Den vernommenen Personen ist ihre Aussage unmittelbar nach der Protokollierung vorzulesen, um denselben Gelegenheit zur Berichtigung und Ergänzung zu geben.

§ 96. Wenn der Voruntersuchungsbeamte die Voruntersuchung für geschlossen erachtet, so teilt er die Akten dem Beamten der Staatsanwaltschaft mit. Hält dieser eine Ergänzung der Voruntersuchung für erforderlich, so hat er dieselbe bei dem Voruntersuchungsbeamten zu beantragen, welcher, wenn er entgegengesetzter Ansicht ist, die Entscheidung der obersten Reichsbehörde einzuholen hat.

§ 97. Nach geschlossener Voruntersuchung ist dem Angeschuldigten der Inhalt der erhobenen Beweismittel mitzuteilen. Darauf werden die Akten an die oberste Reichsbehörde eingesendet.

§ 98. Die oberste Reichsbehörde kann mit Rücksicht auf den Ausfall der Voruntersuchung das Verfahren einstellen und geeignetenfalls eine Ordnungsstrafe verhängen.

Der Angeschuldigte erhält Ausfertigung des darauf bezüglichen, mit Gründen zu unterstützenden Beschlusses.

§ 99. Die Wiederaufnahme des Disziplinarverfahrens wegen der nämlichen Anschuldigungspunkte ist nur auf Grund neuer Beweise und während eines Zeitraums von fünf Jahren, vom Tage des Einstellungsbeschlusses ab, zulässig.

War eine Ordnungsstrafe verhängt (§ 98), so findet eine Wiederaufnahme des eingestellten Disziplinarverfahrens nicht statt.

§ 100. Die Einstellung des Verfahrens muß erfolgen, sobald der Angeschuldigte seine Entlassung aus dem Reichsdienste mit Verzicht auf Titel, Gehalt und Pensionsanspruch nachsucht, vorausgesetzt, daß er seine amtlichen Geschäfte bereits erledigt und über eine ihm etwa anvertraute Verwaltung von Reichsvermögen vollständige Rechnung gelegt hat.

Die Verhängung einer Ordnungsstrafe ist in diesem Falle nicht zulässig. Die Kosten des eingestellten Verfahrens (§ 124) fallen dem Angeschuldigten zur Last.

§ 101. Beschließt die oberste Reichsbehörde die Verweisung der Sache vor die Disziplinarkammer, so wird der Angeschuldigte nach Eingang einer von dem Beamten der Staatsanwaltschaft anzufertigenden Anschuldigungsschrift unter abschriftlicher Mitteilung der letzteren zu einer von dem Vorsitzenden der Disziplinarkammer zu bestimmenden Sitzung zur mündlichen Verhandlung vorgeladen.

Der Angeschuldigte kann sich des Beistandes eines Rechtsanwalts als Verteidigers bedienen. Dem letzteren ist die Einsicht der Voruntersuchungsakten zu gestatten.

§ 102. Die mündliche Verhandlung findet statt, auch wenn der Angeschuldigte nicht erschienen ist. Derselbe kann sich durch einen Rechtsanwalt vertreten lassen. Der Disziplinarkammer steht es jedoch, sofern der Angeschuldigte seinen dienstlichen Wohnsitz im Deutschen Reiche hat, jederzeit zu, das persönliche Erscheinen des Angeschuldigten unter der Warnung zu verordnen, daß bei seinem Ausbleiben ein Verteidiger zu seiner Vertretung nicht werde zugelassen werden.

§ 103. Die mündliche Verhandlung ist öffentlich. Die Öffentlichkeit kann aus besonderen Gründen auf den Antrag des Angeschuldigten, des Beamten der Staatsanwaltschaft oder von Amts wegen durch Beschluß der Disziplinarkammer ausgeschlossen oder auf bestimmte Personen beschränkt werden. Die Gründe der Ausschließung oder Beschränkung der Öffentlichkeit müssen aus dem Sitzungsprotokolle hervorgehen.

§ 104. Bei der mündlichen Verhandlung wird der wesentliche Inhalt der Anschuldigungsschrift von dem Beamten der Staatsanwaltschaft mündlich vorgetragen. Der Angeschuldigte wird vernommen. Gesteht derselbe die den Gegenstand der Anschuldigung bildenden Tatsachen ein und walten gegen die Glaubwürdigkeit seines Geständnisses keine Bedenken ob, so beschließt die Disziplinarkammer, daß eine Beweisverhandlung nicht stattfinde.

Andernfalls gibt ein von dem Vorsitzenden der Disziplinarkammer aus der Zahl der Mitglieder ernannter Berichterstatter auf Grund der bisherigen Verhandlungen eine Darstellung der Beweisaufnahme, soweit sie sich auf die in der Anschuldigungsschrift enthaltenen Anschuldigungspunkte bezieht.

Zum Schlusse wird der Beamte der Staatsanwaltschaft mit seinem Vor- und Antrage und der Angeschuldigte mit seiner Verteidigung gehört. Dem Angeschuldigten steht das letzte Wort zu.

§ 105. Wenn die Disziplinarkammer vor oder im Laufe der mündlichen Verhandlung auf den Antrag des Angeschuldigten oder des Beamten der Staatsanwaltschaft oder von Amts wegen die Vernehmung von Zeugen, sei es vor der Disziplinarkammer oder durch einen beauftragten Beamten, oder die Herbeischaffung anderer Beweismittel für angemessen erachtet, so erläßt sie die erforderliche Verfügung und verlegt nötigenfalls die Fortsetzung der Verhandlung auf einen anderen Tag, welcher dem Angeschuldigten bekannt zu machen ist.

§ 106. Die Vernehmung des Zeugen muß auf Antrag des Beamten der Staatsanwaltschaft oder des Angeschuldigten in der mündlichen Verhandlung erfolgen, sofern die Tatsachen erheblich sind, über welche die Vernehmung stattfinden soll, und die Disziplinarkammer nicht die Überzeugung gewonnen hat, daß der Antrag nur auf Verschleppung der Sache abzielt.

§ 107. Stehen dem Erscheinen eines Zeugen Krankheit, große Entfernung oder andere unabwendbare Hindernisse entgegen, so ist von der Disziplinarkammer dessen Vernehmung durch einen damit beauftragten Beamten unter Beiladung der Staatsanwaltschaft und des Angeschuldigten anzuordnen.

Als große Entfernung im Sinne dieses Gesetzes ist es nicht anzusehen, wenn der Zeuge sich im Bezirke der entscheidenden Disziplinarkammer aufhält.

§ 108. Bei der Entscheidung hat die Disziplinarkammer, ohne an positive Beweisregeln gebunden zu sein, nach ihrer freien, aus dem Inbegriffe der Verhandlungen und Beweise geschöpften Überzeugung zu beurteilen, inwieweit die Anschuldigung für begründet zu erachten.

Ist die Anschuldigung nicht begründet, so spricht die Disziplinarkammer den Angeschuldigten frei. Vorläufige Freisprechung (Entbindung von der Instanz) ist nicht statthaft. Gegen den freigesprochenen Angeschuldigten darf wegen der nämlichen den Gegenstand der Anschuldigung bildenden Handlung ein Disziplinarverfahren nicht wieder eingeleitet werden.

Ist die Anschuldigung begründet, so kann die Entscheidung auch auf eine bloße Ordnungsstrafe lauten.

Die Entscheidung, welche mit Gründen versehen sein muß, wird in der Sitzung, in welcher die mündliche Verhandlung beendigt worden ist, und spätestens innerhalb der darauf folgenden vierzehn Tage verkündet. Eine Ausfertigung der Entscheidung wird dem Angeschuldigten erteilt.

§ 109. Über die mündliche Verhandlung wird ein Protokoll aufgenommen, welches die Namen der Anwesenden und die wesentlichen Momente der Verhandlung enthalten muß. Das Protokoll wird von dem Vorsitzenden und dem Protokollführer unterzeichnet.

§ 110. Gegen die Entscheidung der Disziplinarkammer steht die Berufung an den Disziplinarhof sowohl dem Beamten der Staatsanwaltschaft als dem Angeschuldigten offen.

Neue Tatsachen, welche die Grundlage einer anderen Beschuldigung bilden, dürfen in der Berufungsinstanz nicht vorgebracht werden.

§ 111. Die Anmeldung der Berufung geschieht zu Protokoll oder schriftlich bei der Disziplinarkammer, welche die anzugreifende Entscheidung erlassen hat. Von seiten des Angeschuldigten kann sie auch durch einen Bevollmächtigten geschehen.

Die Frist zu dieser Anmeldung ist eine vierwöchentliche. Sie beginnt für den Beamten der Staatsanwaltschaft mit dem Ablaufe des Tages, an welchem die Entscheidung verkündet, für den Angeschuldigten mit dem Ablaufe des Tages, an welchem ihm die Ausfertigung der Entscheidung zugestellt worden ist.

§ 112. Zur schriftlichen Rechtfertigung der Berufung steht demjenigen, der dieselbe rechtzeitig angemeldet hat, eine vierzehntägige Frist, vom Ablaufe der Anmeldungsfrist gerechnet, offen.

§ 113. Die Anmeldung der Berufung und die etwa eingegangene Berufungsschrift wird dem Gegner in Abschrift zugestellt und, falls dies der Beamte der Staatsanwaltschaft ist, in Urschrift vorgelegt.

Innerhalb vierzehn Tagen nach erfolgter Zustellung oder Vorlegung kann der Gegner eine Beantwortungsschrift einreichen.

§ 114. Befindet sich der Angeschuldigte im Auslande, so hat die Disziplinarkammer die Fristen zur Anmeldung und Rechtfertigung seiner Berufung und zur Beantwortung der Berufung des Beamten der Staatsanwaltschaft mit Rücksicht auf die Entfernung des dienstlichen Wohnsitzes des Angeschuldigten von Amts wegen zu erweitern und die betreffende Verfügung gleichzeitig mit dem Urteil beziehungsweise mit der Anmeldung der Berufung des Beamten der Staatsanwaltschaft dem Angeschuldigten zuzustellen.

§ 115. Die Fristen zur Rechtfertigung und Beantwortung der Berufung (§§ 112 bis 114) können auf Antrag von der Disziplinarkammer verlängert werden.

§ 116. Nach Ablauf der in den §§ 113 bis 115 bestimmten Fristen werden die Akten an den Disziplinarhof eingesandt.

Der Disziplinarhof kann die zur Aufklärung der Sache etwa erforderlichen Verfügungen erlassen. Er bestimmt sodann eine Sitzung zur mündlichen Verhandlung, zu welcher der Angeschuldigte vorzuladen und der Beamte der Staatsanwaltschaft zuzuziehen ist.

In der mündlichen Verhandlung gibt zunächst ein von dem Vorsitzenden des Disziplinarhofs aus der Zahl seiner Mitglieder ernannter Berichterstatter eine Darstellung der bis dahin stattgefundenen, auf die in der Anschuldigungsschrift enthaltenen Anschuldigungspunkte bezüglichen Verhandlungen.

Im übrigen wird nach Maßgabe der in den § 101 Abs. 2, § 102, § 103, § 104 Abs. 2 und 3, § 105, § 106, § 107 Abs. 1, § 108 und § 109 enthaltenen Bestimmungen verfahren.

§ 117. Ein anderes Rechtsmittel als die Berufung, insbesondere auch das Rechtsmittel des Einspruchs (Opposition oder Restitution) findet im Disziplinarverfahren nicht statt.

§ 118. Der Kaiser hat das Recht, die von den Disziplinarbehörden verhängten Strafen zu erlassen oder zu mildern.

§ 119. Die Vorschriften der §§ 84 bis 118 gelten auch in Ansehung der einstweilig in den Ruhestand versetzten Beamten.

Der letzte dienstliche Wohnsitz derselben ist für die Zuständigkeit im Disziplinarverfahren entscheidend.

Besondere Bestimmungen in betreff der Beamten der Militärverwaltung.

§ 120. Gegen Militärbeamte, welche ausschließlich unter Militärbefehlshabern stehen, verfügt der kommandierende General des Armeekorps beziehungsweise der Chef der Kaiserlichen Admiralität die Einleitung der Untersuchung und ernennt den Voruntersuchungsbeamten.

§ 121. Die entscheidende Disziplinarbehörde erster Instanz ist die Militär-Disziplinarkommission.

Für jedes Armeekorps tritt die Militär-Disziplinarkommission am Garnisonorte des Generalkommandos zusammen. Dieselbe wird aus einem Obersten als Vorsitzenden und sechs anderen Mitgliedern, von denen drei zu den Stabsoffizieren, Hauptleuten oder Rittmeistern, die übrigen zu den oberen Beamten der Militärverwaltung gehören müssen, gebildet.

Die Militär-Disziplinarkommissionen für die Marine haben ihren Sitz an den betreffenden Marine-Stationsorten und bestehen aus einem Kapitän zur See als Vorsitzenden und sechs anderen Mitgliedern, von denen drei zu den Stabsoffizieren der Marine oder zu den Kapitänleutnants, die übrigen zu den oberen Beamten der Marineverwaltung gehören müssen.

Die Mitglieder der Kommission werden von der obersten Reichsbehörde ernannt.

§ 122. Die Verrichtungen der Staatsanwaltschaft bei den Militär-Disziplinarkommissionen werden von einem Oberkriegsgerichtsrate wahrgenommen. Im Behinderungsfalle wird von der obersten Reichsbehörde ein anderer Oberkriegsgerichtsrat oder Kriegsgerichtsrat mit der Stellvertretung beauftragt.

§ 123. Gegen Militärbeamte kommen in betreff der Verfügung von Disziplinarstrafen, die nicht in der Entfernung aus dem Amte bestehen, die auf jene Beamten bezüglichen besonderen Bestimmungen zur Anwendung. Dasselbe gilt von der Amtssuspension aller Beamten der Militärverwaltung im Falle des Krieges.

Kosten des Disziplinarverfahrens.

§ 124. Für das Disziplinarverfahren werden weder Gebühren noch Stempel, sondern nur bare Auslagen in Ansatz gebracht.

Insoweit im förmlichen Disziplinarverfahren (§ 84) der Angeschuldigte verurteilt wird, ist er schuldig, die baren Auslagen des Verfahrens ganz oder teilweise zu erstatten. Über die Erstattungspflicht entscheidet das Disziplinarerkenntnis.

Vorläufige Dienstenthebung.

§ 125. Die vorläufige Dienstenthebung eines Reichsbeamten (Suspension vom Amte) tritt kraft des Gesetzes ein:

1. wenn im gerichtlichen Strafverfahren seine Verhaftung beschlossen oder gegen ihn ein noch nicht rechtskräftig gewordenes Urteil erlassen ist, welches den Verlust des Amtes kraft des Gesetzes nach sich zieht;
2. wenn im Disziplinarverfahren eine noch nicht rechtskräftige Entscheidung ergangen ist, welche auf Dienstentlassung lautet.

§ 126. Im Falle des § 125 Nr. 1 dauert die Suspension bis zum Ablaufe des zehnten Tages nach Wiederaufhebung des Verhaftungsbeschlusses oder nach eingetretener Rechtskraft desjenigen Urteils höherer Instanz, durch welches der angeschuldigte Beamte zu einer anderen Strafe als der bezeichneten verurteilt wird.

Lautet das rechtskräftige Urteil auf Freiheitsstrafe, so dauert die Suspension, bis das Urteil vollstreckt ist. Wird die Vollstreckung des Urteils ohne Schuld des Verurteilten aufgehalten oder unterbrochen, so tritt für die Zeit des Aufenthalts oder der Unterbrechung eine Gehaltskürzung (§ 128) nicht ein. Dasselbe gilt für die im ersten Absatze dieses Paragraphen erwähnte Zeit von zehn Tagen, wenn nicht vor Ablauf derselben die Suspension vom Amte im Wege des Disziplinarverfahrens beschlossen wird.

Im Falle des § 125 Nr. 2 dauert die Suspension bis zur Rechtskraft der in der Disziplinarsache ergehenden Entscheidung.

§ 127. Die oberste Reichsbehörde kann die Suspension, sobald gegen den Beamten ein gerichtliches Strafverfahren eingeleitet oder die Einleitung eines förmlichen Disziplinarverfahrens (§ 84) verfügt wird, oder auch demnächst im Laufe des einen oder anderen Verfahrens bis zur rechtskräftigen Entscheidung verfügen.

§ 128. Während der Suspension des Beamten wird vom Ablaufe des Monats ab, in welchem dieselbe verfügt ist, die Hälfte seines Diensteinkommens innebehalten.

In Fällen der Not des Beamten ist die oberste Reichsbehörde ermächtigt, die Innebehaltung des Diensteinkommens auf den vierten Teil desselben zu beschränken.

Auf die für Dienstunkosten besonders angesetzten Beträge ist bei Berechnung des innezuhaltenden Teiles vom Diensteinkommen keine Rücksicht zu nehmen.

Der innebehaltene Teil des Diensteinkommens ist zu den Kosten, welche durch die Stellvertretung des Angeschuldigten verursacht werden, der etwaige Rest zu den Untersuchungskosten (§ 124) zu verwenden. Einen weiteren Beitrag zu den Stellvertretungskosten zu leisten, ist der Beamte nicht verpflichtet.

§ 129. Der zu den Kosten (§ 128) nicht verwendete Teil des Einkommens wird dem Beamten auch in dem Falle nachgezahlt, wo das Verfahren die Entfernung aus dem Amte zur Folge gehabt hat.

Dem Beamten ist auf Verlangen ein Nachweis über die Verwendung zu erteilen. Erinnerungen gegen die Verwendung können im Rechtswege nicht geltend gemacht werden.

§ 130. Wird der Beamte freigesprochen, so muß ihm der innebehaltene Teil des Diensteinkommens vollständig nachgezahlt werden.

Wird er nur mit einer Ordnungsstrafe belegt, so ist ihm der innebehaltene Teil insoweit nachzuzahlen, als derselbe nicht zur Deckung der ihn treffenden Untersuchungskosten und der Ordnungsstrafe erforderlich ist. Ein Abzug wegen der Stellvertretungskosten findet nicht statt.

§ 131. Wenn Gefahr im Verzug ist, kann einem Beamten auch von solchen Vorgesetzten, die seine Suspension zu verfügen nicht ermächtigt sind, die Ausübung der Amtsverrichtungen vorläufig untersagt werden; es ist aber darüber sofort an die oberste Reichsbehörde zu berichten.

Diese Untersagung hat eine Kürzung des Diensteinkommens nicht zur Folge.

§ 132. Dem unter Gewährung des gesetzlichen Wartegeldes einstweilen in den Ruhestand versetzten Beamten wird ein Viertel des Wartegeldes innebehalten, wenn im Disziplinarverfahren eine noch nicht rechtskräftige Entscheidung ergangen ist, welche auf Dienstentlassung lautet.

Wegen der Nachzahlung des innebehaltenen Teiles vom Wartegelde kommen die Grundsätze der §§ 129 und 130 zur Anwendung.

§ 133. Alle nach den Bestimmungen der §§ 81 bis 132 erfolgenden Aufforderungen, Mitteilungen, Zustellungen und Vorladungen sind gültig und bewirken den Lauf der Fristen, wenn sie unter Beobachtung der für gerichtliche Insinuation in Strafsachen vorgeschriebenen Formen demjenigen, an den sie ergehen, zugestellt sind. Die vereideten Verwaltungsbeamten haben dabei den Glauben der Gerichtsboten.

Hat der Angeschuldigte seinen dienstlichen Wohnsitz verlassen, ohne daß seine vorgesetzte Behörde Kenntnis von seinem Aufenthalte hat, so erfolgt die Insinuation in der letzten Wohnung des Angeschuldigten an dem dienstlichen Wohnorte desselben.

Besondere Bestimmungen über die Defekte der Beamten.

§ 134. Die Feststellung der Defekte an öffentlichem oder Privatvermögen, welche bei Reichskassen oder anderen Reichsverwaltungen entdeckt werden, ist zunächst von derjenigen Behörde zu bewirken, zu deren Geschäftskreise die unmittelbare Aufsicht über die Kasse oder andere Verwaltung gehört.

§ 135. Von dieser Behörde ist zugleich festzustellen, ob ein Reichsbeamter und eintretendenfalls welcher Beamte nach den Vorschriften des § 141 für den Defekt zu haften hat, und bei einem Defekt an Materialien, auf wie hoch die zu erstattende Summe in Gelde zu berechnen ist.

§ 136. Ebenso (§§ 134 und 135) hat die unmittelbar vorgesetzte Behörde die Defekte an solchem öffentlichen oder Privatvermögen festzustellen, welches, ohne zu einer Reichskasse oder anderen Reichsverwaltung gebracht zu sein, vermöge besonderer amtlicher Anordnung in den Gewahrsam eines Reichsbeamten gekommen ist.

§ 137. Über den Betrag des Defekts, die Person des zum Ersatze verpflichteten Beamten und den Grund seiner Verpflichtung ist von der in den §§ 134 und 135 bezeichneten Behörde ein motivierter Beschluß abzufassen.

§ 138. Nach Befinden der Umstände kann die Behörde auch mehrere Beschlüsse abfassen, wenn ein Teil des Defekts sofort klar ist, der andere Teil aber noch weitere Ermittelungen notwendig macht, imgleichen, wenn unter mehreren Personen die Verpflichtung der einen feststeht, die der anderen noch zweifelhaft ist.

§ 139. Hat die Behörde die Eigenschaft einer höheren Reichsbehörde, so ist der Beschluß nach Maßgabe der §§ 143 und 144 vollstreckbar.

In allen anderen Fällen unterliegt der Beschluß der Prüfung der vorgesetzten höheren Reichsbehörde und wird erst nach deren Genehmigung vollstreckbar.

Von dem Beschluß ist der obersten Reichsbehörde unverzüglich Kenntnis zu geben.

Der obersten Reichsbehörde bleibt in allen Fällen unbenommen, einzuschreiten und den Beschluß selbst abzufassen oder zu berichtigen.

§ 140. In dem abzufassenden Beschluß ist zugleich zu bestimmen, welche Vollstreckungs- oder Sicherheitsmaßregeln behufs des Ersatzes des Defekts zu ergreifen sind.

Für diese Maßregeln sind die Gesetze des Bundesstaats, in welchem dieselben erfolgen, entscheidend.

§ 141. Der abzufassende Beschluß kann auf die unmittelbare Verpflichtung zum Ersatze des Defekts gerichtet werden:

1. gegen jeden Beamten, welcher der Unterschlagung als Täter oder Teilnehmer nach der Überzeugung der Reichsbehörde überführt ist;
2. a) gegen diejenigen Beamten, welchen die Kasse usw. zur Verwaltung übergeben war, und zwar auf Höhe des ganzen Defekts,
   b) gegen jeden anderen Beamten, der an der Einnahme oder Ausgabe, der Erhebung, der Ablieferung oder dem Transporte von Kassengeldern oder anderen Gegenständen vermöge seiner dienstlichen Stellung teilzunehmen hatte, jedoch nur auf Höhe des in seinen Gewahrsam gekommenen Betrags,

   sofern der Defekt nach der Überzeugung der Reichsbehörde durch grobes Versehen entstanden ist.

Eben dies gilt gegen die im § 136 genannten Beamten in den daselbst bezeichneten Fällen.

§ 142. Sind Beamte, gegen welche die zwangsweise Einziehung des Defektsbeschlossen wird, in der Verwaltung ihres Amtes, wofür sie eine Amtskaution gestellt haben, belassen worden, so haben dieselben wegen Ersatzes des Defekts anderweite Sicherheit zu leisten. Erfolgt die Sicherstellung nicht, so findet die Zwangsvollstreckung zunächst nicht in die Kaution, sondern in das übrige Vermögen statt.

§ 143. Die Verwaltungsbehörde ersucht die zuständigen Gerichte, Vollstreckungsbeamten oder Hypothekenbehörden um Vollziehung des Beschlusses.

Diese sind, ohne auf eine Beurteilung der Rechtmäßigkeit des Beschlusses einzugehen, verpflichtet, wenn sonst kein Anstand obwaltet, schleunig, ohne vorgängiges Zahlungsmandat, die Zwangsvollstreckung auszuführen, die Beschlagnahme der zur Deckung des Defekts erforderlichen Vermögensstücke zu verfügen und die in Antrag gebrachten Eintragungen im Hypothekenbuche zu veranlassen.

§ 144. Gegen den Beschluß, wodurch ein Beamter zur Erstattung eines Defekts für verpflichtet erklärt wird (§§ 137 und 140), steht demselben sowohl hinsichtlich des Betrags, als hinsichtlich der Ersatzverbindlichkeit außer der Beschwerde im Instanzenwege der Rechtsweg zu.

Die Frist zur Beschreitung des Rechtswegs beträgt ein Jahr, ist eine Ausschlußfrist und beginnt mit dem Tage der dem Beamten geschehenen Bekanntmachung des vollstreckbaren Beschlusses, oder wenn der Beamte an seinem Wohnorte nicht zu treffen ist, mit dem Tage des abgefaßten Beschlusses.

In dem auf die Klage des Beamten entstandenen Rechtsstreite hat das Gericht über die Wahrheit der tatsächlichen Behauptungen der Parteien nach seiner freien aus dem Inbegriffe der Verhandlungen und Beweise geschöpften Überzeugung zu entscheiden.

Ob einer Partei über die Wahrheit oder Unwahrheit einer tatsächlichen Behauptung noch ein Eid aufzuerlegen, bleibt dem Ermessen des Gerichts überlassen.

In der wegen des Defekts etwa eingeleiteten Untersuchung bleiben dem Beamten, insofern es auf die Bestrafung ankommt, seine Einreden gegen den abgefaßten Beschluß auch nach Ablauf des Jahres, wenngleich sie im Zivilprozesse nicht mehr geltend gemacht werden können, vorbehalten.

§ 145. Das Gericht hat auf Antrag des Beamten darüber Beschluß zu fassen, ob die Zwangsvollstreckung fortzusetzen oder einstweilen einzustellen sei. Die einstweilige Einstellung erfolgt, wenn der Beamte glaubhaft macht, daß die Fortsetzung der Zwangsvollstreckung für ihn einen schwer ersetzlichen Nachteil zur Folge haben würde. Das Gericht ist jedoch verpflichtet, falls es die Einstellung der Zwangsvollstreckung verordnet, an Stelle derselben auf Antrag der verklagten Reichsbehörde die erforderlichen Sicherheitsmaßregeln behufs des Ersatzes des Defekts herbeizuführen.

§ 146. Wenn eine nahe und dringende Gefahr vorhanden ist, daß ein Beamter, gegen welchen die Zwangsvollstreckung zulässig ist (§ 141), sich auf flüchtigen Fuß setzen oder sein Vermögen der Verwendung zum Ersatze des Defekts entziehen werde, so kann die unmittelbar vorgesetzte Behörde, auch wenn sie nicht die Eigenschaft einer höheren Reichsbehörde hat, oder der unmittelbar vorgesetzte Beamte das abzugsfähige Gehalt (§ 19 Nr. 1) und nötigenfalls das übrige bewegliche Vermögen des im Eingange bezeichneten Beamten vorläufig in Beschlag nehmen.

Der vorgesetzten höheren Reichsbehörde ist ungesäumt Anzeige davon zu machen und deren Genehmigung einzuholen.

§ 147. Ist von den vorgesetzten Behörden oder Beamten gemäß § 146 eine Beschlagnahme erfolgt, so hat das Gericht, in dessen Bezirke die Beschlagnahme stattgefunden hat, auf Antrag des von derselben betroffenen Beamten anzuordnen, daß binnen einer zu bestimmenden Frist der in den §§ 137 und 140 vorgesehene Beschluß beizubringen sei.

Wird dieser Anordnung nicht Folge geleistet, so ist auf weiteren Antrag des Beamten die Beschlagnahme sofort aufzuheben; andernfalls kommen die Bestimmungen des § 144 zur Anwendung.

§ 148. Für das Defektenverfahren im Verwaltungswege werden Gebühren und Stempel nicht berechnet.

Verfolgung vermögensrechtlicher Ansprüche.

§ 149. Über vermögensrechtliche Ansprüche der Reichsbeamten aus ihrem Dienstverhältnis, insbesondere über Ansprüche auf Besoldung, Wartegeld oder Pension sowie über die den Hinterbliebenen der Reichsbeamten gesetzlich gewährten Rechtsansprüche auf Bewilligungen findet mit folgenden Maßgaben der Rechtsweg statt.

§ 150. Die Entscheidung der obersten Reichsbehörde muß der Klage vorhergehen und letztere sodann bei Verlust des Klagerechts innerhalb sechs Monaten, nachdem dem Beteiligten die Entscheidung jener Behörde bekannt gemacht worden, angebracht werden.

In den Fällen, in welchen gemäß § 54 die höhere Reichsbehörde Entscheidung getroffen hat, tritt der Verlust des Klagerechts auch dann ein, wenn nicht von dem Beteiligten gegen diese Entscheidung binnen gleicher Frist die Beschwerde an die oberste Reichsbehörde erhoben ist.

§ 151. Der Reichsfiskus wird durch die höhere Reichsbehörde, unter welcher der Reichsbeamte steht oder gestanden hat, oder falls er direkt unter der obersten Reichsbehörde steht oder gestanden hat, durch die oberste Reichsbehörde vertreten.

Die Klage ist bei demjenigen Gericht anzubringen, in dessen Bezirke die betreffende Behörde ihren Sitz hat.

§ 152. In bürgerlichen Rechtsstreitigkeiten, in welchen durch Klage oder Widerklage ein Anspruch auf Grund der Vorschriften dieses Gesetzes geltend gemacht ist, wird die Verhandlung und Entscheidung letzter Instanz im Sinne des § 8 des Einführungsgesetzes zum Gerichtsverfassungsgesetze dem Reichsgerichte zugewiesen.

§ 153. Auf die im § 144 erwähnten Rechtsstreitigkeiten finden die Bestimmungen der §§ 151 und 152 mit der Maßgabe Anwendung, daß der Reichsfiskus durch die höhere Reichsbehörde vertreten wird, welche den Defektbeschluß abgefaßt oder für vollstreckbar erklärt hat (§ 139 Abs. 2). Ist die Abfassung durch die oberste Reichsbehörde geschehen, so übernimmt diese die Vertretung des Reichsfiskus.

§ 154. In Rechtsstreitigkeiten über Vermögensansprüche gegen Reichsbeamte wegen Überschreitung ihrer amtlichen Befugnisse oder pflichtwidriger Unterlassung von Amtshandlungen ist sowohl dasjenige Gericht zuständig, in dessen Bezirke der Beamte zur Zeit der Verletzung seiner Amtspflicht seinen Wohnsitz hatte, als dasjenige, in dessen Bezirke derselbe zur Zeit der Erhebung der Klage seinen Wohnsitz hat.

Die Vorschrift des § 152 findet entsprechende Anwendung.

§ 155. Die Entscheidungen der Disziplinar- und Verwaltungsbehörden darüber, ob und von welchem Zeitpunkt ab ein Reichsbeamter aus seinem Amte zu entfernen, einstweilig oder definitiv in den Ruhestand zu versetzen oder vorläufig seines Dienstes zu entheben sei, und über die Verhängung von Ordnungsstrafen sind für die Beurteilung der vor dem Gerichte geltend gemachten vermögensrechtlichen Ansprüche maßgebend.

Schlußbestimmungen.

§ 156. Die Reichstagsbeamten haben die Rechte und Pflichten der Reichsbeamten.

Die Anstellung der Reichstagsbeamten erfolgt durch den Reichstagspräsidenten, welcher die vorgesetzte Behörde derselben bildet.

§ 157. Auf Personen des Soldatenstandes findet dieses Gesetz nur in den §§ 134 bis 148 Anwendung.

§ 158. Die Bestimmungen dieses Gesetzes über die Versetzung in ein anderes Amt, über die einstweilige und über die zwangsweise Versetzung in den

Ruhestand, über Disziplinarbestrafung und über vorläufige Dienstenthebung finden auf die Mitglieder des Reichsgerichts, auf die Mitglieder des Bundesamts für das Heimatwesen, auf die Mitglieder des Rechnungshofs des Deutschen Reichs und auf richterliche Militär-Justizbeamte keine Anwendung.

Außerdem haben für die Mitglieder des Reichsgerichts die Vorschriften dieses Gesetzes über die Pensionierung und über den Verlust der Pension keine Geltung.

§ 159. Die Ausführung dieses Gesetzes regelt eine vom Kaiser zu erlassende Verordnung, durch welche namentlich diejenigen Behörden näher zu bezeichnen sind, welche unter den in diesem Gesetz erwähnten Reichsbehörden verstanden sein sollen.

3. Grundsätze für die Besetzung der mittleren, Kanzlei- und Unterbeamtenstellen bei den Reichs- und Staatsbehörden sowie bei den Kommunalbehörden usw. mit Militäranwärtern und Inhabern des Anstellungsscheins, festgestellt vom Bundesrat mit Geltung vom 1. Oktober 1907 ab, bekanntgemacht vom Reichskanzler am 8. Juli 1907.

(Zentralblatt f. d. Deutsche Reich S. 309.)

Der Bundesrat hat in seiner Sitzung vom 20. Juni d. Js. die infolge des Gesetzes über die Versorgung der Personen der Unterklassen des Reichsheeres, der Kaiserlichen Marine und der Kaiserlichen Schutztruppen vom 31. Mai 1906 (Reichs-Gesetzbl. S. 593 ff.)*) notwendig gewordenen, nachstehend abgedruckten Nachträge**)

1. zu den „Grundsätzen für die Besetzung der Subaltern- und Unterbeamtenstellen bei den Reichs- und Staatsbehörden mit Militäranwärtern“ von 1882 und
2. zu den „Grundsätzen, betreffend die Besetzung der Subaltern- und Unterbeamtenstellen bei den Kommunalbehörden usw. mit Militäranwärtern“, von 1890

beschlossen.

Gleichzeitig ist von dem Bundesrate die weiter unten abgedruckte neue Fassung dieser Grundsätze nebst Anlagen und Erläuterungen***) mit der Geltung vom 1. Oktober 1907 ab festgestellt worden.

1. Grundsätze für die Besetzung der mittleren, Kanzlei- und Unterbeamtenstellen bei den Reichs- und Staatsbehörden mit Militäranwärtern und Inhabern des Anstellungsscheins.

(Zentralbl. f. d. Deutsche Reich S. 317.)

§ 1. (1.) Militäranwärter im Sinne der nachstehenden Grundsätze ist jeder Inhaber des Zivilversorgungsscheins.

(2.) Der Zivilversorgungsschein wird Kapitulanten, die gemäß den Be-

*) D. Kol. Gesetzgeb. 1906 S. 218.
**) Nicht mit abgedruckt.
***) Die nachfolgenden Anmerkungen sind solche der „Grundsätze“.

stimmungen der §§ 15 und 16*) des Gesetzes vom 31. Mai 1906 (Reichs-Gesetzbl.
Anlage A. S. 593) Anspruch darauf haben, nach Anlage A erteilt. Auch für solche Personen die den Zivilversorgungsschein noch nachträglich auf Grund des Militärpensionsgesetzes vom 27. Juni 1871 (Reichs-Gesetzbl. S. 275) und der Novelle vom 4. April 1874 (Reichs-Gesetzbl. S. 25) erhalten, wird er nach diesem Muster ausgestellt.

(3.) Wenn Unteroffizieren und Gemeinen, die nicht zu den Kapitulanten gehören, auf Grund des § 17**) des Gesetzes vom 31. Mai 1906 der Anstellungs-
Anlage B. schein für den Unterbeamtendienst verliehen wird, so ist er nach Anlage B auszustellen. Die Rechte der Inhaber des Anstellungsscheins beschränken sich auf die Stellen des Unterbeamtendienstes.

(4.) Der Zivilversorgungsschein kann auch ehemaligen Unteroffizieren erteilt werden, die nach mindestens neunjährigem aktiven Dienste im Heere oder in der Marine in militärisch organisierte Gendarmerien (Landjägerkorps) oder Schutzmannschaften eingetreten und dort als dienstunbrauchbar ausgeschieden sind oder unter Einrechnung der im Heere oder in der Marine zugebrachten Dienstzeit eine gesamte aktive Dienstzeit von zwölf Jahren zurückgelegt haben.
Anlage C. Der Zivilversorgungsschein ist in diesen Fällen nach Anlage C auszustellen und hat nur Gültigkeit für den Reichsdienst und den Zivildienst des betreffenden Staates.

(5.) Sind in eine militärisch organisierte Gendarmerie (Landjägerkorps) oder Schutzmannschaft, in Ermangelung geeigneter Unteroffiziere von mindestens neunjähriger aktiver Militärdienstzeit, Unteroffiziere von geringerer, aber mindestens sechsjähriger aktiver Militärdienstzeit aufgenommen worden,
Anlage D. so darf ihnen der Zivilversorgungsschein nach Anlage D verliehen werden, wenn sie entweder eine gesamte aktive Dienstzeit von fünfzehn Jahren zurückgelegt haben oder nach ihrem Übertritt in die Gendarmerie oder Schutzmannschaft durch Dienstbeschädigung oder nach einer gesamten aktiven Dienstzeit von acht Jahren dienstunbrauchbar geworden sind. Dieser Schein hat nur Gültigkeit für den Zivildienst des betreffenden Staates.

(6.) Die Erteilung des Zivilversorgungsscheins und des Anstellungsscheins erfolgt in allen Fällen durch die Militärbehörde, die über den Anspruch auf diese Versorgung zu entscheiden hat.

(7.) Dem Eintritt in eine militärisch organisierte Gendarmerie oder Schutzmannschaft steht der Eintritt in eine der in den deutschen Schutzgebieten durch das Reich oder die Landesverwaltung errichteten Schutz- oder Polizeitruppen oder die Anstellung als Grenz- oder Zollaufsichtsbeamter in den Schutzgebieten gleich. Ein auf Grund dieser Bestimmung ausgestellter Zivilversorgungsschein hat für den Reichsdienst sowie für den Zivildienst aller Bundes-

*) Die §§ 15 und 16 des Gesetzes vom 31. Mai 1906 lauten:

§ 15. Kapitulanten erwerben durch zwölfjährige Dienstzeit den Anspruch auf den Zivilversorgungsschein, wenn sie zum Beamten würdig und brauchbar erscheinen.

Eine Einrechnung von Kriegsjahren und eine Doppelrechnung von Dienstzeit (§ 6) findet hierbei nicht statt.

§ 16. Kapitulanten mit kürzerer als zwölfjähriger Dienstzeit, die wegen körperlicher Gebrechen im aktiven Dienste nicht mehr verwendet werden können und deshalb von der Militärbehörde entlassen werden, haben Anspruch auf den Zivilversorgungsschein, wenn sie zum Beamten würdig und brauchbar erscheinen.

**) Der § 17 des Gesetzes vom 31. Mai 1906 lautet:

Den nicht zu den Kapitulanten gehörenden Unteroffizieren und Gemeinen kann auf ihren Antrag neben der Rente ein Anstellungsschein für den Unterbeamtendienst verliehen werden, wenn sie zum Beamten würdig und brauchbar erscheinen.

staaten Gültigkeit; er wird nach dem anliegenden Muster E durch den Reichskanzler (Reichs-Kolonialamt oder Reichs-Marine-Amt) ausgestellt. Diejenigen, die auf Grund der vorstehenden Bestimmung den Zivilversorgungsschein erhalten haben, stehen in bezug auf die Reihenfolge der Einberufung von Stellenanwärtern den im § 18 unter N. 4 bezeichneten Unteroffizieren gleich, insoweit sie im stehenden Heere oder in der Kaiserlichen Marine unter Hinzurechnung der Dienstzeit in den Schutzgebieten eine Gesamtdienstzeit von mindestens acht Jahren erreicht haben. Must. E.

§ 2. (1.) Die mittleren, Kanzlei- und Unterbeamtenstellen bei den Reichs- und Staatsbehörden — jedoch ausschließlich des Forstdienstes — sind, unbeschadet der in den einzelnen Bundesstaaten bezüglich der Versorgung der Militäranwärter im Zivildienst erlassenen weitergehenden Bestimmungen, nach Maßgabe der nachstehenden Grundsätze vorzugsweise mit Militäranwärtern zu besetzen.

(2.) Soweit es an geeigneten zivilversorgungsberechtigten Bewerbern (Militäranwärtern) fehlt, sind die Unterbeamtenstellen vorzugsweise mit Inhabern des Anstellungsscheins zu besetzen.

§ 3. Ausschließlich mit Militäranwärtern und — soweit es sich um Unterbeamtenstellen handelt — mit Inhabern des Anstellungsscheins sind zu besetzen:

1. in allen Dienstzweigen und bei allen Behörden, außer bei der Reichskanzlei, dem Auswärtigen Amt, den Ministerien der auswärtigen Angelegenheiten, den Chiffrier-Bureaus, den Gesandtschaften und Konsulaten:

   die Stellen im Kanzleidienst, einschließlich derjenigen der Lohnschreiber, soweit deren Inhabern lediglich die Besorgung des Schreibwerkes (Abschreiben, Reinschriften anfertigen, Vergleichen usw.) und der damit zusammenhängenden Dienstverrichtungen obliegt;

2. in allen Dienstzweigen und bei allen Behörden, außer bei den Gesandtschaften und Konsulaten:

   sämtliche Stellen, deren Obliegenheiten im wesentlichen in mechanischen Dienstleistungen bestehen und keine technischen Kenntnisse erfordern.

§ 4. (1.) Mindestens zur Hälfte mit Militäranwärtern sind zu besetzen: in allen Dienstzweigen und bei allen Behörden, außer bei den Ministerien und sonstigen Zentralbehörden sowie bei den Gesandtschaften und Konsulaten:

   die Stellen der mittleren Beamten im Bureaudienste (Journal-, Registratur-, Expeditions-, Kalkulatur-, Kassendienst und dergleichen) mit Ausschluß derjenigen, für die eine besondere wissenschaftliche oder technische Vorbildung erfordert wird.

(2.) Bei Annahme von Bureaudiätaren ist nach gleichen Grundsätzen zu verfahren.

§ 5. (1.) In welchem Umfange die nicht unter die §§ 3 und 4 fallenden mittleren, Kanzlei- und Unterbeamtenstellen mit Militäranwärtern usw. zu besetzen sind, ist unter Berücksichtigung der Anforderungen des Dienstes zu bestimmen.

(2.) Welche Stellen zu den Unterbeamtenstellen zählen und somit auch den Inhabern des Anstellungsscheins vorbehalten sind, wird für den Reichsdienst

32*

durch den Reichskanzler, für den Staatsdienst durch die Landesregierungen nach Maßgabe der §§ 7 und 8 festgesetzt.

§ 6. Insoweit in Ausführung der §§ 4 und 5 einzelne Klassen von mittleren, Kanzlei- und Unterbeamtenstellen für die Militäranwärter usw. nicht mindestens zur Hälfte vorbehalten werden können, hat nach Möglichkeit ein Ausgleich in der Weise stattzufinden, daß andere derartige Stellen desselben Geschäftsbereichs in entsprechender Zahl und mit entsprechendem Einkommen vorbehalten werden.

§ 7. (1.) Über die gegenwärtig vorhandenen mittleren, Kanzlei- und Unterbeamtenstellen des Reichs- und Staatsdienstes, die nach §§ 3 bis 6 für die Militäranwärter usw. vorzubehalten sind, werden Verzeichnisse angelegt. Die Unterbeamtenstellen sind darin besonders ersichtlich zu machen.

(2.) Gleichartige Stellen, die in Zukunft errichtet werden, unterliegen denselben Bestimmungen.

Anlage F. § 8. (1.) Die Anlage F. enthält das Verzeichnis der den Militäranwärtern usw. zur Zeit im Reichsdienste vorbehaltenen Stellen.

(2.) Die Verzeichnisse bezüglich des Staatsdienstes werden von den einzelnen Landesregierungen aufgestellt und dem Reichskanzler mitgeteilt. Letzterer wird von etwaigen Ausstellungen gegen diese Verzeichnisse den beteiligten Landesregierungen Kenntnis geben.

(3.) Die Verzeichnisse sowie etwaige Nachträge dazu werden durch das Zentralblatt für das Deutsche Reich veröffentlicht.

§ 9. (1.) Die den Militäranwärtern usw. vorbehaltenen Stellen dürfen mit anderen Personen nicht besetzt werden, sofern sich Militäranwärter usw. finden, die zu deren Übernahme befähigt und bereit sind.

(2.) Es macht dabei keinen Unterschied, ob die Stellen dauernd oder nur zeitweise bestehen, ob ein etatsmäßiges Gehalt oder nur eine diätarische oder andere Remuneration damit verbunden ist, ob die Anstellung auf Lebenszeit, auf Kündigung oder sonst auf Widerruf geschieht.

(3.) Zu vorübergehender Beschäftigung als Hilfsarbeiter oder Vertreter können jedoch auch Nichtversorgungsberechtigte angenommen werden, falls qualifizierte Militäranwärter und — bei Unterbeamtenstellen — auch qualifizierte Inhaber des Anstellungsscheins nicht vorhanden sind, deren Eintritt ohne unverhältnismäßigen Zeitverlust oder Kostenaufwand herbeigeführt werden kann.

§ 10. Insoweit Vorschriften bestehen oder erlassen werden, nach denen die Besetzung erledigter Stellen erfolgen kann oder vorzugsweise zu erfolgen hat,

1. mit Beamten, die einstweilig in den Ruhestand versetzt sind und Wartegeld oder dem gleich zu erachtende Einnahmen beziehen, oder
2. mit solchen Militärpersonen im Offizierrange, denen die Aussicht auf Anstellung im Zivildienste verliehen ist,

finden jene Vorschriften auch auf die Besetzung der den Militäranwärtern usw. vorbehaltenen Stellen Anwendung. Auch können die den Militäranwärtern usw. vorbehaltenen Stellen verliehen werden:

3. solchen Beamten, die für ihren Dienst unbrauchbar oder entbehrlich geworden sind und einstweilig oder dauernd in den Ruhestand versetzt werden müßten, wenn ihnen nicht eine den Militäranwärtern usw. vorbehaltene Stelle verliehen würde. Von solchen Verleihungen ist dem zuständigen Kriegsministerium Kenntnis zu geben;

4. den Besitzern des Forstversorgungsscheins*) gegen Rückgabe dieses Scheines, sofern eine Reichsbehörde oder eine Behörde des betreffenden Staates von der Anstellung eines mit diesem Scheine Beliehenen einen besonderen Vorteil für den Reichs- oder Staatsdienst erwartet;
5. solchen ehemaligen Militäranwärtern, die sich in einer auf Grund ihrer Versorgungsansprüche erworbenen etatsmäßigen Anstellung (§ 13) befinden oder infolge eingetretener Dienstunfähigkeit in den Ruhestand versetzt worden sind;
6. solchen ehemaligen Militärpersonen, denen der Zivilversorgungsschein lediglich um deswillen versagt worden ist, weil sie sich nicht fortgesetzt gut geführt haben und die von der zuständigen Militärbehörde (§ 1) eine Bescheinigung erhalten haben, daß ihnen eine den Militäranwärtern vorbehaltene Stelle übertragen werden kann. Eine solche Bescheinigung können nur noch Personen erhalten, die vor dem 1. April 1905 aus dem aktiven Militärdienst entlassen worden sind und mit Versorgungsgebührnissen nach den bisherigen Gesetzesvorschriften abgefunden werden. Im übrigen wird die Bescheinigung nicht mehr erteilt;
7. sonstigen Personen, denen, sofern es sich um den Reichsdienst oder den Dienst der Landesverwaltung von Elsaß-Lothringen handelt, durch Erlaß des Kaisers, in anderen Fällen durch Erlaß des Landesherrn oder des Senats, ausnahmsweise die Berechtigung zu einer Anstellung verliehen worden ist. Dergleichen Verleihungen sollen jedoch nur für eine bestimmte Stelle oder für einen bestimmten Dienstzweig und auch nur dann beantragt werden, wenn ein besonderes dienstliches Interesse dafür geltend zu machen ist. Die Anträge sind, wenn die Anstellung im Reichsdienst oder im Dienste der Landesverwaltung von Elsaß-Lothringen erfolgen soll, unter Mitwirkung des Königlich Preußischen Kriegsministeriums, wenn die Anstellung im Dienste eines

*) Der Forstversorgungsschein kann gelernten Jägern bei fortgesetzt guter Führung und nach Bestehen der erforderlichen Fachprüfungen unter folgenden Bedingungen verliehen werden:

1. nach Ablauf der zwölfjährigen Militärdienstzeit, wenn diese mit drei Jahren (bei Einjährig-Freiwilligen mit einem Jahre) im aktiven Dienste, im übrigen aber in der Reserve abgeleistet ist;
2. nach neunjähriger aktiver Militärdienstzeit, worunter jedoch mindestens fünf Jahre in dem Dienstgrad eines Oberjägers abgeleistet sein müssen;
3. vor Ablauf der zwölf- oder neunjährigen Militärdienstzeit, unter der Bedingung der Brauchbarkeit zur Ausübung des Forstschutzdienstes, wenn die Jäger
   a) im aktiven Dienste feld- und garnisondienstunfähig geworden sind und wenn entweder gesetzlich die Erteilung des Zivilversorgungsscheins vorgeschrieben ist oder wenn ihnen ein Rentenanspruch zugebilligt wird,
   b) in Ausübung des Forstschutz- oder Jagdpolizeidienstes durch unmittelbare Dienstbeschädigung bei Angriff oder Widersetzlichkeit von Holz- oder Wildfrevlern feld- und garnisondienstunfähig geworden sind;
4. nach Ablauf einer zwölfjährigen Dienstzeit, unter der Bedingung der Brauchbarkeit zur Ausübung des Forstschutzdienstes, sofern die Jäger
   a) im Militärdienste dauernd felddienstunfähig geworden sind und Anspruch auf Rente haben,
   b) in dem unter 3 *b* angegebenen Falle nur dauernd felddienstunfähig geworden sind oder sich in Ausübung des Forst- und Jagddienstes unverschuldet durch die eigene Waffe, durch Sturz und sonstige Beschädigung dauernde Felddienstunfähigkeit oder dauernde Feld- und Garnisondienstunfähigkeit zugezogen haben.

Bundesstaats mit eigener Militärverwaltung oder in dessen Militärverwaltung erfolgen soll, unter Mitwirkung des zuständigen Kriegsministeriums zu stellen. In den übrigen Bundesstaaten hat den Anträgen eine Mitteilung an die oberste Militärbehörde des Ersatzbezirkes, innerhalb dessen die Stelle besetzt werden soll, voranzugeben. Auch ist dieser Militärbehörde von den ergehenden Entscheidungen sowie von etwaigen ohne Antrag erfolgten Verleihungen der Anstellungsberechtigung Kenntnis zu geben.

§ 11. (1.) Stellen, die den Militäranwärtern usw. nur teilweise (zur Hälfte, zu einem Drittel usw.) vorbehalten sind, werden bei eintretenden Vakanzen in einer dem Anteilsverhältnis entsprechenden Reihenfolge mit Militäranwärtern usw. oder Zivilanwärtern besetzt, und zwar ohne Rücksicht auf die Zahl der zur Zeit der Besetzung tatsächlich mit der einen oder anderen Klasse von Anwärtern besetzten Stellen.

(2.) Wird die Reihenfolge auf Grund des § 10 unterbrochen, so ist eine Ausgleichung herbeizuführen. Dabei sind Personen, deren Anstellung auf Grund des § 10 Nr. 1, 3 und 7 erfolgt, als Zivilanwärter, Personen, deren Anstellung auf Grund des § 10 Nr. 2, 4, 5 und 6 erfolgt, als Militäranwärter usw. in Anrechnung zu bringen.

§ 12. (1.) Die Militäranwärter usw. haben sich um die von ihnen begehrten Stellen zu bewerben.

(2.) Die Bewerbungen sind an die für die Anstellung zuständigen Reichs- oder Staatsbehörden — Anstellungsbehörden — zu richten, und zwar:

1. von den noch im aktiven Militärdienste befindlichen Militäranwärtern durch Vermittelung der vorgesetzten Militärbehörde;
2. von den Angehörigen einer militärisch organisierten Gendarmerie oder Schutzmannschaft durch Vermittelung der vorgesetzten Dienstbehörde;
3. von den übrigen Militäranwärtern usw. entweder unmittelbar oder durch Vermittelung des heimatlichen Bezirkskommandos, das jede eingehende Bewerbung sofort der zuständigen Anstellungsbehörde mitteilt.

§ 13. Die Militäranwärter usw. sind zu den in Rede stehenden Bewerbungen vor oder nach dem Eintritt der Stellenerledigung so lange berechtigt, bis sie eine etatsmäßige Stelle erlangt und angetreten haben, mit der Anspruch oder Aussicht auf Ruhegehalt oder dauernde Unterstützung verbunden ist.

§ 14. (1.) Die Anstellungsbehörden sind zur Annahme von Bewerbungen nur dann verpflichtet, wenn die Bewerber eine genügende Qualifikation für die fragliche Stelle oder den fraglichen Dienstzweig nachweisen.

(2.) Behufs Feststellung der körperlichen Qualifikation haben die Militärbehörden auf Verlangen die ärztlichen Zeugnisse, auf Grund deren gegebenenfalls der Zivilversorgungsschein erteilt oder einem Inhaber des Anstellungsscheins die Rente zugebilligt worden ist, mitzuteilen, sofern seit deren Ausstellung noch nicht drei Jahre verflossen sind.

(3.) Sind für gewisse Dienststellen oder für gewisse Gattungen von Dienststellen besondere Prüfungen (Vorprüfungen) vorgeschrieben, so hat der Militäranwärter usw. auch diese Prüfungen abzulegen. Auch kann, wenn die Eigentümlichkeit des Dienstzweigs es erheischt, die Zulassung zu dieser Prüfung oder die Annahme der Bewerbung überhaupt von einer vorgängigen informatorischen Beschäftigung in dem betreffenden Dienstzweig abhängig gemacht werden, die in der Regel nicht über drei Monate auszudehnen ist.

(4.) Bei allen von Militäranwärtern usw. abzulegenden Prüfungen dürfen an sie keine höheren Anforderungen gestellt werden als an andere Anwärter.

(5.) Für „qualifiziert" befundene Bewerber werden Stellenanwärter.

§ 15. (1.) Über die Bewerbungen um noch nicht vakante Stellen legen die Anstellungsbehörden Verzeichnisse nach Anlage G an, in welche die Stellenanwärter nach dem Tage des Einganges der ersten Meldung eingetragen werden. War die Qualifikation noch durch eine Prüfung (Vorprüfung) nachzuweisen, so kann die Eintragung auch nach dem Tage des Bestehens der Prüfung erfolgen.

(2.) Die Stellenanwärter müssen, solange sie keine Zivilversorgung gefunden haben, ihre Meldung jährlich zum 1. Dezember wiederholen. Bewerber, die dies unterlassen, sind in dem Verzeichnisse zu streichen; sie können demnächst auf erneuertes Ansuchen mit dem Datum des Einganges der neuen Meldung wieder eingetragen werden.

(3.) Stellenanwärter, die an Stelle des Zivilversorgungsscheins nachträglich die Zivilversorgungsentschädigung oder die einmalige Geldabfindung wählen (§§ 20 und 21*) des Gesetzes vom 31. Mai 1906), haben hiervon den Anstellungsbehörden, bei denen sie vorgemerkt sind, Anzeige zu erstatten und sind in den Bewerberverzeichnissen zu streichen. Im Falle der Wiederwahl des Zivilversorgungsscheins (§ 20 des Gesetzes) oder der Wiedererstattung der einmaligen Geldabfindung (§ 22 des Gesetzes)**) werden sie auf Antrag mit dem Tage des Einganges der neuen Meldung wieder in das Bewerberverzeichnis eingetragen, vorausgesetzt, daß sie dann noch die nötige Befähigung besitzen.

§ 16. (1.) Stellen, für die keine Stellenanwärter vorgemerkt sind, werden im Falle der Vakanz durch eine allwöchentlich herauszugebende Liste (Vakanzenliste) bekannt gemacht.

(2.) Die Herausgabe der Vakanzenliste veranlaßt das zuständige Kriegsministerium.

---

*) Die §§ 20 und 21 des Gesetzes vom 31. Mai 1906 lauten:

§ 20. Die im § 15 bezeichneten Kapitulanten können bei der Entlassung und bis zum Ablaufe von vier Jahren nach der Entlassung aus dem aktiven Militärdienst an Stelle des Scheines die Zivilversorgungsentschädigung von 12 ℳ monatlich wählen, sofern sie nicht in einer Stelle des Zivildienstes (§ 36) schon endgültig angestellt worden sind. Eine spätere Wahl der Zivilversorgungsentschädigung ist zulässig, sofern der Kapitulant wegen Unbrauchbarkeit aus dem Zivildienst ohne Zivilpension ausgeschieden ist.

Die einmalige Wiederwahl des Zivilversorgungsscheins ist zulässig. Das Wahlrecht erlischt mit dem Verluste der Würdigkeit zum Beamten.

§ 21. Den im § 15 bezeichneten Kapitulanten, welche auf den Zivilversorgungsschein oder auf die Zivilversorgungsentschädigung Anspruch haben, kann bei der Entlassung und bis zum Ablauf eines Jahres nach der Entlassung aus dem aktiven Militärdienst auf ihren Antrag, gegen Verzicht auf den Schein und auf die Zivilversorgungsentschädigung, durch die oberste Militärverwaltungsbehörde des Kontingents eine einmalige Geldabfindung von 1500 ℳ bewilligt werden, wenn sie für eine nützliche Verwendung des Geldes Gewähr bieten.

Soweit die Zivilversorgungsentschädigung schon bezogen ist, sind die gezahlten Beträge auf die einmalige Abfindung anzurechnen.

**) Der § 22 des Gesetzes vom 31. Mai 1906 lautet:

Kapitulanten, welche die einmalige Geldabfindung gemäß § 21 erhalten haben, sind zur Rückzahlung des Betrages verpflichtet, wenn sie in einer Stelle des Zivildienstes (§ 36) angestellt oder ohne Unterbrechung länger als sechs Monate beschäftigt werden.

Ein Anspruch auf Aushändigung des Zivilversorgungsscheins entsteht erst nach völliger Rückzahlung der einmaligen Geldentschädigung.

(3.) Die Aufnahme der Stellen in die Liste vermittelt eine für den Bereich eines oder mehrerer Ersatzbezirke besonders bezeichnete Militärbehörde — Vermittelungsbehörde — (Anlage H), der zu diesem Zwecke von den Anstellungsbehörden Nachweisungen nach Anlage J zuzusenden sind.

Anlage H. Anlage J.

§ 17. Ist innerhalb einer Frist von fünf Wochen nach Absendung der Nachweisung eine Bewerbung bei der Anstellungsbehörde nicht eingegangen, so hat diese in der Stellenbesetzung freie Hand.

§ 18. Die Reihenfolge, in der die Einberufung der Stellenanwärter zu erfolgen hat, bestimmt sich nach folgenden Grundsätzen:

1. Bei Einberufungen für den Dienst eines Bundesstaats kann den diesem Staate angehörenden oder aus dessen Kontingent hervorgegangenen Stellenanwärtern vor allen übrigen der Vorzug gegeben werden.
2. Bei Einberufungen für den See-, Küsten- und Seehafendienst sind Unteroffiziere der Marine vor den Unteroffizieren des Landheeres zu berücksichtigen.
3. Wo nicht etwa die Bestimmungen unter Nr. 1 und 2 ein Vorzugsrecht begründen, dürfen Inhaber des Anstellungsscheins nur dann einberufen werden, wenn keine Militäranwärter vorgemerkt sind, oder wenn sich keiner der vorgemerkten zivilversorgungsberechtigten Stellenanwärter zur Annahme der zu besetzenden Stelle (Unterbeamtenstelle) bereit findet.
4. Insoweit die Grundsätze unter Nr. 1, 2 und 3 keinen Vorzug begründen, sind in erster Reihe Unteroffiziere einzuberufen, die mindestens acht Jahre im Heere oder in der Marine aktiv gedient haben. Abweichungen hiervon sind nur in Ausnahmefällen und nur insoweit zulässig, als sie durch ein dringendes dienstliches Interesse bedingt werden.
5. Innerhalb der einzelnen Klassen von Stellenanwärtern ist bei der Einberufung die Reihenfolge in dem Verzeichnis (§ 15) in Betracht zu ziehen.
6. Die Reichs-Post- und Telegraphenverwaltung wird bei ihren Anstellungen vorzugsweise die Stellenanwärter des Staates berücksichtigen, in dem die Vakanz entstanden ist.
7. Vor der Einberufung eines Militäranwärters usw. haben sich die Anstellungsbehörden die Urschrift des Zivilversorgungsscheins oder des Anstellungsscheins vorlegen zu lassen.

§ 19. (1.) Die Anstellung eines einberufenen Stellenanwärters kann zunächst auf Probe erfolgen oder von einer Probedienstleistung abhängig gemacht werden.

(2.) Einberufungen zur Probedienstleistung werden nur erfolgen, insoweit Stellen (§ 9 Abs. 2) offen sind; eine Entlassung Einberufener wegen mangelnder Vakanz wird nicht stattfinden.

(3.) Die Probezeit soll, vorbehaltlich der Abkürzung bei früher erwiesener Qualifikation, in der Regel höchstens betragen:

1. für den Dienst als Post- oder Telegraphenassistent ein Jahr,
2. für den Dienst in der Eisenbahnverwaltung, mit Ausschluß der im § 3 bezeichneten Stellen, ein Jahr,
3. für den Dienst bei der Reichsbank ein Jahr,
4. für den Dienst in der Verwaltung der Zölle und indirekten Steuern ein Jahr,

5. für den Dienst in der Straßen- und Wasserbauverwaltung, mit Ausschluß der im § 3 bezeichneten Stellen, ein Jahr,
6. für den nicht unter 1 bis 5 fallenden Reichs- und Staatsdienst sechs Monate,

(4.) Spätestens bei Beendigung der Probezeit hat die Anstellungsbehörde darüber Beschluß zu fassen, ob der Stellenanwärter in seiner Stelle zu bestätigen beziehungsweise in den Zivildienst zu übernehmen, oder wieder zu entlassen ist.

§ 20. Stellenanwärter, die sich noch im aktiven Militärdienste befinden, werden auf Veranlassung der Anstellungsbehörde durch die vorgesetzte Militärbehörde auf die Dauer der Probezeit abkommandiert. Eine Verlängerung der Probezeit über die im § 19 bezeichneten Fristen hinaus ist unzulässig.

§ 21. Den Stellenanwärtern ist während der Anstellung auf Probe das volle Stelleneinkommen, während der Probedienstleistung eine fortlaufende Remuneration von nicht weniger als drei Viertel des Stelleneinkommens zu gewähren.

§ 22. (1.) Konkurrieren bei der etatsmäßigen Besetzung einer den Militäranwärtern vorbehaltenen Stellen mehrere bereits einberufene, aber noch nicht etatsmäßig (§ 13) angestellte Stellenanwärter, so finden die im § 18 festgestellten Grundsätze sinngemäß Anwendung. Einen Anspruch auf vorzugsweise Berücksichtigung haben jedoch die ehemaligen, mindestens acht Jahre gedienten Unteroffiziere nicht denjenigen Stellenanwärtern gegenüber, deren Gesamtdienstzeit (aktive Militärdienstzeit und Dienstzeit in dem betreffenden Dienstzweige) von längerer Dauer ist als die von ihnen selbst zurückgelegte.

(2.) Die in nicht etatsmäßige Unterbeamtenstellen einberufenen Inhaber des Anstellungsscheins rangieren bei der Konkurrenz um etatsmäßige Anstellung mit den zivilversorgungsberechtigten Stellenanwärtern, die nicht mindestens acht Jahre im Heere oder in der Marine aktiv gedient haben.

(3.) Nichtversorgungsberechtigte, die für eine den Militäranwärtern ausschließlich vorbehaltene Stelle einberufen worden sind, weil kein geeigneter Stellenanwärter vorhanden war, sind bezüglich der etatsmäßigen Anstellung den Stellenanwärtern, die nicht nach mindestens achtjähriger aktiver Dienstzeit aus dem Heere oder der Marine als Unteroffizier ausgeschieden sind, gleichzuachten. Jedoch dürfen sie nicht vor solchen qualifizierten Stellenanwärtern etatsmäßig angestellt werden, die in demselben Dienstzweig eine gleiche oder längere Dienstzeit zurückgelegt haben. Dasselbe gilt für die im § 10 Nr. 7 bezeichneten Personen, sofern ihnen die Anstellungsfähigkeit für einen bestimmten Dienstzweig und nicht für eine bestimmte Stelle verliehen worden ist.

(4.) Das Aufrücken in höhere Diensteinnahmen und die Beförderung in Stellen höherer Klasse erfolgt lediglich nach den für die einzelnen Dienstzweige maßgebenden Bestimmungen. Der Besitz des Zivilversorgungsscheins oder des Anstellungsscheins begründet dabei keinen Anspruch auf Bevorzugung. Jene Bestimmungen dürfen jedoch ebensowenig Beschränkungen zuungunsten der Militäranwärter usw. enthalten, vielmehr ist tunlichst darauf Bedacht zu nehmen, daß ihnen Gelegenheit zur Erwerbung der Qualifikation für das Aufrücken in höhere Dienststellen geboten werde.

(5.) In Beziehung auf die Beförderung in Stellen des mittleren Dienstes oder des Kanzleidienstes sind Inhaber des Anstellungsscheins oder etatsmäßig angestellte ehemalige Inhaber dieses Scheines lediglich als nicht versorgungsberechtigte Zivilpersonen anzusehen.

(6.) Ist für das Aufrücken in höhere Diensteinnahmen oder für die Beförderung in höhere Dienststellen die Gesamtdienstzeit entscheidend, so wird diese für Militäranwärter mindestens von dem Beginne der Probezeit in dem betreffenden Dienstzweig ab berechnet.

§ 23. (1.) Von der Besetzung der den Militäranwärtern usw. vorbehaltenen Stellen haben die Anstellungsbehörden am Schlusse des Vierteljahrs den Vermittelungsbehörden ihres Bezirkes durch Zusendung einer Nachweisung nach
Anlage K. Anlage K Mitteilung zu machen.

(2.) Die Vermittelungsbehörden veranlassen eine entsprechende Bekanntmachung in der Vakanzenliste.

§ 24. (1.) Zur Kontrolle darüber, daß bei der Besetzung der den Militäranwärtern usw. im Reichsdienste vorbehaltenen Stellen den vorstehenden Grundsätzen gemäß verfahren wird, ist außer den Ressortchefs der Rechnungshof verpflichtet.

(2.) Sobald ein Stellenanwärter im Reichsdienst angestellt wird, ist der ersten Anweisung für die Zahlung des Gehalts oder der Remuneration beglaubigte Abschrift des Zivilversorgungsscheins oder des Anstellungsscheins beizufügen.

(3.) Nach erfolgter etatsmäßiger Anstellung seines Inhabers (§ 13) wird der Zivilversorgungsschein oder der Anstellungsschein selbst zu den Akten genommen.

(4.) Ist die Besetzung einer vorbehaltenen Stelle des Reichsdienstes durch einen Nichtversorgungsberechtigten erfolgt, so ist zu der Rechnung, aus der diese Besetzung zum ersten Male ersichtlich wird, zu bescheinigen und auf Verlangen dem Rechnungshofe nachzuweisen, daß bei der Besetzung der Stelle den vorstehenden Grundsätzen genügt worden ist.

(5.) Die gleiche Verpflichtung wie den Ressortchefs und dem Rechnungshof ist bezüglich der Stellen im Staatsdienste den obersten Verwaltungsbehörden oder nach Anordnung der Landesregierungen den höchsten Rechnungs-Revisionsstellen in den einzelnen Bundesstaaten aufzuerlegen.

(6.) Erfolgt die Besetzung der Stellen durch eine oberste Staatsbehörde, so bedarf es eines Nachweises vor der Rechnungs-Revisionsstelle nicht.

§ 25. Im Falle der Eröffnung einer gerichtlichen Untersuchung gegen einen Militäranwärter usw. ist der Zivilversorgungsschein oder der Anstellungsschein zu den Untersuchungsakten einzufordern. Führt die Untersuchung zu einem rechtskräftigen Urteil, das auf zeitige Unfähigkeit zur Bekleidung öffentlicher Ämter oder auf eine Strafe lautet, welche die dauernde oder zeitige Unfähigkeit zur Bekleidung öffentlicher Ämter von Rechts wegen zur Folge hat, so ist der Zivilversorgungsschein usw. unter Mitteilung der Urteilsformel der Militärbehörde zu übersenden, die den Schein erteilt hat (§ 1 Abs. 6). Andernfalls ist der Zivilversorgungsschein oder der Anstellungsschein der Behörde zu übersenden, bei welcher der Militäranwärter usw. angestellt oder beschäftigt ist. Militäranwärtern usw. aber, die im Zivildienste noch nicht angestellt oder beschäftigt sind, zurückzugeben.

§ 26. (1.) Der Zivilversorgungsschein oder der Anstellungsschein ist verwirkt, wenn gegen den Inhaber rechtskräftig auf eine Strafe erkannt worden ist, welche die dauernde Unfähigkeit zur Bekleidung öffentlicher Ämter von Rechts wegen zur Folge hat.

(2.) Lautet das rechtskräftige Urteil nur auf zeitige Unfähigkeit zur Bekleidung öffentlicher Ämter oder auf eine Strafe, welche die zeitige Unfähigkeit zur Bekleidung öffentlicher Ämter zur Folge hat, so wird der Zivilversorgungsschein usw. nach Ablauf der Zeit, auf die sich die Wirkung des Urteils erstreckt, zurückgegeben, zuvor jedoch von der Militärbehörde (§ 25) mit einem den wesentlichen Inhalt des Urteils wiedergebenden Vermerke versehen. Die Anstellung des Inhabers in einer den Militäranwärtern usw. vorbehaltenen Stelle ist lediglich dem freien Ermessen der beteiligten Behörden überlassen.

§ 27. (1.) Erfolgt das Ausscheiden aus der Stelle unfreiwillig aus anderen als den im § 26 bezeichneten Gründen, so sind diese im Zivilversorgungsschein oder im Anstellungsscheine zu vermerken, bevor dessen Rückgabe erfolgt.

(2.) Hat die unfreiwillige Entlassung eines Militäranwärters usw. infolge einer den Mangel an ehrliebender Gesinnung verratenden Handlung oder wegen fortgesetzt schlechter Dienstführung stattgefunden, so sind die Behörden zur Berücksichtigung des Anstellungsgesuchs nicht verpflichtet.

§ 28. Erfolgt das Ausscheiden aus der Stelle freiwillig, aber ohne Pension, so ist dies gleichfalls in dem Zivilversorgungsschein oder im Anstellungsscheine zu vermerken, bevor dessen Rückgabe erfolgt.

§ 29. Der Zivilversorgungsschein und der Anstellungsschein erlöschen, sobald ihre Inhaber aus dem Zivildienste mit Pension (§ 13) in den Ruhestand treten. Eine Rückgabe des Zivilversorgungsscheins usw. findet in diesem Falle nicht statt.

§ 30. Bereits erworbene Ansprüche werden durch vorstehende Grundsätze nicht berührt.

§ 31. Die vorstehenden Grundsätze treten am 1. Oktober 1907 in Kraft.

Anlage A.*)

Zivilversorgungsschein.

Dem (Vor- und Familienname, Dienstgrad und Truppenteil usw.) ist gegenwärtiger Zivilversorgungsschein nach einer aktiven Militärdienstzeit von

. . . . Jahren . . . . Monaten

erteilt worden.

Er ist auf Grund dieses Scheines zur Versorgung im Zivildienste bei den Reichsbehörden, den Staatsbehörden aller Bundesstaaten und den Kommunalbehörden usw. des Bundesstaats, dessen Staatsangehörigkeit er seit zwei Jahren besitzt,

nach Maßgabe der darüber bestehenden Bestimmungen berechtigt.

Der Inhaber bezieht eine Militärrente von . . . . M. . . . . Pf. monatlich.

N. N., den . . . ten . . . . 19 . . .

(Stempel.) (Behörde, die über den Anspruch auf den Zivilversorgungsschein entschieden hat.)

Alter: . . . . Jahre . . . .

(Nr. des Zivilversorgungsscheins.) (Unterschrift des Militärvorgesetzten.)

(Nr. der Rentenliste.)

*) Die Zivilversorgungsscheine und der Anstellungsschein — Anlagen A bis E — sind in Form eines Buches wie die Militärpässe anzulegen. Die Vorderseite des Umschlags ist bei den Zivilversorgungsscheinen nach den Anlagen A und E und bei dem Anstellungsscheine (Anlage B) mit einem großen, bei dem Zivilversorgungsscheine nach Anlage C mit einem kleinen Reichsadler zu versehen. Von den Zivilversorgungsscheinen sämtlicher Gattungen erhalten die, welche für Unteroffiziere bestimmt sind, die nach mindestens achtjähriger aktiver Dienstzeit aus dem Heere oder der Marine ausscheiden, einen Umschlag von roter, alle übrigen Zivilversorgungsscheine aber einen solchen von blauer Farbe. Die Anstellungsscheine erhalten einen gelben Umschlag. Den Zivilversorgungsscheinen usw. werden Nachrichten über den Bezug der Militärrenten und der Invalidenpension sowie über die Versorgung der Militäranwärter usw. vorgedruckt.

Anlage B.*)

Anstellungsschein für den Unterbeamtendienst.

Dem (Vor- und Familienname, Dienstgrad und Truppenteil usw.) ist gegenwärtiger Anstellungsschein nach einer aktiven Militärdienstzeit von

. . . . Jahren . . . . Monaten

erteilt worden.

Die Reichsbehörden, die Staatsbehörden aller Bundesstaaten und die Kommunalbehörden usw. des Bundesstaats, dessen Staatsangehörigkeit er seit zwei Jahren besitzt,

sind verpflichtet, seine Bewerbungen um Anstellung in einer der den Militäranwärtern und den Inhabern des Anstellungsscheins vorbehaltenen Unterbeamtenstellen nach Maßgabe der darüber bestehenden Bestimmungen zu berücksichtigen.

Der Inhaber bezieht eine Militärrente von . . . . M. . . . . Pf. monatlich.

N. N., den . . . ten . . . . 19 . . .

(Stempel.) (Behörde, die über die Gewährung des Anstellungsscheins entschieden hat.)

Alter: . . . . Jahre . . . .
(Nr. des Anstellungsscheins.) (Unterschrift des Militärvorgesetzten.)
(Nr. der Rentenliste.)

Anlage C.*)

Zivilversorgungsschein.

Dem (Vor- und Familienname, Dienstgrad in der Gendarmerie, im Landjägerkorps oder in der Schutzmannschaft) ist gegenwärtiger Zivilversorgungsschein nach

einer aktiven Militärdienstzeit von . . . . Jahren . . . . Monaten
einer weiteren Dienstzeit in der Gendarmerie (oder im Landjägerkorps oder in der Schutzmannschaft) von . . . . „ . . . . „
mithin nach einer Gesamtdienstzeit von . . . . „ . . . . „

erteilt worden.

Er ist auf Grund dieses Scheines zur Versorgung im Zivildienste bei den

Reichsbehörden sowie bei den Staatsbehörden (Name des Bundesstaats)

nach Maßgabe der darüber bestehenden Bestimmungen berechtigt.

Der Inhaber bezieht eine Pension von . . . . M. . . . . Pf. monatlich.

N. N., den . . . ten . . . . 19 . . .

(Stempel.) (Behörde, die über den Anspruch auf den Zivilversorgungsschein entschieden hat.)

Alter: . . . . Jahre . . . .
(Nr. des Zivilversorgungsscheins.) (Unterschrift des Militärvorgesetzten.)

*) Siehe die Fußnote auf Anlage A.

Anlage D.*)

Zivilversorgungsschein.

Dem (Vor- und Familienname, Dienstgrad in der Gendarmerie, im Landjägerkorps oder in der Schutzmannschaft) ist gegenwärtiger Zivilversorgungsschein nach

einer aktiven Militärdienstzeit von . . . . Jahren . . . . Monaten
einer weiteren Dienstzeit in der Gendarmerie (oder im Landjägerkorps oder in der Schutzmannschaft) von . . . . „ . . . . . „
mithin nach einer Gesamtdienstzeit von . . . . „ . . . . . „

erteilt worden.

Er ist auf Grund dieses Scheines zur Versorgung im Zivildienste bei den

Staatsbehörden des (Name des Bundesstaats)

nach Maßgabe der darüber bestehenden Bestimmungen berechtigt.

Der Inhaber bezieht eine Pension von . . . . M. . . . . Pf. monatlich.

N. N., den . . . ten . . . . 19 . . .

(Stempel.) (Behörde, die über den Anspruch auf den Zivilversorgungsschein entschieden hat.)

Alter: . . . . Jahre . . . .
(Nr. des Zivilversorgungsscheins.) (Unterschrift des Militärvorgesetzten.)

Anlage E.*)

Zivilversorgungsschein.

Dem (Vor- und Familienname, letzte Stellung in einem der Schutzgebiete) ist gegenwärtiger Zivilversorgungsschein nach

einer aktiven Militärdienstzeit von . . . . Jahren . . . . Monaten
einer weiteren Dienstzeit in der Polizeitruppe (Schutztruppe, im Grenz- oder Zollaufsichtsdienste) von . . . . „ „
mithin nach einer Gesamtdienstzeit von . . . . „ „

erteilt worden.

Er ist auf Grund dieses Scheines zur Versorgung im Zivildienste bei den

Reichsbehörden sowie den Staatsbehörden aller Bundesstaaten

nach Maßgabe der darüber bestehenden Bestimmungen berechtigt.

Der Inhaber bezieht eine Pension von . . . . M. . . . . Pf. monatlich.

N. N., den . . . ten . . . . 19 . . .

(Stempel.) (Behörde, die über den Anspruch auf den Zivilversorgungsschein entschieden hat.)

Alter: . . . . Jahre . . . .
(Nr. des Zivilversorgungsscheins.)

*) Siehe die Fußnote auf Anlage A.

Anlage F.

Verzeichnis der den Militäranwärtern usw. im Reichsdienste vorbehaltenen*) Stellen.

I. Bei sämtlichen Verwaltungen.

A. Kanzleibeamte.

Kanzleibeamte (Kanzleisekretäre, Kanzlisten, Kanzleiassistenten, Kanzleidiätare, Kopisten, Lohnschreiber usw.), mit Ausnahme der Stellen dieser Art bei der Reichskanzlei, dem Chiffrierbureau des Auswärtigen Amts, den Gesandtschaften und Konsulaten sowie der Stellen der Diätare und des vierten Teiles der etatsmäßigen Sekretäre der Geheimen Kanzlei des Auswärtigen Amts.

B. Unterbeamte.

Botenmeister,
Hausinspektoren (soweit sie zu den Unterbeamten gehören),
Aufseher (Magazin-, Bau- und andere Aufseher),
Diener (Bureau-, Haus-, Kanzlei-, Laboratorien-, Kassen- und andere Diener und Boten),
Präparatoren,
Hauswart, Hausmänner und Hausknechte,
Kastellane,
Ofenheizer,
Portiers, Pförtner, Türsteher,
Wächter und Nachtwächter,
Wärter (Arrestwärter, Aufwärter, Bahn-, Brückenwärter, Hausaufwärter, Kasernen-, Kranken-, Lampen-, Lauf-, Lazarett- und andere Wärter)

} mit Ausnahme der Stellen dieser Art bei den Gesandtschaften und Konsulaten.

II. Reichsamt des Innern.**)

1. Kaiserliches Statistisches Amt und Schiffsvermessungsamt:

Mittlere Beamte.

Sekretariatsassistenten.***) mindestens zur Hälfte.

2. Kaiserliches Kanalamt zu Kiel:

a. Mittlere Beamte.

Sekretariatsassistenten,***) } mindestens
Kanalschreiber } zur Hälfte,
Baggermeister (sofern die erforderlichen technischen Kenntnisse nachgewiesen werden).
* Materialienverwalter,
* ° Oberlotsen.
* Obermaschinisten,
* ° Hafenmeister,
* ° Oberschleusenmeister.

b. Unterbeamte.

* Maschinisten, } mindestens
Maschinistenassistenten } zur Hälfte,
° Lotsen mindestens zu einem Drittel.
Drucker,
* Materialienverwalter,
* ° Schiffsführer,
° Steuermänner,
* Schleusenmeister,
Telegraphisten,
° Schleusenwärter,
° Fährwärter.

III. Militärverwaltung.

(Preußen, Königreich Sachsen, Württemberg.)

a. Mittlere Beamte.

1. Kriegsministerium:
Kalkulatoren.

Anmerkung. Jede fünfte Kalkulatorstelle in der Naturalkontrolle des Königlich Preußischen Kriegsministeriums ist den Zahlmeistern vorbehalten.

Das Königlich Sächsische Kriegsministerium behält sich die Entscheidung über die Besetzung der Kalkulatorstellen mit Zahlmeistern von Fall zu Fall vor.

Wegen der Königlich Württembergischen Militärverwaltung siehe unter 5. „Intendanturen".

2. Generalstab:
Bureauvorsteher,
Rechnungsführer,
Expedienten und Registratoren.

3. Generalinspektion des Militärerziehungs- und Bildungswesens:
Sekretär und Registrator,
Registraturassistent.

4. Generalmilitärkasse (Kriegszahlamt):
Rendant,
Oberbuchhalter,
Kassiere,
Buchhalter,
Geheime Sekretäre.

*) Die in diesem Verzeichnis aufgeführten Stellen sind den Militäranwärtern usw. ausschließlich vorbehalten, soweit bei den einzelnen Gattungen von Stellen etwas anderes nicht ausdrücklich bemerkt ist.

**) Im Abschnitt II sind die Stellen, die den Militäranwärtern usw. vorbehalten, aber regelmäßig nur im Wege des Aufrückens oder der Beförderung zugänglich sind, mit einem * bezeichnet. Stellen, die nur den anstellungsberechtigten Deckoffizieren und den Militäranwärtern der Marine vorbehalten sind, sind mit einem ° bezeichnet.

***) Die Sekretariatsassistentenstellen bilden nicht den Übergang zu den Sekretärstellen.

Anmerkung. Jede zweite Stelle der Buchhalter und Geheimen Sekretäre bei der Generalmilitärkasse und dem Königlich Sächsischen Kriegszahlamt ist den Zahlmeistern vorbehalten. Beim Königlich Württembergischen Kriegszahlamte wird jede zweite Stelle der Buchhalter — ausschließlich des ersten Buchhalters — den Zahlmeistern vorbehalten.

5. Intendanturen:
Intendantursekretäre (in der Königlich Württembergischen Militärverwaltung auch der Kalkulator bei der Naturalkontrolle), soweit sie nicht aus Zahlmeistern oder Unterzahlmeistern und Zahlmeisteraspiranten ergänzt werden,
Intendanturregistratoren.

6. Artillerie-Prüfungskommission:
Registrator,
Technischer Inspektor.

7. Festungsgefängnisse:
Rendanten.

8. Garnisonverwaltungen:
Garnisonverwaltungs-Direktoren und Oberinspektoren,
Garnisonverwaltungs-Inspektoren,
Garnisonverwaltungs-Kontrolleure,
Kaserneninspektoren.

Anmerkung. In der Königlich Preußischen und Königlich Sächsischen Militärverwaltung ist jede fünfte Stelle der Kontrolleure den Zahlmeistern vorbehalten, desgleichen in der Königlich Württembergischen Militärverwaltung, jedoch zusammen mit den Stellen der Lazarettverwaltungs-Inspektoren und der Kontrolleure beim Bekleidungsamte.

9. Invalidenhäuser:

Rendant, Inspektor.	Soweit die Rendantenstelle nicht mit einem verabschiedeten Offizier besetzt wird, werden beide Beamte aus der Zahl der angestellten Garnisonverwaltungs- oder der Lazarettverwaltungsbeamten entnommen.

10. Kadettenanstalten:
Rendanten,
Sekretär,
Registrator und Journalist,
Kassensekretäre,
Kassenkontrolleur,
Hausinspektoren.

11. Kriegsakademie:
Rendant,
Hausinspektor und Kassenkontrolleur,
Registrator.

12. Lazarette:
Lazarettverwaltungs-Direktoren und -Oberinspektoren,
Lazarettverwaltungs-Inspektoren,
Lazarettinspektoren.

Anmerkung. In der Königlich Preußischen und Königlich Sächsischen Militärverwaltung ist jede fünfte Stelle der Lazarettverwaltungs-Inspektoren den Zahlmeistern vorbehalten. Bezüglich der Königlich Württembergischen Militärverwaltung siehe die Anmerkung zu 8.

13. Kaiser Wilhelms-Akademie für das militärärztliche Bildungswesen:
Rendant. Die Stelle wird entweder mit einem verabschiedeten Offizier oder mit einem sachkundigen Militärverwaltungsbeamten besetzt.
Lazarettinspektoren als Kassenkontrolleur und als Hausinspektor. Diese Beamten werden aus der Zahl der angestellten Lazarettverwaltungsbeamten entnommen.

14. Oberkriegsgerichte. Kriegsgerichte:
Militärgerichtsschreiber,
Militärgerichtsschreibergehilfen.

15. Militärknabenerziehungsanstalt in Annaburg und Soldatenknabenerziehungsanstalt in Kleinstruppen:
Rendant,
Inspektoren,
Sekretär,
Musiklehrer.

16. Militär-Veterinär-Akademie:
Rendant. Die Stelle wird mit einem sachkundigen Militärverwaltungsbeamten besetzt.
Hausinspektor und Kassenkontrolleur.

17. Bekleidungsämter:
Bekleidungsamts-Rendanten,
Bekleidungsamts-Kontrolleure,
Bekleidungsamts-Assistenten.

Anmerkung. In der Königlich Preußischen Militärverwaltung ist jede fünfte Stelle der Kontrolleure den Zahlmeistern vorbehalten. Das Königlich Sächsische Kriegsministerium behält sich die Entscheidung über die Besetzung der Rendantenstellen mit Zahlmeistern von Fall zu Fall vor. Bezüglich der Königlich Württembergischen Militärverwaltung siehe die Anmerkung zu 8.

18. Ober-Militär-Prüfungskommission:
Registrator.

19. Proviantämter:
Proviantamts-Direktoren,
Proviantmeister,
Proviantamts-Rendanten,
Proviantamts-Kontrolleure,
Proviantamts-Assistenten.

20. **Feldzeugmeisterei:**
Registratoren bei der Zentralabteilung, den Inspektionen der technischen Institute sowie bei der Artilleriedepot-Inspektion.

21. **Technische Institute:**
Munitionsrevisoren bei den Gewehr- und Munitionsfabriken,

Rendant, Materialienverwalter	beim Militärversuchsamt in Berlin,

Zeichnungenverwalter beim Artillerie-Konstruktionsbureau,
Oberrevisoren und Revisoren.

22. **Remontedepots:**
Remontedepot-Administratoren,
Inspektoren,
Stabsveterinäre und Oberveterinäre,
Sekretäre.

23. **Unteroffizierrorschulen:**
Rendanten.

24. **Militärtechnische Akademie:**
Rendant.

25. **Zahlungsstelle des XIV. Armeekorps:**
Rendant.
Buchhalter.
Anmerkung. Jede zweite Stelle der Buchhalter ist den Zahlmeistern vorbehalten.

26. **Militärbauwesen:**
Militärbauregistratoren.

27. **Militäreisenbahn:**
Werkstättenvorsteher.

b. Unterbeamte.

Backmeister,
Drucker,
Futtermeister,
Gärtner,
Küster,
Kustoden,
Maschinenaufseher und Heizer,
Maschinisten,
Mühlenmeister,
Oberdrucker,
Packmeister,
Röhrmeister,
Tafeldecker,
Totengräber,
Waschmeister,
Werkmeister.

IV. Marineverwaltung.*)

a. Mittlere Beamte.

Rendanten, Kontrolleure, Assistenten	bei den Bekleidungsämtern,	soweit sie nicht ausnahmsweise aus Beamten der Marine ergänzt werden,
Rendanten, Kontrolleure, Assistenten	bei den Verpflegungsämtern,	

Intendanturregistratoren ergänzen sich aus den Beamten des Werftregistraturdienstes und aus den Stations- und Mobilmachungs-Registratoren sowie aus den Registratoren der Hochseeflotte und der Inspektion des Bildungswesens der Marine,
Marine-Kriegsgerichtsekretäre,
Garnisonverwaltungs-Direktoren,
Garnisonverwaltungs-Oberinspektoren,
Garnisonverwaltungs-Inspektoren,
Garnisonverwaltungs-Kontrolleure,
Kaserneninspektoren,
Wasserwerksinspektor beim Wasserwerk in Feldhausen,

Lazarettoberinspektoren, Lazarettverwaltungs-Inspektoren, Lazarettinspektoren, Sanitätsdepotinspektoren	soweit sie nicht aus anstellungsberechtigten ehemaligen Sanitätsunteroffizieren der Marine ergänzt werden.**)

Bibliotheksassistenten,
Werftbuchführer (für den Registraturdienst),
Werftbuchführer, soweit sie nicht ausnahmsweise aus anstellungsberechtigten ehemaligen Obermaterialienverwaltern und Materialienverwaltern der Marine ergänzt werden.

b. Unterbeamte.

Maschinisten, Untermaschinisten, Heizer	für Garnisonanstalten und Lazarette.

Bauaufseher bei den Garnisonbauämtern,
*Schiffsführer,

Maschinisten, Untermaschinisten	bei den Artilleriedepots,

Maschinist bei der Torpedowerkstatt in Friedrichsort,
Küster,
*Magazinaufseher bei den Werften,
*Führer, *Steuerleute und *Maschinisten der Werftfahrzeuge,
*Spritzenmeister,
Brückenwärter,

*Maschinisten, *Untermaschinisten, *Leuchtturmwärter, *Nebelsignalwärter, *Maschinenwärter	beim Lotsen- und Seezeichenwesen.

Materialienverwalter beim Lotsenkommando an der Jade,
Drucker beim Reichs-Marine-Amte,
Drucker beim Admiralstabe der Marine,
Drucker bei der deutschen Seewarte.

*) Die mit einem * bezeichneten Stellen sind solche, bei denen Unteroffiziere der Marine vor Unteroffizieren des Landheeres zu berücksichtigen sind.

**) Bewerber für Kasernen- sowie Lazarett- und Sanitätsdepot-Inspektorenstellen müssen ihre Militärdienstzeit in der Kaiserlichen Marine abgeleistet oder aber wenigstens die Ausbildung und Prüfung im Bereiche der Marine erledigt haben.

V. Reichs-Post- und Telegraphenverwaltung.

a. Mittlere Beamte.

1. Kontrolleure beim Post-Zeitungsamt in Berlin, 2. Kassier beim Post-Zeitungsamt in Berlin, 3. Ober-Postkassenkassiere	zur Hälfte.*)
4. Bureau- und Rechnungsbeamte I. Klasse und Ober-Postkassenbuchhalter, 5. Ober-Postsekretäre und Ober-Telegraphensekretäre, 6. Vorsteher von Postämtern II. Klasse, 7. Postsekretäre und Telegraphensekretäre, 8. Bureau- und Rechnungsbeamte II. Klasse	zur Hälfte.
9. Ober-Postassistenten und Ober-Telegraphenassistenten, Postassistenten u. Telegraphenassistenten sowie Vorsteher von Postämtern III. Klasse	zur Hälfte mit Ausschluß derjenigen Stellen, für welche Militäranwärter nicht geeignet sind.**)

b. Unterbeamte.

1. Postpackmeister, Postschaffner bei den Ober-Postdirektionen und den Ober-Postkassen sowie im Paketbestellungs- und im Postbegleitungsdienst, Unterbeamte in gehobenen Dienststellen im Postbegleitungsdienste, 2. Unterbeamte im Landbestell- und Botenpostdienste (Landbriefträger)	sämtlich.***)
3. Briefträger sowie Postschaffner im inneren Dienste bei den Post- und Telegraphenämtern, Unterbeamte in gehobenen Dienststellen im Briefträger- und im innern Dienste	mindestens zu zwei Dritteln.†)

VI. Verwaltung der Reichseisenbahnen.

Anmerkung. Stellen, die nur im Wege des Aufrückens oder der Beförderung erreicht werden können, sind mit einem * bezeichnet.

a. Mittlere Beamte.

*Zugführer und *Oberpackmeister,
Materialienverwalteraspiranten und -diätare,
Materialienverwalter,

Stationsaspiranten und -diätare, Stationsassistenten, *Bahnhofsverwalter, *Bahnhofsvorsteher, *Oberbahnhofsvorsteher, *Gütervorsteher, *Obergütervorsteher, *Kassenvorsteher, *Oberkassenvorsteher und *Betriebskontrolleure	zu zwei Dritteln.
Bureauaspiranten und -diätare, nichttechnische Bureauassistenten, nichttechnische Betriebssekretäre,††) *nichttechnische Eisenbahnsekretäre und *Hauptkassenkassiere, *Materialienverwalter I. Klasse	zur Hälfte.

b. Unterbeamte.

Bremser, Schaffner, *Packmeister,
Bahnsteigschaffner,
Weichensteller, *Stellwerksweichensteller, *Weichensteller I. Klasse und *Bahnhofsaufseher,
Rottenführer,
Fahrkarten- und Steindrucker,
Schirrmänner und *Schirrmeister,
Lademeisteraspiranten und -diätare, Lademeister, Telegraphisten.†††)

VII. Reichsmilitärgericht.

Mittlere Beamte.

Obersekretäre. Sie ergänzen sich in der Regel aus den Militärgerichtsschreibern bei den Oberkriegsgerichten der deutschen Armee und der Kaiserlichen Marine.

VIII. Reichsbank.

Bei der Reichshauptbank und den Zweiganstalten.

Mittlere Beamte.

Registratoren,
Registraturassistenten,
Geldzähler,

Kalkulatoren, Kalkulaturassistenten	mindestens zur Hälfte.

*) Die Stellen unter 1 bis 7 sind nur im Wege des Aufrückens oder der Beförderung von Beamten zu erreichen, die der Reichs-Post- und Telegraphenverwaltung bereits angehören. Die Stellen der Gruppe 8 werden mit geeigneten Beamten der Gruppe 9 besetzt.

**) Die Zahl der vorweg auszuscheidenden, den Militäranwärtern nicht zugänglichen Stellen der Gruppe 9 ist auf ein Siebentel der Gesamtstellenzahl festgesetzt.

***) Die Stellen für Unterbeamte in gehobenen Dienststellen sind nur im Wege des Aufrückens oder der Beförderung von Unterbeamten zu erreichen, die der Reichs-Post- und Telegraphenverwaltung bereits angehören.

†) Die Stellen für Unterbeamte in gehobenen Dienststellen sind nur im Wege des Aufrückens oder der Beförderung von Unterbeamten zu erreichen, die der Reichs-Post- und Telegraphenverwaltung bereits angehören.

††) Bewerbungen um die Stellen der nichttechnischen Betriebssekretäre werden nicht mehr angenommen.

†††) Bewerbungen um die Stellen der Telegraphisten werden nicht mehr angenommen.

Anlage G.

(Behörde.)

Liste der Anwärter für die Anstellung im (oberen Garnisonverwaltungsdienste).

Laufende Nr.	Tag des Einganges der Meldung oder der bestandenen Vorprüfung	Beim Militär erdienter Dienstgrad	Vor- und Familienname	Jetziges Verhältnis / Aufenthaltsort	Geburtstag und Jahr	Geburtsort / Kreis / Provinz / Bundesstaat
1.	*5. Juni 1905*	*Feldwebel*	*Karl Wilhelm Frobe*	*Eisenbahn-Bureaudiätar* / *Bromberg*	*4. Juni 1873*	*Potsdam* / *Potsdam* / *Brandenburg* / *Preußen*
2.	*1. Mai 1907*	*Sergeant*	*Peter Albert Mai*	*Sergeant im 8. Ostpreuß. Infanterie-Regiment Nr. 45* / *Insterburg*	*1. Juli 1874*	*Praust* / *Danzig* / *Westpreußen* / *Preußen*

Dienstzeit im Militär von bis	Dienstzeit im Militär Jahr	Dienstzeit im Zivil von bis	Dienstzeit im Zivil Jahr	Datum und Nummer des Zivilversorgungsscheins oder des Anstellungsscheins	Kautionsfähig bis zum Betrage von Mark	Besondere Wünsche in bezug auf die Anstellung	Ob und für welche Stellen desselben Geschäftsbereichs*) der Anwärter vorgemerkt ist	Behörde, bei welcher der Anwärter etatsmäßig angestellt ist / Datum der Anstellung	Bemerkungen (Datum der Wiederholung der Meldung)
1. Okt. 1892 bis 1. Okt. 1905	*13*			*1. Okt. 1904* / *III A. K. 88 04*	*1000*			—	—
1. Okt. 1894	*$12\frac{7}{12}$*			*1. Okt. 1906* / *I. A. K. 50 06*	*1000*		*Lazarettinspektor*	—	—

Anmerkungen.

1. Für jeden Dienstzweig ist eine besondere Liste zu führen.
2. Die Listen sind unter Beachtung des § 18 der Grundsätze in folgende Abschnitte einzuteilen: I. Abschnitt. Unteroffiziere, die mindestens acht Jahre im Heere oder in der Marine gedient haben. II. Abschnitt. Andere Militäranwärter (Inhaber des Zivilversorgungsscheins). III. Abschnitt. Inhaber des Anstellungsscheins für den Unterbeamtendienst.
3. Bei den Stellen des See-, Küsten- und Seehafendienstes würden in Rücksicht auf das Vorzugsrecht der Unteroffiziere der Marine entsprechende weitere Abschnitte vorzusehen sein.
4. Es bleibt den Behörden unbenommen, noch weitere Eintragungen vorzunehmen, wenn dies für notwendig gehalten wird.

*) Siehe § 6 der Grundsätze.

[Anl]age H.
(Zu § 16.)

Verzeichnis der Vermittelungsbehörden.

Nr.	Bundesstaat	Vermittelungsbehörden
1.	**Preußen**	a) Für den Bezirk des I. Armeekorps: Bez. Kdo. Braunsberg, b) „ „ „ „ II. „ : „ Stettin, c) „ „ „ „ III. „ : „ Potsdam, d) „ „ „ „ IV. „ : „ Magdeburg, e) „ „ „ „ V. „ : „ Neusalz a. O., f) „ „ „ „ VI. „ : „ II Breslau, g) „ „ „ „ VII. „ : „ Münster, h) „ „ „ „ VIII. „ : „ Coblenz, i) „ „ „ „ IX. „ : „ Schleswig, k) „ „ „ „ X. „ : „ Hildesheim, l) „ „ „ „ XI. „ : „ Marburg, m) „ „ „ „ XVII. „ : „ Marienburg, n) „ „ „ „ XVIII. „ : „ Hanau.
2.	**Bayern**	a) Für den Bezirk des I. bayer. Armeekorps: Bez. Kdo. II München, b) „ „ „ „ II. „ „ : „ Würzburg, c) „ „ „ „ III. „ „ : „ Nürnberg.
3.	**Sachsen** (Königreich) . .	a) Für den Bezirk des XII. (1. K. S.) Armeekorps: Bez. Kdo. I Dresden, b) „ „ „ „ XIX. (2. K. S.) „ : „ I Leipzig.
4.	**Württemberg**	Königlich Württembergisches Kriegsministerium zu Stuttgart.
5.	**Baden**	Bezirkskommando Karlsruhe.
6.	**Hessen**	Für den Bezirk der Großherzoglich Hessischen (25.) Division: Bezirkskommando II Darmstadt.
7.	**Mecklenburg-Schwerin** . .	Für den Bezirk der 34. Inf. Brig.: Bezirkskommando Schwerin.
8.	**Sachsen** (Großherzogtum) .	Bezirkskommando Marburg.
9.	**Mecklenburg-Strelitz** . . .	„ Schwerin.
10.	**Oldenburg**	a) Für das Fürstentum Birkenfeld: Bezirkskommando Coblenz, b) „ „ übrige Staatsgebiet: Bezirkskommando Hildesheim.
11.	**Braunschweig**	Bezirkskommando Hildesheim.
12.	**Sachsen-Meiningen** . . .	„ Marburg.
13.	**Sachsen-Altenburg** . . .	„ Magdeburg.
14.	**Sachsen-Coburg und Gotha**	„ Marburg.
15.	**Anhalt**	„ Magdeburg.
16.	**Schwarzburg-Sondershausen**	„ Marburg.
17.	**Schwarzburg-Rudolstadt** .	„ Marburg.
18.	**Waldeck**	„ Marburg.
19.	**Reuß ä. L.** (Greiz)	„ Marburg.
20.	**Reuß j. L.** (Gera)	„ Marburg.
21.	**Schaumburg-Lippe** . . .	„ Münster.
22.	**Lippe**	„ Münster.
23.	**Lübeck**	„ Schleswig.
24.	**Bremen**	„ Schleswig.
25.	**Hamburg**	„ Schleswig.
26.	**Elsaß-Lothringen**	a) Für den Bereich des XIV. Armeekorps (Bezirk Oberelsaß): Bezirkskommando Karlsruhe, b) für den Bereich des XV. Armeekorps (Bezirk Unterelsaß und die Kreise Saarburg und Saargemünd im Bezirke Lothringen): Bezirkskommando Straßburg i. Els., c) für den Bereich des XVI. Armeekorps (Bezirk Lothringen mit Ausnahme der Kreise Saarburg und Saargemünd): Bezirkskommando Metz.

Anlage J.

(Behörde.)

Nachweisung einer (von) Vakanz(en) in den für Militäranwärter und Inhaber d Anstellungsscheins vorbehaltenen Stellen.

1	2			3	4	5	6	7	8	9	10
Nr.	Die Vakanz tritt ein:			Nähere Bezeichnung der Stelle	Bezeichnung der Anforderungen, die an die Bewerber gestellt werden	Dauer der etwa der Anstellung vorangehenden Probezeit	Die Anstellung erfolgt: a) auf Lebenszeit, b) auf Kündigung	Betrag der zu bestellenden Kaution und ob diese durch Gehaltsabzüge gedeckt werden kann	Einkommen der Stelle	Angabe, ob Aussicht auf Verbesserungen vorhanden	Bemerkungen
	wann?	wo?	bei welcher Behörde?								

N., den ten 19 .

Abgesandt:

Eingegangen:

Anlage K. (Behörde.)

Nachweisung der für Militäranwärter vorbehaltenen Stellen, die im Laufe des Vierteljahrs 19 besetzt worden sind.

Ort	Probeweise*) besetzte Stellen	Wirklich besetzte Stellen, und zwar durch nichtetatsmäßige Anstellung	Wirklich besetzte Stellen, und zwar durch etatsmäßige Anstellung	Nummer des Zivilversorgungsscheins	Nummer des Anstellungsscheins	Nummer der Anstellungsbescheinigung (§ 10 Nr. 6)	Datum der Vakanzennachweisung	Bemerkungen
A. Anstellung von Militäranwärtern usw.								
I. In Stellen, die durch die Vakanzenliste veröffentlicht sind.								
N.	*Grenzaufseher N. N.*	—	—	*IX.78/05*	—	—	*5. 3. 07*	
M.	—	*Polizeisergeant N. N.*	—	*XI.68 04*	—	—	*26. 2. 07*	
II. In Stellen, die nicht durch die Vakanzenliste veröffentlicht sind.								
S.	*Postassistent N. N.*	—	—	*I.3 06*		—	—	
B.	—	—	*Militär-Bauregistrator N. N.*	*III.5'00*			--	
O.	—	*Schuldiener N. N.*	—	—	*II.3/00*	—	—	
P.	—	—	*Kasernenwärter N. N.*	—	—	*V.3.99*		
B. Anstellungen von Zivilanwärtern.								
I. Weil sich überhaupt keine Militäranwärter usw. gemeldet haben.								
K.	*Strafanstaltsaufseher N. N.*	-				—	*15. 1. 07*	
R.	—	*Polizeidiener N. N.*	—	—	—	—	*5. 3. 07*	
II. Weil sich keine geeigneten Militäranwärter usw. gemeldet haben.								
L.	*Stationsassistent N. N.*	—	--	—	—	—	*29. 1. 07*	

N., den ten 19

(Unterschrift.)

*) Anstellung auf Probe und Probedienstleistung.

Erläuterungen zu den Grundsätzen für die Besetzung der mittleren, Kanzlei- und Unterbeamtenstellen bei den Reichs- und Staatsbehörden mit Militäranwärtern und Inhabern des Anstellungsscheins.

I. Zu § 1. Der Zivilversorgungs- und der Anstellungsschein geben ihren Inhabern kein Recht auf eine bestimmte Dienststelle.

II. Zu § 2. Gemeindedienststellen fallen nicht unter diese Grundsätze.

III. Zu § 3 usw.

1. Stellen oder Verrichtungen, die als Nebenamt versehen werden, fallen nicht unter diese Grundsätze; sie sind daher den den Militäranwärtern usw. vorbehaltenen Stellen nicht zuzuzählen.
2. Bei Berechnung der Zahl der den Militäranwärtern usw. vorzubehaltenden Stellen sind diejenigen Stellen nicht in Betracht zu ziehen, bezüglich deren den Anstellungsbehörden freie Hand gelassen ist.

IV. Zu § 7. Stellen, deren Inhaber — wenn sie auch in Pflichten genommen sein sollten — ihr Einkommen nicht unmittelbar aus der Staatskasse beziehen (Privatgehilfen), brauchen in die nach § 7 anzulegenden Verzeichnisse nicht aufgenommen zu werden.

V. Zu § 8. Das dem § 8 als Anlage angehängte Verzeichnis der Stellen im Reichsdienste präjudiziert den von den Landesregierungen aufzustellenden Verzeichnissen nicht.

VI. Zu §§ 9 und 10. Die im § 9 Abs. 1 enthaltene Regel, daß die den Militäranwärtern usw. vorbehaltenen Stellen mit anderen Personen nicht besetzt werden dürfen, sofern befähigte und zur Übernahme der Stellen bereite Militäranwärter usw. vorhanden sind, steht — abgesehen von den Ausnahmen des § 10 — der Anwendung der Bestimmungen im § 22 Abs. 4 und im § 30 nicht entgegen. Auch bleibt den Landesregierungen die Befugnis, Versetzungen von Beamten (Bediensteten im weiteren Sinne) von Stelle zu Stelle vorzunehmen. Eine solche Versetzung in eine den Militäranwärtern usw. vorbehaltene Stelle darf jedoch nur dann erfolgen, wenn dadurch eine den Militäranwärtern usw. nach Maßgabe dieser Grundsätze zugängliche Stelle frei wird. Auch von solchen Versetzungen ist dem zuständigen Kriegsministerium Kenntnis zu geben.

VII. Zu § 12. Die Anstellungsbehörden werden durch die Landesregierungen bestimmt. Diesen soll unbenommen sein, Zentralstellen einzurichten, an die sämtliche Bewerbungen ausschließlich zu richten sind, denen die Anstellungsbehörden die zu besetzenden Stellen mitzuteilen haben und die den Anstellungsbehörden die bei Einberufung der Stellenanwärter in Betracht zu ziehende Reihenfolge bezeichnen.

VIII. Zu § 16. Die Vermittelungsbehörden werden von den in den einzelnen Bundesstaaten zuständigen Organen bestimmt.

IX. Zu § 18. Als aus dem Kontingent Elsaß-Lothringen hervorgegangen werden alle die betrachtet, die einem in Elsaß-Lothringen garnisonierenden Truppenteil angehört haben.

X. Zu § 30. Es handelt sich hier nicht um erworbene Rechtsansprüche, sondern um Anwartschaften; so soll insbesondere ein erworbener Anspruch dann als vorhanden angenommen werden, wenn für gewisse Dienstzweige die Prüfung bestanden oder der Vorbereitungsdienst zum größeren Teile absolviert ist.

2. Grundsätze für die Besetzung der mittleren, Kanzlei- und Unterbeamtenstellen bei den Kommunalbehörden usw. mit Militäranwärtern und Inhabern des Anstellungsscheins.

(Zentralbl. f. d. Deutsche Reich S. 346.)

§ 1. (1.) Die mittleren, Kanzlei- und Unterbeamtenstellen bei den Kommunen und Kommunalverbänden, bei den Versicherungsanstalten für die Invalidenversicherung sowie bei ständischen oder solchen Instituten, die ganz oder zum Teil aus Mitteln des Reichs, des Staates oder der Gemeinden unterhalten werden — ausschließlich des Forstdienstes —, sind unbeschadet der in den einzelnen Bundesstaaten bezüglich der Versorgung der Militäranwärter usw. im Zivildienst erlassenen weitergehenden Vorschriften gemäß den nachstehenden Grundsätzen vorzugsweise mit Militäranwärtern und Inhabern des Anstellungsscheins zu besetzen.

(2.) Militäranwärter im Sinne dieser Grundsätze ist jeder Inhaber des Zivilversorgungsscheins nach Anlage A der Grundsätze für die Besetzung der mittleren, Kanzlei- und Unterbeamtenstellen bei den Reichs- und Staatsbehörden mit Militäranwärtern und Inhabern des Anstellungsscheins.

(3.) Soweit es an geeigneten Bewerbern aus der Klasse der Militäranwärter fehlt, sind die Unterbeamtenstellen vorzugsweise mit Inhabern des Anstellungsscheins (Anlage B zu den Grundsätzen für die Besetzung der mittleren usw. Beamtenstellen bei den Reichs- und Staatsbehörden usw.) zu besetzen.

(4.) Die Anstellungsberechtigung eines Militäranwärters usw. beschränkt sich auf den Bundesstaat, dessen Staatsangehörigkeit er seit zwei Jahren besitzt. Versicherungsanstalten für die Invalidenversicherung sowie ständische Institute usw., deren Wirksamkeit sich auf mehrere Bundesstaaten erstreckt, sind zur Anstellung nur solcher Militäranwärter usw. verpflichtet, die in einem dieser Staaten die Staatsangehörigkeit besitzen.

(5.) Die Rechte der Inhaber des Anstellungsscheins beschränken sich auf die Stellen des Unterbeamtendienstes.

§ 2. Die mittleren, Kanzlei- und Unterbeamtenstellen bei Kommunen und Kommunalverbänden, die weniger als 3000 Einwohner haben, unterliegen den nachstehenden Grundsätzen nicht. Den Landesregierungen bleibt vorbehalten, diese Bestimmung auf Landgemeinden und ländliche Gemeindeverbände mit weniger als 3000 Einwohnern zu beschränken.

§ 3. (1.) Ausschließlich mit Militäranwärtern und — soweit es sich um Unterbeamtenstellen handelt — mit Inhabern des Anstellungsscheins sind zu besetzen, wenn die Besoldung der Stellen einschließlich der Nebenbezüge mindestens 600 M. beträgt:

1. die Stellen im Kanzleidienst, einschließlich derjenigen der Lohnschreiber, soweit deren Inhabern die Besorgung des Schreibwerkes (Abschreiben, Reinschriften anfertigen, Vergleichen usw.) und der damit zusammenhängenden Dienstverrichtungen obliegt;
2. sämtliche Stellen, deren Obliegenheiten im wesentlichen in mechanischen Dienstleistungen bestehen und keine technischen Kenntnisse erfordern.

(2.) Die Landesregierungen sind befugt, den Anteil der Militäranwärter usw. an den Stellen unter Abs. 1 Nr. 1 auf die Hälfte, an den Stellen unter Abs. 1 Nr. 2 auf zwei Drittel zu begrenzen, falls die Eigenart der Landesverhältnisse oder der dienstlichen Anforderungen oder die Organisation der einzelnen Verwaltungen den ausschließlichen Vorbehalt untunlich macht.

§ 4. Mindestens zur Hälfte mit Militäranwärtern sind zu besetzen die Stellen der mittleren Beamten im Bureaudienste (Journal-, Registratur-, Expeditions-, Kalkulatur-, Kassendienst u. dgl.), jedoch mit Ausnahme

1. der Stellen, für die eine besondere wissenschaftliche oder technische Vorbildung erfordert wird,
2. der Stellen von Kassenvorstehern, die eigene Rechnung zu legen haben, sowie von Kassenbeamten, die Kassengelder einzunehmen, zu verwahren oder auszugeben haben, und ferner von Beamten, denen die selbständige Kontrolle des Kassen- und Rechnungswesens obliegt,
3. der Stellen der Bureauvorsteher bei den Versicherungsanstalten für die Invalidenversicherung und bei der Verwaltung von Städten mit mehr als 40 000 Einwohnern,
4. der Stellen der mittleren Beamten, die bei Behörden, denen nach landesgesetzlicher Vorschrift Verrichtungen des Vormundschaftsgerichts, des Nachlaßgerichts oder des Grundbuchamts obliegen, in diesen Dienstzweigen als Bureaubeamte beschäftigt werden, oder die nach landesgesetzlicher Vorschrift als kommunale Hilfsbeamte staatlicher Grundbuchämter bestellt sind.

§ 5. In welchem Umfange die nicht unter die §§ 3 und 4 fallenden mittleren, Kanzlei- und Unterbeamtenstellen mit Militäranwärtern usw. zu besetzen sind, ist unter Berücksichtigung der Anforderungen des Dienstes zu bestimmen. In Zweifelsfällen ist unter sinngemäßer Zugrundelegung der für die Reichs- und Staatsbehörden jeweilig geltenden Verzeichnisse der den Militäranwärtern usw. vorbehaltenen Stellen Entscheidung zu treffen.

§ 6. (1.) Insoweit in Ausführung der §§ 4 und 5 einzelne Klassen von mittleren, Kanzlei- und Unterbeamtenstellen den Militäranwärtern usw. nicht mindestens zur Hälfte vorbehalten werden können, hat nach Möglichkeit ein Ausgleich in der Weise stattzufinden, daß andere derartige Stellen innerhalb derselben Verwaltung in entsprechender Zahl und Besoldung vorbehalten werden.

(2.) Enthält eine Klasse nur eine Stelle, und ist diese unter Berücksichtigung der Anforderungen des Dienstes zur Besetzung mit einem Militäranwärter usw. geeignet, so braucht sie nur abwechselnd mit Militäranwärtern usw. besetzt zu werden.

§ 7. (1.) Über die gegenwärtig vorhandenen, den Militäranwärtern usw. vorbehaltenen Stellen werden nach Beamtenklassen (§ 6) geordnete Verzeichnisse angelegt.

(2.) Gleichartige Stellen, die in Zukunft errichtet werden, sind in die Verzeichnisse aufzunehmen.

§ 8. Die den Militäranwärtern usw. vorbehaltenen Stellen können auch verliehen werden:

1. Inhabern des Zivilversorgungsscheins nach Anlage C, D und E der Grundsätze für die Besetzung der mittleren, Kanzlei- und Unterbeamtenstellen bei den Reichs- und Staatsbehörden mit Militäranwärtern und Inhabern des Anstellungsscheins;
2. Offizieren und Deckoffizieren, denen beim Ausscheiden aus dem aktiven Dienste die Aussicht auf Anstellung im Zivildienste verliehen worden ist;
3. ehemaligen Militäranwärtern, die sich in einer auf Grund ihrer Versorgungsansprüche erworbenen etatsmäßigen Anstellung befinden oder

infolge eingetretener Dienstunfähigkeit in den Ruhestand versetzt worden sind;

4. ehemaligen Militärpersonen, denen der Zivilversorgungsschein lediglich um deswillen versagt worden ist, weil sie sich nicht fortgesetzt gut geführt haben, und denen gemäß einer von der zuständigen Militärbehörde ihnen später erteilten Bescheinigung eine den Militäranwärtern im Reichs- oder Staatsdienste vorbehaltene Stelle übertragen werden darf. Eine solche Bescheinigung können nur noch Personen erhalten, die vor dem 1. April 1905 aus dem aktiven Militärdienst entlassen worden sind und mit Versorgungsgebührnissen nach den bisherigen Gesetzesvorschriften abgefunden werden. Im übrigen wird die Bescheinigung nicht mehr erteilt;
5. solchen Beamten und Bediensteten der betreffenden Verwaltung, die für ihren Dienst unbrauchbar oder entbehrlich geworden sind und einstweilig oder dauernd in den Ruhestand versetzt oder entlassen werden müßten, wenn ihnen nicht eine den Militäranwärtern usw. vorbehaltene Stelle verliehen würde; desgleichen solchen Beamten, die in den Ruhestand versetzt worden sind, aber dienstlich wieder verwendet werden können;
6. sonstigen Personen, denen die Berechtigung zu einer Anstellung auf dem im § 10 Nr. 7 der Grundsätze für die Besetzung der mittleren, Kanzlei- und Unterbeamtenstellen bei den Reichs- und Staatsbehörden mit Militäranwärtern usw. vorgesehenen Wege ausnahmsweise verliehen worden ist.

§ 9. (1.) Stellen, die den Militäranwärtern usw. nur teilweise (zur Hälfte, zu einem Drittel usw.) vorbehalten sind, werden bei eintretender Erledigung in einer dem Anteilsverhältnis entsprechenden Reihenfolge mit Militäranwärtern usw. oder Zivilpersonen besetzt, und zwar ohne Rücksicht auf die Zahl der zur Zeit der Besetzung tatsächlich mit Militäranwärtern usw. und Zivilpersonen besetzten Stellen.

(2.) Wird die Reihenfolge auf Grund des § 8 unterbrochen oder wird infolge des § 8 Nr. 5 eine ausschließlich mit Militäranwärtern usw. zu besetzende Stelle mit einem Bediensteten der Verwaltung besetzt, so ist bei sich bietender Gelegenheit eine Ausgleichung herbeizuführen. Dabei sind Personen, deren Anstellung auf Grund des § 8 Nr. 5 und 6 erfolgt, als Zivilpersonen, Personen, deren Anstellung auf Grund des § 8 Nr. 1 bis 4 erfolgt, als Militäranwärter usw. in Anrechnung zu bringen.

§ 10. (1.) Die Militäranwärter usw. haben sich um die von ihnen begehrten Stellen bei den Anstellungsbehörden zu bewerben. Die Bewerbungen haben zu erfolgen:

1. seitens der noch im aktiven Militärdienste befindlichen Militäranwärter durch Vermittelung der vorgesetzten Militärbehörde;
2. seitens der übrigen Militäranwärter usw. entweder unmittelbar oder durch Vermittelung des heimatlichen Bezirkskommandos, das jede eingehende Bewerbung sofort der zuständigen Anstellungsbehörde mitteilt.

(2.) Militäranwärter usw. sind zu Bewerbungen vor oder nach dem Eintritt der Stellenerledigung so lange berechtigt, bis sie eine etatsmäßige Stelle erlangt und angetreten haben, mit der Anspruch oder Aussicht auf Ruhegehalt oder dauernde Unterstützung verbunden ist. Bewerbungen um Stellen, die nur im Wege des Aufrückens zu erlangen sind, werden jedoch hierdurch nicht ausgeschlossen.

§ 11. (1.) Über die Bewerbungen um noch nicht erledigte Stellen haben die Kommunal- usw. Behörden Verzeichnisse nach Anlage G der Grundsätze für die Besetzung der mittleren, Kanzlei- und Unterbeamtenstellen bei den Reichs- und Staatsbehörden mit Militäranwärtern und Inhabern des Anstellungsscheins anzulegen, in welche die Stellenanwärter nach dem Tage des Eingangs der ersten Meldung eingetragen werden. War die Befähigung noch durch eine Prüfung (Vorprüfung) nachzuweisen, so kann die Eintragung auch nach dem Tage des Bestehens der Prüfung erfolgen.

(2.) Bei der Besetzung erledigter Stellen sind unter sonst gleichen Verhältnissen Unteroffiziere, die mindestens acht Jahre im Heere oder in der Marine aktiv gedient haben, in erster Linie zu berücksichtigen.

(3.) Bewerbungen um noch nicht freigewordene Stellen sind alljährlich zum 1. Dezember zu erneuern, widrigenfalls sie als erloschen gelten.

(4.) Die als Stellenanwärter für den Unterbeamtendienst vorgemerkten Inhaber des Anstellungsscheins bilden eine besondere Anwärterklasse. Sie dürfen nur dann einberufen werden, wenn keine Militäranwärter vorgemerkt sind oder wenn sich keiner der vorgemerkten zivilversorgungsberechtigten Stellenanwärter zur Annahme der zu besetzenden Stelle (Unterbeamtenstelle) bereit findet.

(5.) Stellenanwärter, die an Stelle des Zivilversorgungsscheins nachträglich die Zivilversorgungsentschädigung oder die einmalige Geldabfindung wählen, haben hiervon die Anstellungsbehörden, bei denen sie vorgemerkt sind, in Kenntnis zu setzen und sind in den Bewerberverzeichnissen zu streichen. Im Falle der Wiederwahl des Zivilversorgungsscheins oder der Wiedererstattung der einmaligen Geldabfindung werden sie auf Antrag mit dem Tage des Einganges der neuen Meldung wieder in das Bewerberverzeichnis eingetragen, vorausgesetzt, daß sie dann noch die nötige Befähigung besitzen.

§ 12. (1.) Wenn für Stellen, die mit Militäranwärtern usw. zu besetzen sind, keine Bewerbungen von Militäranwärtern usw. vorliegen, so müssen sie im Falle der Erledigung von der Anstellungsbehörde der zuständigen Vermittelungsbehörde (Anlage H zu den Grundsätzen für die Besetzung der mittleren, Kanzlei- und Unterbeamtenstellen bei den Reichs- und Staatsbehörden mit Militäranwärtern und Inhabern des Anstellungsscheins) durch eine Nachweisung (Anlage J daselbst) behufs der Bekanntmachung bezeichnet werden.

(2.) Erledigte Unterbeamtenstellen, für die zwar keine Bewerbungen von Militäranwärtern, wohl aber von Inhabern des Anstellungsscheins vorliegen, brauchen der Vermittelungsbehörde nicht mitgeteilt und nicht bekannt gemacht zu werden; es steht den Anstellungsbehörden vielmehr frei, sie ohne weiteres einem Inhaber des Anstellungsscheins zu übertragen.

(3.) Ist innerhalb vier Wochen nach der Bekanntmachung eine Bewerbung bei der Anstellungsbehörde nicht eingegangen, so hat diese in der Stellenbesetzung freie Hand.

§ 13. (1.) Die den Militäranwärtern usw. vorbehaltenen Stellen dürfen, außer in dem Falle des § 8, mit anderen Personen nicht besetzt werden, sofern sich Militäranwärter usw. finden, die zur Übernahme der Stellen befähigt und bereit sind. Es macht dabei keinen Unterschied, ob die Stellen dauernd oder nur zeitweise bestehen, ob ein etatsmäßiges Gehalt oder nur eine diätarische oder andere Remuneration damit verbunden ist, ob die Anstellung auf Lebenszeit, auf Kündigung oder auf Widerruf geschieht.

(2.) Zu vorübergehender Beschäftigung können jedoch auch Nichtversorgungsberechtigte angenommen werden.

(3.) In Ansehung dienstlicher Verrichtungen, für die wegen ihres geringen, die volle Zeit und Tätigkeit eines Beamten nicht in Anspruch nehmenden Umfanges und der Geringfügigkeit der damit verbundenen Remuneration besondere Beamte nicht angenommen, die vielmehr Privatpersonen, anderen Beamten als Nebenbeschäftigung oder verabschiedeten Beamten übertragen zu werden pflegen, behält es hierbei sein Bewenden.

§ 14. (1.) Die Anstellungsbehörden haben darin freie Hand, welche ihrer mittleren, Kanzlei- und Unterbeamten sie in höhere oder besser besoldete Stellen aufrücken lassen wollen.

(2.) Ebenso sind die Behörden in der Versetzung eines besoldeten mittleren, Kanzlei- oder Unterbeamten auf eine andere mit Militäranwärtern usw. zu besetzende besoldete mittlere, Kanzlei- oder Unterbeamtenstelle nicht beschränkt. Wäre die auf solche Weise mit einer Zivilperson besetzte Stelle mit einem Militäranwärter usw. zu besetzen gewesen, so ist bei sich bietender Gelegenheit eine Ausgleichung herbeizuführen.

(3.) Es ist darauf Bedacht zu nehmen, daß den aus den Militäranwärtern usw. hervorgegangenen Beamten, soweit es mit den Interessen des Dienstes vereinbar ist, Gelegenheit gegeben werde, die für das Aufrücken in höhere Dienststellen erforderliche Befähigung zu erwerben.

(4.) In Beziehung auf die Beförderung und Versetzung in Stellen des mittleren Dienstes oder des Kanzleidienstes sind Inhaber des Anstellungsscheins oder etatsmäßig angestellte ehemalige Inhaber dieses Scheines lediglich als nicht versorgungsberechtigte Zivilpersonen anzusehen.

§ 15. (1.) Die Anstellungsbehörden sind zur Berücksichtigung von Bewerbungen nur dann verpflichtet, wenn die Bewerber eine genügende Befähigung für die fragliche Stelle oder den fraglichen Dienstzweig nachweisen und in körperlicher sowie sittlicher Beziehung dafür geeignet sind.

(2.) Sind für gewisse Dienststellen oder für gewisse Gattungen von Dienststellen besondere Prüfungen (Vorprüfungen) vorgeschrieben, so haben die Militäranwärter usw. auch diese Prüfungen abzulegen. Auch kann, wenn es die Eigentümlichkeit des Dienstzweiges erheischt, die Zulassung zu dieser Prüfung oder die Annahme der Bewerbung überhaupt von einer vorgängigen informatorischen Beschäftigung in dem betreffenden Dienstzweig abhängig gemacht werden, die in der Regel nicht über drei Monate auszudehnen ist. Über die Zulässigkeit einer informatorischen Beschäftigung entscheidet in Zweifelsfällen die staatliche Aufsichtsbehörde.

(3.) Die Anstellung eines einberufenen Militäranwärters usw. kann zunächst auf Probe erfolgen oder von einer Probedienstleistung abhängig gemacht werden. Die Probezeit darf vorbehaltlich der Abkürzung bei früher nachgewiesener Befähigung in der Regel höchstens sechs Monate, für den Dienst der Straßen- und Wasserbauverwaltung, mit Ausnahme der im § 3 bezeichneten Stellen, ein Jahr betragen. Handelt es sich um Anstellungen im Bureau-, insbesondere Kassendienste, so kann die Probezeit mit Genehmigung der staatlichen Aufsichtsbehörde unter Zustimmung der zuständigen Militärbehörde ausnahmsweise bis auf die Dauer eines Jahres verlängert werden. Während der Anstellung auf Probe ist dem Anwärter das volle Stelleneinkommen, während der Probedienstleistung eine fortlaufende Remuneration von nicht weniger als drei Vierteln des Stelleneinkommens zu gewähren.

(4.) Einberufungen zur Probedienstleistung dürfen nur erfolgen, insoweit Stellen (§ 13 Abs. 1) offen sind; eine Entlassung Einberufener wegen mangelnder Vakanz kann daher nicht stattfinden.

(5.) Vor der Einberufung eines Militäranwärters usw. haben sich die Anstellungsbehörden die Urschrift des Zivilversorgungsscheins oder des Anstellungsscheins vorlegen zu lassen.

(6.) Spätestens bei Beendigung der Probezeit hat die Anstellungsbehörde darüber Beschluß zu fassen, ob der Stellenanwärter in seiner Stelle zu bestätigen beziehungsweise in den Zivildienst zu übernehmen oder wieder zu entlassen ist.

(7.) Die Art der Anstellung, namentlich auf Probezeit, Kündigung, Widerruf usw., regelt sich nach den landesrechtlichen Bestimmungen.

(8.) Nach erfolgter etatsmäßiger Anstellung wird der Zivilversorgungsschein oder der Anstellungsschein zu den Akten genommen.

§ 16. Welche mittleren, Kanzlei- und Unterbeamtenstellen und gegebenenfalls in welcher Anzahl sie gemäß den vorstehenden Grundsätzen den Militäranwärtern vorzubehalten sind sowie welche Stellen zu den Unterbeamtenstellen zählen, also auch den Inhabern des Anstellungsscheins zugänglich sind, haben die Anstellungsbehörden festzustellen. Die aufgestellten Verzeichnisse, in denen die Unterbeamtenstellen besonders ersichtlich gemacht werden müssen, sind der staatlichen Aufsichtsbehörde zur Genehmigung vorzulegen. Stellen, wegen deren eine solche Feststellung noch nicht stattgefunden hat, dürfen, insofern nicht Militäranwärter usw. zur Anstellung gelangen oder das in diesen Grundsätzen bezüglich der Besetzung der Stellen mit Militäranwärtern usw. vorgeschriebene Verfahren erledigt ist, nur widerruflich besetzt werden. Die Anstellungsverhältnisse der Inhaber von Stellen, die gemäß den vorstehenden Grundsätzen den Militäranwärtern usw. vorzubehalten, dagegen ohne Verletzung der bisherigen Bestimmungen an nicht Versorgungsberechtigte übertragen worden sind, bleiben hierdurch unberührt. Gleichfalls unberührt bleiben bereits erworbene Ansprüche von Militäranwärtern.

§ 17. (1.) Von der Besetzung der den Militäranwärtern usw. vorbehaltenen Stellen haben die Anstellungsbehörden am Schlusse des Vierteljahrs den Vermittelungsbehörden ihres Bezirkes durch Zusendung einer Nachweisung nach dem Muster der Anlage K zu den Grundsätzen für die Besetzung der mittleren, Kanzlei- und Unterbeamtenstellen bei den Reichs- und Staatsbehörden mit Militäranwärtern und Inhabern des Anstellungsscheins Mitteilung zu machen.

(2.) Die Vermittelungsbehörden veranlassen eine entsprechende Bekanntmachung in der Vakanzenliste.

§ 18. (1.) Die Landeszentralbehörden haben darüber zu wachen, daß bei der Besetzung der den Militäranwärtern usw. bei den Kommunalbehörden usw. vorbehaltenen Stellen nach den vorstehenden Grundsätzen verfahren wird.

(2.) Auf Beschwerden der Militäranwärter usw. entscheiden die staatlichen Aufsichtsbehörden.

§ 19. Die §§ 25 bis 29 der Grundsätze für die Besetzung der mittleren, Kanzlei- und Unterbeamtenstellen bei den Reichs- und Staatsbehörden mit Militäranwärtern und Inhabern des Anstellungsscheins finden sinngemäß Anwendung.

§ 20. Ansprüche, die schon bei dem Inkrafttreten dieser Grundsätze erworben waren, werden durch sie nicht berührt.

§ 21. Die vorstehenden Grundsätze treten am 1. Oktober 1907 in Kraft.

Erläuterungen.

I. Zu § 1. Der Zivilversorgungsschein und der Anstellungsschein geben ihren Inhabern kein Recht auf eine bestimmte Dienststelle.

II. Zu § 4.

1. Unter „Bureauvorstehern" werden mittlere Beamte verstanden, die an die Spitze eines Bureauorganismus gestellt sind. Die Vorsteher einzelner Bureauabteilungen fallen nicht unter den Begriff. Ebensowenig ist die einem Beamten zustehende Amtsbezeichnung maßgebend; vielmehr sind hier sowohl wie überhaupt für die Stellenklassifikation nach den §§ 3 und 4 die dienstlichen Obliegenheiten der Stelleninhaber allein entscheidend.
2. Bei Berechnung der Zahl der den Militäranwärtern usw. vorzubehaltenden Stellen sind die Stellen nicht in Betracht zu ziehen, bezüglich deren den Anstellungsbehörden freie Hand gelassen ist.

III. Zu § 6. Unter einer „Klasse" ist die Gesamtheit der in einer Verwaltung beschäftigten Beamten zu verstehen, deren dienstliche Obliegenheiten ihrer Natur nach im wesentlichen dieselben sind.

IV. Zu § 7. In die auszulegenden Verzeichnisse sind auch die nur im Wege des Aufrückens erreichbaren Stellen aufzunehmen; dagegen brauchen Stellen, deren Inhaber — wenn sie auch in Pflicht genommen sein sollten — ihr Einkommen nicht unmittelbar aus der Kommunal- usw. Kasse beziehen (Privatgehilfen), nicht aufgenommen zu werden.

Die Verzeichnisse werden den Militärbehörden auf Wunsch mitzuteilen sein.

V. Zu § 8. Die Bestimmung unter Nr. 5 soll den Kommunalbehörden usw. die Möglichkeit gewähren, solche Personen, die zur ferneren Verrichtung eines vielleicht anstrengenden Dienstes unfähig, oder die entbehrlich geworden sind, desgleichen solche Beamte, die bereits in den Ruhestand versetzt sind, in anderen Stellen noch zu verwenden, die an sich mit Militäranwärtern usw. zu besetzen sein würden. Diese Befugnis erstreckt sich in ihrem ersten Teile, wie der Ausdruck „Bedienstete" andeutet, auch auf die vermöge Privatvertrags zu dauernder Beschäftigung im Kommunal- usw. Dienst angenommenen Personen.

VI. Zu § 10. Die Anstellungsbehörden werden durch die Landesregierungen bezeichnet. Diesen soll unbenommen sein, Zentralstellen einzurichten, an die sämtliche Bewerbungen ausschließlich zu richten sind, denen die Anstellungsbehörden die zu besetzenden Stellen mitzuteilen haben und die den Anstellungsbehörden die in Betracht zu ziehenden Bewerbungen mitteilen.

Unter „etatsmäßigen Stellen", mit deren Erlangung die Befugnis zu weiteren Bewerbungen gemäß dem letzten Absatz erlöschen soll, sind auch Stellen im Reichs- oder im Staatsdienste sowie im Dienste von Privat-Eisenbahngesellschaften, denen die Verpflichtung zur Anstellung von Militäranwärtern usw. auferlegt worden ist, zu verstehen. Umgekehrt erlischt die Berechtigung zur Bewerbung um eine Stelle im Reichs- oder im Staatsdienst im Sinne des § 13 der Grundsätze für die Besetzung der mittleren, Kanzlei- und Unterbeamtenstellen bei den Reichs- und Staatsbehörden mit Militäranwärtern und Inhabern des Anstellungsscheins auch durch die Erlangung einer etatsmäßigen Stelle im Kommunal- usw. Dienste. Sowohl hinsichtlich des Reichs- und Staatsdienstes als auch hinsichtlich des Kommunal- usw. Dienstes handelt es sich hier um solche etatsmäßigen Stellen, die „Anspruch oder Aussicht auf Ruhegehalt oder dauernde

Unterstützung" gewähren. Auch ist vorausgesetzt, daß die etatsmäßige Anstellung endgültig erfolgt ist. Während der Probedienstleistung oder der Anstellung auf Probe besteht die Berechtigung zu Bewerbungen fort.

VII. Zu § 11 Abs. 2. Innerhalb jeder Stellenanwärterklasse (vgl. Anmerkung auf der Anlage G zu den Grundsätzen für die Besetzung der mittleren, Kanzlei- und Unterbeamtenstellen bei den Reichs- und Staatsbehörden mit Militäranwärtern und Inhabern des Anstellungsscheins) ist bei der Einberufung die Reihenfolge in der Bewerberliste in Betracht zu ziehen. Die Anstellungsbehörden sind jedoch nicht unbedingt an die Innehaltung der Reihenfolge gebunden, sondern zu Abweichungen innerhalb jeder Anwärterklasse berechtigt, sofern diese Abweichungen nach ihrem pflichtmäßigen Ermessen durch dienstliche Rücksichten bedingt werden.

VIII. Zu § 12. Gemäß Abs. 1 und 2 bedarf es der Einreichung einer Nachweisung nicht, wenn die Wiederbesetzung der Stelle durch einen Militäranwärter usw. erfolgt, dessen Bewerbung schon vorlag. Jedoch ist die Einreichung nachzuholen, wenn die Stelle einem solchen Bewerber wegen ungenügender Befähigung (§ 15) oder aus sonstigen Gründen nicht übertragen wird.

IX. Zu § 14 Abs. 1. Bei Besetzung der den Militäranwärtern usw. ausschließlich oder zum Teil vorbehaltenen Stellen, die nur im Wege des Aufrückens erreicht werden können, dürfen bei sonst gleichen Voraussetzungen hinsichtlich der Qualifikation ehemalige Militäranwärter usw. hinter andere Angestellten nicht zurückgesetzt werden.

X. Zu § 20. Es handelt sich hier nicht um erworbene Rechtsansprüche, sondern um Anwartschaften; so soll insbesondere ein erworbener Anspruch dann als vorhanden angenommen werden, wenn für gewisse Dienstzweige die Prüfung bestanden oder der Vorbereitungsdienst zum größeren Teile zurückgelegt ist.

Berlin, den 8. Juli 1907.

Der Reichskanzler.
I. A.: Wermuth.

4. Allerhöchste Ordre, betreffend Ehrengerichte. Vom 21. November 1907.

Mit Seiner Königlichen Hoheit dem Prinz-Regenten von Bayern und Ihren Majestäten den Königen von Sachsen und von Württemberg habe Ich die Vereinbarung getroffen, daß bei Erledigung von Ehrenhändeln zwischen allen den Ehrengerichten der verschiedenen deutschen Kontingente, der Kaiserlichen Marine und der Schutztruppen unterstehenden Offizieren, Marine- und Torpedo-Ingenieuren sowie Sanitätsoffizieren fortan nach anliegenden (Nachstehend.) Grundsätzen verfahren werden soll.

Sie haben hiernach die weitere Bekanntgabe an die Marine / Ich beauftrage Sie, hiernach das Weitere — zu veranlassen.

Highcliffe-Castle, den 21. November 1907.

Wilhelm.

An den Reichskanzler (Reichs-Marine-Amt). (Reichs-Kolonialamt).

Anlage.

1. Die kommandierenden Generale und die betreffenden Marinebefehlshaber haben Vereinbarung darüber zu treffen, welcher Ehrenrat für die Ausgleichsverhandlungen zuständig sein soll. Findet eine Einigung nicht statt, so soll durch das Militär-(Marine-)Kabinett Seiner Majestät des Kaisers oder durch die in dem einzelnen Falle zuständigen Königlichen Kriegsministerien Bayerns, Sachsens oder Württembergs eine Vereinbarung zwischen den Allerhöchsten Stellen herbeigeführt werden.

2. Berufungen der an dem Ehrenhandel Beteiligten nach Ziffer IV der Allerhöchsten Kabinetts-Ordre vom 1. Januar 1897 entscheidet der Kontingentsherr, Allerhöchstdessen Armee der mit den Ausgleichsverhandlungen betraute Ehrenrat angehört; hat ein Ehrenrat der Marine oder der Schutztruppen diese Unterhandlungen geführt, so ist die Berufung der Entscheidung Seiner Majestät des Kaisers zu unterbreiten.

3. Lautet der bestätigte Beschluß des Ehrenrats dahin, daß ein Ausgleich nicht vorzuschlagen, vielmehr ein ehrengerichtliches Verfahren notwendig sei (Ziffer II, 2 ob. a. A. K. O.), so ist dieses Verfahren, wenn es gleichzeitig gegen Offiziere usw. verschiedener Kontingente, der Marine bzw. der Schutztruppen als notwendig erachtet wird, in dem Korpsbezirk (Befehlsbereich) weiterzuführen, dem der die Ausgleichsverhandlungen führende Ehrenrat angehörte. Die Entscheidung auf den so ergangenen Spruch wird im Einvernehmen der Allerhöchsten Stellen, jedoch für jeden einzelnen Beteiligten durch seinen Kontingentsherrn erfolgen.

Wird nur gegen einen der Beteiligten Offiziere usw. (oder gegen mehrere Offiziere usw. desselben Kontingents) ein ehrengerichtliches Verfahren als notwendig erachtet, so ist der Fall in dem Korpsbezirk (Befehlsbereich) weiter zu verfolgen, dem der Offizier usw. von Haus aus unterstellt war. Die bis dahin ergangenen Akten sind dem betreffenden Generalkommando usw. zur Verfügung zu stellen.

4. Stehen sich Offiziere usw. verschiedener Kontingente, der Marine oder der Schutztruppen bei Ehrenhändeln nicht als Parteien gegenüber, sondern machen sich ehrengerichtliche Untersuchungen wegen g e m e i n s a m e r Handlungen oder Unterlassungen erforderlich, so haben auch in diesen Fällen die kommandierenden Generale oder die zuständigen Marine- bzw. Schutztruppen-Befehlshaber unmittelbar Vereinbarung darüber zu treffen, welchem Ehrenrat die Feststellung des Tatbestandes und welchem Ehrengerichte das etwa notwendig werdende ehrengerichtliche Verfahren übertragen werden soll. In den Fällen, in denen eine Verständigung hierüber nicht erzielt wird, wie auch hinsichtlich der Entscheidung auf den Spruch gelten sinngemäß die Festsetzungen in den Punkten 1 und 3.

5. Die in den Schutzgebieten sich aufhaltenden Offiziere usw. — Offiziere usw. der Kaiserlichen Marine, jedoch nur sofern sie nicht der Besatzung eines Seiner Majestät Schiffe angehören — unterstehen den Ehrengerichten der Offiziere bzw. der Sanitätsoffiziere der Kaiserlichen Schutztruppen bzw. den im Kiautschougebiet bestehenden Ehrengerichten.

Die Entscheidung auf einen etwa ergangenen ehrengerichtlichen Spruch erfolgt durch den zuständigen Kontingentsherrn. Gehören die Beteiligten verschiedenen Kontingenten an, so erfolgt die Entscheidung auf den ehrengerichtlichen Spruch im Einvernehmen der Allerhöchsten Stellen, jedoch für jeden einzelnen Beteiligten durch seinen Kontingentsherrn.

5. Schreiben des Staatssekretärs des Reichsschatzamts, betreffend die amtliche abgekürzte Schreibweise von „Mark“. Vom 5. Dezember 1907.

Der Bundesrat hat in seiner Sitzung vom 21. November d. Js. — § 843 der Protokolle — beschlossen, daß in Änderung des Beschlusses vom 7. November 1874 — § 456 der Protokolle — und in Anlehnung an den Beschluß vom 8. Oktober 1877 — § 350 der Protokolle — als amtliche abgekürzte Schreibweise von „Mark“ wie bisher das liegende lateinische „*M*“, jedoch ohne Hinzufügung eines Punktes zu gelten hat.

Der Beschluß wird durch das Zentralblatt für das Deutsche Reich bekannt gemacht werden.*)

Eurer Exzellenz beehre ich mich ergebenst anheimzustellen, für Ihren Geschäftsbereich das hiernach Erforderliche gefälligst veranlassen zu wollen.

An den Herrn Staatssekretär des Reichs-Marine-Amts,
des Reichs-Kolonialamts usw.

Berlin, den 5. Dezember 1907.

Reichsschatzamt.
Dr. v. Stengel.

*) Siehe Zentralbl. f. d. Deutsche Reich 1907 S. 595.

Alphabetisches Sachregister.

Abkürzungen: RKA. Reichs-Kolonialamt; OA. Deutsch-Ostafrika; SWA. Deutsch-Südwestafrika; K. = Kamerun; T. = Togo; NG. = Neu-Guinea; KI. = Karolinen, Palau und Marianen; MI. = Marschall-Inseln; S. = Samoa; Ch. = Kiautschou.
Die Zahlen bezeichnen die Seiten.

A.

B.

F.

G.

H.

M.

N.

O.

P.

Q.

R.

S.

T.

U.

V.

W.

Z.

Gedruckt in der Königlichen Hofbuchdruckerei von E. S. Mittler & Sohn, Berlin SW 68, Kochstr. 68–71.

www.ingramcontent.com/pod-product-compliance
Lightning Source LLC
Chambersburg PA
CBHW031932220326
41598CB00062BA/1669

* 9 7 8 3 7 4 1 1 7 3 6 6 0 *